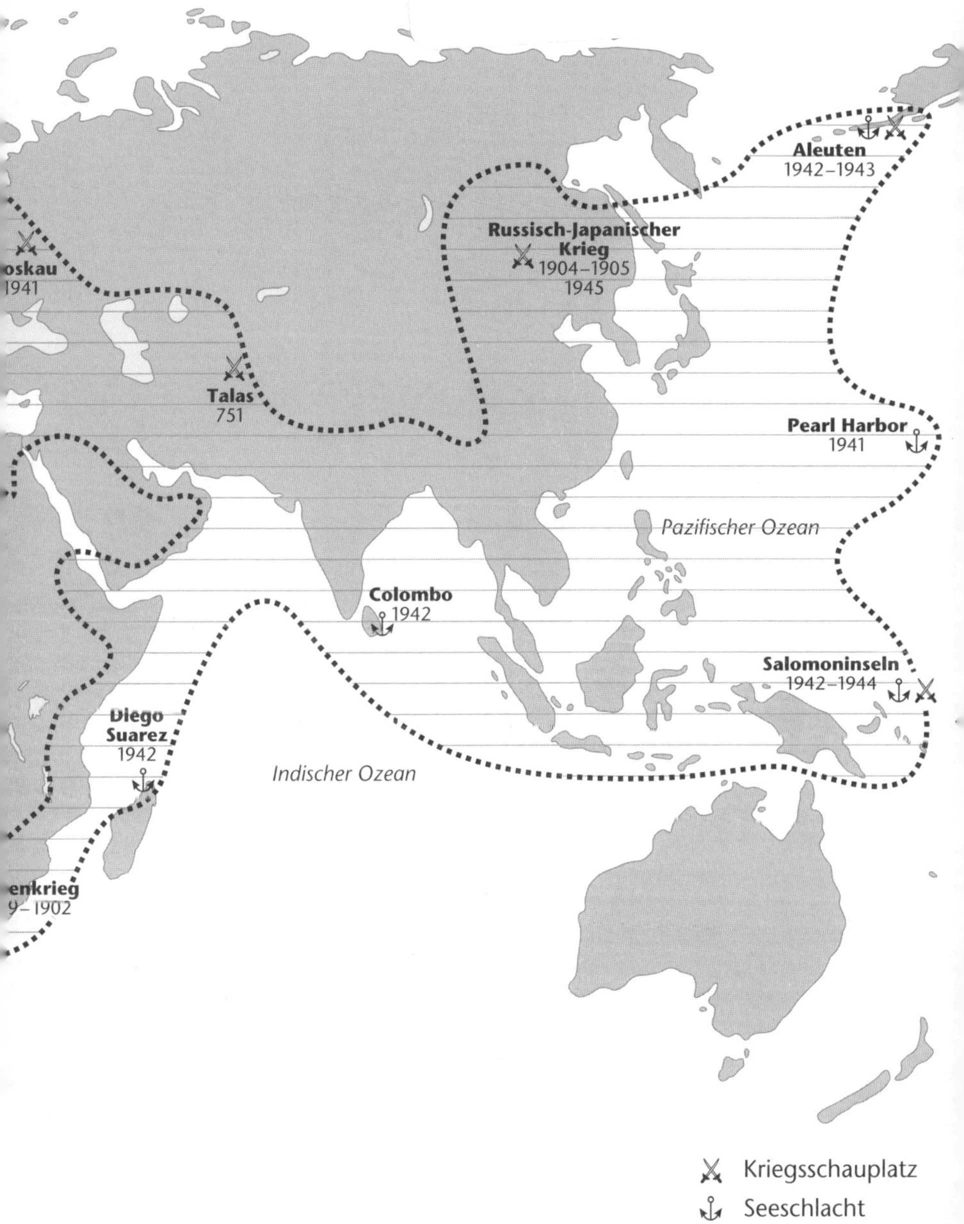

oskau
1941
Talas
751
Russisch-Japanischer
Krieg
1904–1905
1945
Aleuten
1942–1943
Pearl Harbor
1941
Pazifischer Ozean
Colombo
1942
Salomoninseln
1942–1944
Diego
Suarez
1942
Indischer Ozean
enkrieg
9–1902
Kriegsschauplatz
Seeschlacht

ROWOHLT
BERLIN

John Keegan

Die Kultur des Krieges

Aus dem Englischen
von Karl A. Klewer

Rowohlt · Berlin

Abbildungsnachweis einschließlich Schutzumschlag
Archiv für Kunst und Geschichte: 23
Bildarchiv Preußischer Kulturbesitz: 13
Karten: Ditta Ahmadi, Berlin

Die Vorsatzkarte zeigt die Kriegszone: alle Kriege wurden innerhalb der gepunkteten Linie geführt
Die hintere Vorsatzkarte zeigt Europa im Ersten Weltkrieg

1. Auflage März 1995

Die Originalausgabe erschien 1993 unter dem Titel
A History of Warfare im Verlag Alfred A. Knopf Inc.,
New York/Hutchinson, London

Teil V und der Epilog wurden übersetzt von Klaus Kochmann
Die Übersetzung wurde durchgesehen
von Karl Nicolai und Rudolf Renz
Das Register erstellte Gregor Strick
Redaktion Thomas Karlauf
Umschlaggestaltung Walter Hellmann
Satz aus der Times (Linotronic 500)
Gesamtherstellung Clausen & Bosse, Leck
Printed in Germany
ISBN 3 87134 226 2

Zum Gedenken an Winter Bridgman,
Leutnant im Régiment de Clare,
gefallen in der Schlacht bei Lauffeld
am 2. Juli 1747

Inhalt

Einleitung

Das Schicksal hat nicht gewollt, daß ich Soldat wurde. Infolge einer Krankheit, die ich 1948 als Kind bekam, blieb ich lebenslänglich lahm und hinke nunmehr seit über fünfundvierzig Jahren durchs Leben. Als ich mich 1952 zur Musterung einfand, schüttelte der für die Beine zuständige Arzt – es konnte gar nicht anders sein, als daß gerade er an jenem Vormittag der letzte war, der mich untersuchte – den Kopf, schrieb etwas auf meinen Laufzettel und teilte mir mit, ich könne gehen. Einige Wochen später kam ein amtliches Schreiben, dem ich entnahm, daß ich als untauglich für den Dienst in allen Waffengattungen eingestuft worden war.

Trotzdem warf mich das Schicksal unter die Soldaten. Mein Vater hatte am Ersten Weltkrieg teilgenommen, und ich entdeckte, daß seine Erlebnisse an der Westfront in den Jahren 1917 und 1918 in gewissem Sinne zu den wichtigsten Erfahrungen seines Lebens gehörten. Während des Zweiten Weltkriegs wuchs ich in einem Teil Englands auf, wo 1943–44 die für die Invasion des europaischen Festlandes bestimmten britischen und amerikanischen Einheiten zusammengezogen wurden: das Schauspiel dieser Vorbereitungen prägte mich und weckte in mir eine Anteilnahme an militärischen Angelegenheiten. Da sie sich immer mehr vertiefte, wählte ich 1953, als ich zum Studium nach Oxford ging, als Spezialgebiet – Voraussetzung für ein Examen – Militärgeschichte.

Mit dem Ende meines Studiums hätte auch die Begeisterung für die Militärgeschichte beendet sein können. Doch sie hatte sich im Verlauf meiner Studentenzeit tief eingefressen. Ein Grund dafür dürfte gewesen sein, daß die meisten meiner Kommilitonen, mit denen ich näher bekannt wurde, im Unterschied zu mir ihren Militärdienst geleistet hatten. Sie vermittelten mir das Gefühl, etwas verpaßt zu haben. Die meisten waren Offiziere gewesen, und viele hatten an Feldzügen teilgenommen, denn Großbritannien stand in den frühen fünfziger Jahren im Begriff, sich in einer Reihe kleinerer Kolonialkriege aus seinem Weltreich zu lösen. Manche hatten im malaiischen Dschungel oder im Urwald von Kenia Dienst getan, andere, deren Regimenter nach Korea entsandt worden waren, hatten sogar an richtigen Schlachten teilgenommen.

Ihr weiteres Leben wollten sie nüchternen Berufen widmen, und das Studium sowie die gute Meinung ihrer akademischen Lehrer, um die sie sich bemühten, sollten ihnen als Eintrittskarte in eine erfolgreiche Zukunft dienen. Mir aber war klar, daß sie in der Zeit, die sie in Uniform verbracht hatten, mit dem Zauber einer gänzlich anderen Welt in Berührung gekommen waren, als es jene war, in die sie einzutreten beabsichtigten. Zum Teil hing dieser Zauber mit den Erfahrungen des Fremden zusammen, mit ungewohnter Verantwortung, mit Aufregung und wohl auch mit Gefahr. Mich berührte aber genauso der Zauber, der von den Berufsoffizieren ausging, denen sie unterstanden hatten. Unsere akademischen Lehrer wurden wegen ihrer Gelehrsamkeit und ihrer Marotten bewundert – meine Kommilitonen aber fuhren fort, ihre ehemaligen Offiziere wegen ganz anderer Eigenschaften zu bewundern. Das konnte deren Draufgängertum sein, ihr Schwung, ihre Dynamik, aber auch ihre Gleichgültigkeit gegenüber dem Alltagsleben. Ihre Namen fielen häufig, man sprach von ihrem Charakter und ihren Eigenheiten, ihren Taten und vor allem davon, wie sie selbstsicher höheren Gewalten getrotzt hatten. Irgendwie gewann ich den Eindruck, diese unbekümmerten Haudegen zu kennen, und so wollte ich unbedingt Menschen wie ihnen begegnen, und sei es nur, um meine Vorstellungen von der Welt der Krieger zu untermauern, die allmählich in meinem Geist entstand, während ich mich mit meinen militärhistorischen Texten abmühte.

Als die Kommilitonen nach dem Studium aus meinem Gesichtsfeld verschwanden, um Anwälte, Diplomaten, höhere Beamte oder Hochschullehrer zu werden, merkte ich, daß mich die Nachwirkungen ihrer beim Militär verbrachten Jahre verzaubert hatten, und ich beschloß, Militärhistoriker zu werden. Das war eine tollkühne Entscheidung, da auf diesem Gebiet nur wenige Posten zu besetzen waren. Doch rascher, als ich hätte erwarten dürfen, wurde an der Königlichen Militärakademie von Sandhurst eine solche Stelle frei, und so fand ich 1960 mit fünfundzwanzig Jahren Aufnahme in den Lehrkörper der britischen Kadetten-Ausbildungsanstalt. Ich hatte kaum je einen Berufsoffizier zu Gesicht bekommen, wußte weder etwas vom Heer noch davon, wie ein Schuß in feindlicher Absicht abgefeuert wird. Das Bild, das ich vom Soldaten und dem Soldatenleben besaß, entstammte ausschließlich meiner Vorstellungskraft.

Mein erstes Semester als akademischer Lehrer in Sandhurst stürzte mich jedoch kopfüber in eine Welt, auf die ich mich nicht einmal theoretisch vorbereitet hatte. Das Führungspersonal der Akademie bestand 1960 ausschließlich aus Männern, die aktiv am Zweiten Weltkrieg teilgenommen hatten. Nahezu alle jüngeren Offiziere hatten im Koreakrieg, in Malaysia, Kenia, Palästina, auf Zypern oder bei einem anderen kolonialen Feldzug Kampferfahrung gesammelt. Zahlreiche Ordensbänder zierten ihre Uniformen, oft hohe Auszeichnungen. Der Leiter des Fachbereichs, in dem ich arbeitete, ein pensionierter Offizier, trug an Kasinoabenden neben dem DSO – einem Orden für hervorragende Dienste – das ihm mehrfach verliehene Militärverdienstkreuz. Seine Auszeichnungen waren nichts Ungewöhnliches. Man sah Majore und Obristen mit Tapferkeitsmedaillen aus den Schlachten von El Alamein, Monte Cassino, Arnheim und Kohima. Auf schmalen Seidenbändern stand die Geschichte des Zweiten Weltkriegs geschrieben, und seine Höhepunkte wurden von Orden und Ehrenzeichen markiert, deren Träger kaum zu wissen schienen, daß man sie ihnen verliehen hatte.

Doch nicht nur das bunte Bild der Auszeichnungen schlug mich in seinen Bann, sondern auch das der Uniformen und ihrer Bedeutung. Viele meiner Kommilitonen hatten Überbleibsel militärischen Ruhmes in Gestalt von Jacken ihres Regiments oder Heeresmänteln mitgebracht. So trugen einstige Kavallerieoffiziere zum Abendanzug als Restbestand ihrer Ulanen- oder Husarenuniform weiterhin Lackstiefel mit Saffianschaft, deren Absätze mit Schlitzen für die Sporen versehen waren. Das hatte mich auf das Paradox hingewiesen, daß Uniformen keineswegs uniform waren, sondern Regimenter nach außen unterschiedlich auftraten. Wie groß dieser Unterschied war, erfuhr ich an meinem ersten Kasinoabend in Sandhurst. Neben Ulanen und Husaren in Blau und Scharlach sah man da Kavalleristen der königlichen Leibregimenter, die das Gewicht ihrer goldenen Schnüre zu Boden zu ziehen schien, Angehörige von Schützenregimentern in einem so dunklen Grün, daß es fast schwarz wirkte, Artilleristen in eng anliegenden Hosen, Gardisten mit steifer Hemdbrust, Soldaten verschiedener schottischer Hochlandregimenter, die an den jeweils unterschiedlich gemusterten Kilts zu erkennen waren, sowie Angehörige der Tieflandregimenter in Schottenkarohosen. Hinzu kamen Infanteristen der Grafschaftsregimenter mit gelben, weißen, grauen, lila oder bräunlichen Aufschlägen auf dem Waffenrock.

War ich bis zu jenem Abend der Ansicht gewesen, das Heer bilde eine geschlossene Einheit, wußte ich es jetzt besser. Noch mußte ich lernen, daß die äußerlichen Unterschiede in der Kleidung auf weit wesentlichere Unterschiede hinwiesen. Ein Regiment, entdeckte ich, bezog sein Selbstverständnis vor allem aus seiner Unverwechselbarkeit; erst durch sie wurde es die Kampforganisation, von deren Wirksamkeit in der Schlacht die Orden und Ehrenzeichen um mich herum Zeugnis ablegten. Zwar waren meine Freunde aus den verschiedenen Regimentern – die Bereitwilligkeit, mit der sie Freundschaft schließen, ist eine der liebenswertesten Eigenschaften von Kriegern – Waffenbrüder; doch ging ihre Brüderlichkeit über einen bestimmten Punkt nicht hinaus. Die Treue zum Regiment war der Prüfstein ihres Lebens. Persönliche Differenzen konnte man schon am nächsten Tag verzeihen, aber ein Makel auf dem Ehrenschild des Regiments wurde nie vergessen. Man sprach nicht einmal darüber, so tief rührte dergleichen an die Werte der Gemeinschaft, die man eher einen Stamm nennen müßte.

Genau das war es: ich war in Sandhurst dem Phänomen des Stammesbewußtseins begegnet. Die Veteranen, die ich in den sechziger Jahren dort traf, unterschieden sich äußerlich in keiner Weise von Vertretern anderer gehobener Berufe. Sie hatten die gleichen Schulen besucht, bisweilen die gleichen Universitäten, liebten ihre Angehörigen, hegten für ihre Kinder die gleichen Hoffnungen wie andere Männer und hatten die gleichen Geldsorgen. Allerdings stellte Geld keinen Wert und kein Ziel an sich dar, ebensowenig die Beförderung innerhalb der militärischen Hierarchie. Natürlich wollte ein Offizier gern befördert werden, doch war das nicht sein Wertmaßstab. Ein General wurde bewundert oder auch nicht. Die Bewunderung hatte andere Gründe als die Abzeichen, die seinen höheren Rang ausdrückten. Sie beruhte auf dem Ruf, den er als Mann unter Männern hatte. Ihn hatte er sich im Laufe vieler Jahre unter den Augen seines Regiments, seines Stammes, erworben, dem nicht nur seine Offizierskameraden angehörten, sondern auch Unteroffiziere und Soldaten im Mannschaftsrang. Kein Urteil war schlimmer als das «Kann mit seinen Männern nicht gut umgehen». Ein Offizier mochte noch so klug, fähig und fleißig sein, wenn seine Soldaten an ihm zweifelten, konnte keine seiner Fähigkeiten das aufwiegen: er gehörte nicht zum Stamm.

Das britische Heer weist in besonderem Maße Stammesmerkmale auf. Die Geschichte mancher seiner Regimenter läßt sich bis ins 17. Jahrhundert zurückverfolgen, als sich die neuzeitlichen Heere herauszubilden begannen; sie lösten alle feudalen Kriegerhorden ab, deren Vorläufer mit jenen Invasionen nach Westeuropa gelangt waren, denen einst das Römische Reich erlag. Allerdings bin ich seither in vielen anderen Armeen den gleichen kriegerischen Traditionen begegnet. Ich habe die Aura bei französischen Offizieren verspürt, die im Algerienkrieg muslimische Soldaten führten, die in der Tradition der *ghazi* standen, jener Plünderer an den Grenzen des Islam. Ich habe es in den Erinnerungen deutscher Offiziere wiedergefunden, die in den Steppen

Rußlands gegen die Rote Armee gekämpft hatten und nach dem Krieg zum Aufbau der Bundeswehr reaktiviert wurden. Der diesen Männern eigene Stolz, die Feuerprobe bestanden zu haben, ging zurück auf die Kriege ihrer Vorfahren im Mittelalter. In ausgeprägter Weise habe ich das Phänomen unter indischen Offizieren erkannt, die grundsätzlich darauf beharrten, Radschputen oder Dogras zu sein, deren Vorfahren vor Beginn der schriftlich überlieferten Geschichte Indiens ins Land eingefallen waren und es erobert hatten. Doch auch amerikanischen Offizieren war es anzumerken, die in Vietnam, im Libanon oder am Golf gedient hatten; sie verstanden sich als Kämpfer für Werte wie Mut und Pflichterfüllung, denen ihr Land so viel verdankt.

Soldaten unterscheiden sich von anderen Männern – das habe ich in einem unter Kriegern verbrachten Leben gelernt. Daher begegne ich allen Theorien und Darstellungen des Krieges, die ihn auf eine Stufe mit irgendeinem anderen menschlichen Tun stellen, mit tiefstem Mißtrauen. Zwar hängt der Krieg, wie die Theoretiker immer wieder unterstreichen, zweifellos mit Wirtschaft, Diplomatie und Politik zusammen, aber weder ist er damit identisch noch hat er damit auch nur Ähnlichkeit. Der Krieg unterscheidet sich schon deshalb vollkommen von Diplomatie und Politik, weil Männer ihn führen müssen, deren Werte und Fähigkeiten nicht die von Politikern oder Diplomaten sind. Sie gehören einer anderen, sehr alten Welt an, die *neben* der Welt des Alltags existiert, aber nicht zu ihr gehört. Beide Welten verändern sich im Laufe der Zeit, wobei sich die Welt der Krieger der Welt der Zivilisten anpaßt – allerdings mit einem gewissen Abstand. Dieser wird immer bleiben, denn nie kann die Kultur des Kriegers die Kultur der Zivilisation sein.

Alle Zivilisationen verdanken ihren Ursprung dem Krieger. Eine Kultur ernährt jeweils die Krieger, die sie verteidigen, und die zwischen den Kulturen bestehenden Unterschiede sorgen dafür, daß sich die Kriegführung der einen schon rein äußerlich stark von der der anderen unterscheidet. Es ist daher eines der Themen dieses Buches, daß sich rein äußerlich zwar drei Krieger-Überlieferungen unterscheiden lassen, daß es letzten Endes aber nur eine einzige Kriegerkultur gibt. Wie sich diese Kultur des Kriegers von den Anfängen der Menschheit bis in die gegenwärtige Welt an verschiedenen Orten entwickelt und gewandelt hat, ist die Geschichte dieses Buches.

I

Der Krieg in der Geschichte der Menschheit

Was ist Krieg?

Krieg ist nicht «eine bloße Fortsetzung der Politik mit anderen Mitteln». Die Welt ließe sich einfacher verstehen, wenn dieser dem preußischen General Carl von Clausewitz zugeschriebene Ausspruch wirklich zuträfe. Clausewitz, ein Veteran der gegen Napoleon geführten Befreiungskriege, nutzte die Jahre seines Ruhestandes zur Abfassung eines Buches, dem er den Titel *Vom Kriege* gab. Es wurde berühmter als alle anderen Bücher über den Krieg. Die Formulierung des Autors, «die politische Absicht ist der Zweck, der Krieg das Mittel» [1], liefert eine genauere und komplexere Vorstellung als der berühmte Satz, der so häufig zitiert wird. Doch beide Formulierungen von Clausewitz sind unzureichend, setzen sie doch neben der Existenz von Staaten auch Staatsinteressen und Strategien voraus, um solche Interessen zu erreichen. Nun ist der Krieg aber nahezu ebenso alt wie der Mensch und damit um viele Jahrtausende älter als Staat, Diplomatie und Strategie. Er reicht in die geheimsten Tiefen des menschlichen Herzens, dorthin, wo das Ich rationale Ziele auflöst, wo der Stolz regiert, Emotionen die Oberhand haben und der Instinkt herrscht. Aristoteles nannte den Menschen ein von Natur aus politisches Wesen *(zoon politikon)*. Wohl folgte ihm Clausewitz in dieser Hinsicht, doch ging er nicht weiter als bis zu der Feststellung, ein politisches Wesen sei gleichbedeutend mit einem kriegführenden. Keiner von beiden wagte sich dem Gedanken zu stellen, daß der Mensch ein denkendes Wesen ist, dessen Drang zu jagen und dessen Fähigkeit zu töten vom Verstand gelenkt wird.

Sich diesem Gedanken zu stellen, fällt dem Menschen der Gegenwart keineswegs weniger schwer als jenem preußischen Offizier, der als Enkel eines Geistlichen zur Welt gekommen war und den man im Geist der Aufklärung des 18. Jahrhunderts erzogen hatte. Trotz aller Auswirkungen der Schriften Freuds, Jungs und Adlers auf unser Denken bleiben unsere moralischen Werte die der großen monotheistischen Religionen, die ein Töten des Mitmenschen unter allen, außer den zwingendsten, Umständen verurteilen. Wir wissen von der Anthropologie und vermuten aus den Ergebnissen der Archäologie, daß Zähne und Klauen unserer unzivilisierten Vorfahren von Blut trieften, während uns die Psychoanalyse davon zu überzeugen versucht, daß in jedem von uns dicht unter der Oberfläche der Wilde lauert. Dennoch sehen wir lieber das als menschliche Natur an, was wir im täglichen Verhalten der zivilisierten Mehrheit gewahren. Diese Natur ist zweifellos unvollkommen, aber gewiß auf Zusammenwirken bedacht und häufig wohlwollend. Wir sehen in der Kultur die wahrhaft bestimmende Größe für die Art, wie sich Menschen verhalten, und in der unablässig geführten wissenschaftlichen Auseinandersetzung über die Frage, ob der bestimmende Faktor dabei die Natur oder Umwelteinflüsse seien, darf die Schule derer, die der Umwelt die wichtigere Rolle zuschreiben, auf kräftigeren Beifall hoffen.

Wir sind durch die Kultur bestimmte Wesen, und die Fülle unserer Kultur gestattet es uns, unsere zweifellos vorhandene Gewaltbereitschaft zu akzeptieren und dennoch die Ansicht zu vertreten, es handele sich um eine Anomalie, wenn sie sich äußert. Der Geschichtsunterricht in der Schule erinnert uns daran, daß die Staaten, in denen wir leben, ihre Institutionen, ja sogar ihre Gesetze und ihre Entstehung Konflikten verdanken, die häufig blutig waren. Die Nachrichten, die wir uns täglich zu Gemüte führen, informieren uns über Blutvergießen. Obwohl es dazu vielfach auch in Gegenden kommt, die vor unserer Haustür liegen, und die Bilder unserer Vorstellung von kultureller Normalität hohnsprechen, bringen wir es fertig, sie einer völlig anderen Welt zuzuordnen, so daß unsere Vorstellungen davon, wie es auf unserem Planeten morgen und übermorgen aussehen wird, in keiner Weise beeinträchtigt werden. Wir reden uns ein, unsere Institutionen und Gesetze hätten der Gewaltbereitschaft des Menschen Fesseln angelegt, die so mächtig sind, daß Gewalttätigkeit grundsätzlich als verbrecherisch bestraft wird und die von den staatlichen Institutionen ausgeübte Gewalt nur in Form der «zivilisierten Kriegführung» auftritt.

Zwei gegensätzliche Menschentypen bestimmen die Grenzen der zivilisierten Kriegführung: der legitime Waffenträger und der Pazifist. Ersteren hat man stets geachtet, und sei es nur, weil ihm die Möglichkeiten zur Verfügung standen, sich Respekt zu erzwingen; dem Pazifisten brachte man erst in den zwei Jahrtausenden der christlichen Zeitrechnung eine hohe Meinung entgegen. Beider Positionen spiegeln sich im Gespräch zwischen dem Begründer des Christentums und dem römischen Hauptmann, der Jesus gebeten hatte, er möge mit seinem Wort einen seiner Knechte heilen. Dieser Berufssoldat sagte: «Denn auch ich bin ein Mensch, der Obrigkeit untertan.»[2] Jesus wunderte sich über diesen Glauben an seine Heilkraft, in der jener Soldat das Gegenstück zur Macht des Gesetzes sah, als dessen Verkörperung er auftrat. Dürfen wir vermuten, daß Jesus die Position des legitimen Waffenträgers, der im Auftrag der Obrigkeit sein Leben opfern muß, ebenso anerkannte wie die des Pazifisten, der lieber sein Leben opfert, als daß er gegen seine Überzeugung verstößt? Das ist zwar eine ungewöhnliche Vorstellung, doch ist sie der westlichen Kultur nicht fremd: Berufssoldat und überzeugter Pazifist können nebeneinander existieren – bisweilen in unmittelbarer Nachbarschaft. So waren im *3 Commando*, einer der britischen Einheiten, bei denen es im Zweiten Weltkrieg besonders hart zuging, zwar alle Sanitäter Pazifisten, aber bei dem kommandierenden Offizier genossen sie wegen ihrer Tapferkeit und Selbstaufopferung höchsten Respekt.

Tatsächlich wäre die Kultur des Westens nicht, was sie ist, könnte sie nicht neben dem legitimen Waffenträger auch den achten, der das Waffentragen grundsätzlich als unerlaubt ansieht. Unsere Kultur bemüht sich um Kompromisse, und der Kompromiß in bezug auf die staatliche Gewalt sieht so aus, daß man ihre Ausübung legitimiert, ihre Formen aber mißbilligt. Den Pazifismus hat man zum Ideal erhoben; das legitime Waffentragen läßt man – im Rahmen einer strengen Militärgerichtsbarkeit und humanitären Gesetzen untergeordnet – als praktische Notwendigkeit gelten.

In der Formel «Krieg als Fortsetzung der Politik» hat Clausewitz den Kompromiß zum Ausdruck gebracht, für den sich die ihm bekannten Staaten entschieden hatten. Die vorherrschenden ethischen Vorstellungen – absolute Staatshoheit, geordnete Diplomatie und gesetzlich bindende Verträge – wurden geachtet, während man zugleich den übergeordneten Staatsinteressen Zugeständnisse machte. Während dieser Kompromiß das Ideal des Pazifismus nicht zuließ – Kant stand gerade erst im Begriff, es aus der religiösen in die politische Sphäre zu übertragen –, unterschied er zwischen dem legitimen Waffenträger auf der einen und dem Aufrührer, Freibeuter und Banditen auf der anderen Seite. Er hielt ein hohes Maß militärischer Disziplin und einen beachtlichen Grad an Gehorsam gegenüber den Vorgesetzten für selbstverständlich; dabei galt als Voraussetzung, daß kriegerische Handlungen nach gewissen, genau festgelegten Richtlinien abliefen – Belagerung, offene Feldschlacht, Geplänkel, Angriff, Aufklärung und Vorposten –, und für jeden einzelnen Akt gab es eigene, anerkannte Regeln. Stillschweigend wurde auch vorausgesetzt, daß Kriege einen Anfang und ein Ende hatten.

Ein Krieg ohne Anfang oder Ende, wie er hier und da bei Völkern auftrat, die kein geordnetes Staatswesen besaßen oder sich noch im Stadium der Vorstaatlichkeit befanden, galt als ausgeschlossen. Diese Völker unterschieden ja nicht zwischen rechtmäßigen und unrechtmäßigen Waffenträgern, da alle Männer Krieger waren. Diese in langen Zeiträumen der Menschheitsgeschichte vorherrschende Form des Krieges griff in Randgebieten nach wie vor auf das Leben zivilisierter Staaten über, die sie sich ihrerseits zunutze machten, indem sie Vertreter jener Art von Kriegführung als irreguläres Fußvolk und leichte Reiter für ihre Sache einspannten. Von der ungesetzlichen und unzivilisierten Weise, wie sich diese irregulären Krieger bei Feldzügen ihren Lohn verschafften, wandten die Offiziere der zivilisierten Staaten ebenso den Blick wie von ihren barbarischen Kampfmethoden; doch wären die bis zum Überdruß gedrillten Heere, in denen

Clausewitz und seinesgleichen aufgewachsen waren, ohne solche Hilfstruppen kaum imstande gewesen, das Feld zu behaupten. Alle regulären Armeen nutzten die Dienste von Irregulären, die für sie Erkundungsunternehmen durchführten, Patrouille gingen und Scharmützel führten. Im 18. Jahrhundert gehörte die Ausweitung solcher Streitkräfte (Kosaken, «Jäger», Husaren sowie in Großbritannien schottische Hochland- und Grenztruppen) zu den auffälligsten Entwicklungen des Militärs, und selbst die französischen Revolutionsarmeen folgten diesem Muster. Von den Gepflogenheiten solcher Einheiten, zu plündern, zu rauben, zu vergewaltigen, zu morden, zu entführen, zu erpressen, wie von ihrer systematischen Zerstörungswut wollten ihre zivilisierten Auftraggeber nicht nur nichts wissen; sie waren auch nicht bereit einzugestehen, daß diese Art der Kriegführung älter und weiter verbreitet war als die von ihnen selbst ausgeübte. Die von Clausewitz formulierte Vorstellung, der Krieg sei die Fortführung der Politik, bot dem denkenden Offizier eine willkommene Möglichkeit, sich nicht weiter mit den älteren, finsteren und grundlegenden Aspekten seines Berufs beschäftigen zu müssen.

Doch auch Clausewitz sah mehr oder weniger, daß der Krieg nicht unbedingt das war, als was er ihn hinstellte. «Sofern die Kriege zivilisierter Völker minder grausam und zerstörerisch sind als die von Wilden», beginnt vorsichtig einer der berühmtesten Abschnitte, ohne daß dieser Gedanke weiter verfolgt wird. Das Ziel, das Clausewitz mit aller ihm zu Gebote stehenden philosophischen Kraft verfolgte, war eine allgemeingültige Theorie, was der Krieg sein *sollte*, nicht aber, wie er sich in Gegenwart und Vergangenheit tatsächlich darbot. Das gelang ihm in beträchtlichem Umfang. In der Praxis der Kriegführung neigen Staatsmann und Oberkommandierender nach wie vor zu den Maximen Clausewitz'; bei der wahrhaften Beschreibung des Krieges freilich müssen sich der Augenzeuge und der Historiker von dessen Methoden abwenden, auch wenn Clausewitz selbst sowohl Augenzeuge als auch Kriegshistoriker war, der vieles gesehen haben muß, was nicht zu seinen Theorien paßte. Der Wirtschaftswissenschaftler F. A. Hayek hat einmal gesagt, daß Tatsachen ohne eine

Theorie stumm bleiben. Das mag für die kalten Tatsachen der Wirtschaftstheorie gelten, die Fakten des Krieges aber sind nicht kalt, sie brennen mit der Glut des Höllenfeuers. Im hohen Alter hat General William Tecumseh Sherman, der im amerikanischen Bürgerkrieg nicht nur die Stadt Atlanta niedergebrannt, sondern auch einen großen Streifen des amerikanischen Südens mit Feuer verwüstet hatte, voll Bitterkeit genau diesen Gedanken ausgesprochen, und zwar in Worten, die fast ebenso berühmt geworden sind wie die von Clausewitz: «Ich habe den Krieg satt und bin seiner müde. Sein ganzer Ruhm ist nichts als fauler Zauber ... Der Krieg ist die Hölle.»[3]

Clausewitz hatte das Höllenfeuer des Krieges mit eigenen Augen geschaut, hatte gesehen, wie Moskau brannte. Dies Feuer war die größte materielle Einzelkatastrophe der Napoleonischen Kriege, ein Ergebnis von europäischer Bedeutung, das in seiner psychologischen Auswirkung der des Erdbebens von Lissabon im Jahr 1755 gleichkam. In einem Zeitalter des Glaubens war die Zerstörung Lissabons wie ein schrecklicher Hinweis auf die Allmacht Gottes erschienen und hatte in ganz Portugal und Spanien eine Erneuerung der Religiosität bewirkt; im Zeitalter der Revolution sah man in der Zerstörung Moskaus einen Beweis für die Macht des Menschen, was sie auch war. Man sprach von Brandstiftung – hinter der Tat stand wohl Graf Rostopschin, der Generalgouverneur von Moskau –, während Napoleon die angeblichen Brandstifter aufspüren und hinrichten ließ. Clausewitz konnte sich sonderbarerweise nicht zu der Ansicht verstehen, daß der Zweck des Brandes darin bestand, Napoleon den Siegespreis zu verweigern. Im Gegenteil, «daß die russischen Behörden es getan haben sollten, schien ihm [dem Verfasser] wenigstens durch kein einziges Faktum erwiesen», und so stellte er die Sache als unglücklichen Zufall hin: «Alle diese Eindrücke, die Verwirrung, welche der Verfasser in den Straßen von Moskau gesehen hatte, als die Arrieregarde [der Russen] durchzog; der Umstand, daß die Rauchsäulen zuerst in den äußersten Teilen der Stadt aufstiegen, in welchen die Kosaken noch hausten, hatten dem Verfasser die Überzeugung gegeben, daß das Feuer in Moskau eine Folge der

Unordnung und der Gewohnheit gewesen sei, in welche die Kosaken gekommen waren, alles, was sie dem Feinde räumen mußten, vorher tüchtig auszuplündern und dann anzustecken... In jedem Fall ist es wohl eine der merkwürdigsten Erscheinungen in der Geschichte, daß eine Tat, welche nach der Meinung der Menschen von so ungeheurem Einfluß auf das Schicksal Rußlands gewesen ist, wie eine Frucht verbotener Liebe vaterlos dasteht und allem Anschein nach ewig mit einem Schleier bedeckt bleiben wird.»[4]

Dennoch muß Clausewitz klargewesen sein, daß es an der vaterlosen Tat der Brandstiftung Moskaus ebensowenig etwas wirklich Zufälliges gab wie an einer der zahllosen anderen gesetzwidrigen Handlungen im Zusammenhang mit dem Rußlandfeldzug des Jahres 1812. Die bloße Beteiligung der Kosaken bot Gewähr dafür, daß es im Überfluß zu Brandschatzung, Plünderung, Vergewaltigung, Mord und hundert anderen Greueltaten kommen mußte. Kosaken sahen im Krieg keine Sache der Politik, für sie war er eine Kultur und Lebensweise.

Obwohl sie Soldaten des Zaren waren, lehnten sie sich zugleich gegen dessen absoluten Herrschaftsanspruch auf. Man hat die Geschichte vom Ursprung der Kosaken als Mythos bezeichnet, und zweifellos haben sie im Laufe der Zeit ihre Anfänge mythologisch verbrämt.[5] Doch der Kern des Mythos ist zugleich einfach und wahr. Die Kosaken – der Name stammt vom türkischen Wort für Freie – waren christliche Flüchtlinge, die der Knechtschaft unter den Herrschern Polens, Litauens und Rußlands das gefährliche Leben in den Weiten der zentralasiatischen Steppe vorzogen, in der kein Gesetz galt.

Zu der Zeit, da Clausewitz mit ihnen in Berührung kam, war der Mythos ihrer freien Herkunft durch häufige Berichte weit verbreitet, doch die Wirklichkeit entsprach dem nicht. Anfangs hatten sie in Gemeinschaften gelebt, in denen wahre Gleichheit herrschte. Dabei handelte es sich jeweils um eine Schar ohne Oberhaupt, ohne Ehefrauen, ohne Eigentum – eine lebendige Verkörperung der frei umherziehenden Kriegerverbände, die sich in den Erzählungen aller Völker finden. Iwan der Schreckliche hatte den Kosaken 1570 als Gegenleistung für ihre Hilfe bei der Befreiung russischer Gefangener aus muslimischer Sklaverei Schießpulver, Blei und Geld geben müssen – drei Dinge, welche die Steppe nicht hervorbrachte –, war aber noch vor Ende seiner Herrschaft dazu übergegangen, sie mit Gewalt ins zaristische System einzugliedern, und seine Nachfolger hielten den von ihm ausgeübten Druck aufrecht.[6] Während des Krieges, den Rußland gegen Napoleon führte, wurden reguläre Kosakenregimenter aufgestellt – ein Widerspruch in sich, auch wenn das zur damals in verschiedenen Ländern Europas herrschenden Mode paßte, Männer aus den Wäldern und Bergen sowie Angehörige von Reitervölkern in ihre Schlachtreihen aufzunehmen. Zar Nikolaus I. setzte 1837 den Schlußpunkt unter diese Entwicklung, indem er seinen Sohn zum Hetman aller Kosaken ausrief. Von da an waren im kaiserlichen Gardekorps Kosakenregimenter vom Don, aus dem Ural und vom Schwarzen Meer vertreten, die sich lediglich durch Details ihrer exotischen Uniformen von «zahmen» Grenzbewohnern, Lesgiern, Muslimen oder den Männern des Kaukasischen Gebirgsregiments unterschieden.

Trotz ihrer weitgehenden Domestizierung blieb den Kosaken zum einen stets die Erniedrigung erspart, «Seelensteuer» zahlen zu müssen, die den russischen Untertan als Leibeigenen brandmarkte, und sie waren ausdrücklich von der Zwangseinberufung zum Militär ausgenommen, welche unter den Leibeigenen als Todesurteil galt. Bis zum letzten Tag des Zarentums behandelte Rußlands Regierung die verschiedenen Kosakengemeinschaften als eigenständige Kriegergesellschaften, bei denen die Verantwortung, dem Ruf zur Waffe zu folgen, der Gruppe, nicht dem einzelnen oblag. Noch bei Ausbruch des Ersten Weltkriegs verließ sich das russische Kriegsministerium darauf, daß die Kosaken ganze Regimenter – und nicht so und so viele Männer – zur Verfügung stellten. Das war die Fortführung eines teils auf Feudalismus, teils auf Diplomatie und teils auf Söldnern beruhenden Systems, das fast so alt ist wie die Geschichte des organisierten Krieges.

Die Kosaken, denen Clausewitz begegnete, ähnelten weit mehr den freibeuterischen Marodeuren des ursprünglichen Kosakentums als den schneidigen Kriegern, die Tolstoi später verherrlichte. Die Vorstellung, sie hätten 1812 in den äußersten Teilen Moskaus Feuer gelegt, was dann zum Brand der Hauptstadt führte, paßte gut ins Bild. Sie waren nach wie vor grausam, die Brandstiftung war nicht die grausamste ihrer Taten, auch wenn hunderttausend Moskowiter ohne schützendes Obdach einem subarktischen Winter ausgesetzt waren. Beim anschließenden großen Rückzug der Franzosen bewiesen die Kosaken eine Unmenschlichkeit, die in den Tiefen des kollektiven Gedächtnisses der Westeuropäer Erinnerungen an die Heimsuchungen der Steppenvölker wachrief, an Horden grausamer Nomaden, deren Auftauchen den Schatten des Todes überall hinwarf, wohin der Galopp ihrer Pferde sie trug. Die Kosakenschwadronen folgten den langgezogenen Kolonnen der Grande Armée, die sich durch knietiefen Schnee der Hoffnung auf Sicherheit entgegenkämpften, in kurzem Abstand, jedoch außerhalb der Reichweite der Musketen. Wo immer ein Mann geschwächt zusammenbrach, stürmten sie herbei; erlag eine Gruppe den Strapazen, wurde sie niedergeritten und ausgelöscht. Als sich die Kosaken jener Reste des französischen Heeres bemächtigten, denen es nicht gelungen war, die Beresina zu überqueren, bevor Napoleon die Brücken verbrennen ließ, kam es zu einem ungeheuren Gemetzel. Seiner Frau teilte Clausewitz mit, er habe grauenhafte Szenen erlebt, und wären seine Empfindungen durch das, was er bis dahin schon gesehen hatte, nicht ohnehin abgestumpft gewesen, hätte ihn das Abschlachten der Franzosen um den Verstand gebracht. Auch so werde es noch viele Jahre dauern, bis er ohne einen Schauder des Entsetzens daran denken könne.[7]

Dabei war Clausewitz Berufssoldat, zum Krieg erzogener Sohn eines Offiziers; er hatte zwanzig Jahre lang an Feldzügen teilgenommen und die Schlachten von Jena und Borodino überlebt, letztere die blutigste aller Schlachten Napoleons. Er hatte Blut in Strömen fließen sehen und war über Schlachtfelder gezogen, auf denen Tote und Verwundete dicht wie Garben bei der Ernte lagen. Männer waren unmittelbar neben ihm gefallen, ein Pferd war unter ihm verwundet worden und er selbst dem Tod nur durch Zufall entronnen. In der Tat mußten seine Empfindungen abgestumpft sein. Warum erschienen ihm dann die Greuel der Kosaken so besonders entsetzlich? Die Antwort darauf lautet, daß wir gegenüber allem abgehärtet sind, was wir kennen; von uns selbst und unseresgleichen verübte Grausamkeiten lassen sich meist rechtfertigen, ein ebenso grausames Vorgehen anderer, sofern es anders aussieht, empört uns bis zum Ekel.

Clausewitz stand den Kosaken verständnislos gegenüber. Ihn brachten kosakische Gepflogenheiten auf wie etwa die, Versprengte mit gesenkter Lanze niederzureiten, Gefangene gegen Bargeld an Bauern zu verkaufen und unverkäufliche splitternackt auszuziehen, um sich in den Besitz ihrer Lumpen zu bringen. Vermutlich stieß es bei ihm auch auf Verachtung, daß sie, wie ein französischer Offizier anmerkte, «nie Widerstand leisteten, wenn wir uns ihnen offen entgegenstellten – nicht einmal dann, wenn sie uns zahlenmäßig um das Zweifache überlegen waren».[8] Kurz gesagt verhielten sich die Kosaken grausam gegenüber den Schwachen und feige gegenüber den Tapferen – das genaue Gegenteil dessen, wozu ein preußischer Offizier und Edelmann erzogen war. Dies Verhaltensmuster sollte fortdauern. In der Schlacht von Balaklawa im Krimkrieg sollten sich 1854 zwei Kosakenregimenter dem Angriff einer englischen Brigade leichter Reiter entgegenwerfen. Wie ein russischer Offizier beobachtete, hielten sie «aus Furcht vor der Disziplin und Ordnung der massierten britischen Kavallerie, die auf sie einstürmte, nicht stand, sondern wichen nach links aus und begannen auf ihre eigenen Leute zu feuern, um sich einen freien Fluchtweg zu schaffen». Als die russische Artillerie die englische Kavalleriebrigade im «Tal des Todes» zurückgeworfen hatte, erholten sich, wie ein anderer russischer Offizier schrieb, als erste «die Kosaken und machten sich daran, ganz ihrem Wesen entsprechend, herrenlose Pferde der Engländer zusammenzutreiben und zum Verkauf anzubieten».[9]

Zweifellos hätte dies Schauspiel die Verachtung, die Clausewitz für die Kosaken empfand, noch vertieft und ihn in seiner Überzeugung bestärkt, daß sie die Bezeichnung Soldaten nicht verdienten. Obwohl sie sich aufführten wie Söldner, konnte man sie nicht einmal als solche bezeichnen, da Söldner gewöhnlich vertragstreu sind. Vermutlich sah Clausewitz in ihnen so etwas wie Aasgeier des Schlachtfeldes, die sich zwar von den Überresten des Krieges ernährten, vor dem damit verbundenen blutigen Handwerk aber zurückschreckten.

Ein blutiges Handwerk war der Krieg in der Epoche, in der Clausewitz lebte, in der Tat. Wortlos und unbeweglich ließen sich Männer reihenweise abschlachten, und oft dauerte ein solches Gemetzel Stunden. Von den Infanteristen im Korps des Grafen Ostermann-Tolstoi wird berichtet, sie hätten bei Borodino zwei Stunden unter unmittelbar auf sie gerichtetem Artilleriefeuer gestanden, «und während dieser Zeit wurde die einzige in ihren Reihen wahrnehmbare Bewegung dadurch hervorgerufen, daß Getötete umfielen». Doch war, wer das Gemetzel überlebt hatte, nicht automatisch dem blutigen Handwerk entronnen. Napoleons oberster Wundarzt Larrey führte während der Nacht nach der Schlacht bei Borodino zweihundert Amputationen durch, und seine Patienten durften sich glücklich schätzen. Eugène Labaume hat das Innere der Gräben beschrieben, die sich in alle Richtungen über das Schlachtfeld zogen: «Nahezu jeder Verwundete drängte sich, einem natürlichen Instinkt folgend, auf der Suche nach Schutz dorthin ... Sie lagen aufeinander und schwammen hilflos im eigenen Blut, und manch einer forderte Vorüberkommende auf, ihn von seiner Qual zu erlösen.»[10]

Solche Szenen wie aus dem Schlachthaus waren es, die von Clausewitz als wild bezeichnete Völkerschaften wie die Kosaken zur Flucht veranlaßten, wenn sie selbst Opfer zu werden drohten. Zugleich lachten Völker, die dergleichen noch nie erlebt hatten, wenn man ihnen diese Kriegführung beschrieb. Als der japanische Militärreformer Takashima hochrangigen Samurai 1841 erstmals europäisches Exerzieren vorführte, erntete er Spott und Hohn; der Feldzeugmeister erklärte, der Anblick der Männer, «die alle zur gleichen Zeit und mit der gleichen Bewegung ihre Waffen hoben und handhabten», habe an ein Kinderspiel erinnert.[11] Das war die Reaktion von Kriegern, die den Kampf Mann gegen Mann liebten und darin eine Möglichkeit sahen, sich selbst auszudrükken – eine Auseinandersetzung, bei der man neben Mut auch Individualität bewies. Auch die Klephten, die räuberischen und kriegerischen Bergbewohner Griechenlands, die sich der türkischen Fremdherrschaft nie wirklich unterworfen hatten und denen wohlwollende deutsche, französische und britische Philhellenen, großenteils Offiziere der Napoleonischen Kriege, bei Ausbruch des griechischen Unabhängigkeitskrieges 1821 geschlossenes Exerzieren beizubringen versuchten, reagierten mit Spott, allerdings eher ungläubig als verächtlich. Ihre weit in die Vergangenheit reichende Kampfesweise, auf die schon Alexander der Große bei seinem Einfall nach Kleinasien gestoßen war, bestand darin, dort, wo man ein Zusammentreffen mit dem Feind für wahrscheinlich hielt, Mäuerchen zu errichten und ihn durch Verhöhnungen und Beleidigungen zum Angriff zu reizen. Sobald er näher kam, lief man davon. Diesen Männern war es darum zu tun, daß sie weiterkämpfen konnten, nicht darum, den Krieg zu gewinnen – eine Vorstellung, die sie einfach nicht begriffen. Die Türken kämpften auf ihre eigene Weise: sie stürmten ohne Rücksicht auf Verluste in breitgefächerter Linie voran. Als die Philhellenen den Griechen darlegten, sie würden nie ein Gefecht gewinnen, wenn sie sich nicht zum Kampf stellten, hielten diese dagegen, sofern sie den türkischen Musketen in der Art der Westeuropäer die Brust böten, würden sie alle umkommen und damit den Kampf ohnehin verlieren.

«Für die Griechen ein Erröten – für Griechenland eine Träne», schrieb Lord Byron, der berühmteste aller Philhellenen. Wie andere Freiheitsfreunde hatte er gehofft, an der Seite der Griechen «eine zweite Schlacht bei den Thermopylen» zu liefern. Die Entdeckung, daß sie ausschließlich in ihrer Unkenntnis einer vernünftigen Taktik unbesiegbar waren, nahm ihm alle Illusionen und bedrückte ihn, wie auch andere westeuropäische Idealisten. Das Philhellenentum gründete sich auf die Überzeugung, die Griechen der Neuzeit seien unter allem Schmutz und aller Unwissenheit dasselbe Volk wie einst die Griechen der Antike. Diese Überzeugung hat Shelley im Vorwort zu *Hellas* – «Noch einmal bricht das große Weltzeitalter an / Die goldenen Jahre kehren wieder» – auf die knappste Form gebracht: «Der heutige Grieche ist Abkömmling jener herrlichen Wesen, von denen man sich beinahe nicht vorstellen mag, daß sie unserer Gattung angehören, und er hat von ihnen einen Großteil ihrer Einfühlsamkeit, ihrer raschen Auffassungsgabe, ihrer Begeisterung und ihres Mutes geerbt.» Doch Philhellenen, die mit Griechen auf ein und demselben Schlachtfeld standen, gaben rasch ihren Glauben an deren Identität mit ihren Vorfahren auf; wer überlebte und in die Heimat zurückkehrte, haßte die Griechen zutiefst und – wie William St. Clair, der Historiker des Philhellenentums, schreibt – «verfluchte sich wegen seiner Torheit, sich täuschen zu lassen».[12]

Besondere Verärgerung rief bei den Philhellenen Shelleys naiv-poetische Behauptung hervor, die Griechen der Neuzeit seien von Mut beseelt. Hier war der Wunsch Vater des Gedankens, sie würden im Nahkampf die gleiche Beharrlichkeit zeigen wie die Hopliten der Antike in den Kriegen gegen die Perser; deren Kampfesweise hatte sich – auf Umwegen – in Westeuropa durchgesetzt. Zumindest erwarteten die Philhellenen, daß ihre griechischen Zeitgenossen bereit waren, die Taktik des Nahkampfes wieder zu erlernen, und sei es nur, weil darin der Schlüssel zu ihrer Freiheit lag. Als sie erkannten, daß die Griechen nicht daran dachten, dergleichen zu tun, blieb ihnen nichts anderes übrig, als den Zusammenbruch der Heldenkultur damit zu erklären, daß die Linie von den Griechen der Antike zu denen der Neuzeit irgendwann unterbrochen worden sein mußte. Wie sie bald sahen, beschränkten sich die «Kriegsziele» der Klephten auf die Freiheit, in ihren gebirgigen Grenzzonen auf die Staatsgewalt zu pfeifen, sich von Raub zu ernähren, auf die andere Seite zu wechseln, falls das Vorteile versprach, Andersgläubige zu ermorden, wenn sich eine Gelegenheit dazu bot, bunt herausgeputzt herumzustolzieren, grimmig die Waffen zu schwingen, sich den Geldbeutel mit Bestechungsgeldern vollzustopfen und auf keinen Fall bis zum letzten Mann zu kämpfen, nicht einmal bis zum ersten, wenn es sich einrichten ließ.

Wenn sich die Philhellenen vergeblich bemühten, die Griechen zur Übernahme ihrer Militärkunst zu bringen, so unternahm Clausewitz erst gar keinen Versuch in dieser Richtung bei den Kosaken

– er wäre gleichfalls mißlungen. Wie den Philhellenen mangelte es auch ihm an der Erkenntnis, daß die westliche Kampfesweise ebensosehr auf der westlichen Kultur beruhte wie die Taktik der Kosaken und der Klephten, denen daran lag, auch am nächsten Tag noch kämpfen zu können, auf der ihren. Die Charakteristika der westlichen Art zu kämpfen waren in den Worten des Grafen Moritz von Sachsen, Marschall von Frankreich, der sie im 18. Jahrhundert verkörperte und der die militärische Schwäche der Türken und ihrer Feinde scharf geißelte, «l'ordre, et la discipline, et la manière de combattre».[13]

Kurz gesagt, Clausewitz' Antwort auf die Frage «Was ist Krieg?» ist im Hinblick auf die verschiedenen Kulturen unzureichend. Das überrascht keineswegs. Uns allen bereitet es Schwierigkeiten, genügend Abstand von der eigenen Kultur zu gewinnen, um sehen zu können, wie sie aus uns das macht, was wir sind. Den Zeitgenossen im Westen mit ihrem tiefverwurzelten Glauben an die Vorzüge des Individualismus fällt das ebenso schwer wie anderen Menschen an anderen Orten. Der im Zeitalter der Aufklärung aufgewachsene Clausewitz war ein Kind seiner Epoche, Zeitgenosse der deutschen Romantiker, Intellektueller, Praktiker, Reformer, ein Mann der Tat, Kritiker der Gesellschaft und glühend davon überzeugt, daß es not tue, sie zu ändern. Obwohl er ein genauer Beobachter der Gegenwart und zugleich der Zukunft zugewandt war, sah er nicht, wie tief er als Angehöriger einer Kaste von Berufsoffizieren in einem zentralistischen europäischen Staatswesen in seiner eigenen Vergangenheit wurzelte. Hätte sein bereits äußerst kritischer Geist noch über eine weitere intellektuelle Dimension verfügt, hätte er vielleicht erkannt, daß es beim Krieg um weit mehr geht als um Politik: Krieg ist stets Ausdruck einer Kultur, oft sogar eine ihrer bestimmenden Größen, und in manchen Gesellschaften die Kultur selbst.

Wer war Clausewitz?

Clausewitz war Offizier eines Regiments. Das bedarf einer gewissen Erläuterung. Ein Regiment ist eine militärische Einheit, die gewöhnlich aus etwa tausend Soldaten besteht. Im Europa des 18. Jahrhunderts war ein Regiment fester Bestandteil des Militärs, und es hat sich bis in unsere Zeit erhalten. Vor allem im britischen und schwedischen Heer findet man Regimenter, die auf eine rund dreihundertjährige ununterbrochene Geschichte zurückblicken können. Als das Regiment im 17. Jahrhundert entstand, bedeutete dies eine geradezu revolutionäre Neuerung für das Leben in Europa. Sein Einfluß wurde ebenso bedeutend wie der Einfluß autonomer Verwaltungs- und Steuerbehörden, und mit beiden hing seine Entstehung zusammen.

Das Regiment – das Wort hat den gleichen Ursprung wie Regieren – war für den Staat ein Mittel, sich die Herrschaft über die Streitkräfte zu erhalten. Die komplexen Gründe für die Entstehung dieser Einheit sind in einer Krise zu suchen, zu der es zweihundert Jahre zuvor in der Beziehung zwischen europäischen Herrschern und jenen gekommen war, die ihnen militärische Dienste leisteten. Herkömmlicherweise hatten sich Könige darauf verlassen dürfen, daß ihnen die Feudalherren im Bedarfsfall Heere zur Verfügung stellten. Als Gegenleistung für ihre Bereitschaft, auf Anforderung eine der Größe ihres Lehens entsprechende Anzahl von Bewaffneten für einen bestimmten Zeitraum bereitzustellen, wurden ihnen gewisse Rechte und Machtbefugnisse in ihrem Herrschaftsbereich zugebilligt. Letzten Endes gründete sich das System auf die Subsistenzwirtschaft: in wenig entwikkelten Wirtschaftssystemen, in denen Ernten unsicher sind und mangelnde Transportmöglichkeiten die Verteilung von Nahrungsmitteln einschränken, müssen Bewaffnete auf dem Lande wohnen und ein Zugriffsrecht auf die Ernte haben, wenn sie nicht auf die Stufe von Landarbeitern zurückfallen sollen.

Das Feudalsystem war allerdings nie scharf ausgeprägt – die darin zu verschiedenen Zeiten und an verschiedenen Orten zu beobachtenden Unterschiede lassen eine Kategorisierung nicht zu –, und es funktionierte selten. Im 15. Jahrhundert war es ganz und gar untauglich geworden. In einem großen Teil Europas herrschte eine Art ständiger Kriegszustand; sowohl äußere Feinde als auch eine Aufsplitterung im Innern bedrohten den Kontinent, und die Feudalheere waren nicht imstande, diesem Zustand ein Ende zu bereiten. Versuche, die Schlagkraft der Streitkräfte zu steigern, indem man den Feudalherren in den am meisten heimgesuchten Gebieten größere Unabhängigkeit zugestand oder Ritter für ihre Waffendienste bezahlte, verschärften das Problem lediglich. Die Feudalherren weigerten sich, ihre Männer auf Anforderung zur Verfügung zu stellen, errichteten festere Burgen, stellten Privatheere auf und führten auf eigene Faust Krieg – bisweilen gegen den König. Längst hatten Könige Feudalheere durch Söldnerheere ersetzt – sofern sie das Geld dafür aufbringen konnten. Um die Mitte des 15. Jahrhunderts wurden in Europa Söldner, die man angeworben hatte, aber nicht mehr bezahlen konnte, zur Landplage. Sie verwüsteten die Ländereien von Königen und Feudalherren, und man fürchtete sie bisweilen ebensosehr wie die Magyaren, Sarazenen und Wikinger, deren Einfälle in erster Linie Anlaß dafür gewesen waren, daß in Europa feste Burgen errichtet und Armeen aufgestellt wurden.

Es war ein Teufelskreis: wer mehr Soldaten aufstellte, um mit ihrer Hilfe die Ordnung wiederherzustellen, lief Gefahr, die Zahl der Plünderer zu vermehren (die Franzosen nannten sie *écorcheurs*, Männer, die eine Strategie der verbrannten Erde praktizieren); wer es unterließ, die Ordnung wiederherzustellen, setzte die Bauern dem Raub und der Plünderung aus. Schließlich tat ein König, dessen Land am meisten in Mitleidenschaft gezogen wurde, den entscheidenden Schritt. Karl VII. von Frankreich hatte erkannt, daß «die *écorcheurs* ohne ihr Zutun militärische Außenseiter geworden waren, dennoch aber früher oder später vom König oder den großen Landesherren anerkannt zu werden hofften», und so machte er sich 1445/46 daran, «nicht, wie es bisweilen heißt, ein stehendes Heer zu schaffen, sondern aus der Masse der verfügbaren Soldaten» die besten auszuwählen.[14] Die auf diese Weise einheitlich zusammengesetzten Söldnertruppen wurden offiziell als militärische Diener der Monarchie anerkannt; ihre Aufgabe war es, illegale Streitkräfte zu vernichten.

Gegenüber der feudalen Kavallerie waren die von Karl VII. aufgestellten Fußtruppen, die *compagnies d'ordonnance*, militärisch im Nachteil. Zweifel wurden laut, ob sie Berittenen auf dem Schlachtfeld überhaupt standhalten konnten. Dabei hatten bereits manche Fußtruppen, allen voran die Schweizer, die Fähigkeit bewiesen, Reiter ausschließlich mit Hilfe von blanken Waffen vom Pferd zu holen; und als Anfang des 16. Jahrhunderts wirksame Handfeuerwaffen allgemeine Verbreitung fanden, wurde die Frage der Kampfmoral ein für allemal durch den technischen Fortschritt entschieden.[15] Fortan schlug Fußvolk immer wieder Reiterei, die sich auf dem Schlachtfeld allmählich an den Rand gedrängt sah, auch wenn die Ritter weiterhin darauf bestanden, daß man ihre altüberlieferte gesellschaftliche Stellung anerkannte. Diese wurde zur gleichen Zeit dadurch weiter untergraben, daß man gegen die Festungen der Feudalherren Geschütze einsetzte. Nachdem Karl VIII. die neue Waffe der beweglichen Artillerie wirksam gegen sie in Stellung gebracht hatte, konnten Adlige mit festen Burgen der Macht des Königs nicht mehr offen trotzen. Dieser Prozeß hatte in den neunziger Jahren des 15. Jahrhunderts eingesetzt; Anfang des 17. Jahrhunderts waren die Nachfahren jener Burgherren froh, wenn die Gnade des Königs sie zu Obristen über das Fußvolk machte.

Eine solche Obristenposition war mit dem «Regiment» oder Kommando über eine Anzahl von Kompanien verbunden. Die Erfahrung hatte gelehrt, daß eine einzelne Kompanie wegen ihrer geringen Größe weder auf dem Schlachtfeld etwas zählte, noch einen Mann von Stand dazu verlockte, an ihre Spitze zu treten – außer, wenn es sich um eine Kompanie königlicher Leibgardisten handelte. Mithin waren in den meisten europäischen Heeren die Obristen an ihren Regimentern materiell beteiligt, ebenso wie die Kommandanten der Söldnereinheiten, die bis weit ins 18. Jahrhundert neben den königlichen Regimentern weiterbestanden. Über den Pauschalbetrag, den sie aus der königlichen Schatulle zur Bezahlung von Sold und Uniformen bekamen, konnten sie frei verfügen, und gewöhnlich verkauften sie die ihnen untergeordneten Positionen (Hauptleute und Leutnants), um ihr Einkommen aufzubessern. Noch bis 1871 war es im britischen Heer möglich, Offizierspatente zu kaufen.

Schon bald unterschied sich das Wesen dieser neuen Regimenter von dem der Söldnerhaufen der späten Feudalzeit und der Religionskriege, die sich gewöhnlich aufgelöst hatten, sobald die Geldquellen versiegten (es sei denn, die Söldner übernahmen, wie in einer Reihe italienischer Stadtstaaten, selbst die Herrschaftsgewalt). Sie wurden zu ständigen königlichen – und schließlich nationalen – Einrichtungen, besaßen häufig ein festes Hauptquartier in einer Provinzstadt, rekrutierten sich aus der Umgebung und bezogen ihre Offiziere aus einem exklusiven Kreis ihnen verbundener Adelsfamilien. Ein Beispiel dafür war das 1720 gegründete preußische 34. Infanterieregiment, in das Clausewitz 1792 mit zwölf Jahren eintrat. Kommandiert wurde es von einem preußischen Prinzen, und seine Offiziere gehörten dem preußischen Landadel an. Es lag in der brandenburgischen Stadt Neuruppin in Garnison, wo die Soldaten, die lange Zeit aus den ärmsten Schichten einberufen wurden, mit Weibern, Kindern und den Invaliden mehr als die Hälfte der Bevölkerung ausmachten.

Hundert Jahre später gab es solche Garnisonstädte, von denen manche gleich mehrere Regimenter beherbergten, in ganz Europa. Im schlimmsten Fall ähnelten die Regimenter dem von Anna Kareninas Liebhaber Wronski, einem Klub von Dandys, dessen Offiziere in Tolstois Beschreibung allesamt Müßiggänger und Hohlköpfe waren, denen ihre Pferde mehr am Herzen lagen als ihre Männer.[16] Im günstigsten Fall waren solche Regimenter «Schulen der Nation», die Mäßigkeit, körperliche Ertüchtigung und die Fähigkeit zu lesen, zu schreiben und zu rechnen vermittelten. Clausewitz' Regiment, ein Vorläufer der letztgenannten Kategorie, unterhielt eigene Schulen, in denen nicht nur die jungen Offiziere ausgebildet, sondern auch die Soldaten im Lesen und Schreiben und ihre Frauen im Spinnen und der Bandweberei unterwiesen wurden.

Auf solche Regimenter, die zur «Besserung» der ihnen Anvertrauten beitrugen, waren die Obristen, die an ihrer Spitze standen, nicht zuletzt deshalb besonders stolz, weil sie darin Modelle gesellschaftlicher Vervollkommnung sahen, eine Vorstellung, die auf die Menschen im Zeitalter der Aufklärung sehr anziehend wirkte. Obwohl die Soldaten praktisch Sklaven und de facto in den Garnisonstädten gefangen waren, damit sie nicht desertierten, boten sie, sobald sie als Masse auftraten, ein herrliches Bild. Es sah ganz so aus, als gehörten sie einer anderen Kategorie Mensch an als die groben Dörfler; und ein langer Militärdienst gewöhnte sie schließlich an ihr Los. Es gibt ergreifende Schilderungen, die zeigen, wie preußische Veteranen, zu alt und gebrechlich, um selbst mit ins Feld zu ziehen, beim Aufbruch ihres Regiments hinter ihm her humpelten, da sie kein anderes Leben kannten. Obristen, die solche Soldaten – mit Hilfe von Exerzierbuch und Prügelstrafe – herangezogen hatten, mögen sich durchaus für Vermittler gesellschaftlicher Tugenden gehalten haben. Allerdings gaben sie sich damit einer Täuschung hin, denn paradoxerweise gediehen die Regimenter nur gut als Gemeinschaften außerhalb der Gesellschaft. Sie waren gegründet worden, um die störenden Elemente zum Besten der Gesellschaft zu isolieren, auch wenn dieses ursprüngliche Ziel in Vergessenheit geraten war. Schließlich aber isolierten sie sich selbst von der Gesellschaft, indem sie sich durch eigene Vorschriften, Rituale und Verhaltensweisen deutlich abgrenzten.

Es hätte den jungen Clausewitz wohl kaum gestört, daß das preußische Heer gesellschaftlich gesehen versagt hatte, wenn nicht genau dadurch der preußische Staat zur militärischen Katastrophe verdammt worden wäre. Ein Jahr nach seinem Eintritt ins Heer stand er im Kampf gegen französische Soldaten, deren Motive sich grundlegend von denen der ehemaligen Leibeigenen unterschieden, die er befehligte. Die französischen Revolutionsheere wurden eingedeckt mit Propaganda über die Gleichheit aller Franzosen als Bürger der Republik und über die Pflicht aller Bürger, Waffen zu tragen. Ihre Kriege gegen die verbliebenen monarchischen Armeen Europas wurden als Kampf hingestellt, der die aristokratische Ordnung stürzen sollte, wo immer man auf sie traf. Nicht nur die Revolution in der Heimat wollte man verteidigen, sondern ihre befreienden Grundsätze sollten auch überall dort heimisch werden, wo Menschen noch unfrei waren. Die Revolutionsheere erwiesen sich, aus welchem Grund auch immer – das Thema ist äußerst komplex –, als nahezu unschlagbar, und ihre militärische Dynamik dauerte auch noch an, nachdem aus dem braven republikanischen General Bonaparte der Kaiser Napoleon geworden war.

1806 wandte Napoleon seine Aufmerksamkeit Preußen zu, dessen Heer er in wenigen Wochen bezwang. Clausewitz fand sich mit einem Mal als Gefangener auf französischem Boden wieder, und als man ihm die Heimkehr gestattete, war er Offizier eines Rumpfheeres, das lediglich dank französischer Duldung existierte. Einige Jahre hindurch plante er mit seinen Vorgesetzten, den Generälen Scharnhorst und Gneisenau, das Heer direkt vor Napoleons Nase insgeheim wieder aufzubauen, doch entschied er sich 1812 gegen diese Taktik und für den Weg des «zweifachen Patrioten». Dieser «zweifache Patriotismus» veranlaßte ihn, den Befehl seines Königs zu mißachten, der bei Napoleons Einmarsch in Rußland von ihm verlangte, unter dem Franzosenkaiser zu dienen, und sich statt dessen den Truppen des Zaren anzuschließen, um für Preußen die Freiheit zu erkämpfen. Als zaristischer Offizier kämpfte er bei Borodino und kehrte, noch in russischer Uniform, nach Preußen zurück, um 1813 in den Befreiungskriegen zu kämpfen. Den «zweifachen Patriotismus» haben sich später übrigens die ultranationalen japanischen Offiziere zur Richtschnur gemacht, die vor dem Zweiten Weltkrieg der von der kaiserlichen Regierung vertretenen Politik der Mäßigung den Gehorsam versagten, um dem zu dienen, was sie als das wahre Interesse des Tenno ansahen.

Lediglich Verzweiflung konnte Clausewitz zu solchem Handeln hinter dem Rücken seines Landesherrn veranlassen; seine Entscheidung gab ihm jedoch die Kraft, einen geistigen Umsturz in die Wege zu leiten, der sich auf der ganzen Welt auswirkte. Die Katastrophe von 1806 hatte seinen Glauben an den Staat Preußen zutiefst erschüttert, nicht jedoch den an die Werte der Regimentskultur, nach denen er erzogen worden war. Er sah den Krieg ausschließlich als Aufgabe, bei deren Erfüllung sich der Soldat – und hier insbesondere der Offizier – der Natur widersetzt. Die Natur rät zur Flucht, zur Feigheit, zur Eigensucht, ist Triebfeder der Kosaken, bewirkt, daß ein Mann kämpft, wenn ihm danach ist, sonst aber nicht, läßt ihn zum Geschäftemacher auf dem Schlachtfeld werden, wenn das seinen Interessen dient – so sah für Clausewitz der «wirkliche Krieg» in seinen schlimmsten Auswüchsen aus. Demgegenüber kamen die Ideale der Regimentskultur – unbedingter Gehorsam, unerschütterlicher Mut, Selbstaufopferung und Ehrgefühl – in ihrer besten Ausprägung dem «absoluten Krieg» sehr nahe, den ein Berufssoldat nach Clausewitz' Auffassung sich zum Ziel setzen sollte.

Michael Howard hat darauf hingewiesen, daß die Unterscheidung zwischen «wirklichem» und «absolutem» Krieg keineswegs auf Clausewitz zurückgeht[17], sondern im preußischen Heer des frühen 19. Jahrhunderts in der Luft lag. Das paßte zur Philosophie des Idealismus, die zu jener Zeit das kulturelle Leben in Preußen und das Denken an den Universitäten bestimmte. Clausewitz war kein akademisch gebildeter Philosoph, sondern eher «ein typischer Vertreter seiner Generation, der für das breite Publikum bestimmte Vorträge über Logik und Ethik besuchte, einschlägige Bücher und Artikel las und Elemente seiner Vorstellungen aus zweiter und dritter Hand aus seiner Umgebung bezog».[18] Nicht nur, daß dieses kulturelle Umfeld einer militärischen Theorie förderlich war, die sich auf eine dialektische Unterscheidung zwischen absolutem und wirklichem Krieg stützte; es lieferte Clausewitz auch die sprachlichen Mittel, die Argumente und die Darstellungsweise, die den Zeitgenossen seine Theorie am ehesten schmackhaft machen konnten.

Nachdem er 1813 in russischer Uniform nach Preußen zurückgekehrt war, befand er sich in einer Zwangslage. Obwohl alle Karriereaussichten dahin waren, blieb er weiterhin glühender preußischer Patriot. Er wollte für das Heer seines Landes eine Theorie des Krieges entwerfen, die ihm künftig den Sieg sichern sollte.

Doch zeigte sich sein Land nicht imstande zu jenen Veränderungen im Inneren, die Frankreich in den Jahren der Revolution unbesiegbar gemacht hatten. Clausewitz selbst wollte das auch nicht unbedingt; er verachtete die Franzosen, deren Eigenschaften er denen seines eigenen Volkes für unterlegen hielt – sie waren in seinen Augen verschlagen und oberflächlich, die Preußen hingegen wahrheitsliebend und edel –, und er blieb zu sehr in seiner von der Staatsräson bestimmten Erziehung verwurzelt, als daß er den Wunsch verspürt hätte, revolutionäre Ideale auf das Königreich Preußen zu übertragen. Doch führte ihn sein Intellekt zu der Erkenntnis, daß es das revolutionäre Feuer war, das den französischen Armeen den Sieg gebracht hatte. In Frankreich war zur Zeit der Revolution die Politik alles gewesen; in Preußen war die Politik nichts als die persönliche Angelegenheit des Königs, und sie blieb es großenteils auch nach Napoleons Niederlage.

Das Problem für Clausewitz war daher: Wie ließ sich die von den Armeen der französischen Republik und Napoleons praktizierte Kriegführung übernehmen, ohne daß man zugleich die Grundsätze der Revolution übernahm? Wie konnte man einen Volkskrieg bekommen, ohne einen Volksstaat einzuführen? Sofern man die richtigen Worte fand und das preußische Heer davon zu überzeugen vermochte, daß Krieg tatsächlich eine Form der Politik war, der preußische Soldat den Zielen des Staates um so besser diente, je mehr er sich dem Ideal des «absoluten Krieges» näherte, und jede zwischen dem «absoluten Krieg» und der unvollkommenen Form des «wirklichen Krieges» verbleibende Lücke die Rücksicht war, die die Strategie auf die Notwendigkeiten der Politik nahm, konnte man den Soldaten unbesorgt im Zustand politischer Unschuld belassen, während er zugleich kämpfen würde, als beflügele ihn politisches Feuer.

Clausewitz' Lösung für dieses militärische Problem hat in gewissem Sinne große Ähnlichkeit mit der Lösung, die Marx nur wenige Jahre später für seine politische Zwangslage fand. Beide waren im gleichen kulturellen Umfeld des deutschen Idealismus aufgewachsen, wobei Marx allerdings über die formale philosophische Ausbildung verfügte, die Clausewitz fehlte. Es ist von größter Bedeutung, daß Clausewitz in der Gunst marxistischer Intellektueller, allen voran Lenin, stets besonders hoch stand. Der Grund dafür ist leicht zu erkennen. Das Wesen der marxistischen Methodik ist die Reduzierung, und Clausewitz hat durch Reduzierung erklärt, daß es um den Krieg um so besser stehe, je schlechter es gehe, weil das Schlechte dem «absoluten» Krieg näher sei als dem «wirklichen». Auch bei Marx galt der Grundsatz, je schlechter es gehe, desto besser stehe es um die Sache, denn eine schlechte Politik treibe den Klassenkampf voran, zur Revolution, welche die ausgehöhlte Welt der «wirklichen» Politik hinwegfege und dem «absoluten» Proletariat zum Sieg verhelfe.

Die Motive von Marx waren nicht die gleichen, die Clausewitz beflügelten. Marx war der kühnere Geist; Clausewitz hingegen blieb der Rolle dessen verhaftet, der dazugehört. So hoffte er – vergeblich – als Botschafter nach London entsandt oder zum Chef des Generalstabs berufen zu werden, und gern nahm er Beförderungen und Auszeichnungen entgegen, während sich Marx in der Rolle des Außenseiters gefiel[19] – Exil, Armut und der Bannstrahl Preußens waren Wasser auf seine Mühle. Aus der Rolle des Außenseiters bezog er Kraft, während Clausewitz überzeugt war, das System nur dadurch ändern zu können, daß er es nicht verließ. Dennoch verband beide Männer intellektuell mehr, als sie trennte, denn beide hatten mit einem ähnlichen Problem zu kämpfen: das von ihnen ausersehene Publikum zu einem Standpunkt zu bekehren, dem es großen Widerstand entgegensetzte. Marx war ein Apostel der Revolution in einer Gesellschaft, deren fortschrittliche Elemente von der Revolution zutiefst enttäuscht waren. Nicht nur erinnerten sie sich daran, daß die Französische Revolution ebenso fehlgeschlagen war wie die von 1830, sie sollten auch das Scheitern der Revolution von 1848 erleben, und sie sahen sich auf allen Seiten durch die Macht eines bourgeoisen oder monarchisch geprägten Staates unterdrückt. Clausewitz war der Apostel einer revolutionären Lehre vom Krieg, die einer Kaste, der die Politik ein Greuel war, den Krieg als politisches Handeln darzustellen suchte. Beide fanden schließlich ein Mittel, den Widerstand derer zu überwinden, die sie zu ihrer Ansicht bekehren wollten. Marx entwickelte eine Anzahl von ihm als wissenschaftlich bezeichneter historischer Gesetzmäßigkeiten, in denen für die Fortschrittlichen nicht nur die Hoffnung auf einen Sieg des Proletariats formuliert wurde, sondern auch die Gewißheit dieses Sieges und seine Unausweichlichkeit. Clausewitz legte eine Theorie vor, welche die Werte des Regimentsoffiziers – unbedingte Hingabe an die Pflicht, bis hin zum Tod auf dem Schlachtfeld – zum Status eines politischen Glaubenssatzes erhöhte, womit er den einzelnen von der Notwendigkeit entband, über politische Zusammenhänge nachzudenken.

Daher kann man *Vom Kriege* und *Das Kapital*, sosehr sich ihre Themen unterscheiden mögen, letztlich als zwei gleichartige Bücher ansehen. Zweifellos hoffte Clausewitz, *Vom Kriege* werde eines Tages den gleichen Stellenwert erlangen wie Adam Smiths *Wealth of Nations*, jenes überragende Werk aus dem Geist der Aufklärung. Möglicherweise dachte er auch, nichts anderes getan zu haben als Smith, nämlich Phänomene zu beobachten, zu beschreiben und zu kategorisieren. Auch Marx hat viel und zum großen Teil genau beschrieben. In Anlehnung an Adam Smiths brillante Analyse der industriellen Arbeitsteilung sprach er von Entfremdung. Während Smith in den Abläufen der Stecknadelherstellung vor der Industrialisierung – ein Mann zog den Draht, ein weiterer schnitt ihn ab, ein dritter zog die Spitze aus, und ein vierter bildete den Kopf heraus – lediglich das wunderbare Wirken einer die Marktwirtschaft lenkenden «unsichtbaren Hand» sah, folgerte Marx, die bei einem denkenden und fühlenden Menschen durch eine solche Arbeit hervorgerufenen Empfindungen würden letzten Endes zu dem führen, was er «Klassenkampf» nannte. Er zog daraus den Schluß, daß in einem Wirtschaftssystem, dessen Produktionsmittel sich nicht im Besitz der Arbeiter befinden, die Prozesse der Massenproduktion die Revolution unausweichlich machten.

Auch Clausewitz begann mit der Beschreibung. Er nahm die Uniformen, die Lieder und das Exerzieren des Militärs als Ausgangspunkt und erklärte, die Entfremdung (auch wenn er diesen Begriff nicht verwendete) des Soldaten von seinem Los – Entbehrungen, Verwundungen, Tod – müsse dazu führen, daß Heere geschlagen werden und zusammenbrechen. Zu diesem militärischen Gegenstück zur Revolution werde es kommen, wenn man die Soldaten nicht davon überzeuge, daß das entsetzliche Erlebnis des «absoluten» Krieges ihrem Status bekömmlicher sei als die jedem Krieger vertraute Verpflichtung des «wirklichen» Krieges.

So wie uns der gesunde Menschenverstand sagt, daß ein sich lange hinziehender Klassenkampf für eine Gesellschaft unerträglich ist und daß eine Revolution noch weit schlimmere Übel verursacht, sagt er uns auch, daß der «absolute» Krieg möglicherweise mehr ist, als Fleisch und Blut ertragen können. Selbstverständlich hat Clausewitz nicht darauf spekuliert, daß sich die Lücke zwischen «wirklichem» und «absolutem» Krieg vollständig schließen lasse. Die Verlockung, die er auf Intellektuelle, insbesondere solche marxistischer Prägung, stets ausübte, beruht in erster Linie darauf, daß er die Imponderabilien betont hat – Zufall, Mißverständnisse, Unfähigkeit auf verschiedenen Gebieten, Änderung der politischen Ansicht, Versagen der Willenskraft oder mangelnde Übereinstimmung –, die bewirken, daß ein Krieg eher in Gestalt eines «wirklichen» als eines «absoluten» Krieges geführt wird. «Absoluter Krieg» ist in der Tat unerträglich.

Trotz des Freiraums, den Clausewitz gelassen hatte, um der Härte des «absoluten Krieges» zu entrinnen, hatte *Vom Kriege* einen Erfolg, der die kühnsten Erwartungen des Autors weit übertroffen haben dürfte. Clausewitz starb 1831 – ein Opfer der letzten großen Choleraepidemie, die ganz Europa erfaßt hatte – in tiefer Enttäuschung: man hatte ihn nicht nur nicht befördert, er war auch weitgehend ohne Anerkennung geblieben. *Vom Kriege* erschien postum, herausgegeben von Clausewitz' Witwe. Auch Marx starb enttäuscht, zwölf Jahre nach der Niederschlagung der Pariser Kommune von 1871, die seine selbstsichere Voraussage, die Unterdrückung des Proletariats durch die Bourgeoisie werde unvermeidlich zur Revolution führen, endgültig zu widerlegen schien.

Vierunddreißig Jahre später schlug die Revolution Wurzeln in einem Lande, das so rückständig war, daß Marx es ignoriert hatte.

Hier erblühte dann auch die erste Diktatur des Proletariats. Das geschah auf dem Höhepunkt eines großen Krieges zwischen den von der Bourgeoisie beherrschten Staaten; ohne diesen Krieg wäre es nicht zur russischen Revolution gekommen. Zur Revolution haben in Rußland nicht die schrecklichen Auswüchse des Kapitalismus geführt, sondern die schrecklichen Folgen des Krieges, und diese wiederum ließen sich unter anderem darauf zurückführen, daß Clausewitz in seinen Schriften darauf beharrt hatte, es sei Aufgabe der Heere, dafür zu sorgen, daß «wirklicher» Krieg und «absoluter» Krieg ein und dasselbe seien.

Vom Kriege hatte sich als Buch mit Spätwirkung erwiesen. Erst vierzig Jahre nach seiner Veröffentlichung in den Jahren 1832–35 wurde es weithin bekannt, und auch dann nur über einen Umweg. Helmuth von Moltke, Chef des Generalstabs der preußischen Armee, schien magische Führungskräfte zu besitzen, denn unter seinem Kommando war 1866 und 1871 nach Feldzügen von jeweils wenigen Wochen Dauer die Macht des österreichischen und anschließend des französischen Kaiserreiches zusammengebrochen. Natürlich wollte die Welt sein Geheimnis erfahren, und als Moltke erklärte, das Buch, das ihn außer der Bibel und Homer am meisten beeinflußt habe, sei *Vom Kriege* gewesen, war Clausewitz' Nachruhm gesichert.[20] Man übersah, daß Moltke zu einer Zeit an der preußischen Kriegsakademie studiert hatte, als Clausewitz deren Leiter gewesen war, und es war auch unerheblich; man griff nach dem Buch, las es, mißverstand es häufig, aber alle Welt war überzeugt, es enthalte das Wesen erfolgreicher Kriegführung.

Der Erfolg des Werkes beruhte zum großen Teil darauf, daß vieles von dem, was seit seiner Abfassung geschehen war, Clausewitz' Thesen zu bestätigen schien. Die wichtigste dieser Entwicklungen war die weite Verbreitung jenes Regimentsgeistes, der den Krieg als Geschäft ansah. «Niemals wird man», schrieb Clausewitz, seinen Zentralgedanken vom Krieg als Teil der Politik auf charakteristische Weise abwandelnd, «die Individualität des Geschäftsganges aufheben können... und so werden auch immer diejenigen, welche es treiben, und solange sie es treiben, sich als eine Art Innung ansehen, in deren Ordnungen, Gesetzen und Gewohnheiten sich die Geister des Krieges vorzugsweise fixieren». Selbstverständlich war mit dieser Innung das Regiment gemeint, dessen Geist der Autor wie folgt kennzeichnet: «Ein Heer, welches im zerstörendsten Feuer seine gewohnten Ordnungen behält, welches niemals von einer eingebildeten Furcht geschreckt wird und einer gegründeten den Raum Fuß für Fuß streitig macht, stolz im Gefühl seiner Siege, auch mitten im Verderben der Niederlage die Kraft zum Gehorsam nicht verliert, nicht die Achtung und das Zutrauen zu seinen Führern, dessen körperliche Kräfte in der Übung von Entbehrung und Anstrengung gestärkt sind wie die Muskeln eines Athleten, welches diese Anstrengungen ansieht als ein Mittel zum Siege, nicht als einen Fluch, der auf seinen Fahnen ruht, und welches an alle diese Pflichten und Tugenden durch den kurzen Katechismus einer einzigen Vorstellung erinnert wird, nämlich die Ehre seiner Waffen, – ein solches Heer ist vom kriegerischen Geiste durchdrungen.»[21]

Statt «Heer» lese man «Regimenter». Von ihnen wurde Preußen im 19. Jahrhundert förmlich überschwemmt. Hatte es 1831 erst vierzig gegeben, waren es 1871 weit über hundert, und dabei sind weder die Füsilierbataillone noch die Kavallerie mitgezählt. Jeder taugliche Preuße gehörte einem Regiment an oder hatte ihm in Jugendjahren angehört, und sie alle begriffen, was mit «Ehre seiner Waffen» gemeint war.

Diese «einzige Vorstellung» verhalf den Preußen in den Kriegen gegen Österreich und Frankreich zum Sieg, und schon bald entsandte man Offiziere in andere Länder, die sich bemühten, nach preußischem Muster Regimenter aufzustellen, denen die besten jungen Männer eines Volkes angehörten. Sie wurden von Scharen älterer Reservisten unterstützt, die ihre eigene Rekrutenzeit als Initiationsritus verstanden, der sie zum Mann hatte reifen lassen. Dieser Initiationsritus wurde zu einem wichtigen Bestandteil der europäischen Gesellschaft. Nicht nur, daß nahezu alle jungen Männer des Erdteils dieses Erlebnis teilten, es lieferte auch durch seine allgemeine Verbreitung, seine bereitwillige Hinnahme als gesellschaftliche Norm und die unausweichlich damit einhergehende Militarisierung der Gesellschaft eine weitere Bestätigung für Clausewitz' Ausspruch, der Krieg sei eine Fortsetzung der Politik. Wenn sich Völker für die Wehrpflicht aussprachen oder stillschweigend Wehrpflichtgesetzen zustimmten – wie konnte man da bestreiten, daß Krieg und Politik einem gemeinsamen Ganzen angehörten?

Doch der Gott des Krieges läßt nicht mit sich spaßen. Was Europas Wehrpflichtigen-Regimenter erwartete, als sie 1914, ihre Reservisten im Schlepptau, in den Krieg zogen, war bei weitem schlimmer als alles, womit die Bürger gerechnet hatten. Im Ersten Weltkrieg wurden «wirklicher Krieg» und «absoluter Krieg» rasch ununterscheidbar; die mäßigenden Einflüsse, von denen Clausewitz als leidenschaftsloser Beobachter militärischer Erscheinungen gesagt hatte, sie würden Wesen und Zweck eines Krieges stets aufeinander abstimmen, schwanden bis zur Unkenntlichkeit. Es sah ganz so aus, als führten Deutsche, Franzosen, Briten und Russen den Krieg um des Krieges willen. Seine ohnehin schwer zu definierenden politischen Ziele waren vergessen, Hemmungen wurden beiseite geschoben, Politiker, die zur Vernunft mahnten, geschmäht, und selbst in liberalen Demokratien verkam die Politik rasch zur bloßen Rechtfertigung immer größerer Schlachten, noch längerer Gefallenenlisten, noch höherer Militäretats.

Bei allem Leid und Elend spielte die Politik keine nennenswerte Rolle. Der Erste Weltkrieg war im Gegenteil eine ungeheuerliche kulturelle Verirrung, Ergebnis einer im Jahrhundert Clausewitz' – das mit seiner Rückkehr aus Rußland 1813 begann und 1913, dem letzten Jahr des langen Friedens, endete – von den Völkern des Kontinents unbewußt getroffenen Entscheidung, aus Europa eine Gesellschaft von Kriegern zu machen. Clausewitz war ebensowenig Urheber dieser Entwicklung wie Marx Urheber des revolutionären Impulses war, aber beide tragen eine gewichtige Verantwortung. Ihre Werke, die den Anspruch auf Wissenschaftlichkeit erhoben, waren in Wirklichkeit berauschend ideologische Schriften, in denen die Welt nicht so dargestellt wurde, wie sie war, sondern wie sie sein könnte.

Zweck des Krieges, erklärte Clausewitz, sei es, einem politischen Ziel zu dienen; das Wesen des Krieges aber sei der Krieg um seiner selbst willen. Daraus zog Clausewitz den Schluß, daß jemand, der den Krieg um seiner selbst willen führe, wahrscheinlich mehr Erfolg damit habe als jemand, der danach trachte, seine Natur aus politischen Rücksichten zu mäßigen. Der Friede im friedlichsten Jahrhundert der europäischen Geschichte mußte dieser subversiven Vorstellung dienen, die wie ein aktiver Vulkan unter der Oberfläche von Fortschritt und Wohlstand brodelte und rumorte. Der im Verlauf des 19. Jahrhunderts geschaffene Wohlstand wurde in einem nicht gekannten Maße dazu verwendet, die Werke wirklichen Friedens zu finanzieren – Schulen, Universitäten, Krankenhäuser, Straßen, Brücken, neue Städte, neue Arbeitsplätze, die Infrastruktur einer sich über den ganzen Kontinent erstreckenden und auf das allgemeine Wohl bedachten Wirtschaft. Gleichzeitig sorgte erhöhtes Steueraufkommen für ein verbessertes öffentliches Gesundheitswesen, eine höhere Geburtenrate – aber auch für neue und ausgeklügelte Militärtechnik, und diese ermöglichte es der mächtigsten Kriegergesellschaft, welche die Welt je gesehen hatte, den «absoluten Krieg» zu führen. Als Clausewitz 1818 mit der Abfassung des Manuskripts zu *Vom Kriege* begann, war Europa ein entwaffneter Kontinent. Napoleons Grande Armée hatte sich nach seiner Verbannung nach St. Helena ebenso aufgelöst wie das Heer seiner Feinde. Die in großem Umfang praktizierte Zwangsaushebung hatte man überall weitgehend wieder abgeschafft, die Rüstungsindustrie war zusammengebrochen, Generale waren in den Ruhestand versetzt, und Veteranen bettelten auf den Straßen. Sechsundneunzig Jahre später, am Vorabend des Ersten Weltkriegs, hatte so gut wie jeder taugliche männliche Europäer im wehrdienstfähigen Alter einen Wehrpaß in der Tasche und wußte genau, wo er sich für den Fall einer allgemeinen Mobilmachung zum Dienstantritt zu melden hatte. Die Rüstkammern der Regimenter barsten vor Waffen und Uniformen zur Ausstattung von Reservisten, und selbst die Pferde auf den Koppeln der Bauern waren erfaßt, damit man sie im Kriegsfall requirieren konnte.

Anfang Juli 1914 trugen rund vier Millionen Männer in Europa

Uniform; Ende August waren es zwanzig Millionen, und Zehntausende waren bereits gefallen. Die unter der Oberfläche verborgene Kriegergesellschaft war unvermittelt bis an die Zähne bewaffnet in die Landschaft des Friedens gesprungen, und die Krieger sollten so lange kämpfen, bis sie vier Jahre später nicht mehr dazu imstande waren. Obwohl man diese Katastrophe Clausewitz nicht zur Last legen kann, sehen wir in ihm mit Recht den ideologischen Vater des Ersten Weltkriegs, ebenso wie wir in Marx den der russischen Revolution sehen. Die Heere des Ersten Weltkriegs zogen mit der Lehre vom «absoluten Krieg» ins Feld; und möglicherweise ist das entsetzliche Schicksal, das sie durch den Glauben an diese Lehre auf sich zogen, Clausewitz' fortdauerndes Erbe.

Doch Clausewitz war nicht bloß Ideologe, sondern auch Historiker, und als solcher vermochte er seine eigene Erfahrung als Regimentsoffizier in einem königlichen Heer, das von den Bürgersoldaten des revolutionären Frankreich geschlagen worden war, geschichtlich einzuordnen. Im Rückblick auf die Ereignisse, die wie ein Wirbelwind über die Jahre seiner Jugend hinweggefahren waren, sah er den Grund in «der Teilnahme, welche den Völkern an dieser großen Staatsangelegenheit wurde; und diese Teilnahme entsprang teils aus den Verhältnissen, welche die französische Revolution in dem Innern der Länder herbeigeführt hatte, teils aus der Gefahr, womit alle Völker von dem französischen bedroht waren. Ob es nun immer so bleiben wird, ob alle künftigen Kriege immer mit dem ganzen Gewicht der Staaten und folglich nur um große, den Völkern naheliegende Interessen geführt sein werden, oder ob nach und nach wieder eine Absonderung der Regierung von dem Volke eintreten wird, dürfte schwer zu entscheiden sein.»[22]

Obwohl er ein guter Historiker war, ließ sich Clausewitz in seinem Denken so stark von den beiden Institutionen bestimmen, die seine eigene Wahrnehmung der Welt beherrschten – Staat und Regiment –, daß er die Frage, wie Krieg in Gesellschaften aussehen könnte, denen die Vorstellung von Staat und Regiment fremd war, überhaupt nicht stellte. Diesen Fehler beging Moltke nicht.

Er machte sich Clausewitz' Lehre aus rein utilitaristischen Gründen zu eigen, wohl wissend, daß der Krieg in fernen Gegenden – beispielsweise in Ägypten und der Türkei, wo er im Dienste des Sultans gekämpft hatte – Formen annehmen konnte, die seinem ideologischen Lehrmeister äußerst sonderbar erschienen wären und die dennoch dem Wesen der dortigen Gesellschaft angemessen, ja, untrennbar mit ihm verknüpft waren.

Im folgenden werden vier Beispiele dargestellt. Im ersten Fall, dem der geheimnisvollen Geschichte der Osterinsel, hat die materielle Notwendigkeit schließlich theokratisch bedingte Hemmungen dem Krieg gegenüber verdrängt. Im zweiten Beispiel nahm das Kriegertum aufgrund des gesellschaftlichen Chaos eine extreme Gestalt an, worauf die Freundlichkeit eines primitiven Hirtenvolkes in ihr Gegenteil umschlug. Bei der dritten Ausprägung, wie wir sie im Mameluckenreich Ägyptens finden, entstand durch religiöse Verbote, gegen Angehörige desselben Glaubens Krieg zu führen, die sonderbare Institution der militärischen Sklaverei. Im vierten Fall schließlich, dem Japan der Samurai, wurde eine mögliche Verbesserung der technischen Mittel zur Kriegführung geächtet, weil man die bestehende Gesellschaftsstruktur bewahren wollte.

Ein Großteil dieses geschichtlichen Hintergrundes dürfte Clausewitz unbekannt gewesen sein. Selbst wenn es für ihn theoretisch möglich war, etwas über das Japan der Samurai zu erfahren oder in den im Europa des 18. Jahrhunderts äußerst beliebten Schriften von Forschungsreisenden über die Osterinsel zu lesen, hätte er gewiß nichts von den Zulu erfahren, deren Aufstieg zur Herrschaft in Südafrika erst um die Zeit seines Todes begann. Über die Mamelucken allerdings hätte er vieles wissen müssen, und sei es nur, weil sie zu den berühmtesten Untertanen der osmanischen Türken zählten, deren Reich auch zu Clausewitz' Lebzeiten politisch und militärisch ein wichtiger Faktor war. Und sicherlich wußte er von den Janitscharen, den persönlichen Militärsklaven der Osmanen, deren Existenz bewies, daß im öffentlichen Leben der Türkei die Religion, und nicht die Politik, die bestimmende Größe war. Seine Entscheidung, die militärischen Institutionen des Osmanischen Reiches zu ignorieren, bildet einen grundlegenden Mangel seiner Theorie. Wer über die militärische Sklaverei hinaus auf die noch merkwürdigeren militärischen Kulturen der Polynesier, Zulu und Samurai blickt, deren Art der Kriegführung der rational denkenden Politik des Westens völlig widersprach, erkennt, wie beschränkt und letztlich irreführend die Vorstellung ist, der Krieg sei die Fortsetzung der Politik.

Krieg als Kultur

Die Osterinsel

Die Osterinsel, ein von den nächstgelegenen großen Landmassen, Südamerika und Neuseeland, gut 3500 beziehungsweise 5000 Kilometer entfernter Punkt im Südpazifik, gehört zu den einsamsten Orten der Erde und zugleich zu ihren kleinsten bewohnten Gebieten: ein Dreieck von rund hundertachtzig Quadratkilometern voll erloschener Vulkane. Trotz ihrer Abgelegenheit ist die Insel fest in die hochentwickelte Kultur Polynesiens eingebunden, die während der Jungsteinzeit im Zentralpazifik entstanden war und die im 18. Jahrhundert Tausende von Inseln in jenem Teil des Pazifischen Ozeans umfaßte, den Neuseeland, Hawaii und die Osterinsel begrenzen. Zwischen diesen drei Eckpunkten des polynesischen Dreiecks liegen Tausende von Kilometern und, wenn man die Zeit ihrer ersten Besiedlung betrachtet, Jahrhunderte.

Die Angehörigen der polynesischen Zivilisation waren ausgesprochen abenteuerlustig. Anfangs vermochten ihre europäischen Entdecker und Ethnographen nicht zu glauben, daß ein Volk ohne Schrift imstande gewesen sein soll, eine solch ungeheure Fläche zu besiedeln – achtunddreißig größere Inselgruppen und Inseln, die sich über gut fünfzig Millionen Quadratkilometer Ozean erstrekken. Man dachte sich komplizierte Theorien aus, um nachzuweisen, daß polynesische Segler keinesfalls die Navigationsleistungen eines Cook oder La Pérouse hätten erbringen können, aber alle Erklärungen waren falsch. So blieb die Kultur der Polynesier in ihrer Homogenität rätselhaft: nicht nur die Sprachen der weit auseinanderliegenden Inseln waren offenkundig miteinander verwandt, auch die gesellschaftlichen Institutionen, die auf Hawaii, Neuseeland und der Osterinsel in voller Blüte standen, erwiesen sich als verblüffend ähnlich.

Die polynesische Gesellschaft ist ihrem Wesen nach theokratisch. Als gottähnlich angesehene Häuptlinge, die von Göttern oder übernatürlichen Vorfahren abstammen, üben zugleich das Amt des Hohepriesters aus. In dieser Funktion vermitteln sie zwischen Gott und Mensch, um zu erreichen, daß ersterer seinem Volk die Früchte des Bodens und des Meeres schenkt; die Macht der Vermittlung – das *mana* – sichert dem Häuptling-Priester heilige Rechte (*tapu* oder Tabu) über den Boden, die Fischgründe und vieles andere, was wichtig oder begehrenswert ist. Unter normalen Umständen sorgen *mana* und *tapu* für Frieden und Stabilität in der Gesellschaft, und auf den glücklichsten polynesischen Inseln regelte die Theokratie mühelos die Beziehungen zwischen Häuptlingen und dem einfachen Volk, wie auch unter den Sippen, die vom ersten Häuptling abstammten.[23]

Dennoch gab es in Polynesien nie ein Goldenes Zeitalter. Nicht einmal im friedlichen Pazifik waren die Bedingungen immer normal, wobei Normalität bedeutet, daß die zum Leben erforderlichen Mittel stets in hinreichender Menge für alle zur Verfügung stehen. Die Bevölkerung nahm zu, trotz Geburtenkontrolle, Kindermord und Förderung der Auswanderung, die als Reise bezeichnet wurde. In Zeiten, da aller fruchtbare Boden und die ertragreichen Fischgründe vollständig genutzt wurden und keine nahe oder bekannte Insel lockte, kam es zu ernsthaften Schwierigkeiten. Das Wort für einen Krieger, *toa*, ist identisch mit der Bezeichnung für den Eisenholzbaum, aus dem die Polynesier Keulen und andere Waffen herstellten, die dazu dienen, Streitigkeiten zu regeln, zu denen der Mensch von Natur aus neigt. Da hat einer einen anderen beleidigt, es kommt zu Streit um Eigentum, Frauen und Ämter. Stets war es dem *mana* eines Häuptlings zugute gekommen, wenn er ein bemerkenswerter Krieger war. Doch in schwierigen Zeiten brachen Krieger, die nicht Häuptlinge waren, das Tabu, um sich in den Besitz von Dingen zu bringen, die sie brauchten oder haben wollten, und das wirkte sich verhängnisvoll auf die Sozialstruktur Polynesiens aus. Unter-Sippen rissen die Macht an sich, und in extremen Situationen wurden ganze Sippen aus ihrem angestammten Gebiet vertrieben.

Der schlimmste Fall ereignete sich auf der Osterinsel, und er verlief besonders grausam. Wie die Polynesier die von der nächsten Zivilisation fast zweitausend Kilometer über das offene Meer entfernte Insel – möglicherweise im 3. Jahrhundert n. Chr. – gefunden hatten, bleibt ein Geheimnis. Tatsache ist, daß sie sie entdeckt haben. Die Grundnahrungsmittel des Insellebens brachten sie mit: Süßkartoffeln, Bananen und Zuckerrohr. Sie rodeten Land unterhalb der drei Gipfel, fingen Fische und Seevögel und gründeten Ansiedlungen. Um das Jahr 1000 begannen sie außerdem mit der vollkommensten Verwirklichung der Theokratie, die sich in der polynesischen Welt finden läßt. Obwohl es so aussieht, als hätten zu keiner Zeit mehr als siebentausend Menschen auf der Osterinsel gelebt, gelang es ihnen im Laufe der folgenden sieben Jahrhunderte, über dreihundert Standbilder von gewöhnlich fünffacher Lebensgröße aus massivem Stein herauszuarbeiten und auf gewaltigen Tempelplattformen aufzurichten. Im Endstadium dieser Epoche erfanden die Bewohner der Osterinsel im Laufe des 16. Jahrhunderts auch eine Schrift, deren sich die Priester bedient zu haben scheinen, um sich besser an die bis dahin mündlich überlieferten Bräuche und Genealogien zu erinnern. Das war der Höhepunkt einer zivilisierten Zeit, in der die von den Häuptlingen wahrgenommene und durch sie vermittelte Macht der Götter Frieden und Ordnung sicherte.

Dann geriet etwas aus dem Lot. Kaum merklich zerstörte das Bevölkerungswachstum die natürlichen Lebensgrundlagen. Da man Wälder rodete, fiel weniger Regen, und der Ertrag der Felder nahm ab; da es weniger Bauholz für die Kanus gab, ging der Fischfang zurück. Allmählich begannen die Menschen auf der Osterinsel zu verrohen. Ein neues, *mata'a* genanntes Objekt tauchte auf, eine schlanke Obsidian-Speerspitze mit tödlicher Wirkung.[24] Die Oberherrschaft fiel in die Hand von Kriegern, die *tangata rima toto* genannt wurden, «Männer mit blutigen Händen». Die Vielzahl der auf den Gründungshäuptling zurückgehenden Sippen schloß sich zu zwei Gruppen zusammen, die sich von entgegengesetzten Enden der Insel aus unaufhörlich bekriegten. Der oberste Häuptling, Abkömmling des Gründers, wurde zu einer Symbolgestalt, deren *mana* niemanden mehr beeindruckte. Im Verlauf des durch den Krieg ausgelösten gesellschaftlichen Verfalls wurden die Standbilder systematisch umgestürzt, sei es, weil man das *mana* einer verfeindeten Sippe beleidigen wollte, sei es als Zeichen der Auflehnung einfacher Leute gegen die Häuptlinge, die von ihrem *mana* im Stich gelassen worden waren. Schließlich entstand eine eigenartige neue Religion im völligen Gegensatz zur Staatstheokratie Polynesiens: «Die Männer mit den blutigen Händen» wetteiferten miteinander darum, wer als erster ein Ei der Rußseeschwalbe fand, denn das sicherte die Häuptlingswürde – wenn auch nur für ein Jahr.

Als der holländische Forschungsreisende Roggeveen 1722 auf der Osterinsel landete, war die Anarchie bereits weit fortgeschritten; Ende des 19. Jahrhunderts hatte die Degeneration, verstärkt durch Überfälle europäischer Sklavenfänger und manche von Europäern eingeführte Krankheit, die Zahl der Inselbewohner auf 111 vermindert. Sie besaßen nur noch äußerst ungenaue mündliche Überlieferungen ihrer bemerkenswerten Vergangenheit. Aus dem, was sie berichteten, sowie aus den eindrucksvollen archäologischen Belegen rekonstruierten Anthropologen ein schmerzliches Bild der Gesellschaft der Osterinsel. Nicht nur, daß während der Untergangsphase beständig und überall Krieg geführt wurde, es fanden sich auch Anzeichen von Kannibalismus. Überdies wurde erkennbar, welche Anstrengungen manche Inselbewohner unternahmen, um sich den Folgen des Krieges zu entziehen. Viele der natürlichen Höhlen und Gänge in der Lava waren mit Steinen verschlossen, die von den Sockeln der entweihten Standbilder stammten. Dort fanden einzelne oder ganze Familien Zuflucht. An einem Ende der Insel hatte man einen Graben gezogen, um eine Art Halbinsel herzustellen, was man sicherlich als strategische Verteidigungsmaßnahme werten darf.

Fluchtburgen und strategische Verteidigungsanlagen sind zwei der drei Arten der Befestigung, die Militärhistoriker kennen; lediglich die dritte, die ihre unmittelbare Umgebung beherrschende Burg, fehlt auf der Osterinsel. Das bedeutet aber nicht, daß dem Krieg der Bewohner der Osterinsel eine Dimension gefehlt hätte, es liefert lediglich einen Hinweis auf die geringe Größe des Kriegsschauplatzes. Auf ihrem winzigen Gebiet scheinen sich die Inselbewohner alle Konsequenzen der Kriegführung nach Clausewitz durch blutige Erfahrung selbst beigebracht zu haben. Mit Sicherheit lernten sie die Bedeutung der von ihm herausgestellten Führerschaft kennen, und die Existenz eines Grabens an der Poike-Halbinsel weist darauf hin, daß manche von ihnen seine Ansicht teilten, eine strategische Verteidigung sei die stärkste Form der Kriegführung. Möglicherweise haben sie sich angesichts des außerordentlichen Bevölkerungsrückgangs im 17. Jahrhundert und der Massenerzeugung der neu erfundenen Obsidian-Speerspitze sogar in der Krönung der Clausewitzschen Kriegführung versucht: der Entscheidungsschlacht.

Diese aber dürfte auf der Osterinsel genau das Gegenteil der angestrebten Wirkung gehabt haben. Clausewitz mag überzeugt gewesen sein, daß es sich beim Krieg um die Fortführung der Politik handele. Politik allerdings dient der Kultur, und die Polynesier hatten eine Kultur entwickelt, die dem Allgemeinwohl so zuträglich war wie nur irgendeine. Als Bougainville 1761 Tahiti erreichte, erklärte er, den Garten Eden gefunden zu haben; sein Bericht von schönen Menschen, die glücklich im Naturzustand lebten, trug stark zum Kult des edlen Wilden bei, der die Unzufriedenheit der gebildeten Stände Europas in der geordneten, aber künstlichen Welt des 18. Jahrhunderts nährte – und damit jene Romantik, die im Verein mit der politischen Opposition die Monarchien stürzten, in denen die Verehrer des edlen Wilden aufgewachsen waren.

Indem er das Schwergewicht auf das Außergewöhnliche – die Entscheidungsschlacht – legte und das starke Individuum – den

Führer, insbesondere Napoleon – hervorhob, war Clausewitz so romantisch wie jeder Gegner des Ancien régime. In seiner Hingabe an König und Regiment hingegen blieb er – unbewußt – durch *mana* und *tabu* gebunden. Im monarchischen Europa vor der Französischen Revolution war das Regiment ein Mittel, das Gewaltpotential der Soldaten in Schach zu halten und für die Zwecke des Königs einzuspannen. Da dem Staat Preußen, zu dessen Dienern Clausewitz gehörte, viele Annehmlichkeiten dieser Erde abgingen, hatte Friedrich II. seine Offiziere darin bestärkt, mit einer Bedenkenlosigkeit Krieg zu führen, die über das von anderen Herrschern für schicklich erachtete Maß hinausging. Die Verbreitung seines *mana* erforderte sozusagen eine Tabuverletzung, die andere Könige für unschicklich hielten.

Allerdings überschritt Friedrich nie die Grenzen des Erlaubten. Er trieb lediglich die damalige Kriegführung an die Grenzen der Skrupellosigkeit. Clausewitz, in einer Welt aufgewachsen, in der das königliche *mana* und militärische Tabus offensichtlich auf alle Zeiten ausgelöscht waren, fand die Worte zur Legitimierung der neuen Ordnung. Dabei entging ihm völlig, daß es sich keineswegs um eine Ordnung handelte, sondern seine Lehre der Kriegführung vielmehr ein Rezept zur Zerstörung der europäischen Kultur war. Wie kann man ihm daraus einen Vorwurf machen? Wären sie imstande gewesen, dies zu artikulieren, hätten die Bewohner der Osterinsel, durch Raum und Zeit von der größeren polynesischen Welt isoliert, zweifellos den Eindruck gehabt, daß veränderte Bedingungen eine kulturelle Revolution erforderten. Möglicherweise hatten sie sogar einen dem Wort «Politik» entsprechenden Begriff gefunden, um den Widerstreit von Loyalitäten zu beschreiben, zu dem es kam, wenn alljährlich derjenige an die Macht gelangte, der als erster ein Ei der Rußseeschwalbe gefunden hatte. Wir wissen es nicht. Der Zustand der Degeneration, in dem die ersten Anthropologen die Überlebenden antrafen, gestattete keine abgewogene Analyse der Entwicklung, die ihre Kultur durchgemacht hatte.

Dennoch muß eine Anmerkung gemacht werden. Die Kriegführung nach Clausewitz diente nicht den Zielen der polynesischen Kultur. Auch wenn diese – nach westlichen Maßstäben – keineswegs frei, demokratisch, dynamisch oder kreativ war, paßte sie doch die vorhandenen Mittel den Zielen in einer Weise an, die weitgehend den Bedingungen des Lebens auf einer Pazifikinsel entsprach. *Mana* und *tabu* schufen zwischen Häuptling, Krieger und Sippenangehörigem ein Gleichgewicht zum Nutzen aller, und sofern man ihre wechselseitigen Beziehungen als «Politik» bezeichnen will, war der Krieg jedenfalls nicht deren Fortführung. Als er in seiner «absoluten» Gestalt in jenen Winkel Polynesiens gelangte, bedeutete das zuerst das Ende der Politik, dann der Kultur und schließlich fast des Lebens selbst.

Die Zulu

Während die Bewohner der Osterinsel das von ihnen selbst erdachte tödliche Experiment des totalen Krieges durchführten, ohne daß die Außenwelt Zeuge wurde, gerieten die Zulu durch die militärische Revolution, die ihre Gesellschaft zu Anfang des 19. Jahrhunderts erfaßte, in eine vielschichtige Konfrontation mit der westlichen Kultur. Der Anfang dieser Geschichte, die um so bedeutender wurde, je häufiger man sie erzählte, lag ein wenig zu spät, als daß Clausewitz das Drama in Südafrika noch hätte mitbekommen können. Sein Höhepunkt gehört inzwischen zu den bedeutendsten und allenthalben bekannten Berichten der Neuzeit und bildet ein machtvolles Element im Mythos der Buren. In dem gewaltigen Marmordenkmal in Pretoria werden die Zulukrieger ebenso idealisiert wie die heldenhaften Trekburen. Das überrascht nicht; der Mythos der Buren verlangt, daß ihre Feinde zugleich edel und schrecklich sind, und die Zulu entwickelten sich vom Beginn ihrer Erhebung als Nation zu Anfang des 19. Jahrhunderts bis zu ihrer vernichtenden Niederwerfung im Krieg von 1879 zu wahrhaft schrecklichen Kriegern.

Anfänglich führten die Zulu das friedliche Leben von Rinderzüchtern. Im 17. Jahrhundert beschrieben Europäer, die an der Küste Südafrikas Schiffbruch erlitten hatten, die Nguni, deren

Volk die Zulu entstammen und die als Viehhirten drei Jahrhunderte zuvor aus dem fernen Norden an die Südostküste gezogen waren, als «sehr zuvorkommend, höflich und mitteilsam im Umgang untereinander... sie grüßen jeden, ob Mann oder Frau, jung oder alt, wann immer sie sich begegnen».[25] Sie waren, vor allem in ihren persönlichen Beziehungen, auffällig gesetzestreu und verhielten sich Fremden gegenüber freundlich, so daß diese unter ihnen in völliger Sicherheit reisen konnten, solange sie darauf achteten, kein Eisen oder Kupfer mit sich zu führen, denn diese Metalle waren bei ihnen so selten, daß sie «zu Mord Anlaß gaben». Sklaverei war unbekannt, Rache gab es unter ihnen «wenig oder gar nicht», und Streitigkeiten trugen sie vor den Häuptling, dessen Entscheidungen sie «ohne Murren» hinnahmen. Auch die Häuptlinge unterstanden dem Gesetz; ihre Räte konnten ihnen Geldstrafen auferlegen, und ein höherstehender Häuptling konnte ihre Entscheidungen für ungültig erklären.

Obwohl den frühen europäischen Besuchern auffiel, daß die Nguni *ubuntu* – Menschlichkeit – als höchsten Wert ansahen, kämpften sie durchaus und führten auch Kriege. Gewöhnlich handelte es sich um Auseinandersetzungen über Weiderechte – in einer Gesellschaft, in der es wahrscheinlich mehr Tiere als Menschen gab, von wesentlicher Bedeutung. Wer in einem solchen Streit den kürzeren zog, mußte sich mit neuem, schlechterem Land zufriedengeben. Wie bei primitiven Völkern, die in einem unterbesiedelten Land leben, üblich, wurde der Verlierer nicht getötet, sondern verdrängt.

Die gewöhnlich ritualisierten Schlachten fanden unter den Augen von alt und jung statt. Sie begannen mit einem Austausch von Schmähungen, und sie endeten, sobald es Verwundete oder Gefallene gab. Der Gewalttätigkeit waren neben den natürlichen auch andere Grenzen gesetzt: da Metall knapp war, bestanden Waffen aus im Feuer gehärtetem Holz, und sie wurden vorwiegend geworfen, kaum im Nahkampf eingesetzt. Krieger, die einen Gegner töteten, mußten sogleich das Schlachtfeld verlassen und sich einer Reinigung unterziehen, da sonst der Geist ihrer

Opfer eine tödliche Krankheit über sie und ihre Familie gebracht hätte.[26]

Anfang des 19. Jahrhunderts wandelte sich diese typisch «primitive» Art der Kriegführung im Verlauf weniger Jahrzehnte in ihr Gegenteil. Tschaka, Häuptling der Zulu, eines kleinen Nguni-Stammes, wurde Anführer einer Armee äußerst disziplinierter Regimenter, die Vernichtungskriege führten, und sein Königreich entwickelte sich zu einem Machtfaktor im südlichen Afrika. Die von den Zulu verdrängten Stammesgruppen zogen in ständiger Flucht durch das Land, wobei sie in völliger gesellschaftlicher Auflösung Hunderte von Kilometern zurücklegten.

Wie die Seefahrer, die voll Staunen erkannten, mit welcher Meisterschaft die Polynesier den Ozean befuhren, suchten Europäer, die Tschakas Aufstieg beobachteten, nach einer Erklärung. Er sei, hieß es, mit Europäern zusammengekommen und habe von ihnen die europäische Militärorganisation und -taktik gelernt. Das stimmt mit Sicherheit nicht.[27] Richtig ist, daß sich die angenehmen Lebensbedingungen, welche die im Norden ansässigen Nguni während ihrer idyllischen Hirtenphase genossen hatten, gegen Ende des 18. Jahrhunderts verschlechterten. Man hatte im 16. Jahrhundert den Mais von Amerika nach Afrika eingeführt, woraufhin es im Laufe der Zeit unter den südlichen Nguni zu einer Bevölkerungszunahme gekommen war. Auch die Herden, an deren Zahl sie ihren Wohlstand maßen, waren so groß geworden, daß das verfügbare süße Weideland nicht mehr genügte. Doch wohin? Im Westen erhoben sich abweisend die Drakensberge, auf dem Weg dorthin lag nur saures Weideland, das für Viehwirtschaft nicht taugt. Eine Ausdehnung nach Norden war wegen des von der Tsetsefliege verseuchten Landstreifens am Limpopo-Fluß nicht möglich, und weiter im Süden versperrten die Buren mit Feuerwaffen den Zugang zum Kap. Im Osten lag der Ozean.[28]

Bereits vor Tschakas Aufstieg zum Ruhm war es zu einigen Veränderungen des unbeschwerten Lebens gekommen. Ein früherer Häuptling hatte das System abgeschafft, wonach sich die Krieger, wenn ihr Häuptling sie zum Krieg rief, gemeinsam mit anderen aus ihrem Gebiet in dessen Kral zum «Dienstantritt» meldeten. Statt dessen bildete er aus Männern eines Jahrgangs «Altersregimenter». Da die jungen Männer während ihres Militärdienstes von ihren potentiellen Bräuten getrennt waren, sank die Geburtenrate; zugleich stieg die Macht des Häuptlings und die Höhe des an ihn zu zahlenden Tributes – in Gestalt von Vieh, landwirtschaftlichen Produkten und erlegtem Wild –, da ihm die Arbeitskraft des Kriegers gehörte, solange dieser unter Waffen stand.

Tschaka institutionalisierte diese Veränderungen und trieb neue voran. «Altersregimenter» wurden zu einer ständigen Einrichtung, ihre Angehörigen lebten getrennt von der Zivilbevölkerung in Militärlagern. Kriegern wurde das Heiraten nicht nur für die Dauer von ein oder zwei Feldzügen untersagt, sondern bis zum vierzigsten Lebensjahr. Dann wies man ihnen Ehefrauen aus den von Tschaka gleichfalls aufgestellten Fraueneinheiten zu, die mehr oder weniger Regimentern entsprachen.

Auch die einst bei der Schlacht üblichen Beschränkungen wurden aufgegeben. Tschaka entwarf eine neue Waffe, eine Art Stoßspeer, an der er seine Männer für den Nahkampf ausbildete, wobei das Ziel war, den Gegner zu töten. (Möglicherweise stand im Zusammenhang mit dem Vorrücken der Buren vom Kap mehr Eisen zur Verfügung als zuvor; ob die Intensivierung der Kriegführung der Nguni damit zusammenhing, scheinen die Historiker bisher nicht erforscht zu haben. Für die Herstellung des Stoß-Assegai war sicherlich mehr Eisen erforderlich als für den bis dahin verwendeten Wurfspeer.)

Der Kampf mit blanker Waffe im Handgemenge verlangt eine entsprechende Taktik. Auch sie entwickelte Tschaka. Er brachte seine Männer dazu, sich der Sandalen zu entledigen und große Entfernungen barfuß auf verhornten Fußsohlen zurückzulegen. In der Schlacht ordnete er seine Regimenter so, daß sie Flügel bildeten, die Mitte wurde verstärkt, und dahinter gab es eine Reservelinie. Sobald es zum Treffen kam, stürmte die Mitte in dicht geschlossenen Reihen vor, um den Feind zu fesseln, während die Flügel losliefen, um ihn von der Flanke her zu umfassen. Das Ritual der Reinigung wurde auf die Zeit nach dem Ende der Schlacht verschoben.[29] Einem besiegten Feind schlitzte man den Unterleib auf, um seinen Tod sicherzustellen, anschließend wandte man sich dem nächsten zu. Indem man dem getöteten Feind den Bauch aufschlitzte, durfte man sicher sein, daß sein Geist, der sonst den Mörder zum Wahnsinn getrieben hätte, in die Freiheit entlassen wurde.

Nicht einmal vor der Tötung von Frauen und Kindern schreckte Tschaka zurück. Im allgemeinen begnügte er sich aber damit, die Männer der Herrscherfamilie eines Nachbarstamms zusammen mit den Kriegern, die an der Schlacht teilgenommen hatten, zu töten; Überlebende wurden in sein immer größer werdendes Königreich eingegliedert. Tschakas Ziel war die Errichtung eines Staates der Nguni, in dem sein Machtanspruch anerkannt war, und die Vergrößerung des von ihnen besetzten Gebietes.

Dieses Vorgehen hatte katastrophale Folgen. Zwar wirkten Tschakas Methoden im eigenen Land der Überbevölkerung entgegen, doch unter den Nachbarvölkern kam es zu immer neuen Vertreibungen, wobei eines nach dem anderen der angestammten Heimat und seiner Traditionen beraubt wurde. «Der Aufstieg des Zulu-Königreichs wirkte sich von der Grenze der Kapkolonie bis zum Tanganjikasee aus. Auf etwa einem Fünftel des afrikanischen Kontinents war jede Gemeinschaft in hohem Maße betroffen, und viele von ihnen wurden völlig zerstört.»[30]

Die entsetzlichen Auswirkungen des Zulu-Imperialismus wurden als *difaqane* oder erzwungene Migration bekannt. «Bis 1824 wurde der größte Teil des Landes zwischen den Flüssen Tukela und Msimkhulu, den Drakensbergen und dem Meer verwüstet. Tausende von Menschen hatte man getötet; andere waren südwärts geflohen, wieder andere in der Zulu-Nation aufgegangen. In Natal hörte das organisierte Gemeinschaftsleben praktisch auf.»[31] Dabei handelte es sich nicht um ein kleines Gebiet; es umfaßte an die vierzigtausend Quadratkilometer. Doch ist diese Größe nichts im Vergleich zu den Entfernungen, die Menschen auf der Flucht vor den Zulu zurücklegten. So floh eine Gruppe bis ans Ufer des über dreitausend Kilometer von ihrem Ausgangspunkt entfernt liegenden Tanganjikasees. Unterwegs büßten manche Gruppen ihr gesamtes Vieh ein und mußten sich von Kräutern und Wurzeln ernähren; manche wurden zum Kannibalismus getrieben, und wieder andere bildeten Horden, die das Land wie Heuschrecken heimsuchten und auf ihrem Weg Tote und Sterbende zurückließen.

Junge Zulu blieben Tschakas militärischem System und Ethos auch nach seinem Sturz 1828 noch eine Weile treu. Siegreiche Kriegersysteme, die es versäumen, zugleich mit dem Sieg für wirtschaftliche und gesellschaftliche Diversifizierung zu sorgen, müssen im Augenblick ihres Triumphes verknöchern. Warum sich das so verhält, ist eines der Themen dieses Buches; im Fall der Zulu ging das zweifellos darauf zurück, daß sie, wie es von den Preußen hieß, *toujours en vedette* leben mußten. Von gleich starken Militärmächten bedroht (die sich im südlichen Afrika des 19. Jahrhunderts ebenfalls in einem fortgeschrittenen Zustand wirtschaftlicher Entwicklung befanden), mußten die Zulu weiterhin alle Energien ausschließlich auf das Militärische konzentrieren, dem sie, wie so viele vor und nach ihnen, ihren Aufstieg verdankten. Zwar bekamen die Zulu schließlich Feuerwaffen, doch unterließen sie es, ihre Taktik auf die neue Waffe abzustimmen, und vertrauten weiterhin auf den Massenangriff mit dem Stoß-Assegai.

Tschaka verhielt sich in jeder Hinsicht wie ein Vertreter der Clausewitzschen Kriegführung. Er entwarf ein militärisches System, das einer besonderen Lebensart dienen und sie schützen sollte, was es auch mit spektakulärem Erfolg tat. Die Kultur der Zulu verpaßte dann aus eigenem Verschulden die Möglichkeit, sich neuen Entwicklungen anzupassen, indem sie die kriegerischen Werte über alles stellte, sie mit der Bewahrung der Viehwirtschaft verband und die Energie der Jugend bis weit über die Reifejahre hinaus in unfruchtbarer militärischer Knechtschaft hielt. Anders gesagt: Aufstieg und Fall der Zulu liefern einen eindrucksvollen Hinweis auf die Mängel der Clausewitzschen Analyse.

Die Mamelucken

Knechtschaft in stärkerer oder abgeschwächter Form ist ein überall anzutreffender Bestandteil des Militärdienstes. Unter den Zulu wurde sie in extremer Weise praktiziert. Tschakas Krieger waren insofern keine Sklaven, als kein Gesetz sie unter dem Joch hielt, sondern ein durch Terror verstärktes Brauchtum. Dennoch waren sie de facto Tschakas Willen wie Sklaven unterworfen.

Daß Soldaten dem Gesetz nach Sklaven sein können, mag uns heute widersprüchlich erscheinen. In der Neuzeit gehört zum Begriff des Sklaventums die völlige Vorenthaltung der Persönlichkeitsrechte, während der Besitz von Waffen und die Fähigkeit, sich ihrer zu bedienen, als Mittel zur Befreiung des einzelnen betrachtet werden. Wir können es uns nicht vorstellen, daß jemand bewaffnet und zugleich seiner Freiheit beraubt sein kann. In der muslimischen Welt des Mittelalters hingegen sah man zwischen dem Status eines Sklaven und dem eines Soldaten keinen Widerspruch. Sklavensoldaten – die sogenannten Mamelucken – gab es in vielen muslimischen Staaten. Es liegt in der Natur der Dinge, daß die Mamelucken in vielen Fällen selbst die Herrschaft übernahmen und oft Generationen hindurch an der Macht blieben. Gleichwohl waren sie weit davon entfernt, sich per Gesetz zu Freien zu erklären. Im Gegenteil, sie sorgten dafür, daß das Mameluckentum als Institution weiterbestand, und widersetzten sich jedem Drängen nach Veränderung. Dafür gab es gute Gründe: die Mamelucken verdankten ihre Herrschaft dem Monopol über die von ihnen meisterhaft beherrschten Künste des Reitens und des Bogenschießens. Hätten sie dieses Monopol aufgegeben und statt dessen mit der Muskete oder als Fußsoldaten gekämpft, wären sie möglicherweise aus ihrer Stellung verdrängt worden. Doch war letzten Endes, ähnlich wie bei den Zulu, die Begrenztheit ihrer militärischen Kultur Ursache ihres Niedergangs. Obwohl sich ihre politische Macht aus ihrer militärischen Exklusivität herleitete, zogen sie es vor, auf ihrem überholten Verständnis von Kriegführung zu beharren, statt neue Möglichkeiten zu nutzen. Wie bei den Zulu wurde auch in ihrem Fall die Clausewitzsche Analyse auf den

Kopf gestellt: für die Inhaber der Macht war die Politik eine Fortsetzung des Krieges. Das war praktisch sinnlos; doch blieb den Mamelucken kulturell gesehen keine andere Wahl.

Wie bei den Griechen und Römern trat die Sklaverei in der Welt des Islam in vielerlei Formen auf, keineswegs nur in häßlichen. So konnte ein Sklave Lehrer, Handwerker, Privatsekretär oder Kaufmann sein, der seinen Geschäften zum Teil auf eigene Rechnung nachging. Der Islam trieb die Vielfalt der Sklaverei noch weiter, und unter der Herrschaft der Kalifen – Stellvertreter und Nachfolger des Propheten Mohammed, die im Besitz sowohl der weltlichen als auch der geistlichen Macht waren – konnte ein Sklave in hohe Regierungsämter aufsteigen. Durch Ausweitung dieser Praxis wurden Sklaven zu Soldaten, und innerhalb der islamischen Welt bildeten diese Soldaten schließlich eine militärische Elite.

Diese Entwicklung hängt mit dem Konflikt zusammen, der sich schon bald zwischen der Moral und der Praxis der muslimischen Kriegführung abzeichnete. Im Unterschied zu Jesus war Mohammed ein Mann der Gewalt; er trug Waffen, wurde im Kampf verwundet und rief zum Heiligen Krieg *(dschihad)* gegen jene auf, die sich dem Willen Gottes, wie er ihm offenbart worden war, widersetzten. Seine Nachfolger sahen die Welt als geteilt an zwischen *dar al-islam* (wörtlich Gebiet des Islam, d. h. der Unterwerfung unter die im Koran festgelegte Lehre Mohammeds) und *dar al-harb*.[32] Die frühen arabischen Eroberungen des 7. Jahrhunderts dehnten die Grenzen des *dar al-islam* sehr rasch und in großen Sprüngen aus, so daß bis zum Jahre 700 n. Chr. außer dem ganzen heutigen Arabien auch Syrien, Ägypten, der Irak und Nordafrika islamisch waren. Danach wurde der Fortschritt des *dschihad* mühseliger und schwieriger. Es gab einfach nicht genügend Araber, um die Eroberung mit der anfänglichen Geschwindigkeit und Intensität fortzuführen. Außerdem erlagen auch diese Männer im Sieg den gewöhnlichen menschlichen Schwächen: sie wollten gern die Früchte des Sieges im Frieden genießen, aber über die Nachfolge kam es immer wieder zu Streitereien.

Die Führung oblag jeweils einem Kalifen, d. h. Nachfolger Mohammeds. Die frühen Kalifen fanden eine Möglichkeit, die Ansprüche ihrer Veteranen, die ein Wohlleben ohne Krieg wünschten, zu befriedigen: den *diwan*, eine Art Pensionskasse für arabische Krieger, die mit den Erträgen der Eroberungen gefüllt wurde. Weniger Erfolg war den Kalifen bei dem Versuch beschieden, die Nachfolge zu regeln. Rasch kam es zu einer ungestümen Auseinandersetzung, wobei sich eine grundsätzliche Unvereinbarkeit über das Wesen der Herrschaft herausstellte: sollte sie unter den Nachkommen Mohammeds erblich sein oder auf der Zustimmung der Gemeinschaft der Gläubigen, der *umma*, beruhen? In der Spaltung zwischen Schiiten und Sunniten lebt dieser Streit bis auf den heutigen Tag weiter. Der unauflösbare Widerspruch hängt mit einem dritten, unumstrittenen Faktor des muslimischen Glaubens zusammen, dem Verbot des Kampfes eines Gläubigen gegen seinen «Bruder». Für den Muslim bedeutete Krieg ausschließlich *dschihad*, den Heiligen Krieg gegen jene, die nicht bereit waren, sich der geoffenbarten Wahrheit zu unterwerfen. Krieg unter denen, die das bereits getan hatten, war gleichbedeutend mit Gotteslästerung.

Dennoch beharrten verschiedene Muslime darauf, die Auseinandersetzungen über die Frage des Kalifats bis zum Krieg zu treiben, und nach seiner Spaltung führte der Islam regelrechte Kriege um Gebiete. Diese beiden Entwicklungen bewirkten, daß sich manche fromme Muslime vollständig vom weltlichen Leben zurückzogen. Araber, ihrer Überlieferung nach heldenhaft, mochten nicht mehr als Soldaten dienen, weil das wegen des *diwan* der Mühe nicht mehr wert war, und die meisten zum Islam Bekehrten wollten aus Frömmigkeit nicht dienen. Da aber Ansprüche von Abtrünnigen auf die Nachfolge wie auch die nach wie vor bestehende Aufforderung zum *dschihad* den Krieg unvermeidbar machten, sah sich das Kalifat zu Behelfslösungen genötigt. Schon recht früh hatte sich der Islam bei seinen Eroberungen der Mitwirkung von Kriegern bedient, die keine Araber waren – Bekehrte, die sich einem arabischen Herrn angeschlossen hatten. Sie bildeten später zwangsläufig die Mehrheit der Muslime.

Auch hatte sich der Islam auf Sklaven gestützt, die arabischen

Herren gehörten, und bald wurde es zu einer natürlichen Alternative, Sklaven unmittelbar in Kriegsdienst zu nehmen. Wie früh das geschah, ist umstritten, aber zweifellos verfiel der Islam um die Mitte des 9. Jahrhunderts auf eine einzigartige Form der Rekrutierung: man kaufte nichtmuslimische Halbwüchsige als Sklaven, um sie im Glauben zu erziehen und als Soldaten auszubilden.[33]

Rekrutiert wurden diese Mamelucken nahezu ausschließlich an der Grenze der islamischen Länder zu den großen Steppengebieten Zentralasiens zwischen dem Kaspischen Meer und den Gebirgen Afghanistans (später auch am Nordufer des Schwarzen Meeres). Als der Kalif al-Mutasim im 9. Jahrhundert mit der systematischen Anwerbung von Militärsklaven begann, lebten in jenem Gebiet Turkvölker. «Kein Volk auf der Welt», soll er gesagt haben, «ist tapferer, zahlreicher oder standhafter.» Sie waren ebenso zäh wie die von ihnen abstammenden späteren Türken, und sie befanden sich bereits auf dem Zug nach Westen. Die von ihnen ausgelöste Eroberungswelle griff noch weiter aus als die der Araber. Über die genannten Eigenschaften hinaus besaßen sie weitere Qualitäten, durch die sie sich dem Kalifen empfahlen. Zwar waren sie noch keine Muslime, aber sie kannten den Islam, denn die Steppe war weit und offen, und das nutzten Türken wie Nichttürken zu gegenseitigen Einfällen und Handelsaktivitäten. Häufig überschritten die Türken die Grenze, um sich in Gebieten niederzulassen, wo es ihnen besser ging. Sie wußten, daß der Islam eine kämpferische Religion war. Die von Daniel Pipes als «Innerlichkeit» bezeichnete Haltung, die Abwendung von der weltlichen Macht des Islam, die sich bei Muslimen im Kernland fand, war den Türken fremd: mit unbeschwertem Gewissen trugen die *ghazi* (Glaubenskrieger) den Heiligen Krieg über die Grenze.[34] Mehr noch als ihre Eigenarten bewunderte man an den Türken die praktischen Fertigkeiten, mit denen sie glänzten: ihre Reitkunst und ihre Kampftechnik im Sattel. Das Reitpferd stammte aus der Steppe; die Türken ritten, als seien Mensch und Tier eins – man berichtete, daß ihre Frauen im Sattel empfingen und gebaren –, und ihre Waffen waren von unerreichter Tödlichkeit. Sie kämpften mit Lanze, Bogen und Krummsäbel (dem in einem heute vergessenen Tribut an die Unbesiegbarkeit der Steppenkrieger das «Mameluckenschwert» britischer Offiziere im Generalsrang nachgebildet ist). Die Türken hatten aber auch ihre Fehler. So waren sie unersättliche Plünderer, eine Folge der äußersten Kargheit ihres Lebens in der Steppe, das kaum mehr als Milch und Fleisch bot. Die Aussicht, plündern zu dürfen, war für Türken eine starke Verlockung, sich der Sklaverei zu unterwerfen. Nachdem die Mamelucken erst einmal institutionalisiert waren, wurde ein großer Teil der Militärsklaven von türkischen Herrschern und Familienoberhäuptern geliefert. Zu deren Wunsch, sich dadurch neben dem Profit auch das Wohlwollen der islamischen Macht zu sichern, gesellte sich die Bereitschaft der Verkauften, eine Tätigkeit aufzunehmen, die ihnen materielle Sicherheit und Achtung garantierte.

Die meisten großen islamischen Mächte hielten sich Militärsklaven, so auch die bei weitem bedeutendste, das abbasidische Kalifat von Ägypten. Nachdem die Mongolen im Jahre 1258 das Kalifat von Bagdad gestürzt hatten, war es dort wiedererrichtet worden. Die Mamelucken beherrschten das Land unter eigenen Sultanen von der Mitte des 13. bis zum Anfang des 16. Jahrhunderts. Sie hatten sich in einer dynastischen Auseinandersetzung auf die richtige Seite geschlagen und behielten ihre Macht, weil sie im Jahre 1260 bei Ain Dschalut eine wahrhaft entscheidende Schlacht gewonnen hatten, was sie als Retter des Islam, wenn nicht gar eines großen Teils der übrigen zivilisierten Welt erscheinen ließ. Ihre Gegner waren jene Mongolen gewesen – Angehörige der Sippe des kurz zuvor verstorbenen Dschingis-Khan –, die zwei Jahre zuvor den Kalifen von Bagdad entthront und ermordet hatten und denen keine andere militärische Macht hatte standhalten können, auch nicht die Kreuzfahrer, die christlichen Berufssoldaten, die zu jener Zeit das Heilige Land besetzt hielten. Besonders bemerkenswert wurde der Sieg der Mamelucken dadurch, daß viele Reiter im Mongolenheer selbst Türken waren, Steppennachbarn der Mongolen, die begeistert die Möglichkeit zum Plündern genutzt hatten, die ihnen Dschingis-Khans Vorstoß bot. Sie wurden bei Ain Dschalut, wie der arabische Historiker Abu

Schama anmerkte, «von Männern ihrer eigenen Art bezwungen und vernichtet».[35] Richtiger wäre es zu sagen, daß sie von Männern ihrer eigenen Rasse bezwungen wurden, denn Erziehung und Ausbildung hatten aus den Mamelucken Soldaten ganz besonderer Art gemacht.

Die meisten der bei Ain Dschalut kämpfenden Mamelucken gehörten dem am Nordufer des Schwarzen Meeres heimischen Turkvolk der Kiptschak an (so auch Baibars, der bedeutendste unter ihnen). Man verkaufte sie als Kinder oder Halbwüchsige in die Sklaverei und brachte sie zur Ausbildung nach Kairo, wo sie in ihrer Kaserne abgesondert gehalten wurden wie Novizen eines Mönchsordens. Zuerst unterwies man sie im Koran, der arabischen Schrift und den arabischen Gesetzen; bei Erreichen der Mannbarkeit begann die Ausbildung in der *furusiia*. Sie umfaßte mehr als Reiten: die Männer mußten ihre Tiere so beherrschen, daß sie mit ihnen förmlich verschmolzen und in jeder Lage vom Pferd aus ihre Waffen mit Geschick einsetzen konnten, denn diese Kunst lag den außerordentlichen Leistungen der Mamelukken auf dem Schlachtfeld zugrunde.[36] Die *furusiia*, bei der neben den genannten Punkten die Taktik der Reiterei im Mittelpunkt stand, hatte große Ähnlichkeit mit der Schulung der Ritter im christlichen Europa. Inwieweit der ritterliche Verhaltenskodex sowohl im Umgang mit der Waffe als auch auf dem Gebiet der Ehre den Kreuzrittern und den *faris* des Halbmondes gemeinsam war, ist eine fesselnde Frage der mittelalterlichen Militärgeschichte.

Doch gerade ihre Spezialisierung, der Krieg zu Pferde, bedeutete den Untergang der Mamelucken. Als Gruppe blieben sie von den übrigen militärischen Entwicklungen ausgeschlossen, sonst hätten sie ahnen können, daß die Tage der Berittenen gezählt waren. Im Unterschied zu den gepanzerten Rittern Europas gerieten sie weder in Berührung mit den frühen Feuerwaffen noch mit den Emporkömmlingen aus dem Fußvolk, die ihre Rechte einzufordern begannen. Bis zum Ende des 15. Jahrhunderts blieb ihr Status auf politischer wie auf militärischer Ebene unangefochten; eine der Folgen war, daß die Übungen der *furu-*

siia in Verfall gerieten, obwohl sich kein Mameluck je anders fortbewegte als zu Pferde.

Auf eine besondere Eigentümlichkeit des Mamelucken-Systems muß noch hingewiesen werden: es war nicht erblich. Zwar wurden Mamelucken dem Gesetz nach am Ende ihrer Ausbildung freigelassen (wobei sie die Institution aber weder verlassen noch einem anderen Herrn als dem Sultan dienen duften), sie hatten auch das Recht zu heiraten, und ihre Kinder kamen als Freie zur Welt, doch kein Sohn eines Mamelucken durfte Mameluck werden. Eigentlich hätte dieser Grundsatz bewirken müssen, daß mit neuem Blut auch neue Ideen in ihre Reihen kamen, doch nichts dergleichen geschah. Wohl gelangten das gesamte 14. und 15. Jahrhundert hindurch weiterhin Mamelucken aus den Steppen nach Ägypten, doch ihre Ausbildung im «Noviziat» und die *furusiia* machte sie ununterscheidbar. Dafür gab es gute Gründe. Die Mamelucken besaßen einen überaus privilegierten Status und verfügten über eine erhebliche Macht, was bei einer Militärsklaverei in der Natur das Sache liegt. Zweifellos glaubten sie diese Privilegien am besten dadurch zu bewahren, daß sie nichts von dem änderten, was sie einst groß gemacht hatte.

Zu Beginn des 16. Jahrhunderts sahen sich die Mamelucken gleich zweifach mit den langfristigen Folgen der durch das Schießpulver ausgelösten Revolution konfrontiert. Die Portugiesen, die auf ihren Schiffen schwere Bordgeschütze mitführten, hatten Afrika umsegelt und machten ihnen die Herrschaft über das Rote Meer streitig. Zur gleichen Zeit bedrohten die Türken des Osmanischen Reiches, deren Reiterheere von gut ausgebildeten Musketieren nachhaltig unterstützt wurden, die Sicherheit der Grenzen Ägyptens. In aller Eile suchte der Mamelucken-Sultan ein Jahrhundert militärischer Nachlässigkeit wettzumachen. In großer Zahl wurden Kanonen gegossen und Einheiten von Kanonieren und Musketieren aufgestellt. Die Mamelucken nahmen die *furusiia*-Übungen wieder auf und bekamen den Auftrag, den Umgang mit Lanze, Schwert und Bogen wieder gründlich zu üben. Doch betrachtete man ihre Remilitarisierung und die Einführung von Feuerwaffen als zwei völlig verschiedene Maßnahmen, was sich als verhängnisvoll erwies. Nicht nur, daß kein Mameluck im Umgang mit Feuerwaffen, ob Geschütz oder Muskete, ausgebildet wurde; es war auch keiner bereit dazu, sich darin ausbilden zu lassen. Man rekrutierte Kanoniere und Musketiere unter Schwarzafrikanern und den Bewohnern des Maghreb.[37]

Was dabei herauskommen mußte, ließ sich leicht voraussagen. Die Kanoniere und Musketiere, die ans Rote Meer zogen, erzielten beträchtliche Erfolge gegen die Portugiesen. Diese kämpften in engen Gewässern, in denen ihre schweren Hochseeschiffe im Nachteil waren, und gleichsam am äußersten Punkt der ihnen vertrauten Welt. Die Mamelucken, die in den Schlachten bei Mardsch Dabiq im August 1515 und Raidanija im Januar 1516 den mit Feuerwaffen ausgerüsteten osmanischen Heeren entgegenritten, wurden vernichtend geschlagen. Ägypten war von nun an eine Provinz des Osmanischen Reiches.

Die beiden Niederlagen ähnelten einander. Bei Mardsch Dabiq postierten die von Sultan Selim I. befehligten Osmanen ihre Artillerie auf die Flügel und ihre Musketiere in die Mitte und warteten auf den Angriff der Mamelucken. Als diese in der herkömmlichen türkischen Halbmond-Formation gegen die Osmanen anritten, trieb deren Feuerkraft sie in die Flucht. Bei Raidanija hofften die Mamelucken, die selbst einige Geschütze mitführten, die Osmanen würden sie angreifen, ließen sich aber, als sie sahen, daß sie an der Flanke umfaßt wurden, erneut zu einem Reiterangriff hinreißen. Zwar gab ein Flügel der Osmanen unter diesem Ansturm nach, doch brachte ihnen die Feuerkraft den Gesamtsieg. Die Mamelucken, die siebentausend Mann verloren, zogen sich nach Kairo zurück, mußten aber bald auch die Stadt übergeben.

Aufschlußreicher noch als die in den beiden Schlachten angewendete Taktik ist die darauf folgende Klage der Mamelucken über die Mittel, mit denen man sie geschlagen hatte. Ibn Sabul, der Historiker der Mamelucken, der den Niedergang seiner Kaste betrauerte, spricht in der fiktiven Rede des Mamelucken-Führers Kurtbay für Generationen tapferer Ritter: «Vernehmt meine Worte und hört auf sie, damit ihr und andere erfahrt, daß die Reiter des Schicksals und des roten Todes unter uns sind. Ein einziger von uns kann euer ganzes Heer schlagen. Falls ihr das nicht glaubt, mögt ihr es versuchen, nur gebt euren Heeren den Befehl, nicht mit Feuerwaffen zu schießen. Ihr habt hier 200000 Soldaten aller Völker versammelt. Bleibt, wo ihr seid, und stellt euer Heer in Schlachtordnung auf. Nur drei von uns werden gegen euch reiten... und ihr werdet mit eigenen Augen sehen, zu welchen Taten sie imstande sind... Ihr habt ein Heer aus allen Teilen der Welt zusammengebracht: Christen, Griechen und weitere, und ihr habt die Erfindung mitgebracht, welche Europas Christen listig ersonnen haben, als sie sich außerstande sahen, den Heeren des Islam auf dem Schlachtfeld standzuhalten. Ich spreche von der Muskete, die selbst dann eine so und so große Zahl von Männern aufhalten würde, wenn ein Weib sie abfeuerte... Unglückseliger, wie kannst du es wagen, mit Feuerwaffen auf Muslime zu schießen!»[38]

Kurtbays Klage erinnert an die Verachtung, die der französische Ritter ohne Furcht und Tadel, Bayard, für mechanische Waffen hegte und die ihn veranlaßte, gefangengenommene Armbrustschützen töten zu lassen. Die Klage weist aber auch voraus: auf die Haltung, mit der von Bredows Kavalleristen bei ihrem Todesritt bei Mars-la Tour im Jahre 1870 gegen die Mündungen der französischen Gewehre anstürmen. Kurtbays Aufschrei zeugt von dem verbohrten Trotz berittener Krieger, der zur Zeit ihres Untergangs auf der ganzen Welt erscholl. Doch steckt dahinter mehr als der Stolz auf die Zugehörigkeit zu einer Kaste, Widerstand gegen Veränderungen, religiöse Orthodoxie oder Standesdünkel. Noch kurz zuvor hatten die Mamelucken die Erfahrung gemacht, daß man mit der blanken Waffe in der Hand durchaus der Feuerwaffe Paroli bieten konnte, vorausgesetzt, man verfügte über die kriegerischen Qualitäten der Mamelucken.

Sa'adat Muhammad, ein noch im Knabenalter stehender Sultan, hatte 1497 in Kairo ein Musketierregiment aus schwarzen Sklaven aufgestellt, ihnen Privilegien verliehen und sie in Parteikämpfen eingesetzt. Mag sein, daß er die vom Schießpulver eingeleitete Revolution voraussah oder einfach annahm, Feuerwaffen verliehen ihm Stärke; die Mamelucken jedenfalls waren empört, und als Sa'adat einem schwarzen Günstling, Faradschallah, eine tscherkessische Sklavin zur Frau gab – zu jener Zeit waren die meisten Mamelucken tscherkessischer Herkunft –, kannte ihr Zorn kein Halten mehr. «Die königlichen Mamelucken», heißt es beim Historiker al-Ansari, «drückten dem Sultan ihre Mißbilligung aus, dann rüsteten sie sich vollständig zum Kampf. Es kam zur Schlacht zwischen ihnen und den schwarzen Sklaven, deren Zahl etwa fünfhundert betrug. Letztere rannten fort und sammelten sich erneut in den Türmen der Zitadelle, von wo sie auf die königlichen Mamelucken feuerten. Diese gingen gegen sie vor, töteten Faradschallah und etwa fünfzig der schwarzen Sklaven; die übrigen flohen; zwei königliche Mamelucken wurden getötet.»[39]

Die Mamelucken sollten noch merken, daß die Seite mit den besseren Waffen gewinnt, wenn gleichwertige Männer unter ungleichen Bedingungen aufeinandertreffen. Das war die Lektion der Schlachten bei Mardsch Dabiq und Raidanija. Diese Lektion mußten vierhundert Jahre später im Pazifikkrieg gegen die USA auch die Japaner lernen: in einem letzten Aufbegehren gegen die Übermacht der amerikanischen Industrie flogen japanische Selbstmordpiloten, das Samuraischwert in der Kanzel ihrer *kamikaze*-Maschinen, Angriffe gegen die Flugzeugträger des Feindes. Auch Deutschland mußte in beiden Weltkriegen diese Lehre ziehen: zwar waren die Angehörigen seiner Militärkaste voller Verachtung für die materielle Überlegenheit des Feindes, doch zeigte sich, daß ihnen in einer Materialschlacht der Mut ihrer Männer überhaupt nichts nützte.

Die Mamelucken dachten freilich nicht daran, sich diese Lehre zu Herzen zu nehmen. Die Siege, die das Osmanische Reich 1515 und 1516 erfochten hatte, bedeuteten noch nicht das Ende der Mamelucken. Sie waren viel zu nützlich, als daß die Osmanen sie aufgegeben hätten. Tatsächlich könnte man sagen, daß der Islam, bis er im 20. Jahrhundert durch die ihm eigentlich fremde Idee des Nationalismus infiziert wurde, keine berufsständische Militärorganisation dulden konnte, die sich nicht auf Sklaverei stützte. Jedenfalls gelangten nicht nur im osmanischen Ägypten untergeordnete Mamelucken-Dynastien allmählich wieder an die Macht, sie errangen sie auch in ferner gelegenen eroberten Provinzen wie Tunesien, Algerien und dem Irak. Doch auch wenn sie ihre Position wieder erreicht haben mochten, als Soldaten zeigten sie sich unbelehrbar. Als Napoleon 1798 in Ägypten einmarschierte, ritten die Mamelucken erneut gegen Geschütze und Musketen an und wurden in der Schlacht bei den Pyramiden denn auch prompt geschlagen. Napoleon, von den edlen Wilden begeistert, nahm einen von ihnen, Rustum, als persönlichen Diener und behielt ihn bis ans Ende seiner Herrschaft. Muhammad Ali, ein osmanischer Satrap, der keinerlei Hemmungen hatte, sich «christlicher» Methoden der Kriegführung zu bedienen, schlachtete schließlich im Jahre 1811 in Kairo rücksichtslos alle überlebenden Mamelucken ab, die nach wie vor bereit waren, der Moderne vom Sattel aus zu trotzen.[40]

Bestimmt hat Clausewitz von der Schlacht bei den Pyramiden gehört und vermutlich auch vom Kairoer Mamelucken-Massaker. Beides hätte ihm einen Hinweis darauf liefern müssen, daß bei der Wahl der militärischen Mittel der Einfluß der Kultur ebenso mächtig ist wie der Einfluß der Politik und oft gegenüber politischer oder militärischer Logik den Vorrang hat. Doch falls er die Tatsachen kannte, zog er keine Schlüsse daraus. Durch eine sonderbare Fügung sollte jedoch sein Schüler Helmuth von Moltke Zeuge von Ereignissen werden, die beweisen, daß die Kultur als bestimmende Größe in militärischen Fragen oft nachhaltiger wirkt als politische Entscheidungen.

Moltke bekam 1835 von der preußischen Armee den Auftrag, dem Militär des Osmanischen Reiches bei der organisatorischen und praktischen Modernisierung als Berater und Ausbilder zu dienen. Muhammad Ali als Vertreter der osmanischen Macht in den alten Mamelucken-Landen war gerade auf dem Gipfel seines Ruhmes. Was Moltke in der Türkei erlebte, drückte ihn nieder. Noch die kleinste Gabe werde mit Mißtrauen betrachtet, schrieb er, sobald sie aus den Händen eines Christen kommen. Ohne Zögern werde ein Türke einräumen, daß die Europäer seinem Volk in den Naturwissenschaften, in handwerklichen Fertigkeiten, an Wohlstand, Wagemut und Stärke überlegen seien – dennoch komme ihm nie der Gedanke, ein Franke könne sich deshalb auf eine Stufe mit einem Muslim stellen. In militärischen Fragen führte diese Haltung zu störrischer Mißachtung. Moltke fiel auf, daß westliche Berater von Obristen zuvorkommend und von anderen Offizieren mit einem gewissen Maß an Höflichkeit behandelt wurden, während der gemeine Soldat nicht bereit war, vor ihnen die Waffen zu präsentieren, und Frauen und Kinder ihnen gelegentlich Flüche nachschleuderten. Zwar gehorchten ihnen die Soldaten, doch sie grüßten nicht.

Moltke sollte die türkische Armee bei der Strafexpedition begleiten, die der osmanische Sultan 1839 nach Syrien schickte, um den aufrührerischen Muhammad Ali an die Kandare zu nehmen. Es war eine sonderbare Begegnung. Das osmanische Heer war rein äußerlich modernisiert oder «christianisiert», das ägyptische hingegen im Kern. Tatsächlich war Muhammad Ali Europäer – er hatte als albanischer Muslim im griechischen Unabhängigkeitskrieg die Überlegenheit der «christlichen» Methoden kennengelernt. (Einige seiner Bundesgenossen im Krieg gegen die Mamelucken, wie der französische Oberst Sève, waren ehemalige Philhellenen.) In einer Schlacht nahe dem syrischen Nezib, die Moltke beobachtete, besiegten Muhammad Alis Truppen die Osmanen. Nachdem er mitangesehen hatte, wie die Türken – in erster Linie zwangsrekrutierte Kurden – in heilloser Flucht vor den Ägyptern davonliefen, kehrte er nach Preußen zurück: alle Illusionen, den Leuten des Sultans die nötigen Reformen beibringen zu können, waren dahin.

Am Ende gelang es der osmanischen Türkei doch noch, eine erneuerte Armee auf die Beine zu stellen, allerdings um den Preis, daß ihr ausschließlich Männer türkischer Abstammung angehören durften. Diese willkürliche Begrenzung der Beziehungen zwischen den Völkern des Landes und dem Sultan untergrub die Autorität der Regierung bei allen Nichttürken, und dies wiederum trug zweifellos stark zu den Belastungen bei, denen das Osmanische Reich ausgesetzt war, als der Sultan-Kalif als Befehlshaber einer «christianisierten» Armee sich von Deutschland 1914 in den Ersten Weltkrieg hineinziehen ließ. An dessen Ende hatte die

Türkei kein Reich mehr, und bald auch weder einen Sultan noch einen Kalifat. Nichts blieb ihr als die Armee, für deren Erschaffung sie alles geopfert hatte.

Die Unduldsamkeit, mit der die Nachfolger Clausewitz' und Moltkes ihre türkischen Schüler betrachteten, war eine letzte Ironie der Geschichte. Denn der Zusammenbruch des türkischen Reiches 1918 fiel zeitlich mit dem ihres eigenen zusammen, und er hatte die gleiche Ursache: um falschverstandener politischer Ziele willen hatte man sich zum Krieg entschlossen. Die «Jungtürken», die an der «Christianisierung» der Armee des Sultans beteiligt gewesen waren, zogen an Deutschlands Seite in den Krieg, weil sie annahmen, das werde zu einer Stärkung der Türkei beitragen. Deutschland war in den Krieg eingetreten, weil es überzeugt war, das sei ein Mittel, Deutschland stark zu machen. Clausewitz hätte diese Ansicht zweifellos geteilt.

Die Samurai

Etwa um die gleiche Zeit, als die Mamelucken vor dem Schießpulver das Feld räumen mußten, sicherte eine andere militärische Gesellschaft am entgegengesetzten Ende der Welt ihr Überleben dadurch, daß sie dem, was sie bedrohte, offen entgegentrat. Als sich im 16. Jahrhundert die schwerttragende Schicht Japans der Herausforderung durch die Feuerwaffen gegenübersah, erreichte sie, daß diese aus Japan verbannt wurden; damit stellte sie ihre beherrschende gesellschaftliche Position für weitere zweihundertfünfzig Jahre sicher. Während die westliche Welt, die im 16. Jahrhundert kurzzeitig mit Japan in Berührung gekommen war, Handel trieb, Entdeckungsreisen unternahm, sich industrialisierte und tiefgreifende politische Veränderungen erfuhr, schlossen Japans Samurai ihr Land von der Außenwelt ab, sorgten dafür, daß in der Zwischenzeit errichtete Brückenköpfe ausländischen Einflusses auf religiösem und technischem Gebiet verschwanden, und stärkten die Überlieferungen, nach denen sie seit tausend Jahren lebten und herrschten. Zwar gibt es durchaus Parallelen – im China des

19. Jahrhunderts herrschten ähnliche Tendenzen –, doch das Ergebnis ist einzigartig. Aber auch hier zeigt sich, daß nicht unbedingt politische Logik die Kriegführung bestimmt, sondern im Gegenteil die Kultur – vorausgesetzt, sie findet starke Verfechter. Gegen die mächtige Verlockung, technische Lösungen als Mittel zum Sieg zu wählen, vermag sie sich vor allem dann durchzusetzen, wenn als Preis dafür altehrwürdige Werte aufgegeben werden müßten.

Grob gesagt bildeten die Samurai die Ritterkaste im Feudalsystem Japans. Ihren Ursprung verdankten sie der isolierten Insellage des Landes und der Unterteilung der Inseln durch Gebirgsketten. Die Anführer der Talschaften Japans (vergleichbar den Talherren im osmanischen Anatolien) schworen einem Kaiser die Treue, dessen uralte Abstammung sie tief verehrten, der aber nur dem Namen nach Macht besaß. Seit im 7. Jahrhundert n. Chr. der Fürst Fujiwara Kamatari nach dem Vorbild der chinesischen T'ang-Dynastie eine Zentralregierung errichtet hatte, beherrschte praktisch ein Familienverband das Land – zuerst sein eigener, später der erfolgreicherer Rivalen. Diese konnten sich um Fujiwaras Herrschaft streiten und sie schließlich an sich bringen, weil sie das Recht besaßen, Steuern einzutreiben. In einem nicht besonders klugen Zugeständnis an den unter staatlicher Schirmherrschaft aus China eingeführten Buddhismus hatte man die Klöster von der Pflicht zur Steuerzahlung befreit und gleichzeitig festgelegt, daß Bauern ihre Steuern unmittelbar an den lokalen Lehnsfürsten zu zahlen hatten. Auf den Wohlstand gestützt, der sich aus diesen Steuereinnahmen ergab, beherrschten zwei Familien den Kaiserhof, bis im 12. Jahrhundert der damalige Machthaber den Herrscher, einen Kaiser im Knabenalter, dazu brachte, ihm den Titel *Sei-i tai-Shogun* zu verleihen, was soviel wie Generalissimus bedeutet. Yoritomo, der erste Shogun, hatte unter dem Namen *Bakufu*, wörtlich «Zeltregierung», bereits einen neuen Regierungssitz eingerichtet. Erst mit den Meiji-Reformen im 19. Jahrhundert fiel die Macht in Japan an den Hof zurück, wenn auch nicht an den Kaiser.

Die Shogune, die Führer der verschiedenen Militärclans, die

mit den Shogunen immer wieder um die Vorherrschaft stritten, und ihre Gefolgsleute, die Samurai – die große Klasse der Krieger, deren Angehörige das Recht hatten, zwei Schwerter zu tragen –, waren wilde, erfahrene Krieger, aber niemals Raubritter, wie das ihre Pendants im Europa des Mittelalters so häufig waren. Einen Beweis ihrer Fähigkeit als Krieger lieferten sie mit ihrem entscheidenden Sieg über die Mongolen, denen es 1274 – gleichsam als Gegenstück zu ihrem Vorstoß in die arabische Welt 1260 – gelungen war, ihren Fuß auf die japanischen Inseln zu setzen. Als sie 1281 aufs Festland zurückkehrten, zerstörte ein Wirbelsturm einen großen Teil ihrer Flotte, und sie wurden nie wieder gesehen.

Ein zentraler Begriff im Leben des Samurai war «Stil». Er bezog sich nicht nur auf die Kleidung, die Rüstung, die Waffen, sondern auch auf deren richtigen Gebrauch sowie auf das Verhalten auf dem Schlachtfeld. In dieser Hinsicht unterschieden sich die Samurai kaum von ihren Standesgenossen in Europa, den Rittern. Ein großer Unterschied aber bestand in ihrer Einstellung zur Kultur. Die Japaner waren ein gebildetes Volk, und die literarische Kultur der Samurai war hochentwickelt. Die vornehmsten Adligen Japans, die am Hofe des Gottkaisers lebten, strebten nicht etwa nach militärischem Ruhm – sie besaßen nicht einmal weltliche Macht –, sondern nach literarischer Anerkennung. Ihrem Beispiel eiferten die Samurai nach, die im allgemeinen den Ehrgeiz hatten, sowohl als Krieger wie auch als Dichter bekannt zu werden. Der Buddhismus, den die Samurai in seiner Zen-Ausprägung übernommen hatten, förderte eine meditative und poetische Einstellung zum Universum. Daher waren die bedeutendsten Krieger im Japan der Feudalzeit Männer, die zugleich ihre Empfindungen auf geistiger wie geistlicher Ebene kultivierten.

Politisch gesehen herrschte im Japan der Feudalzeit wegen der fortgesetzten Kämpfe um das Shogunat ein gewisses Chaos. Zu Beginn des 16. Jahrhunderts allerdings führten die Fehden zu einer Bedrohung der sozialen Ordnung; Emporkömmlinge, von denen manche nichts anders als Banditen waren, stürzten anerkannte Führer, und die Macht des Shoguns wurde ebenso zur Fiktion wie die des Kaisers. Wiederhergestellt wurde die Ordnung in den Jahren 1560–1616 durch die «drei Reichseiniger» Oda Nobunaga, Toyotomi Hideyoshi und Tokugawa Ieyasu. Diese unmittelbar aufeinander folgenden außergewöhnlichen Heerführer, die im Namen des Shoguns handelten, beschränkten systematisch die Macht der buddhistischen Klöster, der durchs Land ziehenden Lehnsfürsten und der gesetzlosen Banden. Ieyasus Befriedungswerk endete mit der Eroberung der Festung Osaka 1614. Sein anschließender Befehl, daß in Japan alle Burgen, die nicht Wohnzwecken dienten, zu schleifen seien, wurde innerhalb weniger Tage umgesetzt – ein Werk, für das Europas Könige Jahrzehnte brauchten.

Die überlegene militärische Führung war nicht die einzige Erklärung für die Wiedererrichtung der zentralen Staatsgewalt. Die drei starken Männer hatten sich auch einer neuen Waffe bedient. Durch portugiesische Seefahrer waren im Jahre 1542 Geschütze und Handfeuerwaffen nach Japan gelangt. Oda Nobunaga zeigte sich von der Macht des Schießpulvers tief beeindruckt, rüstete seine Heere rasch mit Musketen aus und sorgte dafür, daß das Kämpfen selbst entritualisiert wurde. Bis dahin hatten japanische Schlachten einer alten Überlieferung nach so begonnen wie fast überall: indem sich die Führer beider Seiten Herausforderungen zuschrien, sich zu erkennen gaben und ihre Waffen und Rüstungen zeigten. Auch nach der Einführung der Feuerwaffen blieb das Ritual zunächst erhalten; doch Oda Nobunaga brachte seinen Musketieren bei, in Schlachtreihen von bis zu tausend Mann voll hineinzufeuern, und in der Entscheidungsschlacht bei Nagashino 1575 fegte er den Feind in einem Feuerhagel vom Schlachtfeld.[41] Das bedeutete eine Revolution im Vergleich zur Schlacht bei Uedahara 1548, bei der die im Besitz von Feuerwaffen befindliche Seite die Gelegenheit, sie zu nutzen, versäumte, weil im selben Augenblick, da das Ritual abgeschlossen war, die Gegenseite mit Schwertern auf sie einstürmte.

Die von den «drei Reichseinigern» errichtete Vorherrschaft hätte zugleich die der Feuerwaffen sichern können, doch genau das Gegenteil trat ein. Gegen Ende des 17. Jahrhunderts wurden in Japan fast keine Feuerwaffen mehr verwendet, und lediglich ein halbes Dutzend Japaner wußte, wie man Handfeuerwaffen herstellte oder Geschütze goß; die meisten noch vorhandenen Kanonen stammten aus der Zeit vor 1620. Diese Entwicklung setzte sich bis zur Mitte des 19. Jahrhunderts fort, als die Japaner durch das Einlaufen von Kommodore Perrys schwarzen Schiffen in die Bucht von Tokio 1854 schlagartig an die Macht des Schießpulvers erinnert wurden. In den zweihundertfünfzig Jahren zuvor waren sie ganz ohne Schießpulver ausgekommen. Der Anstoß zu diesem Verzicht war vom letzten der starken Männer, Tokugawa Ieyasu, ausgegangen, der am Ende seines Befriedungsfeldzugs das Shogunat errungen hatte. Auf welche Weise und aus welchen Gründen hatte er die Feuerwaffen geächtet?

Die erste Frage ist leicht beantwortet. Am Anfang stand eine allgemeine Entwaffnung des Volkes, die von Ieyasus Vorgänger Hideyoshi 1587 ausging. Er hatte angeordnet, jeder, der nicht dem Samuraistand angehörte, habe alle Waffen – Schwerter und Feuerwaffen – an die Regierung abzuliefern, die das Metall zum Bau einer gewaltigen Buddha-Statue verwenden wolle. Ziel dieser Aktion war es, der unter der Kontrolle der Regierung stehenden militärischen Kaste erneut das Monopol über die Waffen zu sichern. In Europa, wo manche Regierungen im Zeitalter des Schießpulvers ähnliche Maßnahmen verfügten, dauerte es Jahrzehnte, bis sie griffen; in Japan, wo eine grausame Justiz kurzen Prozeß machte, wurden sie sogleich durchgesetzt.[42]

Von 1607 an führte dann Ieyasu ein System ein, das die Herstellung von Handfeuerwaffen und Geschützen der Zentralgewalt unterstellte und ausschließlich der Regierung erlaubte, solche Waffen zu erwerben. Alle Geschützgießer und Büchsenmacher mußten ihre Werkstätten in die Stadt Nagahama verlegen. Die vier wichtigsten Büchsenmacher wurden in den Rang eines Samurai erhoben, was ihre Ergebenheit gegenüber der Klasse der Schwertträger sicherstellte, und ein Erlaß legte fest, daß Aufträge für Feuerwaffen nur ausgeführt werden durften, wenn der dafür zuständige Regierungskommissar die Genehmigung erteilte. Dieser wiederum genehmigte ausschließlich Aufträge der Regierung, die ihrerseits den Kauf von Feuerwaffen immer mehr einschränkte.

Um 1706 wurden in Nagahama in geraden Jahren 35 große, in ungeraden Jahren 250 kleine Luntenschlösser hergestellt. Verteilt auf eine Kriegerkaste von etwa einer halben Million Mann – die sich ihrer vorwiegend bei feierlichen Prozessionen bedienten –, waren solche Produktionsmengen unerheblich. Die Beschränkung der Feuerwaffen war durchgesetzt, Japan zog sich aus dem Zeitalter des Schießpulvers zurück.

Aber warum? Die Antwort auf diese Frage ist weit komplexer. Zweifellos waren Feuerwaffen ein Symbol dafür, daß sich ausländischer Einfluß bemerkbar zu machen begann. Man sah einen Zusammenhang zwischen Feuerwaffen und der Verbreitung des Christentums durch jesuitische Missionare aus Portugal, die wiederum als Vorboten einer Invasion galten, wie sie kurz zuvor durch die Spanier auf den Philippinen erfolgt war. So setzte Ieyasus Nachfolger Hidetada die von seinen Vorgängern eingeführten Verbots- und Ausweisungserlasse unerbittlich durch. Verstärkt wurde das Mißtrauen, mit dem das Shogunat allem Christlichen gegenübertrat, durch den Shimbara-Aufstand 1637, den einheimische Christen anzettelten und in dem sie Feuerwaffen verwendeten. Danach wurde die Autorität des Tokugawa-Shogunats zwei Jahrhunderte lang nicht mehr in Frage gestellt: die im Jahr zuvor verhängte Abriegelung des Landes war total.

Einen zusätzlichen Anreiz zum übersteigerten Nationalismus mag Japans einziges außenpolitisches Abenteuer geliefert haben – eine Invasion Koreas im Jahre 1592. Sie sollte offenkundig den Auftakt zu einem Angriff auf China bilden, doch mußten die Japaner erkennen, daß sie ihre Kräfte überschätzt hatten, und 1598 wurde das Unternehmen erfolglos abgebrochen. Wichtiger aber als die generelle Ablehnung von allem, was aus dem Ausland kam, war die Erkenntnis, daß Feuerwaffen gesellschaftliche Instabilität hervorriefen. Auch jedem europäischen Ritter war klar, daß Feuerwaffen in der Hand von Räubern und gemeinem Volk auch die würdigsten Adligen in Bedrängnis bringen konnten, und Cervantes läßt seinen Don Quijote die Erfindung verdammen, «die es einer gemeinen und feigen Hand gestattet, einem tapferen Ritter das Leben zu nehmen».[43]

Der dritte Grund für die Beschränkung von Feuerwaffen in Japan bestand darin, daß sich ein entsprechendes Verbot tatsächlich durchsetzen ließ. In Europa mochten die Krieger die Auswirkungen des Schießpulvers auf die ihnen vertraute Lebensweise beklagen – angesichts einer nach Südosten offenen Grenze, gegen die die Osmanen beständig mit schwerem Geschütz anstürmten, blieb ihnen keine Wahl, als zurückzuschießen, wenn die Christenheit überleben wollte. Als die Reformation sie just zu der Zeit spaltete, da Geschütze mobil und Handfeuerwaffen zuverlässig wurden, fielen auch die Hemmungen, daß Christen nicht auf Christen schießen. Für Japan galt beides nicht. Vor den europäischen Seefahrern schützten die große Entfernung und der militärische Ruf Japans; China hatte weder die Absicht einer Invasion, noch besaß es eine entsprechende Flotte, und andere mögliche Invasoren gab es nicht. Auch wenn Klassengrenzen und Parteiungen sie trennten, bildeten die Japaner eine geschlossene kulturelle Einheit. Mithin war für die äußere Sicherheit des Landes kein Schießpulver erforderlich, und man strebte seinen Besitz auch nicht als Mittel zum Sieg in den innenpolitischen Auseinandersetzungen an.

Überdies war die Verwendung des Schießpulvers mit dem Ethos des japanischen Kriegers in jener Zeit unvereinbar. Tokugawas Shogunat war mehr als eine politische Institution; es war ein Instrument der Kultur. «Es beschränkte sich nicht darauf», so der Kulturhistoriker G. B. Sansom, «Finanzmittel zu beschaffen und für Ordnung zu sorgen, sondern unterzog sich auch der Aufgabe, moralische Regeln aufzustellen und den Menschen ihr Verhalten bis in die kleinste Einzelheit vorzuschreiben. Es ist fraglich, ob es bis dahin einen ehrgeizigeren Versuch gegeben hat, in das Privatleben des einzelnen einzugreifen und damit das Denken wie das Handeln eines ganzen Volkes zu steuern.»[44]

Besondere Aufmerksamkeit wurde darauf verwendet, das Denken und Handeln der schwerttragenden Klasse zu reglementieren, und das einzige als geeignet für die Unterweisung der höheren Stände anerkannte Waffenhandbuch war das für den Umgang mit dem Samuraischwert. Die Tokugawas und ihre Vorgänger mögen aus Gründen der Realpolitik Schießpulver verwendet haben; sobald ihnen das für den Machterhalt dienlich schien, wurde es mitsamt allen Feuerwaffen als verabscheuungswürdig erklärt.

Der Schwertkult Japans speiste sich aus vielen Quellen. Er wurde vom Zen-Buddhismus gefördert, der zwei höchste Ideale kannte, nämlich «Treue und Unempfindlichkeit gegenüber körperlichen Strapazen». Diesen Kult verstärkte die Kultur der Kriegerklasse, «eine Kultur, die im Leben und in der Kunst größten Wert auf Formen, Zeremoniell und Eleganz legte». Wie bei den europäischen Fechtmeistern war der Schwertkampf in Japan ebensosehr eine Kunst wie eine Fertigkeit, für die bestimmte Verhaltens- und Bewegungsregeln galten. An ihnen wird deutlich, welches Gewicht man bei allem und jedem auf «Stil» legte.[45] Dabei scheint die Überzeugung des Japaners eine Rolle gespielt zu haben, der Mensch müsse mit der Natur und den Naturkräften eins sein. Während Muskelarbeit «natürlich» ist, ist es die Energie des künstlichen Schießpulvers nicht. Zweifellos kam all das zusammen mit der Achtung des Japaners vor Traditionen. Nicht nur die Fechtkunst war altüberliefert, auch die besten Schwerter waren oft alte Familienerbstücke mit Eigennamen, die der Vater dem Sohn weitergab wie den Namen der Familie, und auch dieser war eine ausschließlich Schwertträgern vorbehaltene Auszeichnung.

Alte Samuraischwerter sind heute Sammlerstücke, doch handelt es sich um mehr als um schöne Antiquitäten. Erstklassige Exemplare sind die besten Schwerter, die je hergestellt wurden. Dazu merkt ein Historiker der Kampagne gegen das Schießpulver an: «Ein japanischer Film zeigt, wie ein Schwert aus der Werkstatt Kanemotos II. – er gehörte im 15. Jahrhundert zu Japans bedeutendsten Waffenschmieden – einen Maschinengewehrlauf aufschlitzt. Auch wer das für wenig glaubhaft hält, sollte bedenken, daß Waffenschmiede wie Kanemoto den Stahl Tag für Tag hämmerten und falteten und erneut hämmerten, bis eine Klinge aus rund vier Millionen feinstgeschmiedeten Schichten bestand.»[46]

Selbstverständlich kann man kein Volk vollständig entwaffnen, solange Sensen und Dreschflegel zur Hand sind. Doch eignen sich die Gerätschaften des Alltags nur bedingt zum Kampf gegen von

Spezialisten geführte Waffen. Indem sie den Samurai das Monopol auf den Besitz von Schwertern verschafften, sicherten die Tokugawas ihnen einen Platz an der Spitze der japanischen Gesellschaft.

Ihre Logik war nicht die Logik Clausewitz'. Obwohl er seine Analyse des Krieges offenkundig für wertfrei hielt, hatte sich der preußische Offizier von der damals in Europa herrschenden Ansicht beeinflussen lassen, die Menschheit empfinde von Natur aus «politisch» und Politik sei ihrem Wesen nach dynamisch, ja, «fortschrittlich». Dieser Auffassung schloß sich der Herzog von Wellington, seinem Wesen nach ein Konservativer und aus grundsätzlichen Erwägungen Gegner der Französischen Revolution, mit dem vollen Gewicht seiner Mißbilligung an. Tatsächlich schien Clausewitz die Politik als autonom anzusehen, als ein Gebiet, auf dem sich Ratio und Emotion gegenüberstehen und Vernunft und Empfindungen die bestimmenden Größen sind, auf dem die Kultur jedoch keine entscheidende Rolle spielt, Kultur verstanden als Ballast von gemeinsamen Überzeugungen, Werten, Assoziationen, Mythen, Tabus, Forderungen, Gebräuchen, Überlieferungen, Verhaltens- und Denkweisen, Sprache und Kunst – ein Ballast, der jede Gesellschaft im Gleichgewicht hält. Tokugawas Maßnahmen lassen erkennen, wie sehr Clausewitz irrte, belegen sie doch nachdrücklich, daß der Krieg neben vielem anderen auch die Fortführung der Kultur mit ihren eigenen Mitteln sein kann.

Eine Kultur ohne Krieg

Clausewitz' Überzeugung, der Primat gebühre der Politik und nicht der Kultur, entsprang nicht seinem eigenen Denken. Diese von der abendländischen Philosophie seit Aristoteles vertretene Auffassung erhielt zu Clausewitz' Lebzeiten mächtigen Auftrieb: in den Straßen von Paris war gut zu beobachten, wie sich politische

Ideen – ihrerseits die Schöpfung von Philosophen wie Voltaire und Rousseau – gegen Leidenschaft und Vorurteil durchsetzten. Die Kriege, die Clausewitz kannte, die Kriege, in denen er kämpfte, waren die der Französischen Revolution, und das «politische Motiv», das er als auslösenden und lenkenden Faktor bei der Kriegführung immer vermutete, war, zumindest anfangs, stets präsent. Die dynastisch beherrschten Staaten Europas fürchteten mit Recht, daß die Französische Revolution die Monarchie bedrohe; der Krieg schien ganz offenkundig eine «Fortsetzung der Politik» zu sein.

Außerdem muß man Clausewitz zugestehen, daß er als Historiker nicht über das Material verfügte, das ihn auf die Bedeutung der kulturellen Faktoren hingewiesen hätte. Die vergleichende Geschichtswissenschaft, deren Sproß die Kulturwissenschaft ist, wurde von keinem der führenden Historiker betrieben, die er sich möglicherweise zum Vorbild genommen hatte. In einer Reverenz an Giambattista Vico, den Vater der vergleichenden Geschichtswissenschaft, definiert Isaiah Berlin den Geist der Aufklärung als Glauben, «man habe ein universell gültiges Verfahren für die Lösung der Grundfragen gefunden, welche die Menschen von alters her beschäftigten – nämlich wie man auf allen Wissensgebieten zu erkennen vermöge, was wahr und was falsch sei».[47]

Weiter heißt es: «Obwohl Voltaire, der bedeutendste Publizist im Zeitalter der Aufklärung, die Ausdehnung der geschichtlichen Forschung auf den gesellschaftlichen und wirtschaftlichen Bereich befürwortete, war er fest überzeugt, daß der historischen Untersuchung ausschließlich die Gipfel menschlicher Leistung würdig seien, nicht aber die Täler ... ‹Wenn man uns nicht mehr zu sagen hat›, erklärte er, ‹als daß an den Ufern des Oxus oder Jaxartes ein Barbar auf den anderen folgte, welchen Nutzen hat das dann für die Allgemeinheit?›»[48] Wenn ein Voltaire die Richtung angab, warum hätte Clausewitz ihr nicht folgen sollen? In den Jahrzehnten nach seinem Tod wendeten sich deutsche Historiker verstärkt der vergleichenden Methode in Geschichte und Politik zu, doch zu Clausewitz' Lebzeiten herrschte die Aufklärung. «Wir sehen also *erstens*», schrieb er, «daß wir uns den Krieg unter allen Umständen als kein *selbständiges Ding*, sondern als ein politisches Instrument zu denken haben; und nur mit dieser Art der Vorstellung ist es möglich, nicht mit der sämtlichen Kriegsgeschichte in Widerspruch zu geraten.»[49] Ist eine vollkommenere Adaption der Aufklärung, eine engere Anlehnung an Voltaire überhaupt denkbar?

Mit seiner verächtlichen Geringschätzung von Ereignissen, die an den Ufern des Oxus stattgefunden haben, versetzt Voltaire der Theorie Clausewitz' allerdings einen Stoß. Heute räumen Militärhistoriker ein, daß die Ufer des Oxus für den Krieg das sind, was das britische Unterhaus für die parlamentarische Demokratie oder die Bastille für die Revolution war. An den Ufern des Oxus – der Zentralasien von Persien und dem Mittleren Osten trennt und der heute unter dem Namen Amu-Darja bekannt ist – lernte der Mensch das Pferd zu zähmen, es als Zugtier einzuspannen und schließlich mit Hilfe eines Sattels auf ihm zu reiten. Vom Oxus kamen jene Eroberer, die in China, Indien und Europa «Streitwagenreiche» gründeten. Am Oxus fand eine der beiden unbestreitbaren Revolutionen in der Kriegführung statt, die Aufstellung berittener Truppen. Über den Oxus bahnten sich immer neue Horden zentralasiatischer Eroberer und Plünderer – Hunnen, Awaren, Magyaren, Türken, Mongolen – den Weg nach Europa. In Samarkand, unmittelbar nördlich des Oxus, begann die Schrekkensherrschaft Tamerlans, der wie kein zweiter Reiterführer der sinnlosen Zerstörungswut huldigte. Die frühen Kalifen rekrutierten ihre Kriegersklaven ebenso am Oxus wie später die Sultane des Osmanischen Reiches. Die Belagerung Wiens durch die Türken 1683 blieb für Clausewitz' Zeitgenossen das aufwühlendste militärische Ereignis. Eine Theorie des Krieges, die den Oxus und alles, wofür er stand, nicht mit einbezog, war unzureichend. Dennoch entwickelte Clausewitz eine solche Theorie – mit unheilvollen Folgen.

In den Jahren nach dem Ersten Weltkrieg haben radikale Militärschriftsteller Clausewitz eine indirekte, bisweilen sogar unmittelbare Verantwortung für das Gemetzel zugewiesen. So hat ihn der britische Historiker Liddell Hart schuldig gesprochen, weil er den Schlüssel für den Sieg in der größtmöglichen Offensive mit der größtmöglichen Anzahl von Männern gesehen habe. In den Jahren nach dem Zweiten Weltkrieg aber pries man Clausewitz als den bedeutendsten militärischen Denker der Gegenwart, Vergangenheit und – hier geriet die Apotheose zur Farce – Zukunft. Strategietheoretiker verkündeten in den Jahren des Kalten Krieges, Clausewitz bringe in die Düsternis eines drohenden atomaren Winters ein Licht universeller Wahrheit, dessen Führung man folgen müsse. Wer ihn diskreditierte, wurde kurz abgefertigt, einschließlich Liddell Harts, dessen Angriff nunmehr als «Zerrbild» erschien.[50]

Die Schreibtischstrategen vermischten eine Beobachtung mit einer Hypothese. Die Beobachtung besteht darin, daß der Krieg ein universelles Phänomen ist, das nach dem Ende der letzten Eiszeit an allen Orten und zu allen Zeiten aufgetreten ist; die Hypothese lautet, es gebe eine universell gültige Theorie von den Zielen des Krieges und wie diese Ziele sich am besten erreichen lassen. Die Gründe, warum Clausewitz im Kalten Krieg so verführerisch erschien, liegen auf der Hand: ein Staat, dem ein atomarer Angriff droht, hat keine Wahl, er muß seine Außenpolitik so eng wie möglich an die Militärdoktrin anlehnen und dafür sorgen, daß der Spielraum zwischen beiden keine Einschränkungen zuläßt. Ein Atomstaat muß unbedingt den Eindruck erwecken, daß er meint, was er sagt, da die Wirkung der Abschreckung darauf beruht, den Gegner von der eigenen Entschlossenheit zu überzeugen. Jeder innere Vorbehalt aber ist der Feind der Überzeugung.

Die atomare Abschreckung war und ist dem menschlichen Empfinden allerdings im tiefsten zuwider, setzt sie doch voraus, daß ein Staat zur Verteidigung seiner Existenz notfalls die vitalen Interessen der eigenen Bevölkerung – und der des Gegners – eiskalt mißachtet. Daher ist es nicht erstaunlich, daß die Theorie der Abschreckung zumindest in der westlichen Welt, wo seit zweitausend Jahren der jüdisch-christliche Glauben an den Wert des Individuums institutionalisiert ist, größte Abneigung hervorruft, selbst bei Patrioten, die für die nationale Verteidigung eintreten, ja sogar bei Berufssoldaten, die für ihr Land ihr Leben einsetzen.

Eine Philosophie zu entwickeln, welche die Theorie der atomaren Abschreckung mit der allgemeinen Moral und dem politischen Ethos demokratischer Länder vereinte, war eine Aufgabe, an der selbst die klügsten Theoretiker hätten scheitern müssen. Das aber wurde von ihnen gar nicht verlangt. Sie fanden bei Clausewitz eine gebrauchsfertige Philosophie des militärischen Extremismus samt dem dazugehörigen Vokabular, von der Geschichte legitimiert. Für den Fall eines Einsatzes atomarer Waffen sah man keinen Unterschied zwischen «wirklichem» und «absolutem» Krieg; und man glaubte, schon der bloße Gedanke an die Schrecken einer solchen Gleichsetzung garantiere, daß es nicht zum Krieg komme.

Diese Logik hatte jedoch zwei Schwachstellen. Erstens ging sie von einem Automatismus aus und war darauf angewiesen, daß sie Abschreckungsmaßnahmen unter allen Umständen einwandfrei funktionierten. Doch wenn es in der Politik eine empirische Wahrheit gibt, dann die, daß das Verhalten von Regierungen nur schlecht durch Automatismen zu steuern ist. Zweitens setzte diese Logik der Abschreckung voraus, daß die Bürger von Atomwaffenstaaten eine schizophrene Haltung gegenüber der Welt entwickelten: während sie nach außen den Glauben an die Unantastbarkeit des menschlichen Lebens aufrechterhalten sollten, die Achtung von den Rechten des einzelnen, die Duldung von Minderheiten, das freie Wahlrecht, kurz, die Werte der Demokratie und Ethik – zum Schutz dieser Werte hatte man die Atomwaffen schließlich angeschafft –, erwartete man von ihnen zugleich, daß sie dem Kodex des Kriegers beipflichteten, dessen höchste Werte heißen: Tapferkeit, Unterordnung und «Macht geht vor Recht». Da man die Erfindung von Atomwaffen nun einmal nicht rückgängig machen könne, wie die Theoretiker des Atomkrieges meinten, müßten die Menschen diesen Widerspruch wohl auf Dauer aushalten.

Robert McNamara, Verteidigungsminister unter Kennedy, unterstrich die Logik der Abschreckung nach Clausewitz in einer Rede, die er 1962 an der Universität von Michigan hielt, in einem Zentrum der humanistischen Werte Amerikas: «Die bloße Stärke und die Struktur der Bündnisstreitkräfte [der NATO, im wesentlichen aber der Vereinigten Staaten] ermöglichen es uns, selbst bei einem massiven Überraschungsangriff genügend Schlagkraft zu behalten, mit der wir eine feindliche Gesellschaft vernichten können, wenn man uns dazu drängt.»[51] Diese Drohung, einem Feind, der einen «wirklichen» Krieg auslöst, mit dem «absoluten» Krieg zu begegnen, war von einer Stringenz, die Clausewitz möglicherweise begrüßt hätte. Doch das wäre ein Ruf aus der Vergangenheit gewesen, denn als Fürsprecher einer Kriegerkultur, die der moderne Staat von Anfang an auszurotten bemüht war, war Clausewitz bereits zu seiner Zeit isoliert. Natürlich erkannte man, daß sich mit Hilfe dieser Kultur Ziele des Staates durchsetzen ließen, doch gestattete man ihr das Überdauern lediglich in einem eng begrenzten, künstlich geschaffenen Raum. Das Ethos der Regimenter unterschied sich in jeder Hinsicht von dem der Gesellschaft, in deren Mitte sie stationiert waren.

In früheren Zeiten war die Gesellschaft Europas stark von kriegerischen Werten und von der Praxis des Krieges durchdrungen gewesen. Später dann, mit Beginn des 17. Jahrhunderts, wurde die Gesellschaft Europas westlich von Oder und Drau – das heißt, von Berlin und Wien bis zum Atlantik – schrittweise, aber konsequent, entmilitarisiert. Dazu gehörte, daß man der Bevölkerung den Besitz von Feuerwaffen untersagte, die Burgen des Landadels schleifte, seine Söhne als Offiziere übernahm, spezialisierte Artillerieeinheiten aufstellte, deren Offiziere aus den bis dahin nicht der Kriegerkaste angehörenden Ständen stammten, und die Herstellung von Kriegsgerät staatlich monopolisierte.

Als sich die europäischen Staaten zu einer immer stärkeren Remilitarisierung ihrer Bevölkerung genötigt sahen, um die von der Französischen Revolution freigesetzten Kräfte zu bändigen, wurde dies mit unterschiedlicher Begeisterung aufgenommen. Im Laufe der Zeit brachte die Öffentlichkeit, durchaus verständlich, den allgemeinen Wehrdienst mit Leiden und Tod in Verbindung: der Erste Weltkrieg forderte zwanzig, der Zweite fünfzig Millionen Tote. Großbritannien und die Vereinigten Staaten schafften die Wehrpflicht nach 1945 ab; als Amerika in den sechziger Jahren darauf zurückgriff, um einen Krieg führen zu können, der immer unpopulärer wurde, führte die Weigerung der Dienstpflichtigen und ihrer Angehörigen, soldatische Tugenden zu übernehmen, schließlich dazu, daß der Krieg in Vietnam aufgegeben wurde. Hier sehen wir ein Beispiel dafür, daß der Versuch scheitern muß, innerhalb einer Gesellschaft zwei einander widersprechende Wertsysteme in Einklang zu bringen: auf der einen Seite «unveräußerliche Rechte» (Leben, Freiheit und das Streben nach Glück), auf der anderen völlige Selbstverleugnung, wenn die strategische Notwendigkeit das verlangt.

Tatsächlich hat es sich in der Neuzeit als schwierig erwiesen, gesellschaftliche Veränderungen von oben durchzusetzen. Viele Versuche in dieser Richtung sind fehlgeschlagen, vor allem, wenn es ihr Ziel war, in Besitz oder Bodenrechte einzugreifen. Von unten eingeleitete gesellschaftliche Veränderungen – die Stärke religiöser Reformbewegungen – hatten nachweislich mehr Erfolg. Daher ist ein Blick auf die Volksbewegungen zur Remilitarisierung der Gesellschaft im 20. Jahrhundert lehrreich. Zwei Fälle verdienen besondere Aufmerksamkeit: der Ansatz Mao Zedongs in China (und seiner Nachfolger in Vietnam) sowie der Titos im ehemaligen Jugoslawien. Beide hatten ihre Wurzel in Marx' Aufforderung zur Gründung von Volksarmeen, die die unausweichliche Revolution herbeiführen sollten; beide folgten einem bemerkenswert ähnlichen Muster; beide erreichten die angestrebten politischen Ziele; beide hatten auf kulturellem Gebiet katastrophale Auswirkungen.

In den Jahren nach der Entthronung des letzten Kaisers Pu Yi (1912) versank China in Anarchie; eine dem Namen nach souveräne republikanische Regierung kämpfte in allen Provinzen des Landes mit Bürgerkriegs-Generälen *(warlords)* um den Besitz der Macht. Als dritter Faktor war die im Entstehen begriffene Kommunistische Partei an diesem Streit beteiligt, und schon früh stellte sich einer ihrer Anführer, Mao Zedong, gegen das Zentralkomitee und dessen russische Mentoren. Während seine Gegenspieler darauf aus waren, Städte zu erobern, kam er nach gründlicher Analyse der Klagen der Landbevölkerung zu dem Ergebnis, die Städte ließen sich am besten erobern, wenn man das Umland mit revolutionären Guerillatrupps durchsetze. Daraus, so seine Überzeugung, würden siegreiche Heere hervorgehen. In einer 1929 verfaßten Denkschrift schilderte er seine Methoden: «Die Taktik, die wir aus dem Kampf der vergangenen drei Jahre entwickelt haben, unterscheidet sich grundlegend von jeder anderen, ob alt oder neu, ob chinesisch oder ausländisch. Mit ihrer Hilfe lassen sich die Massen in immer größerem Maße zum Kampf erwecken, und kein noch so mächtiger Feind vermag uns zu überwinden. Unsere Taktik ist die der Guerilla. Sie besteht hauptsächlich aus folgenden Punkten: wir teilen unsere Kräfte, um die Massen zu aktivieren, und konzentrieren sie, um den Feind zu bekämpfen... Das Ziel heißt, in der kürzestmöglichen Zeit die größtmöglichen Massen zu aktivieren.»[52]

Was die Einzigartigkeit seiner Taktik betraf, irrte Mao. Die Städte zu isolieren, indem man das Umland beherrschte, ging unmittelbar auf die Praktiken der Reitervölker zurück, die fast zweitausend Jahre lang China unermüdlich bekriegt hatten. Neu an Maos Methoden war dies: erstens seine Überzeugung, die «Klassenlosen» – «Soldaten, Banditen, Räuber, Bettler und Prostituierte» – seien die Kräfte, die die Revolution vorantrieben, «Menschen, die äußerst tapfer kämpfen können und, sofern man sie richtig anleitet, eine revolutionäre Kraft bilden»; zweitens seine Erkenntnis, daß sich der Krieg auch gegen einen überlegenen Feind gewinnen läßt, wenn man geduldig abwartet und erst dann die Entscheidung sucht, wenn Enttäuschung und Erschöpfung dem Feind die Aussicht auf den Sieg haben schwinden lassen.[53] Diese Theorie des «in die Länge gezogenen Krieges» ist Maos Hauptbeitrag zur Militärtheorie. Nachdem er damit Tschiang Kai-schek besiegt hatte, übernahmen die Vietnamesen sie für ihre Kriege, zuerst gegen die Franzosen und dann gegen die Amerikaner.

Zwischen 1942 und 1944 kämpfte auch Josip Broz Tito, Generalsekretär der jugoslawischen Kommunistischen Partei, in den Bergen Montenegros und Bosnien-Herzegowinas nach diesem Prinzip. Die Achsenmächte, die Jugoslawien besetzt hielten, waren bereits in einen Kampf gegen Guerillatruppen verwickelt, die der königlichen Exilregierung treu waren, die Tschetniks Mihailovićs. Die Politik der Tschetniks hieß: untergetaucht abwarten, bis die Achsenmächte durch den Krieg außerhalb Jugoslawiens so geschwächt waren, daß eine allgemeine nationale Erhebung Aussicht auf Erfolg bot. Davon wollte Tito nichts wissen; aus verschiedenen Gründen, weil er die Sowjetunion zu entlasten hoffte, aber auch weil er in ganz Jugoslawien einen kommunistischen Parteiapparat errichten wollte, kämpften seine Partisanen, wo und soviel sie konnten. «Immer, wenn die Partisanen... ein Gebiet besetzten, organisierten sie Bauernkomitees zur Verwaltung der örtlichen Angelegenheiten und zur Aufrechterhaltung von Recht und Ordnung. Selbst wenn die Partisanen die Herrschaft über ein Gebiet verloren, blieben diese politischen Hilfskräfte aktiv.»[54]

William Deakin, ein junger Historiker aus Oxford, der 1943 als britischer Verbindungsoffizier mit dem Fallschirm über Jugoslawien absprang, um zu Tito zu stoßen und den Kontakt zu ihm aufrechtzuerhalten, hat dies 1943 beobachtet, kurz nachdem die Deutschen einen erfolgreichen Vorstoß gegen Titos Hauptquartier geführt hatten. «Kaum waren wir völlig ermattet der Vernichtung entkommen, brach [Milovan] Djilas [ein führender kommunistischer Intellektueller, zugleich aber auch ein Kämpfer, der Deutsche getötet hatte] mit ein paar Gefährten nach Süden auf, wo die Schlacht alles verwüstet hatte. Ein ungeschriebenes Gesetz des Partisanenkrieges lautete, die Elemente der Parteiarbeit weiterzuführen, wenn ein befreites Gebiet verlorenging, und zur Vorbereitung der künftigen Rückkehr erneut Zellen zu bilden.»[55]

Dieser «heroische» Aspekt des Partisanenkampfes, der einen Wissenschaftler wie Deakin tief bewegte, klingt eindrucksvoll. Doch in der Praxis bedeutete dieses Vorgehen eine politisch-militärische Kampagne für das gesamte Gebiet Jugoslawiens, die den Menschen unendliches Leid brachte. Ihre Geschichte war ohnehin schon von bitterer und gewalttätiger Rivalität getränkt, die der Krieg zu neuem Leben erweckt hatte. Im Norden hatten Führer der römisch-katholischen Kroaten mit italienischer Hilfe begonnen, eine Kampagne zur Vertreibung, Zwangsbekehrung und Vernichtung orthodoxer Serben zu führen. Muslime in Bosnien-Herzegowina beteiligten sich am Bürgerkrieg, und im Süden wurden die Serben des Kosovo von ihren albanischen Nachbarn angegriffen. Die Tschetniks wiederum stritten in den serbischen Landesteilen mit den Partisanen um die Macht, mit denen sie sich nicht auf eine gemeinsame Strategie hatten einigen können, gingen aber nicht zum offenen Angriff gegen die deutsche Besatzungsmacht über, weil sie Vergeltungsmaßnahmen befürchteten.

Tito wertete solche Repressalien anders; seiner Ansicht nach konnten Greueltaten der Achsenmächte Männer dazu veranlassen, sich auf seine Seite zu schlagen. So zog er mit voller Absicht in sieben sogenannten «Offensiven» die Deutschen auf sich, und das Ergebnis war, daß die Landesteile, durch die seine Partisanen zogen, verwüstet wurden. Den Dorfbewohnern blieb lediglich die Wahl, den Partisanen «in die Wälder» zu folgen (eine altüberlieferte Bezeichnung aus den Zeiten, da man den Türken Widerstand geleistet hatte) oder zu bleiben und die Vergeltungsmaßnahmen abzuwarten. Titos Stellvertreter Kardelj vertrat mit Nachdruck die Ansicht, man müsse jeden, der sich heraushalte, vor die Entscheidung stellen: «Manche Befehlshaber fürchten sich vor Repressalien, und diese Furcht verhindert die Massenerhebung in den kroatischen Dörfern. Ich denke, die nützliche Folge von Repressalien wird sein, daß sie die Kroaten auf die Seite der Serben bringen. Im Krieg dürfen wir keine Angst vor der Zerstörung ganzer Dörfer haben. Der Terror wird zu bewaffneter Aktion führen.»[56]

Diese Analyse traf zu. Titos Politik, den bereits bestehenden ethnischen, religiösen und sonstigen Konflikten eine panjugoslawische, prokommunistische und gegen die Achsenmächte gerichtete Kampagne überzustülpen und jede Waffenruhe zu stören, führte tatsächlich dazu, daß aus vielen kleinen Kriegen ein einziger großer wurde, in dem Tito selbst zum obersten Befehlshaber avancierte. Weil er es so wollte, sahen sich die meisten Männer und viele Frauen Jugoslawiens gezwungen, sich für eine Seite zu entscheiden. So wurde die Bevölkerung von unten remilitarisiert. Bei Kriegsende wurden mindestens hunderttausend, die sich für die falsche Seite entschieden hatten, kurzerhand von den Partisanen getötet und gesellten sich somit im Tode zu den von den proitalienischen Kroaten umgebrachten 350000 Serben. Da die Armee des Königreichs Jugoslawien 1941 in nur acht Tagen zusammengebrochen war, muß man jedoch die meisten der 1,2 Millionen Jugoslawen, die bei einer Gesamtzahl von 1,6 Millionen Opfern zwischen 1941 und 1944 starben, als direkte oder indirekte Opfer der Strategie des Partisanenkrieges ansehen. Dies war der schreckliche Preis dafür, daß Tito seinen politischen Standpunkt durchsetzte.

Die äußeren Umstände eines solchen Krieges – ob in Jugoslawien, China oder Vietnam – haben die Kunst des sozialistischen Realismus vielfach beflügelt. Die im Mittelsaal des jugoslawischen Militärmuseums in Belgrad aufgestellte lebensgroße Bronzestatue eines jungen Mannes, der wild entschlossen darauf brennt, für sein Land zu sterben, verkörpert auf großartige Weise den Gedanken des Volkswiderstandes. Ähnliches gilt für Sergei Gerassimows Gemälde *Die Mutter des Partisanen*; mit einem künftigen Kämpfer schwanger, tritt die Frau gelassen einem deutschen Soldaten entgegen, der ihr Haus niedergebrannt hat. Tatjana Nazarenkos *Die Partisanen sind da* ist eine ironische Pietà für eine zu spät an den Ort deutscher Greueltaten gelangte Hilfe; Ismet Mujesinovićs *Befreiung von Jacje* erinnert an Géricaults im griechischen Unabhängigkeitskrieg gemalte großartige Anprangerung der osmanischen Unterdrückungspolitik. Man findet ähnliche – stark imitierende – Werke zu Maos und Ho Tschi Minhs Kriegen: Angehörige der Volksarmee in sauberen, abgetragenen Kampfanzügen trösten Tschiang Kai-scheks Opfer, arbeiten Seite an Seite mit den Bauern, um von den bedrohten Feldern die Ernte einzubringen, oder scharen sich im Schein der Morgenröte zum Sturm, der ihnen den endgültigen Sieg bringen wird.[57]

Trotz aller Variationen ist die Partisanenkunst die des Standfotos, buchstäblich ein Klischee, ein Augenblick des offenkundigen Realismus, der aus einer gänzlich widersprüchlichen Wirklichkeit herausgerissen ist. In Wahrheit ist der Volkskampf, der friedliebende und gesetzestreue Bürger zwingt, Waffen zu tragen und gegen ihren Willen und ihre Interessen Blut zu vergießen, unsagbar entsetzlich. Im Zweiten Weltkrieg ist diese Erfahrung den meisten

Menschen im Westen erspart geblieben, insbesondere den Amerikanern und Briten. Die wenigen, die die Praxis des Partisanenkrieges kennenlernten, haben grausige Berichte hinterlassen. So beschrieb Deakin eine Begegnung mit Tschetnik-Gefangenen: «Bei der Aktion in dieser Nacht nahmen Partisanen Golub Mitrocić, den Kommandierenden des *odred* der Tschetniks in Zenica, und zwei Angehörige seines Stabes gefangen. Ich begegnete der Gruppe auf einer Waldlichtung. Man legte mir nahe, sie persönlich zu verhören – das erste und einzige Mal, daß ich in eine solche Lage geriet. Ich weigerte mich. Der Sachverhalt war klar: die Briten durften in einem Bürgerkrieg nicht Partei ergreifen. Es ging über meine Zuständigkeit hinaus, mich in ein Verhör gefangener Tschetniks hineinziehen zu lassen, die hingerichtet werden sollten. Also machte ich kehrt und ging durch den Wald davon. Eine kurze Gewehrsalve beendete den Vorfall. Einige Minuten später rückten wir vor, an den drei Leichen vorbei. Das Kommando der Partisanen nahm diesen Zwischenfall ungnädig auf. Da ich eine solche Konfrontation schon lange hatte kommen sehen, war mir klar gewesen, wie ich mich entscheiden mußte. Von dieser Haltung bin ich nie abgewichen – um den Preis, daß ich bei den uns verbündeten Partisanen Unverständnis und einen gewissen Unwillen erregte. Sie hatten den Eindruck, daß wir einen anderen Krieg führten.»[58]

Das war in der Tat der Fall. Der von den britischen Streitkräften anerkannte Kodex erlaubt das Erschießen Unbewaffneter, die einem in die Hände gefallen sind, unter keinen Umständen, es sei denn, ein Gericht hätte sie eines Kapitalverbrechens für schuldig befunden.

Milovan Djilas gab in seinen großartigen Erinnerungen an die Wirklichkeit des Partisanenkrieges ehrlich zu, daß ihn der Kodex des Guerillakampfes korrumpiert hatte. An einer Stelle beschreibt er, wie er selbst unbewaffnete Gefangene behandelte, die ihm in die Hände gefallen waren: «Ich nahm mein Gewehr von der Schulter. Ich wagte nicht zu schießen, weil die Deutschen etwa vierzig Meter weiter oben waren – wir konnten sie rufen hören –, und so schlug ich es dem Deutschen auf den Kopf. Der Kolben zerbrach, und der Deutsche fiel auf den Rücken. Ich nahm mein Messer und schnitt ihm mit einer einzigen Bewegung die Kehle durch. Dann gab ich es Raja Nedeljković, einem politischen Weggefährten, den ich schon aus der Zeit vor dem Krieg kannte. Die Bewohner seines Dorfes waren von den Deutschen 1941 abgeschlachtet worden. Er erstach den zweiten Deutschen, der zuckte, aber bald ruhig war. Später erzählte man, ich hätte einen Deutschen im Kampf Mann gegen Mann erstochen. In Wirklichkeit waren die Deutschen wie die meisten Gefangenen wie gelähmt; sie wehrten sich nicht und versuchten auch nicht zu fliehen.»[59]

Mit der gleichen Brutalität, die Djilas in den Bergen Jugoslawiens kennenlernte, unterwies man Millionen von Menschen überall, wo ein «Volkskrieg» geführt wurde. Wie viele Menschenleben das gekostet hat, läßt sich kaum vorstellen. Abermillionen starben in China, Indochina und Algerien als Kämpfer, noch häufiger aber als unbeteiligte Opfer. Maos Langen Marsch vom Süden Chinas in den Norden des Landes in den Jahren 1934–35 überlebten nur rund achttausend von den achtzigtausend, die aufgebrochen waren; wie Djilas setzten sie erbarmungslos einen gesellschaftlichen Umbruch durch, dessen Gründlichkeit danach bemessen wurde, wie viele «Klassenfeinde» er liquidierte.[60] Nachdem die Kommunisten 1949 in China an die Macht gekommen waren, wurden im Verlauf eines Jahres etwa eine Million «Großgrundbesitzer» umgebracht, gewöhnlich von ihren Dorfnachbarn auf Betreiben von Parteikadern, die häufig Überlebende des Langen Marsches waren. Diese Massenvernichtung war von Anfang an Bestandteil der Lehre vom Volkskrieg.

Die tragischste aller Remilitarisierungen von unten war möglicherweise die, zu der es zwischen 1954 und 1962 in Algerien kam. Veteranen des ersten Indochinakrieges – auf der einen Seite französische Offiziere, auf der anderen ehemalige Soldaten der algerischen Regimenter Frankreichs – wendeten dort die Lehre vom Volkskrieg jeweils auf den Teil der Bevölkerung an, den sie unter ihre Herrschaft zu bringen vermochten. In bewußter Nachahmung von Maos Vorgehen verwickelte die Nationale Befreiungsarmee Dorfbewohner in Terrorakte, wo immer sich eine Möglichkeit

Die älteste bisher bekannte Stadt der Erde: das um 7000 v. Chr. gegründete Jericho im Tal des Jordan. Die mächtigen, vier Meter hohen Umfassungsmauern, die Türme und Gräben sind ein eindrucksvoller Beleg dafür, daß der Krieg lange vor der Entstehung der großen Reiche in Mesopotamien, am Nil und am Indus den Alltag der Menschen prägte.

Die Standarte von Ur, «Friedensseite» des Reliefs, 3. Jahrtausend v. Chr. Der König mit seinem Hofstaat beim Trinkgelage (oben); Abgesandte unterworfener Völker bringen Tribut. Allem Anschein nach kannte die sumerische Zivilisation keine Kriege, weder untereinander noch mit äußeren Feinden.

Assyrischer Streitwagen, Relief aus dem Palast in Ninive, 7. Jh. v. Chr. Die Assyrer verfügten als erste über eine Armee, die bis zu 500 Kilometer von der Heimat entfernt Feldzüge führen konnte; die Geschwindigkeit, mit der sie dabei vorrückten, wurde erst im 20. Jahrhundert übertroffen.

Erstürmung einer ägyptischen Stadt während des Feldzugs von 645 v. Chr., Relief aus dem Palast in Ninive, 7. Jh. v. Chr. Entschlossen verteidigte und mit Vorräten reichlich versehene Festungen haben sich zu allen Zeiten schwer einnehmen lassen. Künstlerische Darstellungen von erfolgreichen Belagerungen sind daher stets mit größter Zurückhaltung zu betrachten.

Assurnasirpal II. belagert eine Stadt, Relief aus dem Palast in Nimrod, 9. Jh. v. Chr. Die Belagerungstechniker wurden möglicherweiser aus unterworfenen Völkern rekrutiert, insbesondere unter den Syrern.

Gestürzte Ahnenbilder auf der Osterinsel: Als das Bevölkerungswachstum die natürlichen Lebensgrundlagen zerstörte, fiel die Herrschaft auf dieser einst so friedlichen Insel an die «Männer mit blutigen Händen», die grausige Gemetzel inszenierten. Ende des 19. Jahrhunderts wurden noch 111 Inselbewohner gezählt.

Aztekische Krieger aus einer mexikanischen Landesurkunde des 16. Jahrhunderts, von Azteken ausgeführt.

Japanischer Idealritter. Als die Samurai im 16. Jahrhundert mit Schießpulver konfrontiert wurden und erkannten, welche Bedrohung ihrer gesellschaftlichen Position damit verbunden war, erreichten sie es, daß Feuerwaffen aus Japan verbannt wurden. So konnte sich die Ritterkaste bis zur Mitte des 19. Jahrhunderts als maßgebliche gesellschaftliche Kraft behaupten.

Griechischer Krieger mit Lanze, Schild und Helm, Brustpanzer und Beinschienen, korinthische Bronzefigur aus Dodona, um 500 v. Chr. Mit den Perserkriegen des 5. Jahrhunderts wurde die von den Griechen entwickelte Feldschlacht Mann gegen Mann zum bestimmenden Faktor der Kriegführung. Diese ebenso revolutionäre wie grausame Kampfweise ist der entscheidende Beitrag Europas zur Geschichte des Krieges.

Acht Reihen tief gestaffelt, Schulter an Schulter mit dem Nebenmann, rückten die Griechen gleichsam als kompakte Masse auf dem Schlachtfeld gegeneinander vor. Da jeder versuchte, sich so dicht wie möglich an den Schild des Nachbarn zu halten, um dahinter Schutz zu finden, neigte sich die Phalanx stets nach rechts, und die Schlacht schien sich um eine unsichtbare Achse zu drehen.

Die zweite Runde der großen Auseinandersetzung zwischen Europa und Asien: Alexander der Große (links) besiegt den persischen Großkönig Darius III. in der Schlacht bei Issos, 333 v. Chr. Das berühmte Mosaik aus Pompeji dokumentiert den Sieg der mazedonischen Reiterei über die Streitwagen der Perser.

Römische Legionäre kämpfen mit den Dakern um eine Wagenburg, Trajanssäule in Rom, 2. Jh. n. Chr. Die militärischen Unternehmungen Roms dienten in erster Linie der Grenzsicherung, und die römischen Legionen wurden weitgehend mit befestigten Grenzen identifiziert.

Römisches Kriegsschiff. Galeerenflotten waren zu keiner Zeit autonome Instrumente der strategischen Kriegführung, sondern dienten stets der Unterstützung von Landheeren.

dazu bot. Umgekehrt bildeten ausgewählte französische Offiziere (viele von ihnen hatte man in vietnamesischen Gefangenenlagern gezwungen, sich mit Marx zu beschäftigen) die Bewohner «ihrer» Dörfer als Gegen-Rebellen aus und schworen bei ihrem Leben, Frankreich werde Menschen, die sich loyal verhielten, nie im Stich lassen. Als Frankreich sich dann doch aus Algerien zurückzog, ermordete die siegreiche Nationale Befreiungsarmee mindestens 30000, vielleicht sogar 150000 Loyalisten. Sie selbst hatte 141000 Mann im Kampf verloren und im Verlauf der acht Jahre, die der Krieg dauerte, in internen Säuberungen neben 12000 eigenen Leuten 16000 weitere muslimische Algerier und vermutlich weitere 50000 Menschen getötet, die als «vermißt» geführt wurden. Heute beziffert die Regierung Algeriens die Zahl der Opfer des Volkskriegs mit einer Million – vor dem Krieg hatte das Land neun Millionen muslimische Einwohner gezählt.[61]

Die Generation derer, die diese Remilitarisierung in Algerien, China, Vietnam und dem ehemaligen Jugoslawien zu Kriegern machte, wird allmählich alt. Die Revolutionen, für die sie und Millionen von unfreiwilligen Beteiligten einen so schrecklichen Blutzoll entrichteten, sind in der Wurzel verdorrt. Das von Ho Tschi Minh eroberte Südvietnam ist nicht bereit, dem Kapitalismus abzuschwören. Die vom Langen Marsch übriggebliebenen chinesischen Graubärte können nur deshalb die Macht über die Partei behalten, weil sie den Menschen wirtschaftliche Freiheiten eingeräumt haben, die der marxistischen Lehre völlig widersprechen. In Algerien sucht eine immer rascher wachsende Bevölkerung wirtschaftlichen Entbehrungen entweder durch Hinwendung zum islamischen Fundamentalismus oder Auswanderung in die wohlhabende Welt jenseits des Mittelmeeres zu entkommen. Die Völker des ehemaligen Jugoslawien, die Tito zu vereinigen strebte, indem er dafür sorgte, daß sie sich im gemeinsamen Kampf gegen die Achsenmächte die Hände blutig machten, tun das gegenwärtig im Kampf einer gegen den anderen; dies erinnert stark an das Prinzip der territorialen Verdrängung, das Anthropologen als gemeinsames Merkmal vieler «primitiver» Kriege in Stammesgesellschaften ausgemacht haben. In den Grenzgebieten der zerfallenen Sowjetunion, die Revolutionären der Neuzeit einst viele Anregungen geliefert haben, zeigt sich ein ähnliches Muster: seit kurzem unabhängige «Minderheiten» nutzen ihre Freiheit von russischer Vorherrschaft, um einen uralten Stammeshaß wiederzubeleben und (bisweilen eher innerhalb von als zwischen Stämmen) Kriege neu zu entfachen, in denen ein Außenstehender keinerlei politischen Sinn erkennen kann.

Wenn wir die Welt am Ende unseres Jahrhunderts betrachten – eine Welt, in der die reichen Länder, die die Remilitarisierung von oben betrieben, den Frieden propagieren, und die armen, die eine Remilitarisierung von unten erleiden mußten, dieses Geschenk verfluchen –, dann liegt es nahe zu fragen, ob der Krieg seinen Nutzen und die ihm eigene Attraktion möglicherweise eingebüßt hat. In unserer Zeit war Krieg nicht bloß ein Mittel, Streitigkeiten zwischen Staaten zu entscheiden, sondern er bot auch den verbitterten, enterbten, nackten und hungrigen Massen, die sich nach Freiheit sehnten, eine Möglichkeit, Zorn, Neid und aufgestaute Gewaltbereitschaft auszudrücken. Es spricht manches dafür, daß nach fünftausend Jahren aufgezeichneter Geschichte des Krieges jetzt endlich kulturelle und materielle Veränderungen vielleicht dazu führen, den Hang des Menschen zum Krieg zu hemmen.

Die materielle Veränderung ist für jeden augenfällig. Ich meine die thermonuklearen Waffen und das damit verbundene System ballistischer Interkontinentalraketen. Seit dem 9. August 1945 haben atomare Waffen jedoch niemanden getötet. Die fünfzig Millionen Menschen, die seither in Kriegen ihr Leben verloren haben, fielen größtenteils billigen, massenhaft produzierten Waffen und kleinkalibriger Munition zum Opfer, die kaum mehr kosten als die Transistorradios und Trockenbatterien, die im gleichen Zeitraum die Welt überschwemmt haben. Weil diese billigen Waffen das Leben in den fortschrittlichen Ländern außer an einigen Orten, wo Drogenhandel und politischer Terrorismus blühen, nur wenig gestört haben, hat die Bevölkerung der reichen Länder erst sehr spät erkannt, welche Schrecken die weltweite Verbreitung von Waffen mit sich gebracht hat. Allmählich setzt sich diese Erkenntnis jedoch durch.

Über den Algerienkrieg, der 1962 endete, wurde im Fernsehen nur wenig berichtet, ausführlich dagegen über den Vietnamkrieg. Das hatte zur Folge, daß Männer im wehrpflichtigen Alter und ihre Familien in ihrem Widerstand gegen diesen Krieg bestärkt wurden, erzeugte aber keineswegs Abscheu vor dem Krieg als solchem. Doch als dann gezeigt wurde, wie dem Hungertod nahe Äthiopier vor Soldaten flohen, die kaum besser genährt waren als sie selbst, als das Fernsehen von den Greueltaten der Roten Khmer in Kambodscha berichtete, von der Massenabschlachtung iranischer Kindersoldaten in den Sumpfgebieten des Irak, von der Zerstörung des Libanon und von einem Dutzend anderer schmutziger, grausamer und sinnloser Konflikte, war die Wirkung eine andere. Nirgendwo auf der Welt dürfte sich heute ein Gremium finden lassen, das die Meinung vertritt, Krieg lasse sich rational rechtfertigen. Die Begeisterung des Westens für den Golfkrieg schwand, als nach wenigen Tagen deutlich wurde, welches Gemetzel er hervorrief.

In einer kürzlich vorgelegten wichtigen Untersuchung über den Zeitraum vom frühen 17. bis zum frühen 19. Jahrhundert, in dem die Staaten in einem Zustand des Rüstungsgleichgewichts zuverlässiges militärisches Gerät besaßen, hat Russell Weigley ein Phänomen beschrieben, das er Auflehnung gegen die «chronische Ergebnislosigkeit des Krieges» nennt. Der Krieg habe sich nicht als «wirksame Fortführung der Politik mit anderen Mitteln... sondern als deren Bankrott» erwiesen. Aus der Enttäuschung darüber, daß es nicht gelungen war, entscheidende Ergebnisse zu erzielen, habe man in den folgenden Jahrhunderten «voller Berechnung und sprunghaft zu weitergehenden und schlimmeren Grausamkeiten» gegriffen, «bis hin zur Plünderung von Städten und der Ausraubung ganzer Landstriche, sowohl vom Wunsch nach Rache getrieben als auch in der gewöhnlich vergeblichen Hoffnung, mit verstärkten Greueln den Widerstandsgeist des Feindes brechen zu können».[62] Dies zielt in dieselbe Richtung wie das in diesem Kapitel Gesagte. Man könnte es wie folgt zusammenfassen.

In dem Jahrhundert, das mit der Französischen Revolution begann, schlugen die militärische Logik und das kulturelle Ethos abweichende und entgegengesetzte Wege ein. In der sich entwikkelnden Industriewelt nährten wachsender Wohlstand und die Heraufkunft des Liberalismus die Hoffnung, die Entbehrungen, unter denen die Menschheit im Verlauf der Geschichte gelitten hatte, würden schwinden. Allerdings zeigte sich, daß dieser Optimismus nicht genügte, die Mittel zu ändern, mit denen die Staaten Streitigkeiten untereinander regelten. Viel von dem durch die Industrialisierung erwirtschafteten Reichtum diente dazu, die Bevölkerung zu militarisieren, so daß der Krieg, als er im 20. Jahrhundert ausbrach, seine «beharrliche Ergebnislosigkeit» noch nachdrücklicher unter Beweis stellte, wie Weigley konstatiert.

Die reichen Länder reagierten auf dieses Dilemma mit einer noch intensiveren Militarisierung ihrer Bevölkerung von oben. Als die Flut des Krieges auch in die Dritte Welt überschwappte, begann dort die Militarisierung von unten; die Bewegungen, die außer der Befreiung von europäischer Vorherrschaft auch etwas dem westlichen Wohlstand Vergleichbares erreichen wollten, zwangen Bauern, Soldaten zu werden. Beiden Entwicklungen mußte zwangsläufig der Erfolg versagt bleiben. Die entsetzlichen Opfer an Menschenleben, welche die Industrieländer im Zweiten Weltkrieg hatten aufbringen müssen, führten zur Entwicklung atomarer Waffen, deren Ziel es war, Kriege zu beenden, ohne daß auf dem Schlachtfeld Menschen geopfert wurden. Doch als sie eingeführt waren, zeigte sich, daß sie allem ein Ende zu setzen drohten. In der Dritten Welt wiederum führte die Massenmilitarisierung nicht zu Befreiung, sondern zur Verfestigung repressiver Systeme, die um den Preis vieler Menschenleben und weitverbreiteten Leides an die Macht gekommen waren.

In diesem Zustand befindet sich die Welt gegenwärtig. Trotz der herrschenden Verwirrung und Ungewißheit sieht es ganz so aus, als könne man einen Blick auf den sich abzeichnenden Umriß einer Welt ohne Krieg erhaschen. Die Behauptung, der Krieg werde aus der Mode kommen, wäre kühn und würde durch den wiederauflebenden Nationalismus der Völker des Balkans und Transkaukasiens Lügen gestraft, der sich in einer besonders abstoßenden Art der Kriegführung äußert. Man muß aber sehen, daß von solchen Kriegen nicht die gleiche Bedrohung ausgeht wie von vergleichbaren Konflikten im vornuklearen Zeitalter. Heute ist nicht zu befürchten, daß gegeneinanderstehende Großmächte eine Beschützerrolle übernehmen, was die Gefahr möglicher Verzweigungen in sich birgt; wohl aber wecken sie das Bedürfnis, humanitär einzugreifen, um Frieden zu schaffen. Die Aussichten mögen trügerisch sein. Der Ursprung der Konflikte auf dem Balkan und in Transkaukasien liegt weit in der Vergangenheit, und ihr Ziel scheint tatsächlich die bereits erwähnte «territoriale Verdrängung» zu sein. Solche Konflikte trotzen ihrem Wesen nach Vermittlungsbemühungen von außen, da sie auf Leidenschaften und Haßgefühle beruhen, die rationalen Argumenten kein Gehör schenken; sie sind in einer Weise apolitisch, die Clausewitz kaum vorgesehen hat.

Darin aber, daß man dennoch den Versuch unternimmt, Frieden zu schaffen, zeigt sich ein tiefgreifender Wandel in der Haltung dem Krieg gegenüber. Dahinter stecken nicht berechnende politische Interessen, sondern Abscheu vor dem Schauspiel, das der Krieg bietet. Die Triebfeder ist Menschlichkeit, und obwohl Befürworter der Menschlichkeit von jeher Gegner des Krieges sind, war sie früher weder als leitender Grundsatz der Außenpolitik einer Großmacht in den Vordergrund getreten, wie das heute bei den Vereinigten Staaten der Fall ist, noch hat jemals eine mächtige supranationale Körperschaft ihre Durchsetzung betrieben, wie neuerdings die Vereinten Nationen. Heute ist eine Vielzahl unbeteiligter Länder bereit, sich für den Grundsatz der Menschlichkeit zu engagieren und Truppen an den Ort des Konflikts zu entsenden, um Frieden zu bewahren oder zu schaffen. Möglicherweise hat der amerikanische Präsident Bush den Mund ein wenig zu voll genommen, als er eine neue Weltordnung verkündete. Doch sind überall Ansätze einer neuen Entschlossenheit erkennbar, die Greuel einzudämmen, die mit Störungen der Ordnung einhergehen. Sofern diese Entschlossenheit von Dauer sein sollte, wäre dies ein Zeichen der Hoffnung am Ende unseres entsetzlichen Jahrhunderts.

Die Vorstellung eines kulturellen Wandels birgt für jeden, der nicht achtgibt, Gefahren. Die Hoffnung, nützliche Veränderungen – Anhebung des Lebensstandards, Alphabetisierung, Einführung der wissenschaftlichen Medizin, Verbreitung der allgemeinen Wohlfahrt –, würden das Verhalten des Menschen zum Besseren wenden, ist so oft zuschanden geworden, daß es unrealistisch scheinen könnte, anzunehmen, die Welt werde demnächst eine wirksame Antikriegshaltung entwickeln. Doch kommt es durchaus immer wieder zu tiefgreifenden kulturellen Veränderungen, und sie lassen sich belegen. So hat der amerikanische Politikwissenschaftler John Mueller angemerkt: «Die Sklaverei entstand in den Anfängen der Menschheitsgeschichte, und viele haben sie einst für eine unumstößliche Tatsache des Daseins gehalten. Doch wurde sie zwischen 1788 und 1888 weitgehend abgeschafft... und es sieht ganz so aus, als sei ihr Verschwinden von Dauer. In ähnlicher Weise scheinen auch die auf Urzeiten zurückgehenden Einrichtungen des Menschenopfers, der Kindestötung und des Duells ausgestorben und ausgemerzt worden zu sein. Man könnte argumentieren, der Krieg, zumindest in der entwickelten Welt, werde eine ähnliche Entwicklung nehmen.»[63]

Man muß hinzufügen, daß Mueller nicht an die Lehre glaubt, der Mensch neige aufgrund seiner Erbanlagen zur Gewalttätigkeit – eine der umstrittensten Theorien der Verhaltensforschung, von der sich die meisten Militärhistoriker vorsichtig distanzieren. Doch braucht man sich keineswegs auf die Seite derer zu stellen, die diese Theorie ablehnen, um Indizien dafür zu finden, daß die Menschheit, wo immer sie die Möglichkeit dazu hat, sich von der Institution des Krieges distanziert.

Mich beeindrucken diese Indizien. Nachdem ich ein Leben lang über den Krieg gelesen habe, mit Militärs Umgang hatte, Schauplätze des Krieges besuchen und seine Auswirkungen beobachten konnte, scheint es mir, daß die Menschen den Krieg immer weniger als wünschenswertes oder probates – und schon gar nicht als rationales – Mittel ansehen, Zwistigkeiten auszutragen. Das ist keineswegs bloßer Idealismus. Der Mensch verfügt über die Fähigkeit, Kosten und Nutzen großer und universeller Unternehmungen über längere Zeit in Beziehung zueinander zu setzen. Für einen großen Teil der Zeit, für die wir Aufzeichnungen besitzen, gilt, daß der Nutzen des Krieges größer schien als die damit verbundenen Kosten, zumindest überschlägig. Inzwischen weist die Rechnung ein anderes Ergebnis aus: die Kosten übersteigen den Nutzen eindeutig. Manche Kosten sind materieller Art. Unverhältnismäßig hohe Rüstungskosten bringen den Staatshaushalt selbst der reichsten Länder ins Ungleichgewicht, während arme Länder die Aussicht auf wirtschaftliche Prosperität zunichte machen, wenn sie danach trachten, ein militärisches Drohpotential aufzubauen. Die menschlichen Kosten des eigentlichen Krieges sind noch höher. Unter den reichen Ländern besteht Einigkeit darüber, daß sie nicht mehr zu tragen sind. Arme Länder, die in kriegerische Auseinandersetzungen mit reichen geraten, werden überwältigt und gedemütigt. Solche, die gegeneinander kämpfen oder in Bürgerkriege verwickelt werden, zerstören ihren eigenen Wohlstand einschließlich der Infrastrukturen, die eine Erholung vom Krieg möglich machen würden.

Der Krieg ist wahrhaft zu einer Geißel geworden, wie es Krankheiten während des größten Teils der Menschheitsgeschichte waren. Letztere hat man in jüngerer Zeit weitgehend besiegt, und auch wenn es stimmt, daß Krankheiten im Unterschied zum Krieg unter den Menschen niemals Freunde hatten, so verlangt dieser eine Art Freundschaft, die heute nur noch in falscher Münze bezahlt werden kann. Eine globale politische Ökonomie, die für den Krieg keinen Raum läßt, erfordert allerdings eine neue Kultur der menschlichen Beziehungen. Da der Geist des Krieges die meisten uns bekannten Kulturen durchdrungen hat, verlangt ein kultureller Wandel einen Bruch mit der Vergangenheit, für den es kein Vorbild gibt. Andererseits gibt es ebensowenig ein Vorbild für die Bedrohung, die ein künftiger Krieg für die heutige Welt bedeutet. Thema dieses Buches ist es, den Weg der Kultur aus einer zweifellos vom Krieg geprägten Vergangenheit hin zu einer möglicherweise friedlichen Zukunft zu zeigen.

EXKURS I
Begrenzungen des Krieges

Der Ausblick in eine Zukunft, in der es sich der Mensch aus Vernunftgründen versagt, Krieg zu führen, darf uns nicht zu der irrigen Annahme verleiten, in der Vergangenheit habe es keine Einschränkungen des Krieges gegeben. Schon früh haben sich höher entwickelte politische und ethische Systeme bemüht, dem Krieg als solchem wie auch seinen Auswirkungen gesetzliche oder moralische Schranken zu setzen. Die wichtigsten Einschränkungen jedoch lagen stets außerhalb der Macht des Menschen. Sie gehören in den Bereich dessen, was der sowjetische Generalstab als «ständig wirksame Bedingungen» zu bezeichnen pflegte: Wetter, Klima, Jahreszeiten, Gelände, Vegetation. Diese Faktoren wirken sich zu allen Zeiten auf militärische Operationen aus, hemmen sie häufig und verhindern sie bisweilen. Andere Faktoren, die man als «Randbedingungen» bezeichnen könnte und zu denen Schwierigkeiten mit dem Nachschub, der Versorgung, der Unterbringung und der Ausrüstung gehören, haben in vielen Epochen der Menschheitsgeschichte das Ausmaß, die Intensität und die Dauer des Krieges stark begrenzt. In dem Maße, in dem der Wohlstand zunahm und die Technik sich entwickelte, verloren manche dieser Faktoren ihre Bedeutung – beispielsweise kann man den Proviant von Soldaten inzwischen in geeigneter Form nahezu unbegrenzt haltbar machen –, doch kann man nicht sagen, daß es gelungen wäre, einen dieser Faktoren vollständig auszuschalten. Auch heute lauten die Fragen, die ein Kommandeur vorrangig zu lösen hat: Wie kann ich eine Armee im Felde verpflegen, unterbringen und bewegen?

Am besten läßt sich wohl am Beispiel des Seekriegs zeigen, in welcher Weise sich «permanente Bedingungen» und «Randbedingungen» auf Ausmaß und Intensität offensiver oder defensiver Operationen auswirken. Auf festem Boden kann man mit bloßen Fäusten kämpfen, aber auf dem Wasser braucht man sogar dafür eine schwimmende Plattform. Solche Plattformen dürfte der Mensch – wir sind auf Vermutungen angewiesen, denn es liegt in der Natur der Dinge, daß sie zerfallen – vergleichsweise spät in seiner Geschichte hergestellt haben. Die erste, die man gefunden hat, wurde auf das Jahr 6315 v. Chr. datiert, und wenn man bedenkt, welche Mühe es kostet, ein schlichtes Floß oder einen einfachen Einbaum anzufertigen, dürfen wir annehmen, daß das aus Knochen und Stein bestehende Werkzeug, das Hinweise auf entsprechende Tätigkeiten liefert, schon lange vor dem Bootsbau existierte.[1]

Speziell für den Krieg vorgesehene Schiffe, ja auch nur solche, die dafür brauchbar waren, sind relativ neueren Datums. Ihr Bau war stets teuer, und ihre Handhabung erforderte eigens ausgebildete Besatzungen. Mithin kann sich Kriegsschiffe nur leisten, wer über beträchtlichen Reichtum verfügt, beispielsweise die überschüssigen Einkünfte eines Herrschers. Und wenn der Grund für die ersten Kämpfe zur See die Piraterie und nicht die Politik gewesen sein mag, dürfen wir nicht übersehen, daß auch ein Freibeuter für sein Unternehmen Anfangskapital braucht. Die ersten Kriegsflotten mögen zum Kampf gegen Piraten gebaut worden sein oder nicht – unter Umständen haben die Vorteile, die es mit sich bringt, Truppen oder Nachschub über Flüsse oder an Küsten entlang zu transportieren, manchen Herrscher dazu veranlaßt, Kriegsschiffe in Betrieb zu nehmen –, eine Flotte ist naturgemäß stets kostspieliger als ein einziges Schiff. Wie auch immer man die Sache betrachtet, der Kampf zu Wasser hat von Anfang an mehr gekostet als der zu Lande.

Nun sind die finanziellen Möglichkeiten nicht der einzige Faktor, der darüber entscheidet, ob sich auf dem Wasser Krieg führen läßt; hinzu kommen das Wetter und die erforderliche Antriebskraft. Der Wind weht unentgeltlich, und die frühesten Darstellungen der Seekriegführung, über die wir verfügen – eine Schlacht zwischen Kriegern des Pharaos Ramses III. und den Seevölkern im Nildelta im Jahre 1186 v. Chr. –, zeigt die Ägypter auf einem Schiff mit Segeln.[2] Als Kampfplattform eigneten sich Segelschiffe jedoch erst nach der Erfindung des Geschützes, da die Handhabung der Segel Gefechte auf geringe Entfernungen ausschloß, wie sie die vor der Erfindung des Geschützes üblichen Waffen erforderten. In Auseinandersetzungen, in denen die Besatzungen mit Schwertern und Speeren den Nahkampf Mann gegen Mann suchten, ließ sich ein Ruderschiff weit besser manövrieren. Seine Vorzüge gingen aber noch weiter. Ein Rammsporn ermöglichte es, andere Schiffe zu versenken, sofern man in voller Fahrt gegen sie anruderte und sie breitseits erfaßte. Dazu war ein hölzernes Segelschiff, dessen Masse den dabei entstehenden Aufprall auffing, nicht imstande. Ein leichter Wind verleiht ihm nicht die erforderliche Geschwindigkeit, frischt er auf, wird die See so rauh, daß kein Kapitän ein Gefecht wagt, es sei denn, er möchte sein Schiff aufs Spiel setzen.

Obwohl auch Ruderschiffe schwere Mängel aufwiesen, bestimmten sie in Gewässern wie dem Mittelmeer, das seit dem 2. Jahrtausend v. Chr. durch mehrere aufeinanderfolgende reiche Staaten beherrscht wurde, die sich die kostspieligen Besatzungen leisten konnten, die Bedingungen des Seekrieges bis zur Einführung des Geschützes. Da sie bei schlechtem Wetter nicht ohne weiteres einsetzbar waren, bildeten Ruderschiffe im wesentlichen eine Waffe für den Sommer. Noch nachteiliger war, daß man jeweils nur wenige Tage hintereinander außerhalb eines Nachschubhafens operieren konnte, da die Schiffe aufgrund der Rumpfform, die sie bei glatter See schnell machte – sie waren lang, aber schmal und hatten wenig Tiefgang –, nicht genug Laderaum für Proviant und Wasser boten; eine große Besatzung wiederum war nötig, um Rammgeschwindigkeit zu erreichen. Später verwendeten Männer wie die furchtlosen Wikinger solche Schiffe – nachdem sie erst einmal gelernt hatten, sie mit tiefem Kiel zu bauen und nach den Sternen zu navigieren – auch außerhalb der Binnengewässer und fern der Küsten auf dem offenen Meer; auf ihren Raub- und Plünderzügen, Hunderte von Kilometern von ihrem Stützpunkt entfernt, verbreiteten sie an Küsten und Flußläufen Schrecken, Zerstörung und Tod. Das war allerdings in einer Epoche, als die Staaten schwach waren, vor allem zur See. Im übrigen waren die Wikinger darauf angewiesen, daß der Wind ihre Drachenschiffe an unverteidigte Küstenstriche trug, denn Ruder benutzten sie lediglich zur Unterstützung.

Wie John Guilmartin in seiner hervorragenden Analyse der Seekriegführung im Mittelmeer gezeigt hat, waren aus Galeeren bestehende Flotten zu keiner Zeit autonome Instrumente der Strategie, sondern dienten stets als Verlängerung, oder genauer gesagt, zur Unterstützung von Landheeren.[3] Bei Operationen, die man im Wortsinn «amphibisch» nennen kann, stand der ufernahe Flügel einer Galeerenflotte im Normalfall in Verbindung mit der zur Küste weisenden Flanke des sie begleitenden Heeres. Ziel der Manöver war es, eine feindliche Küstenbasis von deren Seestreitkräften abzuschneiden, während das Heer mit Nachschub auf Positionen vorrückte, wo die Galeeren neu versorgt werden konnten. Diese Symbiose erklärt, warum alle großen Seeschlachten im Mittelmeer, angefangen bei Salamis im Jahre 480 v. Chr. bis zu der bei Lepanto 1571 n. Chr., in Sichtweite der Küste stattfanden.

Warum aber blieb das weitgehend auch dann so, nachdem mit großen Geschützen bestückte Segelschiffe die Herrschaft zur See errungen hatten, also vom 16. Jahrhundert an? Der bedeutendste Admiral in der Zeit der Segelschiffe, Lord Nelson, errang zwei seiner Siege gegen eine Flotte, die an der Küste vor Anker lag – am Nil und vor Kopenhagen –, und den dritten, bei Trafalgar, lediglich fünfundzwanzig Seemeilen vor der spanischen Küste. Daß Segelflotten in Ufernähe kämpften, hing nicht mit mangelnder Ausdauer zusammen. Im Unterschied zur Galeere konnte das Kriegsschiff mit Holzrumpf und Segeln genug Wasser und Proviant an Bord nehmen, um Monate auf See zu bleiben; bereits 1502 kämpften portugiesische Schiffe, die um das Kap der Guten Hoffnung gesegelt waren, gegen die Flotte eines örtlichen Herrschers vor der Westküste Indiens und besiegten sie. Um die Mitte des 17. Jahrhunderts war Cromwells Admiral Blake zu Operationen im Mittelmeer imstande, obwohl England zu jener Zeit dort über keinen Stützpunkt verfügte, und um die Mitte des 18. Jahrhunderts trugen Großbritannien und Frankreich vor der Ostküste Indiens – eine sechsmonatige Seereise von der Heimat entfernt – einen heftigen Seekrieg gegeneinander aus. Alle diese Schlachten fanden jedoch in Küstengewässern statt.

Dafür gibt es mehrere Gründe. Zum einen war bei starkem Wind und Seegang keine Seeschlacht unter Segeln möglich (eine Ausnahme bildete die vom November 1759, die im Sturm vor Quiberon im Atlantik ausgetragen wurde), und in Küstennähe ist die See meist ruhiger. Außerdem stehen die Ziele, um derentwillen es zu Seeschlachten kommt – freier Zugang zum offenen Meer, Schutz der Küstenschiffahrt, Verteidigung gegen Eindringlinge –, in unmittelbarem Zusammenhang mit den Küstengewässern. Überdies ist es für Schiffe, die ausschließlich auf Sichtkontakt angewiesen sind, außergewöhnlich schwierig, sich auf hoher See gegenseitig zu finden. Selbst zwischen Fregatten, die in Kiellinie fuhren, ließ die Sichtverbindung äußerstenfalls einen Abstand von zwanzig Seemeilen zu; häufig fuhren Flotten einfach aneinander vorbei, wie Nelson 1798 am Nil erkennen mußte. Es ist bezeichnend, daß bei zwei der seltenen Hochseegefechte – beide zwischen Briten und Franzosen, nämlich der zweiten Schlacht von Finisterre, die 1747 zweihundert Seemeilen von der Insel Ouessant entfernt im Atlantik stattfand, und der vom ruhmreichen 1. Juni 1794, erneut vor Ouessant, diesmal aber vierhundert Seemeilen vor der Küste – eine Flotte, in beiden Fällen die französische, von ihrem eigenen Geleitzug behindert wurde. 1794 bestand dieser aus 130 Schiffen, die sich über eine so große Fläche verteilten, daß sie für einen Verfolger ein weit auffälligeres Ziel bildeten, als die Kriegsschiffe es getan hätten, wären sie allein unterwegs gewesen.

Man sollte meinen, daß die Verdrängung des Segels durch die Dampfmaschine die Bindung der Kriegsschiffe an das Land gelöst hätte, konnte doch ein Dampfer auch bei absoluter Windstille im Gefecht manövrieren und eine stabile Geschützplattform noch bei Windstärken bieten, die Segelschiffe dazu zwangen, die Segel einzuholen und die Stückpforten zu verschließen. Paradoxerweise jedoch litt das dampfbetriebene Schiff unter der gleichen logistischen Abhängigkeit wie die Galeere, und Dampferflotten hatten einen weit geringeren Aktionsradius als Segelflotten. Das lag daran, daß dampfbetriebene Kriegsschiffe ihren Kohlevorrat ungeheuer rasch verfeuerten, und bis zur vergleichsweise späten Einführung von Öl als Brennstoff waren sie von Bunkerstationen abhängig. So waren die Kohlebunker des 1906 vom Stapel gelaufenen englischen Schlachtschiffs *Dreadnought* leer, wenn es fünf Tage lang mit zwanzig Knoten gelaufen war.[4]

Eine Seemacht wie Großbritannien, die zur Zeit der Segelschiffe Stützpunkte auf der ganzen Welt erworben hatte, war zwar imstande, auf allen Weltmeeren Flotten zu unterhalten, weil in Hunderten von Häfen Kohle gebunkert werden konnte, dennoch war die Reichweite der Dampfer nicht weltumspannend, sondern örtlich begrenzt. Länder ohne ein solches Netz von Bunkerstationen mußten sich entweder den Aufbau einer Seemacht versagen, oder sie hingen vom guten Willen verbündeter Mächte ab. Als Rußland in den Jahren 1904/05, zu einer Zeit, als seine Beziehungen zu England angespannt waren, seine Ostseeflotte in den Fernen Osten entsandte, bewältigte diese die Strecke nur, indem man das Oberdeck der Schiffe so hoch voll Kohle packte, daß sie unterwegs – sie konnten nur in französischen Kolonialhäfen bunkern – ihre Bordgeschütze nicht hätten einsetzen können.

Es ist schon paradox, daß Schiffe mit Kohlefeuerung weiterhin in Küstennähe aufeinandertrafen, obwohl sie theoretisch imstande gewesen wären, auf offenem Meer zu kämpfen (sie waren schon nach zwei Tagen fünfhundert Seemeilen vom Land entfernt). Zum einen galten die gleichen strategischen Überlegungen wie zuvor, zum anderen waren die Schiffe bis zur Einführung des Funkverkehrs, ganz wie ihre mit Segeln bestückten Vorläufer, praktisch blind. Tatsächlich kam die Erweiterung ihres Blickfeldes erst mit den mit Funk ausgerüsteten, schiffgestützten Flugzeugen. Die Seeschlachten des Ersten Weltkrieges wurden noch allesamt höchstens hundert Seemeilen vom Land entfernt ausgetragen. Obwohl man fünfundzwanzig Jahre später nicht nur über

Radar, Flugzeugträger und Patrouillen-U-Boote von großer Reichweite verfügte, sondern auch imstande war, die Schiffe auf hoher See mit allem Erforderlichen zu versorgen, wiederholte sich dies Muster im Zweiten Weltkrieg. Die Erklärung dafür liegt letztlich in der ungeheuren Größe der Ozeane; Flotten konnten sich selten darauf verlassen, die riesigen Abstände wirklich zu beherrschen. Die amerikanischen Flugzeuge, die die japanischen Flugzeugträger bei den Midway-Inseln versenkten – eine der ganz wenigen Schlachten in der Geschichte, die wirklich auf hoher See stattfanden –, fanden ihr Ziel durch kluge Vermutungen. Bis die *Bismarck* im Mai 1941 tausend Seemeilen vor Brest versenkt wurde, war es ihr zweimal gelungen, die gesamte britische Home Fleet abzuschütteln, und mitten auf dem Atlantik kam es nur deshalb zu Gefechten zwischen Begleitschiffen der Alliierten und aufgetauchten deutschen U-Booten, weil langsame und große Geleitzüge ein ungewöhnlich auffälliges Ziel bilden. Bedenkt man, wie schwierig die Überwachung der Meere aufgrund der Winde über dem Ozean ist – so nutzten beispielsweise die Japaner im Dezember 1941 auf ihrem Weg nach Pearl Harbor die Großwetterfronten als Deckung – und wie schwer sich nach wie vor Geräte zur Zielbestimmung für Langstrecken und Kurzstrecken koordinieren lassen, dann werden die Meere noch auf lange Zeit ihre Verschwiegenheit wahren.

Die Fakten der Vergangenheit lassen sich mit größter Gewißheit und recht einfach darstellen. Sieben Zehntel der Erdoberfläche sind von Wasser bedeckt, und der größte Teil davon ist offenes Meer. Die meisten großen Seeschlachten haben auf einem winzigen Bruchteil dieser Fläche stattgefunden. Wollten wir Creasys berühmten *Fünfzehn entscheidende Schlachten der Welt* eine Liste von fünfzehn entscheidenden Seeschlachten an die Seite stellen, wobei «entscheidend» soviel heißen soll wie «von langfristiger und überörtlicher Bedeutung», könnte diese wie folgt aussehen:

Salamis, 480 v. Chr.: der Überfall der Perser auf Griechenland wird zurückgeschlagen

Lepanto, 1571: das Vordringen der Muslime ins westliche Mittelmeer wird verhindert

Armada, 1588: Spaniens Offensive gegen die protestantischen Länder England und Holland scheitert

Bucht von Quiberon, 1759: Großbritannien gewinnt den Kampf gegen Frankreich um die Vorherrschaft in Nordamerika und Indien

Schlacht vor der Küste von Virginia, 1781: endgültiger Sieg der amerikanischen Siedler

Camperdown, 1797: die Niederlande verlieren den Wettstreit mit Großbritannien um die Seeherrschaft endgültig

Schlacht am Nil, 1798: Napoleons Absicht, sämtliche Küsten des Mittelmeers zu beherrschen und den Kampf um Indien zu erneuern, wird durchkreuzt

Kopenhagen, 1801: Großbritannien gewinnt die Herrschaft über die nordeuropäischen Gewässer

Trafalgar, 1805: Napoleons Seemacht wird endgültig vernichtet

Navarino, 1827: Vorbote der Auflösung des Osmanischen Reiches in Europa

Tsushima, 1905: Japan setzt sich gegenüber China und im Nordpazifik als Vormacht durch

Skagerrak, 1916: Deutschlands Bestreben, auf den Weltmeeren zu operieren, scheitert

Midway, 1942: Japan bleibt der Zugang zum Westpazifik versagt

Geleitzugschlachten, März 1943: deutsche U-Boote werden gezwungen, sich aus dem Atlantik zurückzuziehen

Golf von Leyte, 1944: die Vereinigten Staaten erweisen sich der kaiserlich-japanischen Marine als haushoch überlegen

Die Anmerkungen zur Bedeutung der ausgewählten Schlachten sind bewußt kurzgefaßt; bemerkenswert an dieser Liste – gegen die Fachleute Einwände erheben mögen – ist, daß Seeschlachten immer wieder an den gleichen Stellen des Globus stattfinden. Die Schlachten bei Camperdown, Kopenhagen und am Skagerrak fanden an Orten statt, die nur dreihundert Seemeilen voneinander entfernt sind; die bei Salamis, Lepanto und Navarino (wobei zwischen der ersten und der letzten 2300 Jahre liegen) wurden nahe dem Peloponnes an Stellen ausgetragen, die kaum mehr als hundert Seemeilen voneinander entfernt sind. Die Schlacht der Armada, die vor der Bucht von Quiberon und die bei Trafalgar fanden zwischen dem fünfzigsten und dreißigsten nördlichen Breitengrad und hundert Seemeilen vom fünften Grad westlicher Länge entfernt statt – eine vergleichsweise winzige Fläche auf dem Globus, die noch dazu größtenteils aus Festland besteht. Vor der Küste von Virginia gab es nach 1781 noch so manche Seeschlacht, wie auch die Doppelinsel Tsushima schon vor 1905 viele Seeschlachten gesehen hatte, vor allem während der Mongolenangriffe gegen Japan in den Jahren 1247–81; und auch der Küstenstreifen am Nil hatte seit den Zeiten der Pharaonen immer wieder zu Seeschlachten herausgefordert. Lediglich zwei der angeführten fünfzehn «entscheidenden» Seeschlachten, nämlich die bei den Midway-Inseln und die Geleitzugschlacht im Atlantik vom März 1943, ereigneten sich fern vom Festland und in Gewässern, wo zuvor noch nie gekämpft worden war.

Entsprechendes gilt für das feste Land: es ist zum größten Teil von der Militärgeschichte unberührt geblieben. Für den Soldaten sind Tundra, Wüste, Regenwald und die großen Gebirgsketten ebenso ungastlich wie für den Reisenden, ja, eher ungastlicher, denn was er mitführen muß, läßt sich noch schwerer transportieren. Zwar finden sich in militärischen Handbüchern Angaben über Wüsten-, Gebirgs- oder Dschungelkrieg, doch ist jeder Versuch, in wasser- oder weglosem Gelände zu kämpfen, in Wahrheit zum Scheitern verurteilt. Kämpfe, die dort stattfinden, sind gewöhnlich bloße Geplänkel zwischen Spezialisten, deren Ausrüstung übermäßig hohe Kosten verursacht. Rommels wie Montgomerys Wüstentruppen hielten sich während des Zweiten Weltkriegs dicht an der nordafrikanischen Küste; die Eroberung des dschungelähnlichen Waldlandes von Malaysia durch Japan im Dezember 1941 und Januar 1942 war nur dank dem ausgezeichneten Straßennetz der Kolonie sowie mit Hilfe amphibischer Operationen entlang der Küste möglich; und als China 1962 an Indiens Gebirgsgrenze Eroberungen machte, setzte es bei seinen Angriffen auf einer Höhe von fast fünftausend Metern Soldaten ein, die man ein volles Jahr lang auf der Hochebene Tibets akklimatisiert hatte, während viele der indischen Verteidiger, die erst kurz zuvor aus der Ebene heraufgekommen waren, von der Höhenkrankheit außer Gefecht gesetzt wurden.

Grob gesagt liegen etwa sieben Zehntel der gut 150 Millionen Quadratkilometer festen Landes auf der Erde für militärische Operationen zu hoch, oder es ist dort zu kalt, oder es gibt dort zuwenig Wasser. Am Nord- und Südpol zeigen sich die Auswirkungen solcher Bedingungen besonders deutlich. Jahrtausendelang haben die Unzugänglichkeit der Antarktis und die dort herrschenden extremen Klimabedingungen dafür gesorgt, daß auf diesem Kontinent keine Kriege stattfanden, obwohl ihn mehrere Staaten beanspruchten und obwohl man weiß, daß unter dem Eis wertvolle Mineralvorkommen liegen. Seit der Unterzeichnung des Antarktis-Abkommens von 1959 sind alle Gebietsansprüche in der Schwebe, und der Kontinent wurde zur entmilitarisierten Zone erklärt. Die Eisdecke des nicht entmilitarisierten Nordpolgebiets hingegen wird regelmäßig von Atom-U-Booten unterquert. Doch wird man bei der Länge der Polarnacht, die volle drei Monate dauert, bei der extremen Kälte sowie angesichts fehlender Bodenschätze am Nordpol kaum je kämpfen. Die am weitesten nördlich durchgeführten militärischen Aktionen im Polargebiet waren Geplänkel in den Jahren 1940–43; dabei ging es um die Einnahme beziehungsweise Verteidigung von Wetterstationen, die Deutsche und Alliierte an der Ostküste Grönlands auf Spitzbergen nahe dem achtzigsten nördlichen Breitenkreis eingerichtet hatten. Beide Seiten fügten einander Verluste zu, sahen sich aber, von den Elementen bedroht, bisweilen gezwungen, einander Hilfe zu leisten, wenn sie überleben wollten.[5]

Strenggenommen haben sich umfangreiche militärische Aktivitäten auf einen Bruchteil des Raumes konzentriert, in dem die Bewegung und Versorgung bewaffneter Streitkräfte möglich ist. Nicht nur, daß Schlachten immer wieder in der gleichen Gegend stattfinden – ein solches Gebiet ist «Europas Hahnenkampfplatz» in Nordbelgien, ein anderes das «Viereck» zwischen Mantua, Verona, Peschiera und Legnano –, es wurde auch über einen außerordentlich langen Zeitraum in der Geschichte in vielen Fällen genau an derselben Stelle gekämpft. Das faszinierendste Beispiel dafür ist Adrianopel in der europäischen Türkei (heute Edirne). Fünfzehn Schlachten oder Belagerungen sind dort verzeichnet, von denen die erste im Jahre 223 n. Chr. und die letzte im Juni 1913 stattgefunden hat.[6]*

Besonders groß war die Stadt Edirne nie; auch heute zählt sie weniger als hunderttausend Einwohner. Weder ihrem Reichtum noch ihrer Größe verdankt sie die ungewöhnliche Auszeichnung, der meistumkämpfte Ort der Erde zu sein, sondern ihrer besonderen geographischen Lage. Sie erhebt sich am Zusammenfluß dreier Flüsse, deren Täler den Zugang nach Makedonien im Westen, nach Bulgarien im Nordwesten und zur Schwarzmeerküste

* Adrianopel I fand zwischen dem römischen Kaiser Konstantin und dem Thronprätendenten Licinius statt; ihre Heere zogen von Westen nach Osten heran; bei Adrianopel II, einer der historischen Katastrophen, wurde im Jahre 378 Kaiser Valens mit dem letzten großen römischen Heer von den Goten überwältigt, die, selber auf der Flucht vor den Hunnen, über die Donau ins Reich eingedrungen waren; bei Adrianopel III besiegten 718 die erst kurz zuvor dort angekommenen Bulgaren eine muslimische Armee, die Konstantinopel gleichsam hinterrücks einnehmen wollte – ein Sieg, der für das christliche Europa entscheidende Konsequenzen hatte; bei Adrianopel IV, V, und VI kämpften die Bulgaren in den Jahren 813, 914 und 1003, als sie selber Konstantinopel angreifen wollten; Adrianopel VII (1094) war eine Schlacht zwischen einem byzantinischen Kaiser und einem Thronprätendenten; bei Adrianopel VIII schlugen die Bulgaren den Kreuzfahrer Balduin I., der sich zum Kaiser von Byzanz aufgeworfen hatte, sowie den venezianischen Dogen Dandolo (dessen einstiger Familienstammsitz heute Venedigs teuerstes Hotel ist); Adrianopel IX endete 1224 mit einem Sieg des aufs neue errichteten byzantinischen Kaisertums über die Bulgaren; bei Adrianopel X ging es im Jahre 1255 um einen internen Machtkampf im Byzantinischen Reich; Adrianopel XI endete 1355 mit einem Sieg der Byzantiner über die Serben, die sich kurz zuvor als Militärmacht auf dem Balkan etabliert hatten; Adrianopel XII schließlich war 1365 eine erfolgreiche Etappe beim Vorrücken der Osmanen von Kleinasien nach Europa. Nach der Konsolidierung der osmanischen Macht kam es erst 1829 wieder zu einer Schlacht, Adrianopel XIII, als eine russische Armee den Osmanen die Stadt entriß. Im Verlauf der letzten beiden Schlachten im Jahre 1913 verlor die osmanische Türkei Adrianopel zunächst an die Serben und Bulgaren, gewann sie dann aber zurück.

im Norden erschließen; von Edirne fließt das Wasser durch die einzige größere Ebene im südöstlichsten Zipfel Europas ins Meer.

Östlich dieser Ebene, am Bosporus, der Europa von Asien trennt, liegt Konstantinopel, das heutige Istanbul. Kaiser Konstantin wählte die Stadt einst deshalb als Hauptstadt, weil sie sich einfach befestigen ließ. Strategisch gesehen waren Adrianopel und Konstantinopel mithin Zwillingsstädte, die gemeinsam den Weg vom Schwarzen Meer ins Mittelmeer sowie den von Südeuropa nach Kleinasien und umgekehrt beherrschten. Da sich Konstantinopel gegen Angriffe von See her verteidigen ließ, vor allem nachdem Theodosius die Stadt im 5. Jahrhundert mit Mauern umgeben hatte, sah sich jeder, der von Kleinasien nach Südeuropa vordringen wollte, gezwungen, in der Ebene hinter der Stadt an Land zu gehen; die Karpaten wiederum zwangen Eindringlinge aus dem Norden, sich an die Westufer des Schwarzen Meeres zu halten, so daß auch sie in die Ebene von Adrianopel gelangten. Wer immer in Europa durch die unermeßlichen Schätze Konstantinopels verlockt wurde – vom Fall Roms bis zur Plünderung Konstantinopels durch die Kreuzfahrer im Jahre 1204 die reichste Stadt der westlichen Welt –, der mußte auf seinem Weg diese Ebene passieren. Kurz, Adrianopel ist das europäische Ende dessen, was Geographen eine Landbrücke nennen; über diese Brücke läßt sich Europa von Asien auf zwei Hauptwegen erreichen, über den Bosporus und über die Dardanellen, und so wurde immer wieder um diese Stadt gekämpft. Unter diesen Umständen überrascht es auch nicht, daß Adrianopel nie besonders groß wurde.

Nur wenige Orte bieten ein ähnlich eindrückliches Beispiel dafür, welchen Einfluß «permanente Bedingungen» oder «Randbedingungen» auf den Verlauf von Kriegen haben. Mehr oder weniger läßt sich dies jedoch durch die gesamte Geschichte an den meisten Landschaften ablesen, in denen viel gekämpft wurde. Große Flüsse, Gebirgsschranken, dichte Wälder bilden «natürliche Grenzen», mit denen politische Grenzen im Laufe der Zeit gewöhnlich zusammenfallen; zu den Durchgängen und Übergängen fühlen sich marschierende Heere von Natur aus hingezogen. Doch selbst wenn diese überwunden sind, können sich Heere nur selten nach Gutdünken bewegen, nicht einmal dann, wenn ihnen keine erkennbaren Hindernisse im Wege stehen. Hier kommen kompliziertere geographische Zusammenhänge ins Spiel, deren Auswirkungen durch Klima und Jahreszeiten verstärkt werden; Straßen- und Brückenbauer – wenn auch nicht unbedingt die Festungsbaumeister – passen sich dem an. So orientierte sich der *Blitzkrieg* der Deutschen gegen Frankreich 1940 – scheinbar ein ungehindertes Vorrücken durch offenes Gelände, nachdem die Panzerspitzen erst einmal die Ardennen und die Maas überwunden hatten – eng am Verlauf der französischen Nationalstraße 43, die über weite Strecken der Römerstraße folgt, die kurz nach der Eroberung Galliens durch Caesar im 1. Jahrhundert v. Chr. angelegt wurde.[7] Weder die Römer noch diejenigen, die auf der von ihnen geschaffenen Grundlage weiterbauten, waren darauf erpicht, sich mit der Geographie anzulegen; daher dürfen wir vermuten, daß auch die deutschen Panzerkommandeure, selbst wenn sie die Illusion hatten, eine freie Bahn einzuschlagen, sich in Wirklichkeit topographischen Gegebenheiten fügten, die seit dem Rückzug der Gletscher vor rund zehntausend Jahren bestehen.

Ein ähnliches Muster, das verdeutlicht, in welchem Ausmaß sich das Militär dem Gebot der Natur unterordnet, zeigt sich bei näherer Betrachtung des Rußlandfeldzugs, den die Deutschen im Jahr nach dem Blitzkrieg in Frankreich unternahmen. Im Westen Rußlands scheint nichts die Bewegungsfreiheit eines Eindringlings zu behindern, vor allem dann nicht, wenn dieser motorisiert ist. Zwischen der sowjetischen Grenze von 1941 und den drei Städten Leningrad (St. Petersburg), Moskau und Kiew, die ungefähr tausend Kilometer voneinander entfernt liegen, ist keine Bodenerhebung höher als hundertfünfzig Meter, und die Flüsse, die diese riesige, nahezu baumlose Ebene durchströmen, laufen im Grunde parallel zur Linie eines Vormarsches. Mithin dürfte kein natürliches Hindernis den Weg des Eindringlings hemmen und tut es auch nicht. In der Mitte jenes Gebiets entspringen jedoch Dnjepr und Njemen, zwei der größten Flüsse Rußlands, von denen der eine ins Schwarze Meer, der andere – als Memel – in die

Ostsee mündet. Zusammen mit vielen Nebenflüssen bilden sie in ihrem Quellgebiet die Pripjetsümpfe, die eine Fläche von gut hunderttausend Quadratkilometern bedecken und für militärische Operationen so ungeeignet sind, daß deutsche Stabsoffiziere sie auf ihren Lagekarten als «Wehrmachtloch» bezeichneten, weil es dort keine größeren deutschen Verbände gab. Infolgedessen wurde dieses Wald- und Sumpfgebiet zu einem Hauptstützpunkt sowjetischer Partisanenoperationen im Rücken der Wehrmacht, und wie zweifelhaft der Wert solcher Operationen auch sein mochte, sie waren für das deutsche Heer eine beständige Quelle des Unbehagens.

Folgenreicher als das «Wehrmachtloch» war die jahreszeitlich bedingte Sumpfbildung quer über die gesamte Front. Diese regelmäßig im Frühjahr von der Schneeschmelze und im Herbst durch Regenfälle hervorgerufene *rasputiza* (Schlammzeit), wie die Russen sie nennen, macht die Steppe unwegsam und läßt einen ganzen Monat lang jegliche militärische Bewegung zum Stillstand kommen. Gefragt, ob Aussicht bestehe, daß eine Gegenoffensive der Roten Armee die Dnjepr-Linie bis März 1943 erreiche, antwortete der sowjetische Befehlshaber der Woronesch-Front, Golikow: «Es sind 320 bis 370 Kilometer bis zum Dnjepr und 30 bis 35 Tage bis zur Frühjahrs-*rasputiza*. Ziehen Sie Ihren eigenen Schluß daraus.»[8] Dieser mußte zwangsläufig lauten, daß die Schneeschmelze vor dem Abschluß einer russischen Operation einsetzen und damit die Dnjepr-Linie in deutscher Hand bleiben würde.

Häufiger freilich wirkte sich die *rasputiza* zum Nachteil der Deutschen aus. Da sie im Frühjahr 1941 ungewöhnlich lange dauerte, wurde der Beginn des deutschen Angriffs um mehrere kritische Wochen hinausgezögert, und im Herbst machte der Schlamm ein schnelles Vorrücken auf Moskau zunichte. Hinzu kam, daß in jenem Jahr die Winterfröste, die den Steppenboden hart machen, erst spät einsetzten, und so blieben die Panzer der Wehrmacht vor Moskau buchstäblich stecken, so daß die Einnahme der Hauptstadt zum vorgesehenen Zeitpunkt vereitelt wurde. Nach einem Wort von Zar Nikolaus I. waren Januar und Februar «zwei Generäle, auf die sich Rußland verlassen kann».[9] Im März und Oktober 1941 erwies sich die *rasputiza* als noch besserer General; er hat Rußland möglicherweise vor der Katastrophe bewahrt.

Wie läßt sich das bisher Gesagte zusammenfassen? Klar ist, daß die Kongruenz von «permanent wirksamen Bedingungen» und «Randbedingungen» – Klima, Vegetation, Topographie und die Veränderungen der natürlichen Landschaft durch den Menschen – auf einer Weltkarte in Mercator-Projektion eine scharfe Trennung zwischen einer militärischen und einer nichtmilitärischen Zone ergibt, wobei letztere bei weitem die größere ist (vgl. Vorsatzkarte I). Organisierte und intensive Kriege hat man über lange Zeiträume hinweg auf einem unregelmäßigen, aber zusammenhängenden Streifen der nördlichen Erdhalbkugel geführt, der zwischen dem 10. und dem 55. Breitengrad liegt und sich vom Tal des Mississippi in Nordamerika zu den Philippinen und den davor liegenden Inselgruppen im Westpazifik erstreckt, anders gesagt, vom 90. Grad westlicher Länge bis zum 135. Grad östlicher Länge. Der Times-Atlas unterteilt die Vegetation der Erde in sechzehn Kategorien, unter anderem (bevor Land gerodet wird) Mischwald, Laubwald, mittelmeerische Macchia und trockener Tropenwald.[10] Zieht man um diese vier Vegetationszonen auf der nördlichen Hemisphäre einschließlich ihrer Land- und Seeverbindungen eine Linie, sieht man, daß fast alle Schlachten der Geschichte innerhalb dieses Gebietes stattgefunden haben. Wenn man der jeweiligen Schlacht jetzt noch den Monat zuordnet, wird eine jahreszeitliche Konzentration erkennbar, die dem Anstieg und Abfall der Temperatur und der Zu- und Abnahme der Regenfälle sowie den Erntezeiten entspricht. So fanden beispielsweise die ersten drei Schlachten bei Adrianopel im Juli, August und wieder im Juli, die letzten drei im August, März und Juli statt. Selbst auf dem südlichen Balkan ist der März ein ungewöhnlich früher Zeitpunkt für einen Feldzug, weil dann die Flüsse wegen der Schneeschmelze Hochwasser führen; die anderen Daten, die unmittelbar nach der Ernte im Mittelmeergebiet liegen, entsprechen genau dem, was zu erwarten war.

Stimmt es also, daß – mit gewissen jahreszeitlichen Schwankungen – die Zone des organisierten Krieges weitgehend identisch ist mit jener Zone, die von Geographen als «Land der ersten Wahl» bezeichnet wird, nämlich Land, das sich am leichtesten roden läßt und zugleich die besten Ernten erbringt? Nimmt der Krieg, kurz gesagt, auf der Landkarte lediglich die Gestalt eines Streits zwischen Bauern an? Diese Sicht hat insofern etwas für sich, als eine ernsthafte Kriegführung Wohlstand voraussetzt und noch bis vor kurzem intensiver Ackerbau stets die höchsten und gleichmäßigsten Erträge aller Tätigkeiten des Menschen abgeworfen hat. Andererseits sind Bauern, so unnachgiebig sie bei Grenzstreitigkeiten und Auseinandersetzungen um Wasserrechte sind und so tapfer sie auch kämpfen, wenn die Obrigkeit sie zu den Waffen ruft, nach allgemeiner Einschätzung große Individualisten, die nur äußerst widerwillig die Sorge für ihre Tiere und Felder aufgeben. Marx hat sie «unverbesserlich» genannt und sah keine Möglichkeit, sie in die Revolutionsarmeen einzugliedern, mit deren Hilfe er die kapitalistische Ordnung zu stürzen hoffte.[11]

Mao war anderer Meinung, und Victor Davis Hanson vertritt in seiner atemberaubend originellen Untersuchung der Kriegführung im alten Griechenland die Überzeugung, die Vorstellung von der Entscheidungsschlacht, wie man sie im Westen seit langem praktiziert, gehe auf die kleinen Landbesitzer der griechischen Stadtstaaten zurück. Gleichwohl hatte Marx in einer Hinsicht recht. Der Bauer ist mit seinem Boden, seinem Dorf und allem, worüber er nörgelt, verwachsen, und er neigt von Natur aus dazu, sich zu widersetzen, wenn man ihn auffordert, an eine ferne Grenze zu marschieren, wo das «Land der ersten Wahl» endet und der Bereich des Ungepflügten beginnt, wie gut die Gründe für einen Krieg auch sein mögen.

Wir sollten festhalten, daß Ackerbau treibende Menschen der gleichen Sprache und Religion selten in größerem Umfang gegeneinander kämpfen. Auf der anderen Seite sind Grenzen zwischen bebautem und unbebautem Land in der gemäßigten Zone häufig durch lang sich hinziehende, aufwendige Befestigungswerke definiert. Beispiele dafür sind der Antoninuswall der Römer unmittelbar vor dem schottischen Hochland; der Limes, der im römischen Germanien die Linie zwischen Acker- und Waldland kennzeichnete; das *fossatum Africae*, das Grenzwerk, mit dessen Hilfe die Römer das fruchtbare Maghreb-Gebiet vor räuberischen Überfällen aus der Sahara schützten; die aus Militärstraßen und Festungswerken bestehende «syrische» Grenze der Römer, die entlang dem Jordan und dem Oberlauf von Euphrat und Tigris Ackerland von Wüste trennte; die russische *tschertá*, ein Gebiet vom Kaspischen Meer zum Altaigebirge, durch das gut dreitausend Kilometer Verteidigungslinien gegen Überfälle aus der Steppe verliefen; das habsburgische Grenzland in Kroatien zwischen den Tälern von Drau und Save und dem südlich angrenzenden Bergland, das unter türkischer Herrschaft stand; vor allem aber die große Chinesische Mauer, deren Aufgabe es war, die Nomadenvölker der Steppe von den bewässerten Gebieten um den Jangtsekiang und den Hwangho fernzuhalten (aufgrund ihrer langen Bauzeit und ihrer gewaltigen Ausmaße waren die Archäologen bisher nicht imstande, sie in all ihren Verzweigungen aufzunehmen).[12]

Diese befestigten Grenzen lassen vermuten, daß eine tiefgehende Spannung zwischen den wohlhabenden Bewohnern des bebauten Landes und den Habenichtsen bestand, bei denen es zu kalt war oder der Boden zu mager und zu trocken, als daß er sich hätte unter den Pflug nehmen lassen. Diesen Gegensatz anerkennen heißt nicht sich der Theorie anschließen, das größeren Kriegen zugrundeliegende Motiv sei bloße Enteignung. Der Mensch als Krieger ist weit komplexer: so kommt es durchaus vor, daß Ackerbauern gleicher ethnischer Zugehörigkeit gegeneinander kämpfen, mitunter äußerst brutal, während Habenichtse aus den Wüsten jenseits der fruchtbaren Ebenen möglicherweise ausschließlich für eine Idee fechten. Zwar brachten die arabischen Anhänger Mohammeds das Eigentum anderer mit voller Absicht an sich, doch trieb sie zu ihren Taten nicht etwa niederes Besitzstreben, sondern der Drang, die Grenzen des «Hauses des Islam» auszuweiten. Der bedeutendste aller Eroberer, Alexander der Große, beherrschte bereits die Städte Griechenlands, bevor er zu den Enden der Erde aufbrach, und es sieht so aus, als habe er das persische Reich hauptsächlich deshalb geplündert, weil ihm das Freude machte. Die Mongolen, die bei ihren Angriffen auf etablierte Staatswesen noch größere Entfernungen zurücklegten als er, erwiesen sich dagegen als unfähig, die Früchte ihrer Siege zusammenzuhalten. Noch dreihundert Jahre nach Alexanders Tod waren Abkömmlinge der Diadochen, seiner Feldherren und Nachfolger, in Baktrien an der Macht, während keines der von Dschingis-Khan oder seinen unmittelbaren Nachfolgern gegründeten Reichsgebilde länger als ein Jahrhundert Bestand hatte. Tamerlan, ein Tatar, der sich auf seine mongolische Abkunft berief – Dschingis-Khan, behauptete er, sei sein Stammvater –, scheint den von ihm überrannten reichen Ländern keinerlei Wert beigemessen zu haben, sondern einfach weitergezogen zu sein, wenn sich in einem verwüsteten Land nichts mehr holen ließ.

Die Tatsache, daß Habenichtse häufig falschen Gebrauch von dem machen, was sie an sich bringen, schmälert nicht die allgemeine Erkenntnis, daß die Flut des Krieges gewöhnlich nur in eine Richtung – von armen Ländern in reiche – und nur selten in die Gegenrichtung strömt. Das hat nicht nur damit zu tun, daß es in armen Ländern wenig gibt, um das zu kämpfen sich lohnt, sondern auch damit, daß ein Kampf in solchen Ländern schwierig und bisweilen unmöglich ist. Arme Menschen in Wüste und Steppe, Waldland und Gebirge – Gegenden, die William McNeill als «Gebiete mit einem Defizit an Lebensmitteln» bezeichnet – kämpfen untereinander; so weit Berichte über den organisierten Krieg zurückreichen, haben die Wohlhabenden deren Kriegerfertigkeiten gepriesen und für ihre Zwecke gekauft. Das ist der Ursprung der exotischen Bezeichnungen – Husaren, Ulanen, Jäger –, mit denen sich so manches europäische Regiment voll Stolz bis auf den heutigen Tag schmückt, wie auch der noch exotischeren Reste barbarischer Bekleidung – Bärenfellmützen, Verschnürungen auf Waffenröcken, Löwenfellschurze und die Kilts schottischer Regimenter –, die bei zeremoniellen Anlässen nach wie vor getragen wird.

Der Krieg armer Völker war, durch die Armut bedingt, seinem Umfang und seiner Intensität nach begrenzt. Erst wenn sie in reiche Länder einbrachen, waren sie imstande, die Vorräte an Proviant zu sammeln, die ein weiteres Vordringen und schließlich die Eroberung in den Bereich des Möglichen rückten. Darum errichteten die Bauern mit so großem Aufwand Grenzbefestigungen: diese sollten die Räuber aus dem Lande heraushalten, so daß sie gar nicht erst ernsthafte Schwierigkeiten machen konnten.

Die Ursachen für die Einwirkung der «permanenten Bedingungen» und der «Randbedingungen» auf den Krieg müssen als äußerst komplex angesehen werden. Der Mann als Krieger tritt nicht als Vertreter eines grenzenlosen freien Willens auf, obwohl er im Krieg durchaus die Grenzen sprengen kann, die sein Verhalten gewöhnlich bestimmen. Der Krieg ist stets begrenzt, nicht, weil der Mensch das so will, sondern weil die Natur das so bestimmt. König Lear mag in seinem Ausbruch gegen seine Feinde drohen, er werde «Dinge tun, was, weiß ich selbst noch nicht; doch soll'n sie werden das Grau'n der Welt». Potentaten, die in beschränkten Verhältnissen lebten, haben freilich erkannt, daß sich das «Grau'n der Welt» nicht so ohne weiteres heraufbeschwören läßt. Die Geldmittel fehlen, das Wetter wird schlecht, die für einen Feldzug günstige Jahreszeit geht zu Ende, die Bereitschaft von Freunden und Verbündeten läßt nach, und möglicherweise lehnt sich gegen die Entbehrungen eines Kampfes sogar die Natur des Menschen auf.

Ohnehin steht sie dem Krieg äußerst zwiespältig gegenüber – jedenfalls bei den Frauen. Zwar können sie sowohl Auslöser eines Krieges wie auch Vorwand dafür sein – in primitiven Gesellschaften ist Frauenraub eine der häufigsten Konfliktursachen –, und sie können auch zu Gewalttaten in extremer Form anstacheln. Diesen auf der ganzen Welt verbreiteten Typus finden wir in der Gestalt der Lady Macbeth. Auch können Frauen bemerkenswert hartherzige Kriegermütter sein, und manch eine scheint lieber den Schmerz des Verlustes zu ertragen als die Schande, mit einem heimgekehrten Feigling leben zu müssen.[13] Ebenso können Frauen im Krieg ausgesprochen charismatische Anführerinnen sein und aufgrund der komplizierten Beziehungen zwischen den Geschlechtern bei ihren männlichen Anhängern ein Ausmaß an

Treue und Selbstaufopferung erreichen, das diese für einen Mann nicht aufbringen würden.[14]

Dennoch ist Krieg das einzige Gebiet, aus dem sich die Frauen, von ein paar unbedeutenden Ausnahmen abgesehen, stets und überall herausgehalten haben. In der Regel verlassen sie sich darauf, daß der Mann sie vor Gefahren schützt, und machen ihm bittere Vorwürfe, wenn er als Verteidiger versagt. Gewiß, sie sind dem Ruf der Kriegstrommel gefolgt, haben Verwundete gepflegt, den Acker bestellt und das Vieh gehütet, wenn sich die Männer dem Heereszug anschlossen, sie haben sogar Gräben ausgehoben, die von Männern verteidigt wurden, und in Fabriken gearbeitet, um ihnen Waffen ins Feld zu liefern. Doch an Kampfhandlungen beteiligen sich Frauen nicht. Selten kämpfen sie untereinander, und nie kämpfen sie in irgendeinem militärischen Sinn gegen Männer. Falls es stimmt, daß der Krieg so weit verbreitet ist wie die Menschheit und so alt wie ihre Geschichte, müssen wir an dieser Stelle die entscheidende Einschränkung machen, daß es sich dabei um eine ausschließlich männliche Aktivität handelt.

II

Stein

Warum kämpfen Männer?

Warum kämpfen Männer? Haben sie das schon in der Steinzeit getan, oder kannte der Mensch der Frühzeit keine Aggressionen? Mit Tinte und Papier streiten Männer – und Frauen – vehement über diese Fragen, vor allem Sozialwissenschaftler und Verhaltensforscher. Militärhistoriker setzen sich nur selten mit den Ursprüngen des Geschäfts auseinander, über das sie schreiben. Möglicherweise wären sie bessere Historiker, wenn sie sich die Zeit nähmen, über die Gründe nachzudenken, warum sich Männer gegenseitig umbringen. Die Sozialwissenschaftler und Verhaltensforscher müssen sich mit dieser Frage auseinandersetzen, ob sie wollen oder nicht, denn Mensch und Gesellschaft sind ihre Arbeitsgebiete. Bei ihrer Beschäftigung mit dem Thema zeigt sich, daß die meisten Menschen in der Mehrzahl der Fälle zum gemeinsamen Wohl zusammenwirken. Auch wenn wir das als Regelfall ansehen, bedarf es einer Erklärung, die nicht unbedingt besonders tiefschürfend sein muß, denn wer im Alltag um sich schaut, erkennt, daß Zusammenarbeit im Interesse aller ist. Gäbe es andererseits keine Abweichungen von diesem Grundsatz, hätten Sozial- und Verhaltenswissenschaftler wenig zu tun. Doch da die Verhaltensweisen einzelner Menschen wie von Gruppen in unvorhersagbarer Weise voneinander abweichen, sind Erklärungen nötig, und zwar in erster Linie Erklärungen für gewalttätiges Verhalten. Innerhalb von Gruppen geht die Hauptbedrohung in der Regel vom gewalttätigen einzelnen aus, während gewalttätige Gruppen wiederum die Hauptursache für eine Zerrüttung ganzer Gesellschaften bilden.

Zwar geht die Untersuchung von Einzel- und Gruppenverhalten in unterschiedliche Richtungen, doch kehrt die Diskussion immer wieder zu einer gemeinsamen Kernfrage zurück: Ist der Mensch von Natur aus gewalttätig, oder sind materielle Faktoren die Auslöser für sein Gewaltpotential? (Daran, daß er ein solches besitzt, kann kein Zweifel bestehen, und sei es nur, weil er treten und beißen kann.) Die Anhänger der zweiten Theorie, die man als «Materialisten» bezeichnen könnte, sind überzeugt, daß durch ihre Erkenntnisse die Position derjenigen, die die Gewalttätigkeit des Menschen als «naturgegeben» ansehen, unhaltbar wird. Diese wiederum schließen sich zwar gegen die «Materialisten» zusammen, bilden aber zwei Lager. Eine Minderheit behauptet, der Mensch sei von Natur aus gewalttätig und untermauert diese Behauptung mit dem Argument der christlichen Theologie vom Sündenfall des Menschen und der Erbsünde. Die Mehrheit allerdings will von dieser Analogie nichts wissen; ihrer Meinung nach geht gewalttätiges Verhalten entweder auf Charakterfehler einzelner zurück, oder es ist eine Reaktion auf bestimmte Reize und Herausforderungen. Folglich lasse sich Gewalttätigkeit im menschlichen Verkehr ausschalten, wenn es gelinge, die Auslöser zu erkennen und abzuschwächen oder ganz zu eliminieren.

Der Meinungsstreit zwischen den beiden Schulen der naturgegebenen Gewalttätigkeit hat die Gemüter leidenschaftlich erregt. Bei einer Konferenz, die im Mai 1986 an der Universität von Sevilla stattfand, hat sich die Mehrheit der Teilnehmer auf eine Erklärung geeinigt, die sich an die Erklärung der UNESCO zur Rassenfrage anlehnt und die den Glauben an die naturgegebene Gewalttätigkeit des Menschen in Grund und Boden verdammt. Die Erklärung von Sevilla enthält fünf Artikel, denen – so meinen die Verfasser – jedermann beipflichten sollte. Jeder Artikel beginnt mit den Worten: «Es ist wissenschaftlich falsch», und dann werden nacheinander fünf Thesen bestritten: «Unsere Vorfahren im Tierreich haben uns den Hang vererbt, Krieg zu führen»; «Unser Wesen ist genetisch auf Krieg oder anderes gewalttätiges Verhalten programmiert»; «Im Laufe der Menschheitsentwicklung wurde aggressives Verhalten stärker selektiert als anderes Verhalten»; «Das Gehirn des Menschen ist auf ‹Gewalttätigkeit› eingerichtet», und schließlich «Krieg wird durch ‹Instinkt› oder beliebige Einzelgründe ausgelöst».[1]

Die Erklärung von Sevilla hat nachdrückliche Unterstützung gefunden und wurde beispielsweise von der Anthropologischen Gesellschaft Amerikas übernommen. Allerdings nützt sie nicht allzuviel, wenn man weiß, daß die Wurzeln des Krieges weit in die Vergangenheit reichen und daß heute noch lebende «Steinzeit-Völker», wie die Bewohner des Hochlandes von Neuguinea, unbestreitbar kriegerische Neigungen haben, oder wenn man sich seiner eigenen gewalttätigen Impulse bewußt ist, aber nicht über das Fachwissen des Genetikers oder Neurologen verfügt, um Partei ergreifen zu können. Dennoch ist der Meinungsstreit zwischen den verschiedenen Richtungen von Bedeutung, ja geradezu grundlegend.

In einer Zeit der Hoffnung, da tatsächlich abgerüstet wird und das Prinzip der Humanität auf der ganzen Welt Anerkennung zu finden beginnt, sucht der Laie verständlicherweise nach einer Bestätigung dafür, daß die Erklärung von Sevilla recht hat. Der Erfolg, den der Mensch in den vergangenen zwei Jahrhunderten bei der Verbesserung seiner materiellen Verhältnisse hatte, könnte die Position der Materialisten unterstützen und zu der Hoffnung Anlaß geben, eine Weiterführung der Bemühungen, durch die Krankheit, Not, Unwissenheit und die mit schwerer körperlicher Arbeit verbundenen Entbehrungen weithin besiegt wurden, könnte auch zu einer Abschaffung des Krieges führen. In diesem Fall wäre die Geschichte seit der Steinzeit lediglich eine Frage der Altertumsforschung und hätte für das heutige Alltagsleben keine größere Bedeutung als etwa die Frage, wie die Welt vor Newton aussah. Sollten die Verfasser der Erklärung von Sevilla allerdings unrecht haben und wäre die von ihnen ausgesprochene Verdammung der «naturgegebenen Gewalttätigkeit» bloßer Ausfluß ihres Optimismus, dann wären auch die «materialistischen» Erklärungsversuche falsch und die Hoffnungen auf ein Ende des Krieges, die wir am Ende dieses Jahrhunderts hegen, gänzlich unangebracht. Es ist deshalb wichtig zu wissen, was sowohl die schwarzseherischen als auch die zuversichtlichen Vertreter der Schule der «naturgegebenen Gewalttätigkeit» zu sagen haben.

Der Krieg und die Natur des Menschen

Die wissenschaftliche Untersuchung der Gewalttätigkeit und der menschlichen Natur konzentriert sich auf die Erforschung des als limbisches System bekannten Bereichs im Großhirn, der Naturwissenschaftlern, vielleicht aufgrund eines Vorurteils, als «Sitz der Aggression» gilt. Hier finden sich drei Gruppen von Nervenzellen, die als Hypothalamus, Septum und «Mandelkern» bezeichnet werden. Sie alle führen bei Beschädigung oder elektrischer Reizung zu Veränderungen im Verhalten des Betreffenden. Werden beispielsweise bei männlichen Ratten Teile des Hypothalamus beschädigt, vermindert das nicht nur ihr aggressives Verhalten, sondern beendet auch ihre sexuelle Aktivität, während elektrische Reize die Aggression verstärken – allerdings «greifen stimulierte Tiere lediglich weniger dominante Artgenossen an, was darauf schließen läßt, daß ein anderer Teil des Gehirns die Aggressionsrichtung steuert».[2] Der Hinweis auf minder dominante Tiere ist wichtig, weil schon sehr früh die Beobachtung gemacht wurde, daß es in Gruppen gesellig lebender Tiere eine Hackordnung gibt – die Bezeichnung geht auf die Rangordnung bei Haushühnern zurück –, die jedem Tier der Gruppe eine bestimmte Stellung zuweist. Eine Verletzung des Mandelkerns kann bei Affen zu einer Verminderung ihrer Furcht vor «neuen oder ungewöhnlichen Objekten» und damit auch ihres aggressiven Verhaltens diesen gegenüber führen, kann aber zugleich die Furcht vor den Artgenossen steigern, so daß das Tier eine niedrigere Stellung in seiner Gruppe einnimmt als zuvor.

Neurologen ziehen daraus mit der gebotenen Vorsicht den Schluß, daß die Reaktionen auf Furcht, Abneigung oder Bedrohung, die sich in Form von Aggressionen, aber auch als Verteidigungsverhalten, äußern, ihren Ursprung im limbischen System haben. Sie betonen jedoch auch, welch komplexe Beziehung zwischen diesem System und den «höheren» Teilen des Gehirns besteht, beispielsweise den Stirnlappen, in denen von den Sinnesorganen eintreffende Informationen als erstes und am gründlichsten verarbeitet werden. Die Stirnlappen scheinen A. J. Herbert zufolge für die «Regulierung und den Einsatz aggressiven Verhaltens» zuständig zu sein, denn es ist bekannt, daß eine Verletzung der Stirnlappen beim Menschen zu «unbeherrschten und schlagartigen Ausbrüchen aggressiven Verhaltens führt... auf die keine Reue folgt».[3] Grob gesagt haben Neurologen auf diese Weise ermittelt, daß Aggression auf das «niedere» Gehirn zurückgeht, das der Kontrolle des «höheren» unterworfen ist. Doch wie sind die verschiedenen Teile des Gehirns miteinander verbunden? Zwei Möglichkeiten sind chemische Transmitter und Hormone. Die Naturwissenschaft hat entdeckt, daß die Verminderung eines chemischen Stoffs namens Serotonin die Aggression steigert, und man vermutet, daß ein bestimmtes Peptid, das man bisher allerdings nicht gefunden hat, dessen Freisetzung auslöst; zu Schwankungen im Serotonin-Spiegel kommt es nur selten.

Hormone, die von Drüsen mit innerer Sekretion ausgeschüttet werden, lassen sich hingegen leicht identifizieren, und die Konzentration eines von ihnen, des in den Hoden erzeugten männlichen Sexualhormons Testosteron, das in enge Beziehung mit aggressivem Verhalten gebracht wird, schwankt beträchtlich. Menschen – ganz gleich, ob Männer oder Frauen –, denen es verabreicht wird, neigen zu gesteigerter Aggression. Auf der anderen Seite vermindert es bei weiblichen Ratten, die ihre Jungen nähren, die Aggressivität gegenüber Männchen, während ihr mütterlicher Schutzinstinkt durch ein gänzlich anderes Hormon stimuliert wird. Allgemein gesagt bewirkt ein hoher Testosteron-Spiegel bei Männern eine Steigerung maskuliner Merkmale, zu denen aggressives Verhalten gehört. Ein niedriger Testosteron-Spiegel läßt jedoch nicht auf fehlenden Mut oder Kampfgeist schließen – man denke beispielsweise an das hohe Ansehen, das Eunuchen als Leibwachen genossen, oder an die militärischen Erfolge des berühmten oströmischen Eunuchen und Feldherrn Narses. Allerdings betonen Naturwissenschaftler, daß die Wirkung von Hormonen durch die jeweiligen Umstände beeinflußt wird; so vermag das Abwägen eines Risikos bei Mensch und Tier einen Ausgleich gegenüber allem zu schaffen, was man als Instinkt bezeichnet.

Kurzum, die Neurologie hat bisher weder festgestellt, auf welche Weise es zu Aggression kommt, noch auf welche Weise sie innerhalb des Gehirns gesteuert wird. Die Genetik hingegen kann insoweit einen gewissen Erfolg verzeichnen, als ihr der Nachweis gelungen ist, daß zwischen den jeweiligen äußeren Umständen und der «Selektion zur Aggression» ein Zusammenhang besteht. Seit Darwin 1858 erstmals mit seiner Vorstellung von der natürlichen Auslese an die Öffentlichkeit trat, haben auf vielen Gebieten tätige Gelehrte versucht, eine unbestreitbare wissenschaftliche Grundlage hierfür zu finden. Gestützt ausschließlich auf die Beobachtung von Tierarten, hatte Darwin erklärt, daß ihrer Umwelt gut angepaßte Einzelwesen mit größerer Wahrscheinlichkeit das Erwachsenenalter erreichen als weniger angepaßte und daß deren Nachkommen, weil sie die Merkmale ihrer Eltern erben, in größerer Zahl überleben als die von weniger angepaßten Eltern, bis schließlich die ererbten Merkmale ersterer innerhalb der gesamten Art vorherrschen. Revolutionär an dieser Theorie war die Behauptung, daß dieser Prozeß in mechanischer Weise ablaufe. Eltern, so Darwin, könnten lediglich Merkmale weitervererben, die sie selbst ererbt hätten, nicht aber – was sein Zeitgenosse Lamarck behauptete – erworbene. Allerdings konnte Darwin nicht erklären, auf welche Weise sich Merkmale besser anpassen – nämlich durch einen Prozeß, den wir als Mutation bezeichnen. Auf die Frage, wie es bei den Stammformen, aus denen die ungeheuer große Zahl verschiedener Spezies entstand, zu solchen Mutationen kam, gibt es noch immer keine Antwort.

Mutationen lassen sich durchaus beobachten, auch die Mutation zur Aggression; offenkundig ist Aggressivität ein weitervererbtes Merkmal, das die Aussichten zu überleben steigern kann. Wenn das Leben ein Kampf ist, muß man annehmen, daß, wer widrigen Umständen am besten trotzt, am längsten lebt und die größte Anzahl entsprechend resistenter Nachkommen hervorbringt; ein vor einigen Jahren erschienenes Buch von Richard Dawkins, das den Titel *Das egoistische Gen* trägt und weite Verbreitung gefunden hat, schreibt diesen Prozeß nicht nur vererbten Merkmalen zu, sondern sogar dem Gen selbst.[4] Überdies geht aus Genexperimenten hervor, daß manche Stämme von Labortieren erkennbar aggressiver sind als andere und daß Aggressivität durch Zucht an nachfolgende Generationen weitergegeben wird. Auch haben Genetiker seltene Formen erblicher Veranlagung identifiziert, die auf übersteigerte Aggressivität hinweisen. Am bekanntesten ist das Chromosomenmuster XYY beim Mann: etwa jeder tausendste Mann erbt statt des üblichen einen Y-Chromosoms zwei solcher Chromosomen, und unter Gewaltverbrechern ist der Anteil dieser Männer im Vergleich zur Gesamtbevölkerung etwas höher.[5]

Erkenntnisse, die anhand genetischer Ausnahmen gewonnen wurden – noch stärker bei Tieren, die man unter Laborbedingungen gezüchtet hat –, liefern allerdings keine Antwort auf die Frage, inwieweit ein bestimmtes Geschöpf (einschließlich des Menschen) in seiner Umgebung zur Aggressivität neigt. Eine erfolgreiche Anpassung durch Mutation ist, wie auch immer die Mutation entstehen mag, eine Reaktion auf die Bedingungen der Umwelt. Obwohl die neue Wissenschaft der Gentechnik es vielleicht ermöglicht, bei Erbanlagen gezielt «Punktmutationen» oder «Genmutationen» hervorzurufen und auf diese Weise Geschöpfe ohne jegliche Aggression zu züchten, wäre es für deren Überleben notwendig, sie unter Bedingungen zu halten, in denen es für sie keinerlei Bedrohung gibt. Solche Bedingungen gibt es in der natürlichen Umwelt aber nicht, und sie lassen sich auch nicht erzeugen. Selbst wenn eine völlig aggressionsfreie Menschenrasse entstünde und unter für sie ausschließlich günstigen Umständen lebte, sähe sie sich nach wie vor genötigt zu töten: außer den niederen Organismen, die Krankheiten verursachen, die Insekten und Kleinlebewesen, in denen diese sich aufhalten, aber auch die größeren Tiere, die mit dem Menschen um die Pflanzen konkurrieren, von denen er sich ernährt. Man kann sich schwer vorstellen, wie Geschöpfe, die zu keinerlei aggressiven Reaktionen imstande sind, ihre Umwelt kontrollieren könnten.

Klar ist, daß sowohl Gegner als auch Befürworter der These, wonach der Mensch «von Natur aus aggressiv» ist, übertreiben. Die Gegner stehen in offenem Widerspruch zum gesunden Menschenverstand. Die Beobachtung zeigt, daß Tiere Angehörige anderer Arten töten und auch miteinander kämpfen; bei manchen Arten kämpfen die Männchen auf Leben und Tod. Wer bestreiten will, daß Aggression Bestandteil der Erbmasse des Menschen ist, muß jegliche genetische Verbindung zwischen ihm und dem übrigen Tierreich leugnen – eine Haltung, die heutzutage nur von strengen Anhängern des Kreationismus vertreten wird. Doch ebenso gehen die Befürworter zu weit, wenn auch aus anderen Gründen. So neigen sie dazu, die Grenzen der Aggressivität zu weit zu ziehen. Eine größere Gruppe unterscheidet zwischen «instrumenteller oder spezifischer Aggression», bei der es definitionsgemäß darum geht, «bestimmte Objekte oder Positionen... zu bekommen oder zu behalten», und «feindseliger oder explorativer Aggression», die «in erster Linie darauf abzielt, andere Individuen zu reizen oder zu verletzen», und diese Unterscheidung ist unzweifelhaft sinnvoll.

Zugleich glaubt man jedoch auch «eine auf Verteidigung oder Reaktion zurückgehende Aggression» erkennen zu können, die «durch das Tun anderer herausgefordert wird».[6] Nun besteht aber ein sinnfälliger Unterschied zwischen Aggression und Notwehr, der auch dann nicht aufgehoben wird, wenn den Urhebern dieser Klassifikation der Nachweis gelingen sollte, daß alle drei Arten des von ihnen definierten Verhaltens ihren Ursprung im selben Bereich des Gehirns haben. Diese mangelnde Differenzierung legt zugleich die Vermutung nahe, daß die Befürworter der Ansicht, der Mensch sei von Natur aus aggressiv, dem mäßigenden Einfluß der außerhalb des limbischen Systems liegenden Teile des Gehirns zuwenig Bedeutung beimessen. Man hat beobachtet, daß «alle Tiere, die sich aggressiv verhalten, eine Anzahl von Genen besitzen, welche die Intensität dieses Verhaltens modifizieren». Infolgedessen kommt es zu einem Abwägen der Gefahr, zu einem Vergleich zwischen der Bedrohung und der Aussicht auf Flucht, der das Tier vor die Entscheidung stellt, ob es den Kampf suchen oder fliehen soll.

Über eine besonders deutlich ausgeprägte Fähigkeit, den Ausdruck der Aggression zu modifizieren, verfügt der Mensch.[7] Die Wissenschaftler haben bisher freilich kaum mehr getan, als die Empfindungen und Reaktionen, die uns von alters her vertraut sind, zu identifizieren und zu kategorisieren. Sicher, inzwischen wissen wir: Angst und Wut haben ihren Sitz in Nervenzellen, die im niederen Teil des Gehirns liegen und dadurch angeregt werden, daß der höhere Teil des Gehirns eine Gefahr erkennt; die beiden Bereiche aus Nervenzellen stehen auf chemischem und hormonalem Wege miteinander in Verbindung, und gewisse Erbanlagen machen uns zu einer mehr oder weniger ausgeprägten gewalttätigen Reaktion geneigt. Doch kann die Wissenschaft nicht voraussagen, wann ein bestimmtes Individuum gewalttätig wird, und sie liefert letzten Endes auch keine Erklärung dafür, warum sich Gruppen von Individuen zum Kampf gegen andere zusammenschließen. Eine Erklärung für dieses Phänomen, in dem die Wurzeln des Krieges liegen, müssen wir anderswo suchen: bei der Psychologie, der Verhaltensforschung und der Anthropologie.

Der Krieg und die Anthropologen

Freud hat die psychologische Grundlage für eine Theorie der Aggression geliefert. Anfangs sah er darin das Ergebnis einer Nichtbefriedigung des Sexualtriebes; nach dem Ersten Weltkrieg – in dem sich zwei seiner Söhne auszeichneten – gelangte er zu einer düstereren Auslegung.[8] In seinem berühmten Briefwechel mit Einstein, der unter dem Titel *Warum Krieg?* veröffentlicht wurde, erklärte er unumwunden, der Mensch trage den Drang zu Haß und Zerstörung in sich. Der einzige Hoffnungsschimmer sei, daß sich eine wohlbegründete Furcht vor der Gestalt entwickeln werde, die künftige Kriege annehmen könnten. Diese von Freudianern als Theorie des «Todestriebs» übernommenen Beobachtungen betrafen in erster Linie das Individuum. In *Totem und Tabu* (1913) hatte Freud eine Theorie der Gruppenaggression vorgelegt, die sich stark auf die Anthropologie stützte. Er stellte die patriarchalisch ausgerichtete Familie als gesellschaftliche Ureinheit dar und erklärte, diese habe sich unter dem Druck sexueller Spannungen verzweigt. Der Patriarch habe das ausschließliche sexuelle Verfügungsrecht über die Frauen der Familie gehabt, was seine unbefriedigten Söhne dazu trieb, ihn zu ermorden und anschließend zu verzehren. Von Schuldgefühlen heimgesucht, hätten sie daraufhin den Inzest geächtet (oder tabuisiert) und die Forderung nach Exogamie aufgestellt – das heißt, fortan mußte außerhalb des Familienverbandes geheiratet werden. Daraus entwickelten sich allerlei Möglichkeiten zu Frauenraub, Vergewaltigung und späteren Fehden, für die sich bei der Untersuchung ursprünglicher Gesellschaften viele Beispiele fänden.

Totem und Tabu war das Ergebnis der Vorstellungskraft seines Verfassers, und in neuerer Zeit hat die vergleichende Verhaltensforschung (Ethologie), die die Psychologie mit der Untersuchung des Verhaltens von Tieren verknüpft, genauere Erklärungen für das Gruppenverhalten geliefert. Die grundlegende Vorstellung vom Revierverhalten geht zurück auf das Werk des Nobelpreisträgers Konrad Lorenz, der aus den bei der Beobachtung von Tieren in Freiheit und in Gefangenschaft gewonnenen Erkenntnissen den Schluß gezogen hat, bei der Aggression handele es sich um einen natürlichen «Instinkt», der seine Energie aus dem Organismus selbst beziehe und sich «entlade», sobald ihn ein passender «Schlüsselreiz» auslöse. Die meisten Tiere allerdings verfügen seiner Ansicht nach über die Fähigkeit, auf aggressive Angehörige der eigenen Art beschwichtigend einzuwirken, und zwar gewöhnlich durch Flucht oder durch sogenannte Demutsgebärden. Der Mensch, erklärte Lorenz, habe sich anfangs ebenso verhalten, doch nachdem er gelernt habe, Jagdwaffen herzustellen, sei es zu einer Überbevölkerung gekommen. Nunmehr mußten die einen die anderen töten, um ein bestimmtes Territorium zu verteidigen, und die Verwendung von Waffen, die eine emotionale «Distanz» zwischen Mörder und Opfer herstellten, habe die Demutsgebärde verkümmern lassen. Seiner Überzeugung nach wurde auf diese Weise aus dem Menschen, der als Jäger anderen Arten nachstellte, um sich zu ernähren, ein aggressives Wesen, das Angehörige der eigenen Art tötet.[9]

Robert Ardrey hat Lorenz' Vorstellung vom Revierverhalten weitergeführt, um die Gruppenaggression erklären zu können. Da Gruppen bei der Jagd erfolgreicher seien als einzelne, so Ardrey, hätten sie gelernt, wie jagende Tiere auf einem allen gemeinsamen Gelände miteinander zu jagen. Damit sei die gemeinschaftlich ausgeübte Jagd Grundlage der gesellschaftlichen Organisation geworden und habe dazu geführt, andere Menschen als Eindringlinge anzusehen und zu bekämpfen.[10] Ausgehend von Ardreys Jagdthese haben Robin Fox und Lionel Tiger eine Erklärung dafür vorgeschlagen, warum in der Gesellschaft Männer die Führungsrolle übernehmen. Jagende Gruppen, heißt es bei ihnen, mußten ausschließlich aus Männern bestehen, nicht nur weil sie kräftiger waren, sondern weil Frauen eine (biologisch begründete) Ablenkung bedeutet hätten; da Gruppen von Jägern, um Erfolg zu haben, Führer benötigten und da sie über Jahrtausende hinweg die für das Überleben unerläßliche Nahrung beschafften, habe später eine aggressive männliche Führerschaft den Charakter aller Formen gesellschaftlicher Organisation bestimmt.[11]

Den Vertretern der ältesten Disziplin der Sozialwissenschaft, der Anthropologie, waren die Theorien von Lorenz, Ardrey, Tiger und Fox, die sich stark auf die Arbeit von Forschern auf dem Gebiet menschlichen und tierischen Verhaltens stützen, wenig willkommen. Die Anthropologie ist ein Zweig der Ethnographie, die überlebende primitive Völker in ihren angestammten Gebieten untersucht und, auf die Ethnographie gestützt, Erklärungen für Ursprung und Wesen zivilisierter Gesellschaften zu liefern versucht. Frühe Ethnographen wie Latifau und Demeunier hatten im 18. Jahrhundert erklärt, der Krieg sei ein wesentliches Merkmal der von ihnen untersuchten Gesellschaften, und mit ihrer Arbeit, beispielsweise über die Indianer, lieferten sie Beschreibungen des «primitiven» Krieges, die heute als einzigartig gelten.[12] Aus der beschreibenden Ethnographie wurde die Anthropologie, weil sich im 19. Jahrhundert zunehmend Befürworter und Gegner der Darwinschen Theorie auf diesem Gebiet tummelten. Damals kam es zur großen Auseinandersetzung über die Frage, ob das Verhalten des Menschen ererbt oder erworben ist, die bis auf den heutigen Tag die Sozialwissenschaftler spaltet.

Eröffnet wurde die Debatte 1874 von Darwins Vetter Francis Dalton, und schon bald wurde der Krieg zu einem besonderen Untersuchungsgegenstand. Das war denen zu verdanken, die das menschliche Verhalten als erworben ansahen; sie wollten, von der Denkweise des 19. Jahrhunderts beeinflußt, den Nachweis führen, daß die höheren Fähigkeiten des Menschen seiner niederen Natur überlegen seien und die Vernunft ihn veranlasse, immer mehr Formen des Sozialverhaltens zu entwickeln, die auf Zusammenarbeit ausgerichtet sind. Es gelang dieser Schule, das Hauptaugenmerk der anthropologischen Untersuchung auf den Ursprung politischer Einrichtungen zu lenken; diese waren nach ihrer Ansicht innerhalb von Familie, Sippe und Stamm, nicht aber in deren Außenbeziehungen (wozu die Kriegführung gehört) zu finden. Vertreter der Schule, die auf «Vererbung» setzten – weil sie die These verfochten, Kampf sei das Mittel der Veränderung, nannte man sie Sozialdarwinisten –, waren anderer Ansicht, wurden aber an den Rand gedrängt.[13] Ihre Gegner lenkten die Diskussion auf die Frage, die sie als Schlüsselfrage ansahen, nämlich die der Verwandtschaftsbeziehungen in primitiven Gesellschaften, aus denen nach ihrer Auffassung alle höheren, komplexeren Beziehungen nichtverwandtschaftlicher Art entstanden waren.

Bei der Frage der Verwandtschaft ging es um die Beziehungen, die zwischen Eltern und Kindern, Kindern untereinander sowie ferneren Verwandten bestanden. Ebenso unumstritten wie die

Ansicht, daß solche Beziehungen der Staatenbildung vorausgingen, war die Erkenntnis, daß es sich bei Familie und Staat um unterschiedliche Organisationen handelte. Die Schwierigkeit bestand darin, zu zeigen, auf welche Weise sich aus der Familie der Staat entwickelt hatte und ob Beziehungen innerhalb der Familie die innerhalb der Staaten bestimmten. Die im wesentlichen liberale Haltung derer, die das Verhalten des Menschen als erworben ansahen, benötigte Beweise dafür, daß sich die Beziehungen innerhalb eines Staates durch rationale Entscheidungen regeln und in Gesetzesform festlegen ließen. Damit geriet die Anthropologie unter Druck; sie mußte Beispiele für primitive Gesellschaften liefern, deren Verwandtschaftsmuster die in der Politik neuzeitlicher liberaler Staaten üblichen Beziehungen vorwegnahmen. Eine ganze Reihe von Belegen ließ sich so oder so deuten, insbesondere solche, bei denen Mythos und Ritual für eine Stärkung verwandtschaftlicher Bindungen und eine Vermeidung von Gewalt sorgten. Bis zum Ende des 19. Jahrhunderts widmeten sich die Anthropologen nicht so sehr der Frage, ob die Wurzeln menschlicher Beziehungen in der Verwandtschaft zu sehen sind, sondern der Frage, ob die schöpferischen Kulturen, die sie als Muster ausgewählt hatten, spontan an verschiedenen Stellen entstanden waren oder sich von einem ursprünglichen Zentrum an andere Orte ausgebreitet hatten.

Die Suche nach den Ursprüngen lief am Ende ins Leere, denn man mußte einräumen, daß nicht einmal die «primitivsten» der untersuchten Gesellschaften im Urzustand existierten. Sie alle mußten auf die eine oder andere Weise – und sei es noch so flüchtig – mit anderen in Berührung gekommen sein. Der sich lang hinziehenden und insgesamt unfruchtbaren Debatte unter Anthropologen setzte Anfang des 20. Jahrhunderts Franz Boas ein Ende. Dieser in die Vereinigten Staaten ausgewanderte Deutsche erklärte schlicht, eine Suche nach den Ursprüngen sei unergiebig. Sofern sie nur gründlich genug suche, werde die Anthropologie entdecken, daß eine Kultur jeweils nur auf ihren eigenen Fortbestand bedacht sei. Da es sich dabei nicht um rationales Tun handele, sei es sinnlos, frühe Kulturen nach historischen Belegen für eine bevorzugte politische Form der Neuzeit zu durchforschen. Der Mensch müsse die Freiheit haben, unter der größten Vielzahl kultureller Formen frei zu wählen und sich für die zu entscheiden, die ihm am meisten zusage.[14]

Diese Vorstellung, die als kultureller Determinismus bekannt wurde, fand durch die Arbeit von Boas' Assistentin, Ruth Benedict, weiteste Verbreitung. Ihr 1934 veröffentlichtes *Urformen der Kultur*[15] wurde zum einflußreichsten Werk der Anthropologie, selbst wenn man James Frazers elfbändiges Werk *The Golden Bough* (1890–1915) einbezieht, mit dem die Aufmerksamkeit weiter Kreise auf die Universalität menschlicher Mythen gelenkt wurde.[16] Benedict postulierte die Existenz zweier kultureller Hauptformen: der autoritären apollinischen und der toleranten dionysischen. Letztere war bereits 1925 von Margaret Mead, einer jungen Schülerin von Boas, auf ihrer Reise in die Südsee «entdeckt» worden. In ihrem Buch *Jugend und Sexualität auf Samoa* hieß es, sie habe dort eine Gesellschaft vorgefunden, die in vollkommenem Einklang mit sich selbst lebe und in der die Bande der Verwandtschaft so sehr gelockert seien, daß man sie kaum wahrnehme. Auch sei die Autorität der Eltern innerhalb der Großfamilie aufgelöst, Kinder stritten sich nicht um den Vorrang, und Gewalttätigkeit sei praktisch unbekannt. Meads Werk ist bis auf den heutigen Tag für Feministinnen, fortschrittliche Pädagogen und Vertreter eines moralischen Relationismus eine Art Evangelium geblieben, ob ihnen das bewußt ist oder nicht.

Der kulturelle Determinismus beeindruckte auch Boas' Kollegen in der angelsächsischen Welt, allerdings aus einem anderen Grund. Die Briten, die dank der gewaltigen Ausdehnung ihres Weltreiches auf dem Gebiet der Ethnographie führend waren, erkannten zwar die Bedeutung dieser Theorie an, schreckten aber vor ihrer intellektuellen Verschwommenheit zurück. Vor allem störte sie die mangelnde Bereitschaft der Vertreter des kulturellen Determinismus, einzugestehen, daß die Natur des Menschen und seine materiellen Bedürfnisse ebenso bedeutsam sein können wie die Freiheit, zu entscheiden, in welcher Kultur er lebt. Unter dem Einfluß eines weiteren deutschsprachigen Auswanderers, Bronislaw Malinowski, der seine ersten Untersuchungen ebenfalls in der Südsee durchgeführt hatte, allerdings zehn Jahre vor Margaret Mead, entwickelten sie einen anderen Ansatz, der als struktureller Funktionalismus bekanntgeworden ist.[17] Diese schwerfällige Bezeichnung spiegelt die Verschmelzung zweier Sichtweisen, deren erste vom Darwinismus und von der Evolutionslehre geprägt war. Ihr zufolge ergibt sich die Form einer Gesellschaft aus der *Funktion* ihrer «Angepaßtheit» – der Begriff ist rein darwinistisch – an ihren Lebensraum. Das sei an einem vergröbernden Beispiel dargestellt: daß Menschen Brandrodungs-Feldbau betrieben, geht darauf zurück, daß sie in bewaldeten Gebieten mit geringer Bodenfruchtbarkeit lebten, die aber dünn besiedelt waren. Daher erschien es ihnen sinnvoll, für eine oder zwei Ernten eine Lichtung freizulegen, Süßkartoffeln anzubauen, Schweine zu mästen und dann weiterzuziehen. Die Fähigkeit solcher Gesellschaften, an ihre Umgebung «angepaßt» zu bleiben, wird jedoch durch ihre kulturelle *Struktur* aufrechterhalten, die auf den ersten Blick einfach erscheinen mag, die sich aber dem Ethnographen, der bereit ist, lange genug unter ihnen zu leben, möglicherweise als erstaunlich vielschichtig enthüllt.

Die Vertreter des strukturellen Funktionalismus legten eine weit detailliertere Analyse der Gesellschaft vor, als es denen des kulturellen Determinismus erforderlich schien. Das Material, das sie zusammentrugen, um zu zeigen, auf welche Weise die Struktur die Funktion stützt, gehörte allerdings in die beiden bekannten Kategorien, nämlich Mythos und Verwandtschaft. Über beider Wechselbeziehung wurde in immer abstrakterer Sprache bis zum Zweiten Weltkrieg und darüber hinaus debattiert. Nach dem Krieg nahm die Heftigkeit der Auseinandersetzung zu, als ein brillanter Franzose, Claude Lévi-Strauss, in die Debatte eingriff. Ihm gelang es, den Eindruck zu erwecken, als sei die Struktur weit wichtiger als die Funktion, und ausgehend von Freuds Lieblingsvorstellung, dem Tabu, machte er sich daran, das entsprechende anthropologische Fundament zu schaffen, das die Psychoanalyse nie hatte liefern können. Tatsächlich, so Lévi-Strauss, gebe es in primitiven Gesellschaften ein vom Mythos gestütztes Inzesttabu.

Auf dessen Einhaltung werde insofern geachtet, als man zwischen Familien, Stämmen und so weiter Mechanismen für den Tausch eingerichtet habe, bei dem die Frauen das wertvollste Gut waren. Durch die Entwicklung eines Tauschsystems habe man Gefühle des Grolls und der Verstimmung beschwichtigt; die höchste Stufe der Beschwichtigung sei der Austausch von Frauen gewesen, um Inzest zu vermeiden.[18]

Erklärungen, auf welche Weise Gesellschaften stabil blieben und sich am Leben erhielten, beherrschten von nun an die Anthropologie. Zwar hatte man schon zuvor gewußt, daß Streitigkeiten um Frauen die Hauptursache von Auseinandersetzungen unter primitiven Völkerschaften waren; doch niemand war bereit, sich mit deren Konsequenz, nämlich Krieg, zu beschäftigen. Das war sonderbar, denn Lévi-Strauss schrieb in den Jahren nach dem entsetzlichsten Krieg der Menschheitsgeschichte, an dem viele führende Anthropologen, vor allem der in seiner Zeit herausragende Brite Edward Evans-Pritchard, teilgenommen hatten. Evans-Pritchard selbst hatte 1941 in Äthiopien einen Trupp wilder Stammeskrieger gegen italienische Einheiten geführt, und die entsetzlichen Racheakte, die die Äthiopier an ihren einstigen Kolonialherren verübten, riefen Angstgefühle in ihm wach, die er für den Rest seines Lebens nicht mehr loswurde.[19]

Der erste Anthropologe, der die kollektive Weigerung seiner Kollegen, die Bedeutung des Krieges anzuerkennen, nicht mehr mit ansehen mochte, war Harry Turney-High, der 1949 ein Buch vorlegte, mit dem er bewußt Anstoß erregen wollte: *Primitive Warfare*. Turney-High hatte, wie viele seiner Generation, seine Untersuchungen unter Indianern durchgeführt, von denen einige zu den kriegerischsten Menschen gehörten, die der Ethnographie bekannt sind. 1942 verließ er die Universität, um in den Krieg zu ziehen; er kam zur Kavallerie, just als diese im Begriff stand, für immer von der Bildfläche zu verschwinden. Zweifellos haben das Kavalleriepferd und die Bewaffnung des berittenen Kriegers die Vorstellungskraft eines gebildeten Mannes angeregt und auf die Anfänge hingewiesen, als der Mensch mit der Welt des Tieres in Berührung kam. Alexander Stahlberg, ein Zeitgenosse Turney-

Highs und Angehöriger eines der letzten deutschen Kavallerieregimenter, hat geschrieben, man müsse mit einer Schwadron geritten sein, um die Faszination zu verstehen, die von Pferden *en masse* ausgehe, denn das Pferd sei seinem Wesen nach ein Herdentier.[20]

Das Exerzieren mit dem Säbel öffnete Turney-High die Augen dafür, daß fast alles, was Ethnographen über Kriege früherer Zeiten geschrieben hatten, unzureichend war: «Die Beharrlichkeit, mit der Sozialwissenschaftler den Krieg mit den Werkzeugen des Krieges verwechseln», heißt es im Eröffnungskapitel, «wäre minder erstaunlich, wenn ihre Schriften nicht eine ... vollständige Unwissenheit über die Grundlagen der Militärgeschichte zeigen würden... Es dürfte schwerfallen, im Berufsheer zweitrangiger Mächte einen Unteroffizier zu finden, der die Dinge so verworren sieht wie das Gros derer, die die menschliche Gesellschaft analysieren.»[21]

Er hat recht. Noch heute sehe ich den Ausdruck des Abscheus im Gesicht des hochberühmten Direktors einer der größten Sammlungen von Waffen und Rüstungen auf der Welt, als ich beiläufig erwähnte, daß Feldscher im Zeitalter des Schießpulvers aus den Wunden von Soldaten häufig Knochensplitter und Zähne von Kameraden herausholten. Er hatte sich einfach nie Gedanken darüber gemacht, welche Wirkungen die Waffen, über die er so viel wußte, auf die Körper der Soldaten hatten, gegen die sie eingesetzt wurden. «Diese Haltung der Zivilisten», erklärte Turney-High, «hat dazu geführt, daß in Hunderten von Museumsvitrinen Waffen aus der ganzen Welt ruhen, die man zwar exakt katalogisiert und ordentlich gekennzeichnet, aber nicht verstanden hat.»[22] Er war entschlossen, den Anthropologen neben der düsteren und gewalttätigen Seite des Lebens der von ihnen untersuchten Völker auch den Zweck der von ihnen bei feierlichen Anlässen getragenen Waffen klarzumachen, der darin bestand, Knochen zu zerschmettern und Fleisch zu durchdringen. Wenn die Tauschmechanismen zusammenbrachen, mit denen sie angeblich ihre Verwandtschaftssysteme beständig im Gleichgewicht hielten, waren die Folgen tödlich.

Turney-High bestritt nicht, daß manche der primitiven Völker «vormilitärisch» gewesen seien, und war sogar bereit einzuräumen, daß einige, wenn man sie sich selbst überließ, gern eine so friedliche und produktive Lebensweise wählten wie diejenige, die Margaret Mead angeblich in Samoa vorfand.[23] Doch beharrte er unerbittlich auf seiner These, Krieg habe es, von einzelnen Ausnahmen abgesehen, überall und zu allen Zeiten gegeben, und er stieß seine Kollegen gnadenlos mit der Nase darauf. «Der Ethnograph hat nicht gezögert, nach bestem Wissen alle Kulturzeugnisse, ob materieller oder nichtmaterieller Art, zu beschreiben, zu klassifizieren und einander zuzuordnen. Auch hat er nicht gezögert, den Krieg ausführlich zu behandeln, geht es dabei doch um einen der wichtigsten nichtmateriellen Komplexe des Menschen. Nur die Kernfrage ‹Auf welche Weise kämpft diese oder jene Gruppe?› bleibt ausgeschlossen. Die Feldforschung hat den Zuckerguß aufs genaueste betrachtet und dabei den Kuchen übersehen.»[24]

Der zum Kavalleristen gewordene Anthropologe lieferte jetzt in handfesten Portionen die ethnographische Beschreibung, wie Gruppen kämpften. Mit einer großen Bewegung umfaßte er Polynesien, das Amazonasbecken, das Land der Zulu, die nordamerikanischen Ebenen, in denen die Indianer gelebt hatten, die subarktische Tundra und die Wälder Westafrikas. In schaurigen Einzelheiten beschrieb er dabei Kannibalismus, Folterung von Gefangenen, Kopfjägerei, Skalpieren und rituelles Aufschlitzen des Körpers, wo auch immer sie sich fanden. Er analysierte die genaue Art des Kampfes in Dutzenden verschiedener Gesellschaften; er beschrieb, wie die Bewohner der Neuen Hebriden vor den versammelten Kriegern beider Seiten Kämpfer für rituelle Zweikämpfe auswählten; wie die nordamerikanischen Papago-Häuptlinge einige Männer zu «Tötern» ernannten und andere beauftragten, diese im Kampf zu schützen; wie die Assinboin im Krieg die Führerschaft derjenigen anerkannten, die vom Sieg über einen ihrer Gegner geträumt hatten; und wie bei den Irokesen eine Art Feldgendarmerie dafür sorgte, daß Drückeberger in einer kämpfenden Truppe bei der Stange blieben. Mit erbarmungsloser

Anschaulichkeit stellte er dar, welche Auswirkung Speer, Pfeil, Keule und Säbel auf das menschliche Fleisch haben. Um sicherzugehen, daß kein empfindsamer Kollege der Vorstellung ausweichen konnte, wie eine Waffenspitze aus Feuerstein gewirkt haben mag, wies er darauf hin, daß deren direkter Abkömmling das Bajonett sei. Die Entwicklung dieser Waffe, erklärte er, sei in der Geschichte für die Tötung von mehr Menschen verantwortlich als alle anderen Waffen zusammen.[25]

Mit all dem wollte Turney-High selbstverständlich mehr erreichen, als lediglich der Anthropologie Belege dafür zu liefern, daß sich der frühe Mensch die Hände blutig gemacht hatte. Der springende Punkt für ihn war, daß die meisten der von den Ethnographen mit Vorliebe untersuchten Gesellschaften «unterhalb des militärischen Horizonts» existierten; ins Zeitalter der Moderne träten sie aber erst, wenn die Sonne ihrer Zukunft über diesen Horizont aufgehe. Mit einem Schlag stellte er alle theoretischen Erwägungen derjenigen in Frage, die den kulturellen Determinismus und den strukturellen Funktionalismus vertraten, einschließlich der Theorien von Lévi-Strauss (dessen folgenreiches Werk *Die elementaren Strukturen der Verwandtschaft* ebenfalls 1949 erschienen war). Kühn behauptete Turney-High, es sei sinnlos, in irgendeiner Wahlmöglichkeit zwischen verschiedenen Kulturen, in einer strukturellen Anpassung an den Lebensraum oder in einer mythischen Handhabung von Tauschsystemen die Ursprünge des liberalen Staates zu suchen. Alle auf jener Stufe stehenden Gesellschaften, erklärte er mit Nachdruck, seien bis ans Ende der Zeit dazu verdammt, im Zustand der Primitivität zu verharren. Erst wenn eine Gesellschaft von der primitiven Kriegführung zu einer (wie er es nannte) wahren oder zivilisierten Kriegführung voranschreite, könne ein Staat entstehen. Daraus folge, daß erst nach der Entstehung eines Staates darüber entschieden werde, ob er theokratisch, monarchisch, aristokratisch oder demokratisch sei. Entscheidend für den Übergang vom Zustand der Primitivität zur Moderne, so Turney-Highs Schlußfolgerung, sei «das Auftreten des Heeres mit Offizieren».[26]

Da er den meisten Anthropologen auf den ersten Seiten seines

Buches ein geistiges Niveau unter dem von Unteroffizieren bescheinigt hatte, kann es kaum überraschen, daß seine Kollegen es ihm heimzahlten, indem sie sein Buch völlig ignorierten. Der Politikwissenschaftler David Rapaport, der das Vorwort zur zweiten Auflage (1971) schrieb, sah in dieser Reaktion eine «‹systematische Unfähigkeit›, ein originelles Werk zu erkennen».[27] Doch die Erklärung war weit einfacher. Die meisten begriffen, daß man sie gekränkt hatte, und kehrten einer wie der andere dem Urheber der Beschimpfung den Rücken. Die Reaktion wäre verständlich, wenn Turney-Highs Buch heute auf den Markt käme. Er vertritt nämlich unbeirrt den gleichen Standpunkt wie Clausewitz, der den militärischen Rang einer Gesellschaft daran maß, ob sie mit ihrer Kriegführung den Sieg anstrebe; die Mittel dazu waren Gebietseroberung und Entwaffnung des Feindes. Doch im Atomzeitalter (Turney-High verfaßte seine Arbeit, bevor die Sowjetunion ihre erste Atombombe gezündet hatte) erscheint ein Sieg à la Clausewitz auch den unsentimentalsten Militärtheoretikern als äußerst fragwürdig, und es ist zweifelhaft, ob viele von ihnen der Vorstellung des «zivilisierten» Krieges folgen würden, die Turney-High vor vierzig Jahren entwickelt hat. Dennoch bleibt es dabei, daß er zu seiner Zeit die Vertreter seiner Zunft in Verlegenheit gebracht hat. Er wollte, daß sie darüber nachdenken, wie aus den bei ihnen so beliebten staatenlosen Gesellschaften durch Krieg die Staaten geworden waren, die für die Kosten ihrer Feldforschung aufkamen, und er wollte sich nicht damit abfinden, daß man ihm die Antwort verweigerte.

Tatsächlich bekam er eine Antwort – im Lauf der Zeit. Der Druck der äußeren Ereignisse veranlaßte die Anthropologen, ihre «Primitiven» auch als Krieger und nicht ausschließlich als Menschen anzusehen, die sich gegenseitig Geschenke machten oder Mythen erdachten. Am stärksten wurde der Druck in den Vereinigten Staaten empfunden. Sie waren eine bedeutende Atommacht, führten Krieg in Vietnam und spielten seit 1945 eine führende Rolle auf dem Gebiet der Anthropologie. Die Feldforschung von Ethnographen ist ungeheuer kostspielig, und so mußten sich die meisten Wissenschaftler an den finanzkräftigen Universitäten der USA nach Mitteln dafür umsehen. Da es ihre Aufgabe war und ist, die tiefsten und ältesten Geheimnisse des menschlichen Verhaltens zu erkunden, begannen ihnen die Studenten der amerikanischen Universitäten, wo der Widerstand gegen das Wettrüsten am stärksten ausgeprägt war, die ewige Frage zu stellen: Was veranlaßt den Menschen zu kämpfen? Ist er von Natur aus aggressiv? Hat es je Gesellschaften ohne Krieg gegeben? Gibt es noch welche? Kann eine moderne Gesellschaft den Weg zu einem dauerhaften Frieden beschreiten, und falls nicht – warum nicht?

Waren in den fünfziger Jahren lediglich fünf Aufsätze zur Anthropologie des Krieges in wissenschaftlichen Zeitschriften erschienen[28], so gibt es seit den Sechzigern eine wahre Flut. Die altgediente Margaret Mead versuchte 1964, in einem Artikel mit dem Titel «Warfare is only an invention» (Krieg ist eine bloße Erfindung)[29] Anhänger um die Fahne des kulturellen Determinismus zu scharen. Eine neue Generation von Anthropologen war allerdings nicht der Ansicht, daß die Dinge so einfach seien. Neue Theorien machten sich breit. Eine davon war die mathematische Spieltheorie, die bestimmten Wahlmöglichkeiten in einem beliebigen Interessenkonflikt Zahlenwerte zuwies und erklärte, am erfolgreichsten werde die Strategie sein, mit deren Hilfe sich die höchste Zahl erreichen lasse. Da die Spieltheorie auf der Ebene des Unbewußten funktioniere, brauchten die Menschen nicht zu wissen, daß sie an einem Spiel beteiligt seien; es gehe auch so weiter. Der «Lohn» bestehe im Überleben derer, die am häufigsten die richtige Wahl getroffen hätten.[30] Diese Theorie versuchte lediglich, Darwins Lehre von der natürlichen Zuchtwahl auf eine quantifizierende Grundlage zu stellen; doch fand sie aufgrund ihrer Brillanz viele Anhänger.

Andere beschäftigten sich mit der im Entstehen begriffenen Ökologie, der Untersuchung der Beziehungen zwischen einer Population und ihrem Lebensraum. Schon bald erkannten junge Anthropologen, daß gewisse Begriffe der Ökologie, beispielsweise die Ertragskraft, durch die die Bevölkerung in einem bestimmten Gebiet auf dessen Nahrungsvorrat begrenzt wird, für sie von großem Nutzen sein konnten. Konsum bedeutet Bevölkerungswachstum, dieses führt zu Wettbewerb, dieser ruft Konflikte hervor und so weiter. War der Wettbewerb selbst die Kriegsursache? Oder war umgekehrt der Krieg durch seine «Funktion», die Bevölkerung zu vermindern oder die Besiegten aus dem Konfliktbereich zu vertreiben, eine Ursache an und für sich?

So hätte man noch lange weiter über die ausgetretenen Pfade von «Ursprüngen» und «Funktionen» ziehen können, wenn nicht zweierlei die Geschwindigkeit und Richtung geändert hätte. Zum einen widmete die Anthropologische Gesellschaft Amerikas bei ihrem Jahreskongreß 1967 der Frage des Krieges ein Symposium, bei dem endlich die von Turney-High gemachte Unterscheidung zwischen «primitivem» und «wahrem» oder «zivilisiertem» Krieg (inzwischen nannte man ihn «modernen» Krieg) akzeptiert wurde – achtzehn Jahre, nachdem er sie vorgeschlagen hatte.[31] Zum anderen kehrten von 1960 an Anthropologen, die Turney-Highs Erkenntnis stillschweigend akzeptiert und sich aufgemacht hatten, mit seinen Augen nach primitiven Kriegern zu suchen, mit neuen Ergebnissen von ihren Expeditionen zurück.

Selbstverständlich herrschte noch immer keine Einigkeit darüber, wie Krieg zu erklären sei, doch hatte man jetzt Krieger beobachtet, die primitive Waffen – Speer, Keule, Pfeil – verwendeten, und mit solchen Waffen waren zweifellos erstmals Kriege ausgetragen worden. Man konnte darüber streiten, ob diese einfach aus Holz bestanden oder mit Knochen- oder Steinspitzen versehen waren, oder ob der Kampf zwischen Menschen, der sich in irgendeiner Weise als Krieg bezeichnen läßt, erst durch die Entwicklung der Metallbearbeitung möglich geworden war. Aber nicht einmal die erbittertsten Gegner der Vorstellung, daß die Technik das Wesen einer Gesellschaft bestimmt, konnten bestreiten, daß Speer und Keule und sogar Pfeil und Bogen den Schaden begrenzen, den Menschen einander im Kampf zufügen können, insbesondere weil ihre Reichweite begrenzt ist.

Die Kriegführung von heutigen Menschen, die zum Kampf weiterhin Speere, Keulen und Pfeile verwendeten, brachte zumindest gewisse Erkenntnisse über das Wesen des Kampfes in der Frühzeit. Kampf ist der Kern des Krieges, die Tätigkeit, bei der Männer in größerer Zahl verstümmelt oder getötet werden, das, worin sich Krieg von bloßer Feindseligkeit unterscheidet. Und hier liegt auch der Grund für das moralische Problem: Ist der Mensch gut oder böse? Entscheidet er sich für den Krieg, oder wird ihm diese Entscheidung abgenommen? Die jungen Anthropologen, die ausgezogen waren, um eine Antwort auf Turney-Highs Schlüsselfrage «Wie kämpft eine bestimmte Gruppe?» zu finden, brachten die ersten handfesten Beobachtungen von Kämpfen mit einfachen Waffen mit und gewannen zumindest unter diesem Aspekt Erkenntnisse darüber, wie der Krieg möglicherweise entstanden war. Auf diesen Punkt ist in ihren Berichten zu achten. Die folgenden Fallstudien werden entsprechend der jeweiligen Entwicklungsstufe wiedergegeben; am Anfang stehen die primitivsten Formen der Kriegführung.

Die Kriegführung primitiver Völker

Die Yanomami

Dieses Volk, etwa zehntausend Menschen, bewohnt am Oberlauf des Orinoco entlang der Grenze von Brasilien und Venezuela ein tropisches Waldgebiet von gut hunderttausend Quadratkilometern. Napoleon Chagnon, der 1964 sechzehn Monate dort verbrachte, gehörte zu den ersten, die mit ihnen Kontakt aufnahmen. Bis dahin hatten sie fast keinerlei Erzeugnisse der modernen Welt besessen. Die Yanomami betreiben Brandrodungs-Feldbau, das heißt, sie schaffen im Wald Flächen für den Ackerbau und nutzen diese, bis die Fruchtbarkeit des Bodens nachläßt. Anschließend ziehen sie weiter und roden eine andere Fläche. Zwischen ihren Dörfern, in denen zwischen vierzig und zweihundertfünfzig eng miteinander verwandte Menschen wohnen, liegt jeweils etwa ein Tagesmarsch. Sind sie mit den Bewohnern eines Nachbardorfes verfeindet und kommt es zu Auseinandersetzungen, was häufig der Fall ist, sind die Entfernungen größer. Die Bewohner des kleineren Dorfes ziehen dann gewöhnlich in die Nähe eines starken verbündeten Dorfes.

Man hat die Yanomami «die wilden Menschen» genannt, und sie machen in der Tat einen äußerst grausamen Eindruck. Ein als *waiteri* bezeichneter Kodex legt genau fest, auf welche Weise die einzelnen Männer ihre Aggressivität zeigen. Doch bemühen sich auch ganze Dörfer, andere zu überzeugen, daß es gefährlich wäre, sie anzugreifen. Die Jungen werden durch Teilnahme an wilden Spielen schon früh zu gewalttätigem Verhalten erzogen, auch und besonders gegenüber Frauen. Obwohl Frauen die begehrteste Beute sind, werden sie von den Männern schlecht behandelt; es kommt vor, daß ein Mann vor Wut Frauen schlägt, ihnen Brandwunden zufügt oder auch mit Pfeilen auf sie schießt. Ein solcher Wutanfall wird in vielen Fällen lediglich vorgetäuscht, um *waiteri* zu demonstrieren. Eine Frau kann nur dann auf Schutz hoffen, wenn sie im Dorf Brüder hat, die im Ruf noch größerer Wildheit stehen als ihr Peiniger.

Trotz *waiteri* freuen sich die Yanomami am meisten auf die Zeit des Jahres, da die Dörfer miteinander feiern. Während der Regenzeit kümmern sie sich um ihre Anpflanzungen, in der Trockenzeit bereiten sie die Festlichkeiten mit dem Nachbardorf vor. Handel schafft das Vertrauen, aus dem die Bereitschaft zum gemeinsamen Feiern entsteht; obwohl die materielle Kultur der Yanomami äußerst beschränkt ist – sie stellen kaum mehr her als Hängematten, Tontöpfe, Pfeile und Körbe –, fertigen nicht alle Dörfer die gleichen Gegenstände an, und so sind sie in gewissem Maße aufeinander angewiesen. Verläuft ein Fest erfolgreich, kann es zur wichtigsten Art des Tausches kommen, nämlich dem von Frauen.

Auch wenn der Frauentausch die von einzelnen Yanomami wie von ganzen Dörfern demonstrierte Wildheit mildert, verhindert er keineswegs gewalttätige Ausbrüche. Immer wieder versuchen Männer, die Frauen anderer zu verführen, was zu Gewalttätigkeit innerhalb der Dorfgemeinschaft führt und unter Umständen eine ganze Gruppe von Dorfbewohnern veranlaßt, das Dorf zu verlassen und ein eigenes, dem anderen feindlich gesinntes Dorf zu gründen. Anlässe dafür gibt es reichlich: womöglich verlangt ein großes Dorf, das Frauen mit einem kleineren tauscht, mehr Frauen, als ihm zustehen, oder eine Frau, die von ihrem Mann allzu brutal behandelt worden ist, wird von einem Verwandten aus dem Dorf ihrer Herkunft zurückgefordert.

Unter solchen Umständen werden die «wilden Menschen» gewalttätig, was sich gewöhnlich in stilisierter Form äußert. Wenn auch die weitverbreitete Ansicht, unter primitiven Völkern sei der Kampf weitgehend ritualisiert, viel für sich hat, muß sie doch eingeschränkt werden. So neigen die Yanomami dazu, ihre Gewalttätigkeit in sorgfältigen Abstufungen zu steigern. Die einzelnen Phasen dabei sind: der Zweikampf im «Brustschlagen», der Kampf mit der Keule, der Speerkampf und der Überfall auf Nachbardörfer.

Der Zweikampf im «Brustschlagen», zu dem es üblicherweise kommt, wenn Dörfer gemeinsam feiern, «findet stets zwischen Angehörigen verschiedener Dörfer statt. Auslösen können ihn der Vorwurf der Feigheit oder übermäßige Forderungen beim Handel mit Waren oder beim Tausch von Lebensmitteln oder Frauen.»[32] Dabei wird stets nach dem gleichen Muster verfahren: nachdem die Feiernden halluzinogene Drogen eingenommen haben, um sich in Kampfstimmung zu bringen, tritt einer der Männer vor und wirft sich in die Brust. Derjenige Bewohner des anderen Dorfes, der die Herausforderung annimmt, tritt gleichfalls vor, packt den anderen und schlägt ihm heftig auf die Brust. Da dieser seine Zähigkeit beweisen möchte, reagiert er gewöhnlich nicht darauf, und so kann es sein, daß er bis zu viermal geschlagen wird, bevor er verlangt, daß er an der Reihe ist. So geht es Schlag auf Schlag weiter, bis einer kampfunfähig ist oder bis es beiden zuviel wird. In diesem Fall kann der Kampf fortgeführt werden, indem sie sich gegenseitig in die Flanke schlagen, was normalerweise rasch damit endet, daß einem der beiden die Luft ausgeht – er hat verloren. Sofern es sich um eine vorher vereinbarte Auseinandersetzung handelt, umarmen sich die Kämpfer anschließend, singen sich gegenseitig etwas vor und schwören einander ewige Freundschaft.

Der Kampf mit der Keule, zu dem es gewöhnlich spontan kommt, ist gefährlicher, aber ebenfalls ritualisiert. «Anlaß ist üblicherweise Ehebruch oder der Verdacht eines Ehebruchs.»[33] Der Kläger geht, eine gut drei Meter lange Stange tragend, in die Mitte des Dorfes – zu dessen Bewohnern er unter Umständen selbst gehört – und überschüttet den Beschuldigten mit Schmähungen. Wird seine Herausforderung angenommen, rammt er die Stange in den Boden, beugt sich darüber und wartet, bis er einen Schlag auf den Kopf bekommt. Anschließend ist er an der Reihe. Sobald einer von beiden blutet, was nicht lange dauert, wird aus dem Kampf eine wilde Schlägerei, bei der keulenschwingende Männer auf der Seite des einen oder des anderen eingreifen. Da die Keule des Herausforderers eine geschliffene Kante hat – das Zeichen dafür, daß es ihm Ernst ist –, besteht wirklich die Gefahr, daß jemand verwundet oder gar getötet wird, was auch durchaus vorkommt. Sobald jemand verwundet wird, ist es Aufgabe des Dorfhäuptlings, mit Pfeil und Bogen einzugreifen. Er droht, auf jeden zu schießen, der nicht aufhört. Bisweilen kommt es dennoch zu tödlichen Verwundungen. In einem solchen Fall muß der Schuldige in ein anderes Dorf fliehen, oder die Angreifer müssen sich zurückziehen, sofern es sich um einen Kampf zwischen Dörfern handelt. In beiden Fällen aber ist das Ergebnis ein kriegerischer Angriff.

Chagnon, der solche Angriffe bei den Yanomami mit Krieg gleichsetzt, beschreibt auch ein Stadium zwischen diesem Krieg und dem Zweikampf im «Brustschlagen», nämlich den Speerkampf, den er allerdings nur ein einziges Mal beobachten konnte. Ein bei einer Auseinandersetzung um eine Frau im Kampf mit der Keule besiegtes Dorf – der Bruder, ein Häuptling, hatte die Frau von ihrem Mann zurückgeholt, der sie zu schlecht behandelt hatte – verbündete sich mit einigen anderen Dörfern, und gemeinsam unternahmen sie einen Überfall. Es gelang ihnen, die Bewohner des größeren Dorfes «unter einem Speerhagel» aus ihren Häusern zu vertreiben. Sie verfolgten die fliehenden Männer, diese sammelten sich wieder, jetzt wandten sich die Angreifer zur Flucht, und einige Kilometer entfernt kam es zu einem zweiten Speerkampf. Anschließend zogen sich beide Seiten zurück, nachdem sie «beinahe die Beherrschung verloren hatten». Mehrere Männer waren verwundet worden; einer von ihnen starb anschließend.

Später überfielen beide Dörfer einander – für Chagnon eher eine kriegerische Handlung als der Speerkampf, weil Yanomami, die zu einem Überfall aufbrechen, entschlossen sind zu töten. Dabei kommt es ihnen nicht darauf an, auf welche Weise, und mitunter auch nicht, wen sie töten. Normalerweise legen sie sich außerhalb des Dorfes, dem ihr Überfall gilt, auf die Lauer und warten, bis sie ein hilfloses Opfer finden – jemanden, der «badet, Trinkwasser holt oder sich erleichtert». Sie töten den Betreffenden und ergreifen dann die Flucht. Sie ist mit Hilfe einer Nachhut gut organisiert, was auch wichtig ist, denn ein solcher Angriff ruft grundsätzlich einen Gegenangriff hervor. Bei diesen gegenseitigen Überfällen kann es zu dem kommen, was Chagnon als die feindseligste aller Handlungen ansieht: ein hinterhältiges Fest. Dabei bringen die Bewohner eines Dorfes ein drittes dazu, ihre Feinde zu einer Feier einzuladen, um sie dann überraschend anzugreifen. So viele wie möglich werden getötet und die Witwen unter den Siegern verteilt.

Chagnon deutet die Kampfesweise der Yanomami als kulturelles Phänomen. Jedenfalls stecke dahinter nicht die Absicht des Gebietserwerbs, da sich Dörfer den Lebensraum besiegter Nachbarn nie aneignen. Vielmehr gehe es darum, das zu betonen, was er «Souveränität» nennt. Diese werde daran gemessen, ob ein Dorf verhindern kann, daß sich ein anderes das Recht nimmt, Frauen zu günstigen Bedingungen zu erwerben, oder sich gar in den Besitz der eigenen Frauen bringt. Das sei der Grund für die Zurschaustellung ihrer «Wildheit»: Verführer, Frauenräuber und mögliche Angreifer sollen von vornherein abgeschreckt werden.

Gegenüber Nachbarn, die nicht dem eigenen Volk angehören, verhalten sich die Yanomami völlig anders. So ist es ihnen in den letzten Jahren gelungen, in neue Gebiete vorzudringen und einen

Stamm fast zu vernichten. Diese Haltung anderen gegenüber geht auf ihre Überzeugung zurück, sie seien «die ersten, schönsten und kultiviertesten Exemplare des Menschen auf der Erde» und alle anderen Völker seien im Vergleich zu ihrer Rasse degeneriert.[34] Im allgemeinen ist der «Feind» nicht mit ihnen verschwägert, denn obwohl Yanomami, wenn sie nur «wild» genug sind, möglichst viele Frauen sammeln, achten sie die Regeln der Blutsverwandtschaft, die dazu dienen, Inzest zu vermeiden. Andererseits bindet die Blutsverwandtschaft die Menschen nicht so stark aneinander, daß sie Krieg zwischen verwandten Gruppen, die sich häufig bekämpfen, verhindern könnte. Vermutlich, so Chagnon, liege das an der unter primitiven Völkern weitverbreiteten Gewohnheit, Mädchen schon bald nach der Geburt zu töten. Auf diese Weise versuchen die Yanomami, die Zahl der wilden Männer für das endlose Rondo des Frauenraubes zu steigern.

Seit seinen ersten Aufenthalten bei den Yanomami hat Chagnon seine Ansicht von der Funktion ihres Krieges geändert. Heute neigt er eher dazu, den Krieg in neodarwinistischer Weise als ein «Auswahlverfahren für eine erfolgreiche Fortpflanzung» zu sehen: je mehr Feinde ein Yanomami tötet, desto mehr Frauen und damit Nachkommen erhält er.[35] Objektiv scheinen die Yanomami aber für alle möglichen Theorien eine gewisse Bestätigung zu liefern. So wird, ganz im Sinne der Ökologen, die Population durch den Krieg dem verfügbaren Lebensraum angepaßt. In drei miteinander verwandten Gruppen, die Chagnon untersuchte, waren 24 Prozent aller männlichen Toten im Kampf gefallen. Strukturalisten können die relative Schwäche des Verwandtschaftssystems als bedeutsam ansehen und argumentieren, der Krieg sei das Ergebnis der Unfähigkeit, sich miteinander zu vertragen. Die Vertreter der Schule des strukturellen Funktionalismus dürften in der Praxis der Kriegführung wie auch im Gebrauch des Mythos Belege dafür sehen, daß sich die Kultur der Yanomami vollständig an ihre Umwelt angepaßt hat. Verhaltensforscher können in der «Wildheit» einen Beweis ihrer Theorie sehen, daß der Mensch einen Hang zur Gewalttätigkeit hat, der nach einem Ventil sucht.

Militärhistoriker dürften vor allem den Äußerlichkeiten des

Kampfes der Yanomami Interesse entgegenbringen. Da der Mensch von Natur aus furchtsam ist und Furchtsamkeit durch tödliche Waffen verstärkt wird, können sie darauf hinweisen, wie stark die bewaffneten Begegnungen der Yanomami ritualisiert sind, und möglicherweise Chagnons Wertung umkehren. Die «Überfälle» und «hinterhältigen Feste», in denen dieser die Höhepunkte der Yanomami-Kriegführung sieht, gleichen eher dem Mord, wie ihn Gesellschaften kennen, deren Leben durch gesetzliche Vorschriften geregelt ist. Die Zweikämpfe im «Brustschlagen» hingegen, wie auch die Keulen- und Speerkämpfe ähneln ritualisierten Konflikten. Zum einen steht dahinter die Vorstellung, daß es gefährlich ist, andere als ausgewählte Männer Verletzungen auszusetzen, und zum anderen das Bewußtsein, daß eine Auseinandersetzung rasch in allgemeine Gewalttätigkeit ausarten kann, wenn auf kurze Distanz tödlich wirkende Waffen, beispielsweise Speere, verwendet werden oder die Wahl der Waffen nicht begrenzt ist – deshalb darf niemand außer dem Herausforderer eine Keule mit einer geschärften Kante verwenden.

Kurz gesagt, die Yanomami scheinen intuitiv erfaßt zu haben, worum es Clausewitz ging, und sie scheinen noch weitergegangen zu sein. Blutsverwandte Gruppen hätten in einen Krieg ziehen können, der aus Entscheidungsschlachten bestand und zum Ziel hatte, ein für allemal eine Hierarchie von «Souveränitäten» zu errichten. Allerdings wären sie dabei Gefahr gelaufen, vernichtet zu werden, sobald ihre «wirklichen» und das heißt hier rituellen Schlachten zu einem «absoluten» Krieg eskaliert wären. Also waren beide Seiten lieber vorsichtig und entschieden sich für örtlich begrenzte Kämpfe, die ihrem Wesen nach zum großen Teil symbolisch sind. Das kostet zwar einige das Leben, läßt aber die Mehrheit am Leben, und sei es auch nur, damit sie später wieder kämpfen können.

Die Maring

Von allen Entdeckungen, die Ethnographen im Zusammenhang mit primitiven Gesellschaften gemacht haben, ist für Militärhistoriker die rituelle Schlacht von größtem Interesse, und sei es nur, weil sie Spuren davon im «zivilisierten» Krieg wiedererkennen. Allzu häufig wird das Bild der rituellen Schlacht in unzulässiger Weise verallgemeinert und damit dem rituellen Element ein so hoher Stellenwert beigemessen, daß die Schlacht als harmloses Spiel erscheint.

Nachstehend die von einem Bibliographen verfaßte Beschreibung eines primitiven Krieges, die sich auf eine Vielzahl von Quellen, im wesentlichen aber auf die Kriegführung der Bergvölker von Neuguinea stützt. «An der offenen Schlacht waren zweihundert bis zweitausend Krieger beteiligt, und sie fand in einem genau festgelegten Gebiet im Niemandsland an den Grenzen der kriegführenden Gruppen statt. Jedes Heer bestand aus Kriegern, die gewöhnlich miteinander verschwägert waren und aus verschiedenen verbündeten Dörfern stammten. Obwohl eine große Zahl von Kriegern beteiligt war, gab es kaum militärische Aktionen; statt dessen fanden Dutzende von Zweikämpfen statt. Jeder Krieger schrie seinem Gegner Beschimpfungen zu, schleuderte Speere oder schoß Pfeile auf ihn ab. Die Kunst, den Pfeilen auszuweichen, stand in hohem Ansehen, und stolz prunkten junge Krieger mit ihrer Geschicklichkeit. Häufig kamen Frauen, um diesen Kriegen zuzusehen. Sie sangen oder stachelten ihre Männer an. Auch sammelten Frauen verschossene Pfeile des Feindes auf, damit ihre Männer sie zurückschießen konnten. Zu regelmäßig wiederkehrenden offenen Feldschlachten kam es gewöhnlich unter den Angehörigen höher entwickelter Stämme in recht dichten Populationen. Beispielsweise fand sich diese Art der Kriegführung nicht im Amazonasgebiet, wohl aber war sie im Hochland von Neuguinea weit verbreitet, wo die Bevölkerungsdichte zehnmal höher ist... Trotz der großen Zahl beteiligter Krieger kamen bei diesen Schlachten nur wenige zu Tode. Wegen der großen Entfernung zwischen den Heeren und der relativen Unwirksamkeit einfacher Waffen, wozu die Flinkheit kam, mit der junge Krieger Pfeilen auswichen, wurde selten jemand getroffen. Falls aber doch jemand schwer verwundet oder getötet wurde, endete die Schlacht gewöhnlich für diesen Tag.»[36]

Manches an dieser Beschreibung ist unumstritten: beispielsweise die Aussage, daß vor der Einführung des Kampfes in geschlossener Ordnung mit genormten Waffen ausschließlich Zweikämpfe zwischen einzelnen stattfanden. In der Tat gehört es zu den Merkmalen der ritualisierten Schlacht, daß die Zahl der Opfer gewöhnlich gering ist. Aber auch bei «zivilisierter» Kriegführung gibt es Kämpfe auf einem speziell dafür vorgesehenen Gelände, und sei es nur, weil die Natur nicht beliebig viele Orte zur Verfügung stellt, an denen sich Heere zusammenziehen lassen. Dennoch handelt es sich bei der Beschreibung um eine Idealisierung, denkt man nur an die abstoßenden Elemente der Kriegführung bei den Yanomami. Sie ist ein glänzender Ausgangspunkt für einen Vergleich zwischen verbreiteten Vorstellungen von ritueller Kriegführung und der komplexeren Wirklichkeit.

Die Maring, die auf dem bewaldeten Rücken des Bismarckgebirges in Zentral-Neuguinea ein Gebiet von etwa fünfhundert Quadratkilometern bewohnen, zählten in den Jahren 1962–63 und 1966, als Andrew Vayda unter ihnen gearbeitet hat, etwa siebentausend Köpfe. Zu ihrem Lebensunterhalt bauten sie auf freien Flächen im Wald Knollengewächse an, und auf der Suche nach neuem Land für ihre «Gärten» zogen sie regelmäßig weiter: das typische Muster des Brandrodungs-Landbaus. Außerdem betätigten sie sich ein wenig als Jäger und Sammler. Die mit rund vierzehn Personen pro Quadratkilometer vergleichsweise hohe Bevölkerungsdichte übertraf deutlich die der Yanomami. Die Gesellschaftseinheit war ein Sippenverband von etwa zweihundert bis achthundertfünfzig Mitgliedern, die dem Namen nach alle denselben Stammvater hatten. Geheiratet wurden Frauen von außerhalb. Der Verband bewohnte ein bestimmtes Anbaugebiet an einem der Bäche, die an der Wasserscheide entsprangen. Die Grenzbereiche waren dünn besiedelt, und zum Gebiet einzelner Sippenverbände gehörte Urwald, der noch nie gerodet wurde und eine Bodenreserve darstellte. Unterhalb der Gebirgszone war das Gelände unbewohnbar, und die Dichte der Bevölkerung – die aus ganz unterschiedlichen Sprachgruppen bestand – nahm erst wieder an der Küste zu. Bis zu den vierziger Jahren unseres Jahrhunderts hatten diese Menschen keinen Zugang zu Metallen, und ihre besten Werkzeuge und Waffen waren aus Stein gefertigt.[37]

Im Hinblick auf die materielle Kultur waren die Maring den Yanomami überlegen, was sich in ihrer Kriegführung spiegelte. Neben einfachen hölzernen Bögen, Pfeilen und Speeren besaßen sie auch polierte Steinäxte und große Holzschilde. Die Kampfhandlungen, die sie damit durchführten, durchliefen auch in ihren eigenen Augen sorgfältig festgelegte Phasen. Die erste nannten sie «Nichtkampf», die zweite «richtigen» Kampf, die dritte und vierte, die nicht unbedingt eine Eskalation der beiden ersten bedeuteten, «Überfall» und «Hetzjagd».

«Nichtkämpfe», wie Vayda sie beschrieb, ähnelten am ehesten den harmlosen rituellen Gefechten, die im allgemeinen als typische Formen primitiver Kriegführung gelten. «Dabei kehrten die Krieger allmorgendlich aus ihren Behausungen an vorher für die Feindseligkeiten festgelegte Austragungsorte zurück, die an den Grenzen der beiden Hauptkontrahenten lagen. Die einander gegenüberstehenden Streitkräfte rückten nahe genug aneinander, um den Feind mit Pfeilen erreichen zu können. Dicke Holzschilde, so hoch wie die Männer und rund 75 Zentimeter breit, boten Schutz in der Schlacht. Sie wurden auf dem Boden abgesetzt, Krieger huschten dahinter hervor, schossen ihre Pfeile ab und huschten zurück. Einige Männer tauchten auch für eine Weile aus der Deckung auf, um den Gegner zu reizen und ihre Tapferkeit dadurch zu beweisen, daß sie die Schüsse des Feindes auf sich lenkten. Am Ende eines Kampftages kehrten sie jeweils in ihre Behausung zurück. Obwohl diese kleinen Gefechte mit Pfeil und Bogen manchmal mehrere Tage oder gar Wochen dauerten, kam es nur selten zu Todesfällen oder schweren Verwundungen.»[38]

«Richtige» Kämpfe unterschieden sich sowohl in der Taktik als auch hinsichtlich der verwendeten Waffen von den «Nichtkämpfen». Die Männer kamen mit Äxten und Wurfspeeren zum Kampfgelände und rückten sich so nah, daß sie einen Nahkampf beginnen konnten. Während die Bogenschützen von hinten einen Pfeilhagel aussandten, fochten die Männer in der vordersten Reihe hinter ihren Schilden Zweikämpfe aus, wobei sie gelegentlich, um zu verschnaufen, ihren Platz mit dem der Bogenschützen vertauschten. Es kam vor, daß Pfeile oder Wurfspeere einen Krieger in der vorderen Reihe außer Gefecht setzten; wenn der Feind dann einen kurzen Vorstoß unternahm, konnte er mit der Axt oder dem Stoßspeer getötet werden. Doch auch dabei war die Zahl der Opfer noch gering, und die Schlachten zogen sich über Tage hin.

«Am Morgen eines Kampftages versammelten sich die waffenfähigen Männer in der Nähe ihrer Weiler und zogen gemeinsam zur Schlacht auf das Kampfgelände, während die Frauen zurückblieben, um sich den üblichen Gartenarbeiten und häuslichen Aufgaben zu widmen. Die Männer kämpften während der Zeit des Krieges nicht jeden Tag. Wenn es regnete, blieben beide Seiten zu Hause, und es kam auch im gegenseitigen Einverständnis vor, daß alle Kämpfenden einen Ruhetag einlegten, um ihre Schilde neu zu bemalen, Feierlichkeiten für die Getöteten abzuhalten oder einfach um zu ruhen. Eine Pause konnte bis zu drei Wochen dauern. Während dieser Zeit ruhten die Kampfhandlungen, und die Männer legten neue Gärten an.»

Diese Rituale, die dem Menschen der Neuzeit trotz aller Erinnerungen an die Kämpfe vor Troja fast unverständlich sind, endeten bisweilen damit, daß beide Seiten noch einmal Pfeile verschossen. Sie konnten aber auch zu blutigeren «Hetzjagd»-Unternehmungen führen. Dann brach eine Kriegspartei aus ihrem Gebiet auf, um in ein anderes Tod und Zerstörung zu bringen; der «Überfall», ein gleichfalls tödliches, aber begrenztes Unternehmen, scheint auf der Leiter der Eskalation eine Alternative zum «richtigen» Kampf gewesen zu sein. Die «Hetzjagd» wiederum war eine Folge «richtiger» Kämpfe. Ihr Ergebnis war neben vielen Toten, und zwar auch unter Frauen und Kindern, überstürzte Flucht der Opfer aus ihrer Ansiedlung.

Der Krieg der Maring erfordert eine ziemlich ausführliche Erklärung, die sich Vayda zu liefern bemüht. «Nichtkämpfe» waren seiner Meinung nach das Ergebnis von Vergehen oder Übertretungen während einer Friedensperiode. Dabei konnte es sich um so harmlose Dinge wie eine Kränkung oder um so schwerwiegende wie einen Mord handeln; andere Gründe waren Vergewaltigung, Entführung oder der Verdacht, daß jemand einen anderen mit einem Zauber belegt habe. Der «Nichtkampf» hatte zwei Funktionen: zum einen wurde damit die militärische Stärke der Gegenseite auf die Probe gestellt, zum anderen sollte verhandelt werden. Vermittler stießen laute Schreie aus, die zum Frieden aufforderten. Sie waren in vielen Fällen Verbündete, die von Sippenangehörigen um Beistand gebeten wurden, wenn Krieg in der Luft lag. Mit ihrer Hilfe konnte man nicht nur seinen Standpunkt vortragen, sondern auch zeigen, welche zusätzlichen Kräfte zur Verfügung standen, wenn die Gegenseite darauf bestand, zum «richtigen» Kampf überzugehen.

Dessen Ergebnis war oft nichts anderes als die Hinnahme des Status quo, an dem sich auch durch Überfälle meist nichts änderte. Ergebnis einer «Hetzjagd» hingegen war in der Regel die Vertreibung der Opfer aus ihrer Ansiedlung und die Zerstörung ihrer Behausungen und Gärten. Daher war sie entscheidend, wenn es um die Frage ging, welche Seite stärker war und sich Übergriffe auf das Gebiet des Nachbarn leisten konnte – ein wichtiger Punkt in einer Gesellschaft, der es an Grund und Boden fehlte. Es scheint also, als habe der Kampf bei den Maring «ökologische» Gründe gehabt: durch ihn wurde Land von den Schwachen auf die Starken umverteilt. Doch weist Vayda darauf hin, daß wichtige Kriterien der Kriegführung bei den Maring dieser Annahme widersprechen, etwa der Umstand, daß siegreiche Maring selten das gesamte Gebiet einer besiegten Sippe oder auch nur einen Teil davon besetzten, aus Furcht vor dort lauerndem bösem Zauber. Außerdem fiel der Krieg zeitlich stets mit dem Wunsch eines Sippenverbandes zusammen, den Vorfahren die erforderlichen Dankopfer für ihre Unterstützung im Kampf darzubringen.

Für solche Dankopfer wurden schlachtreife Schweine getötet und verzehrt, und zwar eins für jedes Mitglied des Sippenverbandes. Da es etwa zehn Jahre dauere, über den normalen Bedarf hinaus eine so große Anzahl von Schweinen aufzuziehen und zu mästen, komme es nur ungefähr alle zehn Jahre zu solchen Kämpfen; sonderbarerweise hätten Angehörige benachbarter Sippenverbände jeweils nach etwa zehn Jahren damit begonnen, einander die Kränkungen und Rechtsverletzungen zuzufügen, die den Anlaß zum Krieg lieferten. Wer in den Krieg ziehe, ohne den Geistern der Ahnen danken zu können, beschwöre die Gefahr einer Niederlage herauf; wer andererseits einen Überschuß an Schweinen besitze, ohne sie rechtmäßig verzehren zu dürfen, habe sie, genaugenommen, vergeblich gemästet. Ein Hinweis Vaydas, daß während der letzten längeren Kampfperiode die Bevölkerungsdichte bei den Maring offenbar im Abnehmen begriffen war, stellt seine eigene Erklärung, Landmangel veranlasse sie zum Kämpfen, in Frage. Eher könnte man annehmen, daß die Maring aus Gewohnheit kämpfen, vielleicht auch zum Vergnügen, nicht aber aus irgendeinem der anthropologischen Theorie bekannten Motiv.

Wer sagt, Krieg könne Vergnügen bereiten, läuft natürlich Gefahr, ihn zu bagatellisieren. Dennoch haben die Historiker des Rittertums beispielsweise das «spielerische» Element des Krieges stets sehr ernst genommen, und jede Suche nach den Ursprüngen des Kämpfens führt uns beim Blick in die Vergangenheit unvermeidlich zum frühen Leben des Menschen als Jäger. Heutige Jagdwaffen wie auch Spielzeug und Spiele gehen auf das Werkzeug zurück, mit dessen Hilfe einst der Jäger seinen Lebensunterhalt sicherte.

Erst als die Landwirtschaft, auf wie niedriger Stufe auch immer, allmählich die unerbittliche Notwendigkeit zu lindern begann, für die tägliche Ernährung Tieren nachzustellen und sie zu töten, entwickelten sich Jagd, Vergnügungen, Spiele und auch Krieg gleichberechtigt nebeneinander her, was für die drei erstgenannten auch heute noch gilt. So gesehen, überrascht es nicht, daß die Maring mit den ihnen verfügbaren Waffen eine Art der Kriegführung entwickelt haben, bei der das spielerische Element so stark ausgeprägt ist. Die tödliche Wirkung von Steinäxten und hölzernen

Speeren hängt nicht mit den Waffen als solchen zusammen, sondern mit den Absichten derer, die sie schwingen. Nicht die Primitivität des Krieges der Maring müßte uns beeindrucken, sondern dessen Verfeinerung. In einer Gesellschaft ohne ästhetische Leistungen hat der Krieg viel dazu beigetragen, daß Menschen ihr Bedürfnis befriedigen konnten, sich auszudrücken, sich vor anderen zur Schau zu stellen, mit ihnen in Wettbewerb zu treten und ihre Aggressionen zu entladen. Für die Gruppe war er ein Mittel, Gegnern klarzumachen, wie Verstöße gegen gutnachbarliches Verhalten einzustufen seien und welch unangenehme Folgen es haben werde, wenn sie Überlegenheit nicht anerkannten; diese wurde anfangs nur symbolisch und in einer Weise dargestellt, daß sie nicht zu einer Steigerung der Feindseligkeiten, sondern zur Vermittlung aufrief.

Der Militärhistoriker muß sein Augenmerk vor allem auf die Waffen der Maring richten. Steinäxte und knöcherne Pfeilspitzen – in Turney-Highs scharfer Formulierung «zwar katalogisiert... aber nicht verstanden» – sind ein Hinweis darauf, daß der Mensch früher mit Blut an Zähnen und Klauen lebte. Wer heute Haufen von raffiniert bearbeitetem Feuerstein sieht, denkt sogleich an gespaltene Schädel und zerschmetterte Wirbelsäulen. Möglicherweise haben unsere prähistorischen Vorfahren ihren Feinden tatsächlich diese Art von Verletzungen zugefügt, ganz gleich, in welche Gefahr sie sich selbst damit brachten. Auf der anderen Seite legt unser Wissen über die Maring die Vermutung nahe, daß Menschen, die mit Steinzeitwaffen kämpfen, ihr eigenes Leben nicht unbedingt geringschätzen. Wer eine Waffe verwendet, die nur im Nahkampf tödlich wirkt, muß deshalb nicht automatisch den Nahkampf suchen. Mit einer solchen Schlußfolgerung würde man dem menschlichen Verhalten einen «technischen Determinismus» unterstellen, den die zur Vorsicht neigende, zurückhaltende und zögernde Taktik der Maring Lügen straft. Wenn sie einer Entscheidungsschlacht ablehnend gegenüberstanden und der Meinung waren, daß Krieg nicht unbedingt zum Sieg auf dem Schlachtfeld führen muß, dann werden sich andere Völker auf einer vergleichbaren Kulturstufe ähnlich verhalten haben. Das sollten wir bedenken, wenn wir uns überlegen, auf welche Weise man in der prähistorischen Zeit Holz-, Stein- und Knochenwaffen verwendet haben könnte.

Die Maori

Von der Kriegführung gesellschaftlich einfach organisierter Völker wie jener im Bergland Neuguineas ist es ein großer Schritt zu den hierarchisch aufgebauten und theokratisch regierten Stammesgruppen Neuseelands, das den Mittelpunkt der bedeutendsten Ansiedlungen der über den Südpazifik verstreuten Völkerschaften Polynesiens bildet. Nicht nur Zeiten und Kulturen sind zu überwinden, sondern auch die unter Anthropologen herrschende Uneinigkeit über die Evolution des Menschen.

Die klassische Lehre der Anthropologie lautet, die prähistorische Gesellschaft habe sich von Sippe, Stamm und Stammesverband zum frühen Staat hin entwickelt. Dabei wird die Sippe als kleine Gruppe definiert, deren Angehörige wissen oder zumindest glauben, daß sie durch Blutsbande miteinander verbunden sind. Üblicherweise ist das die gesellschaftliche Organisationsform scheuer und abgeschieden lebender Jäger oder Sammler, die in einer patriarchalischen Ordnung leben, wie die Buschleute im Süden Afrikas. Die Angehörigen eines Stammes sind gewöhnlich zwar ebenfalls von ihrer gemeinsamen Abkunft überzeugt, sie werden aber im wesentlichen durch Sprache und Kultur geeint und akzeptieren nicht unbedingt eine für alle geltende Führung, auch wenn es ein gewisses Maß anerkannter Autorität gibt. Diese wird in der Regel durch einen Mythos verstärkt, der in väterlicher oder mütterlicher Linie wirksam sein kann. Nach Ansicht der Anthropologen neigen Stämme zur Gleichstellung aller Mitglieder.[39] Stammesverbände hingegen sind hierarchisch gegliedert und werden gewöhnlich theokratisch regiert, wobei einzelne Mitglieder ihren Rang danach bestimmen, wie weit sie von einem Gründungsvater göttlicher Abstammung entfernt sind. Der Staat, die Gemeinschaftsform, in der die meisten Menschen auf der Welt organisiert sind, soll sich aus der Stammesgruppe entwickelt haben. Anthropologen folgen Max Webers berühmter Unterscheidung, derzufolge Stammesgruppen und Staaten ihre Legitimität aus «traditionalen», «legalen» oder «charismatischen» Ordnungen beziehen.[40]

Zum Glück für den Laien bevorzugt die Anthropologie seit einiger Zeit ein einfacheres Klassifikationssystem, das im vorstaatlichen Stadium ausschließlich «egalitär» und «hierarchisch» geordnete Gesellschaften anerkennt.[41] Dieser Definitionswandel – er findet sich nicht durchgehend – geht auf die inzwischen gewonnene Erkenntnis zurück, daß es sich bei vielen von Ethnographen in den weniger zugänglichen Gebieten der Welt (Gebirgen, Waldland, Dürrezonen) vorgefundenen Gesellschaften um Menschen handelt, die vor der Unterdrückung durch stärkere Nachbarn geflohen sind. Dabei haben sich ihre gesellschaftlichen Strukturen durch Flucht, Zerstreuung, wirtschaftliche Härten sowie die Entwertung ihrer Mythen und Herrschaftsordnungen verschlechtert. Zwar sagt diese Deutung denen nicht zu, die überzeugt sind, daß die Existenz staatenloser Gesellschaften auf eine kulturelle Entscheidung oder eine Anpassung an die Umgebung zurückgeht, doch der Stern dieser Art von Anthropologie ist im Sinken begriffen.[42] Anderen paßt sie deswegen nicht, weil die neue Deutung dem Krieg größeres Gewicht beimißt, vor allem, wenn dessen Ursache ein Kampf um knappe Mittel sein soll.[43]

Während die Gesellschaft der Maring in nichts einem Staat ähnelt (die der Yanomami hält mancher für den so schwer faßbaren Zustand unberührten Ureinwohnertums), hat sich die der Maori auf Neuseeland der Staatlichkeit sehr stark angenähert, und sei es nur im Hinblick auf die Fähigkeit, größere öffentliche Bauten zu errichten und über eine gewisse Entfernung Krieg in großem Maßstab zu führen. Gewiß hat es den Maori nicht an Nahrung gefehlt, auch wenn sie es in den ersten sechs- oder achthundert Jahren ihrer Besiedlung Neuseelands fertiggebracht haben, an die achtzehn Vogelarten auszurotten, darunter den riesigen flugunfähigen Moa.[44] Andererseits war wohl die Hauptursache der Wanderung zwischen den Inseln eine ständige Bevölkerungszunahme, was zur

Verdrängung ganzer Gruppen führte, als sich der Druck weder durch eine gesteigerte Produktion noch durch Kindestötung, «Seereisen» oder Krieg auffangen ließ.

Die Polynesier, die vermutlich um das Jahr 800 n. Chr. auf Neuseeland eintrafen, waren möglicherweise «Seefahrer» wie die Wikinger, abenteuerlustige junge Leute ohne Landbesitz wie Leif Eriksson, die im Süden ein «Vinland» suchten. Ebenso kann es sich aber auch um Menschen gehandelt haben, die vor einem siegreichen Häuptling auf ihrer Heimatinsel flohen; oder es waren Schiffbrüchige, die das Glück hatten, in Neuseeland zu landen.[45] Wie auch immer sie dorthin gelangten, es handelte sich um Stammesverbände, deren Angehörige dem Mythos nach von den Göttern abstammten, und außer einer gesellschaftlichen Rangordnung kannten sie auch eine militärische Spezialisierung. Auch brachten sie die in Polynesien bekannten Gegenstände mit, darunter hölzerne Waffen (Speer und Keule), die sie mit tödlichen Schneiden aus bearbeiteten Muscheln, Korallen, Knochen oder Steinen versahen. Mit diesen Waffen führten die Maori schließlich in den weiten Räumen der Nord- und Südinsel jenen Krieg, der den Kriegen der Eisenzeit oder gar denen in der Epoche des Schießpulvers nur wenig nachstand.

Die Macht eines polynesischen Häuptlings speiste sich aus zwei Quellen: die eine war das *manu*, seine priesterliche Verpflichtung, zwischen Mensch und Gott zu vermitteln, die andere das *tabu*, sein Recht, einen Teil der von den Göttern geschenkten Früchte des Bodens und des Wassers einem religiösen Zweck zu weihen – in Form einer rituellen Feier, eines Opfers oder eines Tempelbaus. Auf jeden Fall brachte dies Besteuerung und oft auch die Pflicht mit sich, Arbeiten zu leisten. Häuptlinge konnten also Forderungen stellen und sogar Zwang ausüben, eine bedeutende Erweiterung ihrer Vollmachten in einfacheren und egalitären Gesellschaften, deren Angehörige von ihrem Häuptling lediglich Vermittlung, Rat und Führung erwarteten. Die Notwendigkeit, wegen des Bevölkerungswachstums die Produktion zu steigern, gab einem polynesischen Häuptling das Recht, bei Ackerbau, Fischfang, Hausbau und bei der Anlage eines Bewässerungssystems Gemeinschaftsarbeiten zu verlangen. Wenn zunehmender Bevölkerungsdruck zum Krieg führte, konnte er außerdem erwarten, daß sich Männer seinem militärischen Kommando unterstellten, vor allem wenn er einen Ruf als *toa*, als Krieger, erworben hatte.[46]

Man hat überzeugend argumentiert, daß es den Stammesverbänden der Maori auf Neuseeland leichter gefallen sei, den Bevölkerungsdruck durch Krieg gegen Nachbarn zu vermindern, die im Besitz von Ackerland waren, als dadurch, daß man selbst Urwald rodete, von dem noch ein großer Teil stand, als europäische Siedler in den vierziger Jahren des vorigen Jahrhunderts ins Land kamen. Solche Kriege waren möglich, weil die Häuptlinge die Teilnahme ihrer Stammesangehörigen verlangten, Vorräte sowie Transportmittel (beispielsweise Kanuflotten) zur Verfügung stellen und, sofern sie über politisches Geschick verfügten, Klagen der Gemeinschaft gegen einen Feind formulieren konnten.

Die Kriegführung der Maori folgte einem vertrauten Muster. Anlaß zum Krieg war immer der Wunsch nach Rache. Dieser konnte unter Umständen dadurch befriedigt werden, daß ein Stoßtrupp ein einzelnes Mitglied der verfeindeten Gruppe aufspürte und umbrachte. Maori-Krieger kämpften äußerst brutal. Nach einer öffentlichen Versammlung, bei der mit Nachdruck Verstöße geschildert und unter kriegerischen Sprechgesängen Waffen geschwungen wurden, brach der Trupp auf. Stieß man in offenem Gelände auf den Feind und gelang es, in dessen Reihen einzudringen, kam es zu einer wilden Hatz: «Hauptziel dieser schnellfüßigen Krieger war es, den Gegner zu jagen, ohne innezuhalten, und wen sie erreichten, mit einem einzigen Schlag bewegungsunfähig zu machen, so daß ihn die Nachfolgenden einholen und töten konnten. Ein einziger kräftiger und flinker Mann war ohne weiteres imstande, auf diese Weise mit einem leichten Speer zehn oder zwölf Männer so zu verwunden, daß sie mit Sicherheit eingeholt und getötet werden konnten.»[47]

Mit solchen Methoden hätte es den Maori gelingen können, sich gegenseitig auszurotten, hätte es für ihren Krieg nicht zweierlei Einschränkungen gegeben. Im wesentlichen drehte sich der Kampf um Angriff und Verteidigung von Befestigungsanlagen.

Deren Stärke und Anzahl – man hat mindestens viertausend davon gefunden – zeigt die Machtfülle der Häuptlinge, die in einer Bevölkerung von vierzig Stämmen mit insgesamt hundert- bis dreihunderttausend Menschen solche Gemeinschaftsaufgaben zu organisieren vermochten, und dies läßt Rückschlüsse zu auf den Entwicklungsstand ihrer politischen Kultur. Militärisch gesehen bewirkten die Befestigungen, daß den Maori die schlimmsten Folgen der Kriege, die sie gegeneinander führten, erspart blieben. Sie standen gewöhnlich auf Hügelkuppen, waren mit tiefen Gräben, kräftigem Pfahlwerk und hohen Erdwällen versehen und verfügten über umfangreiche Vorratslager, die es der Besatzung ermöglichten, die Plünderung und Verwüstung ihrer Felder zu überleben. Da die Maori offenkundig über keine Mittel des Belagerungskrieges verfügten, konnten entschlossene Verteidiger die Angreifer hinhalten, bis deren Vorräte erschöpft waren.[48]

Die Kriegführung der Maori beschränkt sich selbst aufgrund ihrer einfachen Ziele. Anthropologen sind zu dem Ergebnis gelangt, daß sie in den Krieg zogen, um Land von Schwächeren auf Stärkere umzuverteilen. In der Praxis sah dies allerdings so aus, daß sie die gefallenen Feinde verzehrten (mit Ausnahme der Köpfe, die als Trophäen dienten). In diesem Auseinanderklaffen zwischen ihrem Vorgehen und dem, was Anthropologen für dessen tieferen Zweck halten, liegt der Grund für eine der heftigsten wissenschaftlichen Debatten. Dem Militärhistoriker scheint klar, daß die militärische Kultur der Maori auf dem Wunsch nach Rache basierte. Von frühester Kindheit an lernten Jungen, daß Beleidigungen, von Raub oder Mord ganz zu schweigen, unverzeihlich waren, und die Maori erinnerten sich, bisweilen über Generationen hinweg, erlittener Kränkungen. Erst wenn der Feind getötet, sein Körper verzehrt und sein Kopf auf den Pfählen der Dorfbefestigung aufgepflanzt war, wo man ihn symbolisch verhöhnte, war der Rachedurst gestillt. Dabei wurde nicht unbedingt Zug um Zug gehandelt; der Verzehr eines Feindes und die Erbeutung eines oder mehrerer Köpfe genügte, um einen alten Groll aus der Welt zu schaffen, auch wenn die Zahl der ursprünglich Getöteten höher war.[49]

Dies ist ein weiteres Beispiel dafür, daß ein kulturell begründetes

Ethos, wie grausam auch immer es sei, die paradoxe Wirkung haben kann, den Schaden zu begrenzen, den Krieger einander zufügen. Wenn dieses Ethos durch materielle Zwänge verstärkt wurde – wie beispielsweise im Fall der Befestigungsanlagen –, verzichtete der jeweilige Stammesverband auf die sich ihm bietenden Möglichkeiten, Keule und Speer anders einzusetzen und die ganze Insel zu erobern. Nach der Einführung der Muskete haben mehrere Stammesverbände der Maori erschreckend schnell Staatlichkeit entwickelt, doch das ist eine andere Geschichte. An dieser Stelle sei darauf verwiesen, daß in einer Gesellschaft des vorkolumbischen Amerika, die weit höher entwickelt war als die der Maori, ein kulturell fundiertes Ethos noch ganz andere Möglichkeiten zu einer Entscheidungsschlacht nach Clausewitz in noch erstaunlicherer Weise begrenzte.

Die Azteken

Die Kriegführung einiger vorkolumbischer Völker Nord- und Mittelamerikas wies ein Maß an Grausamkeit auf, wie es sich sonst nirgends auf der Welt findet. Turney-High billigt die Krone der «einfachen Grausamkeit» den Melanesiern im Südpazifik zu – das verfügbare Material beweist weder die Richtigkeit noch die Unrichtigkeit dieser Aussage –, während einige südamerikanische Stämme die wohl schlimmsten Kannibalen seien (er gehörte zu den frühen Vertretern der Ansicht, Kannibalismus lasse sich durch Eiweißmangel erklären, eine Theorie, die heute allmählich aufgegeben wird).[50] Keine der beiden Gruppen unterzog Gefangene jedoch der bisweilen mit Kannibalismus verbundenen rituellen Folterung, wie das unter anderem einige Indianerstämme der großen nordamerikanischen Ebene und die Azteken taten.

Turney-High berichtet: «Die Skidi-Pawnee bemühten sich bei jedem ihrer Überfälle, eine schöne Jungfrau des Feindes gefangenzunehmen. Eine hochangesehene Pawnee-Familie adoptierte sie und behandelte sie zu ihrer Überraschung besser als die leiblichen Töchter, so daß sie zum verwöhnten Liebling wurde. Doch eines Nachts packte man sie, entkleidete sie völlig und bemalte eine Körperhälfte von Kopf bis Fuß mit Holzkohle. Auf diese Weise bildete das Mädchen ein Symbol der Verbindung von Tag und Nacht. Anschließend band man sie zwischen zwei aufrecht stehenden Pfählen fest ... Ihr Adoptivvater mußte ihr dann in dem Augenblick, da der heilige Morgenstern aufging, einen Pfeil durchs Herz schießen. Schon bald folgten die Pfeile der Priester, und so war ihr Körper schrecklich zugerichtet, noch bevor er seinem Zweck gedient hatte. Dieser Ritus, den Morgenstern zu besänftigen, war nach Ansicht der Pawnee für ihr Wohlergehen bedeutsam. Man erwartete sich von ihm Erfolg bei allem, insbesondere in der Landwirtschaft.»[51]

Ein bei den Huronen tätiger Jesuit beschrieb 1637 einen noch abstoßenderen Ritualmord an einem Gefangenen, einem Seneca-Indianer. Auch dieser war anfänglich von der Familie eines Häuptlings adoptiert, aber dann ausgestoßen worden, weil er Wunden aufwies. Er sollte durch das Feuer sterben und wurde nach einem Festmahl derer, die ihn gefangengenommen hatten, zu einer Nacht der Qualen in die Beratungshütte gebracht. Der Huronenhäuptling legte dar, wie man seinen Leib zerteilen werde, während der Gefangene seine kriegerischen Gesänge sang und dann «begann, unablässig die Feuer zu umkreisen, während jeder ihn [mit brennenden Holzscheiten] zu versengen versuchte, wenn er vorüberkam; er schrie auf wie eine verlorene Seele, die ganze Hütte hallte vor Schreien und Rufen wider. Manche versengten ihn, andere packten seine Hände und zerbrachen ihm Knochen, wieder andere stießen ihm Stöcke durch die Ohren.» Als er das Bewußtsein verlor, wurde er «fürsorglich wiederbelebt», man gab ihm zu essen und richtete tröstende Worte an ihn, die er selbst denen erwiderte, die sein Fleisch verbrannt hatten, und ununterbrochen «stieß er seine kriegerischen Lieder aus, so gut er konnte». Beim Morgengrauen wurde er, gerade noch bei Bewußtsein, hinausgeführt, an einen Pfahl gebunden und versengt, indem man ihm heiß gemachte Äxte auf die Haut drückte. Anschließend zerlegte man seinen Körper und verteilte die Stücke, wie es der Häuptling versprochen hatte.[52]

Das Aztekenreich im 15. Jahrhundert

Es gibt aus dem Algerienkrieg Berichte, daß junge französische Fallschirmjäger einen muslimischen Gefangenen beruhigend tätschelten, nachdem sie ihn gefoltert hatten, um Informationen aus ihm herauszupressen, doch besteht zwischen diesem Verhalten und den Ritualen der Huronen kein Zusammenhang. Die Fallschirmjäger folterten, weil sie auf ein bestimmtes Ergebnis aus waren; die Huronen und ihr Opfer hingegen nahmen gemeinsam an einer Scheußlichkeit teil, die jedem unerklärlich sein muß, der außerhalb ihrer Mythen steht. Das Entsetzen der Nacht, in welcher der Seneca starb, hat die Kulturhistorikerin Inga Clendinnen am Anfang ihrer glänzenden Rekonstruktion des Ethos der zentralmexikanischen Azteken wiederaufleben lassen. Für die Azteken waren Menschenopfer eine religiöse Notwendigkeit und der Krieg das wichtigste Mittel, in den Besitz der zur Opferung Bestimmten zu gelangen; auch bei ihnen wirkten die Kriegsgefangenen, ähnlich wie der heldenhafte Seneca, am Kult ihrer sich lang hinziehenden Todesqualen mit. Die Azteken waren gewaltige Krieger, denen es zwischen dem 13. und 16. Jahrhundert gelungen war, die Herrschaft über die mittelmexikanischen Täler zu erringen und eine Zivilisation zu schaffen, die alle anderen übertrifft, die weder eine Schrift noch den Gebrauch von Metall kennen. Ihr Glanz stellte, wie die tief beeindruckten Eroberer berichteten, sogar den Spaniens in den Schatten. Für den Militärhistoriker allerdings liegt die Faszination der aztekischen Zivilisation in ihrer außerordentlichen Fähigkeit zur begrenzten Kriegführung, die sie sich durch ihre religiösen Vorstellungen selbst auferlegte, sowie in den Beschränkungen, zu denen dieser Glaube die Krieger im Kampf verpflichtete.

Auf der Suche nach Lebensmöglichkeiten waren die Azteken einst in die mexikanische Hochebene gelangt. Eine der drei dort etablierten Mächte waren die Tepanec, bei denen sich die Azteken als Krieger verdingten. Nachdem sie auf einer bis dahin von niemandem beanspruchten Insel im Texcocosee einen Ort zur Ansiedlung gefunden hatten, gelang es ihnen, sich als eigenständige Macht zu etablieren. Wer ihren Vorrang anerkannte, wurde in ihr Reich aufgenommen; wer Widerstand leistete, mußte gegen sie kämpfen. Die Heere der Azteken waren außergewöhnlich gut organisiert und ausgerüstet, wie man es bei ihrer starken, bürokratisierten Kultur erwarten kann. Gewöhnlich unterstanden achttausend Mann einem Kommando. Auf parallel zu den ausgezeichneten Straßen des Reiches verlaufenden Wegen konnten sie rund zwanzig Kilometer am Tag zurücklegen und dabei Vorräte für acht Tage mit sich führen.[53]

Man kann bei den Azteken durchaus von einer «Strategie» im Sinne Clausewitz' reden. Am Beginn ihrer Kriege, schreibt R. Hassing, «standen Demonstrationen militärischer Tüchtigkeit. Dabei kämpften gleich viele Soldaten von beiden Seiten im Handgemenge miteinander, um ihre Gewandtheit zu beweisen. Sofern sich der Gegner davon nicht einschüchtern und zum Aufgeben bewegen ließ, arteten die kriegerischen Handlungen aus, die Zahl der Beteiligten wuchs, und man griff zu Waffen wie Pfeil und Bogen ... Diese Kämpfe banden die Kräfte gefährlicher Feinde, und da die Azteken ihnen zahlenmäßig überlegen waren, ließ sich ihr Sieg absehen. Mit solchen Abnutzungskriegen dezimierten die Azteken die Zahl ihrer Feinde, was ihnen die Möglichkeit gab, sich überallhin auszudehnen ... Gegner wurden allmählich eingekreist, bis sie, von jeglichem Nachschub abgeschnitten, geschlagen waren.»[54]

Clendinnen stellt die Kriegführung der Azteken umfassender dar. Ihre Gesellschaft war äußerst hierarchisch aufgebaut, sie kannte, wie die Anthropologen sagen, «Rangstufen», die nicht auf dem Alter, sondern auf dem Status beruhten. Auf der untersten Stufe rangierten Sklaven, Unglückselige, die ans untere Ende des Wirtschaftssystems geraten waren; dann kamen einfache Bürger, zu denen gewöhnliche Landleute, Handwerker und Kaufleute aus Stadt und Land gehörten; die nächste Stufe bildete der Adel; auf ihn folgten die Priester, und über allen schließlich stand der Monarch. Unabhängig davon kam jeder Junge als potentieller Krieger zur Welt und hatte die Möglichkeit, durch die Ausbildungsschulen der jeweiligen Stadtbezirke – *calpulli*, teils Klub, teils Kloster, teils Zunft – einen hohen Kriegerstatus zu erlangen.

Einige wenige Novizen wurden Priester. Die Mehrheit trat ins Alltagsleben, verpflichtet, notfalls als Krieger zu dienen. Eine aus Adelsfamilien bestehende und nach ihren kriegerischen Leistungen ausgewählte Minderheit war dazu ausersehen, die gemeinsame Tradition fortzusetzen. Der Herrscher wurde aus der Gruppe derer gewählt, die den Rang eines Kriegsführers erreichten.

Dieser Monarch war nicht einfach ein Soldat oder ein Priester; Priester begleiteten ihn jedoch und regelten seine grausigen täglichen Aufgaben. Auch war der Monarch kein Gott, obwohl man ihm eine in gewissem Sinne göttliche Macht zusprach. Bei seiner Thronbesteigung wurde er in einer abschreckenden Formel «unser Herr, unser Scharfrichter, unser Feind» genannt. Das beschrieb recht genau, welche Macht er über seine Untertanen hatte, von denen einige, gekaufte Kleinkinder oder Sklaven, dazu bestimmt waren, in seiner Anwesenheit in einem blutigen Ritual geopfert zu werden.[55] Am besten betrachtet man ihn als irdisches Wesen im Besitz der Götter, denen er zum Dank für die dem Menschen günstigen Lebensrhythmen – in erster Linie war damit der tägliche Sonnenaufgang gemeint – Blutopfer darzubringen hatte.

Da die aztekische Gesellschaft selbst nicht genügend annehmbare Opfer hervorbringen konnte, mußten sie im Krieg gewonnen werden.

Dreh- und Angelpunkt der aztekischen Kriegführung war die offene Feldschlacht auf kurze Distanz. Uns ist diese Art der Kriegführung fremd, sowohl wegen ihrer starken Ritualisierung, aber auch, weil die für sie geltenden Vorschriften auch von den Feinden der Azteken anerkannt wurden. Die Azteken waren hervorragende Goldschmiede, kannten aber weder Eisen noch Bronze. Neben Pfeil und Bogen verwendeten sie den Speer mit dem Schleudergerät *atl-atl*, das den Wurf durch Hebelwirkung verstärkt. Ihre Lieblingswaffe war ein Holzschwert, dessen Schneide mit Obsidian- oder Feuersteinsplittern besetzt war, so daß es zwar verwunden, aber nicht töten konnte. Zu ihrem Schutz hatten die Krieger kleine Rundschilde, und sie trugen eine gesteppte Baumwollrüstung, die Pfeile abzuhalten vermochte. Sie wurde später von den Spaniern im Kampf gegen die Azteken übernommen, als sie merkten, daß der stählerne Brustpanzer in Mexiko nicht nur zu heiß, sondern auch überflüssig war. Ziel des Kriegers war es, mit einem Gegner ins Handgemenge zu kommen und ihm unterhalb des Schildes einen Schlag gegen die Beine zu versetzen, der ihn kampfunfähig machte.[56]

In den Heeren der Azteken herrschte eine ähnliche Rangordnung wie in ihrer Gesellschaft. Die meisten Krieger, die sich um einen guten Platz in der Schlachtreihe stritten, waren Novizen, die frisch aus den Ausbildungsstätten kamen und die in Gruppen zusammengefaßt wurden, damit sie lernten, wie man Gefangene machte. Vorgesetzte achteten darauf, daß sie sich erfahrenen Kriegern fügten, deren Rang sich danach richtete, wie viele Feinde sie in früheren Feldzügen gefangengenommen hatten. Die Höchstrangigen, die sieben Gefangene gemacht hatten, kämpften in Paaren und waren daran zu erkennen, daß sie die prächtigste Gewandung von allen trugen. Fiel einer der beiden und wandte sich der andere zur Flucht, wurde er von seinen Gefährten getötet. Diese Paarkrieger, die im Feld ein Beispiel an Mut gaben und denen im Stadtleben eine Grobheit im Umgang mit anderen gestattet war, die man keinem anderen hätte durchgehen lassen, hat man die «Berserker» der aztekischen Kriegführung genannt.

Die großen Krieger waren «einsame Jäger, die im Staub und der Verwirrung des Schlachtfeldes nach einem Feind gleichen oder etwas höheren Ranges suchten». Kennern der Antike und des Mittelalters ist dieses Verhalten aus Homer und aus Darstellungen ritterlichen Kampfes vertraut. «Die bevorzugte Kampfesweise war der Zweikampf unter Gleichen... Absicht der Krieger war es, den Gegner zu Fall zu bringen, meist durch einen gegen die Beine geführten Hieb, bei dem eine Sehne durchtrennt oder ein Knie verletzt wurde, so daß man ihn zu Boden ringen konnte. Bisweilen genügte der feste Griff des Kriegers, die Unterwerfung zu erzwingen, doch waren gewöhnlich auch Männer mit Stricken zur Hand, die Gefangene banden und nach hinten führten.» Überließ jemand einem Kameraden, der leer ausgegangen war, einen Gefangenen, um ihm damit die Möglichkeit zu geben, aufzusteigen, wurden beide mit dem Tode bestraft. Das zeigt, wie wichtig es in der Kriegführung der Azteken war, daß der einzelne Krieger Gefangene machte.[57]

Eine Schlacht begann damit, daß beide Seiten einander mit Pfeilen eindeckten, um Verwirrung zu stiften, damit die genannten Zweikämpfe stattfinden konnten. Sie endete damit, daß die Gefangenen in die große Stadt Tenochtitlan geführt wurden. Während für die Gefangenen die schwere Prüfung begann, wandten sich die Sieger wieder dem Alltag zu. Die großen Krieger ruhten sich bis zur nächsten großen Kraftprobe aus, Krieger mittleren Ranges mochten sich ehrenhaft auf Verwaltungsposten zurückziehen. Wer aber auch beim zweiten oder dritten Versuch noch keinen Feind gefangengenommen hatte, wurde aus der Kriegerschule ausgestoßen und sank auf die Stufe eines Lastenträgers herab, der auf der Suche nach Arbeit die Straßen durchstreifte.

Wenn auf einen Sieg eine Eroberung folgte, kam es vor, daß viele tausend Gefangene gemacht wurden; nach der Niederschlagung einer Revolte der Huaxteken wurden an die zwanzigtausend Gefangene in die Hauptstadt gebracht, um bei der Weihe der neuen Tempelpyramide geopfert zu werden. Dabei riß man ihnen das Herz heraus, während sie dem höchsten Punkt des Baus entgegenstiegen. Einige Gefangene wurden gemeinsam mit gekauften oder als Tribut gelieferten Sklaven zur Opferung an einem der vier großen Feste des Jahres aufbewahrt. Beim ersten, dem Fest der Häutung der Männer, Tlacaxipeualiztli, wurde allerdings eine ausgewählte Gruppe von Opfern getötet; ihre Gefangennahme und Hinrichtung spiegelt sowohl die äußere Form der Kriegführung der Azteken als auch die dahinterstehende Weltanschauung wider. Es handelte sich um ein stilisiertes militärisches Schaugepränge, die sogenannte Blütenschlacht, die zwischen den Azteken und ihren Nachbarn ausgefochten wurde (die sich gleich ihnen der Nahuatl-Sprache bedienten), und zwar mit dem ausschließlichen Zweck, Gefangene aus der höchsten Kriegerklasse zu machen, die als einzige für diesen Opfertod in Frage kamen. Der Verlauf der Schlacht war im voraus festgelegt und das Schicksal der Opfer bekannt.[58]

Einer der vierhundert von jeder Kriegerschule gemachten Gefangenen wurde für das «Häuten» ausgewählt. Bis man ihn zur Richtstätte brachte, wurde er als Ehrengast behandelt – «von dem, der ihn gefangen hatte, und dessen ergebenster Anhängerschaft unter der örtlichen Jugend beständig besucht, geschmückt und bewundert», allerdings auch im Hinblick auf das schreckliche Schicksal, das ihm bevorstand, «verspottet». War der Tag der Festlichkeit gekommen, führte man das Opfer, mit einem Strick gefesselt, begleitet von Priestern, zu einem Tötungsstein, der auf einer Plattform lag, so daß ihn die Zuschauer sehen konnten. Dort wurde er für seinen Todeskampf ausgerüstet.[59] Er bekam vier Wurfkeulen, die er auf die vier Krieger schleudern konnte, die ihn angreifen würden, doch war seine Hauptwaffe das Schwert eines Kriegers – nicht mit Feuerstein besetzt, sondern mit Federn. Daß er auf dem Stein stand, erhöht über seinen Gegnern, verschaffte ihm einen gewissen Vorteil.

«Das Opfer, das höher als seine Gegner stand und von dem Tötungsverbot entbunden war, das auf dem Schlachtfeld galt, konnte seine schwere Keule herumwirbeln und damit in sonst verbotener Weise nach dem Kopf seiner Gegner schlagen. Die aztekischen Meisterkrieger ihrerseits hatten ein verlockend leichtes Ziel. Wie auf dem Schlachtfeld konnten sie das Opfer mit einem gezielten Schlag gegen Knie oder Fesseln zu Fall bringen. Das aber hätte dem Schauspiel ein Ende gesetzt und damit zugleich den Ruhm der Männer geschmälert, so daß sie dieser Verlockung nicht erliegen durften. Im Gegenteil, sie mußten unter diesen schwierigen Umständen vor den Augen der Öffentlichkeit danach trachten, eine Darbietung der hohen Kunst der Waffenhandhabung zu liefern: in einer kunstvoll in die Länge gezogenen Vorstellung dem Opfer mit den schmalen Klingen ganz vorsichtig die Haut zu ritzen, so daß es blutete, bis es, von Anstrengung und Blutverlust geschwächt, zum Schluß taumelte und stürzte.» Der ganze Prozeß wurde «Häutung» genannt. Getötet wurde der zu opfernde Krieger dann durch die rituelle Öffnung des Brustkorbs, bei der man ihm das noch schlagende Herz herausriß.[60]

Der Krieger, der ihn gefangengenommen hatte, beteiligte sich nicht an dieser tödlichen Verstümmelung, sondern sah nur zu. War aber das Opfer enthauptet, so daß man den Kopf am Tempel zur Schau stellen konnte, trank er das Blut des Opfers und trug dessen Körper nach Hause. Dort trennte er ihm die Glieder vom Rumpf, die als Opfergabe verteilt werden mußten, löste die Haut vom Leib und sah zu, wie seine Angehörigen «ein kleines rituelles Mahl aus gedünstetem Mais verzehrten, auf dem ein Stück vom Fleisch des toten Kriegers lag. Zugleich beweinten und beklagten sie das ihrem eigenen jungen Krieger möglicherweise bevorstehende Schicksal. Für diese traurige Feier legte der Krieger seine prächtige Kampfgewandung ab und wurde mit Kalk und Federn geweißt, wie es für einen zum Opfer Bestimmten vorgesehen war – ganz wie der tote Gefangene.»

Später zog sich der Krieger erneut um. Während der Wartezeit war er vom Opfer als «geliebter Vater» angesprochen worden; er seinerseits hatte ihn «geliebter Sohn» genannt und ihm einen «Onkel» zur Seite gestellt, der sich während des «Häutens» um ihn kümmerte. Jetzt trug er die abgezogene Haut des Toten, die er jedem lieh, der «ihn um das Vorrecht bat», bis sie und die daran hängenden Fleischfetzen verfault waren. Das war die letzte Ehre, die man «unserem gehäuteten Herrn» erwies, nachdem man ihn während der vier Tage vor seinem Tod in das Ritual des Tötungssteines eingewiesen und ihm das Herz symbolisch viermal aus der Brust gerissen hatte. In seiner letzten Nacht hatte er mit seinem «geliebten Vater» gewacht, bis die Zeit für den Gang zu jenem Stein gekommen war. Bevor er selbst hinaufstieg, konnte er beobachten, wie diejenigen, deren Namen vor ihm auf der Opferliste standen, ihren aussichtslosen Kampf kämpften.

Seine unsagbaren Qualen, so Inga Clendinnen, habe das Opfer nur ertragen in dem Glauben, daß man «sich seines Namens erinnern und sein Lob in den Kriegerhäusern seiner Heimatstadt singen werde, wenn er gut starb». Da es in europäischen Heldenepen reichlich Parallelen gibt, klingt dies überzeugend, zumindest was das Verhalten des geopferten Kriegers betrifft. Man denke an Colonel Bigeard, der die Aufforderung, bei der Übergabe von Dien Bien Phu vor den Kameras der Vietminh aufzutreten, mit den Worten *«plutôt crever»* (lieber umkommen) beantwortete, oder auch an jenen australischen Veteranen des Ersten Weltkriegs (in dem er das Victoria-Kreuz bekommen hatte), der sich beim Fall von Singapur, die Hände voller Granaten, mit den Worten «für mich gibt es keine Kapitulation» allein zu den japanischen Linien aufmachte – man hat ihn nie wieder gesehen.

Zwar genügt das nicht als Erklärung, jedenfalls denen nicht, deren Ansicht nach es im Krieg um etwas Greifbares gehen und der Verlust an Menschenleben in einem gewissen Verhältnis dazu stehen muß. Aber, so Inga Clendinnen, bei der Kriegführung der Azteken ging es letzten Endes um nichts Greifbares. Ihrer Überzeugung nach waren sie Erben der Tolteken, der legendären Begründer der Zivilisation im Herzen Mexikos, und so sahen sie es als ihre Aufgabe an, den Glanz des toltekischen Reiches zu erneuern. Das gelang ihnen, aber ihre Götter, die sie an dieses Ziel geführt hatten, verlangten für jede noch so unbedeutende Gefälligkeit Opfer, vor allem Menschenopfer. Weit wichtiger als ihr Bemühen, «von den Städten in ihrer unmittelbaren Nachbarschaft die höchsten Tribute als Zeichen der Anerkennung ... ihrer Rolle als legitime Nachfolger der Tolteken» zu erlangen, war die Mitwirkung dieser Nachbarn an den blutigen Ritualen, die ihre Götter verlangten. Von ihren Nachbarn erwarteten die Azteken die Anerkennung ihrer «eigenen Tradition und ihrer Bestimmung».[61]

Diese Bestimmung bestand darin, zu ewigen Gunsterweisen für eine lieblose und blutdürstige Gottheit verdammt zu sein, und da ähnliches von keinem neuzeitlichen Volk überliefert wird, ist man versucht, die Kriegführung der Azteken als eine Verirrung abzutun, die unserer rationalen Vorstellung von Strategie oder Taktik völlig widerspricht. Das hängt damit zusammen, daß wir das Bedürfnis nach Sicherheit im Laufe der Zeit von der Vorstellung eines unmittelbaren göttlichen Eingreifens ins irdische Getriebe getrennt haben. Die Azteken sahen die Dinge ganz anders: Den Zorn der Götter konnte man nur durch unablässige Befriedigung ihrer Bedürfnisse abwenden. Folglich wurde die Kriegführung der Azteken begrenzt durch den Glauben an das Ziel, das mit dem Krieg erreicht werden sollte: die Gefangennahme von Männern, von denen sich einzelne bereitwillig an ihrem eigenen Ritualmord beteiligen sollten. Eine weitere, noch faszinierendere Folge war, daß die erstklassigen Waffen der Azteken so konstruiert waren, daß sie zwar verwundeten, aber nicht töteten.

Diese Darstellung bedarf einer wichtigen Einschränkung: Es ist hier lediglich die Rede von der Kriegführung der Azteken auf dem Höhepunkt ihrer Macht, nicht aber davon, wie sie Krieg führten, als sie noch nach dieser Macht strebten. Wahrscheinlich haben sie damals ihre Gegner abgeschlachtet, wie das alle Eroberer stets getan haben. Die «Blütenschlacht» ist Ausdruck nicht nur einer äußerst hoch entwickelten, sondern auch einer selbstsicheren Gesellschaft, die es sich erlauben konnte, die Kriegführung zu ritualisieren, weil sie von keinem potentiellen Eindringling an ihren Grenzen herausgefordert wurde. Hinzu kam, daß es sich um eine ungeheuer reiche Gesellschaft handelte, die sich die Verschwendung leisten konnte, Tausende von Gefangenen zu opfern, statt sie zu produktiver Arbeit heranzuziehen oder in die Sklaverei zu verkaufen. Die mittelamerikanischen Maya, deren Monumente jene der Azteken an Größe und Qualität übertreffen, scheinen es anders gehalten zu haben. Sie opferten lediglich adlige Gefangene und zogen alle anderen zur Zwangsarbeit heran oder verkauften sie. Diese Praxis paßt weit besser in das bei anderen kriegerischen Völkern übliche Muster, für die die Versklavung der Besiegten ein wichtiger Gewinn der Kriegführung und bisweilen sogar ein Hauptgrund für den Krieg war.[62]

Die Azteken, die kämpften, waren keine Soldaten, sondern Krieger. Man erwartete von ihnen, daß sie aufgrund ihrer gesellschaftlichen Position, nicht aber aus Pflichtgefühl oder für Sold kämpften, und sie selbst sahen das ebenso. Außerdem kämpften sie mit Steinwaffen. Diese beiden Bedingungen bestimmten zusätzlich die Art von Kriegführung, mit der wir uns hier beschäftigen. Die Kriegführung der Azteken ist zweifellos die verfeinertste und auch eine der exzentrischsten, die wir aus der Zeit vor der Verwendung von Metall kennen. Dennoch gehört sie eher zu der bei den Maori und auch bei den Maring und Yanomami praktizierten Kriegführung als zu der späteren, zu der es durch den Gebrauch des Metalls und die Aufstellung von Armeen kam. In allen vier Fällen fand der Kampf auf kurze Distanz und mit Waffen von geringer Durchschlagskraft statt, so daß man den Körper zur Vermeidung von Stichwunden an Kopf oder Leib nicht panzern mußte. Der Kampf ging mit einem hohen Maß an Zeremoniell und Ritual einher, das kaum etwas mit den Ursachen und Zielen zu tun hatte, die der Mensch der Neuzeit mit seinen Kriegen verbindet. Die Triebfeder war häufig Rache und Sühne für Beleidigungen, das Ziel die Befriedigung mythischer Erfordernisse oder göttlicher Ansprüche. Solche Ursachen und Absichten können nur unterhalb dessen existieren, was Turney-High den «militärischen Horizont» nannte. Aber wann, auf welche Weise und – falls wir den Mut haben, das zu fragen – warum hat der Krieg begonnen?

Die Anfänge der Kriegführung

Wir datieren den Anfang der «Geschichte» auf den Augenblick, in dem der Mensch zu schreiben, genauer gesagt, Spuren zu hinterlassen begann, die wir als Schrift erkennen. Solche vom Volk der Sumerer (sie lebten im Gebiet des heutigen Irak) hinterlassenen Spuren hat man auf die Zeit um 3100 v. Chr. datiert, doch mögen die Vorläufer der verwendeten Zeichen noch fünftausend Jahre älter sein und auf die Zeit um 8000 v. Chr. zurückgehen, als der Mensch in bestimmten begünstigten Gebieten aufhörte, als Jäger und Sammler zu leben, und sich dem Ackerbau zuwandte.

Der Mensch der Neuzeit *(Homo sapiens sapiens)* ist natürlich weit älter als die Sumerer, und seine hominiden Vorfahren – jene Lebewesen, denen er in Größe, Haltung und Fähigkeiten erkennbar ähnlich ist – sind noch um vieles älter, so daß niemand recht weiß, was in der Zeit zwischen ihnen und uns geschehen ist. Im Bemühen, die Vorgeschichte des Menschen – also die Zeitalter, die vor dem Auftreten der Schrift liegen – anschaulich darzustellen, hat der Historiker J. M. Roberts angeregt, man möge sich vorstellen, die Geburt Christi habe vor zwanzig Minuten stattgefunden. Dann läge das Auftreten der Sumerer weitere vierzig Minuten zurück, fünf bis sechs Stunden davor hätte es in Westeuropa zum ersten Mal «erkennbar menschliche Wesen mit körperlichen Merkmalen ähnlich denen des Menschen der Neuzeit» gegeben. Dann läge das Auftreten von «Geschöpfen mit gewissen menschenähnlichen Eigenschaften» zwei bis drei Wochen zurück.[63]

Die Geschichte der Kriegführung beginnt mit der Schrift, doch darf ihre Vorgeschichte nicht außer acht gelassen werden. Die Prähistoriker können sich ebensowenig wie die Anthropologen darüber einigen, ob sich der Mensch – und der «Vormensch» – gegenüber seiner eigenen Art gewalttätig verhalten hat oder nicht. In diese Debatte einzutreten ist gefährlich, aber wir müssen zumindest erfassen, worum es dabei geht. Man kann sagen, daß der

Ausgangspunkt die Differenzierung gesellschaftlicher Rollen zwischen Mann und Frau ist. Der als «Vormensch» bezeichnete *Australopithecus*, von dem man Spuren aus einer Zeit gefunden hat, die möglicherweise fünf Millionen Jahre zurückliegt und für dessen Existenz es überprüfbare Belege gibt, die eineinhalb Millionen Jahre alt sind, scheint Nahrung transportiert zu haben: vom Fundort an eine Stelle, wo sie verzehrt wurde. Vielleicht hat er dort auch ein Schutzdach errichtet und möglicherweise erstmals ein Werkzeug verwendet – beispielsweise einen grob abgeschlagenen scharfkantigen Kiesel. Bei Ausgrabungen in der Schlucht von Olduvai in Tansania hat man Tierknochen gefunden, die zerschmettert worden waren, um ihnen Mark und Gehirnmasse zu entnehmen.

Man hat erklärt, die Nachfahren des *Australopithecus* hätten die Fähigkeit eingebüßt, sich – wie das bei Primaten üblich ist – lange an der Mutter festzuhalten, während sie mit ihrem Partner herumstreifte. Daher sei die Stelle, an der sie aßen, eine Art ständiger Aufenthaltsort geworden, wohin die Männer die Nahrung brachten. Dieser Hang habe sich beim *Homo erectus* verstärkt, der vor etwa 1,8 Millionen Jahren aus dem *Australopithecus* hervorging. Die Größe von Gehirn und Schädel nahm bei ihm vor der Geburt zu, ohne daß damit unbedingt eine Vergrößerung des Körpers einhergegangen wäre. So blieben die Nachkommen des *Homo erectus* sehr viel länger unselbständig als die des Vormenschen *Australopithecus*, was die Mutter noch enger an die Eßstelle gebunden habe als zuvor. Durch die Veränderungen ihres Skeletts, die nötig waren, um dem größeren Kopf des Kindes während der Schwangerschaft Platz zu schaffen, sei die Frau noch weniger als zuvor imstande gewesen, beim Sammeln von Nahrung mit herumzustreifen. In diesem Stadium der Evolution, so eine Theorie, habe sich die Frau von anderen Säugern fortentwickelt, weil sie nicht mehr nur zu bestimmten Zeiten fruchtbar war, sondern das ganze Jahr, was eine fortwährende Anziehungskraft auf den Mann zur Folge gehabt habe. Damit wiederum habe die Wahrscheinlichkeit zugenommen, daß sich der Mann mit ihr – und sie sich mit ihm – in einer auf Dauer angelegten Bindung zusammentat, was dazu führte, daß sexuelle Beziehungen mit nahen Blutsverwandten vermieden oder geächtet wurden. Es scheint sicher, daß nur eine vom Druck der zeitlich begrenzten Brunst befreite Frau die Möglichkeit hatte, jene liebevolle Mutterschaft auszuüben, auf die ihre nur langsam heranwachsenden Nachkommen mit den großen Gehirnen angewiesen waren, um das Erwachsenenalter zu erreichen.

Dies ist jedenfalls eine Möglichkeit, die Entstehung der Familie, die Notwendigkeit eines Obdachs, das Herbeischaffen von Nahrungsmitteln und den Zusammenhalt des Familienverbandes zu erklären. Roberts' Ansicht nach hat uns der *Homo erectus* Spuren seines Familienlebens, vielleicht auch seines Lebens in einer größeren Gemeinschaft, hinterlassen; nicht nur gibt es Reste von «bis zu fünfzehn Meter langen, aus Ästen errichteten Hütten, deren Boden mit Steinplatten oder Fellen bedeckt war; der *Homo erectus* hat uns auch mit dem ersten hölzernen Speer das früheste Beispiel für bearbeitetes Holz und mit einer Holzschale den frühesten Behälter hinterlassen».[64] Diese Dinge stammen natürlich aus einer Zeit, als er nicht nur eßbare Wurzeln, Blätter, Früchte, Knochenmark und Insektenlarven sammelte, sondern auch kleine und große Säugetiere jagte. Schließlich lebte er in einer Umgebung, deren Klimaschwankungen Tiere über gewaltige Entfernungen trieben, während sich die Vegetation entsprechend dem Vorrükken und Zurückweichen der Gletscher entwickelte.

Zu diesen Schwankungen kam es in riesigen Zeitabständen – man hat in einer Eiszeit, die eine Million Jahre dauerte und vor nur rund zehntausend Jahren endete, vier Zwischeneiszeiten festgestellt –, und es muß viele kleinere Gruppen von Menschen gegeben haben, die ausgestorben sind, weil es ihnen nicht gelang, sich den jeweiligen Veränderungen ihrer Umwelt anzupassen. Manchen aber glückte die Anpassung; sie lernten den Gebrauch des Feuers und erwarben – vermutlich in Zusammenarbeit – die Fertigkeiten, sehr große Säuger in Fallen zu fangen und zu töten, so daß Nahrung für viele Menschen zur Verfügung stand. Man nimmt an, daß sich Gruppen von Jägern zusammenschlossen, um Elefanten, Nashörner oder Mammuts über Klippen oder in Sümpfe zu treiben, wo sie ihren Verletzungen oder den zahlreichen Verwundungen erlagen, die ihnen der Mensch der Vorzeit mit seinen einfachen Waffen zufügte.[65]

Die frühesten aufgefundenen Steinwerkzeuge konnten nicht als Jagdwaffen und daher mit Sicherheit auch nicht für den Krieg verwendet werden. Die Waffe des *Australopithecus* war ein scharfkantiger Kiesel, den er in der Hand hielt. Man konnte aber von Steinen – vor allem vom Feuerstein, den der Mensch der Vorzeit schon bald als das zur Herstellung von Werkzeug zweckmäßigste Material erkannte – kleine Stücke abschlagen, und als der Frühmensch erst einmal gemerkt hatte, daß sowohl der Stein selbst als auch die abgeschlagenen Stücke nützlich waren, begann er, beide bewußt herzustellen. In dem Maße, in dem seine Fertigkeit zunahm und er lernte, zuerst einen Stein als Amboß und später eine knöcherne Spitze als Werkzeug zu verwenden, konnte er große Werkzeuge und lange dünne Klingen herstellen und, falls nötig, beidseitig mit einer Schneide versehen. Sie eigneten sich vorzüglich als Jagdwaffen: die Speerspitze für Wurf oder Stoß und die Axt zum Zerlegen der Beute. Werkzeug dieser Verfeinerungsstufe hat man an Fundorten entdeckt, die auf das Ende der Altsteinzeit datiert werden, also die Zeit vor fünfzehn- bis zehntausend Jahren.

Das waren ebenso gewalttätige Zeiten wie die Hunderttausende von Jahren, in denen Vor- und Frühmensch gegen große Tiere gekämpft hatten. Bei Arenc Candide in Italien hat man das Skelett eines am Ende der Altsteinzeit, also vor mindestens zehntausend Jahren ums Leben gekommenen jungen Mannes gefunden. Nach Bissen eines großen wilden Tieres, möglicherweise eines Bären, den man in eine Grube oder eine Höhle getrieben hatte, fehlte ihm außer einem Teil des Unterkiefers ein Schlüsselbein, ein Schulterblatt sowie der obere Teil eines Oberschenkelknochens. Die Verletzungen müssen ihm zugefügt worden sein, als er noch lebte, denn man hatte die Wunden mit einer kosmetisch gedachten Schicht aus Lehm oder gelbem Ocker bedeckt und den Leichnam ordentlich bestattet.[66] Vielleicht waren die Verletzungen auf ein Mißgeschick bei der Bärenjagd zurückzuführen. Im Schädel eines bei Triest gefundenen Bärenskeletts hat man eine Feuersteinspitze entdeckt, die sich auf die letzte Zwischeneiszeit vor hunderttausend Jahren datieren läßt. Das deutet darauf hin, daß der Neandertaler, der Vorfahr des *Homo sapiens sapiens*, bereits gelernt hatte, eine Klinge im rechten Winkel in einen Schaft einzusetzen und damit aus größter Nähe einen Schädel zu spalten.[67] Aus der gleichen Zeit stammt ein Eibenholzspeer, den man zwischen den Rippen eines in Schleswig-Holstein erlegten Elefanten gefunden hat, und das Becken eines in Palästina ausgegrabenen Neandertalerskeletts trägt die unverkennbaren Spuren einer tief eingedrungenen Speerspitze.

All das läßt darauf schließen, daß der Mensch als Jäger vermutlich tapfer und geschickt war. Die Vorgeschichtler Breuil und Lautier meinen, es habe «zwischen ihm und dem Tier keine große Kluft gegeben. Die Bande zwischen ihnen waren noch nicht aufgelöst, und noch fühlte sich der Mensch den Tieren nahe, die um ihn herum lebten, sich ernährten wie er und töteten wie er... Noch besaß er wie sie alle Fähigkeiten, die inzwischen unter dem Einfluß der Zivilisation abgestumpft sind – er handelte rasch, seine Sinne (Sehen, Hören und Riechen) waren hochentwickelt, seine körperliche Robustheit war enorm, er verfügte über ein genaues und detailliertes Wissen von den Gewohnheiten und Eigenschaften des jagdbaren Wildes und konnte die ihm verfügbaren einfachen Waffen mit größter Fertigkeit und Wirkung handhaben.»[68]

Das sind selbstverständlich auch die Eigenschaften des Kriegers über alle Zeiten hinweg; in den Ausbildungseinrichtungen des Militärs der Neuzeit versucht man sie bei den Angehörigen von Sondereinheiten mit großem Aufwand an Zeit und Geld wiederzuerwecken. Der heutige Soldat lernt, wie er jagend überleben kann; aber hat der prähistorische Jäger gegen Menschen gekämpft? Die Hinweise sind dürftig und oft widersprüchlich.

Die Speerwunde im Becken des Neandertalers beweist überhaupt nichts, da sie ohne weiteres auf einen Jagdunfall zurückgehen kann; jeder, der mit Waffen umgeht, weiß, daß die größte Gefahr von denen seiner unmittelbaren Nachbarn droht. Liefern die herrlichen Höhlenbilder, die zum ersten Mal während der letzten Eiszeit, also vor etwa fünfunddreißigtausend Jahren, auftauchen, einen Beweis dafür, daß Menschen ihren Artgenossen in einer nach wie vor von der Jagd geprägten Kultur aggressiv begegneten? Inzwischen gehörten alle Menschen, die damals die Erde bewohnten, der Art *Homo sapiens sapiens* an, die erst etwa fünftausend Jahre zuvor aufgetreten war, aber schon bald die Neandertaler auf eine Weise verdrängt hatte, die bisher noch kein Vorgeschichtler erklären konnte. An Orten, die über die ganze Welt verstreut sind, hat man mehrere tausend Höhlenbilder gefunden – sie stammen aus einer Zeit, als die Gesamtzahl der Menschen auf der Erde weniger als eine Million betrug –, und bei hundertdreißig der frühesten, die an die fünfunddreißigtausend Jahre alt sein mögen, finden sich Darstellungen von Menschen oder menschenähnlichen Wesen. Einige Fachleute, welche die Bilder gedeutet haben, sind überzeugt, daß sie tote oder sterbende Männer darstellen; andere nehmen an, daß die ehrfurchtsvoll abgebildeten Tiere Speer- oder Pfeilsymbole aufweisen. Wieder andere erklären, die meisten Menschen seien in friedlichen Szenen abgebildet, und sehen in den Pfeilsymbolen entweder «eine sexuelle Bedeutung oder – sinnlose – Kritzeleien».[69]

Dabei könnte es sich höchstens um Wurfpfeile gehandelt haben, denn der Mensch der Altsteinzeit hatte Pfeil und Bogen mit Sicherheit noch nicht erfunden.[70] Zu Anfang der Jungsteinzeit allerdings, vor etwa zehntausend Jahren, kam es zu einer «Revolution in der Waffentechnik, in deren Verlauf vier verblüffend leistungsfähige Waffen auftraten ... Pfeil und Bogen, Steinschleuder, Dolch ... und Streitkolben». Die drei letztgenannten waren Weiterentwicklungen bereits existierender Waffen: der Streitkolben ging auf die Keule zurück, der Dolch auf die Speerspitze und die Steinschleuder auf die *bolas*, zwei mittels einer Lederschnur verbundene und mit Leder überzogene Steine, die man Rotwild oder Büffeln, nachdem man sie an einen zum Töten geeigneten Ort getrieben hatte, zwischen die Beine warf, damit sie sich darin verhedderten.[71] Auch der *atl-atl*, das Speer-Schleudergerät, dürfte ein indirekter Vorläufer der Schleuder gewesen sein, die nach demselben Prinzip funktionierte.

Pfeil und Bogen hingegen waren völlig neu. Man kann den Bogen als erste Maschine ansehen, da er mit Hilfe beweglicher Teile

Muskelenergie in mechanische Energie umwandelte. Wir haben keine Vorstellung davon, wie die Menschen der Jungsteinzeit auf ihn verfallen sind, doch hat er sich nach seiner Erfindung rasch weit verbreitet. Höchstwahrscheinlich hängt diese Entwicklung mit dem Verschwinden der letzten Reste der Eisbedeckung zusammen. Die Erwärmung des Klimas in den gemäßigten Zonen veränderte das Wanderungsverhalten der Beutetiere vollständig. Sie verließen die einst von ihnen bevorzugten Gebiete in unmittelbarer Küstennähe, und da sie nunmehr die Möglichkeit hatten, bei der Nahrungssuche ungehindert umherzustreifen, sahen sich Einzeljäger und Jagdtrupps genötigt, ein Mittel zu finden, mit dem sich ein beweglicheres Beutetier über größere Entfernungen zur Strecke bringen ließ.

Der einfache «Flitzbogen» ist nichts anderes als ein Stück Holz, gewöhnlich ein Stück vom Stamm eines jungen Baumes. Auch wenn ihm die gegeneinander wirkenden Eigenschaften von Elastizität und Druck fehlen, die dem später aufgekommenen, aus Kern- und Splintholz zusammengesetzten längeren Bogen die größere Reichweite und Durchschlagskraft verliehen, veränderte er in dieser einfachen Form die Beziehung des Menschen zur Tierwelt. Der Jäger brauchte nicht mehr auf Armeslänge an seine Beute heranzugehen und im letzten Augenblick Fleisch gegen Fleisch und Leben gegen Leben zu setzen. Fortan konnte er aus einer gewissen Entfernung töten. Darin sehen Verhaltensforscher wie Lorenz und Ardrey den Beginn einer neuen moralischen Dimension in der Beziehung des Menschen zur übrigen Schöpfung, aber auch zu den Angehörigen seiner eigenen Art. War der Bogenschütze zugleich der erste Krieger?

Zweifellos sehen wir auf Höhlenbildern aus der Jungsteinzeit Szenen, in denen Bogenschützen scheinbar gegeneinander kämpfen. Arthur Ferrill meint auf Bildern aus Höhlen in Ostspanien Vorformen einer auf dem Schlachtfeld geübten Taktik zu erkennen: Krieger bilden hinter einem Anführer Reihen, schießen in geordneter Formation Pfeile ab und üben in einer Begegnung zwischen dem von ihm sogenannten «Dreierheer» und «Viererheer» sogar eine Umfassungsbewegung. Aus dem, was wir über die Maring wie auch über die Yanomami wissen (die den Bogen kannten, obwohl sie keine Steine bearbeiteten), dürfte klar sein, daß sich alle drei Szenen mit der formalen Zurschaustellung von Macht erklären lassen. So holt der Yanomami-Häuptling seinen Bogen hervor und bedroht Keulenkämpfer damit, wenn die Auseinandersetzung zu eskalieren droht. Die Maring schießen aus den hinteren Reihen Pfeile ab, aber über eine Entfernung, bei der kaum jemand zu Schaden kommen kann; die scheinbare Nähe der Bogenschützen bei den aus drei und vier Personen bestehenden «Heeren» hat weniger mit der Wirklichkeit zu tun als mit der Art, wie der Höhlenmaler die Perspektive behandelt hat.

Sofern wir uns die Bogenschützen der Jungsteinzeit als Vorläufer der Jäger vorstellen sollen, wie sie bis heute überleben, darf man ihnen sicherlich keine ausgeprägten kriegerischen Qualitäten zusprechen. Ebensowenig aber kann man behaupten, daß sie friedfertig waren. Ethnographen, die sich der Untersuchung einiger noch existierender Gruppen widmen, vertreten die Ansicht, daß die Tätigkeit der Jäger und Sammler mit einem bewundernswert friedlichen gesellschaftlichen Verhalten einhergeht und hier möglicherweise ein Zusammenhang besteht. Die San (Buschleute) der südafrikanischen Kalaharisteppe gelten allgemein als Vorbild einer zurückhaltenden Freundlichkeit, und ähnliches hat man über die Semai gesagt, die abgeschieden im Dschungel Malaysias leben.[72] Wer aber den Versuch unternimmt, von den Merkmalen überlebender Jäger auf das Verhalten unserer gemeinsamen Vorfahren zu schließen, stößt auf die Schwierigkeit, daß diese Jäger den Steinzeitmenschen wahrscheinlich äußerst unähnlich sind. Beispielsweise ergänzen die Semai die Erträge ihrer Jagd durch Feldbau, was zur Zeit der Höhlenmalerei unbekannt war. Die Buschleute wiederum sind buchstäblich an den Rand gedrängt worden; das Vorrücken der Bantu-Viehhirten hat sie in die Trokkenzonen getrieben, die sie jetzt bewohnen. Möglicherweise gehen sie anderen aus dem Weg und treten so zurückhaltend auf, weil sie die Aufmerksamkeit ihrer aggressiven Nachbarn nicht auf sich lenken wollen.

Das Ethos von Gesellschaften, deren Mittelpunkt die Jägergruppe ist, ist durchaus ambivalent. Als Frederic Selous (1851 bis 1917), der Archetyp des großen weißen Jägers, in den achtziger Jahren des vorigen Jahrhunderts auf dem Gebiet des heutigen Simbabwe jagte, stellte er fest, daß sein Jagdtrupp immer größer wurde. Eingeborene, die nach Fleisch hungerten, hefteten sich an die Fährte eines Mannes, von dem es hieß, daß er sein Ziel nie verfehle. Im Gegensatz dazu vermerken Ethnographen, daß ein Jäger, den das Glück verläßt, in einer Jagdgruppe unter Umständen rasch seine Autorität einbüßt und vielleicht sogar Opfer derer wird, die sich von ihm Nahrung erhofft hatten. Dann wieder kommt es vor, daß Nachbarn gemeinsam jagen, je nach dem Wanderungsverhalten oder entsprechend der Abfolge fetter und magerer Jahre. Es kann aber auch sein, daß sie nichts dergleichen tun, sondern ihre Jagdgründe wie Privateigentum hüten und jeden töten, der die Grenze überschreitet. Hugo Obermaier, ein früher Interpret der Höhlenmalerei, hat in einer Szene einen Steinzeitmenschen zu erkennen geglaubt, der sein Revier verteidigt.[73]

Ägyptologen deuten den Inhalt der bekannten Grabungsstätte 117 im Dschebel Sahaba in Oberägypten in ähnlicher Weise: In den Gräbern dort hat man neunundfünfzig Skelette entdeckt; viele davon zeigen, wie F. Wendorf bemerkte, Merkmale, die auf Verwundungen schließen lassen. In unmittelbarer Nachbarschaft der Skelette befinden sich «110 Artefakte, nahezu alle an Stellen, die darauf hindeuten, daß sie entweder als Spitzen oder Widerhaken von Projektilen oder Speeren in den Körper eingedrungen waren. Grabbeigaben fehlten. Viele der Artefakte wurden nahe der Wirbelsäule gefunden, weitere bevorzugte Ziele waren der Brustraum, der Unterleib, die Arme und der Schädel. Mehrere Stücke wurden im Innern von Schädeln gefunden, und zwei davon befanden sich noch im Keilbein (an der Schädelbasis) in einer Position, die darauf schließen läßt, daß sie von unterhalb des Unterkiefers eingedrungen waren.»[74]

Da sich an den verletzten Knochen keinerlei neues Knochenmaterial gebildet hatte, wie es im Verlauf des Heilungsprozesses entsteht, ist der Schluß zulässig, daß die Verwundungen tödlich waren. Da die Skelette zu gleichen Teilen von Männern und Frauen stammten, hat man des weiteren gefolgert, die Getöteten seien einem Revierkampf zwischen Jägern zum Opfer gefallen, den eine längere Dürreperiode während der klimatischen Instabilität am Ende der Eiszeit ausgelöst haben könnte. «Möglicherweise», so Ferrill, «liefern uns diese Skelette den ersten wichtigen Hinweis auf Krieg in prähistorischer Zeit.»[75]

Ebensogut kann es sich auch anders verhalten. So wurde vermutet, daß man an dieser Stelle über einen längeren Zeitraum hinweg Menschen begraben hat. Außerdem können diese Menschen ohne weiteres einer völlig anderen Kultur angehört haben als diejenigen, die sie töteten, denn das betreffende Gebiet im Niltal war in der Jungsteinzeit eine Art Schmelztiegel. Mithin läßt der Fund keinerlei Rückschlüsse darauf zu, wie kriegslüstern der Steinzeitjäger war. Eine noch nicht näher untersuchte vierte Möglichkeit besteht darin, daß die Gräber tatsächlich Hinweise auf einen Kampf zwischen Jägern liefern, der aber in die Kategorie der von den Yanomami und Maring praktizierten Kampfformen von «Überfall» oder «Hetzjagd» fällt. Zu dieser Deutung würde nicht nur passen, daß die Opfer beiden Geschlechtern angehören, sondern auch das von Ferrill als «overkill» (Mehrfachtötung) bezeichnete Verhalten, einem Menschen eine große Zahl von Wunden zuzufügen – so hat man beispielsweise im Skelett einer jungen Frau einundzwanzig Speer- oder Pfeilspitzen gefunden. Insbesondere die Maring unternehmen eine «Hetzjagd» mit der Absicht, in dem Dorf, dem ihr Angriff gilt, jeden ohne Rücksicht auf Alter oder Geschlecht zu töten.

Ein solches Massaker paßt bedauerlicherweise genau in das Bild, wie sich der Mensch an vielen Orten über viele Jahrhunderte hinweg verhalten hat. Es gehörte zu den entsetzlichsten Entdeckungen, die man bei der Freilegung eines Massengrabs auf Gotland gemacht hat, das zweitausend Gefallene der Schlacht bei Visby (1361) enthielt, daß viele der Toten fürchterlich verstümmelt waren – im Normalfall durch mehrere Schwerthiebe auf die Schienbeine. Solche Verletzungen konnte man ihnen nur zufügen, wenn sie schon bewegungsunfähig waren. Wie gesagt, weder der «Überfall» noch die «Hetzjagd» ist ein wirklich kriegerischer Akt.

Beide liegen «unterhalb des militärischen Horizonts», so daß man sie besser der Kategorie Massenmord zuordnet, statt in ihnen Bestandteile eines Feldzugs zu sehen. Sofern die Toten der Grabungsstätte 117, wie die ersten Ausgräber annahmen, samt ihren Angreifern Jägerkulturen entstammten und alle Opfer zur gleichen Zeit getötet wurden, bestärkt das abscheuliche Ergebnis die Ansicht, daß die Jäger der Jungsteinzeit nichts anderes waren als ursprüngliche Krieger, ohne unterscheidbare militärische Klassen und ohne eine «moderne» Vorstellung vom Krieg. Zweifellos haben sie gekämpft, Hinterhalte gelegt, Überfälle und vielleicht «Hetzjagden» unternommen, doch höchstwahrscheinlich haben sie sich nicht mit dem Ziel der Eroberung und Besetzung zusammengeschlossen.

Die Menschen des prähistorischen Nubien, Bewohner eines Landstrichs, der heute wie damals fruchtbares und unfruchtbares Land aufweist, liefern uns dennoch möglicherweise einen Hinweis darauf, wie sich der «primitive» Krieg schließlich zum «richtigen» (in Clausewitz' Terminologie «absoluten»), «modernen» oder «zivilisierten» Krieg gewandelt hat. Der Fund an der Grabungsstätte 117 wird nämlich auch dahingehend interpretiert, daß dort nicht ein Kampf zwischen jagenden Völkern um wildreiches Gebiet stattgefunden habe, sondern ein Zusammenstoß zwischen zwei völlig verschiedenen Wirtschaftsformen. Das obere Niltal gehört zu den Gebieten, in denen die auf das Ende der letzten Eiszeit folgenden, für den Steinzeitmenschen vorteilhaften Klimaveränderungen den Übergang zu einer neuen, seßhafteren Lebensweise am meisten begünstigten. Die gefundenen steinernen Gerätschaften lassen darauf schließen, daß ihre Besitzer angefangen hatten, wilde Gräser zu ernten und die daraus gewonnenen Körner zu Mehl zu verarbeiten. Weniger konkret sind die Anzeichen dafür, daß sie bereits Tiere hüteten, auf die sie zu ihrem Lebensunterhalt angewiesen waren, auch wenn sie sie noch nicht wirklich zu Haustieren gemacht hatten.[76] Sie standen auf der Scheidelinie zwischen Weidewirtschaft und Ackerbau, den beiden Tätigkeiten, die die Beziehung des Menschen zu seinem Lebensraum verändern. Jäger und Sammler besitzen ein Revier, Hirtenvölker Weideflächen und Wasserstellen, Ackerbauern haben Land. Sobald der Mensch auf einen regelmäßigen Ertrag seiner jährlich wiederkehrenden Bemühungen an einer bestimmten Stelle hoffen kann – Lammen, Viehhüten, Pflanzen und Ernten –, entwickelt er rasch ein Gefühl für Rechte und Besitz. Allen, die in das Territorium eindringen, dem er seine Zeit und Mühe widmet, muß er feindselig entgegentreten.

Bestimmte Erwartungen haben bestimmte Reaktionen zur Folge. Die Weidekultur, und in noch größerem Maße der Ackerbau, hat Krieg zur Folge. So jedenfalls muß man die folgende Deutung der an der Grabungsstätte 117 gemachten Funde verstehen: durch eine für die Erwärmung der Erde zu jener Zeit kennzeichnende, plötzlich eintretende Klimaveränderung sei im Streit um dasselbe Stück Land eine in Richtung Nil zurückgedrängte Gruppe von Jägern oder Sammlern mit einer Vorstufe von Viehhirten oder Bauern zusammengeprallt. Welcher Gruppe die dort beigesetzten Toten angehören, wissen wir nicht. Die Überlegenheit im Umgang mit Waffen darf man auf seiten der Jäger vermuten.

«Es ist denkbar», heißt es bei J. M. Roberts, «daß man die im dunkeln liegenden Wurzeln für das, was man als Aristokratie bezeichnet, darin sehen muß, daß Jäger und Sammler als Vertreter einer älteren gesellschaftlichen Ordnung mit (gewiß sehr häufigem) Erfolg die Verletzlichkeit der an ihre Scholle gebundenen Siedler ausgenutzt haben.»[77] In der Tat stößt man überall auf das Phänomen, daß sich derjenige, dem der Bauer untersteht, die Jagdrechte sichert, daß Aristokraten, die solche Rechte für sich beanspruchen, rücksichtslos gegen alle vorgehen, die diese Rechte verletzen, und daß zu den Hauptforderungen von Revolutionen häufig die Abschaffung des adligen Jagdprivilegs gehörte. Doch hat es viele Jahrhunderte des Niedergangs gedauert, bis die Nachfahren der Jäger und Sammler – als Inhaber hoher Lehnsämter im Feudalsystem – die Möglichkeit bekamen, sich gegenüber Landarbeitern und Hütejungen als Herren aufzuspielen. Bis es soweit war, entwickelten sich die Dinge in den ökologisch begünstigten Zonen zugunsten derer, die bereit waren, den Boden zu bearbeiten. Während sich die anderen damit begnügten zu nehmen, was die Erde freiwillig bot, gehörte der Landwirtschaft die Zukunft.

In den siebentausend Jahren zwischen dem Rückzug des Eises und dem Auftreten der Schrift im Lande Sumer hat der Mensch, der noch mit Steinwerkzeugen arbeitete, in einem halben Dutzend Gegenden, die später Zentren von Hochkulturen werden sollten – in den Tälern des Euphrat und Tigris, des Nils, des Indus und des Hwangho –, mühevoll gelernt, wie man Land rodet, bebaut und die Ernte einbringt. Da er dabei nicht immer zielgerichtet vorging und manche Rückschläge erlitt, führte selbstverständlich kein Sprung geradewegs aus dem Leben der Eiszeit hin zum intensiven Ackerbau. Im allgemeinen sind sich Historiker einig, daß der Mensch – wie Funde im nördlichen Irak zeigen – bereits um das Jahr 9000 v. Chr. sich in gewissem Umfang Herdentiere gefügig machte und daß vom systematischen Sammeln der Körner von Wildpflanzen über deren Anbau bis zur Auswahl ertragreicher Sorten eine geradlinig verlaufende Entwicklung zu verzeichnen ist. Allerdings sind sich die Historiker nicht darüber einig, wo und auf welche Weise der Mensch die ersten Ackerbausiedlungen angelegt hat (die Hinweise sind äußerst lückenhaft).

Anfänglich nahm man an, die ersten Bauern hätten sich in den hochgelegenen Teilen von Flußtälern des Nahen Ostens angesiedelt, weil es dort trockener und damit gesünder war als weiter unten; durch Brandrodungs-Landbau seien allmählich fruchtbare Lichtungen geschaffen worden.[78] Diese Theorie stützt sich darauf, daß wohl zu jener Zeit ein neues Steinwerkzeug auftrat, das aus schwerem Basalt oder Granit hergestellt und durch Schleifen bearbeitet wurde: die großartigen «polierten» Äxte und Breitbeile der Jungsteinzeit. Manche Historiker sprechen von einer neusteinzeitlichen Revolution, in deren Verlauf die Landwirtschaft nach neuartigen Werkzeugen verlangte oder umgekehrt neues Werkzeug ein Vordringen in die dichten Wälder ermöglichte. Tatsächlich kann mit Feuersteinsplittern besetztes Werkzeug großen Bäumen nur wenig anhaben, während sich mit einer schweren polierten Axt Bäume fast jeder Größe fällen lassen. Die so sauber auf technischen Determinismus gegründete Theorie hielt sich nicht lange, obwohl sie die Annahme nahelegte, unter unseren jungsteinzeitlichen Vorfahren habe ein weiterer erkennbarer Fortschritt stattgefunden: von den Hängen des Fruchtbaren Halbmondes seien sie in die Schwemmlandebenen der großen Flüsse hinabgezogen, und hier seien sie vom Brandrodungs-Landbau übergegangen zum jahreszeitlich bestimmten Anbau auf Flächen, die ihre Fruchtbarkeit der Überschwemmung verdankten.

Zweifellos hat eine solche Bewegung stattgefunden, doch hat der Mensch schon sehr früh, etwa um das Jahr 9000 v. Chr., ein gänzlich anderes Muster landwirtschaftlichen Lebens entwickelt. In Jericho haben Archäologen im Trockental des Jordan knapp zweihundert Meter unter dem Meeresspiegel die Reste einer Stadt entdeckt, in der um das Jahr 7000 v. Chr. auf einer Fläche von gut drei Hektar zwei- bis dreitausend Menschen davon lebten, daß sie den fruchtbaren Boden der Oase bearbeiteten. Weizen und Gerste, die sie anbauten, hatten sie eingeführt, wie auch das Material für einige ihrer Werkzeuge: Obsidian. Nur wenig später entstand dort, wo heute das türkische Çatal Hüyük liegt, eine weit größere Stadt, die schließlich eine Fläche von zwölf Hektar bedeckte und in der zwischen fünf- und siebentausend Menschen ein erstaunlich hochentwickeltes Leben führten. Ausgrabungen zeigen, daß es dort neben vielerlei eingeführten auch eine ganze Reihe lokal hergestellter Gegenstände gab, was auf Arbeitsteilung schließen läßt. Faszinierender als alles andere aber sind Spuren eines Bewässerungssystems, die darauf hinweisen, daß die Bewohner jener Stadt bereits eine Art des Landbaus betrieben, von der man glaubte, sie sei erst in den weit größeren und späteren Ansiedlungen in den großen Stromtälern eingeführt worden.

Von entscheidender Bedeutung für den Militärhistoriker ist die Bauweise beider Städte. Bei Çatal Hüyük bildeten die Außenmauern der äußersten Häuser eine durchlaufende geschlossene Fläche, so daß ein Eindringling, selbst wenn es ihm gelungen wäre, ein Loch in die Mauer zu brechen oder sich durch das Dach nach innen zu arbeiten, sich «nicht in der Stadt, sondern in einem Raum befunden» hätte.[79] Jericho war, noch eindrucksvoller, von einer vier Meter hohen und am Fuß drei Meter starken Mauer mit einer Gesamtlänge von über sechshundert Metern umgeben. Davor lag ein aus dem gewachsenen Fels gehauener Graben von neun Metern Breite und drei Metern Tiefe, und innerhalb der Mauer erhob sich ein Turm, der sie um viereinhalb Meter überragte. Er war nicht nur als Ausguck nützlich, sondern auch als Kampfplattform, obwohl er nicht, wie bei späteren Verteidigungswerken üblich, vorsprang, um eine Flanke zu bilden. Außerdem wurde Jericho aus Steinen statt, wie Çatal Hüyük, aus Lehm errichtet. Das läßt eine umfassende und koordinierte Arbeit vermuten, die Zehntausende von Arbeitsstunden beansprucht haben dürfte. Ließe sich in Çatal Hüyük noch spekulieren, die Anlage habe dazu gedient, gelegentlich auftauchende Räuber oder Plünderer abzuwehren, liegt der Zweck Jerichos offen auf der Hand: die beiden bis zur Heraufkunft des Schießpulvers für die Militärarchitektur charakteristischen Elemente, die Umfassungsmauer mit dem Wachturm und der Wallgraben (den es noch weit länger gab), machen Jericho zu einer richtiggehenden Festung, die außer einem über längere Zeit mit Belagerungsmaschinen vorgetragenen Angriff allem standhalten konnte.[80]

Die Entdeckung Jerichos in den Jahren 1952–58 hat eine vollständige wissenschaftliche Neubewertung erforderlich gemacht. Bis dahin hatte man angenommen, zu intensivem Ackerbau, Stadtleben, Fernhandel, einer hierarchisch gegliederten Gesellschaft und Krieg sei es in Mesopotamien und in den von dieser Kultur abgeleiteten Wirtschaftsformen in Ägypten und Indien erst irgendwann vor dem Jahr 3000 v. Chr. mit der Einführung der Bewässerungswirtschaft gekommen. Nach der Ausgrabung Jerichos war klar, daß zumindest der Krieg den Menschen schon lange vor der Entstehung der ersten großen Reiche geplagt hatte – denn welchen Sinn hätten die Mauern, Türme und Gräben gehabt, wenn es nicht einen zielstrebigen, gut organisierten und mächtig bewaffneten Feind gab?[81]

Leider besitzen wir nur äußerst dürftige Hinweise, was die Entwicklung des Militärwesens zwischen Jericho und Sumer betrifft. Das mag damit zusammenhängen, daß der *Homo sapiens sapiens* seine Energien in einer nach wie vor weitgehend leeren Welt mehr auf die Besiedlung als auf Konflikte konzentrierte. In Europa gab es bereits um das Jahr 8000 v. Chr. Dörfer, in denen Landwirtschaft getrieben wurde, und in den fruchtbareren Zonen rückte der Akkerbau um etwa eineinhalb Kilometer jährlich nach Westen vor. Großbritannien erreichte er um das Jahr 4000 v. Chr. Auf Kreta und an der griechischen Ägäis-Küste gab es bereits um 6000 v. Chr. stadtähnliche Siedlungen, in Bulgarien um 5500 v. Chr. ein entwikkeltes Töpferhandwerk, und die Landwirtschaft treibenden Bewohner der Bretagne begannen um 4500 v. Chr. die Megalithgräber zu errichten, die bis heute die Erinnerung an ihre Vorfahren wachhalten.

Etwa um diese Zeit hatten sich fünf der sechs auf dem indischen Subkontinent beheimateten ethnischen Gruppen dort festgesetzt und führten in weit verstreuten Ansiedlungen ein neusteinzeitliches Leben. In den fruchtbaren Gebieten Nord- und Nordwestchinas gab es um 4000 v. Chr. eine blühende jungsteinzeitliche Kultur, basierend auf dem vom Hwangho mitgeführten Schwemmlöß. Lediglich Afrika, Australien sowie Nord- und Südamerika befanden sich zu jener Zeit noch ausschließlich in den Händen von Jägern und Sammlern, die allerdings nirgendwo in sehr großer Zahl lebten. Gleichwohl hatten die Vorläufer der Indianer, die um 10000 v. Chr. von Sibirien über die Bering-Landbrücke gekommen waren, mit Hilfe ihrer fortschrittlichen Jagdtechniken innerhalb eines Jahrtausends das eindrucksvolle Großwild des Kontinents ausgerottet, darunter den Riesenbison und drei Mammutarten.

Fast überall blieb die Bevölkerungsdichte äußerst gering. Obwohl die Zahl der Menschen auf der Welt zwischen 10000 und 3000 v. Chr. von fünf bis zehn Millionen auf möglicherweise hundert Millionen zunahm, lebten sie beinahe nirgends dicht konzentriert. Jäger und Sammler waren im Normalfall auf ein Gebiet von zweieinhalb bis zehn Quadratkilometern pro Kopf angewiesen, während Bauern sich und ihre Familien auf weit kleineren Flächen ernähren konnten. Man hat geschätzt, daß in der vom Pharao Echnaton (Amenophis IV.) um 1540 v. Chr. gegründeten Stadt El-Amarna knapp zweihundert Menschen pro Quadratkilometer fruchtbaren Bodens lebten.[82] Doch das galt für die sorgfältig von Hand bewässerten Felder des fruchtbaren Niltals und überdies für eine sehr viel spätere Zeit. Zwischen 6000 und 3000 v. Chr. bestanden die weit verstreuten Ansiedlungen von Ackerbauern in Osteuropa aus jeweils höchstens fünfzig bis sechzig Haushalten. In den dichten Wäldern des Rheinlandes wurde noch im 5. Jahrtausend v. Chr. Brandrodungs-Landbau betrieben, wobei in gewissen Abständen Siedlungen aufgegeben und neue bezogen wurden; diese bestanden nie aus mehr als drei- bis vierhundert Menschen.[83]

Unter solchen paradoxen Umständen – auf der einen Seite die unendliche Weite, auf der anderen eingeschränkte Lebensbedingungen – kann der Drang zu kämpfen nicht besonders ausgeprägt gewesen sein. Grund und Boden standen praktisch umsonst zur Verfügung, sofern jemand bereit war, ein Stück weiterzuziehen und etwas Wald niederzubrennen – in Finnland verhielten sich arme Bauern noch im 19. Jahrhundert so. Die Erträge dürften andererseits so gering gewesen sein, daß nur wenig erzeugt wurde, was zu rauben sich lohnte. Eine Ausnahme bildete die Zeit unmittelbar nach der Ernte, doch gab es in dem Fall vermutlich Transportschwierigkeiten: es fehlte an Straßen, man hatte weder Pack- noch Zugtiere und möglicherweise nicht einmal Behältnisse.[84] Auch kannte das 4. Jahrtausend v. Chr. keine Frachtschiffe, die man hätte kapern können.

Große landwirtschaftliche Überschüsse lassen einen Überfall nur dann lohnend erscheinen, wenn sie an leicht zugänglichen Orten gelagert werden, die zugleich ein leichtes Entkommen ermöglichen. Optimal ist es, wenn die Überschüsse in transportierbarer Form gelagert sind – in Ballen, Krügen, Säcken, Körben oder als lebende Herde. Dann wird der Grund und Boden, der solche Fülle liefert, selber zum Ziel, auch wenn die Eindringlinge gar nicht über die Fähigkeit verfügen, damit umzugehen, wie es sich so häufig erwiesen hat. In den Jahrtausenden, in denen der Mensch lernte, den unbewohnten Gebieten des Nahen Ostens und Europas Erträge abzugewinnen, war nur eine leicht zugängliche Region, die große Überschüsse erzeugte, dem Raub ausgesetzt: die mündungsnahe Schwemmlandebene zwischen Euphrat und Tigris. Dank ihren Bewohnern, den Sumerern, verfügen wir über die ersten verläßlichen Nachrichten über Kriegführung, wie sie zu Anfang der Geschichtsschreibung üblich war. Mit den Sumerern beginnen sich die Umrisse des «zivilisierten» Krieges abzuzeichnen.

Krieg und Zivilisation

Wie die Azteken entwickelten auch die Sumerer ihre Zivilisation unter Bedingungen, die von der Technik der Steinbearbeitung vorgegeben waren. Allerdings verdankten sie die Grundlagen ihrer Kriegführung (als Verteidiger wie als Angreifer) nicht ihrem Werkzeug – ohnehin lernten sie schon bald mit Metall umzugehen –, sondern ihrer Organisationsgabe. Historiker vertreten die Ansicht, daß sich Menschen in der Schwemmlandebene des Irak ansiedelten, die das niederschlagsreiche Gebiet am Fuß der umliegenden Berge – in den heutigen Ländern Syrien, Türkei und Irak – mutig verlassen und sich in Getreideanbau und Viehweide auf unbewaldetem Land versucht hatten. Das zwischen den beiden Flüssen Euphrat und Tigris liegende, als Mesopotamien oder Zweistromland bekannte Gebiet bot beachtliche Vorzüge: der Boden war fruchtbar, eben – auf dreihundert Kilometer tritt lediglich ein Gefälle von dreißig Metern auf – und brauchte nicht gerodet zu werden, da dort keine Bäume wuchsen. Außerdem herrschte dort ein günstiges Klima (während der Wachstums- und Reifeperiode traten keine Fröste auf), und es gab reichlich Wasser. Da mit der Schneeschmelze vom Oberlauf der Flüsse Schlamm herunterkam, der sich als Sediment ablagerte, erneuerte sich die Fruchtbarkeit des Bodens Jahr für Jahr. Wohl brannte die Sonne im Sommer unangenehm heiß, doch standen unbegrenzte Wasservorräte zum Bewässern von Kulturpflanzen zur Verfügung.

Gerade das zwang die frühen Siedler, ihre Bemühungen zur Bebauung des Bodens zu koordinieren, und ihr Vorgehen unterschied sich gründlich von dem Brandrodungs-Landbau einzelner, die bereits begonnen hatten, in Europas dichte Wälder vorzudringen. Die Überflutungen ließen an manchen Stellen Sumpfgebiete entstehen, während das Schwemmland, über dem kein Regen fiel, an anderen Stellen ausdörrte. Um die Sumpfgebiete zu ent- und die Trockengebiete zu bewässern, mußte man Gräben ziehen, und zwar nach einem Plan. Hinzu kam, daß man sie beständig funktionsfähig halten mußte, denn die von den Fluten Jahr für Jahr herangeführten Schlammassen verstopften die Kanäle. Damit war die erste Gesellschaft entstanden, die Bewässerungs-Landbau betrieb.

Frühgeschichtler haben ein ausgeklügeltes politisches System für solche Gesellschaften entwickelt, größtenteils aufgrund archäologischer Entdeckungen. Die Sumerer haben in Gestalt von Wohnanlagen, Tempeln und Stadtmauern – sie wurden ungefähr in dieser Reihenfolge errichtet – einen gewaltigen Schatz hinterlassen, außerdem viele gemeißelte Objekte und ein ungeheures Archiv beschrifteter Tontäfelchen. Letztere wurden innerhalb von Tempelbezirken gefunden, und es geht ausnahmslos um Erhalt, Lagerung und Verteilung landwirtschaftlicher Erzeugnisse. Auf diese Angaben stützt sich die Theorie, derzufolge sich die Zivilisation der Sumerer etwa wie folgt entwickelt hat.

Die ersten Siedler bildeten kleine, autarke Gemeinschaften. Da Flüsse von Zeit zu Zeit ihren Lauf ändern, sahen sich die Bewässerungsingenieure genötigt, entsprechend dem Wasserstand ein System mit dem anderen zu verbinden. So nahm die Größe der Siedlungen allmählich zu. Die Organisation des gemeinsamen Bewässerungssystems und die Schlichtung möglicher Streitigkeiten oblagen denen, die dem Herkommen nach das Priesteramt ausübten, und da Zeitpunkt und Umfang der jährlichen Flut auf die jeweilige Stimmung der Götter zurückgeführt wurden (es waren vielleicht neue Götter), gewann die Priesterschaft allmählich politische Macht. Selbstverständlich wurde sie dazu genutzt, Tempel errichten zu lassen, sowohl als Wohnsitze für die Priesterkönige wie auch als Zentren des Kultes, dem sie dienten. Aus ihrer Befugnis, den Tempelbau zu leiten, entwickelte sich später die Macht, Entscheidungen über den Bau von Bewässerungssystemen und anderen öffentlichen Anlagen zu treffen. Inzwischen wurden die Tempel Zentren der Verwaltung, da die mit der Errichtung öffentlicher Bauten beschäftigten Ackerbauern zentral verpflegt werden mußten. Auch mußte das Sammeln landwirtschaftlicher Überschüsse und deren Verteilung an die Arbeiter systematisch aufgezeichnet werden. Dabei wurden verschiedene Erzeugnisse und verschiedene Mengen mit verschiedenen Zeichen dargestellt; auf solche, in weichen Lehm eingegrabene Zeichen gehen die Symbole zurück, auf die sich die erste Schrift gründete.

Die Gesellschaft der Bewässerungs-Landbau treibenden Sumerer hat um das Jahr 3000 v. Chr. die ersten Städte errichtet, die man mit Recht Stadtstaaten nennen kann, und diese Staaten wurden theokratisch regiert. Die Macht der Priesterkönige ging zum einen darauf zurück, daß sie einen bis dahin unbekannten, auf der Bewässerungswirtschaft gründenden Reichtum verwalteten – jedes ausgesäte Korn lieferte einen Ertrag von zweihundert Körnern –, zum anderen verstanden sie es, ihren Anteil am Überschuß zu nutzen. Sie entlohnten damit nicht nur das Tempelpersonal und die Sklaven (Menschen, die ihre Freiheit durch Überschuldung verloren hatten), sie finanzierten damit auch den Handel, den die Tempel vermutlich beherrschten. Da es in der mesopotamischen Ebene weder Steine noch Metalle und praktisch auch kein Holz gab, mußten all diese Materialien über große Entfernungen herbeigeschafft werden, um den Bedarf der Sumerer zu decken. In einer Gesellschaft, deren Angehörige zum Teil nicht täglich körperlich arbeiten mußten, entstand auch schon bald der Wunsch nach Luxusgütern. Die Ergebnisse archäologischer Forschung zeigen, daß solche Luxusgüter von weit her kamen: Gold aus dem Tal des Indus, Lapislazuli aus Afghanistan, Silber aus dem Südosten der Türkei und schließlich Kupfer von den Küsten des Arabischen Meeres.[85]

Hinweise auf Kriege finden sich nicht, zumindest nicht aus der frühesten Entwicklungsphase. Keine der dreizehn Städte, von denen man weiß, daß sie zu Beginn des 3. Jahrtausends existierten,

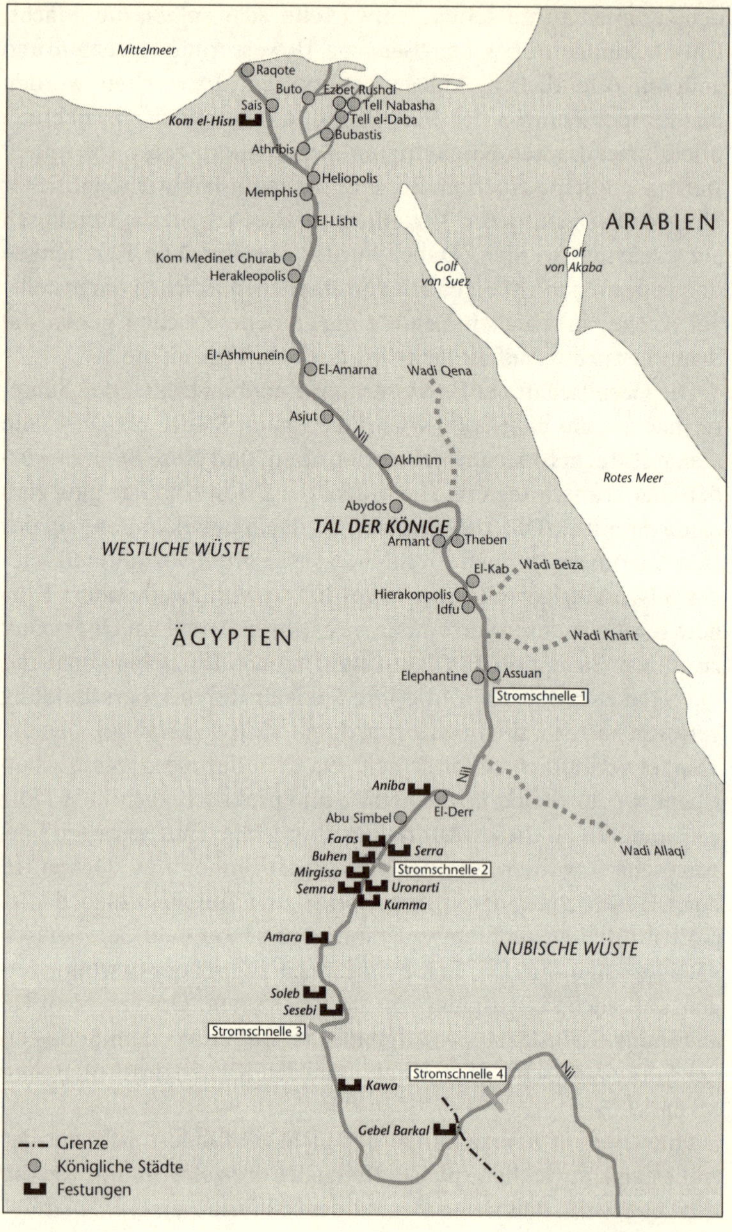

Ägypten, Mittleres und Neues Reich, 2040–1085 v. Chr.

unter ihnen Ur, Uruk und Kisch, war zu jener Zeit von Mauern umgeben. Allem Anschein nach kannte die sumerische Zivilisation dank der beeindruckenden Macht der Priesterkönige keine inneren Streitigkeiten, und womöglich kam es deshalb nicht zum Krieg zwischen den Städten, weil keine Interessengegensätze aufeinanderprallten. Angriffe von außen unterblieben zum einen wegen der Unwirtlichkeit der Landstriche, die das fruchtbare Tal umgaben, zum anderen aber, weil mögliche Angreifer aus der Wüste im Westen oder aus der im Osten liegenden Steppe die Entfernungen nicht überwinden konnten – zu jener Zeit waren weder Kamel noch Pferd domestiziert.[86]

Im selben Jahrtausend, da Sumer Staatlichkeit erreichte, entstanden im Tal des Nil und des Indus ähnliche Gesellschaften, die sich auf Bewässerungs-Landbau gründeten; die chinesische und die indochinesische Zivilisation hingegen, die später so stark von der Bewässerungstechnik abhängig waren, hatten dieses wirtschaftliche Niveau noch nicht erreicht. Angeblich ist der Aufstieg der Theokratie im Tal des Indus darauf zurückzuführen, daß dort das Brennen von Ziegeln erfunden wurde. Ihr Einsatz hat den Bau von Schutzdämmen gegen Überschwemmungen in so großem Maßstab ermöglicht, daß gegen Ende des 3. Jahrtausends rings um das inzwischen verschwundene Harappa und Mohendscho-Daro, das heute nur noch als Ruinenstadt besteht, rund 1,3 Millionen Quadratkilometer Land landwirtschaftlich genutzt werden konnten.[87]

Während die Ausgrabungen am Indus die Geheimnisse dieser alten Kultur erst allmählich preisgeben, läßt sich in Ägypten, wo die systematisch betriebene Archäologie vor mehr als hundert Jahren ihren Ausgang genommen hat, der Aufbau der Zivilisation mit einer gewissen Sicherheit und von einem frühen Zeitpunkt an rekonstruieren. Die Funde der Grabungsstätte 117 haben gezeigt, welche Rolle die Gewalttätigkeit in der Frühgeschichte dieses Landes gespielt hat; sie liefern jedoch keinen Beleg dafür, ob sich das Leben der Ägypter von der Zeit um 10000 v. Chr. bis zur Vereinigung ihrer Ansiedlungen entlang dem Nil unter einem einzigen König um das Jahr 3200 v. Chr. auf friedliche Weise entwikkelt hat oder nicht. Wohl herrscht unter den Forschern Einigkeit darüber, daß es eher die Besonderheiten jenes Flußtales waren als die dortigen politischen Ereignisse, was in Ägypten die Zivilisation hat entstehen lassen, deren Zeugnisse wir sehen.

Das Land lebte davon, daß das jeweils etwa Anfang Juli unmittelbar nach den heftigen Regenfällen vom Tanasee im äthiopischen Hochland herabkommende Nilhochwasser Massen von fruchtbarem Schlamm mit sich führte. Die Schwankungen in Ausmaß und Zeitpunkt, zu denen es dabei kam, haben entscheidend dazu beigetragen, daß die Ägypter ihre Könige als Götter verehrten. Die Wüste, die von den Zweiten Stromschnellen bis ins Delta über rund tausend Kilometer an den Nil grenzt, kam bis etwa zum 4. Jahrtausend weniger nah an den Fluß heran als heute. Die Menschen lebten weiter oben an den Ufern und verbanden Ackerbau mit Weidewirtschaft. Dann trat ein unerklärlicher Klimawandel ein, der zu dauerhafter Trockenheit führte und die Menschen veranlaßte, hinab in die Überschwemmungsebene zu ziehen, von der künftig ihr Lebensunterhalt in jeder Beziehung abhing. Wissenschaftler vermuten, daß es zwischen den Bevölkerungszentren entlang dem Fluß zu Auseinandersetzungen darüber kam, wie man den Strom der Menschen eindämmen könne, der vor der näherrückenden Wüste fliehend an den Fluß drängte. Um das Jahr 3100 v. Chr. hätten die Führer dieser Ansiedlungen ihre Macht an einen einzigen Herrscher verloren, der meist Menes genannt wird. Dieser habe Unter- und Oberägypten – das heißt die Gebiete im Nildelta und am Oberlauf des Flusses – miteinander vereinigt und das Reich gegründet, das unter der Herrschaft der Pharaonen fast drei Jahrtausende überdauern sollte.[88]

Militärisch gesehen hatte Ägypten einen ganz eigenen Stil, der fast ebenso lang Bestand hatte wie die Zivilisation des Landes selbst. Im Unterschied zum Reich der Sumerer oder den anderen späteren Herrschaftsformen Mesopotamiens war das Land technisch lange Zeit rückschrittlich und zeigte sich gegenüber Bedrohungen von außen gleichgültig. Beides wurzelt in der einzigartigen Lage des Landes. Es ist bis auf den heutigen Tag, von schmalen

Korridoren im Norden und Süden abgesehen, praktisch unzugänglich. Im Osten bildet das zwischen dem Niltal und dem Roten Meer gelegene wasserlose Hochland eine über hundertfünfzig Kilometer breite natürliche Schranke, während im Westen der Sand der Sahara nach wie vor jedes Heer fernhält. Die ersten Pharaonen traten einer Drohung aus dem Süden mit einem Eroberungsfeldzug nach Nubien entgegen und hatten zur Zeit der Zwölften Dynastie (1991–1785 v. Chr.) die Grenzlinie zwischen der Ersten und Zweiten Stromschnelle mit einem ausgedehnten Netz von Befestigungen gesichert; eine Bedrohung aus dem Norden gab es anfänglich nicht, da an der Ostküste des Mittelmeeres kaum Menschen wohnten und diese wenigen nicht mobil waren.[89] Als die Drohung im Verlauf des 2. Jahrtausends v. Chr. aktuell wurde, versuchten die Pharaonen einer Invasion dadurch entgegenzuwirken, daß sie die Hauptstadt von Memphis nach Theben verlegten, ein stehendes Heer aufstellten und die Schwierigkeiten des Geländes im Nildelta als natürliche Schranke nutzten, was sich letztlich als erfolgreich erwies.[90]

Bis zur Gründung des regulären Heeres im Neuen Reich (1540–1070 v. Chr) blieb die Kriegführung der Ägypter sonderbar altmodisch. Kam es wegen der Nachfolge im Königsamt zu einem Krieg, verwendeten sie «noch zur Zeit des Mittleren Reiches Keulen und Speere mit Feuersteinspitzen». Zur gleichen Zeit (1991–1875 v. Chr.) waren andernorts schon weithin Bronzewaffen in Gebrauch, und die Ägpyter selbst kannten schon seit mehreren Jahrhunderten Waffen aus Kupfer und später aus Bronze.[91] Ihr Hang, weiterhin auf eine überholte Technik zu vertrauen, läßt sich schwer erklären; daß sie es unbestreitbar taten, wird durch viele Skulpturen und Wandmalereien belegt. Ihre Soldaten trugen keinerlei Rüstung, sondern zogen mit bloßem Oberkörper und barhäuptig in die Schlacht. Zum Schutz dienten ihnen lediglich kurze Schilde; erst ziemlich spät im Neuen Reich stoßen wir auf Abbildungen, die zeigen, daß wenigstens der Pharao eine Rüstung trug.[92]

Nun ist es eine einfache physiologische Tatsache, daß ein nicht einmal durch Kleidung geschützter Mensch vor einem Schlag mit einer scharfen Waffe zurückzuckt (daß sich Tschakas Krieger anders verhielten, zeigt das Außergewöhnliche und vermutlich auch Einzigartige der Jahrtausende später vollbrachten Leistung dieses Zuluhäuptlings). Wir dürfen deshalb annehmen, daß die Schlacht der Ägypter stilisiert und vielleicht auch ritualisiert war, bis gegen Ende des Mittleren Reiches Eindringlinge auftraten, die einer anderen Kultur angehörten. Eine Erklärung mag selbstverständlich auch darin liegen, daß die Ägypter nur über wenig Metall verfügten, doch dürfte das wohl nur ein zusätzliches Motiv gewesen sein. Wenn sich die Krieger einer hochentwickelten Zivilisation kaum besser ausrüsteten als einst ihre Vorfahren in der Altsteinzeit, dann doch wahrscheinlich deshalb, weil in einer starr strukturierten Klassengesellschaft, deren Könige vom Priester zur Gottheit aufgestiegen waren und in der zeremonielle Vorschriften fast das gesamte öffentliche und sogar private Leben regelten, auch die Schlacht dem Bereich des Zeremoniellen angehörte.

So ist es beispielsweise höchst bedeutsam, daß sowohl der Protopharao Narmer aus der Zeit um etwa 3000 v. Chr. als auch der nahezu zweitausend Jahre später, zur Zeit des Neuen Reichs regierende Pharao Ramses II. auf Darstellungen mit hoch erhobenem Streitkolben im Begriff sind, einen sich zu ihren Füßen windenden Gefangenen zu erschlagen. Die Haltung der abgebildeten Gefangenen ist sehr ähnlich, die der Pharaonen identisch.[93] Selbst wenn man die Konventionen der ägyptischen Kunst berücksichtigt, lassen sich die Entsprechungen nicht leichthin abtun. So ist es durchaus möglich, daß beide Szenen keineswegs nur die symbolische Tötung eines Gefangenen nach der Schlacht darstellen, sondern eine, die tatsächlich stattgefunden hat. Zwar hat die ägyptische Zivilisation Menschenopfer schon früh aufgegeben, doch könnte es Brauch gewesen sein, daß ein bedeutender Krieger, gegebenenfalls der Pharao selbst, sobald der Sieg errungen war, auf dem Schlachtfeld in zeremonieller Weise alle Feinde tötete, die verwundet oder in Gefangenschaft geraten waren.[94] Eine Parallele zur «Blütenschlacht» der Azteken ist nicht von der Hand zu weisen. Daß die Ägypter, die nur selten mit dem Gegner handgemein wurden (wie wir gesehen haben, ein Merkmal «primitiver»

Kriegführung), weiterhin Waffen benutzten – Streitkolben, Stoßspeer, einfacher Bogen –, die nach fast 1500 Jahren ununterbrochener Pharaonenherrschaft doch ein wenig antiquiert anmuteten, würde diese Theorie stützen.

Schlachten, die gegen Eindringlinge geführt wurden, hatten mit Sicherheit keinerlei zeremoniellen Charakter; der mumifizierte Leichnam von Pharao Seqenenre dem Tapferen, der unmittelbar vor der Gründung des Neuen Reiches im Jahre 1540 v. Chr. das Land gegen Eindringlinge verteidigte, weist schreckliche Kopfwunden auf, die ihm vermutlich bei seiner Niederlage zugefügt wurden.[95] Während der 1400 Jahre davor – immerhin ein Zeitraum, der manches heutige europäische Land in die Zeit seiner Besetzung durch die Römer und die Amerikaner in ein Zeitalter zurückversetzen würde, in denen auf dem Gebiet der Vereinigten Staaten noch niemand regierte – hatten die Bewohner des Landes unter einem Herrscher, der im Kreise ihrer zweitausend Götter einen bedeutenden Rang einnahm, ein nahezu unverändertes Leben geführt, das sich auf die drei Jahreszeiten Überschwemmung, Anbau und Trockenzeit stützte. Mit Arbeitskräften, die für die Bewässerungs-, Pflanz- und Erntearbeiten nicht gebraucht wurden, schufen die Ägypter, weil das Leben nach dem Tode das ihrer Ansicht nach erforderte, Paläste, Tempel und Grabmäler, die bis heute nicht übertroffen wurden.

Innerhalb dieser geordneten Welt, deren künstlerische Leistungen uns noch immer beeindrucken – trotz aller Härten, die den Menschen auf der untersten Stufe der gesellschaftlichen Leiter auferlegt waren, die Steine behauen und hölzerne Transportschlitten ziehen mußten –, war der Krieg eine nachgeordnete, unwichtige Angelegenheit. «Die Königsherrschaft wurde mit Gewalt erlangt», heißt es in einer Untersuchung, doch kann es sich dabei um eine durchaus unclausewitzsche Art von Gewalt gehandelt haben, ein stilisiertes Aufeinanderprallen der Waffen, ausgelöst durch die offenkundige Unfähigkeit eines regierenden Königs, seine Aufgaben auszuüben, und daher höchstens ein spektakuläres Schauspiel, in dessen Verlauf die Befehlsgewalt auf einen anderen übertragen wurde, der sich besser dafür eignete.[96] In der Tat könnte den Ägyptern vierzehn Jahrhunderte lang, Jahrhunderte, die den Zeitgenossen von unverrückbarer Normalität erschienen sein müssen, die Wirklichkeit des Krieges erspart geblieben sein. So etwas hat es auch an anderen Orten bei anderen Völkern gegeben.[97]

Das Volk der Sumerer war in dieser Hinsicht weniger vom Glück begünstigt. Anders als die Nilebene schützte seine geographische Lage das Land zwischen Euphrat und Tigris – vermutlich waren die Sumerer selbst einst dort eingewandert – nicht vor Eindringlingen und bot sich auch nicht zu einer zentralen Beherrschung an. Wer in Ägypten den Zugang zum oberen und unteren Teil des Flußtals abriegeln konnte, war Herr auf dessen ganzer Länge. Im Zweistromland dagegen suchten sich die Flüsse je nach Jahreszeit ein neues Bett und wanderten gleichsam durch das Land; auch das Hochland, das im Osten und Norden an das Land stößt, verwehrte keineswegs den Zugang, sondern forderte zu einer Beherrschung des Landes geradezu heraus, da die Täler der Nebenflüsse beider großen Ströme einen Einfall begünstigten.

Wie sich die geographische Lage politisch auswirkte, läßt sich leicht beschreiben: schon früh gerieten sumerische Städte wegen der durch die Änderungen des Flußbetts und die Überschwemmungen auftretenden Unregelmäßigkeiten beim Verlauf der Grenzen sowie wegen Wasser- und Weiderechten in Streit miteinander, und schon bald sahen die Könige des Landes ihre Macht von Eindringlingen bedroht, die aus den Bergen kamen, um eigene Städte zu gründen. Zwischen 3100 und 2300 v. Chr. beherrschte die Kriegführung das Leben der Sumerer immer mehr. Das führte neben einer militärischen Spezialisierung und einer beschleunigten Entwicklung der Metallbearbeitung vermutlich auch zur Intensivierung der Kampfhandlungen bis an einen Punkt, an dem wir von einer Schlacht sprechen können. Notgedrungen traten im Laufe der Zeit militärische Führer an die Stelle der Priesterkönige.

Selbstverständlich sind das bloße Mutmaßungen, die sich auf bruchstückhafte Funde gründen: das Auftreten von Bauern in der Umgebung von Städten, die Entdeckung metallener Waffen und

Helme, die Häufigkeit, mit der auf Tontäfelchen das Wort für «Schlacht» auftaucht, Angaben über den Verkauf von Sklaven, die unter Umständen Gefangene waren, die Ersetzung der Angabe *en* (Priester) durch *lugal* (bedeutender Herr) in den Titeln von Herrschern und so weiter.[98] Von besonderer Bedeutung ist der Hinweis auf das Einsickern semitischer Völker aus dem Norden. Nachdem sie in der Ebene eigene Städte gegründet hatten, kam nach einigen Jahrhunderten des Kampfes mit den Städten der Sumerer aus ihren Reihen schließlich der erste Weltherrscher – Sargon von Akkad (diese nach den semitischen Vorfahren des Herrschers benannte Stadt harrt noch der Entdeckung durch die Archäologen).

Man hat darauf hingewiesen, daß im Epos des Königs Gilgamesch, der um das Jahr 2700 v. Chr. die Stadt Uruk beherrschte, ein über eine große Entfernung geführter Feldzug erwähnt sei. Allem Anschein nach hat Gilgamesch in einem militärischen Unternehmen Zedernholz aus den Bergen herbeigeschafft – «Ich werde die Zeder fällen. Einen auf alle Zeiten dauernden Namen will ich mir schaffen. Den Waffenmeistern will ich Befehle erteilen» – und den Beherrscher des Gebietes, in dem die Zedern wuchsen, töten lassen.[99] Doch da man sich nur schwer vorstellen kann, auf welche Weise er eine größere Menge Zedernholz auch nur über eine geringe Entfernung hätte transportieren können, liefert das Epos über die Wirklichkeit des Fernhandels oder der Kriegführung in jener Zeit wohl keine wirklichen Belege. Allerdings scheint die Stadt Uruk unter Gilgamesch mit einer über acht Kilometer langen Mauer umgeben worden zu sein, was Rückschlüsse auf seine Macht erlaubt.

Im Verlauf der folgenden zweihundert Jahre kommen allmählich konkrete Belege für eine ernsthafte Kriegführung zusammen.[100] So zeigt die sogenannte Geier-Stele, wie Eannatum II., Herrscher der altsumerischen Dynastie von Lagasch, das Volk der Elamer schlägt, frühe Bewohner des in späteren Zeiten mächtigen persischen Reiches. Seine Soldaten tragen Metallhelme und sind in Sechserreihen zur Schlachtordnung aufgestellt.[101] Das aus der gleichen Zeit stammende Wandrelief aus Ur zeigt ähnlich ausgerüstete Krieger. Die von ihnen getragenen Umhänge und fransenbesetzten Röcke sind offensichtlich mit Metallstücken verstärkt. Manche Wissenschaftler behaupten, es handele sich dabei um Vorläufer einer Rüstung, die dann aber äußerst unwirksam gewesen sein muß. Angeführt werden sie von Männern, die vierspännige, vierrädrige Karren lenken. Bei Ausgrabungen in den «Totengruben» von Ur wurden Reste von Metallhelmen zutage gefördert, die man offenbar über ledernen Hauben trug.[102]

Diese Helme bestehen aus Kupfer, dem ersten Nichtedelmetall, das der Mensch zu bearbeiten lernte, weil es sich in der Natur in großen Blöcken und in vergleichsweise gediegener Form findet. Für militärische Zwecke ist es nicht besonders brauchbar, da es, ausgewalzt zum Schutz des Körpers getragen, zu weich ist und, zur Waffe geschmiedet, rasch seine Schärfe verliert.[103] Doch bisweilen kommt Kupfer in Form von Erz vor, das Zinn enthält, und als der Mensch im 4. Jahrtausend v. Chr. erkannte, daß sich Metalle schmelzen lassen, lernte er das in großer Menge verfügbare Kupfer mit dem knappen Zinn so zu vermischen, daß dabei harte Bronze entstand. Diese Technik war gegen Ende des 3. Jahrtausends weit verbreitet, und in Mesopotamien entwikkelten Schmiede damals jene metallbearbeitenden Verfahren, die noch heute gängig sind, so das Erschmelzen des Metalls aus dem Erz, den Guß, die Herstellung von Legierungen und das Löten.[104]

Eines der frühesten Erzeugnisse der Legierungs- und Gußtechnik war die Stielaxt, ein bronzener Axtkopf, in den sich ein hölzerner Schaft fest einsetzen ließ. Diese Waffe mit scharfer Schneide, von einem starken und entschlossenen Krieger geschwungen, war von großer Durchschlagskraft. Rasch löste das beginnende Bronzezeitalter die Kupfersteinzeit (Chalkolithikum) ab, in der Kupfer (griechisch *chalkos*) und Stein (griechisch *lithos*) nebeneinander existierten, denn auch damals schon gehorchte der Mensch dem universell gültigen Gesetz, daß eine überlegene Technik eine ihr nicht ebenbürtige verdrängt, sobald die erforderlichen Verfahren und Mittel zur Verfügung stehen. Einer der benötigten Rohstoffe – Zinn – war selten und fand sich nur an bestimmten Stellen; in

Mesopotamien kam Zinn lediglich als Zinnstein (Kassiterit) vor, ein unreines Mineralerz, das von Wasserläufen ausgewaschen wurde. Doch scheint man das reine Erz schon bald in hinreichenden Mengen von den Ufern des Kaspischen Meeres und möglicherweise sogar aus Mitteleuropa bezogen zu haben. Als sich Sargon I. zum Beherrscher Mesopotamiens aufgeworfen hatte, um 2340 v. Chr., war Bronze bereits das Metall für die Waffen der Eroberer geworden; Sargon war ein Herrscher der Bronzezeit.

Aus der Liste der Könige Sumers, der Hauptquelle unseres Wissens über die sumerische Geschichte, läßt sich schließen, daß Sargon von 2340 bis 2284 regierte, was bedeuten würde, daß seine Herrschaft sechsundfünfzig Jahre dauerte. Sicher scheint, daß er gegen benachbarte Städte und anschließend gegen Nachbarvölker eine Reihe von Kriegen geführt hat – vierunddreißig werden genannt – und daß es ihm schließlich gelang, die Grenzen seines Reiches etwa dort zu ziehen, wo die des heutigen Irak liegen. Im elften Jahr seiner Herrschaft zog er bis Syrien, in den Libanon und die südliche Türkei und hat auf diesem Zug möglicherweise sogar das Mittelmeer erreicht. Aus einer Inschrift geht hervor, daß er über ein Heer von 5400 Kriegern gebot, die zweifellos alle Hände voll damit zu tun hatten, Aufstände unter den Sumerern niederzuschlagen, die sich gegen die Herrschaft eines semitischen Eindringlings auflehnten. Sargon selbst nannte sich «Der unaufhörlich durch die vier Reiche [d. h. das Universum] Reisende», und überhaupt scheint er immerzu an der Spitze seiner Truppen gelebt zu haben.

Von seinem Enkel Naramsin (2260–2223 v. Chr.), der sich «König der vier Weltteile» nannte, ein fürwahr großartiger Titel, ist bekannt, daß er einen Zug ins Sagrosgebirge unternahm, das Mesopotamien vom nördlichen Persien trennt. Zur Zeit seiner Herrschaft war das Reich, auch wenn dessen Grenzen beständig verteidigt werden mußten, in sich gefestigt und bildete den wichtigsten Faktor im sich entwickelnden Leben des Vorderen Orients. Geradezu magnetisch lockte sein Reichtum die Neider jenseits der Grenzen an, doch schlug auch unter ihnen die Zivilisation ein paar Wurzeln, was teils auf den Krieg und teils auf den

Handel zurückzuführen war. Folglich war «Mesopotamien etwa um das Jahr 2000 v. Chr.... von einer Reihe Satelliten- oder Proto-Zivilisationen» umgeben. Aus ihnen kamen in dem Maße, in dem sie in den Besitz der militärischen Mittel gelangten, die Eroberer – die Bergvölker der Guti, der Churriter (oder Hurriter) und Kassiten –, denen es im Verlauf eines Jahrtausends gelang, die große Ebene zum Teil oder vollständig in ihren Besitz zu bringen. Noch bevor sie aus dem Hochland herabkamen, vollzogen diese Völker den Übergang zu einer anderen Wirtschaftsform, veränderten ihren Umgang mit Weidevieh und gelangten so in den Besitz von Tieren – Ochsen, Eseln und Pferden –, die ihnen die militärisch notwendige Beweglichkeit verliehen. Außerdem entwickelten sie Ackerbauverfahren auf von Regen bewässertem Land und erzielten damit die Überschüsse, die ihnen die Anfänge eines zivilisierten Lebens ermöglichten.[105]

Die Menschen, die im Innern des Reiches und an dessen Rändern lebten, hatten gewisse militärische Ausrüstungen und Techniken gemeinsam. Sie hatten ihre steinernen Waffen zugunsten solcher aus Bronze aufgegeben und waren zur metallenen Rüstung übergegangen. Immer häufiger verwendeten sie Pfeil und Bogen, und möglicherweise haben sie – sofern ein Felsenstandbild, das Naramsin darstellt, richtig gedeutet wird – bis zur Mitte des 2. Jahrtausends v. Chr. den aus mehreren Bestandteilen und unterschiedlichem Material zusammengesetzten leistungsfähigen «Reflexbogen» entwickelt. Nicht nur, daß ihnen der Befestigungsbau geläufig war, sie kannten auch schon einige Verfahren der Belagerung, darunter das Schlagen einer Bresche und das Überwinden von Mauern mit Sturmleitern. Auch hatten sie sich, zumindest innerhalb Mesopotamiens, der Notwendigkeit gebeugt, daß der Herrscher aus seinen Einkünften bewaffnete Truppen unterhielt, die jederzeit in den Krieg ziehen konnten. Mit dem gleichen Geld könnte die Herstellung standardisierter Waffen bezahlt worden sein. Bedenkt man die Entfernungen, die sie auf ihren Feldzügen zurücklegten, müssen die Mesopotamier auch die Grundlagen der Logistik zumindest so weit gekannt haben, daß sie auf einem mehrere Tage dauernden Feldzug in Feindesland sich selbst und ihre Tiere mit Proviant versorgen konnten. Vor allem aber hatten sie gelernt, den Bau des domestizierten Pferdes – mit dessen Zähmung der Mensch während des 4. Jahrtausends in der Steppe begonnen hatte – durch Pflege und Züchtung weiterzuentwickeln.[106] Als man das Pferd erst einmal vor einen deutlich verbesserten Streitwagen spannen konnte, der nur noch zwei statt der anfänglich vier Räder hatte, revolutionierte das die Kriegführung von Grund auf. Damit wurden nämlich vor allem auch die Räuber animiert, die in den Gebieten lebten, wo Pferde gezüchtet wurden. Nach dem Ende des vorchristlichen 2. Jahrtausends brachen solche räuberischen Streitwagenvölker über die reichen, aber seßhaften Zivilisationen Mesopotamiens, Ägyptens und des Industals herein, drangen aber auch in alle anderen Gegenden vor, in denen die Zivilisation Wurzeln geschlagen hatte.

EXKURS II
Befestigungen

Die Streitwagenvölker waren die ersten großen Aggressoren der Menschheitsgeschichte. Da ein Angriff in der Regel entsprechende Verteidigungsmaßnahmen hervorruft, sollten wir erst fragen, mit welchen Mitteln die seßhaften Bewohner der reichen Länder versuchten, das der Natur Abgerungene vor Plünderung und Verwüstung zu schützen, bevor wir uns der Frage zuwenden, auf welche Weise Streitwagenvölker und, in ihrer Nachfolge, Reitervölker die Welt veränderten, in der die Künste des Friedens zur Blüte gelangt waren.

Das Beispiel Jericho zeigt, daß die ersten Ackerbauern durchaus fähig waren, ihre Ansiedlungen vor Feinden zu schützen, auch wenn unbekannt bleibt, wer diese Feinde waren. Kamen sie, womöglich in schmarotzerischer Weise, regelmäßig, um die Vorräte an landwirtschaftlichen Produkten zu plündern, waren es angehende Ackerbauern, welche die Felder und unerschöpflichen Wasserquellen Jerichos für sich selbst wollten, oder trieb sie bloße Lust an Raub und Zerstörung? Am wahrscheinlichsten dürfte die erste Annahme sein. Wer aus der Wildnis kommt, hat selten den Wunsch, sich als Bauer anzusiedeln, abgesehen davon, daß ihm die nötigen Kenntnisse fehlen. Zwar wimmelt es in der Geschichte von Belegen für sinnlose Zerstörungswut, doch häufiger noch zeigt sich, daß Menschen, die solche Überfälle verübten, genug Verstand hatten, zu erkennen, daß Schmarotzertum für sie günstiger war als Raub und Plünderung. Falls dies auf Jericho zutrifft, dürfen wir in den Mauern und dem Turm der Stadt wahrscheinlich nicht nur eine *Fluchtburg* sehen – den ersten der drei Grundtypen von Befestigungsanlagen –, sondern eine *Festung*.

Eine Festung ist ein Ort, an dem man nicht nur vor Angriffen sicher ist, sondern von dem aus man sich auch aktiv verteidigt. Die Verteidiger sind dort sicher vor Überraschungsangriffen und zahlenmäßiger Überlegenheit; sie können sogar Ausfälle unternehmen und so dafür sorgen, daß sie die militärische Herrschaft über das Gebiet behalten, um das es ihnen geht. Zwischen einer Festung und ihrer Umgebung besteht eine Wechselbeziehung. Eine Fluchtburg dagegen ist ein Ort, der für kürzere Zeit Sicherheit gewährt, aber auf Dauer nur dann nützt, wenn der Feind sich mit Überfällen auf vergleichsweise wehrlose Ziele begnügt oder ihm keine Mittel zu Gebote stehen, sich länger in dem Gebiet zu halten. Gute Beispiele für diese Art Befestigung finden sich in Südostfrankreich in Gestalt der aus dem Mittelalter stammenden *villes perchées* auf den Kuppen der schroff aufsteigenden Küstenberge der Provence; sie dienten als Zuflucht vor den Heimsuchungen durch die über das Meer kommenden muslimischen Piraten.[1]

Eine Festung liegt in einem Gebiet, dessen Ertragskraft ausreicht, um in normalen Zeiten eine Garnison unterhalten zu können; zugleich muß sie so groß und sicher sein, daß sie diese Garnison im Falle eines Angriffs unterbringen, versorgen und schützen kann. Daher gab es beim Bau von Festungen eine Güterabwägung: weder durften sie zu klein sein, denn das wäre falsche Sparsamkeit gewesen, noch durften die Anlagen so kostspielig werden, daß man sie nicht fertigstellen konnte, noch durften sie eine Größe erreichen, die mit den verfügbaren Mitteln nicht hätte verteidigt werden können. In den Kreuzfahrerstaaten, vor allem in den Jahren ihres Niedergangs, bestand stets die Gefahr, daß zu große Befestigungsanlagen für immer kleinere Besatzungen gebaut wurden.

Eine Festung unterscheidet sich von einer Fluchtburg aber noch durch weitere Merkmale. Eine Fluchtburg braucht lediglich so stark zu sein, daß sie potentielle Angreifer von einem Vorstoß abschreckt: «primitive» Krieger wie die Maring waren in ihren von Pfahlwerken geschützten Dörfern vor «Überfällen» oder «Hetzjagden» ebenso sicher wie die Maori im Inneren ihrer auf

Hügeln gelegenen *pa*, weil ihre Feinde weder über Belagerungsmaschinen noch über die Mittel verfügten, sich längere Zeit außerhalb ihres eigenen Gebietes zu versorgen.[2] Festungen, die üblicherweise von fortgeschrittenen und daher reicheren Gesellschaften errichtet werden, müssen einer Belagerung durch einen Angreifer standhalten können, der selbst mitbringt, was er braucht, oder aber über eine Nachschublinie verfügt, über die er alles Erforderliche einschließlich der Belagerungsmaschinen heranschaffen kann. Daher ist auf dem Gelände einer Festung außer Magazinen und Unterkünften auch eine Wasserversorgung erforderlich – zumal dann, wenn auch Herden in Sicherheit gebracht werden sollen.[3] Insbesondere aber muß sie der Garnison Möglichkeiten zu einer aktiven Verteidigung bieten – Kampfplattformen, von denen aus man freies Schußfeld hat, sowie starke Tore, durch die man in einem günstigen Augenblick einen Ausfall unternehmen kann.

Bis zur Einführung des Schießpulvers mußten alle Angriffe gegen Festungen auf kurze Entfernung geführt werden. Das galt für die einfachste Form des Angriffs, das Erklettern, bei dem die Belagerer die Mauern mit Hilfe von Sturmleitern zu überwinden versuchten, ebenso wie für andere Belagerungstechniken, beispielsweise den Bau von Tunneln, das Berennen mit «Widdern», das Schleudern von Geschossen und den Bau von Belagerungstürmen. Es sei gleich gesagt, daß Angriffe mit Geschossen nur selten zum Erfolg führten: eine massige Mauer konnte ohne weiteres die Energie der Geschosse auffangen, die mit Gegengewichten oder Torsionsfedern betriebene Maschinen abfeuerten. Entsprechend ihrer Bauweise schleuderten diese Maschinen die Geschosse überdies in einem ungünstigen Winkel; die Überlegenheit des von Schießpulver getriebenen Projektils gegenüber all seinen Vorgängern besteht darin, daß es sich, wegen seiner flachen Flugbahn, gezielt auf die entscheidende Stelle richten läßt, an der man eine hohe Mauer zum Einsturz bringen kann, nämlich deren Fuß.

Festungsbaumeister waren stets bestrebt, Angreifern den Zugang zum Fundament der Mauern zu erschweren und den Verteidigern eine überlegene Schußposition zu verschaffen. Das Faszinierende an Jericho ist, daß seine Erbauer offenbar schon in den

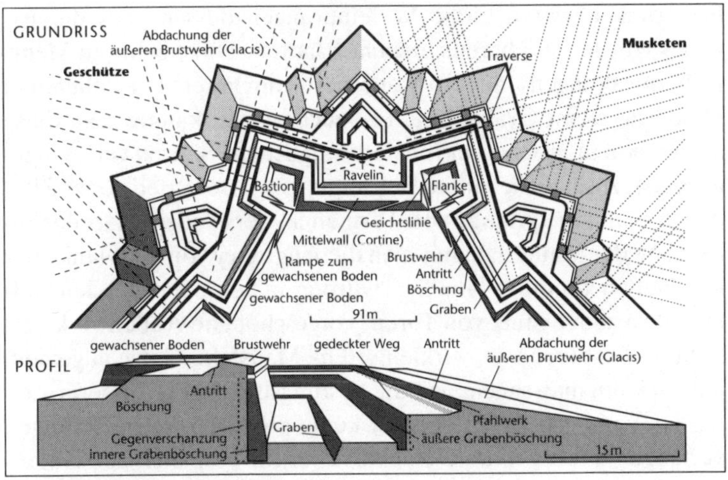

Ideal einer Artilleriefestung, 16. bis 18. Jahrhundert

Anfängen des Festungsbaus alle Gefahren erkannten, die drohen konnten, und Schutzmaßnahmen gegen jede einzelne vorsahen. So beraubte der trockene Graben die Angreifenden der Möglichkeit eines Zugangs zum Fundament der Mauer und schuf zugleich ein offenes Gelände, auf dem man Angreifer töten konnte. (Bei einem undurchlässigen Boden und einer geringeren Verdunstung hätte man, sofern mehr Wasser verfügbar gewesen wäre, auch einen Wassergraben anlegen können.) Zur Überwindung der Mauern, deren Höhe die Größe eines Mannes um mehr als das Dreifache überstieg, hätten Angreifer Sturmleitern mitbringen müssen, und wer sie verwendet, steht bei seinem Angriff buchstäblich auf schwachen Füßen. Außerdem waren die Mauern wahrscheinlich mit Kampfplattformen ausgerüstet. Der Turm schließlich, der die Mauern überragte, gab den Verteidigern den zusätzlichen Vorteil überlegener Höhe.

Den drei genannten Merkmalen – Mauern, Graben, Turm – fügten die Festungsbauer in den acht Jahrtausenden zwischen der Errichtung Jerichos und der Einführung des Schießpulvers nur wenig Neues hinzu. Die Grundlinien lagen fest; alle späteren Verbesserungen waren bloße Verfeinerungen dessen, was die Erbauer von Jericho bereits ersonnen hatten. Dazu gehören Mehrfachumwallungen – äußere Mauern, die um innere herumliefen –; Hindernisse am Grabenrand (möglicherweise kannte man diese auch schon in Jericho, und es sind lediglich die Spuren verlorengegangen); zusätzliche innere Befestigungen – Bergfriede oder Zitadellen – und die Anlage von Türmen an der Außen- statt der Innenseite der Mauern, damit man die Angreifer von der Flanke her beschießen konnte. Schließlich wurden an besonders heiklen Stellen, etwa zum Schutz von Toren, vorgeschobene Außenwerke errichtet, Festungen in verkleinertem Maßstab. Ganz allgemein jedoch kann man sagen, daß die Festungsingenieure späterer Zeiten im Vergleich zu Jericho auf keine größeren Verbesserungen verfallen sind als spätere Buchdrucker im Vergleich zur Gutenberg-Bibel.

Festungen sind ein Ergebnis kleiner oder geteilter Herrschaftsbereiche; sie kommen in großer Zahl dort vor, wo es keine Zentralgewalt gibt, wo sich eine solche erst durchzusetzen beginnt oder zusammengebrochen ist. So wurden in den frühen Jahren der griechischen Kolonisation Befestigungsanlagen an den Küsten der heutigen Türkei und Siziliens errichtet, um dort einzelne Handelsniederlassungen zu schützen. Nachdem die Normannen 1066 England erobert hatten, überzogen sie, um den Angelsachsen ihre Herrschaft aufzuzwingen, das Land mit Burgen; bis zum Jahre 1154 mögen an die neunhundert errichtet worden sein, deren Größe entsprechend der aufgewendeten Arbeitsleistung zwischen tausend und vierundzwanzigtausend Arbeitstagen schwankt.[4] Die römischen Befestigungsanlagen an Englands sogenannter Sachsenküste (beispielsweise Reculver und Pevensey) sollten den germanischen Seeräubern, die der Niedergang der römischen Macht im 4. nachchristlichen Jahrhundert mächtig anlockte, den Zugang zu den weit ins Landesinnere reichenden Trichtermündungen verwehren.[5] Doch darf man diese Befestigungen eigentlich nicht als einzelne Festungen ansehen; sie sind vielmehr Bestandteile einer strategischen Befestigungsanlage und entsprechen somit dem dritten Grundtyp von Befestigungsbauwerken. Es gibt fortlaufende

Anlagen wie beispielsweise den Hadrianswall zwischen England und Schottland oder, was häufiger der Fall ist, einzelne befestigte Einrichtungen, die sich gegenseitig Schutz gewährten und über eine breite Front einem Feind den Weg versperren konnten. Naturgemäß ist keine Verteidigungsanlage sowohl im Bau als auch im Unterhalt und Bemannung aufwendiger als diese, und so sind strategische Befestigungsanlagen stets ein Zeichen für den Reichtum und die fortgeschrittene politische Entwicklung des Volkes, das sie errichtet hat.

Die befestigten Städte von Sumer aus der Zeit nach der Vereinigung des Landes unter einer Zentralgewalt kann man durchaus als strategische Befestigungen betrachten, auch wenn sich ein System eher zufällig ergab und die Städte nicht von vornherein dafür vorgesehen waren. Die ersten Anlagen, die mit voller Absicht als strategisches System gebaut wurden, dürften die von den Pharaonen der Zwölften Dynastie von 1991 v. Chr. an errichteten nubischen Forts sein. Sie erstreckten sich zum Schluß zwischen der Ersten und der Vierten Stromschnelle über rund vierhundert Kilometer entlang dem Fluß. Sie waren so konstruiert, daß man von ihnen aus sowohl den Fluß als auch die Wüste beherrschte, und die Abstände waren so bemessen, daß die Besatzungen Verbindung miteinander halten konnten, vielleicht durch Rauchzeichen.

Auch hier wieder zeigen die von der Archäologie zutage geförderten Belege ein Befestigungskonzept, dem spätere Erbauer strategischer Verteidigungsanlagen nur wenig hinzuzufügen hatten. Die ersten Forts, die in der Nähe der Ersten Stromschnelle liegen, wo das Tal so breit ist, daß es eine bäuerliche Bevölkerung ernähren kann, dienten auch deren Schutz. Die späteren, die entsprechend dem ägyptischen Vorrücken ins barbarische Nubien am weit schmaleren Oberlauf des Nils entstanden, waren wohl strikt militärisch ausgerichtet. Erhalten gebliebene Unterlagen zeigen, daß diese Forts als trutzige Grenzbefestigungen gedacht waren. Sesostris III. ließ sich ein Standbild errichten, das die Inschrift trägt: «Ich habe meine Grenze gemacht und bin weiter südwärts gesegelt als meine Vorfahren. Ich habe vermehrt, was mir hinterlassen wurde. Jeder meiner Söhne, der diese Grenze verteidigt...

ist ein Sohn Meiner Majestät... Wer sie aber aufgibt und nicht dafür kämpft, ist nicht mein Sohn.» Diese am Fort von Semna gefundene Inschrift stammt aus dem Jahre 1820 v. Chr. Das Standbild ist nicht mehr vorhanden, doch hat man im selben Fort eine Kultstatue von Sesostris III. gefunden, die auf die Zeit von 1479–1426 v. Chr. zurückgeht, Beweis dafür, daß man sich seine Mahnung zu Herzen genommen hatte.[6]

Die von Ägypten in Nubien betriebene Grenzpolitik war Vorbild für andere Reichsgründer in späteren Zeiten. Bei Semna waren drei Forts so angelegt, daß sie den Fluß von beiden Ufern aus beherrschten; über unterirdische Leitungen wurde Nilwasser herangeführt, und eine mehrere Kilometer lange Mauer aus Lehmziegeln schützte die nach Süden führende Straße zur Landseite hin. Alle Forts verfügten über große Getreidevorratskammern, von denen zwei genügten, mehrere hundert Männer ein Jahr lang zu versorgen. Aufgefüllt wurden sie vermutlich vom Nachschubzentrum Asiut, einer offenkundig speziell als Getreidelager errichteten Inselfestung im Hinterland. Eine weitere Inschrift enthüllt, welche Pflichten die Besatzung hatte: «Jedem Nubier den Weg nach Norden versperren, ob zu Fuß oder zu Schiff, wie auch allem Vieh der Nubier. Eine Ausnahme ist ein Nubier, der zum Tauschhandel nach Iken kommt, oder einer mit einer amtlichen Botschaft.»

Im Vorfeld der Forts unterhielten die Ägypter eine Wüstenpatrouille, die Medschaj, die aus Bewohnern der Nubischen Wüste rekrutiert wurde. (Zu den bei Theben gefundenen «Berichten aus Semna» gehört folgender Rapport: «Der Trupp, der ausgesandt wurde, um den Rand der Wüste zu erkunden... ist zurückgekehrt und hat mir wie folgt berichtet: ‹Wir haben Spuren von 32 Männern und 3 Eseln gefunden›.») Britische Offiziere, die an der Nordwestgrenze Indiens gedient haben, würden das Verhalten der Ägypter sofort wiedererkennen. Auch sie unterhielten eine verwaltete Zone, in der große Garnisonen die Bevölkerung schützten, eine vorgeschobene Zone mit Forts, deren Besatzung ausschließlich militärische Zwecke erfüllte, und wiederum vorgelagert eine «Stammeszone», in der lediglich die Straßen verteidigt wurden, während der Schutz dieser Gebiete Stammesmilizen übertragen war. Dort patrouillierten Einheiten wie die «Khyber Rifles» oder die «Totschi Scouts», deren Angehörige aus den Völkern rekrutiert wurden, gegen die man das ganze ausgeklügelte Verteidigungssystem ursprünglich errichtet hatte.

Sowohl der Grundriß von Jericho als auch der der Forts an der Zweiten Stromschnelle läßt sich über alle Jahrhunderte hinweg immer wieder entdecken. Dies überrascht nicht. Wo sich der Mensch darum bemüht, die Grundelemente der Architektur und Stadtplanung in ein System des Selbstschutzes zu integrieren, muß nahezu zwangsläufig etwas wie Jericho oder der Komplex von Semna herauskommen. Und wer einmal erkannt hat, daß die Bewachung einer Grenze zwischen Zivilisation und Barbarei in vorderster Linie am besten gewährleistet ist, wenn man die besticht, die auf der falschen Seite dieser Grenze leben, ist fast schon bereit, den Wilderer zum Wildhüter zu machen – wie im Fall der Medschaj oder der Khyber Rifles.

Wer jedoch annimmt, die beim Bau von Jericho und Semna befolgten Grundsätze hätten rasch und weithin Verbreitung gefunden, irrt. Die Bewohner Jerichos waren zu ihrer Zeit reich, die Pharaonen der Zwölften Dynastie noch reicher. An anderen Orten blieben die Menschen bis weit ins 2. vorchristliche Jahrtausend arm, und die Besiedlungsdichte war gering. Erst im 1. Jahrtausend errichtete man in mehreren Gebieten befestigte Siedlungen. In Alt-Smyrna haben Archäologen eine befestigte griechische Siedlung entdeckt, die im 9. Jahrhundert v. Chr. innerhalb einer Umwallungsmauer mit Bastionen aus behauenem Stein errichtet wurde, und für das 6. Jahrhundert sind mauerbewehrte Siedlungen an Orten belegt, die immerhin so weit voneinander entfernt liegen, wie das spanische Zaragoza und Biskupin in Polen.[7] Auf Hügelkuppen angelegte Befestigungen – die in Großbritannien häufigen «Eisenzeit-Forts», von denen man bisher zweitausend entdeckt hat – könnten in Südosteuropa bereits im 3. Jahrtausend entstanden sein, doch erst im 1. Jahrtausend fanden sie weite Verbreitung.[8] Historiker sind nach wie vor verschiedener Ansicht über deren Funktion – waren es Vorläufer von Städten oder dienten sie als Fluchtburgen? – wie auch über die politischen Bedingungen ihrer Entstehung. Wahrscheinlich waren sie wie die *pa* der Maori Teil einer Gesellschaft, die allmählich Stammesstruktur gewonnen hatte und in der benachbarte Gruppen danach strebten, ihre bewegliche Habe vor Überfällen zu sichern. Gewißheit freilich ist in dieser Hinsicht nicht möglich. Wir wissen lediglich, daß der Befestigungsbau während des 1. Jahrtausends v. Chr. aus dem Südosten Europas in den Nordwesten gelangte. Im Zuge der Kolonisation durch Griechen und Phönizier kam es etwa gleichzeitig zur Anlage befestigter Häfen entlang den Küsten des Mittelmeeres und des Schwarzen Meeres. Zweifellos folgte der Befestigungsbau dem Handel; der führende Fachmann auf dem Gebiet der Vorgeschichte der Städte, Stewart Piggott, meint, zwischen den befestigten Häfen der Mittelmeerküste und den im Binnenland gelegenen Hügelfestungen Frankreichs und Deutschlands müsse es einen bedeutenden Handelsweg gegeben haben, über den Wein, Seide, Elfenbein (sogar Pfauen und Affen – in prähistorischer Zeit hat ein König des nordirischen Ulster einen Berberaffen besessen) nach Norden und Bernstein und Felle sowie Pökelfleisch und Sklaven nach Süden transportiert wurden.[9]

Um die Zeitenwende existierten in den Ländern der gemäßigten Zone zahlreiche Befestigungsanlagen. In China besaßen die ersten Städte keine Mauern, zumal da in den baumlosen Lößebenen das Brennmaterial zur Herstellung von Ziegeln fehlte; erst während der Shang-Dynastie (um 1500–1000 v. Chr.), der ersten zentralistischen Macht, wurden Städte mit Mauern aus gestampftem Lehm *(pisé)* umgeben. Es ist aufschlußreich, daß das zu dieser Zeit gebräuchliche Schriftzeichen für Stadt, nämlich *yi*, die Symbole für eine Einzäunung und einen zum Zeichen der Unterwerfung knienden Mann enthält, was die Vermutung zuläßt, daß in China, wie auch andernorts, die Befestigungsanlage nicht nur der Verteidigung diente, sondern ebenso der Beherrschung der eigenen Gesellschaft.[10] Im antiken Griechenland umgaben sich die Stadtstaaten nach dem Zusammenbruch der minoischen Kultur selbstverständlich mit Mauern. Entsprechendes galt zur gleichen Zeit für das Gebiet des heutigen Italien wie natürlich auch für

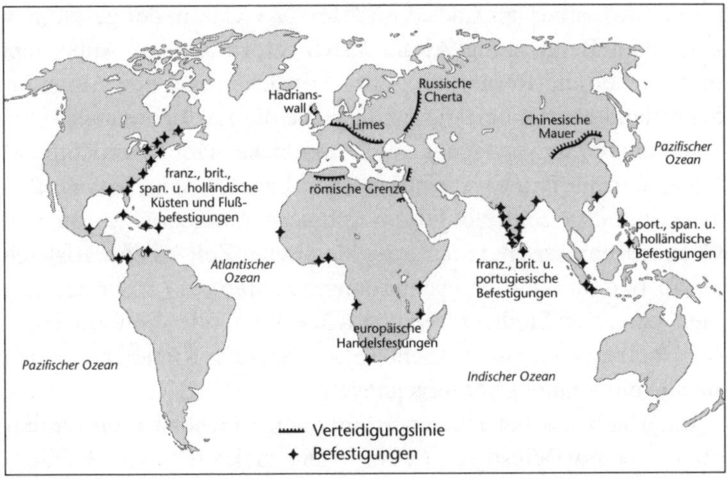

Befestigungsanlagen

Rom selbst. Als Alexander zu seinem Eroberungszug durch Persien nach Indien aufbrach, rechneten die Strategen grundsätzlich damit, daß ihnen in besiedeltem Gebiet Festungen den Weg versperrten.

Grundsätzlich deutet eine große Zahl von Festungen auf eine schwache oder fehlende Zentralgewalt hin. Alexander führte in den Jahren zwischen 335 und 325 v. Chr. mindestens zwanzig Belagerungen durch, jedoch keine einzige innerhalb der Grenzen des persischen Reiches; wie es sich für einen bedeutenden Staat gehörte, wurde das Land an seiner Peripherie verteidigt. Die drei Schlachten Alexanders gegen die persische Armee am Granikos, bei Issos und bei Gaugamela fanden in offenem Gelände statt. Erst als er Persien unterworfen hatte und in die in sich zerstrittenen Länder Richtung Indien vordrang, mußte er erneut die Technik der Belagerung anwenden, wie in den Jahren 334–32, als er in das Perserreich eingedrungen war. Die Römer führten bei der Errichtung ihres Reiches eine Belagerung nach der anderen durch, vom Ersten Punischen Krieg im Jahre 262 v. Chr. bei Agrigent – einem der frühen befestigten Häfen Siziliens – bis hin zum Krieg gegen die Gallier, als Caesar im Jahre 52 v. Chr. in der gewaltigen keltischen Bergfestung Alesia Vercingetorix schlug. Außerdem hinterließen die Römer bei ihrem Vorrücken von den Alpen bis Schottland überall befestigte Lager, die die Legionäre jeweils am Ende eines Tagesmarsches durch feindliches Gebiet errichteten. Die genormte Bauweise eines solchen Lagers – seine vier großen Tore und das zentrale Forum erinnern kurioserweise an den Grundriß chinesischer Städte aus klassischer Zeit – diente zugleich als Vorbild für die wichtigsten römischen Städte im eroberten Gebiet: unter den Stadtzentren von Köln, Wien oder London liegen die Überreste der quadratischen Standlager der Römer, aus denen sie alle miteinander hervorgegangen sind.

Innerhalb des befriedeten Römischen Reiches legten die Eroberer keine Befestigungen an. «Die meisten Städte Galliens entstanden als offene Siedlungen und blieben unbefestigt.»[11] Ebendas war mit *pax Romana* gemeint: offene Städte, sichere Verkehrswege, keine Binnengrenzen in ganz Westeuropa. Natürlich dienten an anderen Orten angelegte Befestigungsanlagen der Sicherung dieses Friedens, doch wie dieses System im einzelnen funktionierte, bleibt eine der umstrittensten Fragen im Zusammenhang mit der römischen Geschichte. Befestigungsanlagen an den Grenzen sind für jedermann sichtbar. Am deutlichsten zeigt sich das an den mittleren Stücken des Hadrianswalls in Nordengland. Auch Reste des Antoninuswalls, mit dem die Römer einen noch weiteren Vorstoß in den Norden Britanniens sicherten, lassen sich noch erkennen, ebenso Teile des *limes*, der zwischen Rhein und Donau verlief, des *fossatum Africae* am Rand der Wüste – vom heutigen Marokko über Algerien und Tunesien bis Libyen – sowie des *limes Syriae*, der sich vom Golf von Akaba zum Oberlauf von Euphrat und Tigris erstreckte.

Handelte es sich bei diesen Befestigungen, wie manche Historiker meinen, um «genau festgelegte Grenzen» oder lediglich um Markierungen, die anzeigten, daß dort zwar die Zone der Sicherheit endete, die römischen Truppen aber jeder Störung zuvorkommen würden, auch wenn sie bloß von lokaler Bedeutung war? Edward Luttwak hat in seinem Werk *The Grand Strategy of the Ro-*

man Empire überzeugend die Vorstellung vertreten, daß die Römer, ebenso wie später die Briten in Indien, eine genaue Vorstellung davon hatten, was sich verteidigen ließ und was nicht; die Methoden der Verteidigung – zuerst eine starke Zentralarmee, später eine starke örtliche Verteidigung und schließlich eine unbefriedigende Mischung aus beiden – variierten freilich, je nachdem, wie es die Lage des Reiches verlangte.[12] Andere bestreiten eine solche Folgerichtigkeit, vor allem im Hinblick auf die Ostgrenzen. Benjamin Isaac vertritt die Ansicht, Rom habe gegen Perser und Parther lange Zeit eine aggressive Politik verfolgt, daher seien die Befestigungen im Osten als Verbindungslinie für Expeditionsheere zu sehen; C. R. Whittaker meint, es habe an vielen Grenzen immer wieder Unruhen gegeben, und die römischen Verteidigungsbemühungen hätten wie die der Ägypter in Nubien oder die der Franzosen im Algerienkrieg (1954–62) in erster Linie dafür sorgen sollen, einen gewissen Abstand zwischen Friedensstörern und friedlichen Bauern herzustellen.[13]

Anders als bei Festungen bedeutet der Bau strategischer Verteidigungsanlagen nahezu überall und zu allen Zeiten eine Zunahme der Zentralgewalt. Dabei ist es gleich, ob das Bauwerk so gewaltig ist wie die bis auf den heutigen Tag nicht vollständig erforschte Chinesische Mauer oder von so einfacher Machart wie *Offa's Dyke*, die Grenzbefestigung zwischen dem von Angelsachsen beherrschten England und dem keltischen Wales. Auch diese Befestigung muß zu ihrer Zeit ein gewaltiges Unternehmen gewesen sein, das Zehntausende von Arbeitstagen gekostet haben dürfte. Den Zweck solcher Verteidigungsanlagen zu bestimmen, ist recht schwierig, denn sie unterscheiden sich so stark voneinander, daß sich eine Verallgemeinerung verbietet. So sollte die *krajina*, die Militärgrenze des Habsburgerreiches zu den unter osmanischem Einfluß stehenden Ländern, sicherlich die Türken fernhalten; doch symbolisierte ihre Errichtung eher die Stärke der Türken als die Österreichs. Die Befestigungen hingegen, die man in den sechziger Jahren des 19. Jahrhunderts unter hohen Kosten zum Schutz der britischen Häfen an der Süd- und Ostküste des Landes errichtete – bis 1867 waren 76 fertig oder im Bau –, waren eine Reaktion auf eine ausschließlich in der Einbildung bestehende Bedrohung durch Frankreich; vielleicht äußerte sich darin auch die neurotische Befürchtung, gepanzerte Kriegsschiffe könnten niemals jene Sicherheit gewähren, die man auf der Insel stets nur von hölzernen Wällen erwartete.[14] Die Festungskette Ludwigs XIV. entlang der französischen Ostgrenze diente dem Angriff, weil Frankreich seine Macht Schritt für Schritt ins Deutsche Reich ausdehnen wollte. Ähnliches gilt in noch größerem Maße für die *tschertà*, eine Linie improvisierter Befestigungen, die die Zaren vom 16. Jahrhundert an in die östlichen Steppengebiete vorschoben, um die Nomaden in das Gebiet südlich des Urals abzudrängen und eine Besiedlung Sibiriens zu ermöglichen. Die *tschertà*, die man nur mit der halbherzigen Unterstützung der Kosaken errichten konnte, diente im übrigen auch dazu, diese selbst unter Moskaus Kontrolle zu bringen, was die Kosaken freilich erst recht spät durchschauten.[15]

Zur Hälfte Mittel der Verteidigung, zur Hälfte Mittel der Unterdrückung, so beschreibt Owen Lattimore – neben Frederick Jackson Turner der bedeutendste Historiker, der sich mit Grenzfragen beschäftigte – die Chinesische Mauer. In einem berühmten Vortrag, den er 1893 vor dem amerikanischen Historikerverband hielt, erklärte Turner, die Vorstellung einer beweglichen Grenze, die jedem unentgeltlich Land bot, der bereit war, nach Westen zu ziehen, sei entscheidend gewesen für die Herausbildung des amerikanischen Nationalcharakters – großzügig, tatkräftig und allem Neuen aufgeschlossen – und habe sichergestellt, daß das Land eine bedeutende Demokratie werde und bleibe. Die Chinesische Mauer, so Lattimore, ist in jeder Hinsicht das Gegenteil. Zwar sei sie, hervorgegangen aus einer Reihe von Mauern regionaler Bedeutung, welche die Herrscher des jeweiligen Gebiets zum Schutz ihrer im Entstehen begriffenen Staaten errichtet hatten, nicht immer so starr gewesen. Aber im 3. Jahrhundert v. Chr. sei sie von der Qin-Dynastie endgültig als Scheidelinie etabliert worden zwischen Weidewirtschaft auf der einen und Bewässerungs-Landbau auf der anderen Seite, grob gesagt, zwischen Flußtälern und Steppe.

Lattimores Ansicht nach hat sich die Qin-Dynastie als ebenso unfähig erwiesen wie alle folgenden, den Verlauf der Mauer den jeweiligen Gegebenheiten anzupassen: einmal sei man nach Norden vorgestoßen und habe die von der großen Schleife des Hwangho gebildete Ordos-Hochebene einbezogen, dann wieder habe man das aufgegeben und statt dessen im Westen, wo die Mauer dem Hochland Tibets zustrebt, zahlreiche Erweiterungen und Begradigungen vorgenommen; am Ende hatte die Mauer mit all ihren Verzweigungen und Armen eine Gesamtlänge von über sechstausend Kilometern erreicht.[16] Alle ihre Windungen seien jedoch weniger ein Beweis für die Zu- oder Abnahme der dynastischen Macht als vielmehr dafür, daß man einer Schimäre nachgejagt sei. Tatsächlich erstrebten viele Kaiser eine genau festgelegte Grenze entlang der Linie, wo zum Ackerbau geeignetes Land an solches stieß, das man umherziehenden Nomaden und ihren Herden überlassen konnte. Doch eine solche Linie fand sich nicht, da es zwischen beiden Zonen häufig nicht nur gemischte Bewirtschaftung gab, sondern diese dritte Zone mit wechselnden klimatischen und hydrologischen Bedingungen auch Form und Umfang änderte. Versuche, die ökologische Situation dadurch zu stabilisieren, daß man in den Grenzgebieten chinesische Bauern ansiedelte, scheiterten, gingen diese Bauern in längeren Trockenperioden doch selbst dazu über zu nomadisieren – vor allem innerhalb der großen Schleife des Hwangho – und damit die Reitervölker zu verstärken, die in immer neuen Wellen gegen die Mauer anbrandeten. Diese Angriffe wiederum vereitelten die Bemühungen der Grenzkommandeure, aus den Halbnomaden, deren natürliche Heimat die Zwischenzone war, Chinesen zu machen.[17]

Unter diesen Umständen überrascht es nicht, daß die Chinesen zu keiner Zeit die Mauern niederrissen, die sie um alle Städte gezogen hatten, in deren Umgebung vom Bewässerungs-Landbau lebende Ansiedlungen entstanden waren. In Zeiten starker Dynastien dienten sie als Zentren kaiserlicher Verwaltung; kam es durch Nomadenangriffe zu Unruhen, blieben sie Hochburgen der kaiserlichen Tradition, die Eroberer zu Chinesen zu machen. Mit Recht sah man in Stadtmauern Symbole der Zivilisation, und so wurden unter den Ming-Kaisern (1368–1644 n. Chr.) fünfhundert Stadtmauern wie auch die Chinesische Mauer selbst vollständig wiederhergestellt.[18] Dies waren freilich nur Versatzstücke des kaiserlichen Systems, dessen Stärke letztlich darauf beruhte, daß die Chinesen zu wissen glaubten, wie eine Gesellschaft am besten geordnet sei. Solche Überzeugungen hielten sich weniger deshalb, weil die Gesellschaft von oben bis unten davon durchdrungen gewesen wäre – sie blieben gemeinhin der Klasse der Landbesitzer und Beamten vorbehalten –, sondern weil die Zahl derer, die von außen an die Macht gelangten, vergleichsweise gering war. Diese aber stammten ab von Steppenbewohnern, die die Zivilisation der Chinesen in einem ihnen selbst häufig nicht bewußten Umfang längst in sich aufgenommen hatten. In diesem Sinne war die Chinesische Mauer ein Instrument der Zivilisation, eine Membran, durch die machtvolle Ideen nach draußen strömten, um die Barbarei jener zu mäßigen, die unaufhörlich an die Tore hämmerten.

Die klassische Zivilisation des Westens hatte in dieser Hinsicht weniger Glück. Im Unterschied zu den Chinesen wurden die Römer unablässig und in großer Zahl von Barbarenvölkern angegriffen. Die wenigsten waren durch ständigen und vermittelnden Kontakt mit der Zivilisation romanisiert worden. Als die Barbaren immer häufiger und tiefer nach Gallien vordrangen, begannen Provinzbeamte von der Mitte des 3. Jahrhunderts n. Chr. an im Landesinneren gelegene Städte mit Mauern zu umgeben. Doch bis zum 5. Jahrhundert waren erst achtundvierzig Städte befestigt, von denen die meisten in Grenz- oder Küstengebieten lagen. In Spanien waren es lediglich zwölf, während in Italien südlich der Poebene ausschließlich Rom seine Verteidigungsanlagen beibehalten hatte.[19] Ketten von Kastellen entstanden entlang der Nordsee, an der Kanal- und Atlantikküste, und der *limes* zwischen Rhein und Donau wurde verstärkt. Wer diese Grenzbefestigungen überrannte, dem bot sich das gesamte Weströmische Reich als Beute.

Die Barbarenreiche, die Rom eroberten, brauchten keine Befestigungsanlagen – davon abgesehen, daß sie auch gar nicht die erforderlichen Kenntnisse besessen hätten. Eindringlinge – Seeräuber aus Skandinavien, Araber, zentralasiatische Steppenvölker – stießen auf keinerlei strategische Verteidigungsanlagen und nur auf wenige Befestigungen im Landesinneren. So ist es kein Wunder, daß ihre Angriffe am Ende auch den entschlossenen Versuch Karls des Großen zunichte machten, erneut ein ganz Europa umfassendes Reich zu schaffen.

Als Westeuropa schließlich neu befestigt wurde, geschah dies auf eine Weise, die einer chinesischen Dynastie größtes Unbehagen verursacht hätte. Die Wiederbelebung des Handels, zu der es zwischen 1100 und 1300 kam und die vielleicht mit dem Anwachsen der europäischen Bevölkerung von rund vierzig auf sechzig Millionen zusammenhing, brachte auch eine Wiederbelebung der Städte, denen die zunehmende Geldwirtschaft Mittel lieferte, sich vor äußeren Gefahren zu schützen. Beispielsweise umgab sich Pisa 1155 mit einem Graben, der in zwei Monaten fertiggestellt wurde, und vollendete im folgenden Jahr eine Mauer mit Türmen. Die neu mit Mauern versehenen Städte nutzten die auf diese Weise gewonnene Sicherheit nicht dazu, die Macht des Königs zu stützen, sondern um Rechte und Freiheiten zu verlangen. So war die Errichtung der Mauer von Pisa ein Akt des Widerstandes gegen Kaiser Friedrich Barbarossa.[20]

Ganz Westeuropa wurde damals mit Burgen überzogen. Anfangs waren das einfache Verschanzungen, vom 10. Jahrhundert an dann mächtigere *mottes* (künstliche Erdhügel mit Burgen) und schließlich richtiggehende steinerne Festungen. Manche gehörten einem König oder einem seiner getreuen Vasallen, doch im Laufe der Zeit mußte man die Mehrheit als unrechtmäßig errichtete Werke von Aufsässigen oder Emporkömmlingen ansehen. Stets lautete ihre Rechtfertigung, die von den Gottlosen – Wikingern, Awaren oder Magyaren – ausgehende Bedrohung erfordere einen sicheren Ort, an dem man Pferde und Truppen unterbringen könne. In einem Europa, das weder über strategische Verteidigungsanlagen noch über starke Zentralgewalten gebot, machten sich solche Herren diese Situation geschickt zunutze, um ihre Gebietsherrschaft zu stärken.

Im nordwestfranzösischen Poitou gab es vor Beginn der Wikingerüberfälle drei Burgen, im 11. Jahrhundert waren es neununddreißig; im benachbarten Maine stand vor dem 10. Jahrhundert keine einzige, bis zum Jahr 1100 waren es zweiundsechzig.[21] Dieses Muster wiederholte sich überall und machte schließlich den Vorteil zunichte, den man bei örtlichen Machtkämpfen ursprünglich aus einer Burg hatte ziehen können. Wo jeder starke Mann seinen Hof bewaffnete, war das Ergebnis nicht Oberherrschaft und noch weniger gemeinsame Unterstützung der Zentralgewalt gegen Eindringlinge, sondern allenthalben lokale Fehden. Könige erteilten Genehmigungen zum Burgenbau und gingen zusammen mit ihren großen Vasallen, wo immer sie die Möglichkeit dazu hatten, gegen die ohne Erlaubnis errichteten Bauten vor. Burgen ließen sich sehr rasch errichten – hundert Männer konnten in zehn Tagen eine kleine *motte* aufwerfen –, und wenn sie erst einmal standen, war es äußerst schwierig, sie zu beseitigen.[22] Die Sturmfestigkeit der Burgen war den Möglichkeiten der Belagerung deutlich überlegen; das galt seit der Erbauung Jerichos und änderte sich erst mit der Einführung des Schießpulvers.

Althistoriker sind fasziniert von den Darstellungen von Belagerungen, die man bei Ausgrabungen im Zweistromland und in Ägypten gefunden hat – Sturmböcke (Widder), Sturmleitern, Belagerungstürme, Stollen. Schriftliche Berichte von Belagerungskriegen der Griechen überliefern, daß 398/7 v. Chr. das Steinkatapult, die erste Wurfmaschine, eingesetzt wurde.[23] Die früheste Darstellung eines – sehr schwächlich wirkenden, aber immerhin offenbar durch ein Dach geschützten – Rammbocks stammt aus Ägypten und wird auf 1900 v. Chr. datiert; Sturmleitern hat man schon fünfhundert Jahre früher abgebildet. Einen weit leistungsfähigeren Rammbock, der mit einem auf Rädern laufenden festen Schutzdach versehen ist, zeigt ein Relief aus einem Palast im Zweistromland aus der Zeit von etwa 883–59 v. Chr.; hier sind überdies Männer zu sehen, die eine Mauer untergraben. Ein ebenfalls aus Mesopotamien stammendes Relief aus der Zeit um 745–27 v. Chr. hält einen beweglichen Belagerungsturm fest. Inzwischen hatte man auch gelernt, Rampen anzulegen, um einen Graben auszufüllen und die Mauerkrone zu erreichen. Darüber hinaus gehörte es zur Belagerungskunst jener Zeit, mit großen Schilden den Bogenschützen Deckung zu bieten, die ihre Pfeile auf die Verteidiger auf der Brustwehr schossen. Auch scheint man Feuer zum Angriff auf Tore und möglicherweise auch auf das Innere einer Befestigungsanlage verwendet zu haben. Das Unterbrechen von Wasserleitungen, wo immer das möglich war, und selbstverständlich auch das Aushungern der Belagerten waren längst üblich.[24]

Man sieht, alles, was vor der Einführung des Schießpulvers der Belagerung diente, wurde zwischen den Jahren 2400 und 397 v. Chr. entwickelt. Doch keines dieser Verfahren – mit Ausnahme des Aushungerns – bot eine sichere oder auch nur besonders wirksame Möglichkeit, eine Festung zur Übergabe zu zwingen. Folgt man dem Strategen der Antike, Polybius, kamen Belagerer am ehesten zum Ziel, wenn ihnen ein überraschender Coup gelang oder indem sie sich die Selbstgefälligkeit der Verteidiger zunutze machten. Eine weitere Möglichkeit war Verrat; auf diese Weise gelangte beispielsweise 1098 Antiochia in die Hände der Kreuzritter, und ähnlich ging es vielen anderen Festungen.[25] Von diesen Methoden abgesehen, konnte ein Angreifer monatelang vor den Mauern sitzen, bis er auf eine schwache Stelle stieß oder selbst eine schuf. So wurde Château-Gaillard 1204 durch einen unbewachten Latrinenabfluß eingenommen; Rochester hingegen, das der englische König Johann 1215 belagerte, verlor zwar die Südecke seines Bergfrieds, den man untergrub, um dann in den Stollen die Stützhölzer zu verbrennen, wobei das Feuer das Fett von vierzig gemästeten Schweinen verzehrte, wurde aber schließlich nur deshalb eingenommen, weil der fünfzig Tage von der Außenwelt abgeschnittenen Besatzung die Lebensmittelvorräte ausgegangen waren. Dies war lange Zeit die aufwendigste Belagerung in England.[26]

Die Einnahme Jerusalems durch die Kreuzfahrer im Jahre 1099 mit Hilfe eines Belagerungsturms war ein außergewöhnliches Ereignis, was zum Teil auf die Schwäche der Besatzung und zum Teil auf den religiösen Eifer der Angreifer zurückgeht. Im allgemeinen lag bis zur Einführung des Schießpulvers der Vorteil im Belagerungskrieg stets auf der Seite der Verteidiger, solange sie umsichtig genug waren, ausreichend Vorräte einzulagern. Dies führte dazu, daß man sich im Mittelalter bei Belagerungen in der Regel darauf verständigte, nach Ablauf einer bestimmten Frist den in der Festung Eingeschlossenen freien Abzug zu gewähren, sofern die Belagerung nicht durch eine Entsatzstreitmacht aufgehoben worden war.[27] Da auch die Vorräte der Angreifer zur Neige gingen und, was noch wahrscheinlicher war, in ihrem ungesunden Feldlager Krankheiten ausbrechen konnten, war ein solches Abkommen auf jeden Fall eine vernünftige Lösung.

Alle Darstellungen von Belagerungsmaschinen und Belagerungstechniken, die für die Zeit vor der Einführung des Schießpulvers als Beleg für die «Kunst» der Belagerung vorgebracht werden, sind deshalb mit größter Zurückhaltung zu betrachten. Von Künstlern wird keine dokumentarische Abbildung der Wirklichkeit, sondern eine Darstellung des Möglichen und des Sensationellen erwartet. Auf ägyptische und assyrische Wandgemälde oder Bildreliefe von königlichen Triumphen vor Stadtmauern darf man sich ebensowenig verlassen, wie man aus den von David und Le Gros gemalten heroischen Porträts Napoleons Rückschlüsse auf sein Verhalten als General im Felde ziehen sollte. Von der künstlerischen Darstellung des Krieges zu einem Zerrbild desselben ist es kein weiter Weg, und das dürfte schon so gewesen sein, als der erste Hofmaler den Auftrag bekam, den ersten Erobererkönig zu malen. Festungen und alle Anstrengungen, die man unternommen hat, sie zu bezwingen, waren und sind ein beliebtes Thema von Künstlern, und es ist ohne weiteres möglich, daß die falsche Art der Darstellung zu einer starken Verzerrung unserer Vorstellung vom Verteidigungskrieg in der Zeit vor dem Schießpulver geführt hat.

Zusammenfassend sei gesagt: Beherzt verteidigte und mit Vorräten reichlich versehene Festungen haben sich zu allen Zeiten – bis zur Einführung des Schießpulvers – schwer einnehmen lassen. Sie waren ebensooft Instrumente zur Herausforderung der Zentralgewalt – oder, wovon noch die Rede sein wird, ein Mittel, freie Bürger oder Bauern einzuschüchtern – wie Bestandteile strategischer Verteidigungsanlagen. Die Stärke solcher Anlagen, die sich nie leicht mit natürlichen Grenzen zur Deckung bringen ließen und stets teuer waren, was Bau, Unterhaltung und Besatzung betrifft, hing ab vom Willen und den Fähigkeiten der Macht, die sie zu ihrer Verteidigung errichtete. Wer Verteidigungsanlagen baut und dann darauf hofft, sie würden von selbst standhalten, dessen Mühe ist vergebens.

III

Fleisch

Kaum waren die ersten Festungen errichtet worden, da machten sich die Streitwagenvölker auf, Throne zu stürzen und eigene Reiche zu gründen. Die Festungen hatten deren Eroberungsgelüsten kaum etwas entgegenzusetzen. Um das Jahr 1700 v. Chr. begann ein semitisches Volk, das wir als Hyksos kennen, vom Nildelta aus nach Ägypten vorzudringen; in Memphis gründete es später eine eigene Hauptstadt. Bald darauf überrannten von Norden her Eindringlinge, die aus den Bergen zwischen dem heutigen Iran und Irak kamen, das zu jener Zeit unter der von Hammurabi gegründeten Amoriter-Dynastie geeinte Zweistromland. Allem Anschein nach haben die Invasoren bis 1525 v. Chr. das alte Reich zwischen Euphrat und Tigris erobert. Wenig später drangen aus den Steppen des östlichen Iran arische Streitwagenvölker ins Tal des Indus vor und löschten die dortige Zivilisation völlig aus. Um 1400 v. Chr. schließlich erreichten die späteren Gründer der Shang-Dynastie (sie stammten möglicherweise ebenfalls aus der iranischen Steppe) mit ihren Streitwagen den Norden Chinas und gründeten den ersten Zentralstaat. Dabei war ihnen nicht nur ihre überlegene Militärtechnik von Nutzen, sondern auch die Gepflogenheit, ihr Lager jeweils mit einem Wall zu umgeben.

Es gehört zu den bemerkenswertesten Episoden der Weltgeschichte, daß der Streitwagen im Verlauf von drei Jahrhunderten in allen Zentren der Zivilisation Eurasiens übernommen wurde und die Macht der Streitwagenvölker sich durchsetzte. Entwicklungen auf vielen Gebieten begünstigten diesen Prozeß: Metall- und Holzverarbeitung, Gerben und Lederverarbeitung sowie die Verwendung von Leim, Knochen und Sehnen, vor allem aber die Domestikation des Wildpferdes und die Verbesserung seiner Eigenschaften durch Auslesezucht. Noch heute, da man sich auf der ganzen Welt mittels Motorfahrzeugen fortbewegt, werden mit

Pferden allenthalben gewaltige Umsätze gemacht. Die Reichsten der Reichen demonstrieren ihren Wohlstand mit dem Erwerb von Vollblutpferden. Pferderennen gelten als Sport der Könige, bei dem Multimillionäre mit leichter Hand hohe Beträge ausgeben. Doch hat wohl kaum ein König oder Millionär je so viel aufs Spiel gesetzt wie der kleine Mann, wenn er beim Pferderennen einen sicheren Tip zu haben meint. In der Welt des Pferdes sehen sich die Ärmsten auf einer Stufe mit den Reichsten.

Pferde sind unberechenbar. Auch das beste Pferd kann die Erwartungen seines Besitzers jederzeit enttäuschen. Andererseits gewinnen immer wieder krasse Außenseiter ein Rennen, verhelfen ihrem Reiter, Trainer, Züchter und Besitzer über Nacht zu Ansehen, erfüllen die Herzen tausend einfacher Wetter mit Freude und lassen Buchmacher mit Verlusten abschließen. Leistungsfähige Vollblüter heimsen im Laufe ihres Lebens manchmal mehr Ruhm ein als so mancher Staatsmann. Die bedeutendsten Pferde erringen einen königlichen und sozusagen dynastischen Status; viele Menschen kommen von weit her, um sie laufen zu sehen, und die Weitergabe ihrer Erbmerkmale an spätere Generationen wird mit der gleichen Gewissenhaftigkeit verzeichnet wie die Legitimität eines Bourbonen oder Habsburgers. Ein bedeutendes Pferd ist in gewissem Sinn ein König. Auf jeden Fall haben Pferde einst Könige gemacht.

Die Streitwagenvölker

Das Urwildpferd war ein recht klägliches Geschöpf. Der Urmensch jagte es, um sich davon zu ernähren. *Equus*, den Vorfahren unseres heutigen *Equus przewalskii f. caballus*, haben die Urindianer ausgerottet, die am Ende der letzten Eiszeit in die Neue Welt zogen. Als sich nach dem Abschluß der Eiszeit in der Alten Welt von neuem Wälder ausbreiteten, wich *Equus prze-*

walskii in die waldlose Steppe aus, wo man es erst jagte und dann domestizierte – beides um seines Fleisches willen. In den nördlich des Schwarzen Meeres am Dnjepr gelegenen Siedlungen der Srednij-Stog-Kultur, wo man Dörfer aus dem 4. Jahrtausend v. Chr. ausgrub, fand man viele Knochen von Hauspferden.[1] Der Steinzeitmensch aß das Pferd, aber verwendete es wohl kaum als Reit- oder Lasttier, weil es sehr wahrscheinlich nicht stark genug war. Hinzu kam, daß noch kein Fahrzeug existierte, vor das man ein Zugtier hätte spannen können.

Die Beziehung zwischen Mensch und Pferd ist ungeheuer komplex. Im Unterschied zum Hund, der sich, obwohl von Natur ein Rudeltier, ohne weiteres auch allein einzelnen Menschen anschließt, muß man das Pferd aus einer Herde aussondern und zähmen. Überdies gab es für den Steinzeitmenschen keinen Anlaß, das Pferd mehr zu schätzen als etwa den weitverbreiteten Esel oder die verschiedenen Unterarten von Halbeseln: den Dschiggetai aus der Mongolei und Turkistan, den Kiang aus dem Hochland Tibets, den Khur aus dem Westen Indiens oder den aus dem Zweistromland und der Türkei stammenden Onager – Tiere, bei denen es nicht gelang, größere, stärkere oder schnellere Rassen zu züchten. Anfänglich ähnelte das Hauspferd (*Equus przewalskii f. caballus*) äußerlich seinem Vorfahren, dem Przewalskipferd, sowie dem *Equus gmelini* (Tarpan), der bis ins vorige Jahrhundert hinein in der Steppe überlebt hat. Diese wiederum ähnelten in Größe, Farbe und Gestalt den Eseln und verschiedenen Halbeseln. Zwar geht aus der genetischen Analyse hervor, daß sich *Equus przewalskii f. caballus* mit seinen 64 Chromosomen vom Przewalskipferd (66), dem Esel (62) und dem Dschiggetai (56) klar unterscheidet, doch kann der Steinzeitmensch nur geringe Unterschiede gesehen haben.[2] Insbesondere dürfte für jene Menschen *Equus przewalskii f. caballus* mit seinen kurzen Beinen, dem kräftigen Hals, dem runden Bauch, den vorspringenden Gesichtsknochen und der starr aufgerichteten Stehmähne nicht vom Tarpan zu unterscheiden gewesen sein, der bis zu seinem Aussterben allen Bemühungen trotzte, sein Erscheinungsbild oder seine Leistung zu verbessern.

Fahren und Reiten hat der Mensch offenbar nicht über das Pferd oder dessen Verwandte entdeckt, sondern über die Kuh und vielleicht das Rentier. Ackerbauern bemerkten im 4. Jahrtausend v. Chr., daß sich das kastrierte männliche Hausrind, der Ochse, vor einen einfachen Pflug spannen ließ, wie ihn Menschen zu jener Zeit selbst zogen. Im nächsten Schritt spannte man solche Zugtiere in unbewaldeten Gebieten wie der Steppe und den Schwemmlandebenen vor einen Schlitten. Als nächstes wurde dieser auf fest angebrachte Rollen gesetzt, woraus sich das um eine feststehende Achse drehende Rad entwickelt haben dürfte. Das Prinzip war bereits von der Töpferscheibe bekannt.[3] Auf das 4. Jahrtausend v. Chr. datierte Bildsymbole aus der sumerischen Stadt Uruk zeigen den Fortschritt vom Schlitten, der auf Kufen gleitet, zum Schlitten auf Rädern. Auf einem berühmten, unter der Bezeichnung «Standarte von Ur» bekannten Relief aus dem 3. Jahrtausend v. Chr. ist zu sehen, wie vier Onager ein vierrädriges Fahrzeug ziehen, das einen König und die von ihm auf dem Schlachtfeld verwendeten Waffen – Streitaxt, Schwert und Speer – transportiert. Die aus zwei Holzstücken zusammengesetzten Scheibenräder jenes Wagens stellen eine Weiterentwicklung des massiven Rades dar, und wir dürfen annehmen, daß die Sumerer den Onager als ein Zugtier schätzen lernten, das schneller und lebhafter als ein Ochse war.

Wie jeder weiß, haben Esel – und der Onager ist nur wenig größer und hochbeiniger – viele Unarten. Esel sind sehr störrisch und lassen sich dank ihrer hohen Schmerzschwelle von Peitsche, Sporen und Geschirr kaum beeindrucken. Da er Lasten lediglich auf dem hinteren Teil des Rückens tragen kann, läßt sich ein Esel nicht vorn sitzend reiten. Er kennt nur zwei Gangarten – entweder zockelt er langsam dahin, oder er rennt mit halsbrecherischer Geschwindigkeit. Diese Eigenschaften haben sich nicht herauszüchten lassen und weisen dem Esel gemeinsam mit den asiatischen Halbeseln eine untergeordnete Rolle zu. Für ein Lasttier ist sowohl seine Reichweite als auch seine Tragfähigkeit zu begrenzt; als Reittier benutzt ihn nur, wer keine andere Wahl hat.

Daher stieg zu Beginn des 2. Jahrtausends v. Chr. das domestizierte Pferd vom Fleischlieferanten zum Zugtier auf. Zwar sind Wildpferde klein, aber doch von unterschiedlicher Größe. Stuten erreichen eine Widerristhöhe von gerade 1,20 Meter, Hengste dagegen 1,50 Meter und mehr.[4] Durch die Erfahrungen mit Schafen, Ziegen und Rindern waren den Hirten die Grundzüge der Auslesezüchtung bereits bekannt; deren Anwendung auf das Pferd ergab sich in ganz natürlicher Weise, auch wenn die Ergebnisse zunächst nicht den Erwartungen entsprochen haben mögen. Bei einer Auslesezüchtung sind Tiere der ersten Zuchtlinien kleiner als ihre Vorgänger, was beim Pferd die Eignung als Reittier – und noch mehr die als Zugtier – zunächst verminderte.[5]

Bei der Verwendung des Pferdes als Zugtier kam eine weitere Schwierigkeit hinzu. Zwar ist die Zugleistung des Esels gering, doch läßt er sich mit einem an einem Nasenriemen angebrachten Zügel leicht lenken und drückt nicht übermäßig stark gegen das Nackengeschirr. Den sanftmütigen Ochsen kann man schon durch eine leichte Berührung mit der Peitsche antreiben, und mit Hilfe eines Jochs läßt sich seine Zugkraft problemlos auf einen Wagen übertragen. Wer hingegen das weit lebhaftere Pferd beherrschen will, muß ihm eine Trense anlegen – und darüber, wie diese aussehen soll, streiten sich Pferdekenner bis auf den heutigen Tag. Die schmalen Schultern des Pferdes rutschen durch ein Joch, während ihm ein Nackenriemen die Luft abschnürt. Erst ganz allmählich hat der Mensch erkannt, wie man ein Pferd als Zugtier richtig einschirrt: entweder mit Hilfe eines Brustriemens – diese Erfindung wird den Chinesen zugeschrieben – oder eines gepolsterten Kummets, das den Hals ganz umschließt. Bis dahin wirkten die Verfahren, mit deren Hilfe man das Pferd zu beherrschen und einzuschirren trachtete, gegeneinander: wenn man sein Maul beengte, um es zu lenken, wurde das Pferd gegen den Nackenriemen gedrängt, und weil der ihm die Luft abdrückte, verlangsamte es seine Gangart.

Da sich das Pferd nicht als Zugtier für schwere Wagen und den tief in den Boden eindringenden Pflug eignete, der im 2. Jahrtausend v. Chr. hier und da in Europa verwendet wurde, mußte das zu ihm passende Fahrzeug möglichst leicht sein.[6] Das Ergebnis war der zweirädrige Wagen. Im Hinblick auf einen übergeordneten zeitlosen und universellen Aspekt des Transportwesens – nämlich das Phänomen, daß ein schnelles und elegantes Fahrzeug seinem Besitzer neben Sozialprestige und sexuellem Status materielle Vorteile und physische Erregung verschafft – hat der Historiker Stuart Piggott erklärt, in einer «technischen *koine*», die alle zivilisierten Länder von Ägypten bis Mesopotamien umfaßte, sei nahezu gleichzeitig und mit einem Schlag ein leichter Wagen mit zwei Speichenrädern aufgetaucht: «Der neue Faktor, um den es dabei ging, war die von einer neuen Antriebskraft erzeugte Geschwindigkeit, die sich im Fall der kleinen Pferde der Antike ganz einfach durch eine neuartige Verbindung von Leichtigkeit und Unverwüstlichkeit erzielen ließ. Vom Standpunkt des Ingenieurs läßt sich der Ochsenkarren mit Scheibenrädern als langsames, schweres Gefährt aus Massivholz beschreiben, der zweirädrige Streitwagen hingegen als schnelle, leichte Holzkonstruktion, deren Tragfähigkeit weitgehend auf Felgensegmenten aus gebogenem Holz und dem Plattformrahmen beruhte.»

Piggott analysiert die Revolution, die ein solches Fahrzeug ausgelöst haben muß: «Die Geschwindigkeit für die Beförderung von Menschen auf dem Landweg nahm mit einem Schlag um etwa das Zehnfache zu – von drei Kilometern pro Stunde bei einem Transport mit Ochsenkarren auf rund dreißig Kilometer pro Stunde, denn diesen Wert hat man mit einem modernen Nachbau eines zweispännigen antiken ägyptischen Streitwagens mühelos erreicht. Dabei wogen Fahrzeug und Geschirr zusammen nur knapp 35 Kilo.» In diesem Zusammenhang sei daran erinnert, daß der berühmte Samuel Johnson, der eine Fahrt in einem Kutschwagen an der Seite einer hübschen Frau für das höchste aller Vergnügen hielt, vor zwei Jahrhunderten die Ansicht vertrat, der menschliche Körper sei außerstande, eine Geschwindigkeit von mehr als vierzig Kilometern pro Stunde zu ertragen.

Im Gefolge dieser neuen Entwicklung traten Krieger auf, die vom Streitwagen herab kämpften, Männer, die sich nicht nur auf den Umgang mit ihren spezialisierten und äußerst kostspieligen Fahrzeugen verstanden, sondern auch auf den Gebrauch entsprechender Waffen, beispielsweise des Reflexbogens, der wegen seines Aufbaus auch als Kompositbogen bezeichnet wird. Sie geboten jeweils über einen ganzen Stab untergeordneter Spezialisten – Stallknechte, Sattler, Stellmacher, Tischler und Bogenmacher –, deren Mitwirkung unerläßlich war, um die Einheit aus Streitwagen und Pferden einsatzbereit zu halten.

Woher kamen diese Streitwagenkämpfer? Ganz offensichtlich nicht aus dem nach wie vor dichtbewaldeten Westeuropa. Auch wenn dort kleinere Bestände an Wildpferden überlebt haben sollten, muß das Vorhandensein der Wälder das Auftreten einer gehobenen Schicht von Streitwagenkämpfern um mindestens fünfhundert Jahre verzögert haben. Auch kamen sie nicht aus den Schwemmlandebenen der großen Ströme, denn dort gab es keine in freier Wildbahn lebenden Pferde. Zweifellos war die trockene und baumlose Steppe, in der man sich ungehindert in alle Richtungen bewegen konnte, die eigentliche Heimat des Wildpferdes; auch eignete sie sich außerhalb der alljährlich im Frühling und Herbst wiederkehrenden *rasputiza* hervorragend für Radfahrzeuge. Allerdings fehlten dort die für deren Bau erforderlichen Werkstoffe – Metall und Holz –, so daß die Steppe als Ursprungsort des leichten Streitwagens kaum in Frage kommt. Mithin muß man annehmen, daß der Streitwagen wie die auf ihn spezialisierten Krieger zum erstenmal im Grenzgebiet zwischen Steppe und Stromkulturen auftraten.

Es wird allgemein angenommen, daß im 2. vorchristlichen Jahrtausend ein der indoeuropäischen Sprachenfamilie angehörendes kriegerisches Volk, das im Kampf die Streitaxt verwendete, aus der westlichen Steppe nach Westen zog, um die «friedliebenden Angehörigen der Megalithkultur an der Atlantikküste» zu unterjochen. Der Historiker William McNeill meint, auch die metallbearbeitenden Stämme, die ihnen die seltenen und geheimnisvollen Fähigkeiten vermittelten, mit denen sie sich die Steinzeitmenschen Europas untertan machen konnten, seien gewandert, aber in der Gegenrichtung, nämlich aus dem Zweistromland an den Rand der Steppe des nördlichen Iran. «Seit dem 4. Jahrtausend v. Chr. hatten sich Ackerbau treibende Gemeinschaften um die besser bewässerten Stellen dieser Hochfläche gesammelt, und vermutlich nahm im Verlauf des 2. Jahrtausends die Landwirtschaft dort an Bedeutung zu. Im Grasland zwischen diesen landwirtschaftlichen Ansiedlungen lebten barbarische Hirtenvölker, deren Sprache mit jener der Krieger der westlichen Steppe verwandt war. Durch Vermittlung der bäuerlichen Gemeinschaften in ihrer Mitte wurden diese Hirtenvölker immer stärker den Einflüssen aus dem fernen mesopotamischen Kulturzentrum ausgesetzt. In dieser Situation scheint es kurz vor dem Jahr 1700 v. Chr. zu einer außerordentlich wichtigen Verschmelzung einer aus der Zivilisation erwachsenen Technik mit den Fertigkeiten barbarischer Völker gekommen zu sein.»[7] Damit ist die Erfindung oder Verbesserung des Streitwagens gemeint.

Warum waren die Streitwagenkämpfer oder die Hirtenvölker, von denen sie abstammten, kriegerischer als ihre Vorfahren, die Jäger gewesen waren, oder ihre Nachbarn, die Ackerbau betrieben? Man muß hier die Art und Weise in Betracht ziehen, wie der Mensch Säugetiere getötet hat. Man darf voraussetzen, daß durch den Übergang zum Ackerbau der Fleischanteil seiner Nahrung zurückging. Zum einen wird durch Getreide die Aufnahme von tierischem Eiweiß grundsätzlich vermindert, denn wer Ackerbau betreibt, bebaut das Land lieber, als daß er Vieh darauf weiden läßt; zum anderen läßt sich ganz allgemein beobachten, daß Ackerbauern darauf bedacht sind, das Leben ihrer Haustiere zu verlängern, statt sie baldmöglichst zu schlachten – schließlich soll deren Milchertrag, Schlachtgewicht und Leistungsfähigkeit als Zug- oder Reittier gesteigert werden. So fehlen dem Bauern die Fähigkeiten des Metzgers, junge flinke Tiere zu töten, die sich ihm zu entziehen trachten, und geschlachtete Tiere zu verarbeiten. Die Kunst des Tötens dürfte bei frühen Jägern kaum stärker ausgeprägt gewesen sein, doch verwerteten sie vermutlich Fleisch in großen Mengen. Ihre Hauptaufgabe war es, die Beute aufzuspüren und zu stellen – auf welche Weise der Todesstoß ausgeführt wurde, war weniger wichtig.

Hirtenvölker hingegen lernen ganz selbstverständlich, die zum Töten geeigneten Tiere auszusondern und sie zu töten. Schafe und

Ziegen bedeuten ihnen nichts weiter als lebende Nahrung. Sie sehen in ihnen Milch und daraus hergestellte Erzeugnisse wie Butter, Quark, Molke, Joghurt, vergorene Getränke und Käse, vor allem aber Fleisch und auch Blut. Ob die Steppennomaden der Antike ihren Tieren Blut abgezapft haben, wie es Viehhirten in Ostafrika tun, ist nicht verbürgt, aber möglich. Mit Sicherheit haben sie alljährlich, was an älteren Zuchttieren nicht mehr gebraucht wurde, ebenso geschlachtet wie verletzte, mißgestaltete oder kränkelnde Exemplare und einzelne Jungtiere. Dazu bedurfte es einer Tötungsart, die den Körper und seinen wertvollen Inhalt möglichst wenig beschädigte und die anderen Tiere in der Herde möglichst wenig beunruhigte. Zu den wichtigsten Fertigkeiten des Hirten gehörte es, ein Tier mit einem einzigen sauberen und tödlichen Stoß niederzustrecken. Zweifellos wurde diese Fähigkeit durch anatomische Kenntnisse verbessert, die er beim ordnungsgemäßen Zerlegen gewann. Eine weitere Lektion im Schneiden von Fleisch ergab sich aus der Notwendigkeit, den größten Teil der männlichen Tiere zu kastrieren, wie auch aus dem Lammen und den nötigen veterinärmedizinischen Eingriffen.

Die Erledigung all dieser Aufgaben verlieh den Hirtenvölkern die kaltblütige Gelassenheit, den seßhaften Ackerbauern der zivilisierten Landstriche im Kampf entgegenzutreten. Die Kämpfe zwischen beiden können sich nicht sonderlich von den zögerlichen, halbherzigen Begegnungen der Yanomami und Maring unterschieden haben. Vielleicht waren sie auch mit Hilfe zeremonieller Elemente formalisiert. Selbst wenn es eine spezialisierte Kriegerklasse gegeben haben sollte, wird diese Annahme nicht entwertet; daß niemand Rüstungen oder wirklich tödliche Waffen besaß, spricht dafür, daß auch im Königreich am Nil die ursprünglichen Gewohnheiten überdauerten, und die Sumerer waren kaum fortschrittlicher ausgerüstet. Vor diesem technischen Hintergrund dürfte die Schlachtordnung recht locker und die Disziplin wenig ausgeprägt gewesen sein. Vermutlich haben sich die Männer auf dem Schlachtfeld eher wie eine Herde verhalten. Gerade der Umgang mit Herden aber war den Hirtenvölkern vertraut. Nicht nur wußten sie, wie man sie in leicht zu handhabende

Gruppen aufteilte, eine Rückzugslinie durch Umfassen einer Flanke abschnitt, verstreute Tiere zusammentrieb, Anführer der Herde isolierte und zahlenmäßig überlegene Mengen durch Drohungen und einschüchterndes Verhalten beherrschte; ihnen war außerdem bekannt, wie man die wenigen auserwählten Tiere tötete und zugleich die träge Masse dem eigenen Willen unterwarf.

Die von Historikern beschriebene Kampfweise der Hirtenvölker entspricht genau diesem Muster. Da die in Europa und China bekannten Hunnen, Türken und Mongolen inzwischen vom Streitwagen auf das Reitpferd umgestiegen waren, hatte sich die Wirksamkeit ihres Vorgehens noch erhöht, wahrscheinlich ohne daß sich wesentliche Merkmale geändert hätten. Jene Völker bildeten keine Schlachtreihen und ließen sich nicht auf Angriffe ein, wenn Rückzug nicht möglich war. Statt dessen gingen sie in einer losen halbmondförmigen Anordnung gegen den Feind vor, bei der ein weniger beweglicher Gegner Gefahr lief, eingekesselt zu werden. Sobald sie auf starken Widerstand stießen, zogen sie sich demonstrativ zurück. Mit diesem Manöver wollten sie den Feind zu einer Verfolgungsjagd reizen, bei der sich seine geschlossenen Reihen öffneten. Auf ein Handgemenge ließen sie sich nur ein, wenn die Schlacht eindeutig zu ihren Gunsten stand, und dann griffen sie mit Waffen an, die scharf genug waren, Gliedmaßen abzutrennen oder einen Menschen zu enthaupten. Die Waffen der Gegenseite hielten sie für so minderwertig, daß sie es verschmähten, mehr als eine äußerst dürftige Rüstung zu tragen. Sie schüchterten den Feind mit Salven von Pfeilen ein, die sie mit der von ihnen bevorzugten, erschreckend überlegenen Waffe, dem Reflexbogen, aus großer Entfernung abfeuerten. Im 4. Jahrhundert n. Chr. heißt es bei Ammianus Marcellinus über die Hunnen: «In der Schlacht stürmen sie, furchterregende Schreie ausstoßend, auf den Feind ein. Stoßen sie auf Widerstand, zerstreuen sie sich, um alsbald ebenso rasch zurückzukehren, wobei sie zerschlagen und umstürzen, was ihnen im Weg ist... Die Kunstfertigkeit, mit der sie aus erstaunlicher Entfernung ihre Pfeile abschießen, deren Spitze mit harten Knochensplittern – scharf und todbringend wie Eisen – besetzt ist, sucht ihresgleichen.»[8]

Wann der Reflexbogen eingeführt wurde, weiß man nicht genau. Sofern man die Angaben auf einer sumerischen Stele richtig gedeutet hat, wurde er bereits im 3. Jahrtausend v. Chr. verwendet. Mit Sicherheit existierte er im 2. Jahrtausend, denn auf einer im Besitz des Louvre befindlichen goldenen Schale aus dem Jahre 1400 v. Chr. ist seine unverwechselbare geschwungene Form deutlich sichtbar. Wir kennen diese Form von Gemälden Watteaus und Bouchers, auf denen Amor Höflinge mit seinen Pfeilen durchbohrt.[9] Die Waffe kann nicht von einem Tag auf den anderen aufgetreten sein; die Komplexität ihrer Konstruktion läßt ähnlich wie beim Streitwagen eine ganze Reihe von Prototypen vermuten, deren Erprobung Jahrzehnte, wenn nicht Jahrhunderte gedauert haben dürfte. Die endgültige Form des Bogens ist zwischen seiner Vervollkommnung als Kriegswaffe im 2. Jahrtausend v. Chr. und seiner endgültigen Verdrängung durch Feuerwaffen im vorigen Jahrhundert unverändert geblieben. Zuletzt haben ihn Mandschukrieger verwendet. Bei dieser Fernwaffe wurden mehrere zusammengeleimte schmale Holzstreifen – es konnte auch nur einer sein – von außen mit elastischer Tiersehne und von innen mit gebogenen Hornstreifen verbunden, die in der Regel vom Büffel stammten. Bis zum völligen Trocknen des Leims – er bestand aus eingekochten, mit Anteilen von Fischgräten und Fischhaut vermischten Tiersehnen und Hautteilen – konnte «über ein Jahr vergehen. Zudem mußte er unter ganz bestimmten Temperatur- und Feuchtigkeitsbedingungen aufgetragen werden... Nicht nur erforderten sein Herstellen und Auftragen ein hohes Maß an praktischem Wissen, beides war auch oft mit mystischem und beinahe religiös anmutendem Zeremoniell verbunden.»[10]

Ursprünglich bestand ein Reflexbogen aus fünf Stücken einfachen oder schichtweise miteinander verbundenen Holzes: ein Griff in der Mitte, zwei gebogene Außenstücke und zwei Spitzen. War dies hölzerne «Skelett» zusammengeleimt, bog man es über Wasserdampf entgegen der Richtung, in die der Bogen später mit der Sehne bespannt werden sollte, und ebenfalls mit Wasserdampf behandelte Hornstreifen wurden auf die Innenseite geklebt. Dann bog man ihn zu einem vollständigen Kreis, wieder entgegen der

Richtung, die er später einnehmen würde, leimte Sehnen auf die Rückseite und ließ ihn anschließend ruhen. Erst wenn alle Bestandteile unauflöslich miteinander verbunden waren, wurde der fertige Bogenstab mit einer Sehne bespannt. Da das entgegen der Richtung geschah, in die sich das Holz von selbst krümmte, war neben Geschicklichkeit auch große Kraft erforderlich – bis an die siebzig Kilo, ein Vielfaches dessen, was zum Spannen des üblichen einfachen Bogens aus einem gewachsenen Stück Stamm eines jungen Baumes nötig war.

Große Kraft erforderte auch das Spannen des Langbogens, den westeuropäische Bogenmacher gegen Ende des Mittelalters anfertigten, nachdem sie gelernt hatten, ihre Waffen aus einem Stab zu fertigen, der aus Kern- und aus Splintholz bestand. Der Langbogen funktionierte nach dem gleichen Grundsatz wie der Kompositbogen: der Schütze spannte ihn entgegen der natürlichen Elastizität des Holzes, worauf der Pfeil mit Wucht von der Sehne schnellen konnte. Allerdings war gerade seine Länge sein größter Nachteil: ausschließlich zu Fuß kämpfende Bogenschützen konnten den Langbogen verwenden. Der Kompositbogen hingegen, der, wenn die Sehne eingehängt war, lediglich vom Kopf bis zur Hüfte eines Mannes reichte, ließ sich ausgezeichnet von einem Streitwagen oder Pferd herab einsetzen. Obwohl die verwendeten Pfeile leichter waren als beim Langbogen – am günstigsten war ein Gewicht von knapp dreißig Gramm –, ließ sich der Kompositbogen über eine Entfernung von mehr als zweihundertfünfzig Metern mit großer Treffsicherheit verwenden (im freien Flug sind weit größere Entfernungen erreicht worden). Die Pfeile konnten den Panzer eines Kriegers auf neunzig Meter durchschlagen. Das geringe Gewicht der Pfeile war vorteilhaft, konnte der Hirten-Krieger doch so in seinem Köcher viele – bis zu fünfzig – mit in den Kampf nehmen. Die Siegeshoffnung des Bogenschützen gründete auf der Taktik, den Feind mit einem Pfeilhagel einzudecken, der diesen an jeglicher Gegenwehr hinderte.

Über dreitausend Jahre lang blieb die Ausrüstung eines vom Streitwagen oder Pferd kämpfenden Bogenschützen unverändert. Bogen, Pfeil und Daumenring – er verhinderte, daß die Haut beim

Loslassen des Pfeils verletzt wurde – waren unerläßlich; wichtiges Zubehör war neben dem Köcher die Bogentasche, die die Waffe vor Temperatur- und Feuchtigkeitsschwankungen schützte (beides beeinträchtigte Reichweite und Treffsicherheit). Diese Ausrüstung kann man auf einigen der frühesten Darstellungen von Bogenschützen sehen, die mit dem Kompositbogen kämpften. Im 18. Jahrhundert zählten diese Objekte zu den Reichsinsignien der osmanischen Sultane; sie sind heute im Topkapi-Palast von Istanbul ausgestellt.[11] Auch zahlreiche andere Gegenstände aus der Kultur der Reiter- und Hirtenvölker blieben unverändert. Dazu gehören Zelte, Teppiche, Kochutensilien, Kleidung und die einfachen Möbelstücke der Nomaden. Die Hirtenvölker brachten ihre Habe in truheähnlichen Kisten unter, die einem Tragtier paarweise aufgepackt werden konnten, und sie verwendeten Pfannen und Kessel mit gewölbtem Boden, die sich in Netzen transportieren ließen. Die Kesselpauke, auf der die Türken zum Kampf trommelten, war nichts anderes als der Hordentopf eines Nomadenlagers, über dessen Öffnung man ein Stück Tierhaut gespannt hatte.

Neben ihrer Ausrüstung und ihrer Vertrautheit mit Tieren befähigte die Streitwagenkämpfer ihre Beweglichkeit zum Angriffskrieg. Jede Art von Krieg verlangt Ortsveränderung, doch können schon kurze Strecken für seßhafte Menschen zum Problem werden. Ihre Besitztümer eignen sich nicht für schnellen und leichten Transport; ihnen fehlen rasch verfügbare Transportmittel, wie sie in freiem Gelände gebraucht werden, vor allem Zugtiere, und Proviant für Mensch und Tier nimmt viel Platz ein. Nicht nur, daß seßhafte Menschen gewohnt sind, regelmäßig warme Mahlzeiten zu sich zu nehmen, sie wollen zum Schlafen auch ein Dach über dem Kopf haben. Da sie weder Zelte noch wetterfeste Kleidung besitzen, sehen sie sich nach einem Obdach um, sobald sich das Wetter verschlechtert. Zwar ist der Bauer zäher als der Handwerker – nach Ansicht der Griechen eignete er sich wegen der Plackerei auf dem Felde *(ponos)* zum Krieger –, doch verglichen mit Nomaden ist selbst ein Bauer verweichlicht.[12] Nomaden sind ständig unterwegs, essen und trinken, wenn sich eine Gelegenheit dazu ergibt, trotzen jedem Wetter und sind dankbar für kleine Annehmlichkeiten. Ihre gesamte Habe läßt sich von einem Augenblick auf den anderen verpacken; was sie verzehren, führen sie mit sich, und ihre Herden finden überall Gras und Wasser. Sogar die am unbeschwertesten lebenden Nomaden, denen es der Wechsel von Sommer- und Winterweide ermöglicht, entsprechend der Jahreszeit hin- und herzuziehen, sind bei weitem zäher als der seßhafte Bauer, und die Nomaden der Frühzeit, die um die wenigen Weideflächen in der dürren Steppe kämpfen mußten, dürften zu den zähesten Menschen gehört haben, die je gelebt haben.

Der amerikanische Sinologe Owen Lattimore durchquerte in den Jahren 1926–27 das fast dreitausend Kilometer sich hinziehende wüstenähnliche Land zwischen Indien und China. Er folgte teilweise der Route, auf der die Krieger, die im 2. Jahrtausend v. Chr. ihre Streitwagen nach China brachten, über mehrere Generationen hinweg von Oase zu Oase gezogen sein mögen. Die Angehörigen der Karawane, mit der er reiste, heißt es in Lattimores Erinnerungen, «wurden zu Nomaden. Viele ihrer von den Mongolen übernommenen Sühne-Riten und Tabus, die dem eigenen Schutz dienen, beruhen auf den urtümlichsten Instinkten nomadischer Völker. Sie bemühen sich darum, die Mächte und Geister zu besänftigen, die diesen wilden umherziehenden Menschen auf den Fersen folgen und um ihre Zelte lauern, Menschen, die Tag und Nacht im Kampf mit der Gefahr und den knappen Überlebensmöglichkeiten stehen, die ihnen ein karges Land bietet. Von dem Augenblick an, da beim ersten Lager das Zelt aufgeschlagen ist... gewinnen Feuer und Wasser eine andere Bedeutung als zuvor. Jedesmal, wenn das Zelt an einer neuen Stelle aufgebaut wird, muß vom ersten abgekochten Wasser und von der ersten zubereiteten Nahrung ein wenig nach draußen geworfen werden.» So verfuhren die Angehörigen der Karawane immer.

Lattimore beschrieb auch die Ernährung der Nomaden: «Wir begannen den Tag mit der Morgendämmerung, indem wir Tee aus denkbar groben Blättern und aus Resten machten, die noch Zweigstücke enthielten... Damit vermengten wir entweder geröstetes Hafermehl oder geröstete Hirse. Letztere sah aus wie Kanarienfutter, was sie ja in Wirklichkeit auch ist. Das Ganze wurde gerührt, bis es eine flüssige Pampe war, dann tranken wir es. Gegen Mittag gab es die einzige wirkliche Mahlzeit des Tages; sie bestand aus halbgar gebackenem Teig. Aus dem mitgeführten weißen Mehl machten wir tagaus, tagein den gleichen Teig. Wir feuchteten es an, rollten und schlugen die Masse, die wir dann in kleine Stückchen zerrissen oder zu einer Art groben Nudel zerschnitten... Wir tranken soviel Tee, weil das Wasser scheußlich schmeckte. Unabgekocht und ohne Zutat wird Wasser nie getrunken... In allen Brunnen, aus denen wir schöpften, enthielt das Wasser mehr oder weniger große Anteile Kochsalz, Soda und verschiedene Mineralsalze. Bisweilen war es so salzig, daß man es kaum trinken konnte, dann wieder sehr bitter. Das schlimmste Wasser... ist dickflüssig, fast klebrig, es schmeckt ekelhaft und ist unvorstellbar bitter.»[13]

Durch den Genuß von Tee und Mehl dürften sich Lattimores Nomaden von denen des 2. vorchristlichen Jahrtausends unterschieden haben, doch in jeder anderen Hinsicht war ihre Lebensweise – die Abhängigkeit von den Naturkräften, die Unsicherheit und die äußerste Härte – der ihrer Vorgänger wohl sehr ähnlich. Alles, was die Härten des Lebens milderte, war willkommen. Weshalb sind also wohl in jenen Grenzgebieten, in denen die Welt der Nomaden mit der Zivilisation in Berührung kam, Streitwagen und Kompositbogen entstanden?

Die Bestandteile des Streitwagens – Räder, Plattform, Zugdeichsel und deren Metallbeschläge – stammten insofern aus der zivilisierten Welt, als sie von schwerfälligeren Vorbildern aus Landwirtschaft und Bauwesen abgeleitet worden waren. Die Archäologen streiten sich immer noch darüber, wer das leichte und geländegängige zweirädrige Gefährt entwickelt hat; mit dessen Verwendungszweck beschäftigen sie sich nicht.[14] Selbstverständlich wurde der Wagen im Krieg eingesetzt, aber gleichfalls bei der Jagd. Wie zahlreiche Darstellungen aus einer Vielzahl ägyptischer und mesopotamischer Quellen bestätigen, ließ er sich – auch in unebenem Gelände – als Plattform für die Jagd mit dem Kompositbogen verwenden. Auch Gedichte der chinesischen Zhou-Dynastie erwähnen, daß der Streitwagen bei der Jagd eingesetzt wurde.[15]

Streitwagen und Kompositbogen traten wahrscheinlich gemeinsam auf, weil sie Grundbedürfnissen nomadisierender Hirten entsprachen: sie erlaubten ihnen nicht nur, ihre Herden besser zu beaufsichtigen, als das zu Fuß möglich war, sie machten sie auch fast so beweglich wie jene Räuber, die ihre Herden bedrohten: Großkatzen, Wölfe und Bären. Für den mit Kompositbogen bewaffneten Jäger war der Streitwagen eine ausgezeichnete Schußplattform; ihm dürfte genaues Schießen leichter gefallen sein als dem Reiter im Sattel. Seßhafte Menschen staunten darüber, daß Reiter die Zügel losließen und dem ausersehenen Opfer in vollem Galopp Pfeile nachsandten. John Guilmartin schreibt diese Fähigkeit «der unendlichen Zeit zu, in der Steppennomaden ihre Tiere vom Sattel aus weideten und bewachten, ohne sonst etwas zu tun zu haben. Dabei konnten sie sich ständig im Bogenschießen üben ... Es handelte sich angesichts der zahlreichen Ziele, die ihnen die Steppe bot – eßbar oder nicht, Mensch oder Tier –, um ein wirtschaftlich sinnvolles Tun.»[16] Ersetzt man hier «Sattel» durch «Wagen», bleibt die Aussage ebenso überzeugend.

Die Völker, die den zweirädrigen Wagen und den Kompositbogen herstellten und benutzten, entdeckten um die Mitte des 2. Jahrtausends v. Chr., daß Menschen, die besiedeltes Land verteidigten, sich gegen ihre aggressiven Methoden nicht zur Wehr setzen konnten, Methoden, die sie im Kampf gegen die Räuber entwickelt hatten, die in ihre Herden einbrachen. Streitwagenvölker, die aus dem Hochland hinab in die offene Ebene kamen, suchten die Bewohner des Zweistromlandes und Ägyptens ungestraft heim. Wenn die aus zwei Männern bestehende Besatzung eines Streitwagens – einer lenkte, der andere schoß – eine Distanz von rund hundert bis maximal zweihundert Meter hielt, dürfte sie pro Minute sechs der durch keinerlei Rüstung geschützten Krieger durchbohrt haben. Innerhalb von zehn Minuten konnten fünfhundert oder mehr Männer von zehn sie umkreisenden Streitwagen niedergemacht werden. Angesichts der kleinen Heere jener Zeit entsprach dieser Blutzoll dem der Schlacht an der Somme. Bei Überfällen, denen der Angegriffene nichts entgegenzusetzen hat, gibt es nur zwei Möglichkeiten: Flucht oder Übergabe. Im einen wie im anderen Fall machten die Streitwagenkämpfer zahlreiche Gefangene, deren Los die Sklaverei gewesen sein dürfte.

Erste Kontakte zwischen Steppe und zivilisierten Gesellschaften wurden wohl durch den Fernhandel geknüpft, der Stoffe, Tand und bearbeitetes Metall gegen das tauschte, was die Barbaren an Wertvollem zu bieten hatten. Dazu gehörten neben Fellen und Zinn auch Sklaven. Niemand kennt die Ursprünge des Sklavenhandels. Er dürfte sich für Hirtenvölker, die es gewohnt waren, Tiere zu hüten, ganz natürlich ergeben haben, vor allem, wenn Händler aus der Fremde die Orte aufsuchten, an denen sich die Hirten zu ihren jahreszeitlichen Festen versammelten. Dort kam es, wie Lattimore schrieb, «meist zu einem regen Tauschhandel», und dort könnten die ersten Sklavenmärkte entstanden sein.[17] Wenn Hirtenvölker in der Steppe ohnehin Sklaven zusammentrieben und in Trupps zum Verkauf führten, lag es für sie nahe, auch auf ihren Eroberungszügen Sklaven zu machen und von einem Ort zum anderen zu treiben. Die Besiegten werden sie mittels einer Zwischenschicht ihnen ergebener Sklaven beherrscht haben.

Das könnte erklärten, daß relativ kleine Gruppen aggressiver Eindringlinge nicht nur ihnen zahlenmäßig weit überlegene Völker besiegen, sondern sie auch eine gewisse Zeit unterjochen konnten. Die Streitwagenkämpfer waren offenbar Sklavenhalter. Selbstverständlich war die Sklaverei im Zweistromland und in Ägypten auch schon vor dem Auftreten jenes Gefährts bekannt, doch fand der Sklavenhandel wohl erst durch jene Eroberer weitere Verbreitung. Sein Übergreifen auf Europa wiederum könnte auf die mykenische Kultur zurückzuführen sein, die den Streitwagen zwar nicht aus Kleinasien mitbrachte, ihn jedoch um die Mitte des 2. Jahrtausends v. Chr. kennenlernte, also zu der Zeit, da er den Krieg im Mittleren Osten zu beherrschen begann.[18] Die Einführung der Sklaverei in China wird mit dem Beginn der Shang-Dynastie angesetzt, während die Streitwagenvölker, die das Tal des Indus heimsuchten, der Rigweda zufolge mit der Sklaverei die Grundlage für das spätere Kastenwesen legten.

Die rasche Verbreitung des Streitwagens darf uns nicht verwundern. Sie kann durch eine «Industrie» und einen Markt noch beschleunigt worden sein – so wie heute eine hochtechnisierte Rüstungsindustrie und der dazugehörige Markt aufstrebende Länder der Dritten Welt mit Waffen auf dem neuesten Stand der Technik versorgen: sie sind leicht, lassen sich problemlos transportieren und sind dem Käufer jeden Betrag wert, der von ihm gefordert wird. Als der Streitwagen technisch vervollkommnet war, ließ er sich relativ einfach nachbauen und noch einfacher transportieren und verkaufen. Ein ägyptisches Flachrelief aus der Zeit um 1170 v. Chr. zeigt, wie ein Mann einen Streitwagen auf den Schultern trägt, wog doch ein solches Fahrzeug, wie ein Nachbau aus neuerer Zeit zeigte, weniger als fünfundvierzig Kilo. Ein so gut zu vermarktendes Erzeugnis dürfte die Produktion überall dort angeregt haben, wo Handwerker die erforderlichen Fähigkeiten besaßen. Nur der Mangel an geeigneten Pferden kann die Produktion eines so begehrten Erzeugnisses behindert haben, denn nur ausgesuchte und erstklassig ausgebildete Tiere vermochten die Wagen zu ziehen. Hinweise auf die früheste bekannte Ausbildung von Pferden – offensichtlich bis zum Dressur-Standard – lassen sich mesopotamischen Texten aus dem 13. und 12. Jahrhundert v. Chr. entnehmen. Zu jener Zeit waren junge Pferde, wie heute auch, zunächst halsstarrig.[19]

Wer waren die ersten Eroberer, die ihre Erfolge dem Streitwagen verdankten? Vielleicht liefert die Sprache einen Hinweis. Die nach Ägypten eingedrungenen Hyksos, die aus den nördlichen Randgebieten der arabischen Wüste stammten, gehörten der semitischen Sprachfamilie an.[20] Churriter und Kassiten, die Hammurabis mesopotamisches Reich teilten und besiegten, kamen vom gebirgigen Oberlauf des Euphrat und Tigris, einem Gebiet, das nach wie vor zu den ethnisch komplexesten der Welt gehört. Während sich die Kassiten einer der asianischen (kleinasiatischen) Sprachen bedienten, gehörten die Churriter – wie auch die Hethiter, die auf dem Gebiet der heutigen Türkei ihr Reich errichteten –

ebenso wie die arischen Eroberer, die in Indien eindrangen, zur indoeuropäischen Sprachfamilie. Möglicherweise sind auch die Streitwagenkämpfer, die in China die Shang-Dynastie begründeten, aus dem nördlichen Iran dorthin gelangt – wenn auch vielleicht aus einem protoiranischen Kerngebiet im Altaigebirge.[21]

Die unsichere Herkunft der Streitwagenvölker verdeutlicht einen Wesenszug ihrer Kultur: sie waren eher Zerstörer als Schöpfer. Durch die Übernahme von Gewohnheiten, Einrichtungen und Kulten der von ihnen Unterworfenen erlangten sie einen gewissen Grad an Zivilisiertheit; keinesfalls aber entwickelten sie eine eigenständige Kultur. Dem Reich Hammurabis, das aus einer von den Grenzvölkern der Guti und Elamer verursachten Krise hervorgegangen war, gelang es, Sargons einstige Macht wiederzuerrichten, erneut eine Verwaltung aufzubauen, eine Berufsarmee aufzustellen und von Babylon aus zu regieren. Da das Heer dieses Amoriter-Reiches nach wie vor zu Fuß kämpfte, war es den Kassiten und Churritern in keiner Weise gewachsen, als diese im 17. Jahrhundert v. Chr. mit ihren Streitwagen über die Grenzen des Reiches hereinbrachen. Zwar entwickelten sich die Hyksos, die in Ägypten eindrangen, zu tüchtigen Herrschern des nördlichen Landesteils, doch um den Preis, daß sie eine der ägyptischen Gottheiten als Staatsgott übernahmen und sich die Verwaltungspraxis der Pharaonen zu eigen machten. Auch die Shang scheinen in Nordchina eine zuvor existierende Kultur übernommen und nicht eine eigene mitgebracht zu haben. Inschriften schildern, daß sie vom Streitwagen aus jagten, Tiere bis zur Größe von Tiger und Auerochse mit dem Kompositbogen erlegten und Menschenopfer brachten – vermutlich Sklaven, vielleicht aber auch Kriegsgefangene. Grabbeigaben belegen, daß sie Bronze verwendeten, die von ihnen unterworfenen Agrarvölker hingegen nach wie vor Steinwerkzeuge. Schließlich wurden die Shang in den Jahren 1050–1025 v. Chr. durch eine aus dem Süden des Landes stammende Dynastie gestürzt, die Zhou, die den Gebrauch von Pferd und Streitwagen woanders gelernt hatten.

Die Tyrannei der Streitwagenvölker war stets kurzlebig. Die arischen Invasoren am Indus scheinen als einzige nicht von dem unterjochten Volk selbst gestürzt worden zu sein. Allerdings sehen einige Forscher im Auftreten von Buddhismus und Dschainismus eine Reaktion der Einheimischen gegen die Zwangsherrschaft des von den Ariern eingeführten Kastenwesens. Amosis, der Gründer des Neuen Reiches, vertrieb die Hyksos um 1567 v. Chr. aus Ägypten, indem er die Tradition der Pharaonen wiederbelebte. Andere Streitwagenvölker wurden um 1200 v. Chr. durch die aus Nordgriechenland kommenden Phryger und Dorer gestürzt. Das gilt sowohl für die Hethiter aus Anatolien – heute ein Landesteil der Türkei – wie auch für die Angehörigen der mykenischen Kultur auf dem Gebiet des heutigen Griechenland, die möglicherweise den Untergang der minoischen Kultur auf Kreta herbeigeführt und Homer zu seiner Dichtung vom Trojanischen Krieg inspiriert haben. Hervorzuheben aber ist, daß die Ureinwohner des Zweistromlandes unter König Ashur-uballit um 1365 v. Chr. einen sich lang hinziehenden Kampf gegen die Oberherrschaft der Churriter führten und ihr altes Königreich wiedererrichteten, das wir nach dem Namen seiner Hauptstadt Assur als Assyrien kennen.

Das Bild, das uns die bei Ninive und Kalach (Nimrud) ausgegrabenen herrlichen Kunstwerke von den Assyrern überliefern, ist das eines Streitwagenvolkes. Ihre Könige und Edlen waren Streitwagenkämpfer. Auch die Pharaonen des Neuen Reiches erlernten die Handhabung des Streitwagens, der ihren Vorfahren unbekannt gewesen war. Die Rolle des Königs in der zivilisierten Welt wandelte sich. Darin liegt die bedeutsamste, dauerhafteste und unheilvollste Auswirkung der Kriegerherrschaft in den alten theokratischen Staaten. Die Ägypter des Alten und Mittleren Reiches waren keine Krieger gewesen; selbst Sargons stehendes Heer war im Vergleich zu seiner assyrischen Nachfolgeorganisation ein unfähiger und wüster Haufen. Von den Streitwagenvölkern lernten Assyrer wie Ägypter sowohl die Techniken als auch das Ethos der Kriegführung mit dem Ziel der Reichsgründung. Beide wurden zu Großmächten. Was die Pharaonen des Neuen Reiches veranlaßt hatte, die Hyksos zu vertreiben, motivierte ihre Heere in den folgenden Jahren, Ägyptens Grenzen in großer Entfernung vom Nil zu ziehen, im Hochland des nördlichen Syrien. Nach der Vertreibung der Churriter beseitigten die Assyrer die Bedrohung der mesopotamischen Kultur – die Umzingelung ihres reichen, aber von Natur aus wehrlosen Landes durch räuberische Völker –, indem sie selbst zur Offensive übergingen und nach und nach die Grenzen ihres ethnisch heterogenen Reiches so weit ausdehnten, daß es neben dem Gebiet des heutigen Syrien und Israel und Teilen des heutigen Arabien und Iran auch Teile der heutigen Türkei umfaßte. Die Hinterlassenschaft des Streitwagens war der kriegführende Staat. Der Wagen selbst sollte der Kern des kämpfenden Heeres werden.

Der Streitwagen in Assyrien

Um das 8. Jahrhundert v. Chr. war das assyrische Heer auf dem Gipfel seiner Macht. Es diente den Heeren vieler späterer Reiche als Vorbild; einige seiner Charakteristika sind bis heute mustergültig. Allem voran stand die Logistik: Nachschublager, Transportkolonnen, Brückenbautrupps. Die Assyrer besaßen als erste eine Armee, die bis zu fünfhundert Kilometer von der Heimat entfernt Feldzüge führen konnte und mit einer Geschwindigkeit vorrückte, die erst nach Einführung von Fahrzeugen mit Verbrennungsmotor übertroffen wurde.

Die Assyrer konnten indessen keine Straßen pflastern – das wäre in dem Wüstenklima, in dem Regenfälle jedes ungeteerte Schotterbett weggeschwemmt hätten, auch wenig sinnvoll gewesen –, doch gab es im Reich ein ausgedehntes Netz königlicher Fernstraßen, die in den Landkatastern häufig als Ackergrenzen erscheinen. Den in Keilschrift auf Tontäfelchen angelegten Verzeichnissen verdanken die Archäologen viele Angaben.[22] Auf den Straßen konnten berittene Einheiten bis zu fünfzig Kilometer am

Tag zurücklegen – selbst für neuzeitliche Streitkräfte eine gute Tagesleistung. Die Straßen wurden außerhalb der zentralen Ebene und auf feindlichem Gebiet schlechter, so daß dort Pioniere die auf Berge und über Gebirgspässe führenden Wege verbessern mußten. Wo immer es möglich war, nutzte die Armee auch den Wasserweg, obwohl sich Euphrat wie Tigris wegen Untiefen und jahreszeitlich schwankender Wasserstände nur schwer befahren ließen. Im frühen 7. Jahrhundert beauftragte Sanherib syrische Schiffbauer, bei Ninive für einen Feldzug gegen die Elamer im Gebiet des heutigen Südiran Schiffe zu fertigen. Offensichtlich wünschte er seetüchtige Fahrzeuge, wie sie im Mittelmeer verwendet werden; diese konnten die lediglich im Flußschiffbau erfahrenen Handwerker des Zweistromlandes jedoch nicht herstellen. Phönizische Seeleute segelten die neuen Schiffe den Tigris so weit hinab, wie er schiffbar war, schleppten sie dann über Land zu einem Kanal, der zum Euphrat führte, und segelten von dort weiter in den Persischen Golf. Dort nahmen sie Truppen und Pferde für ein Landeunternehmen auf dem Gebiet der Elamer an Bord.[23]

Vorräte, Kriegsmaterial aller Art, Streitwagen und Pferde wurden in *ekal mascharti* («örtlicher Palast zur Versorgung von Streitkräften») genannten zentralen Magazinen bereitgehalten. Über das *ekal mascharti* in Ninive schrieb Sanheribs Sohn Asarhaddon im 7. Jahrhundert v. Chr., frühere Könige hätten es «angelegt ... um geeignete Vorbereitungen für das Lager zu treffen sowie Reittiere, Lasttiere, Wagen, Kampfausrüstung und Beute unterzubringen». Jedoch sei es «zur Ausbildung von Pferden und für Übungen mit dem Streitwagen zu klein geworden». Unbekannt ist, wieviel Proviant die Armee auf Kriegszüge mitnahm; es scheint, als hätten die Assyrer auf feindlichem Gebiet von dem leben wollen, was sie vorfanden.[24] Während seines Feldzuges gegen den mächtigen Staat Urartu im Jahre 714 v. Chr., schreibt Sargon II., habe er «Getreide, Öl und Wein» an eine eingenommene Festung geschickt, doch sein Sohn Sanherib berichtet, er habe beim Kampf gegen die Chaldäer im südlichen Mesopotamien im Jahre 703 seine «Truppen das Getreide und die Datteln in den Palmenhainen und ihre Ernte in der Ebene verzehren» lassen. Es

Fränkischer Reiter aus der Zeit der Völkerwanderung, etwa 8. Jh., gefunden in Hornhausen, Kreis Oschersleben. Der Reiter trägt Kettenpanzer, Schild und Lanze; die Steigbügel allerdings, die Anfang des 8. Jahrhunderts wahrscheinlich aus Indien über China und die Steppenvölker nach Europa gelangten, fehlen auf der Darstellung. Aufgrund mangelnder Weideflächen erlangte das Pferd in Europa niemals die Bedeutung, die es bei den Reitervölkern der Steppe besaß.

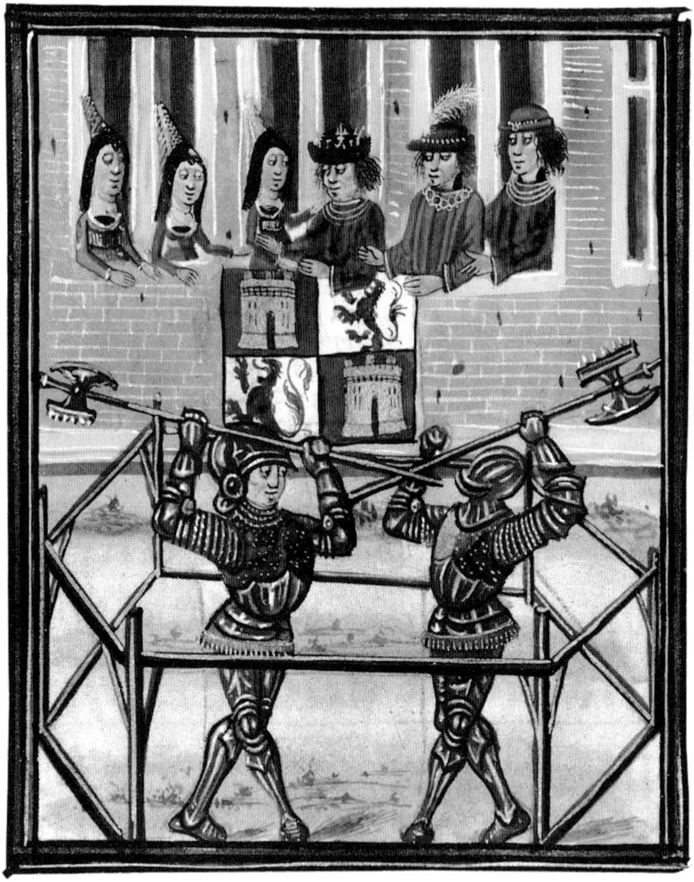

Ritter im Zweikampf, Miniatur aus einer französischen Handschrift des 15. Jahrhunderts. Trotz aller Einschränkungen durch die christliche Religion blieb Europa im Kern eine Kriegergesellschaft. Wie man sich im ritualisierten Zweikampf gegenübertrat, um die Huld einer Dame zu erlangen, so auch in der Schlacht: schwer gepanzert und zu Fuß, Mann gegen Mann. Und im einen wie im anderen Fall wurde jedes Zurückweichen als Verlust der persönlichen Ehre aufgefaßt.

Eroberung von Jerusalem durch die Sarazenen unter Sultan Saladin 1187, französische Miniatur, um 1400. Wie wichtig die Kreuzzüge für den Zusammenhalt Europas auch gewesen sein mögen, für den Islam stellten sie offenbar nicht mehr als ein Grenzproblem dar, weit weniger bedrohlich jedenfalls als die Mongolenstürme Anfang des 13. Jahrhunderts.

Mamelucken-Reiter, arabische Buchmalerei, 15. Jh. Da der Koran nur den Heiligen Krieg gegen die Ungläubigen kennt (*dschihad*), Auseinandersetzungen unter Muslimen aber streng ächtet, stand die islamische Welt schon bald vor dem Dilemma, keine Kriege mehr führen zu können. So verfiel man um die Mitte des 9. Jahrhunderts darauf, nichtmuslimische Halbwüchsige als Sklaven zu erwerben und zu Soldaten heranzubilden. Rekrutiert wurden diese Mamelucken unter den Turkvölkern der zentralasiatischen Steppengebiete.

Die Große Chinesische Mauer, das wohl beeindruckendste militärische Bauwerk der Erde. Für die Chinesen markierte die Mauer die Trennung zwischen Zivilisation und Barbarei. Davon überzeugt, daß die Zivilisation am Ende siegen werde, setzten die Chinesen darauf, einfallende Nomadenvölker assimilieren zu können. Die Kunst der richtigen Strategie bestehe darin, so der große Stratege Sun Ze in seinem wegweisenden Buch «Wahrhaft kämpft, wer nicht kämpft», Schlachten zu vermeiden, Risiken aus dem Weg zu gehen und Eindringlinge hinzuhalten.

Schütze mit Handfeuerrohr, Miniatur von 1405. Von den Chinesen um das Jahr 950 entdeckt, wurde Schießpulver von ihnen zunächst offenbar nur zu Feuerwerkszwecken genutzt. Die Europäer, die es Ende des 13. Jahrhunderts wohl eher zufällig entdeckten, verstanden auf Anhieb den militärischen Nutzen.

Der Pulvermacher, Kupferstich, Regensburg 1698. Allen Protesten der traditionellen Ritterschaft zum Trotz hatten sich um die Mitte des 16. Jahrhunderts Geschütze und Gewehre allgemein durchgesetzt. Aber erst im Dreißigjährigen Krieg (1618–48) offenbarte das Schießpulver seine ganze dämonische Wirkung.

Belagerung von Padua, Holzschnitt 1521. Mit dem Auftauchen beweglicher Kanonen um 1500 mußte auch für die bis dahin als weitgehend uneinnehmbar geltenden Festungen ein neues Konzept entwickelt werden. Um einerseits Bombardierungen zu widerstehen, andererseits die feindliche Infanterie auf Distanz zu halten, wurde die Höhe der Mauern reduziert und ihre Tiefe erweitert. In der zweiten Hälfte des 16. Jahrhunderts war die Überlegenheit der Verteidigung gegenüber dem Angriff wiederhergestellt.

Solange die Kanonen groß, schwer und auf unbewegliche Plattformen montiert waren, konnten sie nur defensiv eingesetzt werden. So lag denn auch in der Beweglichkeit der neuen Geschütze die eigentliche Revolution. Kupferstich von 1613.

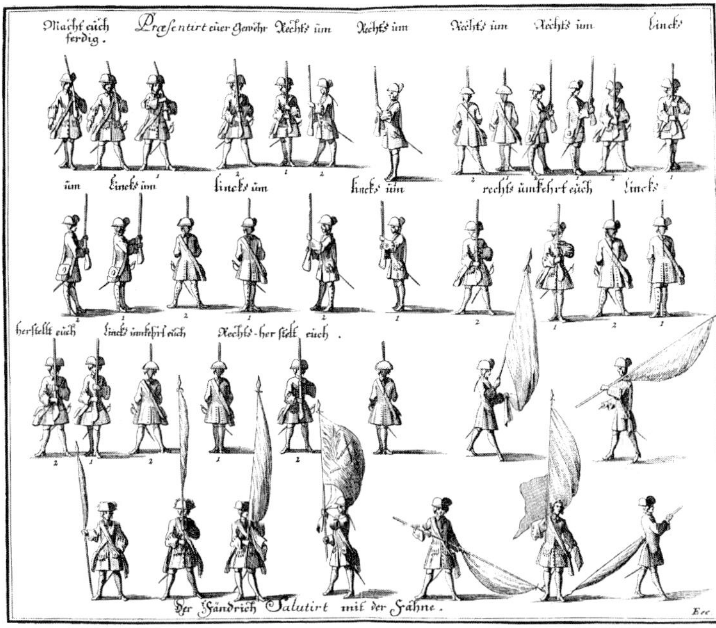

Das militärische Exerzieren – hier nach einem Kupferstich von 1726 – geht zurück auf die Notwendigkeit, sich beim Umgang mit den gefährlichen Pulverwaffen nicht gegenseitig zu verletzen. Wenn nicht alle Musketiere die Handgriffe beim Laden, Zielen und Feuern im Gleichtakt vollzogen, konnte leicht eine Kettenreaktion von Explosionen ausgelöst werden.

Die Seeschlacht von Lepanto am 7. Oktober 1571, Gemälde um 1630. Im Zusammenhang mit den großen Seeschlachten der Geschichte sind zwei grundlegende Erkenntnisse zu beachten. Zum einen sind eigens für den Krieg gebaute Schiffe erst relativ spät aufgekommen; ihr Bau war stets teuer, und ihre Handhabung erforderte eigens ausgebildete Besatzungen. Schiffe und ganze Flotten kann sich nur leisten, wer über beträchtlichen Reichtum verfügt. Zum anderen haben fast alle großen Seeschlachten, von der Schlacht bei Salamis 480 v. Chr. bis in die Gegenwart, in Küstengewässern stattgefunden. Hier ist die See ruhiger und die logistische Abhängigkeit geringer. Selbst im Zeitalter der Flugzeugträger und atomgetriebenen U-Boote stellt die Überwachung der Meere die Militärs immer wieder vor unlösbare Aufgaben.

wurde später üblich, das Land des Feindes zu verwüsten, nachdem sich die Männer im Heer gesättigt und aufgepackt hatten, was sie tragen konnten. In seinem letzten Feldzug gegen Urartu ließ Sargon Bewässerungsanlagen zerstören, Kornkammern aufbrechen und Obstbäume fällen.

Die Schwierigkeiten, die mit dem Feldzug einhergingen, mochten Sargons Zorn angestachelt haben: seine Truppen waren «über ungezählte Berge gezogen» und «fingen an zu meutern. Ich konnte ihrer Erschöpfung nicht nachgeben und hatte kein Wasser für ihren Durst.» Er kämpfte nördlich des Sagrosgebirges in dem zerklüfteten Gebiet zwischen dem Van- und dem Urmiasee, das noch heute als nahezu unpassierbar gilt. In so schwierigem Gelände bewährten sich die assyrischen Pioniere. Sargon berichtet, er habe sie beim Feldzug gegen Urartu «mit haltbaren Kupferhakken ausgerüstet [wahrscheinlich meinte er Bronze], und sie haben die Zinnen schroffer Berge in Stücke gehackt, als wäre es Kalkstein, so daß wir gut vorankamen». Noch besser verstand sich das Heer darauf, Wasserwege zu benutzen: Assurnasirpal hatte einige hundert Jahre zuvor beim Feldzug gegen die stets aufsässige südliche Macht Babylon «den Euphrat bei der kleinen Stadt Haridi mit Hilfe aus Häuten verfertigter Boote überquert». Diese im Irak bis in die Neuzeit verwendeten Flöße aus Tierhaut können aus aufgeblasenen Schafbälgen bestanden haben, die jeweils einen Mann trugen. Vermutlich aber waren es *kelek*-Flöße, bei denen auf mehreren solcher Bälge eine hölzerne Plattform befestigt war. Das Heer benutzte auch Schilfboote, wie sie noch heute von Arabern im Sumpfland am Zusammenfluß von Euphrat und Tigris verwendet werden. Assyrische Flachreliefs stellen dar, wie zerlegte Streitwagen so über Wasserstraßen transportiert wurden.

Die Organisation des assyrischen Heeres zeigte schon Ansätze dessen, was in den Heeren späterer Großmächte üblich wurde. Zum einen scheint Assyrien die erste Macht gewesen zu sein, die Krieger jeder ethnischer Herkunft rekrutierte. Es war einerseits rücksichtslos in seiner Bevölkerungspolitik – so wurden wie unter den osmanischen Herrschern und unter Stalin im Interesse des inneren Friedens regimekritische Personen einfach umgesiedelt –, doch zugleich war es ohne weiteres bereit, unterworfene Völker und Kriegsgefangene ins Heer einzugliedern, vorausgesetzt, es konnte sich auf deren Staatstreue verlassen. Sprache und eine gemeinsame Religion wirkten einigend. Assyrien verbreitete durch den Kult Assurs einen rudimentären Monotheismus und nahm im Interesse gegenseitigen Verstehens in seine Amtssprache Lehnwörter aus anderen Sprachen auf. Zum zweiten wurden unterworfene Völker oft, wie später im Römischen Reich, mit ihren eigenen charakteristischen Waffen – Schleudern oder Bogen – ins Heer aufgenommen und bildeten Hilfskorps. Möglicherweise stellten sie auch die Belagerungstechniker, die von assyrischen Künstlern beim Unterminieren von Mauerfundamenten, beim Anlegen von Stollen und Belagerungsrampen oder beim Bedienen von Belagerungsmaschinen dargestellt wurden.

Vor allem die Syrer blickten auf eine lange Tradition des Belagerungskrieges zurück. Sanherib schildert seine Belagerung Hiskias in Jerusalem, die auch in 2. Könige 18 verzeichnet ist, wie folgt: «Er unterwarf sich meinem Joch nicht. Ich belagerte sechsundvierzig seiner starken, umwallten Städte und zahllose Dörfer um sie herum und nahm sie ein, indem ich Rampen bauen ließ, um Rammböcke herbeizubringen, sowie durch Angriffe von Fußvolk, Minen, Breschen und Belagerungsmaschinen ... Ihn selbst schloß ich in Jerusalem, seiner königlichen Stadt, ein wie einen Vogel im Käfig.» Statt das mit einer Belagerung verbundene Risiko einzugehen, kapitulierte Hiskia und zahlte Tribut.[25]

Trotz seiner Großmachterrungenschaften blieb das assyrische Heer letzten Endes eine auf Streitwagen gegründete Truppe. Als Sanherib im Jahre 691 v. Chr. gegen die Elamer zu Felde zog, ließ er seinen Hof-Historiographen schildern, wie er «die feindlichen Krieger mit Speeren und Pfeilen durchbohrte. Wie einem Schaf durchschnitt ich dem obersten Heerführer des Königs von Elam die Kehle, zusammen mit seinen Edlen ... Meine tänzelnden Pferde, die gewöhnt sind, im Geschirr zu gehen, tauchten in deren strömendes Blut ein wie in einen Fluß; die Räder meiner Streitwagen waren mit Blut und Schmutz bespritzt. Ich füllte die Ebene mit den Leichen ihrer Krieger wie mit Kräutern ... Es gab Wagen und

Pferde, deren Reiter erschlagen worden waren, als sie in die wilde Schlacht kamen, so daß sie allein herumliefen; diese Tiere rannten auf dem ganzen Schlachtfeld umher... Panik überwältigte bei meinem Angriff die Scheichs der [mit den Elamern verbündeten] Chaldäer, als habe sie ein Dämon erfaßt. Sie ließen ihre Zelte im Stich und rannten um ihr Leben, wobei sie ihre gefallenen Kameraden zertrampelten... In ihrer Angst ging ihnen der heiße Harn ab, und sie entleerten ihren Darm in ihre Streitwagen.»[26]

Wie die realistisch berichteten Einzelheiten zeigen, ging es bei dieser Schlacht um alles oder nichts, denn die Elamer verwehrten Sanheribs Heer den Zugang zum Tigris und somit, worauf sein Schreiber hinweist, zum Trinkwasser. Unter diesen Umständen ist ein Entscheidungskampf unumgänglich. In Sargons letzter Schlacht gegen Urartu zeigte sich jedoch eine Spur von Ritterlichkeit: der König Rusa hatte eine Botschaft gesandt, welche die Assyrer zum Kampf herausforderte.

Möglicherweise waren schon Adlige der Streitwagenvölker – wie später die europäischen Ritter – der Meinung, eine Auseinandersetzung lasse sich am besten durch eine ritterliche Begegnung entscheiden, wobei Fußvolk und sonstiger Anhang rückwärtig eine Schlachtlinie bildeten, die Beute einheimsten, wenn ihre Seite gewann, oder im gegenteiligen Fall die Folgen erleiden mußten. Chinesische Streitwagenkämpfer aus der Zhou Zeit fühlten sich dieser Ritterlichkeit offenkundig schon verpflichtet. In einer Schlacht zwischen rivalisierenden Staaten Tschu und Sung im Jahre 638 v. Chr. erbat der Kriegsminister des Herzogs von Sung zweimal die Erlaubnis, den Feind anzugreifen, bevor sich dieser zum Kampf aufgestellt hatte, mit der durchaus vernünftigen Begründung: «Sie sind viele, wir hingegen wenige.» Es wurde ihm nicht erlaubt. Nachdem die Sung-Leute geschlagen waren, begründete der verwundete Herzog sein Verhalten: «Ein Heer kämpft weder gegen Verwundete, noch nimmt es Grauköpfe gefangen... Auch wenn ich nichts weiter bin als das unwürdige Überbleibsel einer gefallenen Dynastie, würde ich nie meine Trommel zum Angriff gegen einen Feind rühren lassen, der noch nicht zum Kampf bereit ist.» Weiterhin galt es unter chinesischen

Streitwagenaristokraten als unritterlich, Probleme eines fliehenden Gegners mit seinem Fahrzeug auszunutzen (man half ihm vielleicht sogar), einen Herrscher zu verwunden oder ein Land anzugreifen, das sein dahingeschiedenes Oberhaupt betrauerte oder durch innere Zwistigkeiten gespalten war.[27]

Vorbildliches Verhalten unter Streitwagenkämpfern zeigt sich in einem Vorfall aus einem späteren Krieg der Sung. Der Sohn des Herzogs traf auf einen Krieger, der einen Pfeil schußbereit auf der Sehne hatte. Dieser schoß, fehlte und setzte einen weiteren Pfeil auf, bevor der Sohn des Herzogs schußbereit war. Daraufhin rief er ihm zu: «Wenn du mir keine Gelegenheit gibst, zu schießen, bist du kein ritterlicher Kämpfer.» Sein Gegner nahm sich die Worte zu Herzen, ließ ihn zum Schuß kommen und wurde getötet.[28]

Das ist der Stil des Zweikampfes oder des zeremoniellen Turniers, und solche Begegnungen bedürfen einer Vereinbarung. Im Streitwagenkrieg scheint man sich an Vereinbarungen gehalten zu haben. Urartu forderte Assyrien formell zum Kampf heraus; die Chinesen der sogenannten «Frühling und Herbst»-Zeit (722–481 v. Chr.) verachteten jeden, der Überraschungsangriffe startete; sie selbst schickten Boten, um Zeit und Ort der Schlacht zu vereinbaren. Sie bestanden darauf, Felder so zu pflügen, daß sich Streitwagen leicht manövrieren ließen, und wiederholt finden sich Inschriften, die dokumentieren, daß vor einer Schlacht Kochgruben und Brunnenschächte gefüllt wurden, um freie Durchfahrt für die Wagen zu schaffen. Auch in neuzeitlichen Kriegen müssen Schlachtfelder vorbereitet werden, wenn die Waffen ihre volle Leistungsfähigkeit erreichen sollen. Es gibt beispielsweise ein offizielles Verbot, unmarkierte Minenfelder anzulegen. In der Welt der Antike mit ihren gewaltigen logistischen Hindernissen – es kostete unendliche Mühe, ein Heer an ein anderes heranzuführen, und es war nahezu unmöglich, es länger als einen oder zwei Tage am selben Ort zu ernähren – war es sinnvoll, den Kampfplatz gut zu präparieren, damit sich die Hauptwaffe der führenden Krieger frei entfalten konnte. Bei Gaugamela, wo Alexander der Große im Jahre 331 v. Chr. die Perser besiegte, ließ sein Gegner Darius nicht nur das Gelände vor der Schlacht gründlich einebnen, sondern auch für seine Streitwagen drei Fahrbahnen anlegen. Alexander hatte übrigens dem Wunsch seiner Unterführer, einen Nachtangriff zu unternehmen, nicht nachgegeben – mit der Begründung, wenn er verliere, werde er in Verruf geraten, und selbst wenn er siege, werde man ihm Unfairneß nachsagen.

Der Kampf mit Streitwagen war fast 1500 Jahre alt, als Alexander auf seinem legendären Roß Bukephalos Darius besiegte; dann begann er allmählich zu verschwinden. Nur Völker an den Rändern der zivilisierten Welt – wie die Britannier, die dem Eindringen der Römer Widerstand leisteten – hielten den Streitwagen nach wie vor für ein nützliches Kampfgerät. Trotz der langen Vorherrschaft des Streitwagenkampfes haben wir keine klaren Vorstellungen, wie er ablief; die Althistoriker können sich nicht einigen: H. Creel etwa meint, Streitwagen hätten den Chinesen einen «beweglichen Aussichtspunkt» geboten, und er ruft die Kollegen Oppenheim, Wilson und Gertrude Smith als Zeugen für die These auf, daß man sie in Ägypten als Kommandoposten, im Zweistromland und in Griechenland hingegen als Transportmittel auf dem Schlachtfeld verwendet habe. M. I. Finley dagegen glaubt, Homers Beschreibung des Streitwagens als einer Art «Taxi» für die Beförderung zum Schlachtfeld gelte ausschließlich für die Zeit Homers; die Helden der *Ilias* hätten anders gekämpft.[29]

Finley hat sehr wahrscheinlich recht. Die Kunst, die den Herrschenden dient, mag den Sieg verherrlichen, sie mag auch das Alte symbolisch verewigen, aber sie darf nicht ins Feld des Lächerlichen geraten. So war es im 19. Jahrhundert, als die Welt der Ritter wiederbelebt wurde, gerade noch möglich, den englischen Prinzgemahl Albert in einer Rüstung darzustellen, ohne daß seine Zeitgenossen lachten; die Darstellung Hitlers als gepanzerter Ritter hingegen wirkte lächerlich.[30] Pharaonen, assyrische Könige und persische Großkönige fanden es offenbar nicht lächerlich, mit Kompositbogen und Streitwagen verewigt zu werden. Die Künstler haben auch die Rolle ihrer Auftraggeber in der Schlachtlinie veranschaulicht; doch wenn Herrscher und Schlachtenlenker als Bogenschützen dargestellt werden wollten, die vom Streitwagen herab kämpfen, müssen wir annehmen, daß Schlachten lange Zeit vorwiegend auf diese Art geführt wurden, und zwar vom ersten Auftreten des Streitwagens um 1700 v. Chr. bis zu seiner allmählichen Verdrängung durch die Reiterei etwa ein Jahrtausend später.

Der Streitwagenkämpfer hatte anfänglich drei Vorteile. Er konnte sich deutlich schneller auf dem Schlachtfeld bewegen, verfügte mit dem Kompositbogen über eine auf große Entfernung tödliche Waffe, und er besaß die von seiner Kultur geprägte Bereitschaft zu töten. Doch angesichts eines neuen Waffensystems erfindet der Gegner in der Regel schnell Gegenmittel. Wer mit Streitwagen angegriffen wurde, erwarb selbst solche Fahrzeuge. Oder er griff die Pferde des Gegners an, lernte, Schlachtreihen zu bilden, die von Streitwagen nicht aufgebrochen werden konnten, kämpfte auf Gelände, auf dem Streitwagen nicht manövrieren konnten, und benutzte Schilde, die kein Pfeil durchschlug. Dennoch muß während der Zeit, in der der Streitwagenkampf als ruhmbringend galt, zwischen Freund und Feind das Einverständnis bestanden haben, Streitwagenkämpfern bei Schlachten freien Raum zu geben. Wie wir gesehen haben, ist in der Idee des Kampfes der Hang zum Ritual und zum Zeremoniell tief verwurzelt, und dieser wird lediglich beim Kampf um alles oder nichts unterdrückt – darum aber geht es im Krieg keineswegs immer.

Bei der ersten dokumentierten Streitwagenschlacht wurde fast kein Blut vergossen. Sie fand im Jahre 1469 v. Chr. zwischen dem Pharao Thutmosis III. und einer Allianz unter Führung der Hyksos bei Megiddo im Norden Palästinas statt. Sie gilt als erste Schlacht der Geschichte, weil wir wissen, wann und wo sie ausgetragen wurde, wer an ihr beteiligt war und wie sie verlief. Thutmosis III., der gerade erst den Thron bestiegen hatte, vertrat die neue ägyptische Strategie einer energischen Offensive gegen Kräfte, die der Sicherheit des Reiches von außen gefährlich werden konnten. Er stellte eine Armee zusammen und zog in Etappen von fünfzehn bis fünfundzwanzig Kilometern pro Tag – eine eindrucksvolle Marschgeschwindigkeit – an der Mittelmeerküste entlang, durchquerte Gaza und gelangte über die Berge an die syrische Grenze. Der Feind scheint sich darauf verlassen zu haben, daß das unwegsame Gelände ihn vor dem Angriff schützen werde. Es gab drei Wege durch die Berge zur Stadt Megiddo; der Pharao wählte den schwierigsten, denn auf diese Weise konnte er den Feind überraschen.

Die Annäherung an den Feind dauerte drei Tage, von denen der letzte darauf verwendet wurde, einen kaum zwei Streitwagen breiten Paß zu überqueren. Am späten Abend schlug Thutmosis sein Lager in der vor Megiddo gelegenen Ebene auf und stellte seine Armee am nächsten Morgen zum Kampf auf. Auch der Feind war vorgerückt. Als er aber sah, wie ausgedehnt die ägyptische Kampflinie war – mit jeweils einem Flügel an den Talflanken, der Pharao in seinem Streitwagen in der Mitte –, verließ ihn der Mut, und er strebte in wilder Flucht dem Schutz der Mauern von Megiddo zu. Thutmosis ordnete die Verfolgung an, doch hielten sich seine Krieger damit auf, das Lager des Feindes zu plündern, so daß zwei der wichtigsten gegnerischen Führer die Stadt erreichten. Da diese innerhalb ihrer mächtigen Mauern über große Wasservorräte verfügte, konnte sie der Belagerung durch die Ägypter – die gegen einen möglichen Entsatz einen Wall errichteten, der die Stadt vollständig umgab – volle sieben Monate standhalten. Lediglich dreiundachtzig Krieger wurden in der Schlacht getötet, dreiundvierzig gerieten in Gefangenschaft. Schließlich ergaben sich die belagerten Könige, schickten ihre Kinder als Geiseln vor die Stadtmauern und baten den Pharao, er möge «deren Nasen den Atem des Lebens einhauchen».[31]

Die wertvollste Siegesbeute bestand aus 2041 Pferden. Da die Ägypter zu jener Zeit Pferde wohl noch immer importieren mußten, dürfte das ihr Streitwagenpotential bedeutend verstärkt haben. Wir wissen nicht, wie viele Streitwagen bei Megiddo auf beiden Seiten eingesetzt wurden, doch als zweihundert Jahre später, im Jahre 1294 v. Chr., Ramses II. bei Kadesch am Orontes (heute Asi-nehri) im Süden Syriens ein hethitisches Heer schlug – womit er die Politik des Neuen Reiches fortsetzte, an den äußersten Grenzen weit jenseits des Nildeltas strategische Marken zu setzen –, dürfte die ägyptische Armee fünfzig Streitwagen und fünftausend Mann stark gewesen sein. Es heißt, die weit größere Armee der Hethiter habe zweitausendfünfhundert Streitwagen besessen; dann aber hätte ihre Angriffsfront eine Breite von gut sieben Kilometern gehabt. Immerhin zeigt ein ägyptisches Flachrelief mit einer Szene aus jener Schlacht zweiundfünfzig Streitwagen – was beweist, daß deren Zahl beträchtlich war.[32]

Ob die Hethiter den Kompositbogen verwendeten, ist zweifelhaft. In der Regel werden ihre Wagenbesatzungen als Speerwerfer abgebildet, was möglicherweise erklärt, weshalb die Ägypter bei Kadesch eine Niederlage vermeiden konnten. Wie auch immer: sowohl bei Megiddo als auch bei Kadesch hatte die Streitwagenschlacht noch nicht die höchste Entwicklungsstufe erreicht. Dies geschah erst im 8. Jahrhundert v. Chr., als das assyrische Reich auf der Höhe seiner Macht war. Waffensysteme zu übernehmen, dauert um so länger, je komplexer sie sind, und das Streitwagensystem, das nicht nur aus dem eigentlichen Wagen, sondern auch aus Bogen, Pferd und Zubehör bestand – all das war den Ländern fremd, in denen die Streitwagenkönige einbrachen –, war äußerst komplex. Ägypter wie Hethiter hatten als Streitwagenkämpfer wenig Erfahrung, und es dauerte ziemlich lange, bis die Assyrer das System optimal nutzen konnten. Dann aber muß diese Waffe, wie auch die Schreiber Sargons und Sanheribs berichten, Angst und Schrecken verbreitet haben, weil der Fahrer sein Gespann perfekt geschulter Pferde mit halsbrecherischer Geschwindigkeit steuern und der Bogenschütze vom Wagen aus Serien gezielter Schüsse abgeben konnte. Ganze Schwärme solcher sich gegenseitig unterstützender Streitwagen prallten dann aufeinander, ähnlich den gepanzerten Fahrzeugen unserer Tage. Der Erfolg fiel der Seite zu, die die größere Zahl gegnerischer Fahrzeuge lahmlegte, während die Fußsoldaten, die ihnen im Weg standen, nach allen Seiten auseinanderstoben.

Das Streitroß

Auf dem Höhepunkt seiner Wirksamkeit wurde das Streitwagensystem von einem seiner Bestandteile an Bedeutung übertroffen: vom Pferd. Manche meinen, die Assyrer selbst seien Urheber dieser Revolution gewesen, die – Ironie der Geschichte – zum Untergang ihres Reiches führte.

In der zivilisierten Welt diente das Pferd seit dem 2. Jahrtausend als Reittier. Darstellungen des Reitens finden sich in der ägyptischen Kunst bereits um das Jahr 1350 v. Chr., und Reliefs aus dem 12. vorchristlichen Jahrhundert zeigen berittene Krieger, von denen einer an der Schlacht von Kadesch teilnimmt.[33] Doch ist keiner von ihnen Kavallerist. Alle reiten ohne Steigbügel und Sattel und sitzen ziemlich weit hinten, also nicht in der Position, aus der sich das Tier mit Schenkeldruck beherrschen läßt. Der Rücken der damaligen Pferde war offenbar nicht kräftig genug, sie auf die neuzeitliche Weise zu reiten. Bis zum 8. Jahrhundert v. Chr. jedoch hatte man durch Auslesezüchtung Tiere zur Hand, die die Assyrer vorn reiten konnten, wobei das Körpergewicht auf den Schultern des Pferdes ruhte. Es hatte sich auch so viel Einvernehmen zwischen Pferd und Reiter hergestellt, daß dieser während des Reitens den Bogen einsetzen konnte. Allerdings ging die Harmonie noch nicht so weit, daß der Reiter bereit gewesen wäre, die Zügel loszulassen. Ein assyrisches Flachrelief zeigt Reiter, die paarweise vorgehen: während der eine seinen Kompositbogen abschießt, hält der andere die Zügel beider Pferde. Das ist, wie William McNeill anmerkt, Streitwagenkampf ohne Streitwagen.[34]

Allerdings kann den Steppenbewohnern das Reiten früher vertraut gewesen sein als den Zivilisierten, und ebenso kann sich die Verwendung des Bogens vom Pferd von den Assyrern über die Grenze zur Steppe hin verbreitet haben und von Völkern aufgenommen worden sein, die ihre Pferde besser beherrschten. Schon während der Regierungszeit Sargons II. wurden aus der Steppe, wo man alljährlich Jungtiere fing, um sie zuzureiten und nach Assyrien zu verkaufen, Pferde ins Land gebracht. Es ist durchaus denkbar, daß die Kunst, den Bogen vom Sattel aus zu handhaben, in die entgegengesetzte Richtung getragen wurde.[35]

Auf jeden Fall wurde der Untergang des assyrischen Reiches dadurch eingeleitet, daß Ende des 7. Jahrhunderts v. Chr. ein iranisches Reitervolk, die Skythen, wahrscheinlich vom Altaigebirge im Osten Zentralasiens in Assyrien einbrach. Die Skythen scheinen einem anderen iranischen Reitervolk – den Kimmeriern – dicht auf den Fersen gewesen zu sein, die um 690 v. Chr. in Kleinasien eindrangen und ein erschüttertes Land zurückließen. Als die Skythen auftauchten, wurden die Assyrer an allen Grenzen hart bedrängt – im Norden in Palästina, im Süden durch den «Vasallenstaat» Babylon und im Osten durch die Meder aus Persien. Alldem hätten die Assyrer standhalten können, denn auch früher schon hatte ihr Reich Widrigkeiten getrotzt. Doch im Jahre 612 v. Chr. schlossen sich die Skythen mit den Medern und Babyloniern zu einer Belagerung der großen Stadt Ninive zusammen, und es gelang ihnen, sie einzunehmen. Zwei Jahre später wurde der letzte Assyrerkönig trotz ägyptischer Unterstützung durch die verbündeten Skythen und Babylonier bei Charran erneut besiegt, und im Jahre 605 ging die Macht des Assyrerreichs auf Babylon über.

Babylon mußte sie schon bald an Persien abtreten, das letzte der großen im Kernland der Zivilisation entstandenen Reiche. Die Macht der Perser gründete sich nicht auf fortschrittliche militärische Technik, sondern letzten Endes auf den Streitwagen. Zwar rekrutierten die Herrscher des Landes Söldner als Fußvolk und bildeten persische Edle für den Reiterkampf aus, doch sie selbst zogen als Streitwagenkämpfer in die Schlacht. Als aber der persische Großkönig Darius auf einen Gegner traf, der revolutionäre militärische Methoden anwandte, wurde er besiegt. Sein Reich fiel an die Nachfolger Alexanders, die es in einer abgeschwächten Form seines Militärsystems nach seinem Tode eineinhalb Jahrhunderte lang verteidigten. Auf der zweitausendvierhundert Kilometer langen Grenze, die die Steppe vom besiedelten Land trennte, konnten weder der Streitwagen noch Alexanders europäische Taktik den Reitervölkern Paroli bieten, nachdem diese die Verwundbarkeit ihrer Gegner erkannt hatten.

Die ersten Skythen, die Ende des 7. Jahrhunderts v. Chr. ins Zweistromland vordrangen, waren Vorboten einer periodisch wiederkehrenden Abfolge von Überfall, Plünderung, Sklavennahme, Mord und Eroberung, die im Vorderen Orient wie auch in Indien, China und Europa zweitausend Jahre lang den äußeren Rand der Zivilisation beherrschte. Dies hatte für die Länder im Inneren weitreichende Folgen, so daß wir die Steppennomaden als eine der bedeutendsten – und verhängnisvollsten – Kräfte in der Militärgeschichte ansehen können. Die Bedeutung der Steppennomaden wiederum geht auf die kleinwüchsigen struppigen Pferde zurück, die man erst wenige Dutzend Generationen vor dem ersten unheilvollen Vorstoß der Skythen an der Wolga gezüchtet hatte.

Die Reitervölker der Steppe

Was ist die Steppe? Wer in den besiedelten Ländern der gemäßigten Zone lebt, steht in der Steppe die ungeheure Weite leeren Raumes, der zwischen dem Nördlichen Eismeer und dem Himalaja im Süden, den bewässerten Flußtälern Chinas im Osten und den Pripjetsümpfen sowie den Karpaten im Westen die Landkarte einnimmt. Auf der geistigen Karte des zivilisierten Menschen hat die Steppe keine besonderen Eigenheiten und ist klimatisch undifferenziert, ein Gebiet spärlicher, uneinheitlicher Vegetation, ohne Berge, Flüsse, Seen oder Wälder, eine Art wasserloser Ozean, den niemand befährt.

Dies ist grundfalsch. Millionen russischer und ukrainischer Stadtbewohner haben in neuerer Zeit die westlichen Ausläufer der Steppe besiedelt. Doch schon bevor die Ufer der großen Flüsse der westlichen Steppe – Wolga, Don, Donez, Dnjepr – bevölkert wurden, hatten Forschungsreisende, die sich in die Wildnis gewagt hatten, erkannt, daß sich dies Gebiet klimatisch und topographisch in drei deutlich unterscheidbare Regionen einteilen läßt: die eigentliche Steppe liegt zwischen der Taiga, die vom Nordkap zum Nordpazifik verläuft, und einem breiten Wüstenstreifen, der im Süden von den Salzsümpfen des Iran bis an die Chinesische Mauer reicht.

Die Taiga, der boreale Nadelwald, ist abweisend, und ihr Klima ist extrem. In der Nähe von Jakutsk stellte man fest, daß der Permafrost bis in eine Tiefe von 135 Meter reicht. Die Fischer und Jäger, die an den Ufern der Flüsse leben, die die Ebene zum Nördlichen Eismeer entwässern – Ob, Jenissej, Lena und Amur –, sind scheue Waldbewohner. Historisch wichtig wurden lediglich die in Ostsibirien und im Becken des Amur lebenden Tungusen, und zwar in erster Linie als die Mandschu, die sich im 17. Jahrhundert n. Chr. des chinesischen Throns bemächtigten.

Der Wüstengürtel wird allgemein als unwirklicher, reizloser Ort beschrieben: «Keiner der Flüsse im Wüstengürtel erreicht das Meer; sie verlieren sich im Sand oder versickern in Salzsümpfen. Die Wüste Gobi ist eine Einöde aus Sand, Fels oder Kies, die sich über fast zweitausend Kilometer erstreckt. Im Volksglauben ist sie lediglich von Dämonen bewohnt, deren lautes Jammern aber eher das Geräusch ist, das die unter dem Einfluß starker Winde wandernden Dünen verursachen. Die Vegetation ist auf Gestrüpp und Grashorste (Bulten) beschränkt; das Klima ist extrem: im Winter und Frühjahr fegen eisige Sandstürme über das Land. Regen fällt selten, doch bedeckt sich der Wüstenboden schon nach einem kurzen Guß mit kleinen grünen Pflanzen. Die Takla Makan ist eine kleinere Gobi; über sie fegen im Sommer so erstickende Staubstürme hinweg, daß man sie nur im Winter durchqueren kann. Die dreizehnhundert Kilometer breite persische Wüste Dasht-i-Kavir besteht weniger aus Sand als aus Salzsümpfen, ist aber von Oasen durchsetzt.» Diese Oasen waren nach William McNeills Theorie die entscheidenden Etappen, über die indoeuropäische Streitwagenvölker nach China vordrangen.

Die eigentliche Steppe ist ein länglicher Graslandgürtel, der in der Länge fünftausend und in der Breite durchschnittlich achthundert Kilometer mißt. Ihn begrenzen, wie schon gesagt, im Norden die Taiga und im Süden Wüsten und Gebirge. Im Osten stößt die Steppe an die Flußtäler Chinas und im Westen an die Zugangswege zu den fruchtbaren Ländern des Vorderen Orients und Europas. Sie bildet «eine baumlose Weidefläche, eine grasbestandene Ebene zwischen den Bergen. Für den Ackerbau eignet sie sich nur bei kostspieliger Bewässerung, aber für die Zucht von Rindern, Schafen und Ziegen ist sie hervorragend geeignet, da die subalpinen Täler des Altaigebirges ungewöhnlich gute Weidegründe sind. Die Vegetation besteht in erster Linie aus saftigem Gras, der Boden abwechselnd aus Kies, Salz und Lehm. Zwar ist das Klima rauh und der Winter in der Hochsteppe erschreckend kalt (an zweihundert Tagen im Jahr liegt die Temperatur im Altai unter dem Gefrierpunkt), aber trocken und daher erträglich. Die in jener Gegend beheimateten Hirten erreichen häufig ein außergewöhnlich hohes Alter.»[36]

Geographen unterscheiden zwischen einer Hoch- und einer Tiefsteppe, das heißt dem Gebiet östlich und westlich des Pamir, der an den Himalaja grenzt. Dort werden die Berge nach Westen hin allmählich niedriger, und die Weide wird besser – einer der Gründe für die Wanderungsbewegung nach Europa und zum Vorderen Orient. Historisch gesehen allerdings hat eine ebenso umfangreiche Bewegung in die Gegenrichtung stattgefunden, denn die im Süden des Altai liegende Dsungarische Pforte, das Kernland der Steppe, bietet einen natürlichen Zugang zu den Ebenen Chinas. Sie läßt sich einfacher durchqueren als die westlichen Routen – entlang dem Kaukasus oder durch die Lücke zwischen Kaspischem Meer und Aralsee und dann am Nordufer des Schwarzen Meeres entlang nach Adrianopel (Edirne) –, die schmaler und damit leichter zu verteidigen sind.

Die Skythen, das erste Steppenvolk, von dem wir wissen, kamen ursprünglich wohl aus dem Altai und folgten dem «Gefälle» der Steppe westwärts, um Assyrien anzugreifen. Von ihren Nachfolgern scheinen auch die Türken aus dem Altai zu stammen. Ihre mit dem Kasachischen, Usbekischen, Uigurischen und Kirgisischen verwandte Sprache ist bis auf den heutigen Tag die Hauptsprache Zentralasiens. So bedienten sich die Hunnen, die im 5. Jahrhundert n. Chr. vor den Toren Roms erschienen, eines Idioms, das zur Familie der Turksprachen gehörte. Das von vergleichsweise wenigen Steppenvölkern gesprochene Mongolische trat allem Anschein nach erstmals in den Waldgebieten nördlich des Baikalsees und östlich des Altai auf; die Sprache der Mandschu kommt wie das Tungusische aus Ostsibirien. Einige der ersten Reitervölker jedoch waren, wie die ersten Streitwagenvölker, Indoeuropäer; aus ihrer Sprache hat sich das heutige Persisch entwickelt. Von den Kriegern jener Zeit gesprochene indoeuropäische, mittlerweile vergessene Sprachen waren das nordostiranische Sogdisch, das Tocharische sowie die Sprache eines Volkes, das die Römer als Sarmaten kannten.[37]

Was hat die Reiternomaden aus der Steppe herausgelockt? Ihr militärisches Verhalten läßt sich kaum einem der in anderen Gesellschaften ermittelten Verhaltensmuster zuordnen. Mit Sicherheit waren sie keine «primitiven Krieger»: von Anfang an kämpften sie, um zu siegen. Erklärungen, die Verwandtschaftsstreitigkeiten oder zeremonielle Kämpfe bemühen, passen daher nicht auf sie. Auch Gebietsstreitigkeiten dürften nicht entscheidend gewesen sein. Zwar fühlten sich nomadisierende Stämme bestimmten Weidegebieten zugehörig und erhoben Anspruch darauf, doch zugleich unterlag die Zusammensetzung der Stämme im Nomadentum charakteristischerweise keiner festen hierarchischen Ordnung. Die Position des Anführers war stets gefährdet, und Gefolgschaften zerbrachen oder schlossen sich in unvorhersehbarer Weise neu zusammen. Vielleicht ist die ökologische Vorstellung von der «Tragfähigkeit» eines Lebensraumes hilfreich. William McNeill hat überzeugend dargestellt, daß das Leben in der Steppe plötzlichen und äußerst störenden Klimaveränderungen unterworfen war: auf warme, feuchte Perioden mit guter Weide und einer höheren Überlebenschance für Mensch und Tier konnten unvermittelt harte Zeiten folgen, in denen größere Herden und Familien kaum ihr Auskommen fanden. Wanderungen innerhalb der Steppe brachten nichts, da die Nachbarn in ähnlicher Weise litten und sich gegen Eindringlinge wehrten. Als einziger Ausweg blieb, die Steppe zu verlassen und freundlichere Klimazonen aufzusuchen, wo gepflügtes Land Nahrung bot.[38]

McNeill selbst hat auf die Schwachstelle dieser Erklärung hingewiesen: die Nomaden müßten im Laufe der Zeit gelernt haben, den Wechsel von schlechten und guten Zeiten vorauszusehen und sich nicht mehr in der Steppe anzusiedeln, die dann, besonders nach der Entdeckung des Pferdes als Reittier, schnell leer gewesen wäre. In gewissem Sinne lernten sie auch: die am weitesten umherstreifenden Aggressoren unter den Steppenvölkern – die Mongolen und Türken – richteten ein System des Tributs ein, den sie von seßhaften Völkern einforderten, um dem Hungerzyklus im Grasmeer zu entgehen. Dennoch sagte ihnen das ungebundene Leben mehr zu, und sie verachteten den Landmann, der sich, an Felder und Pflugochsen gebunden, abmühte. Die Nomaden wollten das Beste beider Welten: die Behaglichkeit und das Wohlleben, das nur ein seßhaftes Leben bieten kann, zugleich aber auch die Unabhängigkeit des Reiters, des Zeltlagers, der Jagd und des Umherziehens mit den Jahreszeiten.

Nirgendwo ist die Beharrlichkeit des nomadischen Ethos besser verdeutlicht als im Topkapi in Istanbul, dem Palast der türkischen Sultane. Dort verbrachten die Herrscher des Osmanischen Reiches, das sich von der Donau bis zum Indischen Ozean erstreckte, bis zum 19. Jahrhundert ihre Tage, wie sie es einst in der Steppe getan haben mögen: angetan mit dem Kaftan und der weiten Hose des Reiters, saßen sie in provisorisch im Park errichteten Zelten auf Kissen und teppichbedeckten Böden. Ihre wichtigsten Insignien waren der Köcher, die Bogentasche und der Daumenring des berittenen Bogenschützen. Auch wenn das Topkapi in der Hauptstadt des Oströmischen Reiches errichtet worden war, blieb es ein Nomadenlager, in dem die Pferdeställe bei den Wohntrakten lagen und man bedeutenden Männern bei Umzügen die Roßschweif-Standarten der Schlacht vorantrug.

Eine weitere Begründung der nomadischen Kriegführung lautet, sie hätten die zivilisierten Länder damit zum Handel zwingen wollen. Sicherlich haben die Steppenvölker schon früh gelernt, Handel zu treiben, auch besaßen sie in ihren Pferden und den

Sklaven Waren, die Berufshändler nur allzugern kauften oder gegen Fertigerzeugnisse eintauschten. Die Hunnen forderten Mitte des 5. nachchristlichen Jahrhunderts von den Römern, daß an der Donau «wie in früheren Zeiten» ein Markt geöffnet werden solle.[39] Auch daß der Verkehr auf der im 2. Jahrhundert v. Chr. eröffneten Seidenstraße zwischen China und dem Vorderen Orient über tausend Jahre lang aufrechterhalten werden konnte, zeigt, daß die Nomaden es für vorteilhafter hielten, Gütertransporte durch ihr Gebiet zu begünstigen statt zu plündern. Dennoch wurden diese Transporte häufig unterbrochen, wenn nämlich die Habgier einzelner über die wirtschaftliche Vernunft siegte. Außerdem kann auch ein Zwangshandel nicht funktionieren, wenn Nachfrage und Angebot nicht übereinstimmen. Die Steppe lieferte einfach nicht genug von dem, was sich die Zivilisation von den militärisch erzwungenen Transaktionen versprach, um einen freien Handel in Schwung zu bringen. Wie die Briten erfuhren, als sie im 19. Jahrhundert die Chinesen mehr oder weniger gewaltsam mit Opium zu beliefern versuchten, drängt ein mit Waffengewalt gestützter Handel den unwilligen Kunden nicht nur die Waren, sondern auch den politischen Willen des Händlers auf. Diese Verknüpfung ist indessen von den frühen Reitervölkern nicht ausgenutzt worden.

Die Hunnen

Das erste Steppenvolk, über das uns Einzelheiten bekannt sind, waren die im 5. Jahrhundert n. Chr. ins Römische Reich eindringenden Hunnen. Sofern sie mit den Xiong-nu identisch sind, hatten sie im 2. vorchristlichen Jahrhundert bereits das vereinigte China der Han-Dynastie ernsthaft aus dem politischen Gleichgewicht gebracht. Die Hunnen, die vermutlich eine Turksprache sprachen und sogar das Schreiben pflegten, hatten eine einfache

Naturreligion. Möglicherweise gab es bei ihnen Schamanen – wie wir sie auch von den nordamerikanischen Indianern kennen, Geisterbeschwörer, von denen man glaubte, sie vermittelten zwischen Gott und Mensch. Aus der Form der Schulterblätter von Schafen suchten sie die Zukunft zu erkennen. Daher ließ Litorius, der letzte römische Feldherr, der die alten heidnischen Riten befolgte, vor der Schlacht bei Toulouse im Jahre 439 für die in seinem Dienst stehenden hunnischen Söldner die Zeichen deuten.[40] Das Gesellschaftssystem der Hunnen war einfach: sie huldigten dem Prinzip der Aristokratie – Attila rühmte sich seiner edlen Abkunft – und hielten eine begrenzte Zahl von Sklaven. Andere gesellschaftliche Abstufungen existierten bei ihnen nicht.

Wenn die Hunnen einen Sieg errungen hatten, machten sie viele Sklaven. Christliche Autoren des 5. Jahrhunderts waren von der Unmenschlichkeit, mit der die Hunnen Familien für den Sklavenmarkt auseinanderrissen, wahrhaft entsetzt.[41] Gewiß war der Handel mit Sklaven einträglicher als der mit Pferden und Fellen, nachdem sich die Hunnen in den äußersten Provinzen des Römischen Reiches festgesetzt hatten, doch bezogen sie außerdem ein gewaltiges Einkommen in Gold durch Lösegelder für Gefangene – Militärs wie Zivilisten. Überdies erhielten sie von späteren Kaisern regelrechte Bestechungsgelder: Von 440–50 n. Chr. erkauften sich die östlichen Provinzen mit rund sechs Tonnen Gold von den Hunnen den Frieden.[42] Solche Transaktionen lassen die Deutung, die Reiternomaden hätten die Steppe verlassen, um «Klimaveränderungen zu entgehen» oder «den Handel voranzutreiben», zweifelhaft erscheinen. Die Wahrheit dürfte weit einfacher sein: sie hatten gemerkt, daß sich der Krieg lohnte. Zudem waren sie körperlich zäh, örtlich nicht gebunden, von ihrer Kultur her daran gewöhnt, Blut zu vergießen; ihre Religion verbot es ihnen nicht, Menschen außerhalb des eigenen Stammes zu töten oder ihnen die Freiheit zu rauben.

Doch waren die im Verlauf erfolgreicher Kriegszüge gemachten Eroberungen zu halten? Beim Vordringen in besiedeltes Land sind den Nomaden natürliche Grenzen gesetzt. Ihr Bedarf an Weideland und bewässertem Boden zerstört ein Ökosystem sehr rasch, so daß es bald weder Mensch noch Tier ernähren kann. Auf Ackerland, das dem Wald abgerungen wurde, wächst wieder Wald, sobald die pflügende Bevölkerung vertrieben ist. (Dies hatte im 13. Jahrhundert nach dem Einfall der Türken ins Zweistromland katastrophale Auswirkungen.[43]) Daher ließ sich für die Nomaden ausschließlich im Grenzgebiet zwischen Steppe und Ackerbau ein Gebietszuwachs konsolidieren; doch pflegen solche Gebiete nur eine kleine Bevölkerung zu ernähren. Im Fernen Osten, wo die Nomaden schon halb zu Chinesen geworden waren, wurden sie leicht assimiliert, wenn auch als herrschende Klasse. Im Westen, wo Religion und allgemeines Herkommen weit schärfer zwischen ihnen und der Landbevölkerung unterschieden, waren die Grenzgebiete ständig umkämpft; der Ackerbau mußte mit Waffengewalt gestützt werden.

Gewiß sind Attilas Hunnen die gepflügten Felder Galliens und die intensiv bebaute Überflutungsebene des Po sehr fremd erschienen. Zwar hätten sie dort Nahrung in Hülle und Fülle gefunden, doch war diese weder von der gewohnten Art, noch regenerierte sie sich von selbst. Gras tritt nicht binnen einer Jahreszeit an die Stelle von Weizen oder Bohnen. Von Attila heißt es zwar, er habe seine zahlreichen Familien in Wagen mitgebracht, doch Schafe oder Pferde in nennenswerter Zahl hat er kaum mitgeführt. Die Viehherden – seine herkömmliche Wirtschaftsgrundlage – hat er wohl zurückgelassen, vermutlich am Unterlauf der Donau. Sein geheimnisvolles Verschwinden aus Italien im Jahre 452, als die Halbinsel unverteidigt vor ihm lag, könnte darin begründet sein, daß er zu seinen Herden zurück wollte. Dann wäre auch eine Rückkehr zum Weideland logistisch sinnvoll gewesen. Doch zunächst erschütterte Attilas Vorrücken das Römische Reich; zuvor waren die Hunnen in Osteuropa eingefallen, was germanische Stämme an der Donaugrenze zu einem massierten Angriff auf das Römische Reich veranlaßte. Die aus der Steppe geführte Hunnen-Offensive liefert uns ein klares Bild, wie zerstörerisch der Feldzug eines entschlossenen Reitervolks sein konnte.

Wenn die Hunnen die Xiong-nu waren, die China im 2. vorchristlichen Jahrhundert bedrohten – dafür existiert nur ein einziger (skythischer) Beleg –, dann hätte man zwischen dem 1. Jahrhundert v. Chr. und dem Jahre 371 n. Chr., in dem sie das iranische Volk der Alanen in der Schlacht am Tanais zwischen Wolga und Don besiegten, nichts von ihnen gehört. Viele Alanen schlugen sich auf die Seite der Hunnen, andere erreichten die Grenze des Römischen Reiches und ließen sich als berittene Söldner anwerben.[44] Im Jahr 376 stießen die Hunnen von der Wolga aus vor, um zwischen dem Dnjepr und der römischen Donaugrenze gotisches Gebiet zu erobern. Die Goten – die kämpferischsten aller germanischen Stämme – rannten seit mindestens einem Jahrhundert gegen die Grenze des Römischen Reiches an. Eine Untergruppe, die Westgoten, besiedelte ein Gebiet, das zwischen den Jahren 106 und 275 römisch gewesen war – die Provinz Dakien, das heutige Rumänien.

In dieser für das Römische Reich überaus schwierigen Zeit hatten die Führer der Westgoten mit den Kaisern von gleich zu gleich verhandelt, doch als die vorrückenden Hunnen die Ostgoten vor sich hertrieben, wurden die Westgoten über Nacht zu Bittstellern. Zögernd – es gab im Römischen Reich bereits übermäßig viele Barbaren – erteilten ihnen die Römer die Erlaubnis, die Donau zu überqueren, und ihre Vettern folgten ihnen nach. Obwohl sie ihre Waffen hatten abgeben müssen, um ins Land zu gelangen, verschafften sie sich andere und stellten sich nahe dem Donaudelta zum Kampf. Die Römer, die sie leicht hätten überwinden können, zogen sich in die Berge des Balkans zurück, weil das Gerücht umging, die Goten hätten sich mit den Hunnen verbündet, deren Lager sich auf dem gegenüberliegenden Donauufer befand. Es ist unklar, ob dies Gerücht auf Tatsachen gründete.

Nunmehr entflammten, möglicherweise durch die Goten entfacht, an der gesamten Grenze des Römischen Reiches zu Germanien Aufstände. Während der jugendliche Kaiser Gratian die Alemannen am Rhein zurückzudrängen suchte, bot Valens, Kaiser im Osten, seine besten Truppen auf, um den Goten, die Ostgriechenland plünderten, Einhalt zu gebieten. Am 9. August 378 stieß er bei ihrem befestigten Feldlager außerhalb Adrianopels auf sie, wurde im Verlauf einer chaotischen Schlacht verwundet und kam im darauffolgenden Massaker um. Der Tod eines Kaisers in der Schlacht, schon so bald nach dem Tode Julians in einem Perserkrieg (363), war ein schwerer Schlag für Rom. Die Niederlage von Adrianopel wurde jedoch nicht durch personellen oder materiellen Schaden verheerend, sondern durch die Barbarisierung des römischen Heeres, die dem neuen oströmischen Kaiser Theodosius von den Westgoten aufgezwungen wurde. Für die ihnen 382 gewährte Erlaubnis, sich mit ihren Waffen südlich der Donau innerhalb der Grenze des Reiches anzusiedeln, erklärten sich die Westgoten bereit, nicht nur Frieden zu wahren, sondern auch als Bundesgenossen des Kaisers zu kämpfen.

Diese Vereinbarung verstieß gegen jedes Herkommen.[45] Die Römer hatten, wie vor ihnen die Assyrer, stets Barbaren ins Heer aufgenommen, aber nur als Spezialisten und in geringer Zahl. Mit zunehmendem politischem und militärischem Druck war sie gestiegen – bei Adrianopel mögen an die zwanzigtausend «römische» Goten gekämpft haben. Außerdem dienten nicht nur Hunnensöldner in der Reiterei, sondern auch Vertreter anderer Reitervölker. Doch hatten die Römer die Führung bis dahin stets straff in der Hand behalten, entweder, indem sie kaiserliche Beamte zu Feldherren ernannten oder Barbaren in die nach wie vor heißbegehrten – und gutbezahlten – höheren Ränge der römischen Armee beförderten. Das änderte sich mit Theodosius' Abkommen: nunmehr operierten Armeen von Barbaren autonom innerhalb des Reiches. Darüber hinaus schlugen sich zu einer Zeit, da die Angriffe barbarischer Horden von außen im Römischen Reich eine Führungskrise nach der anderen heraufbeschworen, die Barbarenführer des Imperiums abwechselnd auf die Seite der jeweiligen Thronanwärter, was katastrophale wirtschaftliche und militärische Folgen hatte.

Obwohl es Theodosius gelang, das Reich erneut zu einigen, gestattete er im Verlauf seiner Befriedungskampagnen einem weiteren Kontingent von Westgoten den Zutritt zum Reich. Diese verursachten nach Theodosius' Tod im Jahre 395 unter Alarich irreparablen Schaden im Westen des Reiches. Von einem griechischen Stützpunkt aus fielen sie im Jahre 401 über die Alpen kommend in Italien ein und führten einen Plünderungsfeldzug, den zu beenden Stilicho, der letzte bedeutende römische Feldherr, drei Jahre brauchte. Anschließend war Stilichos Heer so stark dezimiert, daß es einer größeren Bedrohung nicht mehr gewachsen war. Doch diese ließ nicht auf sich warten. Im Verlauf des Jahres 405 überquerte die größte Barbarenhorde aller Zeiten unter dem Kommando des ostgotischen Heerkönigs Radagais die Donau und anschließend die Alpen, um in der Poebene zu überwintern. Sie umfaßte Angehörige verschiedener germanischer Stämme, neben den Goten unter anderem Wandalen, Burgunder und Sueben. Allem Anschein nach waren sie von Hunnen, die von Dakien, dem letzten Ausläufer der Grassteppe am Rande des bewaldeten Europa, nordwärts strebten, aus den nördlichen Teilen Germaniens verdrängt worden. Schließlich gelang es Stilicho, Radagais' Horde nahe Florenz festzuhalten und auszuhungern, so daß sie sich ergeben mußte. Die Reste trieb er über die Alpen zurück in den Süden Germaniens. Von dort überquerten die einzelnen Stämme in den folgenden Jahren den Rhein, um die zunehmende Barbarisierung Galliens einzuleiten.

Die Römer verloren nach und nach die Herrschaft über die verbleibenden Westprovinzen, wobei Alarich eine unheilvolle Rolle spielte. Er nahm im Jahre 410 Rom ein, plünderte die Stadt und marschierte anschließend südwärts. Er starb, noch während er die Schiffe zu beschaffen versuchte, die er brauchte, um ins römische Nordafrika überzusetzen. Mittlerweile bedrohten die Hunnen auch das Ostreich. Sie waren im Jahre 409 für kurze Zeit in Griechenland eingefallen. Glücklicherweise ließen sich einige von ihnen gegen gutes Geld von der Gegenseite kaufen. Vor allem auf diese Söldner stützte sich Aëtius, «der letzte Römer», als er im zweiten Viertel des 5. Jahrhunderts die kaiserliche Autorität aufrechterhalten wollte.[46] Von 424 an gelang es ihm, insbesondere mit Feldzügen in Gallien, die germanischen Eindringlinge in Schach zu halten, während Spanien und das römische Afrika dem Vorstoß der Wandalen erlagen. Zwischen 433 und 450 führte Aëtius nahezu ununterbrochen Krieg in Gallien.

Im Jahre 450 sah er sich einer neuen Herausforderung gegenüber. Die dakischen Hunnen waren zwanzig Jahre lang an der Flanke des Oströmischen Reiches als unabhängige Macht aufgetreten. Sie hatten sich vom Kaiser Tribut zahlen lassen, aber auch sein Gebiet überfallen und mit den germanischen Herrschern gemeinsame Sache gemacht. Unter Führung von Attilas Neffen waren sie 441 erneut in Griechenland eingefallen. Jetzt suchte Attila, der im Jahre 447 vor den Mauern von Konstantinopel erschien, ein neues Wirkungsgebiet in Gallien und belagerte 451 Orléans. Zu jener Zeit beherrschten weder die Hunnen noch sonst ein Reitervolk die Technik der Belagerung. Während Attila vor den Mauern der Stadt focht, brachte Aëtius mit verzweifelten diplomatischen Bemühungen ein aus Franken, Westgoten, Burgundern und Alanen bestehendes Heer zusammen und verwickelte Attila in der offenen Ebene der Champagne zwischen Troyes und Châlons im Juni 451 in eine Schlacht.

Die Schlacht auf den Katalaunischen Feldern gilt als eine der historisch bedeutsamen Entscheidungsschlachten. Auf beiden Seiten nahmen Germanen und Reiternomaden teil. Aëtius' Alanen gelang es, Attilas Hunnen in einem Kampf Mann gegen Mann standzuhalten. Als Attila erkannte, daß Aëtius ihn von hinten her einkreiste, suchte er Zuflucht in seinem Wagenlager. Von hunnischen Bogenschützen gedeckt, gelang es ihm, sich vom Feind zu lösen und sich an den Rhein zurückzuziehen. Im folgenden Jahr zog er von dort nach Italien, und als er in der Poebene auftauchte, flohen deren Bewohner auf die Inseln, auf denen später Venedig errichtet wurde. Der volkstümlichen Überlieferung nach hat ihn Papst Leo I. in seinem Lager aufgesucht und ihm einen Angriff auf Rom ausgeredet. Tatsächlich setzte Attila seinen Zug nach Süden nicht weiter fort. Nachdem er sich bereit erklärt hatte, seine wichtigeren Gefangenen gegen Lösegeld freizugeben, machte er kehrt. Zwei Jahre später war die «Geißel Gottes» tot, und das Reich der Hunnen brach zusammen.

Attilas Entscheidung, Italien zu verlassen, war praktisch erzwungen. In seinem Heer war die Pest ausgebrochen, Italien hatte kurz zuvor eine Hungersnot durchgemacht, und eine oströmische Streitmacht hatte die Donau überquert, um in Dakien einen Feldzug zu führen. Doch weshalb hat das Hunnenreich Attilas Tod nicht überdauert, weshalb verschwanden die Hunnen mit dem Tod seiner Söhne aus der Geschichte? Vielleicht, weil sie während des längeren Aufenthaltes an den Grenzen des Römischen Reiches ihre aus der Steppe stammenden Lebensgewohnheiten aufgegeben und germanische Kampftechniken übernommen hatten, also «verwestlichten».[47] Diese Theorie lehnt Maenchen-Helfen, der beste Kenner der Hunnen, freilich entschieden ab: «Attilas Reiter waren immer noch dieselben berittenen Bogenschützen, die in den achtziger Jahren des 4. Jahrhunderts durch das Tal des Vardar nach Griechenland geritten waren.»

Eine andere Erklärungsmöglichkeit ist, daß Ungarns Ebenen nicht groß genug sind, um die vielen Pferde zu ernähren, die die Hunnen für ihre Reiterei brauchten. Reitervölker haben einen großen Verschleiß an Pferden. So vermerkte Marco Polo, der im 13. Jahrhundert Zentralasien durchquerte, daß ein einziger Reiter bis zu achtzehn Pferde zum Wechseln hatte. Die ungarischen Weidegründe boten jedoch lediglich Weideflächen für hundertfünfzigtausend Pferde, zu wenige für Attilas Horde, selbst wenn man pro Reiter nur zehn Tiere ansetzt. Allerdings bleibt bei dieser Berechnung das im Vergleich zur Steppe weit mildere Klima unberücksichtigt, infolgedessen die Weiden über längere Zeit hinweg saftigeres Gras liefern. Ungarn stellte 1914 bei einem Pferd pro Mann neunundzwanzigtausend Kavalleristen. Obwohl diese Pferde größer als die Attilas gewesen sein dürften und zum Teil mit Getreide gefüttert wurden, genügt dies alles nicht, zu erklären, weshalb man 1914 zehnmal weniger Pferde brauchte als zu Attilas Zeiten.[48] Die Pferde der Hunnen müssen in den siebzig Jahren, die sie in Ungarn weiden konnten, gut gediehen sein, und es ist undenkbar, daß es Attila an Pferden mangelte, als er sich im Jahre 450 nach Westen in Marsch setzte.

Andererseits dürfte ein großer Teil der von den Hunnen mitgeführten Pferde zu Tode geritten worden sein, ohne daß sich die Ausfälle über die Versorgungslinien ersetzen ließen. Bei Feldzügen kommen Pferde in großer Zahl um, wenn man ihnen nicht regelmäßig Ruhepausen gewährt und sie weiden läßt. So hat beispielsweise die britische Armee in den Jahren 1899–1902 während des Burenkriegs 347000 von ihren 518000 Pferden verloren, obwohl das Klima mild war und es reichlich gute Weidegründe gab. Nur ein winziger Bruchteil, nicht mehr als zwei Prozent, wurde in der Schlacht getötet; die übrigen starben an Überanstrengung, Krankheit oder unzureichender Ernährung – im Durchschnitt 336 täglich.[49] Hinzu kommt, daß Attila keinerlei Möglichkeit hatte, seine Pferde mit Fahrzeugen oder Schiffen zu transportieren, wie die Briten die ihren in Südafrika. Remonten, sofern er sie über die große Entfernung auf dem Landweg bekam, trafen wohl in kaum besserem Zustand ein als die Tiere, die seine Männer bereits ritten. Der Rückzug in die Grassteppe wird viele der überlebenden Pferde hinweggerafft haben. Möglicherweise war Attila seiner eigenen Armee ein noch schlimmerer Feind als die Gegner, die sie bekämpfte. Er scheint seinen Söhnen nur wenig Macht hinterlassen zu haben, und ihr Tod in der Schlacht – der eine fiel im Kampf gegen die Goten, der andere 469 im Kampf gegen einen Feldherrn des Oströmischen Reiches – ist die letzte Nachricht, die wir von den Hunnen haben.[50]

Der Horizont der Reitervölker 453–1258

Während die Hunnen schlagartig von der Bühne der Weltgeschichte abtraten, blieben die Reiternomaden im Verlauf des folgenden Jahrtausends eine unaufhörliche Bedrohung Europas, des Vorderen Orients und Asiens. Ihr spektakulärer Aufstieg zur Macht hatte kaum mehr als tausendfünfhundert Jahre gedauert. Vor allem aber waren sie ein ganz neuer, eigener Menschenschlag. Zwar war schon vor ihrem Auftreten militärische Macht etabliert, doch stand dies Machtmittel lediglich Regierungen seßhafter Völker zu Gebote, und sein Einsatz war durch die Erträge der jeweiligen Wirtschaft streng begrenzt. Eine Armee, die sich vom landwirtschaftlichen Überschuß ernährt und deren Reichweite von der Geschwindigkeit und Ausdauer abhängt, mit der sie sich zu Fuß bewegt, konnte keinesfalls ausgreifende Eroberungszüge führen. Das war auch nicht nötig: der in ähnlicher Weise gehandikapte Feind konnte zwar einen Sieg in der Schlacht erringen, nicht aber mit einem Blitzkrieg drohen.

Das sah bei den Reitervölkern anders aus. Attila hatte in einer Serie von Feldzügen seinen strategischen Schwerpunkt von Ostfrankreich nach Norditalien verlagern können. Über solche Entfernungen – in der Luftlinie achthundert Kilometer, in Wirklichkeit weit mehr, da er entlang der Außenlinien operierte – hatte noch niemand ein strategisches Manöver dieser Größenordnung durchgeführt. Erst die «Revolution der Reiterei» schuf die Bewegungsfreiheit, die dies ermöglichte.

Die Reiternomaden kämpften auch in einem anderen Sinne unbehindert. Weder trachteten sie wie die Goten danach, die Kulturen, in deren Bereich sie eindrangen, zu beerben oder sich ihnen anzupassen, noch waren sie – obwohl Attila erwogen haben soll, sich mit der Tochter des weströmischen Kaisers zu vermählen – darauf aus, politische Macht über andere auszuüben. Die Reiternomaden führten den Krieg um seiner selbst willen, ihnen lag an der Beute, den Gefahren, der Erregung, der animalischen Befriedigung, die der Triumph mit sich bringt, aber nichts an irgendwelchen Verpflichtungen. Achthundert Jahre nach Attilas Tod sagte Dschingis-Khan zu seinen monoglischen Waffengefährten, die die Falknerei für die herrlichste Wonne des Lebens hielten: «Ihr irrt euch. Das größte Glück des Mannes besteht darin, seinen Feind zu hetzen und zu besiegen, dessen gesamten Besitz an sich zu bringen, seine Ehefrauen jammern und klagen zu lassen, seinen Wallach zu reiten und den Körper seiner Weiber als Nachtgewand und Unterlage zu benutzen.»[51] Auch Attila handelte wohl nach dieser Maxime.

Das Pferd und die nomadische Rücksichtslosigkeit änderten den Krieg grundlegend. Der Krieg wurde erstmals in der Geschichte zum Selbstzweck. Dies ist Militarismus in seiner reinsten

Form, ein Aspekt von Gesellschaften, bei denen die Fähigkeit, ohne Bedenken und zum eigenen Vorteil Krieg zu führen, die Aktion direkt nach sich zieht. Dennoch praktizierten die Reitervölker keinen Militarismus in heutigem Sinn, da dieser die Existenz eines Heeres als Institution voraussetzt, die von anderen gesellschaftlichen Einrichtungen getrennt und ihnen zugleich übergeordnet ist. Dies gab es weder unter Attilas Hunnen noch unter irgendeinem der anderen Reitervölker, bis sich die Türken dem Islam verschrieben. Die Armeen der Reitervölker waren die Reitervölker selbst, zumindest die gesunden erwachsenen Männer; sie zählten aber nicht zu denen, an denen Turney-High die Position einer Gesellschaft oberhalb oder unterhalb des «militärischen Horizontes» maß. Alle Reitervölker, die sich aus der Steppe aufmachten, um zivilisierte Länder zu erobern, kämpften einen absoluten Krieg – sehr gewalttätig und nichts anderes als den Sieg ohne Wenn und Aber im Auge. Die Kriege der Reitervölker hatten kein politisches Ziel im Clausewitzschen Sinne und wirkten auch nicht auf eine Umwandlung der Kultur hin. Sie bezweckten weder den materiellen noch den gesellschaftlichen Fortschritt. Die Reitervölker führten im Gegenteil Krieg, um den Reichtum zu erringen, der es ihnen ermöglichte, ihre Lebensweise unverändert fortzuführen, zu bleiben, was sie gewesen waren, seit ihre Vorfahren zum erstenmal vom Sattel aus einen Pfeil abschossen.

Keines der Reitervölker, die in der Steppe beheimatet waren, hat je bereitwillig seine Gewohnheiten geändert. Selbst wenn ihre erfolgreichsten Führer in die herrschende Klasse der von ihnen eroberten seßhaften Gesellschaften aufstiegen, gaben sie ihr Nomadenethos nicht auf. Das galt sogar für die islamisierten Türken, obwohl sie nach der Eroberung Konstantinopels im Jahre 1453 den Byzantinismus in ihrem Reich weitgehend beibehielten. Das System der Mamelucken sollte lediglich den Fortbestand des Reiterlebens gewährleisten, mit allem Wohlstand und allen Ehren, die militärische Macht mit sich brachte. Überdies fanden die meisten Reitervölker während der Zeit, da die Grenzen Chinas, des Vorderen Orients und Europas ihren Angriffen ausgesetzt waren, weder Arbeit im eigentlichen Sinn, noch gelang es ihnen, sich als

Eroberer zu Beherrschern fortgeschrittener Gesellschaften aufzuschwingen. Das Leben der Steppenvölker blieb im Krieg verwurzelt, aber die angegriffenen Staaten verteidigten sich nach Kräften und versuchten mit aller Entschlossenheit zu verhindern, daß sich die Reiternomaden über die Steppe hinaus ausbreiteten. Sie wußten aus Erfahrung, welch schreckliche Folgen mangelnde Wachsamkeit hatte.

Nachdem die Hunnen verschwunden waren, kamen starke Reitervölker mit den zivilisierten Mächten Europas oder des Vorderen Orients lange Zeit nicht in Berührung. Am bedeutendsten waren die Hephthaliten oder «Weißen Hunnen», die von den Xiongnu offenbar an die Nordgrenze Persiens gedrängt worden waren, als beide noch weit entfernt am Rande Chinas lebten.[52] Die Hephthaliten erzielten ihren spektakulären Erfolg teilweise wohl deshalb, weil Persien mit dem immer wieder aufflackernden Krieg gegen Byzanz beschäftigt war, doch gelang es den Persern im Jahre 567, sie nach Osten zurückzuschlagen. Von dort aus sind die «Weißen Hunnen» wohl ins hinduistische Indien gezogen und haben dort die Grundlagen für die spätere Macht der Radschputen gelegt.

Unterdessen hielt Byzanz verschiedene Reitervölker in Schach, die wegen der ständigen Stammeszwistigkeiten im Kernland der Steppe nach Westen gedrängt wurden, darunter die Bulgaren und die Awaren. Während die Awaren die Bulgaren bedrängten, wurden sie selbst von den Türken vertrieben. Die Bulgaren ließen sich schließlich auf dem Balkan nieder, wo sie einen ständigen Unruheherd bildeten, bis die Osmanen sie schließlich unter ihre Herrschaft brachten. Die Awaren zogen nach Ungarn weiter und stifteten dort Unfrieden. Trotz gelegentlicher Bündnisse mit Byzanz belagerten sie im Jahre 626 Konstantinopel, wobei es ihnen mit Hilfe der Perser fast gelungen wäre, in die Stadt einzudringen. Sie wurden zurückgeschlagen, blieben aber weiterhin gefährlich, bis Karl der Große sie im 8. Jahrhundert schließlich besiegte. Danach nahmen die Magyaren ihren Platz ein, das letzte Reitervolk, das aus der Steppe nach Mitteleuropa kam.

Bevor die Awaren nach Westen abgedrängt wurden, zogen sie

mit Erfolg gegen China zu Felde, das heißt, falls es sich bei ihnen um das Volk der Juan-Juan handelte, das sich zu Beginn des 5. Jahrhunderts mit der Bei-Wei-Dynastie im Norden Chinas verfeindet hatte. Die «Nördlichen Wei» gehörten zu einer Gruppe sinisierter Steppenvölker, die nach dem Zerfall des vereinigten Han-Reichs im 3. Jahrhundert nördlich des Jangtse geherrscht hatten; die Umstände ihres Aufstiegs sind so verwickelt, daß man die Periode zwischen den Jahren 304 und 439 die der «Sechzehn Königreiche der fünf Barbaren» nennt. Doch hatten sich die Nördlichen Wei bis zum Jahre 386 als beherrschende Macht herauskristallisiert und begonnen, China im Norden erneut zu einen. Im Verlauf dieses Prozesses stießen sie auf die Juan-Juan, ein Volk, das nördlich der Wüste Gobi lebte, und vertrieben sie aus ihrem Gebiet. Unterstützt wurden sie dabei von Türken, die bei den Juan-Juan als Schmiede arbeiteten und als Kaste von diesen unterdrückt wurden. Die Türken hegten einen frischen Groll: nachdem die Juan-Juan mit türkischer Hilfe den Aufstand eines unterworfenen Stammes hatten niederschlagen können, forderte der Anführer der Türken zur Belohnung die Hand der Häuptlingstochter. Sie wurde ihm verweigert. Daraufhin boten ihm die Nördlichen Wei die Tochter eines ihrer Edlen an und führten gemeinsam Krieg gegen die Juan-Juan, die eine vernichtende Niederlage erlitten. Die Türken übernahmen deren Gebiet, und ihr Anführer trug von nun an den Titel eines *Khagan* oder *Khan*, den sich später die meisten Herrscher der Steppe zulegten.

Die Khane begründeten als erste Barbaren «ein so großes Reich, daß es verschiedentlich bis an die Grenzen der vier großen zivilisierten Gesellschaften jener Zeit reichte: China, Indien, Persien und Byzanz».[53] Im Jahre 563 waren sie bis zum Oxus an der Ostgrenze Persiens vorgedrungen. Sie machten mit den Persern gemeinsame Sache gegen die Hephthaliten; Khan Istemi bekam bis 567 einen Teil von deren Gebiet als Siegesbeute. Istemi war im folgenden Jahr schon so mächtig, daß der byzantinische Kaiser Justin II. nicht nur eine Abordnung von ihm willkommen hieß, sondern auch eine eigene auf den ungeheuer weiten Weg in das Zentrum der Steppe schickte. Verhängnisvollerweise begannen die Türken danach, über die Machtverteilung innerhalb ihres Reiches zu streiten – ein typischer Fehler von Reitervölkern und die Hauptursache für die Auflösung ihrer instabilen Gemeinwesen. In dieser Epoche der Uneinigkeit mußten sie einen großen Teil ihrer Gebiete im Osten an die aufsteigende chinesischen T'ang-Dynastie abgeben, die bis zum Jahre 659 ihren Geltungsbereich bis zum Oxus ausdehnte.

Inzwischen waren die Türken im Westen auf einen neuen Feind gestoßen, der ebenfalls Zugriff auf die Steppe haben wollte, bedeutende Eroberungen machte und mit den Chinesen um die Beherrschung Zentralasiens zu kämpfen begann. Im Verlauf des nächsten Jahrhunderts und des Machtkampfes um das Kernland der Steppe, der im Jahr 751 in der Schlacht am Talas im heutigen Kirgisistan gipfelte, sollte das Reich der Türken werden.[54] Der neue Feind waren die Araber.

Araber und Mamelucken

Verglichen mit den anderen Völkern der zivilisierten Welt, spielte das Pferd bei den Arabern, obwohl sie kein Reitervolk waren, die größte Rolle. Schon allein deshalb sind die Araber von großem militarhistorischem Interesse. Darüber hinaus standen sie zu jener Zeit, da sie auf die Türken trafen, im Begriff, einen der bedeutendsten Eroberungsfeldzüge der Geschichte zu vollenden, der eine nahezu unbekannte Stammesgruppe aus den Wüstengebieten des inneren Arabiens zu Beherrschern fast des ganzen Vorderen Orients sowie ganz Nordafrikas und Spaniens erhoben hatte. Die Araber hatten zudem das Byzantinische Reich bedroht, das persische zerstört und ein eigenes gegründet. Lediglich Alexander der Große – der erste Eroberer der Geschichte, der in die Ferne gezogen war – hatte in ähnlichem Umfang und mit vergleichbarer Schnelligkeit Land okkupiert. Hinzu kam, daß die Eroberungen der Araber schöpferisch waren und Einigkeit bewirkten. Obwohl auch unter ihnen später Streit ausbrach, war ihr ursprüngliches Reich ein großes Ganzes und pflegte bald die Künste des Friedens.

Die arabischen Herrscher errichteten bedeutende Bauwerke und wurden wahrhafte Förderer von Literatur und Wissenschaft. Im Unterschied zu den ungebildeten Reiternomaden, die sie später als Krieger verpflichteten, bewiesen sie in erstaunlichem Maße die Fähigkeit, sich vom kriegerischen Leben zu lösen, sich der Zivilisation zuzuwenden und kultiviert zu denken und zu leben.

Außerdem zeichneten sie sich durch die Fähigkeit aus, den Krieg zu verwandeln. Militärische Revolutionen hatte es schon früher gegeben, insbesondere die Einführung des Streitwagens und des Reitpferdes. Die Assyrer hatten das Prinzip der Militärverwaltung erfunden, und die Römer hatten es ausgebaut. Von den Griechen stammt die Technik der offenen Feldschlacht, in der das Fußvolk auf Leben und Tod kämpft. Die Araber führten indessen eine gänzlich neue Kraft in die Kriegführung ein: die einer Idee.

Gewiß, auch zuvor hatten Ideen im Krieg eine Rolle gespielt. So hatte der Athener Isokrates im 4. vorchristlichen Jahrhundert zu einem Feldzug gegen Persien aufgerufen, bei dem es um die Idee der Freiheit ging.[55] Als Kaiser Theodosius 383 gegen die Goten kämpfte, erklärte der Römer Themistius, die Stärke Roms liege «weder in Brustpanzern und Schilden noch in ungezählten Massen von Männern, sondern in der Vernunft».[56] Die Könige von Juda hatten im Bunde mit ihrem einzigen und allmächtigen Gott gekämpft, während Konstantin bei der Schlacht an der Milvischen Brücke das Bild des Kreuzes beschwor, um den Usurpator Maxentius zu besiegen. All das waren jedoch nachgeordnete Ideen gewesen. Zwar waren die Griechen stolz auf ihre Freiheit und verachteten die Untertanen des Xerxes und Darius wegen ihrer Unfreiheit, doch war ihr Haß auf Persien im Grunde nationalistisch. Dem Aufruf zur Vernunft mangelte es an Überzeugungskraft in einer Zeit, da Roms Heere bereits stark von Barbaren durchsetzt waren und sich in ihren Reihen eine wilde Soldateska breitmachte, die für das Wort der Vernunft kein Ohr hatte.

Als Konstantin im Zeichen des Kreuzes zu siegen wünschte, war er noch kein Christ, und wenn Israels kriegerische Könige bei ihren kleinen begrenzten Waffengängen auch Kraft aus dem Alten

Bund gezogen haben mögen, zerquälten sich die Christen des Neuen Bundes doch mehrere Jahrhunderte lang mit der Frage, ob Krieg moralisch zulässig sei oder nicht. Christen haben sich nie einhellig zu der Ansicht durchringen können, ein Mann des Krieges könne auch ein Mann des Glaubens sein; das Ideal des Märtyrertums ist immer ebenso stark gewesen wie das des gerechten Kampfes, und so ist es bis auf den heutigen Tag geblieben. Solche Bedenken lagen den Arabern der Eroberungszeit fern. Ihre neue Religion, der Islam, war ein Glaube des Konflikts, er lehrte die Notwendigkeit, sich den geoffenbarten Wahrheiten zu unterwerfen, und propagierte das Recht seiner Anhänger, gegen jeden Waffen zu erheben, der sich diesen Wahrheiten verweigerte. Der Islam motivierte die Eroberungen der Araber, seine Ideen formten sie zu einem militärisch ausgerichteten Volk, und das Beispiel seines Gründers, Mohammed, lehrte sie, Krieger zu werden.

Nicht nur, daß Mohammed selbst Krieger war (in einer Schlacht bei Medina im Jahre 625 war er verwundet worden), er predigte auch den Krieg. Bei seinem letzten Aufenthalt in Mekka legte er 632 fest, daß alle Muslime Brüder seien und nicht gegeneinander kämpfen dürften. Gegen alle anderen hingegen müßten sie kämpfen, bis diese in den Satz einstimmen: «Es gibt keinen Gott außer Allah.»[57] Der Koran, nach dem Glauben der Muslime eine Niederschrift der Worte Mohammeds durch seine Jünger, erläutert dies Gebot ausführlich. Noch stärker als Christus bestand Mohammed darauf, daß alle, die Gottes Wort annahmen, damit eine Gemeinde *(umma)* bildeten, deren Mitglieder einander verpflichtet waren. So genügte es nicht, den Brudermord zu unterlassen; ein Muslim war gehalten, minder begüterte Glaubensbrüder zu unterstützen, indem er einen Teil seines Einkommens für wohltätige Zwecke opferte. Außerdem war jeder verpflichtet, sich um das Gewissen des anderen zu kümmern. Außerhalb der *umma* hingegen galt die umgekehrte Regel: «O ihr, die ihr glaubt, kämpft gegen diejenigen Ungläubigen, die in eurer Nähe sind.»[58] Damit ist gemeint: «die mit ihren Wohnsitzen an euer Gebiet angrenzen».

Das war keineswegs ein Aufruf zur Zwangsbekehrung. Jeder

Ungläubige, der bereit war, unter der Herrschaft des Korans zu leben, hatte Anspruch auf Schutz, und wer außerhalb der *umma* lebte und Frieden hielt, sollte, jedenfalls theoretisch, nicht angegriffen werden. Da das Wort *umma* im Laufe der Zeit die weitere Bedeutung «Gemeinschaft aller Gläubigen» angenommen hatte, fielen in der Praxis die Grenzen der *umma* mit denen des *dar al-islam* (Gebiet des Islam, das heißt der Unterwerfung unter den Willen Allahs) zusammen. Damit gehörte unvermeidlich alles, was außerhalb lag, zum *dar al-harb* (Gebiet des Krieges), das der Islam vom Augenblick des Todes seines Propheten Mohammed im Jahre 632 an attackierte.

Aus den Konflikten mit dem *dar al-harb* wurde schon bald der *dschihad*, der «Heilige Krieg». Es war nicht einfach der Auftrag des Propheten, der den Muslimen so großen Erfolg bescherte, wie erstaunlich ihre Leistungen als Krieger auch waren. Ihre frühen Siege fielen ihnen so leicht, weil der Islam keinen Widerspruch zwischen religiöser Hingabe und materiellem Wohlergehen kennt. Christus hat die Armut geheiligt, was seine Anhänger zu allen Zeiten in große moralische Schwierigkeiten brachte. Mohammed hingegen, der auch Kaufmann gewesen war, wußte den Wert richtig angewendeten Wohlstandes zu schätzen und erwartete, daß die *umma* ihn mehrte. Mohammed sah im Wohlstand ein Mittel, Gutes zu tun, sowohl in der Gemeinschaft wie auch als einzelner. Er selbst beraubte die Karawanen reicher ungläubiger Kaufleute und nutzte die Beute zur Förderung seiner Sache. Diesem Exempel folgten die Krieger des Islam beim Angriff auf die wohlhabenden Reiche von Byzanz und Persien.

Darüber hinaus hob der Islam zwei Grundsätze auf, um derentwillen so oft Kriege geführt worden waren: Gebietsherrschaft und Blutsverwandtschaft. Für den Islam gab es das Prinzip der Gebietsherrschaft nicht, weil er die ganze Welt dem Willen Allahs untertan machen sollte. Das Wort «Islam» bedeutet Hingabe im Sinne von Unterwerfung, und das vom selben Stamm gebildete Wort «Muslim» bezeichnet den, der sich (Gottes Willen) unterwirft. Erst wenn das «Gebiet des Krieges» dem «Gebiet der Unterwerfung» ganz eingegliedert war, war die Forderung des Islam erfüllt: dann waren alle Menschen Muslime und damit Brüder. In der Praxis widersetzten sich die ersten arabischen Muslime, die nach wie vor in den mächtigen Sippenverbänden der Wüstenwelt organisiert waren, dem Prinzip der Brüderlichkeit, so daß Konvertiten aus anderen Stämmen eine Zeitlang den Status von Klienten *(mawali)* annehmen mußten.[59] Letzten Endes jedoch sollte es sich als eine der Zierden des Islam erweisen, daß er Rassen- und Sprachgrenzen so weit auflöste, wie es bis dahin keiner Religion und keinem Reich – und der Islam war beides – gelungen war.

Ein anderer Umstand kam den Arabern, die in Mohammeds letzten Lebensjahren die Grenzen des Islam zu erweitern begannen, sehr entgegen: die Reiche, auf die sie stießen, waren im Niedergang begriffen. Byzanz hatte einen großen Teil seiner Kraft damit verbraucht, den Awaren an seiner Nordgrenze Widerstand zu leisten; schon stark geschwächt, war es seit Anfang des 7. Jahrhunderts in den letzten seiner großen Kriege gegen Persien (603–28) verwickelt, der beide Reiche erschöpfte. Die Großmacht Persien fiel ebenfalls allmählich der ungünstigen geographischen Lage zwischen der Steppe einerseits und den reichen Ländern des Vorderen Orients andererseits zum Opfer. Vor dem Aufstieg der Reiternomaden hatte es sich an seinen Westgrenzen häufig den Untergang oder Zusammenbruch von Völkern zunutze machen können, um sein Reich zu erweitern.

Tausend Jahre früher war Persien in Alexander dem Großen auf einen Gegner von überlegener Entschlußkraft und Begabung gestoßen; die einheimische Dynastie des Landes wurde durch eine andere ersetzt und das Reich unter Alexanders Feldherren aufgeteilt. Seleukos I., Alexanders Phalanxkommandeur, dem das persische Kernland zufiel, vermochte zwar die hellenistische Macht aufrechtzuerhalten, nicht aber, Persien zu hellenisieren. Sein Reich ging an die Parther über, einen iranischen Volksstamm, dessen Ursprung in Zentralasien lag. Obwohl die Parther ein Reitervolk waren – sie hatten dank der Tüchtigkeit ihrer Reiterei die Infanterie der Seleukiden besiegt –, paßten sie sich leicht der Zivilisation an, gründeten ein großes Reich und waren zwischen dem 1. Jahrhundert v. Chr. und dem Anfang des 3. nachchristlichen

Jahrhunderts Roms bedeutendster Gegner im Osten. Die Kriege zwischen Persien und Rom endeten häufig mit einem Sieg Persiens: der Feldzug des Jahres 363, bei dem Kaiser Julian Apostata im Zweistromland fiel, war für Rom eine beinahe ebensogroße Katastrophe wie der Sieg der Goten bei Adrianopel fünfzehn Jahre später. Doch der ständige Krieg schwächte nicht nur Persiens Wohlstand und Kraft, er kostete das Land auch viele Männer, und so wurde das Reich später an seiner Steppengrenze häufig von Nomadenüberfällen heimgesucht.

Als im Jahre 633 ein arabisches Herr im Norden Mesopotamiens einfiel, war das Heer der Perser nicht mehr das alte; entsprechendes galt für Byzanz. Kühn beschlossen die Araber, gegen beide Reiche gleichzeitig vorzugehen. Obwohl sie gezwungen waren, ihre Streitkräfte zwischen den beiden Fronten zu verlegen, gelang es ihnen, sich durchzusetzen. Der Sieg, den sie im Jahre 637 bei Kadisija (Kadesia) in der Nähe Bagdads errangen, besiegelte den Triumph des Islam in Persien. Die Bedeutung dieses Sieges wird in der arabischen Welt noch heute so hoch eingeschätzt, daß Saddam Hussein in dem Abnutzungskrieg, den er in den achtziger Jahren gegen den Iran führte, immer wieder darauf hinwies.

Arabische Heere eroberten Syrien (636) und Ägypten (642) und stießen entlang der Mittelmeerküste westwärts auf die byzantinischen Provinzen in Afrika vor. Im Jahre 674 beschloß Muawija, der fünfte Kalif – das Wort bedeutet Nachfolger oder Stellvertreter Mohammeds –, Konstantinopel unmittelbar zu belagern. Zwar gaben die Araber den Versuch, die Stadt zu erobern, 677 auf, kehrten aber 717 zurück. Inzwischen nahmen sie ganz Nordafrika in Besitz (705), setzten nach Spanien über (711), drangen bis zu den Pyrenäen vor und von dort aus bald nach Frankreich. Im Osten eroberten sie Afghanistan, fielen im Nordwesten Indiens ein, besetzten einen Teil Anatoliens (im Gebiet der heutigen Türkei), schoben ihre Nordgrenze bis zur Linie des Kaukasus vor, überquerten den Oxus und führten im Jahre 751 am Talas in Transoxanien eine Entscheidungsschlacht gegen die Chinesen, in der es um die Herrschaft über die an der Seidenstraße gelegenen Karawanenstädte Buchara und Samarkand ging.

Das Erstaunlichste an den Siegen der Araber ist die relativ geringe Qualität ihrer Heere. Obwohl sie einander jahrhundertelang befehdet hatten, besaßen sie keine Erfahrung mit Kriegen, die sich über einen längeren Zeitraum hinzogen. Sie waren «primitive Krieger» und bevorzugten den Überfall *(ghazwa)*.[60] Auch ihre Führung war wohl nicht übermäßig raffiniert; außerdem gewährten ihnen Ausrüstung und Militärtechnik keine besonderen Vorteile. Zwar war das arabische Pferd bereits schnell und temperamentvoll; es wurde gehätschelt und häufig von Hand gefüttert, und dem kleinen zottigen Steppenpferd ähnelte es kaum. Doch es gab nur wenige Araberpferde. Zwar stand das im 1. Jahrtausend (in seiner zwei- wie auch seiner einhöckrigen Variante) domestizierte Kamel in größerer Zahl zur Verfügung, doch war es vergleichsweise langsam und schwerfällig, wenn auch von beträchtlicher Ausdauer.[61] Strategisch bedeutsam war, daß die Heere der Araber mit dem Kamel Gelände durchqueren konnten, das den Heeren zivilisierter Länder als unpassierbar galt. So konnten die Araber oft unvermutet auf dem Schlachtfeld erscheinen. Taktisch hingegen war das Kamel über kurze Entfernungen nur von geringem Nutzen. Daher hatten es sich die Araber angewöhnt, den Anmarsch auf Kamelen zu bewältigen und erst im Augenblick der Feindberührung auf die mitgeführten Pferde umzusteigen, von denen es bei Kadisija wohl nur sechshundert gegeben hat.[62]

Auf diese Weise führte Chalid Ibn Al Walid, das «Schwert des Islam» und einer der herausragenden Feldherren der Eroberungszüge, sein Heer aus Mesopotamien herbei, um im Juli 634 beim entscheidenden Sieg von Ainadain in Palästina an der Seite seines Waffenbruders, des Feldherrn Amr Ibn Al As, einen vernichtenden Schlag gegen die Byzantiner zu führen. Auf dem Schlachtfeld pflegten sich arabische Heere natürliche Hindernisse zu suchen, in deren Schutz ihre mit dem Kompositbogen ausgerüsteten, abgesessenen Krieger kämpfen konnten. Am liebsten war es ihnen, wenn ihnen das Gelände einen raschen Rückzug in die Wüste ermöglichte.[63]

Diese beiden Hauptmerkmale arabischer Kriegführung – Abhängigkeit von natürlicher Deckung und Bereitschaft zur Flucht – kennzeichnen den «primitiven» Krieger. Es sind übrigens die gleichen Merkmale, die die Philhellenen im griechischen Unabhängigkeitskrieg gegen die Türkei so erbosten. Hier liegt eine Schwierigkeit: wenn die Araber «primitive» Krieger waren, weshalb hatten sie dann gegen die disziplinierten und organisierten Heere von Byzanz und Persien so große Erfolge? Immerhin handelte es sich bei jenen nach gängiger militärischer Klassifikation um reguläre Armeen. Persien und Byzanz hatten einander im Lauf eines langen Krieges erschöpft. Dennoch ist es als Regel anzusehen, daß primitive Krieger langfristig gegen reguläre Truppen verlieren. In einem Verteidigungskrieg sind Störmanöver wirksame Mittel, doch gewonnen werden Kriege letztlich durch die Offensive – und in der Offensive waren die Araber zur Zeit der Eroberungszüge auf jeden Fall.

Es muß der Islam, der energische Kampf für den Glauben, gewesen sein, der die Araber in der Schlacht überlegen machte. Eine «primitive» Taktik setzt sich dann durch, wenn der Krieger von Siegesgewißheit beflügelt wird und stets bereit ist, in den Kampf zurückzukehren, wie oft er sich auch im Gefecht vom Feind lösen mag. Mao sah die Dinge ebenso. Seine Taktik war erstens «primitiv», und solange seine Soldaten an den Sieg glaubten, galt ihm ein Rückzug nicht als Schande. Ein zweiter Pfeiler von Maos Strategie war es, die Unterstützung der Bevölkerung zu gewinnen, in deren Gebiet er operierte. Die Araber zogen großen Nutzen daraus, daß in den besiedelten Gebieten, in die sie einfielen, *mustariba* lebten, Araber, die das Wüstenleben zwar aufgegeben hatten, aber ihm durch starke kulturelle Bande verbunden blieben und bereit waren, für den Islam zu kämpfen, zumal da der Islam Brüderlichkeit predigte.[64]

Wie wir jedoch an der Geschichte der Mamelucken sehen, sollte am Ende der Islam selbst die Entmachtung der Araber auslösen. Das Gebot, Muslime dürften nicht gegeneinander kämpfen, wurde schon sehr früh gebrochen, und dies führte letzten Endes zu weitreichenden Einschränkungen der militärischen Macht späterer Kalifen. Die große Mehrheit der Krieger wurde unter den Reiternomaden der Steppe rekrutiert. Wie gesagt, bedeutete der Titel Kalif «Nachfolger (des Propheten Mohammed)»; er verlieh sowohl in weltlichen wie religiösen Fragen höchste Autorität. Die frühen Kalifen konnten beide Rollen ohne Schwierigkeiten ausfüllen, weil die ersten Muslime nach Stämmen in neuen militärischen «Lager»-Städten angesiedelt wurden – aus einer von ihnen wurde später Kairo –, wo die Anordnungen des Kalifen das religiöse Leben bestimmten und die weltlichen Bedürfnisse sich durch Kriegsbeute beziehungsweise eine Steuer befriedigen ließen, die man Ungläubigen auferlegte.

Das nach Stämmen getrennte Lagerleben ließ sich nicht fortführen, als der Erfolg des Islam die Zahl der Muslime stark vergrößerte. Mohammed hatte keinen Sohn hinterlassen – ein Anlaß zum Nachfolgestreit unter verschiedenen Stämmen. Die Auseinandersetzung über die Nachfolge des vierten Kalifats spaltete die muslimische Gemeinschaft in eine sunnitische Mehrheit und eine schiitische Minderheit, was große Bitterkeit hervorrief. Weitere Spannungen kamen auf, als eine Gruppe von Konvertiten nicht akzeptierte, daß die ursprünglichen Stammesfamilien aufgrund eines Militärregisters *(diwan)* weiterhin mit Zahlungen unterstützt wurden. Dieses Register hatte man ursprünglich angelegt, um die bei den Eroberungszügen gemachte Beute zur Förderung des Heiligen Krieges zu verteilen.[65]

Der Nachfolgestreit wurde beigelegt, was den Omaijaden-Kalifen von Damaskus Gelegenheit gab, die Feldzüge nach Spanien und Zentralasien fortzusetzen, doch die Spannungen blieben. Erst unter den Abbasiden-Kalifen, die im Jahre 749 Bagdad zur Hauptstadt machten, nachdem sie in einem Bürgerkrieg gesiegt hatten, stabilisierte sich die Lage wieder. Die Abbasiden hatten auch deshalb Erfolg, weil sie versprachen, die Unterscheidung zwischen ursprünglichen Muslimen und späteren Konvertiten in bezug auf den *diwan* aufzuheben. Als die Abbasiden diese Einrichtung abgeschafft hatten, war es nicht mehr so einträglich, im Namen der Nachfolger Mohammeds Krieger zu sein; man hatte starke religiöse Bedenken, wenn abtrünnige islamische Untertanen die Kalifen herausforderten. Das geschah im 8. und 9. Jahrhundert häufig, als sich die Oberhäupter Andalusiens und Marokkos lossagten und rivalisierende Kalifate mit der Begründung ins Leben riefen, ihrer Abkunft nach stünden sie Mohammeds Familie näher als die Abbasiden. Ohne die traditionelle Unterstützung der Stämme und ohne die Hilfe der konvertierten Muslime, die das Verbot, gegen andere Gläubige zu kämpfen, ernst nahmen, mußten sich die Abbasiden anderswo nach Kriegern umsehen. So machten sie aus der Not eine Tugend, kauften mit staatlichen Geldern Sklaven als Rekruten und bewaffneten diese zum Kampf.

Als Gründer des islamischen Militärsklavensystems gilt der Kalif al-Mutasim (833–42). Tatsächlich hatten schon zur Zeit des Propheten Sklavenkrieger an der Seite freier Muslime gekämpft, doch waren sie unterschiedlicher Herkunft und manche von ihnen persönliche Diener ihrer Herren gewesen.[66] Die Abbasiden erkannten, daß sie ihre Macht mittels eines so planlosen Systems der Rekrutierung nicht lange würden erhalten können. So sah sich al-Mutasim auf dem Markt um und kaufte in großem Maßstab das beste, was er bekommen konnte: Türken vom Rande der Steppe. Es heißt, ihm hätten schließlich siebzigtausend solcher Militärsklaven unterstanden.[67]

Eine so gewaltige Sklavenarmee beseitigte einstweilen das ständige militärische Dilemma des Islam, zur Ausübung unbeschränkter Macht *(haram)* aufzurufen, ohne Muslime gegen Muslime zu stellen. Sie löste aber nicht die schwierige Frage, wie man Muslime, die an den Rändern des Reiches in Zentralasien und Nordafrika rivalisierende Kalifate errichtet hatten, dazu bringen konnte, den Kalifen zu gehorchen. Daher brauchte man für die neue Sklavenarmee tüchtige und dynamische Führer. Anfänglich kamen diese aus der Familie der Bujiden, zuverlässige Verteidiger der zentralasiatischen Grenze, die 945 in Bagdad einen Kalifen eigener Wahl einsetzten. Noch tüchtigere Führer sollte jedoch ein Stamm ebenjener Turkvölker stellen, gegen die die Bujiden im Kampf Ruhm erworben hatten, nämlich die Seldschuken. Sie zogen im Jahre 1055 im Namen der sunnitischen Orthodoxie in Bagdad ein, stürzten die schiitischen Bujiden und erklärten sich zu den neuen Beschützern des Kalifen. Bald wurden sie Sultane genannt; «Inhaber von Vollmacht».

In der Bekehrung der Seldschuken zum Islam sunnitischer Prägung hat man eine ebenso bedeutende Veränderung gesehen «wie in der nahezu fünfhundert Jahre früher erfolgten Bekehrung Chlodwigs und seiner Franken zum Christentum».[68] In ihrem Gefolge wurde fast alles zerstört, was in Kleinasien vom Byzantinischen Reich übrig war, und die daraus resultierende Krise des Christentums führte dann zu den Kreuzzügen. Die Seldschuken waren erst im Jahre 960 durch an der Steppengrenze tätige islamische Missionare bekehrt worden. Sie waren zu jener Zeit nur eines unter vielen Reitervölkern aus der Turksprachenfamilie – die Karluken, Kiptschaken und Kirgisen –, die in Zentralasien nach der Vorherrschaft strebten. Die Karluken machten ihr Glück als Ghasnawiden-Herrscher von Afghanistan und später als Begründer des Sklavenreiches von Delhi, das zu den bedeutendsten Mameluckenstaaten gehörte.[69] Doch selbst ihre Erfolge ließen sich nicht mit denen der Seldschuken vergleichen, die mit Toghril Beg, Malik Schah und Alp Arslan Feldherren von grimmiger Tüchtigkeit hervorbrachten. Malik Schah betrieb mit seinem berühmten Wesir Nisam ul-Mulk zwischen 1080 und 1090 die Ausdehnung der Abbasiden-Macht nach Zentralasien. Alp Arslan, der seinen Feldzug in die entgegensetzte Richtung führte, stieß bis in die Berge des Kaukasus vor und nahm im Jahre 1064 die Hauptstadt des christlichen Armenien ein. Auf seinem weiteren Zug durch den Kaukasus sicherte er sich Außenposten, von denen aus er die Ostgrenze des Byzantinischen Reiches bedrohen konnte. Bei Manzikert (heute Malazgirt) stieß er im August 1071 auf die byzantinische Armee und gewann eine Schlacht, die für die künftige politische Geographie des Vorderen Orients und Europas sehr bedeutungsvoll war. Durch sie sollte der Herrschaftsbereich von Byzanz in Asien «ein Land türkischer Sprache und islamischen Glaubens werden – kurz gesagt, die ‹Türkei›».[70]

Das abbasidische Experiment, Sklavenarmeen einzusetzen, hatte paradoxe Ergebnisse gezeitigt. Da man Reiternomaden aus der Familie der Turksprachen in den Dienst des Kalifats gestellt hatte, konnte dessen Macht wiederhergestellt werden. Doch hatte man mit der Entscheidung, kriegerischen Nomaden so wichtige Dienste anzuvertrauen, die eigene Zuständigkeit, wenn nicht gar die nominelle Macht aufgegeben und damit die Führerschaft des Islam für immer von dessen arabischen Wurzeln abgeschnitten. Die Abbasiden herrschten nominell weiter und bekamen sogar mit al-Nasr (1180–1225) einen Kalifen, dessen Tatkraft die frühen Jahre der Dynastie wiederzubeleben schien. Doch hatte man den Fehler begangen, als Sklavensoldaten stolze, zähe, hochintelligente, fremde Krieger einzusetzen, die schließlich nicht mehr in untergeordneter Stellung verharrten und sich mit Hilfe der ihnen zu Gebote stehenden Mittel selbst zu Herren des Reiches aufschwangen. Überdies waren sie klug genug, für den Machtwechsel eine Formel zu finden, bei der die Würde des Kalifats unangetastet blieb, die Substanz seiner Macht aber ihnen zufiel.

Als die Macht der Seldschuken gegen Ende des 12. Jahrhunderts dahinschwand, traten andere fremdstämmige Muslime in ihre Fußstapfen. Im Osten fielen die von den Seldschuken eroberten Gebiete an die Ghasnawiden und an neue, den Turkvölkern angehörende Eindringlinge aus der Steppe, die als Turkomanen bekannt wurden. Im Westen fand das Kalifat in Sultan Salah ad-Din (Saladin) einen herausragenden militärischen Beschützer. Saladin war ein aus dem nördlichen Bergland des Iran stammender Kurde, der während der Krise der Kreuzzüge große Bedeutung erlangte.

Seit Manzikert waren die byzantinischen Armeen aus Kleinasien verschwunden. So stark war Kaiser Michael VII. eingeschüchtert, daß er trotz eines jahrhundertealten Schismas und des Mißtrauens, das zwischen der orthodoxen Ostkirche und der römischen Westkirche herrschte, einen Hilferuf an den Papst sandte. Der Beistand kam spät, aber er kam. Im Jahre 1099 war ein Heer christlicher Ritter aus den Gebieten des heutigen Frankreich, Deutschland und Italien sowie vielen weiteren westlichen Ländern vor Jerusalem erschienen, hatte die Stadt eingenommen und im Heiligen Land einen Brückenkopf errichtet, von dem aus die Kreuzfahrer den einst christlichen Osten vom Islam zurückerobern wollten. In den folgenden Kämpfen zwischen den Kreuzfahrerstaaten und ihren muslimischen Gegnern schwankte das Kriegsglück nahezu ein volles Jahrhundert lang hin und her. Unter Führung Saladins, dem 1171 die Herrschaft in Ägypten übertragen worden war, schien die muslimische Seite zu obsiegen. Während der nächsten achtzig Jahre kämpften die Kreuzfahrer ausschließlich in der Defensive, wobei die von ihnen besetzten Gebiete immer kleiner wurden, bis nahezu nichts mehr davon übrig war. Die von Saladin vorgetragene Gegenoffensive schien dem Islam zum endgültigen Sieg zu verhelfen.

Doch hatten die Kalifen einen Fehler gemacht: darauf bedacht, die Westgrenze zu befestigen, hatten sie ihre Sicherheit im Osten vernachlässigt. Dort näherte sich aus der Steppe, anfänglich unbemerkt, zu Beginn des 13. Jahrhunderts eine neue Bedrohung. In den Jahren 1220–21 fiel ein großer Teil Zentralasiens sowie Persiens an ein fremdartiges Reitervolk, und das gleiche Schicksal widerfuhr 1243 der heutigen Türkei. Die Eroberer waren keine Muslime und bekämpften jeden, der sich ihnen in den Weg stellte, mit erschreckender Rücksichtslosigkeit. Sie drangen 1258 in Bagdad ein und töteten al-Must'asim, den letzten Kalifen der Abbasiden. Diese Eroberer waren die Mongolen.

Die Mongolen

Es ist nicht leicht zu erklären, weshalb die Mongolen alle Reitervölker in Umfang und Schnelligkeit ihrer Eroberungen übertrafen, doch besteht an der Tatsache kein Zweifel. Nie vorher oder nachher hat ein einzelnes Volk ein so großes Gebiet militärisch unterworfen. Zwischen 1190, dem Jahr, in dem sich Dschingis-Khan daranmachte, die Stämmme der Mongolei zu einigen, und 1258, dem Jahr, in dem sein Enkel Bagdad erstürmte, überrannten die Mongolen ganz Nordchina, Korea, Tibet, Zentralasien, die persische Provinz Chorasan, den Kaukasus, das türkische Anatolien und die Fürstentümer auf dem Gebiet Rußlands; überdies drangen sie in Nordindien ein. Zwischen 1237 und 1241 unter-

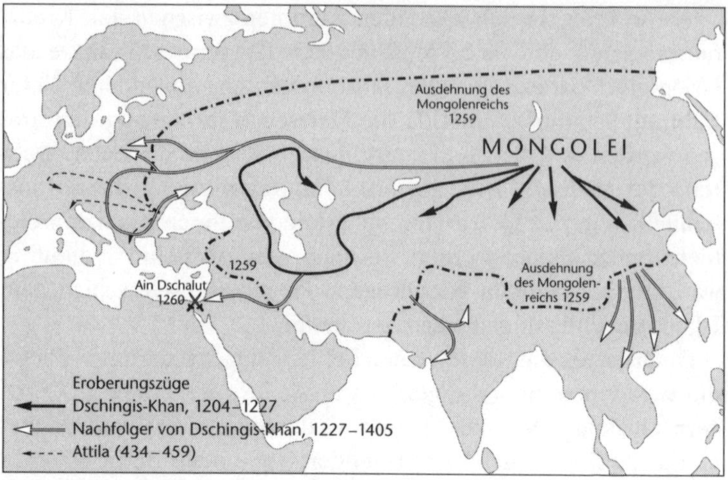

Das Mongolenreich unter Dschingis-Khan und seinen Nachfolgern 1204–1405

nahmen die Mongolen ausgedehnte Raubzüge durch Polen, Ungarn, Ostpreußen und Böhmen. Ihre Spähtrupps stießen bis Wien und Venedig vor.

Aus Europa zogen sich die Heere der Mongolen erst zurück, als bekannt wurde, daß Dschingis-Khans Sohn und Nachfolger gestorben war. Doch dehnte sich das Reich unter seinen Erben weiter aus, bis es schließlich ganz China umfaßte, wo Dschingis-Kahns Enkel Kublai-Khan die Yuan-Dynastie gründete, die bis 1368 bestand. Außerdem beherrschten die Mongolen Teile Burmas und Vietnams, versuchten, Japan und Java zu erobern – allerdings vergeblich – und mischten sich immer wieder in Indien ein, wo im Jahre 1526 Babur, ein Nachkomme Dschingis-Khans, das Reich der Moguln (Mongolen) gründete. Der Titel einer Kaiserin von Indien, den die englische Königin Viktoria 1876 annahm, ging unmittelbar auf die dreihundertfünfzig Jahre zurückliegende mongolische Eroberung und damit letztlich auf Dschingis-Khan zurück. Dieser war im Jahre 1211, am Vorabend des Tages, da er zu einem ersten Feldzug aus der Steppe aufbrechen wollte, aus dem Zelt getreten, wo er mit dem Himmel Zwiesprache gehalten hatte, und rief seinen Leuten zu: «Der Himmel hat mir den Sieg verheißen.»[71]

Anfangs wandten sich die Mongolen gegen China, da ihre Gebiete an die Grenzen jenes Reichs stießen. Seit der ersten Einigung unter den Qin im 3. Jahrhundert v. Chr. hatten nördlich des Hwangho beheimatete Völker die Dynastien Chinas ständig bedroht und häufig die Macht an sich gerissen. Die Dynastien entwickelten im Laufe der Zeit zwei Gegenmittel: zum einen setzten sie ihre Hoffnung auf die Chinesische Mauer, die, von den Qin als Demarkationslinie zwischen Zivilisation und Nomadentum angelegt, immer wieder neu aufgebaut, ausgerichtet und erweitert wurde; zum anderen ermunterten sie Völkerschaften, die in Grenznähe lebten, die besiedelten Gebiete zu verteidigen. Diese waren ohnehin durch den Kontakt mit chinesischen Händlern, Beamten und Soldaten teilweise sinisiert, und durch Schutzgarantien, finanzielle Zuwendungen und Land (bisweilen innerhalb des Schutzbereichs der Chinesischen Mauer) wurden sie für ihre Dienste belohnt. Wurde die Grenzverteidigungslinie durchbrochen, verließen sich die Chinesen darauf, daß ihre überlegene Zivilisation die Eindringlinge im Laufe der Zeit besänftigen würde. Diese Vorgehensweise gründete sich auf «mehrere Annahmen, denen ausnahmslos die Vorstellung von der Überlegenheit chinesischer Institutionen und chinesischer Kultur wie auch von deren Attraktivität für die Barbaren zugrunde lag; niemand kam je auf den Gedanken, die Barbaren könnten nicht auf die Kultur Chinas angewiesen sein».[72]

Mehr als tausend Jahre lang funktionierte dieses System. Zwar wurde China häufig überfallen, bisweilen geteilt, und zeitweise war die Ordnung im Inneren ernsthaft gestört, doch zu keiner Zeit war das Land vollständig der Herrschaft von Nichtchinesen unterworfen. Ausländische Invasoren gingen in der Tat immer wieder – nicht zuletzt durch Mischehen – in der chinesischen Gesellschaft auf. Eine Störung der inneren Ordnung führte oft zu einer schöpferischen Reaktion, sobald die Zentralmacht wieder errichtet war. So wurden unter der Sui-Dynastie (581–617) und der auf sie folgenden T'ang-Dynastie (618–907), deren aristokratische Systeme indirekt auf Barbareneinfälle aus der Steppe zurückgingen – insbesondere von Turkvölkern im 3. bis 5. Jahrhundert –, nicht nur die Chinesische Mauer erweitert und verstärkt, sondern auch andere bedeutende öffentliche Bauten in Angriff genommen, darunter der Kaiserkanal, der die schiffbaren Strecken des Hwangho und das Jangtse verband. All das wurde erreicht, ohne die Regierung zu militarisieren – ein auffallender Unterschied zu der Erfahrung der Römer, die nach der Barbarisierung ihrer Armee mitansehen mußten, wie kriegerische Reiche an die Stelle ihres Gemeinwesens traten.

Obwohl Chinas Dynastien und Aristokratien die Beherrschung der Reit- und Waffenkunst zu schätzen wußten, trennten sie zwischen militärischer und Verwaltungsführung. Unter der Sui- und T'ang-Dynastie setzte sich zudem die von dem im 4. Jahrhundert lebenden Autor Sun Ze entwickelte abgestufte militärische Strategie durch. Er stützte sich bei der Abfassung seiner Theorie auf bekannte Ideen und Vorgehensweisen – anderenfalls hätten die Chinesen nichts davon wissen wollen. In seinem Buch *Wahrhaft kämpft, wer nicht kämpft* forderte Sun Ze dazu auf, die «Kunst der richtigen Strategie» anzuwenden. Diese bestehe darin, Schlachten zu vermeiden, wenn der Sieg nicht gewiß sei, Risiken aus dem Weg zu gehen, Feinde möglichst mit psychologischen Mitteln einzuschüchtern und Eindringlinge lieber hinzuhalten und auf diese Weise zu zermürben, statt sie durch Gewalt zu vertreiben. Durch solche Thesen trug Sun Ze dazu bei, Chinas militärische Theorie mit der politischen zu verschmelzen. Für Strategen des 20. Jahrhunderts, die erst durch Mao Zedongs und Ho Tschi Minhs Feldzüge von Sun Ze hörten, laufen solche Vorstellungen denen von Clausewitz zuwider.[73] Die Strategie eines stufenweisen Vorgehens paßte jedoch zu den chinesischen Heeren der Sui- und der frühen T'ang-Zeit, die ihrem Wesen nach Milizen waren und an den Grenzen durch Kontingente sinisierter Hilfsvölker nichtchinesischen Ursprungs verstärkt wurden.

Als sich die T'ang im frühen 8. Jahrhundert auf dem Gipfel ihrer Macht befanden, waren sie erfolgreicher als jede andere chinesische Dynastie. Gestützt auf materielle und geistige Überlegenheit

– letztere ein Ergebnis der Bekehrungsbemühungen buddhistischer Lehrmeister –, dehnte sich das Reich der T'ang über die Chinesische Mauer auf Teile von Indochina sowie die östlichen Grenzgebiete Tibets aus, das zu jener Zeit ein lästiger Nachbar war. Doch der Erfolg der T'ang trug schon den Keim des Untergangs in sich. Aufgrund militärischer Verdienste besetzten Offiziere, die häufig nichtchinesischer Abstammung waren, hohe Ränge. So kam es zu einem Machtkampf zwischen den Mandarinen und der Generalität, der in den Jahren 755–63 zu einer gewaltigen militärischen Rebellion führte, so daß sich der Kaiser genötigt sah, aus der Hauptstadt zu fliehen. Sein Nachfolger konnte seine Machtposition lediglich mit Hilfe von Tibetern und Nomaden festigen. Diese Ereignisse folgten unmittelbar der Niederlage der T'ang-Armee am Talas 751 gegen die Araber. Was die Herrschaft über Zentralasien anbelangte, war diese Schlacht für den Kampf zwischen dem Mittleren und Fernen Osten entscheidend. Ein Koreaner hatte die chinesischen Streitkräfte befehligt, während der Anführer des Aufstandes von 755, der kaiserliche Günstling An Lushan, teils türkischer, teils sogdischer Abstammung gewesen war. In den Augen der Chinesen waren beide Fremde, Barbaren.

Nichtchinesen im Zentrum der chinesischen Angelegenheiten – das ließ Schlimmes befürchten. Obwohl sich seit dem 8. Jahrhundert durch intensive Bewässerung die Reiserzeugung vervielfacht hatte, was wiederum zu einer Verdopplung der chinesischen Bevölkerung geführt hatte, blieben diese Fortschritte weitgehend auf das Tal des Jangtse und den Süden beschränkt. Im Norden beschwor der Putsch eine Hungersnot herauf, die Macht verteilte sich auf örtliche Beauftragte der Militärbezirke, und man rekrutierte Söldnerarmeen aus «Entwurzelten, Herumziehenden und auf Bewährung freigelassenen Sträflingen».[74] Aus dieser Zeit stammt die Abneigung, ja Verachtung der Chinesen für das Soldatentum, die bis zum Sieg der Volksbefreiungsarmee im Jahre 1949 anhielt. Zu Anfang des 10. Jahrhunderts verlor der Kaiser seine Macht. Zwar stellten die Sung die Einheit wieder her, doch gelang es jener 960 errichteten Dynastie nicht, die Gebiete im Norden und Nordwesten zurückzuerobern, die inzwischen von den mongolischen Kitan und den sibirischen Jürchen besetzt waren. (Letztere eroberten China im 17. Jahrhundert unter dem Namen Mandschu.) Die westlichen Provinzen der Sung fielen an die Westlichen Xia oder Tanguten, ein Volk türkischer, tibetischer und sibirischer Herkunft.

Mithin war im Jahre 1211, als der Himmel Dschingis-Khan den Sieg zusicherte, das China der Han, die ihr Reich vor allem mit Menschen chinesischer Abstammung bevölkern wollten, in einem labilen Zustand. Die Chinesische Mauer befand sich in den Händen eines Volkes, das nicht zum Reich der Han gehörte, die Westflanke wurde von Barbaren gehalten, und die Armee der Sung war «überbesetzt und untauglich, obwohl die Militärausgaben den größten Teil der Haushaltsmittel» verschlangen. Außerdem fehlte es an Pferden und Hilfskontingenten aus Barbaren, da die Dynastie an der Steppengrenze keinen Einfluß mehr hatte.[75] Doch auch dies erklärt nicht, weshalb es den Mongolen gelang, einen so großen Teil Chinas so rasch zu überrennen, ganz zu schweigen von ihren Blitzsiegen im Westen.

Zum großen Teil muß man dies alles auf Dschingis-Khans Charakter und die Entschlossenheit zurückführen, mit der er mongolische Stammesgepflogenheiten gegen Außenstehende durchsetzte. Die Sexualmoral der Mongolen war unerbittlich: Ehebruch wurde mit dem Tode beider Beteiligten bestraft, mit gefangenen Frauen durfte ein Mongole nicht schlafen. Dieser Verhaltenskodex unterband Auseinandersetzungen über den Raub von Ehefrauen, der für primitive Gesellschaften so kennzeichnend ist und sich in ihnen so störend auswirkt.[76] Andererseits waren die Mongolen, vor allem Dschingis-Khan, rasch gekränkt und nahmen dafür brutal Rache. Letztlich bestand Dschingis-Khans Leben mehr oder weniger aus einer Kette von Racheaktionen, und man kann die Feldzüge der Mongolen insgesamt als gigantischen Auswuchs eines primitiven Rachedurstes interpretieren. Doch waren die Mongolen nicht nur bereit, sich der fachmännischen Hilfe Fremder zu versichern, sie gliederten ihrem Heer auch ausländische Kontingente ein. Das ließ sich nicht vermeiden, schätzt man doch den Kern der mongolischen Streitkräfte, als sie im Jahre 1216 die Eroberung Nordchinas fortführten, auf lediglich dreiundzwanzigtausend Mann.[77] Die meisten Angehörigen des furchterregenden mongolischen Heeres stammten aus Turkvölkern; die Tataren hingegen waren ein von Dschingis-Khan unterworfenes Nachbarvolk. Häufig werden die Mongolen mit ihnen verwechselt, und den Ethnolinguisten fällt es ausgesprochen schwer, hier Klarheit zu schaffen.[78]

Wer sich als Fachmann mit Dschingis-Khan beschäftigt, rühmt meist den ausgeklügelten Aufbau seiner Militärorganisation: so stand seinen Anhängern eine «Laufbahn nach Begabung» offen, und er hatte seine Armee logisch in Zehner-, Hundert- und Tausendschaften eingeteilt – zum Schluß unterstanden ihm 95 Tausendschaften. Dieses System ist ein Vorläufer des modernen europäischen, bei dem eine Kompagie eine Untergruppierung des Bataillons und dieses eine des Regiments ist.[79] All das war zweifellos wichtig. Indem Dschingis-Khan Kommandopositionen von der Erblichkeit befreite – mit Ausnahme der Stellen, die eigene Angehörige bekleideten – und ihre Besetzung von der Leistung abhängig machte, brach er mit den Bräuchen des Stammes. Doch blieben diese Neuerungen auf den Kern eines winzigen Volkes beschränkt, das keineswegs zahlreich genug war, Länder mit der hundertfachen Einwohnerschaft zu überwältigen. Keines der Reitervölker aus der Steppe bestand je aus mehr als einigen hunderttausend Menschen, doch auch bei besserer Selbstorganisation hätten andere Reitervölker die Höhe der mongolischen Kriegskunst kaum erreicht. Hier spielten andere Faktoren eine Rolle.

Eine überlegene Technik zählte nicht dazu. Wie hunnische, türkische und chinesische Aristokraten, die die aus der Steppe ererbte Liebe zum Pferd nicht aufgaben, kämpften auch die Mongolen stets mit dem Kompositbogen und vielen Pferden. Zwar heißt es verschiedentlich, ihrem Heer hätten Kontingente gepanzerter Kavallerie angehört, doch ist dies sehr zweifelhaft. Gewiß, die Mongolen lernten von ausländischen Kriegern die Techniken des Belagerungskrieges, aber dieser war vor der Einführung des Schießpulvers immer mühselig und zeitraubend, sofern die Verteidiger zum Widerstand entschlossen waren. Da die Mongolen, die das Schießpulver trotz gegenteiliger Annahmen wahrscheinlich nicht kannten, im Osten wie im Westen eine ganze Reihe befestigter Orte einnahmen – Utrar in Transoxanien (1220), Balkh, Merw, Herat und Nischapur in Persien (1221) wie auch die Hauptstadt der Westlichen Xia, Ning-xia (1226) –, bleibt nur die Schlußfolgerung, daß sich deren Besatzungen gewöhnlich kampflos ergaben.[80]

Die Mongolen galten offenbar weithin für unbesiegbar. Buchara und Samarkand kapitulierten schon bei ihrem bloßen Erscheinen. In Bucharas Hauptmoschee hielt Dschingis-Khan eine Predigt, in der er sich als «Geißel Gottes» bezeichnete – wollte er damit Attilas Geist heraufbeschwören? Worin gründete der Ruf, der den Mongolen vorauseilte? Den Hunnen Attilas hatten die Mongolen die Kenntnis des Steigbügels voraus, doch war dieser schon seit fünfhundert Jahren allgemein verbreitet. Vermutlich hatten die Mongolen leistungsfähigere Pferde gezüchtet als die Hunnen, und möglicherweise hantierten sie auch geschickter mit den Tieren, doch all diese Vorteile hatten auch die Türken. Dschingis-Khan und seine Söhne erlegten ihren Stammesangehörigen eine äußerst strenge Zucht auf; nach ihrem Gesetz, der *jasa*, war Beute Gemeinbesitz, und es galt als Kapitalverbrechen, wenn ein Krieger angesichts der Gefahr floh und Kameraden in der Schlacht im Stich ließ. Die Sanktionen, die gegen diese im «primitiven» Krieg so verbreiteten Schwächen ergriffen wurden, lassen die mongolischen Reiter als Armee erscheinen, die sich oberhalb des «militärischen Horizontes» befand; die Mongolen waren kein wilder Haufen.[81] Trotz allem weiß man nicht genau, weshalb sie so viel Angst und Schrecken verbreiteten.

Um der Klarheit willen müssen wir uns von der Vorstellung lösen, bei den Mongoleneinfällen habe es sich um eine Art militärischer Seuche gehandelt, die nahezu überall schlagartig auftrat. Die Kriege der Mongolen entwickelten sich aus kleinen Anfängen nach und nach und wurden mit großem Können konsequent durchgeführt. Rache gilt als das vorrangige Motiv der Mongolen, und in der Tat führte ihr erster erfolgreicher Feldzug gegen die

Tschin, die verlangt hatten, Dschingis-Khan solle ihnen symbolisch als Vasall huldigen. Den zweiten Feldzug unternahmen sie gegen die persische Provinz Chorasan, deren Bewohner mongolische Abgesandte ermordet hatten, die Handelsrechte erbaten. Doch griff Dschingis-Khan nicht ohne Vorbereitungen an; wie Alexander der Große sammelte er begierig alle Informationen über seine Gegner; er unterhielt ein weitgespanntes Spionagenetz. Wie Alexander ging Dschingis-Khan als Stratege rational vor. Bevor er die Tschin angriff, entschied er sich gegen den direkten, aber auch schwierigeren Weg durch die Wüste Gobi und wählte den Umweg durch den Kansu-Korridor, die Fortsetzung der Seidenstraße östlich der Dsungarischen Pforte, der ans Ende der Chinesischen Mauer führt. Dabei nahm er in Kauf, daß er zuvor einen Feldzug gegen die Westlichen Xia führen und gewinnen mußte.

Dieser Feldzug kam ihm möglicherweise sogar gelegen. Die Westlichen Xia oder Tanguten bestanden wahrscheinlich aus einer Reihe unterschiedlicher Reitervölker, die sich in einem schwer durchschaubaren Kampf um die Wiedererrichtung des einheitlichen Steppenreiches befanden, das die Türken im 6. Jahrhundert geschaffen hatten. «Die Anfänge und Umstände dieser Versuche, ein einheitliches Steppenreich zu schaffen, verlieren sich in Mythen und Legenden und werden zusätzlich dadurch verdunkelt, daß die Mongolen später Dschingis-Khans Triumphzug ausgeschmückt haben.»[82] Die Mongolen wurden in diesen Kampf hineingezogen und gingen als unbestrittene Führer ihrer Sprachgruppe daraus hervor: jener Sieg begründete ihre spätere Geschichte. Anhand dieser Deutung können wir die Frage beantworten, wie die Mongolen zur Weltherrschaft aufgestiegen sind. Die Mongolen lebten nicht «fern von den Zentren des zivilisierten Lebens und nahezu unberührt von kulturellen oder religiösen Einflüssen der Städte Ost- und Südasiens», sondern nahmen an einem Kampf teil, der sich über die ganze Steppe verbreitete. Auf diese Weise konnten, wenn auch indirekt, Vorstellungen von militärischer Disziplin und Organisation, die von jenseits der Steppe kamen, ihre Methoden der Kriegführung beeinflussen.[83]

Die meisten dieser militärischen Ideen dürften türkischen Ursprungs gewesen sein und kehrten in veränderter Form aus dem islamischen Mittleren Osten wie aus China zurück. Angehörige von Turkvölkern, die im Lauf der Jahrhunderte sinisiert oder islamisiert worden waren, fanden wohl den Weg zurück in die Steppe, sei es als siegreiche Veteranen, als Verlierer oder Ausgestoßene, als Begleitschutz von Kaufleuten oder gar als offizielle Abgesandte. Was ein ehemaliger Soldat zu erzählen hat, findet stets ein offenes Ohr, und militärisches Wissen aus dem Ausland ist stets eine Währung von allgemeinem Wert. Die Mongolen kannten die Stärken und Schwächen ihrer Feinde sehr gut und hatten von ihnen gelernt, bevor sie zu Felde zogen.

Die größte Stärke der Mongolen war abstrakter Art: die im Islam gründende Motivierung der Krieger durch die Kraft einer Idee. Die den Mongolen bekannten Türken waren Grenzkrieger des Islam, *ghazi*, also Glaubenskämpfer, die den Koran mit dem Schwert in der Hand lehrten. Von Dschingis-Khan selbst heißt es, er sei überzeugt gewesen, daß seine Sendung göttlicher Art war, vom Himmel gebilligt und gefordert; dies habe er seinen Anhängern immer wieder gepredigt. Nicht nur habe er verlangt, daß die Schamanen ihn unterstützten, sondern auch selbst eine Art primitiven Nationalismus propagiert, der die Mongolen als auserwählte Rasse hinstellte.[84] Wichtiger noch war aber, daß er von der mäßigenden Moral des Islam nichts wissen wollte. Die militärischen Mittel, die ihm zu Gebote standen – die Beweglichkeit des berittenen Kriegers, der auf große Entfernung tödliche Kompositbogen, das «Handle oder stirb»-Ethos des *ghazi*, die Suggestionskraft eines elitären Stammesbewußtseins –, waren bedrohlich genug. Hinzu kam ein erbarmungsloses Heidentum, das keine der in monotheistischen Religionen oder im Buddhismus geläufigen Ideen wie Barmherzigkeit gegenüber Fremden oder das Streben nach moralischer Vervollkommnung anerkannte. Mithin verwundert es nicht, daß Dschingis-Khan und den Mongolen der Ruf der Unbesiegbarkeit vorauseilte. Der Schrecken, den sie verbreiteten, wirkt bis auf den heutigen Tag fort.

Der Niedergang der Reitervölker

Letzten Endes aber wurde den Mongolen die typische Unfähigkeit der Reitervölker, ihre Eroberungen dauerhaft zu gründen, ebenso zum Verhängnis wie zuvor den Hunnen und Bumins Türkenreich. Zwar war Dschingis-Khan in Fragen der Verwaltung sehr kompetent, doch wirkte dies nicht stabilisierend, da er lediglich die Lebensweise der Nomaden aufrechterhielt. Sein System sah die Legitimation eines Nachfolgers nicht vor, nicht bei den Mongolen und schon gar nicht bei den Völkern, die sie sich unterworfen hatten. Wie bei den Nomaden üblich, wurde der Besitz des Herrschers zwischen dessen Söhnen gleichmäßig aufgeteilt, als Dschingis-Khan 1227 starb. Sein Reich wurde den vier Söhnen seiner Hauptfrau Borte zugesprochen. Der jüngste bekam, dem Brauch gemäß, die Gebiete der Vorfahren, während die eroberten Gebiete unter den anderen verteilt wurden.

Während der nächsten Generationen gingen die mongolischen Herrscher Rußlands ihre eigenen Wege, während diejenigen Zentralasiens und Chinas über die Nachfolge stritten, was unter Dschingis-Khans Enkeln zum Bürgerkrieg führte. Dieser wurde beigelegt, als sich Hulagu, Beherrscher Zentralasiens, einverstanden erklärte, den Anspruch seines Bruders Kubilai (Kublai-Khan) auf den Titel des Dschingis-Khan zu bestätigen. Allerdings stellte dies im mongolischen Kernland die Einheit nicht wieder her. Kublai-Khan war bereits in den Krieg verwickelt, durch den seine Familie Chinas Yuan-Dynastie begründen sollte. Dieser Kampf verzehrte nach und nach all seine Energien und entfremdete die Mongolen, die ihm folgten, immer mehr ihrem alten Leben in der Steppe. Unterdessen lenkte der hier und da an der östlichen Grenze der islamischen Länder aufflackernde Krieg Hulagu immer wieder ab, während er sich weiterhin bemühte, die Frage der Vorherrschaft in Zentralasien zu klären. Schließlich ließ er sich in einen Feldzug gegen das Kalifat verwickeln.

Die Auflösung des Mongolenreichs setzte in dem Augenblick ein, da sich Kublai-Khan China zuwandte. Dies war damals jedoch weder für den Islam noch für den christlichen Westen erkennbar. Beide sahen in den Mongolen nach wie vor eine Macht, mit der man rechnen mußte. Allerdings nahmen die beiden Parteien, die seit eineinhalb Jahrhunderten um den Besitz des Heiligen Landes miteinander kämpften, gegenteilige Standpunkte ein: die Nachricht, Hulagus Mongolenhorde rückte aus Zentralasien heran, erfüllte die einen mit Hoffnung, die anderen mit Furcht.

Hoffnung schöpften die Kreuzfahrer in den Kreuzfahrerstaaten des Ostens. Von den Kreuzzügen sagt man, sie seien für den Islam nicht mehr als ein «Grenzproblem» gewesen, und es ist richtig, daß es den Kreuzfahrern nie gelang, den 1099 mit Jerusalem gewonnenen Stützpunkt entscheidend zu vergrößern. Sie hatten im 12. Jahrhundert sogar Jerusalem an Saladin verloren und klammerten sich danach mit allen Kräften an die wenigen ihnen verbliebenen Enklaven entlang der syrischen Küste. Doch hatte die Anziehungskraft der Kreuzzüge im Westen nie nachgelassen. Bis zum 13. Jahrhundert fanden fünf offizielle Kreuzzüge statt; zahlreiche weitere waren entweder aufgegeben worden oder hatten sich gegen Feinde der Kirche in anderen Ländern gerichtet. Mit den Kreuzzügen waren mächtige, militärisch ausgerichtete Ritterorden entstanden, deren Angehörige religiöse Gelübde ablegten. Man hatte für sie eine Reihe fester Burgen an den Grenzen der Kreuzfahrerstaaten errichtet. Unter der Ritterschaft im ganzen christlichen Europa war ein Kodex ritterlichen Verhaltens entstanden. Zwischen dem 11. und 13. Jahrhundert war Ritterlichkeit zum wichtigsten Bestandteil der militärischen Kultur des Westens geworden; gleichzeitig waren die Energien der westlichen Aristokratien nahezu ausschließlich auf die Kriegführung gerichtet. Daher leisteten den regelmäßig erneuerten Aufrufen zum Kreuzzug Könige ebenso willig Folge wie Ritter ohne eigene Ländereien, die im Osten Ruhm und Reichtum zu gewinnen hofften.

Um die Mitte des 13. Jahrhunderts, als Hulagus Mongolen bereitstanden, aus Zentralasien hervorzubrechen, war Jerusalem erneut von den Christen eingenommen und die Unversehrtheit der Kreuzfahrerstaaten wiederhergestellt worden. Ihr Glücksstern schien wieder zu steigen, und die ursprüngliche Idee des Kreuzzugs bekam erneut Auftrieb. Allerdings waren die Hoffnungen der Kreuzfahrer so häufig zunichte gemacht worden, daß keiner von ihnen eine vorübergehende Erleichterung mit einer dauerhaften Umkehrung des Gleichgewichts der Kräfte verwechselte. Nach wie vor lag die Macht in den Händen des Islam, dessen Fähigkeit, mit Hilfe eigener geistiger wie physischer Mittel offensiv zu handeln, nie zu erlahmen schien. Solange der Krieg an *einer* Front geführt wurde, war der Islam im Vorteil. Da Hulagus Mongolenhorde dem Vernehmen nach aus Zentralasien vorrückte, hofften die Kreuzfahrer auf die Eröffnung einer zweiten Front und auf eine entscheidende Wendung der Dinge. Sie fingen sogar an zu glauben, der christliche Führer eines Reiches im östlichen Asien, den sie Johannes den Priester nannten, komme zu ihrer Rettung aus dem Inneren der Steppe geritten.[85] Auch wenn Hulagu alles andere als Johannes der Priester war, erkannten die Kreuzfahrer in ihm doch mit Recht eine Gefahr für ihre Feinde. Auch die islamische Seite sah in den vorrückenden Mongolen genau dies. Wie sehr man die Mongolen fürchten mußte, sollte sie noch erfahren.

Mit Saladins Erfolg gegen die Kreuzfahrer hatte sich im 12. Jahrhundert der Mittelpunkt des islamischen Lebens nach Ägypten und Syrien verlagert. Dort regierten Saladins Nachkommen, die Aijubiden-Dynastie, während das legitime Abbasiden-Kalifat seinen Sitz nach wie vor in Bagdad hatte. Diese Stadt nun lag auf dem Weg der Mongolen. Anfangs rief Hulagus Näherrükken im Jahre 1256 keine Besorgnis hervor, da es sich gegen die durch Mordtaten bekannte Sekte der Assassinen zu richten schien. Es kam vielen entgegen, daß Hulagu die Stützpunkte der Assassinen zerstörte. Die christlichen Armenier schickten ihm sogar Truppen zur Verstärkung. Doch drang er im Jahre 1257 in Persien ein, das er rasch eroberte, und stand zum Jahresende im Begriff, in Mesopotamien einzumarschieren. Der Abbasiden-Kalif al-Must'asim fürchtete die Mongolen sehr, konnte sich aber nicht dazu verstehen, ihr Ultimatum zu akzeptieren: Kapitulation oder Vernichtung. Im Januar 1258 überquerte Hulagu den Tigris, schlug die Armee des Kalifen und nahm Bagdad ein. Al-Must'asim wurde stranguliert, eine in der Steppe übliche Tötungsart, die

die osmanischen Türken später an ihrem Hof in Istanbul zur Regelung der Thronfolge einführen sollten.[86] Überdies ließ Hulagu viele Bürger Bagdads töten, obwohl er zugesagt hatte, ihr Leben zu schonen.

Vielleicht wollte Hulagu mit diesem Verstoß gegen mongolisches Herkommen weithin Schrecken und Verunsicherung verbreiten. Auch die Bewohner der syrischen Stadt Aleppo, die er als nächste heimsuchte, wurden abgeschlachtet, doch hatten sie ihre Stadt zu verteidigen versucht. Die Bürger von Damaskus und vieler anderer muslimischer Orte, die sich klüger verhielten, wurden verschont. Als die Kreuzfahrer sahen, wie um sie herum die Macht des Islam zusammenbrach, sahen sie sich in der Ansicht bestärkt, daß die Mongolen ihrer Sache nutzten. Der mächtigste der Kreuzfahrer, Bohemund, ließ sich sogar dazu überreden, sich deren Heer für eine Weile anzuschließen. Als die Mongolen jedoch ins Heilige Land vorstießen, überlegten es sich die Kreuzritter anders und zogen sich in ihre Festungen an der Küste zurück. Während Hulagu einem Ruf in die Steppe folgte, wo er sich an der Wahl eines Großkhans beteiligen sollte, trafen sie eilig ein Abkommen mit Ägyptens Aijubiden, die ebenso besorgt waren wie sie. Trotz aller schmerzlicher Erinnerung an die ihnen von Saladin zugefügte Niederlage gestatteten sie einem ägpytischen Heer, ihr Gebiet zu betreten, in der Nähe von Akkon zu lagern und die Mongolen zu erwarten, die inzwischen von Hulagus Stellvertreter Kitbuga geführt wurden. Während des Wartens empfingen die Kreuzfahrer sogar den ägyptischen Befehlshaber, den Mamelucken Baybars, an ihrem Hof.

Dieser hatte, von wildem Ehrgeiz getrieben, die Macht der mameluckischen Institutionen in Ägypten durch die Ermordung und Ersetzung eines Sultans gesichert. Möglicherweise war er auch an der Entscheidung beteiligt, die mongolischen Abgesandten umbringen zu lassen, die Kitbuga mit der üblichen Aufforderung zur Unterwerfung geschickt hatte. Angesichts der bekannten Neigung der Mongolen, Rache als *casus belli* anzusehen, war dies eine schwerwiegende Provokation. Die Schlacht folgte auf dem Fuß. Die Mongolen rückten aus ihren Stellungen in Syrien in den Norden Palästinas vor und trafen am 3. September 1260 nördlich von Jerusalem bei Ain Dschalut (der Quelle Goliaths) auf die ägyptische Armee unter dem Oberkommando des Sultans Kutus und Baybars'. Ein einziger Vormittag brachte den Sieg über die Mongolen. Man nahm Kitbuga gefangen und tötete ihn; die Überlebenden wurden verjagt. Die Mongolen kehrten nie wieder.

Die offene Feldschlacht von Ain Dschalut, die erste, in der die Mongolen unterlagen, erregte in der gesamten christlichen, muslimischen und mongolischen Welt Aufsehen. Nach wie vor wird sie von Historikern genauestens untersucht. Das Ergebnis ist unklar: Hat sie den Nahen Osten vor der Mongolenherrschaft bewahrt, oder hatten die Mongolen ohnehin bereits die Grenze ihrer strategischen und logistischen Möglichkeiten erreicht? Auch die in der Schlacht verfolgte Taktik spaltet die Historiker: Soll man sie als brillante Leistung Baybars' ansehen, oder haben die Ägypter dank zahlenmäßiger Überlegenheit gewonnen? Gewiß, die Pferde der Mongolen hatten Syrien kahlgefressen, und wahrscheinlich hatte Hulagu einen großen Teil seiner Streitmacht nach Zentralasien mitgenommen.[87] Andererseits unterstanden Kitbuga nach jüngeren Schätzungen immerhin zehn- bis zwanzigtausend Mann. Auch wird inzwischen angenommen, daß der Umfang der ägyptischen Armee übertrieben wurde und in einem zwanzigtausend Mann starken Heer der aus Mamelucken bestehende Kern höchstens zehntausend ausmachte.[88] Kurz gesagt, die Schlacht bei Ain Dschalut kann für beide Seiten die gleichen Ausgangsbedingungen gehabt haben. Dann wäre sie eine wahrhaft bedeutende Begegnung, nicht nur wegen ihres strategischen Ergebnisses, sondern weil sich ein Reitervolk, das als Berufsheer organisiert und durch das Einkommen eines seßhaften Staates finanziert wurde, einem anderen Reitervolk als überlegen erwies, das von Raub und Plünderung lebte und den primitiven Werten des Stammes und der Rache folgte.

Wir haben bereits Abu Schama zitiert, der es bemerkenswert fand, daß die Mongolen von ihresgleichen besiegt und vernichtet wurden – ein Hinweis darauf, daß auf beiden Seiten viele Angehörige von Turkvölkern kämpften. Die Schlacht ist mit Sicherheit in der herkömmlichen Art der Steppenvölker ausgetragen worden, das heißt, die Ägypter rückten vor, bis sie auf die Mongolen stießen, täuschten, sobald sich ein Kampf abzeichnete, einen Rückzug vor und lockten die Verfolger an eine Stelle, wo das Gelände einen plötzlichen Gegenangriff begünstigte. Dennoch scheint der Augenblick entscheidend gewesen zu sein, da sich Sultan Kutus mit dem Ausruf «Oh, Islam!» ins Kampfgewühl stürzte – die Mamelucken waren bekanntlich militärische Diener einer kriegführenden Religion, während ihre Gegner keinen Glauben hatten, der sie einte.[89] Baybars' Männer besaßen darüber hinaus große militärische Erfahrung, gewonnen im Kampf gegen die nach wie vor gefährlichen Kreuzritter; diese Erfahrung hatten sie durch endloses Exerzieren und die Zucht der mameluckischen Kriegsschule vertieft. Wenn man auch Baybars' Mamelucken nicht als Armee im modernen Sinne bezeichnen kann, so war doch ihre Taktik noch nicht zu jenem Anachronismus erstarrt, mit dem sie im Zeitalter des Schießpulvers gegen die Osmanen kämpften. Der Herausforderung durch die Mongolen waren sie durchaus gewachsen. Eine geschulte Streitmacht ist einer prinzipiell gleichwertigen, die sich ausschließlich auf ihren Enthusiasmus und ihren Ruf verläßt, immer überlegen.

Nach der Schlacht bei Ain Dschalut konnten weder die Mongolen noch ein anderes Reitervolk die zivilisierte Welt noch ernsthaft gefährden. Vielleicht tut man mit dieser Behauptung Tamerlan unrecht, der bei seinen Eroberungszügen in den Jahren 1381–1405 auf einem nahezu ebenso großen Gebiet wie Dschingis-Khan großen Schrecken verbreitete. Doch ging ihm dessen administrative Fähigkeit ab, und er zerstörte mit dem von ihm praktizierten exemplarischen Terror die Grundlagen alles dessen, worauf er hätte bauen können.[90] Tamerlan war durch und durch Krieger. Ursprünglich hieß er Timur, und nach einer frühen Verwundung, aufgrund deren er hinkte, nannte man ihn Timur-leng (Tamer der Lahme). Er stachelte seine Soldaten zu mitleidloser Grausamkeit an; Erinnerungen an aufgetürmte Pyramiden von Totenschädeln gehen eher auf seine Feldzüge als auf die Dschingis-Khans zurück.[91] Stets war er auf neue Eroberungen aus. Sein Tod bedeutete für die Zivilisationen an der Steppengrenze eine große Erleichterung. Unmittelbar zuvor hatte er sich angeschickt, mit der wiederhergestellten einheimischen Ming-Dynastie in China um den Besitz der Eroberungen Kublai-Khans zu kämpfen. Gegen Ende des 14. Jahrhunderts aber war die Macht der Mongolen außerhalb der Steppe völlig dahin. Lediglich in Indien hatten sie eine Zukunft, wurden dort jedoch so stark islamisiert, daß die auf Dschingis-Khan und Timur zurückgehenden Ursprünge überlagert wurden.

Was also war das Erbe der Mongolen? In erster Linie wohl die Verbreitung der Turkvölker in drei Gegenden der Erde – China, Indien und im Vorderen Orient –, mit allen Folgen für die Militärgeschichte jener drei Regionen. Gewiß, indem er den damals unbedeutenden Stamm der Osmanen nach Westen drängte, leitete Dschingis-Khan eine Folge von Ereignissen ein, die die etablierte Ordnung im Nahen Osten zerstörte und durch eine andere ersetzte, die nach wie vor existiert. Dadurch drohte Europa lange Zeit eine islamische Offensive, vom Fall Konstantinopels im Jahre 1453 bis zur Aufhebung der Belagerung von Wien zweihundertdreißig Jahre später.

Da sie mit der europäischen Welt eng verflochten waren, mußten die Osmanen einen militärischen Kompromiß zwischen dem in der Steppe praktizierten Blitzkrieg und der Kriegführung der seßhaften Völker mit Hilfe von Befestigungsanlagen und schwerer Infanterie schließen, ohne daß sie deren gegensätzliche Tendenzen miteinander hätten vereinbaren können. Wohl gelang es ihnen, mit den Janitscharen eine disziplinierte und reguläre schwere Infanterie aufzustellen, doch geschah das auf der Grundlage eines Sklavensystems, das ihre Infanterie später ebenso zu einem Fossil machte wie die Mamelucken. Zugleich hielten sie sich in ihren asiatischen Gebieten eine berittene Aristokratie, deren nomadische Gesetzlosigkeit sich als unausrottbar erwies. Diese anatolischen Häuptlinge machten sich im 18. Jahrhundert vom türkischen Sultan praktisch unabhängig.[92]

Dennoch zeigt sich in den Versuchen der Osmanen, das Erbe der Steppe und die Errungenschaften der urbanen und vom Akkerbau bestimmten Welt des Westens zu verbinden, die wahre Bedeutung des Beitrags der Reitervölker zur Kriegführung. Zweifellos stimmt die ökologische Erklärung, die besagt, daß sie keine Eroberungen außerhalb der Grassteppe machen konnten oder aber, sofern ihnen das gelang, anschließend die Steppenkultur aufgaben. Dauerhaft angelegtes Weideland setzt natürliche Bewaldung oder intensive Bewässerung voraus, außerdem eine seßhafte Bevölkerung, und diese wiederum braucht den Ackerbau für den Lebensunterhalt. Da Ackerbau und Weidekultur nicht vereinbar sind, mußten sich Eindringlinge, die große Mengen von Pferden weiden lassen wollten, entweder in ihre angestammten Gebiete zurückziehen oder ihre Lebensgewohnheiten ändern. Reitervölker entschieden sich entweder für das eine oder für das andere. Doch unabhängig davon wurden die militärischen Gewohnheiten der Welt, in die sie eindrangen, auf alle Zeiten verändert.

Wie vor ihnen die Streitwagenvölker, brachten die Reitervölker das zündende Konzept in die Kriegführung ein, Feldzüge über große Entfernungen zu führen und auf dem Schlachtfeld rasch zu manövrieren – mindestens fünfmal so schnell wie das Fußvolk. Da sie ihre Herden gegen Räuber schützen mußten, hatten sie sich den Instinkt des Jägers bewahrt, den die ackerbautreibenden Völker – vom Adel abgesehen – verloren hatten. Ob beim Zusammentreiben und Aussondern minderwertiger Bestände oder beim Schlachten: ihre Tierhaltung vermittelte ihnen die Kenntnisse, wie man große Massen sich zu Fuß bewegender Menschen, ja sogar unterlegene Reiter, lenken, in die Enge treiben, ihnen ausweichen und sie schließlich ohne Risiko töten kann. Diese Vorgehensweisen mußten primitiven Jägern mit ihrer inneren, von mystischer Achtung geprägten Beziehung zum Beutetier fremd bleiben. Das Töten aus größerer Distanz – wörtlich und im übertragenen Sinn – war den Reiterkriegern, die mit dem Kompositbogen als Hauptwaffe ausgerüstet waren (seinerseits ein Erzeugnis aus tierischem Körpergewebe, dem sie ihren Lebensunterhalt verdankten), zur zweiten Natur geworden.

Wohl erschien den seßhaften Völkern die innere Distanz der Reitervölker, die sich letztlich in bewußter Grausamkeit äußerte, unmenschlich, doch färbte sie zugleich auf sie ab. Die Reitervölker befolgten nicht die Regeln «primitiver» Kriegführung, die übrigens bis weit in die Entwicklung der Zivilisation hineinwirkten: vorsichtiges Herantasten an den Gegner und die Verbindung ritueller und zeremonieller Elemente mit Kampf und dem, was darauf folgte. Vor einem kampfbereiten Feind zogen sie sich gewöhnlich zurück, doch war dies ein vorgetäuschtes Manöver, mit dem Ziel, einen Gegner aus seiner Stellung zu locken, Unordnung in seine Reihen zu bringen und ihn einem vernichtenden Gegenangriff auszusetzen. Dies hatte nichts mit der Abneigung des primitiven Kriegers gegen den Nahkampf zu tun. Hatte eine Reiterhorde den Gegner umzingelt, wurde dieser bedenkenlos abgeschlachtet, ohne jedes Ritual oder Zeremoniell. Die Reitervölker kämpften, um zu siegen – rasch, zielgerichtet und gänzlich unheroisch. Heldenhafte Zurschaustellungen waren bei den Nomaden nicht üblich. Dschingis-Khan selbst war von einer gewissen Ängstlichkeit, was seinen Körper betraf; in Schlachten, bei denen er das Kommando hatte, nahm er keine exponierte Position ein.[93] Westliche Krieger fanden die Nomadentaktik äußerst sonderbar, bei halbmondförmiger Schlachtreihe die Position des Anführers zu verbergen (er ritt in der Menge an unauffälliger Stelle fern der Mitte), wohingegen sich ein Alexander oder ein Richard Löwenherz dem Gegner weithin sichtbar präsentierten.

Heldentum war lange Zeit mit der westlichen Vorstellung von militärischer Führung verbunden.[94] Auch wenn es den Reitervölkern nicht gelang, bei ihren Feinden das Ideal des Heldentums zu erschüttern, konnten sie ihnen doch ihr unverhülltes Siegesstreben vermitteln. Der Militärhistoriker Christopher Duffy meint, die Kriegführung der Europäer habe ihren rassistischen und totalitären Grundzug in Osteuropa anzunehmen begonnen, was er dem Einfluß der Mongolen auf «das Wesen der Russen und ihre Institutionen» zuschreibt, «in dessen Gefolge es zu einer brutalen Unterdrückung des Bauerntums, Mißachtung der Menschenwürde und fehlgeleitetem Wertempfinden kam, so daß Grausamkeit, Tyrannei und Heimtücke besonders hoch im Kurs standen».[95] Auch über einen weiter südlich verlaufenden Weg gelangte die Grausamkeit der Steppe nach Europa – zunächst durch das Vorrücken der Seldschuken nach Anatolien, dann durch das Vordringen der Osmanen in den Balkan. Jahrhundertelang war der Krieg an der Grenze des Osmanischen Reiches der grausamste ganz Europas. Möglicherweise aber haben bereits die Kreuzfahrer Bekanntschaft mit dieser großen Grausamkeit gemacht und die Vorstellung davon nach Europa getragen.

Sofern man in den Kreuzzügen ein Spiegelbild des *dschihad* sehen kann, hatten es die Kreuzfahrerstaaten erst bei ihrem Kampf gegen Saladin mit wirklichem Krieg zu tun. Saladin aber war durch die entschlossene Reaktion des Islam auf die Herausforderung der Steppe beeinflußt, und die Kerntruppe seines aus türkischen Militärsklaven bestehenden Heeres war in der grausamen Taktik der berittenen Bogenschützen geschult. Im Gefolge der Kreuzzüge verbreiteten sich in Europa Gewohnheiten, die die Männer im Osten kennengelernt hatten; diese setzten sich wohl in den Kreuzzügen gegen die heidnischen Slawen durch, die sich ihrerseits aus der entgegengesetzten Richtung dem Angriff der Steppenvölker ausgesetzt sahen. Schließlich drangen diese Gewohnheiten auch nach Spanien vor, wo die Ritter der *reconquista* den Islam mit einer Erbarmungslosigkeit bekämpften, der Dschingis-Khan seinen Beifall nicht versagt hätte. Der Krieg auf Leben und Tod griff in Spanien um sich, und man kann ohne Übertreibung sagen, daß das entsetzliche Schicksal, das die spanischen Eroberer den Inka und Azteken bereiteten – die noch bei der rührend unzulänglichen, ritualisierten «Blütenschlacht» stehengeblieben waren –, letzten Endes auf Dschingis-Khan selbst zurückging.

In China, dem Reich, mit dem die Reitervölker der Steppe am engsten verbunden waren, hatte die mongolische Art der Kriegführung möglicherweise die anhaltendste Wirkung. So konnte John King Fairbank feststellen, daß die chinesische Art, Krieg zu führen, einerseits rituelle und zeremonielle Elemente des «primitiven» Krieges bewahrte – weit länger als jede andere große Kultur, einschließlich Weissagungen und der Demonstration militärischer Tüchtigkeit durch ausgewählte Vorkämpfer vor der Schlacht.[96] Auf der anderen Seite aber hatte sie auch eine einzigartige ethische Komponente, die auf den für China wichtigen Konfuzianismus zurückging und sich am besten durch die Vorstellung ausdrücken läßt, daß «der Überlegene imstande sein muß, seine Ziele ohne Gewalt zu erreichen».[97] Die von den Chinesen im Verlauf des 1. nachchristlichen Jahrtausends integrierten Eindringlinge aus den Reihen der Turkvölker mußten dieses ethische System übernehmen, auch wenn sie weiterhin auf die Fertigkeiten des Steppenkriegers im Umgang mit Pferd und Bogen stolz waren.

Allerdings sahen sich die Ming-Kaiser durch die Gewalt, die die Niederwerfung der Mongolen nach der Eroberung durch Kublai-Khan erforderte, gezwungen, den Chinesen eine vollkommen absolutistische Herrschaft aufzuerlegen. Die Ming militarisierten China und schufen eine erbliche Militärklasse; unter den Kaisern dieser Dynastie unternahm China auch den einzigen wirklichen Versuch, sich jenseits des Meeres auszudehnen. Die bedeutendste Anstrengung aber bestand darin, durch unmittelbares offensives Vorgehen die Steppenvölker zu beherrschen. Fünf große Expeditionen schickten die Ming-Kaiser nach Norden. Die militärischen Bemühungen, das traditionelle China wiederherzustellen, führten jedoch zu einem unerwarteten, weitgehend gegenteiligen Ergebnis: «Zwar hat die Ming-Herrschaft die mongolische Yuan-Dynastie abgelöst, doch wurde sie despotischer als diese, übernahm einige Charakteristiken ihres militärischen Systems und lebte in ständiger Sorge vor einer Wiedererstehung der militärischen Macht der Mongolen.»[98]

Die Furcht der Ming vor den Barbaren aus der Steppe war sehr berechtigt. Als aber im 17. Jahrhundert eine erneute Bedrohung über sie hereinbrach, kam diese nicht von den Mongolen, sondern von ihren Erbfeinden, dem Volk der Mandschu. Strenggenommen handelte es sich bei den Mandschu nicht um ein Reitervolk, denn sie waren nicht nur weitgehend seßhaft geworden, sie hatten sich auch sinisiert und dem Handel zugewandt, bevor sie die

Mandschurei verließen. Doch der Kern ihres Heeres bestand aus einer Reitertruppe, und sie vervollkommneten die Technik der Mongolen, Chinas Verwaltungssystem mittels militärischer Macht für sich einzusetzen. «Dabei ging es um eine Leistung nicht nur auf der militärischen Ebene, sondern noch mehr auf jener der politischen Organisation. Das Geheimnis, das sich dahinter verbarg, war die Fähigkeit der Nomaden, mit den Chinesen der Grenzregion zusammenzuarbeiten und auf diese Weise unter einem Regime die Fertigkeiten praktischer Kriegführung durch Nichtchinesen mit der Verwaltung durch vertrauenswürdige chinesische Untergebene zu verbinden – die Fähigkeit, die Macht zu ergreifen, sie zu behalten und anzuwenden.»[99]

Unglücklicherweise war die Macht der Ming-Dynastie, die die Mandschu in China übernahmen, eine stark mongolisierte Version des chinesischen Regierungsideals. Die Mandschu ließen dies unverändert. Selbst die besten unter den Qing-Kaisern wurden im 18. Jahrhundert patriarchalische Despoten. Nicht nur traten sie als Schirmherren der Künste und Wissenschaft auf, sie förderten auch den Handel und das Bankwesen und führten das gemäßigtste Steuersystem ein, das Chinas Bauern je erlebt hatten. Allerdings brachte dieses Wohlergehen ein «übermäßiges Anwachsen der zentralisierten Bürokratie» mit sich. Für jede Entscheidung mußte man sich an Peking wenden, und die Beamten mußten neben Wettbewerbsprüfungen eine Erziehung über sich ergehen lassen, «die Hemmungen förderte».[100] All das lähmte die typisch chinesische Anpassungsfähigkeit. Einst war China eine Kultur mit wissenschaftlichen und technischen Ambitionen gewesen, doch unter den Mandschukaisern mißtraute man allen Änderungsversuchen, auf materieller wie auf geistiger Ebene. In Japan waren technische Veränderungen damals geächtet, weil die herrschende gesellschaftliche Ordnung und besonders die Vorherrschaft der oberen Klasse erhalten werden sollten. In China hingegen wurde technischer Fortschritt verhindert, um eine fremde herrschende Klasse an der Macht zu halten.

Während in Japan die Samurai schließlich erkannten, daß ihre Zukunft in der Übernahme westlicher Wissenschaft und Industrie lag, schafften die Mandschu und ihre Mandarine den Sprung in die Moderne nicht. Dies hatte viele Gründe. Letztlich jedoch ging ihr Versagen auf die nichtchinesische Herkunft der Mandschu zurück und auf die Unbeweglichkeit ihres militärischen Systems, das sie nicht modernisieren wollten, weil es die Grundlage ihrer Macht bildete. Es gibt in der Militärgeschichte kein mitleiderregenderes Bild als jenes, das die Gefolgsleute der Mandschu boten, als sie im 19. Jahrhundert mit Reflexbogen gegen die Gewehre und Geschütze der europäischen Eindringlinge antraten.

Wenn wir weit zurückblicken, wird uns deutlich, daß die Kampfkraft der Europäer, die im vorigen Jahrhundert den Opiumkrieg gegen China führten, durch die Begegnung ihrer Vorväter mit den Reitervolkvorfahren der Mandschu gestärkt worden war. Einen Teil ihrer Tüchtigkeit verdankten die europäischen Heere in der Zeit des Imperialismus einer Sache, die nicht aus der Steppe, sondern aus Sumer und Assyrien stammte: der bürokratischen Organisation. Diese war über Persien nach Makedonien, Rom und Byzanz gelangt und zur Zeit der Renaissance, auf antike Quellen gestützt, künstlich wiederbelebt worden. Den Grundsatz der offenen Feldschlacht verdanken die Europäer den Griechen. Alles andere – Feldzüge über große Entfernungen, schnelle Manöver auf dem Schlachtfeld, der wirksame Einsatz von Geschossen, die Anwendung des Rades für Kriegszwecke und vor allem die Einheit von Pferd und Reiter – hatte seinen Ursprung in der Steppe und deren Grenzgebieten. Wir können den späteren Vertretern der Turkvölker und den Mongolen sogar das Verdienst zuschreiben, den revolutionären Beitrag des Islam zum Krieg übernommen und ihm die Kraft einer Idee gegeben zu haben. Dieser Beitrag besteht darin, Erwägungen, die mit Familie, Rasse, Land oder Politik zusammenhängen, zu vernachlässigen. Man erkannte, daß Krieg eine autonome Tätigkeit und das Leben des Kriegers eine Kultur eigener Prägung sein kann. Auf diese Haltung stieß Clausewitz in abgeschwächter, aber nach wie vor erkennbarer Form bei den Kosaken, deren «unmilitärische» Verhaltensweise ihn beim Rußlandfeldzug des Jahres 1812 so sehr aufbrachte. «Unmilitärisch» mag sie gewesen sein; dennoch hatte sie die Welt über einen weit längeren Zeitraum hinweg beunruhigt, als es Clausewitz' Strategie je vermochte. Andererseits verdankte der Krieg, wie er ihn sah, jenen «unmilitärischen» Eigenschaften weit mehr, als Clausewitz je hätte zugeben können.

EXKURS III

Heere

Clausewitz' Unvermögen, in der Kriegführung der Kosaken eine andere militärische Tradition zu erkennen, kam daher, daß er nur eine Art militärischer Organisation für plausibel hielt: die bezahlten und disziplinierten Streitkräfte des bürokratischen Staates. Daß andere Formen des Militärs ebensogut ihren Zweck erfüllten, wollte er nicht anerkennen. Die Heere, die Schießpulver einsetzten, waren für ungeschulte Streitkräfte sowie für minder leistungsfähige Heere unüberwindbar. Unmöglich konnte Clausewitz die Pattsituation voraussehen, in die sich die Armeen im Verlauf des folgenden Jahrhunderts durch die Vervielfachung der Feuerkraft bringen würden. Ebensowenig konnte er voraussehen, daß die chinesische Art der Kriegführung im 20. Jahrhundert westlichen Heeren samt deren in seiner Lehre unterwiesenen Befehlshabern eine schmerzliche und lang anhaltende Demütigung beibringen würde.

Clausewitz hatte allerdings Beispiele militärischer Organisation vor Augen, die im Rahmen ihrer eigenen Bedingungen rational waren und sich deutlich von der Regimentsordnung unterschieden, in der man ihn ausgebildet und in der er gedient hatte. Eines dieser Beispiele lieferten die Kosaken; ein anderes war die *opoltschenje*, die von den russischen Grundbesitzern zusammengestellte Leibeigenen-Miliz, die Napoleon bei seinem Rückzug zusetzen sollte. Die Rolle, die die *opoltschenje* dabei gespielt hatte, die Soldaten der Großen Armee zu vertreiben, deutete Clausewitz unwillkürlich an, als er schrieb, um die Franzosen herum habe es bewaffnete Angehörige des Volkes gegeben.[1] Als Preußen befreit werden sollte, befürwortete er uneingeschränkt das Prinzip der

Miliz. Auf seine Schrift über die Bildung einer Verteidigungsstreitmacht vom Januar 1813 ging die Aufstellung der nationalen Landwehr zurück, die aus Dienstpflichtigen bestand. Von ebenso großer Bedeutung waren die Jäger- und Freischützeneinheiten; sie waren von romantisch gesinnten jungen Patrioten ins Leben gerufen worden, die darauf brannten, einen irregulären Krieg gegen die Franzosen zu führen.

In der von den Napoleonischen Kriegen ausgelösten großen Mobilisierungswelle hätte Clausewitz auf eine Vielzahl von Verbündeten und Hilfstruppen stoßen können, die sich als Emigranten hatten anwerben lassen – zum Teil aus Vaterlandsliebe, häufiger aber, weil sie einsam und hungrig waren oder weil ihr Heimatland sie dem Kaiser als formierte Einheiten überlassen hatte.[2] Die besten von ihnen waren Schweizer Regimenter, die ihren Dienst gemäß den Bedingungen der *capitulation* taten, nach denen in vielen Heeren des Ancien régime Schweizer ihren Lebensunterhalt verdienten. Exzellent waren auch die polnischen Lanzenreiter, die auf die adlige Kavallerie ihres alten Königreichs zurückgingen. So manches hervorragende Regiment diente den Herrschern deutscher Kleinstaaten, deren Selbständigkeit Napoleon aufgehoben hatte, als Spielzeug oder Leibgarde. Einem ihrer Offiziere, Hauptmann Franz Röder von der Leibgarde des Großherzogs von Hessen, verdanken wir einen der besten Berichte über den Rückzug von Moskau. Dieser Mann, der sich überdies mit Ossian, Goethe und philhellenischen Tagträumen befaßte, war keineswegs untypisch für die jungen Deutschen seiner Zeit, die im Soldatenberuf einen Beruf für Herren sahen.[3] Zur französischen Garnison in Preußen gehörten auch kroatische Regimenter aus den habsburgischen Grenzlanden zur Türkei, bei denen es sich wohl um Serben handelte, die aus osmanisch regierten Gebieten geflohen waren. Der kaiserlichen Garde wiederum gehörte eine Schwadron litauischer Tataren an, rekrutiert aus Restbeständen der Goldenen Horde.

Die Einheit, die am besten verdeutlicht, wie sich eine militärische Organisation wandeln kann, ist das *Bataillon de Neufchâtel*. In dem Schweizer Kanton aufgestellt, den Napoleon seinem Stabschef Marschall Berthier anvertraut hatte, überdauerte es den Sturz Napoleons, wurde in preußische Dienste übernommen und schließlich zum Gardeschützenbataillon der kaiserlichen Garde. 1919 schlossen sich einige seiner Männer den aus ehemaligen Soldaten bestehenden Freikorps an, mit deren Hilfe rechtsgerichtete Generäle und sozialdemokratische Politiker die Revolution in Berlin niederschlugen. Da von den Veteranen der Freikorps später viele bei den Schlägertrupps der NSDAP unterkamen, läßt sich von der kleinen Schilderhäuschen-Armee aus Berthiers Fürstentum ohne weiteres eine direkte Linie zu den Prätorianern der Waffen-SS ziehen.[4]

Leibgarden, Reguläre, Adelsregimenter, Söldner, Wehrbauern, Ausgehobene, Leibeigenen-Milizen, Überreste kriegerischer Stämme aus der Steppe, ganz zu schweigen von der Großen Armee selbst, deren Soldaten zum Teil als Bürgersoldaten der Revolution ins Heer eingetreten waren und deren unwiderstehlicher Schwung Clausewitz zu seiner Vision vom «Krieg als Fortsetzung der Politik» inspiriert hatte: läßt sich dieses bunte Gemisch unter irgendeinem Gesichtspunkt ordnen? Ein Ausbilder mag in ihnen nichts anderes als Soldaten gesehen haben, manche gut für die schwierigsten Einsätze, manche nützlich für die besonderen Aufgaben von Aufklärung und Geplänkel, andere kaum ihren Sold wert, wieder andere eine Gefahr für ihre Freunde und eine Bedrohung aller friedlichen Bürger. In dieser Vielfalt findet man vieles, was die Wechselbeziehung zwischen Militär und Gesellschaftsform illustriert. Wie erklärt sich diese Vielfalt?

Militärsoziologen glauben, jedes System militärischer Organisation drücke die gesellschaftliche Ordnung aus, der es entspringt, das gelte auch dann, wenn eine fremde Militärmacht sich die Mehrheit der Bevölkerung hörig mache, wie beispielsweise zur Zeit der Normannen in England oder unter der Herrschaft der Mandschu in China. Die ausgefeilteste dieser Theorien stammt von dem anglo-polnischen Soziologen Stanislaw Andreski – bezeichnenderweise Sohn eines emigrierten Militärs. Am bekanntesten wurde seine «militärische Verhältnisgleichung» («Military Participation Ratio – MPR»), an der sich der Grad der Militarisierung einer Gesellschaft ablesen lasse.[5] Da Andreski zur Definition seiner Vorstellungen ein kunstvolles System neu geprägter Begriffe entwickelt hat, ist sein 1968 erschienenes Buch für den interessierten Laien leider nicht leicht verständlich. Bedauerlicherweise haftet dem Adjektiv «verständlich» heutzutage in der akademischen Welt, in der es mit trivial oder seicht gleichgesetzt wird, der Ruch des Verächtlichen an. Von der Schwerverständlichkeit abgesehen schreibt Andreski klar und schwungvoll, ohne moralische Positionen zu beziehen. Er lebt zwar lieber in einer Gesellschaft mit einer geringen MPR, in der die Streitkräfte dem Rechtsstaat unterstehen; trotzdem gibt er sich erfreulicherweise nicht der Illusion hin, man könne durch die Veröffentlichung von Aufsätzen in politikwissenschaftlichen Zeitschriften Militärdiktaturen abschaffen. Das Wesen des Menschen betrachtet er eher pessimistisch, hält den Kampf – wie Hobbes – für eine natürliche Bedingung der Existenz und teilt Samuel Johnsons Ansicht, daß zwei Menschen nicht eine halbe Stunde zusammensein können, ohne daß einer von ihnen sich gegenüber dem anderen als überlegen erweist.

Andreski beginnt mit Malthus, dem Vater der Bevölkerungstheorie. Da die Bevölkerungszahl im Unterschied zu Nahrungsmitteln und Lebensraum in geometrischer Progression zunehme, lasse sich – so Malthus – das Leben nur durch Geburtenkontrolle oder durch erhöhte Sterbeziffern erträglich gestalten. Darin sieht er den Ursprung des Krieges. Vielleicht wäre er seiner Sache weniger sicher gewesen, hätte er *Plagues and Peoples* gelesen, in dem McNeill darlegt, daß aus anderen Ländern eingeschleppte Krankheiten mehr Menschen dahinraffen als der Krieg.[6] In primitiven Gesellschaften, so legt Andreski dar, beschränken starke Männer die Geburtenzahl dadurch, daß sie sich die Frauen der Schwachen nehmen. Zwar nehme die Zahl der Geburten in der Oberschicht dann zu, doch müsse diese den Überschuß entweder in die Unterschicht abgeben, deren Zahl sie weiterhin mit Gewalt begrenze, oder aber Gewalt gegen Nachbarn ausüben. In beiden Fällen entstehe eine militärische Klasse, die entweder in ihrer eigenen Gesellschaft dominiere oder eine andere erobere. Das Ausmaß der militärischen Stärke – eben die MPR – werde dadurch bestimmt, inwieweit es dieser Gesellschaft gelinge, den Bedürfnissen der unteren Schichten Rechnung zu tragen, nachdem sie ihre eigenen – potentiell uferlosen – befriedigt habe.[7]

In Stämmen, die ihre Nachbarstämme unterwerfen, seien möglicherweise alle geeigneten jungen Männer Krieger; wenn die herrschende Schicht unter wirtschaftlich günstigen Bedingungen eine wachsende Bevölkerung mit den Erträgen von Handel, Industrie oder intensivem Landbau ernähren könne, vermindere sich der Umfang der Streitkräfte auf das für die Landesverteidigung nötige Maß, und es könne sogar eine Art Demokratie entstehen, um die wirklichen Machtverhältnisse zu verschleiern. Die meisten Gesellschaftssysteme liegen Andreski zufolge zwischen diesen beiden Extremen der MPR. Der genaue Wert hänge von zwei weiteren Faktoren ab: von dem Ausmaß, in dem die Herrschenden die Beherrschten ihrem Willen zu unterwerfen – Andreski nennt das *Subordination* –, sowie von der Intensität, mit der diejenigen, die über militärische Kenntnisse und Ausrüstung verfügen, unter sich geeint sind *(Kohäsion)*.[8]

Nachstehend seien einige von Andreskis Beispielen angeführt. Die Buren, die zu Anfang des 19. Jahrhunderts aus den britischen Kolonien Südafrikas aufbrachen, um selbst Land in Besitz zu nehmen und gegen die dort ansässigen Afrikaner zu verteidigen, hatten eine hohe MPR (jeder der Männer war ein berittener Schütze), ein geringes Maß an Subordination, denn die von ihnen gegründeten Republiken kamen nahezu ohne Regierung aus, und eine geringe Kohäsion, da der Verband, dem sich jeder verpflichtet fühlte, die patriarchalische Familie war. Die Kosaken besaßen eine ähnlich hohe MPR, ein gleichfalls geringes Maß an Subordination – hatten doch ihre Anführer nur wenig Möglichkeiten, ihren Willen durchzusetzen –, dagegen ein hohes Maß an Kohäsion, weil die Trupps durch die Gefahren des Lebens in der Steppe zusammengehalten wurden. Häufiger vertreten sind gesellschaftliche Gruppen mit geringer MPR, geringer Kohäsion und Subordination – wie beispielsweise Europas Rittergesellschaften während der langen Zeiten schwacher monarchischer Herrschaft im

Mittelalter – oder mit hoher MPR, hoher Subordination und Kohäsion, wie etwa die militarisierten Industriegesellschaften der beiden Weltkriege.

Andreskis schmales Buch ist kühn und greift weit aus. Am Ende gewinnt er den Leser für seine Ansicht, es könne lediglich sechs Ausprägungen militärischer Organisation geben. Quer durch die Weltgeschichte sichtet er jede bekannte Gesellschaft, von den primitiven Stämmen bis zu den reichsten Demokratien, um deren Art der Organisation festzustellen. Andreskis Schema wirkt jedoch zu starr. Auch wenn er nicht viel von Marx hält – «zweifellos führen ausschließlich ökonomische Faktoren zu Schwankungen bei der Bildung gesellschaftlicher Schichten, doch werden ... die langfristigen Tendenzen durch Verlagerungen militärischer Macht bestimmt» –, ist seine Analyse offenkundig dialektisch.[9] Auch scheinen auf manche Gesellschaften die Kategorien des Autors nicht besonders gut zu passen; das System wirkt gewollt. Ein Beispiel: es scheint, als habe es bei den Buren wenig Kohäsion gegeben, und gewiß waren sie stets ein sturer und streitsüchtiger Haufen. Doch wer gegen sie kämpfte, bekam zugleich die Macht der Niederländischen Reformierten Kirche zu spüren; der Zusammenhalt der Buren gründete sich auf die Bibel und nicht auf die Politik. Bei den Kosaken wiederum hatte die Insubordination durchaus ihre Grenzen: wer sich nicht einfügte, wurde auf Beschluß der Ältesten oder der Kameraden ausgestoßen und geriet damit in eine gefährliche Isolierung.[10]

Überdies mißt Andreski dem, was andere Soziologen als «Wertesystem» bezeichnen, nur wenig Bedeutung bei. Zwar räumt er ein, daß «magisch-religiöser Glaube die ersten Grundlagen gesellschaftlicher Ungleichheit geschaffen» habe, läßt das Thema dann aber fallen.[11] Er nimmt nicht zur Kenntnis, daß Gewalt gelegentlich mißbilligt wird, wie wir das von monotheistischen Gemeinschaften, beispielsweise dem Islam, kennen. Der Islam war gezwungen, eine gesellschaftliche Ordnung für Sklaven zu schaffen, um die Forderungen der Macht mit denen der Religion zu vereinbaren. Ähnliches findet man bei verschiedenen primitiven Stämmen, die Gewalt durch eine Ritualisierung des

Kampfes zu kanalisieren versuchen. Entsprechendes gab es in der chinesischen Kultur, die trotz vieler gegenteiliger Erfahrungen heldenmütig bei der Überzeugung blieb, der «Überlegene» – damit war der ideale Herrscher gemeint – müsse imstande sein, «seine Ziele ohne Gewalt zu erreichen».

Eine andere Methode militärwissenschaftlicher Kategorienfindung dürfte nützlicher sein. Man geht davon aus, daß militärische Organisationen in einer begrenzten Zahl von Ausprägungen existieren und zwischen diesen und bestimmten gesellschaftlichen und politischen Ordnungen enge Beziehungen bestehen, daß aber alles, was diese Beziehungen bestimmt, äußerst komplex sein kann. So spielt etwa die Überlieferung eine Hauptrolle. Andreski räumt ein, daß unter Umständen «eine egalitäre Gesellschaft, in der alle Männer Waffen tragen, sich der Einführung wirksamerer Methoden entgegenstellt, die den allgemeinen Militärdienst überflüssig machen».[12] Tatsächlich halten exklusive militärische Gruppen an altüberlieferten Militärtechniken fest, und zwar in durchaus irrationaler Weise über Hunderte von Jahren hinweg, wie beispielsweise die Samurai und die Mamelucken. Andererseits können solche Minderheiten – in der Sprache der Soziologen «Eliten» – eine konsequente und äußerst kostspielige Politik der Erneuerung betreiben. So erklärten in der zweiten Hälfte des 19. Jahrhunderts die Offiziere der Royal Navy, nachdem sie das gepanzerte Dampfschiff schätzen gelernt hatten, neue Modelle in immer kürzeren Abständen für veraltet, bis der Bau von Kriegsschiffen zu einem der umstrittensten Punkte der britischen Haushaltspolitik wurde.[13]

Die Rolle der Navy spiegelt die geographischen Besonderheiten des Inselstaates Großbritannien. Wegen seines Reichtums mußte sich das Land gegen Invasionsversuche schützen, und seine Seegeltung nötigte es, Handel und überseeische Besitzungen zu sichern. Doch zur Anerkennung der Tatsache, daß die Geographie einen universellen Einfluß auf militärische Strukturen ausübt, ist Andreski nicht immer bereit. So führt er zwar an, daß Ägyptens Isolierung den Übergang vom Steinwerkzeug zum Metallwerkzeug verzögerte und dem Land bis weit in seine Zivilisationsphase hinein die Belastung eines stehenden Heeres ersparte. Doch scheint ihm entgangen zu sein, daß Europas Verwundbarkeit gegenüber Invasionen aus der Steppe – oder später gegen die Überfälle der Wikinger von See her – die Voraussetzung für die Macht der Ritter bildete; daß erst die Steppe die Nomaden, nachdem sie einmal Pferde gezüchtet hatten, zu dem machte, was sie waren; daß Landhunger die Skandinavier dazu trieb, von ihren schmalen Ackerlandstreifen an der Küste auf Kaperfahrt zu gehen. Ebensowenig erwähnt er, daß Venedig – eine Militärmacht, die ihn durchaus beschäftigt – das Meer nur deshalb beherrschen konnte, weil es an der ganzen Adriaküste keinen anderen sicheren natürlichen Hafen gab. Mithin konnte die Republik ihre Handelsverbindungen bis nach Kreta und auf die Krim knüpfen.[14]

Vor allem berücksichtigt Andreski nicht die Anziehungskraft des Soldatenlebens auf den Mann. Dieser mangelnde Realitätsbezug findet sich häufig bei Wissenschaftlern, die sich zwar mit militärischen Angelegenheiten beschäftigen, aber die Universität nie verlassen. Wer Soldaten kennt, weiß, daß das Militär eine eigene Kultur besitzt, die zwar mit der Kultur verwandt ist, der sie angehört, sich von ihr aber auch unterscheidet, da sie ein anderes System von Belohnung und Strafe einsetzt. Die Strafen sind drastischer und die Belohnungen nicht so sehr finanzieller, sondern symbolischer oder emotionaler Art. Alles in allem handelt es sich beim Militär um eine Kultur, die ihren Anhängern tiefe Befriedigung vermittelt.

Nach einem Leben in enger Berührung mit dem britischen Militär bin ich versucht zu sagen, daß manche Männer nichts sein können als Soldaten. Das weibliche Gegenstück sucht das Auge der Öffentlichkeit: manche Frauen finden ihre Erfüllung ausschließlich in der Selbstdarstellung – als Primadonna oder Diva, als Fotomodell oder Mannequin –, und verkörpern damit ein universelles, von Mann wie Frau gleichermaßen verherrlichtes Weiblichkeitsideal. Diese Idealisierung wird Schauspielern nicht zuteil, auch wenn sie noch so sehr bewundert werden. Ein Bühnenheld spielt das Bestehen von Gefahren nur; der Kriegsheld wird von Angehörigen beiderlei Geschlechts bewundert, weil er sie wirklich besteht; der Mann, der seiner Wesensart nach Soldat ist – bedauerlicherweise betrachtet die Sozialwissenschaft die Frage der Wesensart von Menschen mit Scheuklappen –, setzt sich Gefahren jedoch aus, unabhängig davon, ob ihn andere bewundern oder nicht. Ihm genügt die Bewunderung seiner Kameraden, sofern er sie erringen kann. Die meisten Soldaten fühlen sich nur in der soldatischen Gemeinschaft wohl, in der gemeinsamen Geringschätzung einer verweichlichten Welt, in der Befreiung von engstirnigem Materialismus, vollzogen im Lagerleben und beim Marschieren in der Kolonne, in der kargen Annehmlichkeit des Biwaks, im gemeinsamen Durchhalten, in der Aussicht auf *le repos du guerrier* im Kreise der auf sie wartenden Frauen.

Der Rausch, den der primitive Krieger auf dem Kriegspfad erlebt, erklärt dessen Ethos. Erfolg auf dem Kriegspfad erklärt auch, warum so manches primitive Volk zum Kriegervolk wurde. Der Erfolg – wenn schon nicht regelrechte Eroberung, Aneignung von Gebiet und Unterwerfung Fremder, dann doch Beute oder zumindest das Recht, nach eigenen Bedingungen Handel treiben zu dürfen – ist in sich selbst Lohn genug und rechtfertigt es, ein ruhiges Leben aufzugeben. Doch darf man die Motive der kriegerischen Existenz nicht übertreiben. Viele Primitive haben sich bemüht, den Trieb zur Gewalttätigkeit zu beherrschen, während die wildesten Völkerschaften Schädelpyramiden errichteten. Tamerlan hätte nicht werden können, was er wurde, hätten nicht Reitervölker vor ihm die Widerstandskraft der Zivilisation erschüttert. Wie einzelne Krieger in einer Bevölkerung, die über den Zustand der primitiven Gesellschaft hinausgelangt ist, stets eine Minderheit bilden, so waren auch Kriegervölker unter den Völkern immer in der Minderzahl, so verlockend es auch sein mag, anderen Menschen Respekt einzuflößen. Die kriegerischen Angelsachsen indessen sehen sich lieber in der Rolle derer, die anderen parlamentarische Institutionen vermittelt haben.

Aldous Huxley zufolge ist ein Intellektueller jemand, der etwas Interessanteres entdeckt hat als Sex. Ein zivilisierter Mensch, könnte man hinzufügen, ist jemand, der etwas Befriedigenderes entdeckt hat als den Kampf. Als der Mensch den Zustand der Primitivität hinter sich ließ, nahm der Anteil derer, denen anderes – Ackerbau, Verfertigung oder Verkauf von Gegenständen, Einrichtungen von Bauten, Unterweisung anderer, Aufnahme von Beziehungen mit der übrigen Welt – lieber war als Kampf, so rasch zu, wie die ökonomischen Mittel dies erlaubten. Man darf nicht idealisieren; Unterlegene sahen sich zum Dienst an anderen oder sogar zur Knechtschaft verdammt, während die Privilegierten, wie Andreski es hart ausdrückt, ihre Position stets auf die Macht der von ihnen oder treuen Untergebenen getragenen Waffen gründeten. Doch hat der Mensch späterer Epochen dem gewaltlosen Leben – etwa von Künstlern, Gelehrten und vor allem Heiligen beiderlei Geschlechts – stets einen besonderen Stellenwert beigemessen. Aus diesem Grund erregten die Greueltaten der Wikinger, die Klöster plünderten, in der Christenheit so großen Abscheu. Nicht einmal Tamerlan, der immerhin den bedeutenden arabischen Geschichtsschreiber Abd Ar Rahm Ibn Chaldun voller Achtung empfing, sank so tief.[15]

Daher sei, um Andreskis Analyse ein wenig zu modifizieren, gesagt: in der primitiven Welt herrschte Krieg vor; es gab indessen Völker, die kaum Krieg kannten, und andere, die sich bemühten, ihn durch Ritual und Zeremonie zu mäßigen. Nach diesen Anfängen wurde die Welt komplexer. Ein Überblick über die Militärgeschichte zeigt sechs Grundausprägungen militärischer Organisation: Krieger, Söldner, Sklaven, reguläre Truppen, Miliz und Wehrpflichtige. Andreski verwendet ebenfalls sechs Kategorien – er bezeichnet sie mit den von ihm neu geprägten Begriffen *homoisch, massaisch, mortasisch, neferisch, ritterisch* und *tellenisch* –, aber dies ist reiner Zufall, denn die beiden Systeme passen kaum zueinander.

Zwar erklärt sich die Kategorie der *Krieger* von selbst, doch umfaßt sie in dem von mir verwendeten Sinn auch Gruppen wie die Samurai und die Ritterklasse des Westens, deren Kern sich nahezu stets als Überbleibsel eines – von außen gekommenen oder einheimischen – Kriegerstammes identifizieren läßt; Kriegerkulte wie die ursprünglichen Muslime und die Sikhs sowie die selbsternannten Kriegergemeinwesen der Zulu oder Aschanti schließe ich mit ein. Ein *Söldner* leistet militärische Dienste gegen Bezahlung – auch gegen Zuweisung von Land, Anerkennung als Staatsbürger (letzteres boten sowohl die Römer als auch die französische Fremdenlegion an) oder bevorzugte Behandlung. *Reguläre Truppen* sind Söldner, die bereits Bürgerrechte oder Vergleichbares besitzen, sich aber zu Zwecken des Lebensunterhalts für den Militärdienst entscheiden. In reichen Ländern kann der Dienst im regulären Heer sogar zum Beruf werden. Das *Sklavensystem* wurde bereits ausführlich behandelt. Der Grundsatz der *Miliz* liegt in der für alle gesunden männlichen Bürger geltenden Pflicht, Militärdienst zu leisten; wer ihr nicht nachkommt oder sich verweigert, verliert gewöhnlich die Bürgerrechte. Die Leistung der *Wehrpflicht* wird von männlichen Einwohnern in einem bestimmten Alter verlangt und meist als Bürgerpflicht hingestellt. Die selektive Durchführung der Wehrpflicht läßt sich, vor allem wenn eine nichtparlamentarische Regierung langjährige Dienstzeiten verlangt (vor der Aufhebung der Leibeigenschaft 1861 mußte ein Leibeigener im zaristischen Rußland zwanzig Jahre dienen), nur schwer vom Sklavensystem unterscheiden.

Die Entstehung von Kriegergesellschaften bedarf ebensowenig einer näheren Ausführung wie die Frage, auf welche Weise Gruppen von Kriegern ihre Macht über Nichtkrieger erworben und aufrechterhalten haben. Im Normalfall haben sie – wie beispielsweise die Streitwagenkämpfer – die Verwendung eines teuren Waffensystems monopolisiert oder eine hohe Geschicklichkeit im Umgang mit Waffen vervollkommnet. Letzteres befahigte die Reitervölker, ihre Schreckensherrschft so lange auszuüben. Komplexer sind die Übergänge zu den alternativen Formen. Solche Übergänge sind erforderlich, wenn sich eine Gesellschaft entwickeln soll, da Militärregierungen dazu neigen, äußerst konservativ zu sein. Wie die Samurai, Mandschu und Mamelucken fürchten sie jedes Experiment innerhalb des von ihnen beherrschten Systems aus Sorge, dies könnte das Staatsgebäude zum Einsturz bringen. Wie wir jedoch gesehen haben, können sich veraltete militärische Systeme Veränderungen nicht auf alle Zeiten widersetzen.

Im Fall einer Veränderung sehen sich die neuen Herrscher –

vielleicht sogar aufgeklärte Überlebende der alten Kriegerkaste – zwei wesentlichen Schwierigkeiten gegenüber: Woher sollen die Mittel für das neue militärische System kommen, und wie versichert man sich der Loyalität derer, die ihm angehören? Beide Fragen sind eng miteinander verknüpft. Kriegertum trägt sich selbst, indem es – entweder vom Rest der Gesellschaft oder von Außenstehenden – Abgaben fordert; daher das Streben der Reitervölker, Beute zu machen, Tribut einzutreiben oder den Handel zu diktieren. Sobald sich das militärische Spezialistentum vom unmittelbaren Zentrum der Macht fortentwickelt – der Anfang fortschrittlichen Kriegertums –, muß man die Frage der Besoldung provisorisch lösen. Dschingis-Khan achtete streng darauf, daß die ganze Beute zentral gesammelt und gleichmäßig verteilt wurde[16], doch mußte er, als das Reich wuchs, vertrauenswürdigen Untergebenen örtliche Vollmachten erteilen. Diese Männer erwarben schon bald nach seinem Tode neben dem Recht zu herrschen auch das Recht, Steuern zu erheben. Dschingis-Khans Steuereintreiber hatten die Einnahmen noch einer zentralen Schatzkammer zufließen lassen, dies legte den materiellen Grund für die Kampfkraft des mongolischen Heeres. Unter seinen Enkeln begann sich eine Art Feudalsystem herauszubilden, und damit begann der Abstieg der mongolischen Macht.

Wenn sich Kriegergesellschaften weiterentwickelten, bildete sich häufig Feudalismus heraus, und zwar in zwei Varianten. Im Westen beruhte er auf der Vergabe von Land an militärisch Untergeordnete (Lehnsleute oder Vasallen), wobei diese sich verpflichteten, auf dem ihnen zur Verfügung gestellten Land die nötigen Streitkräfte zu unterhalten und sie bei Bedarf dem Souverän zuzuführen. Damit verknüpft war das Recht, das Land zu den gleichen Bedingungen an die Nachkommen weiterzugeben. Die andere Ausprägung des Feudalsystems, die sich außerhalb Europas fand, war die des nichterblichen Lehens, das der Souverän nach Belieben zurückfordern konnte. In der islamischen Welt ist sie als *iqta*-System bekannt, anzutreffen bei den Seldschuken, Aijubiden und Osmanen. Beide Systeme hatten ihre Schwäche. Da die *iqta* nicht erblich war, vernachlässigten Inhaber des Lehens nicht selten ihre militärischen Verpflichtungen, weil sie sich so lange wie möglich bereichern wollten. Zu diesem Zweck beuteten sie jeden aus, der ihnen tributpflichtig war.[17] Zwar waren die westlichen Vasallen daran interessiert, das ihnen überlassene Lehen ordentlich zu verwalten, da es an einen Sohn weitergegeben werden sollte, doch ebensosehr waren sie darauf aus, den militärischen Wert des Lehens zu verbessern, hatten sie doch dann bei Auseinandersetzungen über Rechte und Pflichten mit dem Souverän eine bessere Position. Indem sie ihrerseits eigene Vasallen belehnten und Burgen errichteten, konnten sie hoffen, ihre Familie, wenn schon nicht de iure, so doch de facto unabhängig zu machen. Nach diesem Muster verlief ein großer Teil der Geschichte Westeuropas zwischen der Auflösung des Karolingerreiches im 9. und dem Auftreten der «Schießpulver-Monarchen» im 16. Jahrhundert.

Mithin führte der Feudalismus, in welcher Form auch immer, nicht wirklich vom Kriegertum weg. Weit folgenreicher war die Einführung regulärer Armeen. Sie traten sehr früh auf – erstmals in Sumer – und wurden von den Assyrern so weit entwickelt, daß sie sich als System kaum noch verbessern ließen. Zum assyrischen Heer gehörten Kontingente aller damals verfügbaren Truppengattungen. Außer der Infanterie waren dies berittene Bogenschützen, Streitwagenkämpfer, Pioniere und Fouragefahrer. Den Kern jedoch bildete die königliche Leibgarde, aus der möglicherweise die regulären Truppen entstanden. Das sumerische Heer war vermutlich anfangs eine königliche Leibgarde, die je nach Bedarf um neue Einheiten erweitert wurde. Seither besaß jeder Staat, in dem sich die Macht in einer Person konzentrierte, solche dem Souverän direkt unterstellten Garden.

Dennoch folgten Leibgarden einer anderen Entwicklung als die übrigen regulären Streitkräfte. Die Leibgarden von Herrschern, die an festen Orten residierten, neigten dazu, ebenfalls seßhaft zu werden, gaben häufig ihre kriegerischen Funktionen auf und agierten bisweilen als Königsmacher. Folglich rekrutierten Herrscher ihre Leibgarden häufig außerhalb des eigenen Landes bei Kriegervölkern, die nicht die Sprache beherrschten, so daß sie mit Unzufriedenen im Lande keine Verschwörungen anzetteln konnten. Ein anschauliches Beispiel ist die Warägergarde der byzantinischen Kaiser. Sie bestand anfangs aus Skandinaviern, die über die Handelswege der Kiewer Rus entlang den großen russischen Flüssen nach Konstantinopel gelangt waren. Nach 1066 wurden sie weitgehend durch Angelsachsen ersetzt, die England nach der Normanneninvasion verlassen hatten. Diese entwickelten eine eigene Umgangssprache; die dem Markuslöwen eingeritzten Runen erinnern an sie.[18] (Er wurde von den Venezianern erbeutet, als Francesco Morosini 1568 den Piräus von den Türken eroberte. Heute kann man ihn vor dem Arsenal in Venedig bewundern.)

Andere berühmte ausländische Leibwachen waren neben den schottischen Bogenschützen der französischen Könige und den Schweizergarden verschiedener europäischer Souveräne sowie der Päpste die arabische Garde Kaiser Friedrichs II. von Hohenstaufen (übrigens hatte General Franco aus Angehörigen der marokkanischen *regulares*, denen 1936–39 ein großer Anteil an seinem Sieg im Spanischen Bürgerkrieg zufiel, eine Maurengarde aufgestellt). Es ist kaum bekannt, daß das Regiment des britischen Special Air Service (SAS) ausländischen Herrschern, die die britische Regierung an der Macht halten will, Leibwachen zur Verfügung stellt.[19]

Immer wieder hat man bei Leibgarden einen Hang zum Anachronismus beobachtet, der sich oft in grotesker Form äußert, wie man an den britischen Yeomen of the Guard (den sogenannten Beefeaters, die der Tourist vom Londoner Tower kennt) und der päpstlichen Schweizergarde sieht, ebenso an der inzwischen aufgelösten bayerischen Trabantenleibgarde, deren Angehörige noch bis ins 19. Jahrhundert mit Streitäxten ausgerüstet waren. Manche Monarchen stellten sogar archaisch wirkende Haustruppen auf, um ihrer Herrschaft den Respekt des Alters zu verschaffen. Die Schloßgardekompanie der Hohenzollern trug noch unter Wilhelm II. die hohen Grenadiermützen der Langen Kerls, so daß man meinte, sich am Hofe des Soldatenkönigs zu befinden. Es ist keineswegs unnatürlich, daß tatkräftige junge Männer von Stand diese Art Dienst verschmähten und dem Herrscher ihre Treue lieber durch den Dienst in einer Gardeeinheit bewiesen, die mit dem Feind handgemein wurde. So kommt es, daß manche Leibgarden als kämpfende Einheiten überlebten und viele andere nach deren Muster gegründet wurden. In dieser Tradition standen preußische und russische Infanteriegarderegimenter, wie etwa das Semenowskij- und das Preobraschenskij-Regiment. In Großbritannien existieren solche Einheiten bis auf den heutigen Tag.

An der Zuverlässigkeit solcher Truppen waren kaum je Zweifel angebracht (eine Ausnahme bildeten die *Gardes Françaises* im Jahre 1789, die durch den allzu langen Aufenthalt in Paris demoralisiert waren), doch blieb die schwierige Frage, wie sie bezahlt werden sollten. Noch brennender war diese Frage im Fall der regulären Truppen gewöhnlicher Feldheere. Für den Vertrag zwischen Herrscher und regulären Truppen ist es von zentraler Bedeutung, daß sie im Frieden wie im Krieg ernährt, untergebracht und bezahlt werden. Wohlhabende Länder mit einem leistungsfähigen Steuersystem können das über längere Zeit durchhalten; sofern ihr militärischer Ehrgeiz übermäßig entwickelt ist, besteuern sie ihre Einwohner mitunter freilich zu stark. Meistens reagiert eine überdimensionierte Streitmacht nach einem langen Krieg auf Demobilisierungen mit Meuterei, wie der junge irische Freistaat 1923 erkennen mußte. Daher ist es vor allem für reiche Länder mit geringer Bevölkerungszahl reizvoll, sich den Unterhalt einer regulären Armee zu ersparen und statt dessen im Bedarfsfall militärische Dienstleistungen zu kaufen.

Darauf gründet sich das Söldnersystem. Es ist allerdings nicht seine einzige Grundlage. In der Geschichte finden sich viele Beispiele dafür, daß Länder – häufig mit langfristigen Verträgen – ihre Streitkräfte durch die Anmietung von Söldnern ergänzen. Die Ergebnisse waren für beide Seiten durchaus zufriedenstellend, was man an der einst guten Beziehung zwischen Franzosen und Schweizern und dem Verhältnis zwischen Briten und Ghurkas in Nepal erkennen kann. Es bietet sich natürlich an, immer wieder auf dem gleichen Söldnermarkt einzukaufen. Ein gut funktionierender Markt existierte im 4. Jahrhundert v. Chr. bei Kap Tainairon auf dem Peloponnes. Dort boten Männer, die keinen Grundbesitz hatten und nach Beendigung der Kriege der Stadtstaaten arbeitslos waren, Söldnerdienste an. Das System funktionierte, solange in Persien und später im hellenisierten Osten Nachfrage nach Berufssoldaten bestand.[20] Alexander dem Großen unterstanden im Jahre 329 v. Chr. an die fünfzigtausend griechische Söldner, von denen viele am Markt rekrutiert worden waren.

Bei der Anwerbung von Söldnern besteht die Gefahr, daß die Mittel zu ihrem Unterhalt vor Vertragsende versiegen oder daß der Krieg länger dauert als erwartet, was finanziell auf das gleiche hinausläuft. Ist ein Staatswesen so knauserig, überheblich oder träge, daß es sich ausschließlich auf bezahlte Truppen verläßt, erkennen die Söldner gelegentlich, daß die eigentliche Macht bei ihnen liegt. Das galt beispielsweise für verschiedene italienische Stadtstaaten des 15. Jahrhunderts, deren Bürger sich so stark dem Handel verschrieben hatten, daß sie von militärischen Pflichten nichts mehr wissen wollten. Zugleich aber waren sie nicht bereit, für ein stehendes Heer aufzukommen. Unter solchen Umständen können Söldner dem Auftraggeber gefährlicher werden als der Feind; bei internen Streitigkeiten ergreifen sie Partei, sie streiken wegen ausstehendem Sold oder erpressen ihren Auftraggeber. Bisweilen laufen sie sogar zum Feind über, und im allerschlimmsten Fall ergreifen sie selbst die Macht, wie die *condottieri* Pandolfo Malatesta in Brescia, Ottobuono Terzo in Cremona und Gabrino Fondulo in Parma.[21]

Als hätten sie die mit Söldnern verbundenen Gefahren vorausgesehen, sorgten einige frühe Stadtstaaten auf andere Weise für ihre Verteidigung. In den Genuß der Bürgerrechte kam ein besitzender freier Mann nur, wenn er Waffen erwarb, sich in ihrem Gebrauch übte und in Zeiten der Gefahr Kriegsdienste leistete. Dies ist das System der Bürgerwehr. Der dafür ebenfalls übliche Begriff «Milizsystem» wird recht frei auch auf die von verschiedenen Staaten (einschließlich des chinesischen und russischen Reiches) lange Zeit erhobenen Militärabgaben angewendet. Auch Phänomene wie das *fyrd* Englands zur Zeit der Angelsachsen und dessen Entsprechungen in Kontinentaleuropa fallen darunter. Sie alle stützten sich auf das später als *ius sequellae* oder Heerfolge bekannte Prinzip, das einem freien Mann vorschrieb, Waffen zu tragen. Dieser von germanischen Barbaren stammende Grundsatz wurde von den Königreichen, die an die Stelle des Römischen Reiches traten, übernommen, und er blieb in Kraft bis zu den militärischen Krisen des 9. und 10. Jahrhunderts, als das königliche Aufgebot berittener Vasallen [Heerbann] zunehmend wichtiger wurde. Die Heerfolge war in abgelegenen Gegenden mit schwach ausgeprägter Feudalstruktur, beispielsweise der Schweiz und Tirol, weit länger gültig und überdauert in der Schweiz bis auf den heutigen Tag.

Dennoch verbinden wir «Miliz» nicht in erster Linie mit der Welt der Barbaren, sondern mit der Antike, in der die verschiedenen griechischen Kleinstaaten einander mit der aus Ackerbürgern bestehenden Phalanx bekämpften, sich aber zusammenschlossen, wenn eine gemeinsame Gefahr nahte, wie beispielsweise die Bedrohung durch die Perser. Die Vorstellung, Germanen und Griechen hätten die Idee der militärischen Dienstpflicht des freien Mannes aus einer gemeinsamen Quelle bezogen, ist verlockend, und noch verlockender ist es anzunehmen, der bedeutendste Beitrag der Griechen zur Kriegführung – die offene Feldschlacht zu Fuß, an einem einzigen Ort auf Sieg oder Niederlage ausgefochten – sei auf dem Weg über Rom nach Germanien gekommen. Doch ist dies nicht ausreichend belegt. Sicher scheint, daß das vorrepublikanische Rom seine Taktik von den Griechen hatte und das römische Heer der Servianischen Verfassung, von dem sich die Heere der Cäsaren ableiteten, in der Phalanx-Kriegführung wurzelte. [22]

Später strebten Griechenland und Rom politisch und kulturell auseinander. Roms Bauern-Soldaten wurden allmählich durch bezahlte Berufssoldaten ersetzt. Die Griechen dagegen behielten die Stadtmilizen bei, was es einer stärkeren Macht, nämlich den halbbarbarischen Makedonen, schließlich ermöglichte, sie alle zu bezwingen. Doch wie so manches, was aus Griechenland stammt, überdauerte auch die Miliz. Als Europa zur Zeit der Renaissance die Antike wiederentdeckte, sah man in der Miliz etwas ebenso Wertvolles wie in der Herrschaft des Gesetzes oder im Bürgerstolz – und sie war ja unleugbar mit beiden eng verbunden. Machiavelli, dessen politisches Denken auf der Erkenntnis gründete, daß sich

Souveränität auf die Macht der Waffen stützt, schrieb nicht nur Bücher über das Thema, sondern entwarf auch das florentinische Milizengesetz (die *Ordinanza* von 1505), das seine Heimatstadt von der Geißel des Söldnerunwesens befreien sollte.[23]

Allerdings haftete dem Milizensystem ein militärischer Makel an. Die Zahl der Männer, die ein Staatswesen ins Feld schicken konnte, lag unter der aller wehrfähigen männlichen Einwohner, da allein der Besitzbürger zum Kriegsdienst verpflichtet war. Die Griechen akzeptierten dies aus zwei Gründen: Da die Soldaten für sich selbst aufkamen, war das Problem des Militärhaushalts gelöst, und zweitens war die Zuverlässigkeit der Armee garantiert, denn da jeder Besitz hatte, waren alle trotz möglicher politischer Differenzen gegen jene geeint, die nicht ihrer Klasse angehörten. Dazu zählten Männer ohne Grundbesitz sowie Sklaven, die als Nichtbürger keine Waffen tragen durften. In Zeiten der Bedrängnis allerdings konnte ein solches Elitebewußtsein nachteilig sein, wie im 4. vorchristlichen Jahrhundert die Spartaner – die den Grundsatz der Exklusivität auf die Spitze getrieben hatten – im Krieg gegen Theben erkannten.

Der Grundsatz der Wehrpflicht ist nicht exklusiv. Er gilt unabhängig von Besitz und politischen Rechten für jeden, der marschieren und kämpfen kann. Aus diesem Grund war die Wehrpflicht weder in Staaten akzeptiert, die befürchteten, bewaffnete Untertanen könnten nach der Macht greifen, noch in solchen, denen es schwerfiel, Geld aufzubringen. Wehrpflicht eignet sich für reiche Staaten, die allgemeine Rechte – oder zumindest deren Anschein – gewähren. Diese Bedingungen erfüllte die Französische Republik als erstes Staatswesen vollständig. Andere, wie das Preußen Friedrichs des Großen, hatten eine Art Wehrpflicht eingeführt, doch funktionierte diese nur, indem Angehörige der regulären Truppen die Aushebungen vornahmen. Im August 1793 erklärte die Französische Republik, jeder Franzose müsse bis zu dem Augenblick, «da alle Feinde vom Boden der Republik vertrieben sind, beständig zum Dienst in der Armee zur Verfügung stehen». Den einst üblichen Besitznachweis, der die Dienstpflicht ausschließlich auf «Aktivbürger» begrenzte, hatte man bereits abgeschafft.[24] Fortan konnten alle Franzosen Soldaten sein, und bis September 1794 hatte die Republik 1169000 Männer unter Waffen, eine Streitmacht, wie sie Europa nie zuvor gesehen hatte.

Die mit unvorstellbarer Schnelligkeit errungenen Erfolge der Revolutionsarmeen ließen die Wehrpflicht als militärisches System der Zukunft erscheinen. Sie veranlaßten Clausewitz zu seiner Aussage, Krieg sei die «Fortsetzung der Politik». Die beträchtlichen Nachteile des Systems – die Militarisierung der gesamten Gesellschaft und die ungeheuren Kosten – hatte man nicht vorausgesehen, oder man vertuschte sie. Lange Zeit kamen die Revolutionsarmeen durch Beutemachen selbst für ihren Unterhalt auf (als die von der Republik eingeführten Assignaten das Münzgeld aus dem Umlauf vertrieben, wurde Bonapartes Italienarmee für die Republik zur Hauptdevisenquelle); die anderen europäischen Regierungen, die von Mitte des 19. Jahrhunderts an die Wehrpflicht übernahmen, leugneten die finanzielle Belastung, indem sie Wehrpflichtigen weniger als ein Taschengeld zahlten.

In diesem Sinne kann man die Wehrpflicht als eine Art Steuer ansehen. Doch wie alle Steuern mußte sie letzten Endes denen, die sie zahlten, einen Vorteil bieten. Dieser bestand in Frankreich darin, daß jeder, der diente, die Bürgerrechte besaß. Die monarchischen Regierungen, die die Wehrpflicht im Verlauf des 19. Jahrhunderts übernahmen, konnten eine solche Schwächung ihrer Macht nicht zugestehen und boten als Ersatz das nationalistische Hochgefühl, womit sie in den deutschen Ländern großen Erfolg hatten. Dennoch setzte sich die französische Vorstellung durch, daß die vollen Bürgerrechte nur genoß, wer Waffen trug; dies mündete bald schon in die Überzeugung, daß die bürgerlichen Freiheiten Recht und Kennzeichen des waffentragenden Mannes waren. So kam es um die Mitte des 19. Jahrhunderts in Ländern wie Großbritannien und den Vereinigten Staaten, in denen die Bürger ohne Wehrpflicht bereits bürgerliche Freiheiten besaßen, zu dem bemerkenswerten Phänomen, daß sich viele freiwillig zum Wehrdienst meldeten. In Ländern, die sich gegen Volksvertretungen jeder Art zur Wehr setzten und doch zugleich die Wehrpflicht einführten (insbesondere Preußen), suchten die im Verlauf der Napoleonischen Kriege entstandenen Milizen aus den Kreisen der Mittelschicht zu überleben als Vorkämpfer für Rechte – gegen den König und seine reguläre Armee.

Langfristig entsprach der Einführung der allgemeinen Wehrpflicht in den fortschrittlichen Staaten Kontinentaleuropas die Ausdehnung des Wahlrechts. Es galt im allgemeinen allerdings für Parlamente, die weniger Verantwortung trugen als die der angelsächsischen Länder, und die hinter dieser Wahlrechtserweiterung stehenden politischen Absichten hatten keinen direkten und sichtbaren Zusammenhang. Dennoch gab es beim Ausbruch des Ersten Weltkriegs in den meisten Staaten Europas irgendeine Volksvertretung, und alle unterhielten große Armeen, die aus Wehrpflichtigen bestanden. Deren durch das jeweilige nationale Hochgefühl verstärkte Loyalität dauerte drei Jahre. 1917 begannen dann die psychischen und materiellen Kosten dieses schrecklichen Krieges ihre unvermeidliche Wirkung zu zeigen. Im Frühling jenes Jahres kam es auf französischer Seite zu einer beträchtlichen Meuterei, im Herbst löste sich das russische Heer vollständig auf, und im folgenden Jahr ging die deutsche Armee den gleichen Weg – beim Waffenstillstand im November 1918 auf dem Rückmarsch nach Deutschland. Das Reich taumelte in eine Revolution. Darin muß man das nahezu zyklische Ergebnis eines 125 Jahre zuvor einsetzenden Prozesses sehen. Damals hatten die Franzosen die Revolution am Leben erhalten, indem sie alle Bürger aufriefen, diese mit der Waffe in der Hand zu unterstützen. Die Politik war zur Fortsetzung des Krieges geworden, und es zeigte sich, daß das uralte Problem, wie ein Staat eine schlagkräftige Armee zu unterhalten vermag, die bezahlbar *und* zuverlässig ist, ebenso weit von einer Lösung entfernt war wie damals, als die Sumerer zum erstenmal die Staatseinkünfte zur Bezahlung soldatischer Dienste verwendeten.

IV

Eisen

Stein, Bronze und das Pferd waren die wichtigsten Mittel zur Kriegführung in der Zeit, da Staaten entstanden und von Kriegervölkern angegriffen wurden, die außerhalb der besiedelten Staatsgebiete lebten. Diese Mittel standen naturgemäß nur begrenzt zur Verfügung, wenn diese Begrenzung auch unterschiedlicher Art war. Stein läßt sich schwer bearbeiten, Bronze wird mit einem seltenen Metall legiert, und Pferde kann man in der für eine kämpfende Armee erforderlichen Anzahl nur auf großen Weideflächen halten, die längst nicht überall vorkommen. Wären Stein, Bronze und das Pferd die Mittel der Kriegführung geblieben, hätten weder der Umfang noch die Intensität der Kriege je das im 1. Jahrtausend v. Chr. erreichte Maß überschritten, hätten Gesellschaften sich nie – außer unter den in großen Flußebenen herrschenden günstigen Bedingungen – so weit über den Stand der Weidekultur und die einfachen Formen der Landwirtschaft hinaus entwickelt. Wollte der Mensch in den bewaldeten Gebieten der gemäßigten Zonen den Boden bearbeiten, brauchte er andere Mittel, ebenso, wenn mit den reichen und starken Minderheiten, die in der Bronzezeit die kostspielige Technik der Kriegführung monopolisiert hatten, um den Besitz der bereits besiedelten Gebiete gekämpft werden sollte.

Das Eisen erfüllte dieses Bedürfnis. Es ist unter Wissenschaftlern üblich geworden, die Theorie anzuzweifeln, die von einer «Revolution der Eisenzeit» spricht. Der Zweifel gründet sich zum Teil auf die Tatsache, daß diese Theorie von marxistischen Gelehrten stammte, deren Geschichtsbild deterministisch und mechanistisch war. Man muß indessen kein Determinist sein, um zu erkennen, daß die plötzliche und umfangreiche Verfügbarkeit eines Werkstoffs, der sich zu einer haltbaren Schneide formen läßt, zu Veränderungen der gesellschaftlichen Verhältnisse führen mußte. Wegen ihrer Seltenheit und ihres hohen Preises war der

Besitz solcher Werkstoffe bis dahin das Vorrecht weniger gewesen. Nunmehr erhielten Menschen, die mit Hilfe von Holz- und Steinwerkzeug mühevoll Wälder gerodet und die Ackerkrume gelockert hatten, nicht nur scharfe Waffen, sondern zugleich brauchbare Werkzeuge. Abseits gelegene Gebiete wurden nun urbar gemacht, bereits bearbeitete Böden intensiver genutzt und Gebiete besiedelt, die zuvor von der Übermacht des Streitwagens beherrscht worden waren.

Es bedarf keines besonderen Nachweises, daß Eisen ein idealer Werkstoff ist. Schon früh hatten Krieger die aus Kupfer und Zinn gewonnene Legierung Bronze monopolisiert und konnten so gewöhnlich die Herrschaft über andere gewinnen. Da das seltene Zinn nur an bestimmten Orten vorkam, konnte man neben einem hohen Preis auch beträchtliche Transportkosten und Zölle dafür verlangen. Eisen dagegen ist alles andere als selten; die Erdmasse besteht zu etwa 4,2 Prozent aus Eisenerz, das zudem auf dem ganzen Globus verbreitet ist.[1] Doch in gediegener Form – und nur so konnte man Eisen in früherer Zeit erkennen und verwenden – ist es noch seltener als Zinn; es kommt nur in vereinzelt auftretenden Ablagerungen oder als Meteoreisen vor. In dieser Form kannte es der zivilisierte Mensch schon früh und verwendete es auch. Mithin wußte man bereits, wozu sich Eisen eignete, als man – auf welchem Wege, ist völlig unbekannt – die Entdeckung machte, daß sich Eisen aus Erz schmelzen läßt. Man nimmt an, daß Schmiede, die Pigmente wie etwa Ocker aus Erz lösen wollten, erstmals um 2300 v. Chr. Eisen geschmolzen haben.[2] Sie hielten die von ihnen ausgeübte Kunst geheim und arbeiteten in der Regel unter dem Schutz jener Krieger, die sie mit ihren begehrten Erzeugnissen versorgten. Das erste erschmolzene Eisen dürfte einem Monopol unterlegen haben; erst um das Jahr 1400 v. Chr. wurde Eisen allgemein verwendet. Zu jener Zeit scheint sich die Eisenerzeugung auf Anatolien konzentriert zu haben, wo reiche Erzvorkommen bis dicht unter die Erdoberfläche reichten. Da die dort ansässigen Hethiter über Eisenerzeugnisse verfügten, konnten sie aggressive Feldzüge gegen die in den Flußebenen liegenden Königreiche führen.

Um 1200 v. Chr. verloren die Hethiter wohl das Monopol der beginnenden Eisenindustrie, und ihr Reich wurde zerstört. Die entwurzelten anatolischen Eisenschmiede zogen in andere Länder, um dort neue Beschützer und Käufer zu finden. Die Eisenbearbeitung muß zu jener Zeit in verschiedenen Entwicklungsschritten eine gewisse technische Vervollkommnung erreicht haben. Als erstes wurde ein Ofen konstruiert, in dem sich mit ökonomisch vertretbarem Aufwand an Brennmaterial Eisen aus Erz schmelzen und zu Blöcken von handhabbarer Größe formen ließ. Bis in die neuere Zeit hinein diente dazu vorwiegend Holzkohle, bis die Chinesen und später die Europäer das Verfahren zur Umwandlung von Steinkohle in Koks entdeckten. Da Eisenerz erst bei weit höheren Temperaturen schmilzt als Kupfer oder Zinn, mußte dem Feuer zusätzlich Sauerstoff zugeführt werden. Daher standen die ersten Schmelzöfen auf Hügelkuppen, wo kräftige Winde wehten. Später führte man Blasebälge ein.

Etwa acht Prozent der eingesetzten Erzmenge blieben beim Schmelzprozeß als Roheisen übrig. Blöcke, die für die Erzeugung von Werkzeugen oder Waffen taugten, ließen sich nur durch beständiges Neuerhitzen und Hämmern herstellen. Selbst dann waren aus Eisen hergestellte Gegenstände ziemlich weich; Eisenschneiden wurden rasch stumpf, sofern das Erz nicht ungewöhnlich hohe Nickelanteile aufwies. Die Schärfetechnik der Bronzeschmiede – das Kalthämmern – ließ sich auf Eisen nicht anwenden. Erst als man um 1200 v. Chr. entdeckte, daß Eisen dauerhafte und feste Schneiden bilden konnte, wenn man es warm hämmerte und anschließend in kaltem Wasser «abschreckte», trat es in Konkurrenz zur Bronze und zeigte sich ihr klar überlegen. Dieses Stadium war wahrscheinlich zu der Zeit erreicht, als die anatolischen Schmiede über den ganzen Nahen Osten zerstreut wurden.

Die Fähigkeit, Eisen herzustellen und zu schmieden, hatte auf militärischem Gebiet unterschiedliche Folgen. Zum einen waren Kriegervölker nunmehr besser gerüstet, Angriffe gegen reiche Länder mit seßhaften Bewohnern zu führen, was wohl die politischen Wirren erklärt, die zu Anfang des ersten vorchristlichen Jahrtausends den Mittleren und Nahen Osten erfaßten. Zum anderen waren jene Staaten nun imstande zurückzuschlagen, wenn ihre finanzielle Lage es ihnen gestattete, eine größere Zahl von Männern unter Waffen zu halten. So kämpfte das Heer der Assyrer mit Waffen aus Eisen, und selbst das technisch zurückgebliebene Ägypten verwendete unter den späteren Pharaonen Eisen zur Herstellung von Kriegsgerät.

Doch nicht im Osten hat man die eindrucksvollsten Waffen der frühen Eisenzeit gefunden, sondern in Europa: die anfänglich Vorbildern aus Bronze nachempfundenen Hallstattschwerter. Rasch nahmen die Schwerter eine übertriebene Länge an, was auf einen verschwenderischen Umgang mit dem im Vergleich zur Bronze preisgünstigen Eisen hinweist. Zwar hat man in Gräbern der Hallstattkultur, die man auf die Zeit um 950 v. Chr. datiert[3] und die ihren Namen der ersten Grabungsstätte in der Nähe von Salzburg verdankt, neben eisernen Speerspitzen auch Reste von Schilden gefunden, die von Eisenbändern und -nieten zusammengehalten wurden, doch die Schwerter scheinen weit wichtiger gewesen zu sein. Es scheint sich bei den Kriegern jener Zeit um entschlossene Schwertkämpfer gehandelt zu haben, die den Gegner mit einer langen und scharfen Klinge angingen.

Diese Menschen gehörten zum Stamm der Kelten, jenem geheimnisvollen Volk, das um 1000 v. Chr. den größten Teil Westeuropas besetzt hielt; im 3. Jahrhundert v. Chr. zog ein Teil von ihnen auch ostwärts, nach Anatolien. Während ihrer Blütezeit waren die Kelten Eroberer, zumindest aber Kolonisatoren; ihre eisernen Waffen wurden von den Völkern jenseits der an die große europäische Ebene anstoßenden Berge bereitwillig übernommen, vor allem von den Griechen.

Die Griechen und das Eisen

Die Herkunft der Griechen ist ebenso geheimnisvoll wie die der Kelten, wahrscheinlich sind sie gegen Ende des 4. Jahrtausends v. Chr. auf dem Seeweg von den Südufern Kleinasiens nach Zypern, Kreta und den Inseln der Ägäis gelangt. Etwa um die gleiche Zeit begannen andere Steinzeitvölker aus derselben Region, das griechische Festland zu besiedeln. Um die Mitte des 3. Jahrtausends tauchte in Makedonien ein Volk aus dem Norden auf, das möglicherweise an den Ufern der Donau beheimatet war und dessen Kultur noch jungsteinzeitlich geprägt war, während die ersten Siedler bereits Bronze produzierten. Sie sprachen die Sprache, die die Griechen später verwendeten.

Es dauerte recht lange, bis sich die Nordländer und die Siedler aus Kleinasien vermischten. Bis zum Ende des 2. Jahrtausends v. Chr. blieben die Inselbewohner ein Volk für sich, wobei insbesondere die Kreter zu einer kulturellen Höhe aufstiegen, die die Bewohner des Festlandes nicht erreichten. Durch die Insellage war Kreta nicht nur vor Überfällen geschützt, sondern konnte auch einträglichen Handel treiben, und so entstand bei Knossos eine blühende Zivilisation. Hier kam es um 1450 v. Chr. zu einer Katastrophe, für die die Archäologen bis heute keine einhellige Erklärung finden konnten. Die kürzlich erfolgte Entdeckung minoischer Befestigungsanlagen entlang der kretischen Küste legt den Schluß nahe, daß die Insel nicht so sicher vor Angriffen war wie ursprünglich angenommen. Es ist nicht ausgeschlossen, daß die Kreter schon früher Angriffen ausgesetzt waren; jedenfalls wurden ihre herrlichen Paläste, Lagerhäuser und Werkstätten bei einem großen Überfall zerstört – vielleicht durch Seeräuber aus Kleinasien, vielleicht durch Bewohner des griechischen Festlandes, die den Kretern die Beherrschung des Mittelmeerhandels streitig machten.[4]

Inzwischen hatte sich auf dem Festland die Kultur der Bronzezeit ausgebreitet. An der Ostküste, vor allem auf dem Peloponnes, war eine ganze Reihe kleiner Königreiche entstanden. Mykene, eines der bedeutendsten, hat dieser Kultur den Namen gegeben. Gegen Ende des ersten Jahrtausends gab es mykenische Siedlungen auch an den Ufern Kleinasiens und sogar in der Nähe des Zugangs zum Schwarzen Meer – nämlich Troja. Sofern man sich auf die Zeugnisse verlassen kann, die uns die ersten schriftlichen Aufzeichnungen in griechischer Sprache überliefern, waren sie so reich, daß sie sich gutausgerüstete Wagenkämpferheere leisten konnten. In den Aufzeichnungen des Palastes von Pylos heißt es, die königliche Rüstkammer habe zweihundert Paar Streitwagenräder enthalten.[5]

Woher die Streitwagen kamen, wissen wir nicht. Sie dürften durch Angehörige eines Streitwagenvolkes dorthin gelangt sein, die sich zu Herren der Königreiche an der Küste aufgeschwungen hatten. Der mit dem Handel erworbene Wohlstand könnte es jenem Reich gestattet haben, von anderen Völkern fortschrittliche Erzeugnisse der Militärtechnik zu erwerben. Auf jeden Fall war die Bedeutung des Streitwagens während des 13. Jahrhunderts v. Chr. in der griechischen Welt so groß, daß er im sich lang hinziehenden Krieg zwischen dem griechischen Festland und Troja eine wichtige Rolle spielen mußte. Die *Ilias* beschreibt, wie die griechischen Helden mit ihren Streitwagen in die Schlacht fahren.

Allerdings scheint Homer, der dieses Epos im 8. Jahrhundert – über fünfhundert Jahre nach den geschilderten Ereignissen – verfaßte, die Rolle des Streitwagens im heroischen Zeitalter mißverstanden zu haben. Dazu schreibt ein Wissenschaftler unserer Zeit: «Der wirkliche Vorteil des Streitwagens lag im massierten Angriff bei hoher Geschwindigkeit. So verwendeten ihn die Mykener und die Reiche des Nahen und Mittleren Ostens, die sowohl in der Bronzezeit als auch nach dem Zusammenbruch von Mykene Streitwagentruppen von bedeutendem Umfang unterhielten. Das Bild, das Homer liefert, könnte sich nicht stärker von der Wirklichkeit unterscheiden. Bei ihm bedienen sich die Krieger der Wagen lediglich als Transportmittel, von dem sie absteigen, um zu Fuß zu kämpfen, und sie sind mit Bogen oder Lanze ausgerüstet, den beiden Waffen, die den Streitwagen nach der Erfindung eines leichten und schnellen Fahrzeugs mit Speichenrädern in der ersten Hälfte des zweiten Jahrtausends zu einem so furchterregenden Kampfgerät gemacht hatten.»[6]

Mittlerweile erklärt man Homers Irrtum mit dem zeitlichen Abstand des Trojanischen Kriegs, der – darüber besteht inzwischen Einigkeit – tatsächlich stattgefunden hat und keineswegs einfach ein Mythos war. Vermutlich ging es dabei um Auseinandersetzungen über Handelsrechte in der Ägäis und den angrenzenden Gewässern. Doch ist der zeitliche Abstand nicht die einzige mögliche Erklärung für Homers Schwierigkeit, die heroische Vergangenheit realistisch zu beschreiben. Er war von ihr auch getrennt durch eine Zeit der Wirren in Griechenland, ein dunkles Zeitalter, das die Verbindungen zwischen dem 13. und dem 8. Jahrhundert noch radikaler unterbrach als das frühe Mittelalter die zwischen Rom und den Karolingern. Es könnte sogar sein, daß auf dem griechischen Festland in den dreihundert Jahren nach 1150 v. Chr. die Kenntnis der Schrift verlorengegangen war.[7] Eine erneute Welle von Eindringlingen aus dem Norden, von den späteren Griechen als Dorer bezeichnet, hatte diese katastrophale Wende verursacht. Zwar sprachen die Dorer griechisch, sie waren aber Barbaren. Die ersten dorischen Einwanderer können von See her gekommen sein; spätere haben allem Anschein nach das Pferd und eiserne Waffen mitgebracht und sind daher vermutlich auf dem Landweg gekommen. Vielleicht waren sie von anderen Reitervölkern dorthin getrieben worden.

Einigen der mykenischen Griechen, vor allem denen, die in Attika, also um Athen herum, lebten, gelang es, ihre befestigten Städte gegen die Eindringlinge zu halten. Indem die Mykener später (im Zuge der ionischen Wanderungen) die Inseln erneut besiedelten, sorgten sie für eine Wiederbelebung der griechischen Kultur in der Ägäis bis hin zu den Gestaden Kleinasiens. Dort errichteten sie im Verlauf des 10. Jahrhunderts zwölf stark befestigte Städte, die ihren Ursprung in Athen sahen und mit der Hauptstadt wie auch untereinander auf dem Seeweg verkehrten. Auf dem Festland blieb keines der mykenischen Reiche unabhängig; die dorischen Einwanderer besetzten das fruchtbarste Land, versklavten die Bewohner und machten sie zu Leibeigenen. Untereinander scheinen sie jedoch nicht einig gewesen zu sein. «Ein Dorf kämpfte gegen das andere, und bewaffnet gingen Männer ihren Geschäften nach.»[8]

Die Eroberung und Besiedlung Griechenlands durch dorische Krieger bildete die Grundlage für den Aufstieg jener herausragenden griechischen Institution, die wir als Stadtstaat kennen. Seine Ursprünge lassen sich auf dorische Siedlungen auf Kreta zurückführen, wo zwischen 850 und 750 v. Chr. Verfassungen in Kraft waren, die den waffentragenden Abkömmlingen der Eroberer politische Rechte zubilligten, die allen übrigen verwehrt blieben. «Bemerkenswert an den kretischen Verfassungen war, daß sich die Bürger nicht an ihren Familien orientierten, sondern allein am Staat.»[9] Im Alter von siebzehn Jahren wurden die Söhne der führenden Familien in militärische Einheiten aufgenommen und in Manneszucht, athletischen Übungen, Jagd und Kriegsspielen ausgebildet. Denen, die davon ausgeschlossen wurden, blieben die Rechte der freien Bürger versagt. Wer die Ausbildung erfolgreich beendete, wurde mit neunzehn Jahren als vollwertiges Mitglied in die Gemeinschaft der Männer aufgenommen, wo er gemeinsam mit den anderen aß und an Feldzügen teilnahm. Die auf Kosten des Gemeinwesens unterhaltenen Soldatenküchen bildeten fortan praktisch das Zuhause der Männer, die jenen Einheiten angehörten. Wohl durften sie heiraten, doch blieben die Frauen von ihnen getrennt; es gab so gut wie kein Familienleben.

Wer nicht der Kriegerklasse zugehörte, stand in unterschiedlichen Graden der Abhängigkeit. Abkömmlinge der einst besiegten Bevölkerung waren Unfreie und als solche an den Grundbesitz ihres Eigentümers oder an öffentlichen Landbesitz gebunden; das heißt, sie waren Leibeigene oder Staatssklaven. Grundeigentümer besaßen persönliche Sklaven, die man auf dem Markt kaufen konnte. Die im Verlauf der ersten Invasionen Besiegten durften Eigentum besitzen, mußten aber Tribut zahlen und blieben vom Wahlrecht ausgeschlossen. So heißt es in einem kretischen Trinklied aus dem 9. Jahrhundert: «Mein Reichtum ist mein Spieß und mein Schwert, und der kräftige Schild, der meinen Leib schützt;

damit pflüge und ernte ich, damit keltere ich den süßen Wein aus der Traube, und sie machen mich zum Herrn über meine Leibeigenen.»[10]

In einer Geschichte des antiken Griechenland beschreibt Hammond den Aufbau des griechischen Stadtstaates folgendermaßen: «Ihrem Ursprung verdankt die *polis* (Stadtstaat) hervorstechende Merkmale. Dazu gehörte ein ausgeprägter Sinn der Zusammengehörigkeit unter den *komai* (Dörfern), so daß Zugehörigkeit zum Bürgertum gewöhnlich durch Abkunft auf dem Erbweg väter- wie mütterlicherseits definiert wurde. Auf diese Weise bestand nicht nur die Unterscheidung zwischen Herrn und Leibeigenen weiter, sondern blieb auch das Vorrecht der Bürgerklasse im Gemeinwesen erhalten. Dieses System förderte die Landwirtschaft als Quelle der materiellen Unabhängigkeit und sicherte der Bürgerschicht ein angemessenes Maß an Muße, in der sie die Künste des Friedens und des Krieges ausüben konnte.»[11]

In der den kretischen Ursprüngen ähnlichsten Gestalt wanderte die *polis* mitsamt ihrer Verfassung auf das griechische Festland. In Sparta, Griechenlands bedeutendstem kriegführenden Staat, schlug sie am festesten Wurzeln. Dort erreichte die Aufteilung in freie Krieger und waffen- und damit weitgehend rechtlose Unfreie ihre extremste Ausprägung und das größte zahlenmäßige Mißverhältnis. Knaben wurden im Alter von sieben Jahren in Ausbildungstrupps aufgenommen. Auch die Mädchen wurden separiert und bekamen eine Ausbildung, die körperliche Übungen, Tanz und Musik umfaßte, lebten aber bis zur Eheschließung im Elternhaus. Die Knaben hingegen hielt man unter der Führung Halbwüchsiger und der Aufsicht eines vom Staat bestellten Vorstehers abgesondert. Man gewöhnte sie daran, Entbehrungen zu ertragen, und ließ sie in sportlichen Übungen und Spielen wetteifern. Mit achtzehn Jahren begann die praktische Kampfausbildung. Für eine gewisse Zeit betraute man sie mit Geheimdienstaufgaben, die sich gegen die als Staatssklaven gehaltenen Heloten richteten.

Mit zwanzig rückten die jungen Männer in eine Art Kaserne ein – sie durften dann zwar heiraten, aber nicht bei ihren Frauen wohnen –, und mit dreißig hatten sie das Recht, sich als Vollbürger zur

Wahl zu stellen. Nur einstimmig Gewählte wurden Vollbürger und hatten neben den Rechten die Hauptpflichten der spartanischen «Gleichen»: die Heloten im Zaum zu halten und selber zum Kriegsdienst bereitzustehen. Alljährlich führten sie einen inneren Krieg gegen die Heloten, wobei diejenigen beseitigt wurden, die der Geheimdienst als unzuverlässig ermittelt hatte.

Kein Wunder, daß Sparta seine weniger kriegerisch gesinnten Nachbarvölker zu beherrschen begann. Vermutlich hat kein Volk je das Kriegersystem in höherem Maße vervollkommnet. Im Verlauf des 8. Jahrhunderts v. Chr. machten sich die Spartaner zu Herren der hundert Dörfer, die ihre eigenen ursprünglich fünf umgaben, und eroberten anschließend in einem Krieg, der volle zwanzig Jahre (940–20 v. Chr.) dauerte, die benachbarte Region Messenien. Weniger glatt verlief der Aufstieg Spartas zur beherrschenden Macht des Peloponnes. Der Nachbarstaat Argos forderte die Spartaner heraus und errang im Jahre 669 nach einer Periode, in der unterworfene Städte gegen Spartas Herrschaft rebelliert hatten, bei Hysiae den Sieg. Neunzehn Jahre lang kämpfte Sparta um sein Überleben, stieg dann aber im 6. Jahrhundert nach einer Schlacht gegen Argos zur größten Militärmacht des Peloponnes auf.

Währenddessen entwickelten sich die übrigen führenden Städte Griechenlands auf unterschiedliche Weise und in gänzlich anderer Richtung. Sie verlagerten ihre Einflußsphäre vom Festland auf die Inseln und zurück an die Küsten Kleinasiens. Schließlich verbanden die von den Griechen geschaffenen Seewege die Gründungszentren mit so fernen Kolonien wie Sizilien, der Südküste Frankreichs, dem Schwarzen Meer und den an das Mittelmeer stoßenden Gebieten Libyens. Während Sparta die Waffen, die Taktiken und die militärische Organisation vervollkommnete, die später die Kriegführung der Griechen zu Lande bestimmen sollten, stiegen andere Staaten, vor allem Athen, zu Seemächten auf und bauten die Schiffe, mit denen sie gegen die Perser und die von ihnen unterworfenen Seevölker in See stachen und um die Vorherrschaft in der Ägäis und im östlichen Mittelmeer kämpften.

Bis zu den Perserkriegen (499–48 v. Chr.) dauerte es aber

noch eine Weile, denn erst mit Kyros dem Großen wurde Persien ein geeinigtes Reich.

Während des 6. Jahrhunderts bedeutete Krieg für die Griechen in erster Linie Auseinandersetzungen unter ihresgleichen; die Stadtstaaten stritten unaufhörlich um Landbesitz, Macht und die Beherrschung des Handels. Die Art der Kriegführung wandelte sich, da sich weit mehr Männer, als die Heere der mykenischen Welt je umfaßt hatten, Waffen aus Eisen leisten konnten. Als gleichberechtigte Bürger kämpften sie mit einer Wildheit, wie man das zuvor wohl nie gesehen hatte. Die Schlachten früherer Völker – selbst die der Assyrer, obwohl wir über deren Verhalten auf dem Schlachtfeld keine Einzelheiten kennen – waren stets von Taktiken bestimmt gewesen, die den Krieg seit seinen Anfängen gekennzeichnet hatten: man kämpfte vorsichtig und am liebsten auf Distanz, verließ sich auf Wurfgeschosse und mied den Nahkampf, bis man sich des Sieges sicher glaubte. Die Griechen verwarfen diese Bedenken und schufen eine neue Art des Krieges, bei der die Schlacht zur entscheidenden Auseinandersetzung wurde: in den drei Einheiten von Ort, Zeit und Handlung mit dem Ziel ausgetragen, in einem einzigen, risikoreichen Aufeinanderprall von Geschicklichkeit und Mut den Sieg zu erringen. So revolutionär war der neue Geist des Krieges, daß der führende Historiker auf diesem Gebiet die kühne, wenn auch heftig umstrittene These vortragen konnte, die Griechen hätten die «westliche Art der Kriegführung» erfunden, mit deren Hilfe sich die Europäer jeden Teil der Welt unterwarfen, in den sie mit ihren Waffen gelangten.[12]

Phalanx-Kriegführung

Im gebirgigen Griechenland bieten sich für den Ackerbau lediglich die Täler sowie die wenigen ebenen Flächen auf dem nördlichen Peloponnes, in Thessalien und entlang der Westküste des Festlandes an. An den Hängen lassen sich Ölbäume und Rebstöcke anpflanzen, und die Anlage von Terrassen ermöglicht dort den Feldbau. Getreide, neben Olivenöl und Wein der dritte Grundpfeiler griechischen Lebens, läßt sich in größeren Mengen lediglich in Ebenen anbauen oder dort, wo sich die Täler weiten. Die innere Bindung des griechischen Bürger-Kriegers an sein Stück Land, das gewöhnlich höchstens sechs Hektar umfaßte, ist leicht zu verstehen. Ihm rang er seinen Lebensunterhalt sowie den Überschuß ab, der es ihm gestattete, sich als gepanzerter Lanzenträger auszurüsten und einen Platz in den Reihen derer einzunehmen, die die Stadtregierung wählten und die Gesetze machten. Wer auch immer in seine Felder einzudringen, seine Bäume oder Rebstöcke zu zerstören, seine Ernte niederzutrampeln oder zu verbrennen drohte, gefährdete damit nicht nur das Überleben im folgenden harten Winter, sondern auch den Status des Griechen als freier Mann.

In den Kriegen der griechischen Stadtstaaten blieben Verwüstungen nie aus, und man war lange der Ansicht, die darin liegende Provokation erkläre die neuartige Wildheit ihrer Schlachten. In jüngerer Zeit hat der in einer kalifornischen Winzerfamilie aufgewachsene Altphilologe Victor Hanson eine andere Deutung vorgelegt. Er bezweifelt, daß das Verwüsten wirtschaftlich so entsetzliche Folgen hatte. Aus eigener Erfahrung wußte er, daß ein Rebstock, wie sehr man ihm auch zusetzt, eine ans Wunderbare grenzende Regenerationskraft besitzt. Selbst wenn man ihn bis zu den Wurzeln abschneidet, treibt er im folgenden Frühjahr aus und steht bis zum Sommer in üppiger Fülle da. Rebstöcke mit der Wurzel auszureißen, die einzige wirksame Methode, sie zu zerstören, kostet Zeit: man muß laut Hanson dreiunddreißig Arbeitsstunden aufwenden, um auf einer Fläche von viertausend Quadratmetern, die bis zu zweitausend Rebstöcke tragen kann, die Rebenpopulation auszulöschen.[13] Der Ölbaum ist noch widerstandsfähiger; vollständig ausgewachsen ist er hart und knorrig und läßt sich kaum in Brand setzen. Hinzu kommt, daß der kräftige Stamm des Ölbaums, der einen Durchmesser von sechs Metern erreichen kann, Angriffen mit der Axt hartnäckig Widerstand leistet. Ähnlich wie der Rebstock erholt er sich nach dem Abhacken gut, wenn auch nicht ganz so schnell. Einen Olivenhain zu entwurzeln ist noch mühseliger, als einen Weinberg zu verwüsten.[14]

Mithin hätte ein Feind, der den Ackerbau griechischer Landstriche nachhaltig stören wollte, verwundbarere Stellen treffen müssen. Das konnten nur die Getreidefelder sein, denn der Verlust einer Jahresernte bedeutete Hungersnot, der Verlust zweier Ernten nach der Erschöpfung der Lagervorräte den Hungertod.[15] Doch auch Getreidefelder lassen sich nicht ohne weiteres verwüsten. Im Frühjahr sind die Pflanzen zu grün zum Verbrennen, während das Niedertrampeln, das bisweilen von berittenen Eindringlingen versucht wurde, zeitraubend und nicht besonders wirkungsvoll ist. Nach der Ernte wurden die Ähren bis zum Dreschen in sicheren Scheunen aufbewahrt, und so kam für einen Anschlag auf den Getreideanbau lediglich der kurze Zeitraum in Frage, in dem das Korn trocken und leicht entzündbar auf dem Halm stand – wenige Wochen im Mai.

Nun behinderte die Anlage der Felder im damaligen Griechenland ein rasches Überrennen. Im allgemeinen umgaben griechische Bauern ihren Grundbesitz – häufig sogar jedes einzelne Feld – mit Wällen oder Mauern, und zwar auch dann, wenn sie in größerer Entfernung von ihren Nachbarn lebten. Mithin konnten «Eindringlinge nicht wild durch die griechische Landschaft galoppieren und nach Belieben brandschatzen und zerstören ... Zäune, Hügel, kleine Obst- und Weingärten hemmten ihr Vorankommen».[16] Kurz gesagt, das Gebiet der griechischen Stadtstaaten ließ sich so gut verteidigen, daß man gemeinsame Anstrengungen zur Verteidigung des Ganzen als vernünftige militärische Entscheidung ansehen mußte. Sofern der Feind aus einem Anrainerstaat kam und seine Kriegsvorbereitungen nicht geheimhalten konnte, lag es nahe, ihm während der kurzen Zeit, in der er die größten Verwüstungen anrichten konnte, an der Grenze entgegenzutreten. So hatte die Gemeinschaft die Möglichkeit, die Anwesen der Landbesitzer, deren Erzeugnisse alle ernährten, vor Schaden zu bewahren.

Diese Erkenntnisse waren Allgemeingut der Historiker, bevor sich Hanson an seine Untersuchungen machte. Insbesondere förderte er eine Einsicht zutage, die die Motive der griechischen Kriegführung in neuem Licht erscheinen ließ. Angesichts der knappen Zeitspanne, innerhalb derer ein Angriff in der Welt des griechischen Bauern wirksam werden konnte – und mindestens vier Fünftel der Bürger der Stadtstaaten waren Landleute und nicht Stadtbewohner –, wie auch angesichts der Tatsache, daß die Angreifer ihre eigenen Felder schutzlos zurückließen, wenn sie sich auf den Feldzug machten, war es von äußerster Wichtigkeit, die Sache so rasch und so endgültig wie möglich zu entscheiden.[17] Die Idee der militärischen Entscheidung setzte sich bei den Griechen etwa gleichzeitig mit anderen Ideen durch, die wir noch heute mit diesem Volk verbinden: in der Politik wird die Entscheidung mit Hilfe der Mehrheit erlangt, in der Tragödie folgt sie aus tragischer Unausweichlichkeit, in der Philosophie wird sie mit Hilfe der Logik gefunden.

Der intellektuelle Ruhm Griechenlands ist indes mindestens zwei Jahrhunderte jünger als sein militärischer. Diesen eroberten sich die Griechen in den massierten Reihen der Phalanx auf einem schmalen Schlachtfeld Schild gegen Schild, Lanze gegen Lanze. So zivilisiert sie waren, so unerschütterlich bewahrten sie sich den Urtrieb der Rache. Die Rächung von Kränkungen wurde von den olympischen Göttern in den Mythen, die jeder Grieche kannte, beispielgebend vorgeführt. Mithin könne man, so Hanson, «die griechische Art zu kämpfen zurückführen auf die Vorstellung von Kleinbauern, daß das Land der Vorväter um jeden Preis unverletzt – *aporthetos* – bleiben müsse. Niemand außer ihnen selbst durfte darüber hinwegziehen. Für die Unverletzlichkeit des Landes waren alle Bürger unverzüglich zum Kampf bereit. Die meisten Griechen glaubten, die Ausübung der Rache in der altüberlieferten Form der offenen Feldschlacht sei die ehrenvollste und angemessenste Art, eine Kränkung ihrer Souveränität zu vergelten. Ihre Überlieferung, ihre Pflichtauffassung, ihr Naturell zielten darauf, in einem ritualisierten Zusammenstoß mit den Lanzen des Feindes den Kampf rasch und wirksam zu beenden.»[18]

Eine andere Art des Wettstreits, deren Ursprünge bei den Griechen liegen, trieb diese möglicherweise zusätzlich dazu an, auf dem Schlachtfeld eindeutige Ergebnisse zu suchen – der sportliche Wettkampf. Seit 776 v. Chr. begannen die griechischen Staaten in vierjährigem Turnus bei Olympia auf dem Gebiet der auf dem westlichen Peloponnes liegenden Stadt Elis Wettkämpfe im Wagen- oder Pferderennen, Boxen oder Ringen auszurichten, die über ein Jahrtausend lang bis ins Jahr 261 n. Chr. durchgeführt wurden. Der Wettstreit in Sport und Spiel hatte eine lange Vorgeschichte. Homer schildert, wie die Helden des Trojanischen Krieges im Rahmen einer Totenfeier, die Achilles für seinen Gefährten Patroklos ausrichtete (Hektor hatte diesen vor den Toren Trojas im Kampf Mann gegen Mann getötet), um die Wette liefen, rangen, schwere Steine schleuderten und sich Wettrennen im zweispännigen Streitwagen lieferten.[19]

Viele andere Völker pflegten ähnliche Bräuche. So veranstalteten die Hopi-Indianer auf dem Gebiet des heutigen amerikanischen Bundesstaates Arizona Wettrennen, deren Teilnehmer Wolken und Regen verkörperten, um während der Wachstumsperiode Regen auf die Felder herabzubeschwören. Viele Jagdvölker, etwa die nordamerikanischen Stämme der Huronen und der Cherokee, kannten Geschicklichkeitsproben oder -spiele, welche die Teilnehmer rituell oder praktisch auf die Jagd vorbereiteten. Selbst die individualistischen Steppennomaden ritten bei Wettkämpfen gegeneinander, um einen bestimmten Gegenstand ins Ziel zu bringen.[20]

Im allgemeinen jedoch war den Reitervölkern der Wettkampfsport fremd, vor allem, wenn dieser mit intensivem Körperkontakt verbunden war. Sofern ein fiktives Zwiegespräch zwischen Solon und einem skythischen Besucher der Olympischen Spiele als Beleg dienen kann, lag für sie darin eine persönliche Ehrverletzung. Skulpturen aus Gräbern des Neuen Reiches in Ägypten zeigen ringende Soldaten, doch findet der Wettkampf zwischen Ägyptern auf der einen und Syrern oder Numidern auf der anderen Seite statt, und die Darstellung zeigt, daß sich letztere geschlagen geben. Mithin wird nicht der Wettkampf zwischen Gleichen gezeigt, der nach Ansicht der Griechen den Reiz ihrer Spiele ausmachte.[21] Als im 5. Jahrhundert v. Chr. Herodot Ägypten besuchte, «war er erstaunt, keine organisierten Spiele vorzufinden. Offen ausgetragener spielerischer Wettstreit ist unvereinbar mit Gesellschaften, die so starr hierarchisch gegliedert waren wie jene des Nahen Ostens in der Antike – standen doch, von der Gottheit dazu ausersehen, die Pharaonen und andere absolute Herrscher an der Spitze, und bisweilen waren es sogar Götter selbst.»[22]

Wettkämpfe, vor allem solche, die wie Boxen und Ringen nicht frei von Gewalttätigkeit sind, hatten in der griechischen Welt durchaus Kritiker. Ihre Einwände ähneln denen, die wir auch heute hören: die Entlohnung erfolgreicher Athleten sei zu hoch, die Männer böten ein Beispiel für asoziales Einzelgängertum und erlitten bisweilen so schwere Verletzungen, daß sie schwer behindert weiterleben müßten. Platon erklärte rundheraus, die Fähigkeiten eines Boxers oder Ringers seien im Krieg wertlos und verdienten es nicht, erwähnt zu werden. Sein Urteil war unzutreffend. Harte Sportarten, in denen es um ein klares Ergebnis ging, stärkten das militärische Ethos der Griechen. Ohnehin war ihre Kriegführung so unbarmherzig, daß Männer, die sich nicht dafür eigneten, durch keine noch so brutale Simulation dazu gebracht werden konnten, die Schrecken zu ertragen.[23]

Griechische Krieger hatten ihren Platz auf dem Schlachtfeld in einer kompakten Masse, die gewöhnlich aus acht hintereinander gestaffelten Reihen bestand, Schulter an Schulter mit den Nebenmännern. Sie wurden vom 8. Jahrhundert an einheitlich ausgerüstet, wobei jeder Waffen und Rüstung selbst stellte. Vor allem für die aus Bronze bestehenden Ausrüstungsteile Helm, Muskelpanzer oder Beinschienen waren Beträge aufzubringen, die einen bedeutenden Teil eines normalen Einkommens verzehrten. Nur Bessergestellte konnten die erforderlichen Summen bezahlen.[24]

Daß die Bronzerüstung bis in die Eisenzeit überdauerte, wird auf die Unfähigkeit der zeitgenössischen Schmiede zurückgeführt, eine Eisensorte zu erzeugen, aus der große Flächen von angemessener Haltbarkeit geformt werden konnten. Andernorts wurde Eisen durchaus schon als Panzerungsmaterial verwendet, wobei man eiserne Schuppen oder Ringe an einem ledernen Obergewand anbrachte. Auch eiserne Helme scheinen im Nahen Osten allgemein verbreitet gewesen zu sein, doch wurde damit nicht die Schutzwirkung der Bronze erzielt. Ein solcher Schutz war von großer Bedeutung für den Mann in der Phalanx – dies Wort (eigentlich «Walze») bedeutet zugleich Glied oder Gelenk –, da er nicht dem Aufprall einer Schwert- oder Pfeilspitze standhalten mußte. Diese konnten unter Umständen von einer glatten Fläche abgleiten. Eine scharfe Eisenspitze am Ende eines kräftigen und vom Gegner mit aller Kraft gestoßenen Eschenschaftes durchdrang jedes minderwertige Metall.

Darüber hinaus schützte sich jeder, der seinen Platz in der Phalanx einnahm, mit dem *hoplon*, einem runden gewölbten Schild. Von ihm ist der Begriff Hoplit abgeleitet, der den griechischen Kämpfer in der Phalanx bezeichnet. Der Schild aus eisenbeschlagenem Holz maß ungefähr neunzig Zentimeter im Durchmesser, hing an einem Lederriemen von der Schulter und wurde mit der Linken an einem Griff gehalten. Damit hatte der Krieger die rechte Hand frei, um zwischen Ellbogen und Rippen die Lanze einzulegen, deren Spitze er auf den Mann richtete, der ihm in den feindlichen Reihen gegenüberstand. Thukydikes hat als erster beobachtet, daß die sich bewegende Phalanx sich stets nach rechts neigt, weil jeder so dicht wie möglich an den Schild des Nachbarn heranwill, um dahinter Schutz zu finden. Zwei gegeneinander drängende Phalangen schienen daher ganz langsam um eine unsichtbare Achse zu kreisen.

Doch erst nach Ablauf der von den Griechen als unerläßlich angesehenen Rituale prallte eine Phalanx auf die andere. Zu diesen Vorbereitungen gehörte das Opfer. «Nichts, was die Griechen unternahmen, lief ohne das zugehörige Ritual ab. Damit wollten sie erreichen, daß die übernatürlichen Mächte ihr Vorhaben billigten, unterstützten oder ihnen dabei zumindest nicht in den Arm fielen... Jeder Schritt, der dazu führte, daß Hopliten in der Phalanx auf dem Schlachtfeld aufeinandertrafen, enthielt eine rituelle Hinwendung zu den Göttern.» Ein Heer, das in den Krieg zog, führte Schafe mit sich, die geopfert wurden, wenn es Flüsse oder Grenzen überquerte, sein Lager aufschlug und schließlich das Schlachtfeld betrat. Diese als *sphagia* bezeichneten Schlachtopfer fanden wahrscheinlich «in der Hoffnung statt, durch Hinweise auf ein günstiges Ergebnis Gewißheit zu erlangen; möglicherweise handelte es sich dabei um Besänftigungszeremonien. Sie könnten aber auch weit simpler eine Vorwegnahme des Blutvergießens in der Schlacht gewesen sein und deren rituellen Anfang bedeutet haben, den man den Göttern gleichsam als Anrufung weihte: ‹Wir töten. Hoffentlich werden wir töten!›»[25]

Schon vor den *sphagia* hatten die Hopliten ihren Mut meist noch anderweitig gestärkt. Es war üblich, daß beide Seiten vor dem Waffengang um die Mitte des Vormittags ein feierliches Frühstück einnahmen; mit Sicherheit war auch eine Weinration Bestandteil dieses letzten Mahles, die unter Umständen größer ausfiel als gewöhnlich. Nahezu überall, wo alkoholische Getränke zur Hand sind, wird vor einer Schlacht getrunken. Im Anschluß an die anfeuernden Worte ihrer Befehlshaber rückten die Hopliten unmittelbar nach dem rituellen Vollzug der *sphagia* gegen den Feind vor, wobei sie den *paian* anstimmten, einen Kriegsgesang, den Aristophanes als ein heulend hervorgestoßenes «Eleleleu» wiedergibt.

Ob die Befehlshaber ihren Platz in der ersten Schlachtreihe einnahmen, ist heftig umstritten; in der Phalanx der Spartaner könnte dies so gewesen sein. Homer jedenfalls sagt dies in der *Ilias*, wo er eine «Protophalanx» beschreibt. Thukydides, nicht nur Historiker, sondern selbst Kriegsveteran, erzählt, man habe die taktischen Unterteilungen innerhalb der Schildmauer der Spartaner an der auffälligen Kleidung der Befehlshaber erkennen können, die in der ersten Reihe standen, wo die größte Gefahr herrschte. Dieses Verhalten der Befehlshaber weist auf das in ihrer Gesellschaft herrschende Kriegerethos hin. Anderswo, vor allem in Athen, hielt man es anders. «In den griechischen Städten der Antike gab es einfach keine Offiziersklasse» – militärische Positionen waren, ganz wie die des Zivillebens, Wahlämter –, und taktisch brachte es den Führenden keinen Vorteil, sich ganz nach vorne zu stellen. Die Schlacht in der Phalanx wurde nicht dadurch gewonnen, daß man den Männern mit gutem Beispiel voranging, sondern mit dem vereinten Mut Gleicher in einem fürchterlichen, nur kurz währenden Zusammenprall von Leibern und Waffen auf geringste Entfernung.[26]

Hanson hat diese ebenso schreckliche wie revolutionäre Art der Kriegführung in brillanter und einfühlsamer Weise rekonstruiert. Das dem eigentlichen Gefecht voraufgehende Geplänkel, an dem sich neben dem im Unterschied zu dem Hopliten leichtbewaffneten Fußvolk (Besitzlose, die sich keine Rüstung leisten konnten) auch einige wenige wohlhabende Krieger zu Pferde beteiligten, tut er als unbedeutend ab. Griechenland, das ohnehin keine Pferde in hinreichender Anzahl unterhalten konnte, war von den topographischen Gegebenheiten her nicht für den Reiterkrieg geeignet. Sobald die gegnerischen Phalangen eine der wenigen ebenen Stellen erreicht hatten, die die für eine Kraftprobe nötigen Voraussetzungen boten, verloren sie keine Zeit. Bei Herodot heißt es: «Wenn die Griechen ins Feld ziehen, wählen sie die beste und ebenste Fläche und tragen darauf ihre Schlacht aus.»[27]

Nachdem in einem durch die rund dreißig Kilo schwere Ausrüstung eingeschränkten Laufschritt ein Niemandsland von knapp hundertfünfzig Metern Breite durchquert war, prallten die Reihen aufeinander. Jeder wählte für den Augenblick des Aufeinanderstoßens einen Gegner als Ziel und stieß seine Lanze in die Lücke zwischen Schild und Schild. Dabei bemühte er sich, eine Stelle zu treffen, die nicht vom Panzer bedeckt wurde: Kehle, Achselhöhle oder Leistengegend. Nur ein flüchtiger Augenblick blieb dafür. Sobald die erste Schlachtreihe zum Stillstand kam, drängten die folgenden nach, womit das Gewicht von mehreren Männern auf den Rücken des Kriegers drückte, der dem Feind unmittelbar gegenüberstand. Unter diesem Anprall ging manch einer der Männer zu Boden: tot, verwundet oder niedergetrampelt. Wenn in der

Mauer aus Schilden eine Bresche entstand, bemühten sich die Männer in der zweiten oder dritten Reihe, diese mit ihren Lanzen weiter zu öffnen, wobei sie aus ihrer vergleichsweise geschützten Stellung auf jeden einstießen und -stachen, den sie erreichen konnten. Sofern es gelang, die gegnerische Schlachtreihe zu öffnen, folgte das *othismos* genannte Drängen mit dem Schild, um die Lücke zu erweitern und Platz zu schaffen, damit der Hoplit seine zweite Waffe, das Schwert, ziehen und Streiche gegen die Beine des Gegners führen konnte. Doch die sicherere Methode war der *othismos*: er konnte zur *pararexis*, dem Durchbruch, führen. Dazu kam es, wenn sich der Gedanke an Flucht bei denen regte, denen der Feind am meisten zusetzte, und diese Männer sich entweder aus den letzten Reihen lösten oder, schändlicher noch, vom Schauplatz der Kampfhandlungen nach hinten strebten und damit ihre Kameraden demoralisierten.

War eine Phalanx durchbrochen, folgte die Niederlage auf dem Fuß. Hatten Hopliten freies Gelände vor sich, versuchten sie mit Lanze oder Schwert den zu Boden zu werfen, der dem Schlachtfeld den Rücken gekehrt hatte. «Hier ging zum ersten und einzigen Mal seit dem minder bedeutsamen Geplänkel vor der Schlacht eine größere Gefahr von den Berittenen und dem leichtbewaffneten Fußvolk aus. Jetzt hatten sie freien Zugang zum Schlachtfeld und konnten beweisen, daß sie brauchbare Kämpfer waren, indem sie die ihnen hilflos preisgegebenen Krieger des Gegners niederritten oder niederrannten.»[28] Dem leichten Fußvolk entkam man nur mit Mühe. Wohl konnte der Hoplit im Laufen Schild oder Lanze von sich werfen, doch war es ihm kaum möglich, sich auf der Flucht seines Panzers zu entledigen. Bei Thukydides heißt es, nach einer Niederlage der Athener bei der Expedition nach Sizilien im Jahre 413 v. Chr. seien «mehr Waffen als Leichen zurückgeblieben». In dem Augenblick, da sich ein Bürger-Soldat zwischen Leben und Tod zu entscheiden hatte, warf er sogar den teuren Panzer fort, der ihn zu Hause als Mann von Ansehen auswies.[29] Doch auch das versprach nicht unbedingt Erfolg. Obwohl der Waffengang höchstens eine Stunde dauerte, war ein Hoplit erschöpft, von der kräftezehrenden Angst nicht weniger als von der körperlichen Anstrengung. Das konnte dazu führen, daß es ihm nicht gelang, den ausgeruhten Leichtbewaffneten zu entkommen, die ihm auf den Fersen waren. Wer kühn und diszipliniert war, konnte sich in einer kleinen Gruppe kämpfend zurückziehen; der Philosoph Sokrates, der die Niederlage der Athener bei Delion im Jahre 424 v. Chr. überlebte, übernahm das Kommando über eine solche Gruppe und machte «schon von ferne klar, daß er beträchtlichen Widerstand leisten werde, sofern ihn jemand anzugreifen wage».[30] Meist aber rannte, wer eine Schlachtreihe verließ, die nicht standgehalten hatte, um sein Leben, wobei manch einer niedergemacht wurde.

Man hat die Verluste einer Phalanx, die unterlag, auf fünfzehn Prozent geschätzt; manche kamen an Ort und Stelle oder in dem Gemetzel um, das auf die Flucht folgte, andere erlagen später ihren Wunden – meist durch Bauchfellentzündung nach einem Stich in den Unterleib. Doch hätten diese Verluste viel schwerwiegender sein können, wenn die Sieger ihren Vorteil ausgenutzt hätten, was sie aber im allgemeinen nicht taten. «Fliehende Hopliten zu verfolgen hielt man für unwichtig: die meisten siegreichen Heere der Griechen waren durchaus bereit, ihr kunstloses Vorgehen zu wiederholen und erneut einen Sieg zu erringen, sollte sich der Feind nach wenigen Tagen wiederum zur Schlacht stellen und sein Glück in falscher Einschätzung der Lage aufs neue versuchen.» Daher «gaben sich gewöhnlich beide Seiten damit zufrieden, während einer Waffenruhe ihre Toten auszutauschen» (es galt bei den Griechen als heilige Pflicht, jeden, der im Kampf fiel, ehrenhaft beizusetzen). Anschließend «zogen die Sieger, nachdem sie auf dem Schlachtfeld zur Erinnerung an ihren Erfolg ein Siegeszeichen oder ein einfaches Mal errichtet hatten, im Triumph heim, wobei sie sich auf die Anerkennung ihrer Angehörigen und Freunde freuten».[31] Warum aber unterließen es die Griechen, bei denen die Schlacht mit einer nie dagewesenen Grausamkeit verlief, ein geschlagenes Heer vollständig zu vernichten? Hanson führt dazu aus: «Keine Seite erstrebte den totalen Sieg im neuzeitlichen Sinne und die Versklavung der Besiegten. Eine Schlacht griechischer Hopliten war ein Kampf kleiner Landbesitzer, denen es in gegenseitigem Einvernehmen darum ging, den Krieg und damit das Töten auf eine einzige, kurze, grauenhafte Begegnung zu begrenzen.»[32]

Für diese modernen Militärstrategen fremde Inkonsequenz der Kriegführung gibt es zwei Erklärungen. Eine reicht sehr weit in die Vergangenheit zurück, die andere hat mit dem Wesen der griechischen *polis* zu tun. Trotz der Unbarmherzigkeit der griechischen Kriegführung, die für primitive Völker, deren ausweichende, zögernde oder indirekte Kampftaktik wir inzwischen kennen, nicht nachvollziehbar war, finden sich darin ausgeprägte Merkmale einer urtümlichen Haltung. Da war zum einen der Wunsch nach Rache: zwar führten die Griechen keinen Krieg wegen der Entführung von Frauen – obwohl auch heutige Wissenschaftler es für möglich halten, daß eine solche Episode im heroischen Zeitalter Auslöser, wenn schon nicht tiefere Ursache des Trojanischen Krieges gewesen sein könnte –, doch sahen die Griechen in der Verletzung der Grenzen ihres Stadtstaates etwas ebenso Empörendes wie die Verletzung eines Tabus. Wenn Übergriffe als Herausforderung empfunden wurden, verstehen wir, weshalb die Hopliten sofort darauf reagierten. Das Prinzip der Satisfaktion, ebenfalls eine äußerst urtümliche Empfindung, könnte erklären, warum man nicht bis zur Clausewitzschen Entscheidung ging, sondern unmittelbar davor aufhörte.

Ohnehin war es bereits eine ungeheure Tat, die natürliche Furcht des Menschen an die Grenze des Erträglichen zu treiben, und nichts anderes war die Entscheidung für die Taktik der Hopliten: Der Kampf Mann gegen Mann mit todbringenden Waffen widerspricht der Natur, und jeder einzelne ertrug ihn nur, weil die anderen die gleiche Gefahr auf sich nahmen und den Mut der Kampfgefährten wie auch deren Stellung in der Schlachtreihe dadurch stärkten, daß sie Schulter an Schulter vorwärts drängten. Die Überlebenden, die diese Gefahren auf sich genommen hatten, waren der Ansicht, sie hätten genug getan. Dem geschlagenen Feind nachsetzen, jene, die Widerstand geleistet hatten, aufstöbern, wäre – vorausgesetzt, die Kraft der Hopliten hätte diese zusätzliche Anstrengung erlaubt – eine neue Dimension der

Kriegführung gewesen, die selbst der offene Geist der Griechen noch nicht erfassen konnte.

Außerdem ist keineswegs sicher, daß ihnen (zumindest im Kampf Grieche gegen Grieche) die Vorstellung der Eroberung im neuzeitlichen Sinn annehmbar erschienen wäre. Die zwischen den Stadtstaaten – Argos, Korinth, Theben und vor allem Athen und Sparta – bestehenden Konflikte waren im «Zeitalter der Tyrannen», dem 7. und 6. Jahrhundert v. Chr., sehr real; dennoch ging es bei einem Krieg meist eher darum, ein Bündnis zu vergrößern, als darum, einen Hauptgegner zu unterwerfen. Von frühesten Zeiten an «war es den Griechen stets bewußt, daß sie sich von anderen Völkern unterschieden ... Beispielsweise durften griechische Kriegsgefangene im Unterschied zu Barbaren nicht versklavt werden ... Zu den großen religiösen Festen des griechischen Jahres, bei denen Menschen aus vielen Städten zusammenkamen» – das gilt vor allem für die Olympischen Spiele –, «waren ausschließlich Menschen griechischer Zunge zugelassen.»

Eroberung war in den Augen der Griechen und insbesondere der Athener sowie ihrer ionischen Vettern in Kleinasien, die ihre Anregungen aus der *metropolis* (Mutterstadt) empfingen, etwas, was man anderen jenseits des Meeres aufzwang. Sie machten weithin Eroberungen, weit genug, um an fremden Gestaden Kolonien zu gründen. Doch obwohl sie häufig blutige Kriege führten, lag ihnen – vielleicht mit Ausnahme Spartas – nichts daran, im eigenen Lande einander um ihre angestammten Rechte zu bringen. Im 6. Jahrhundert waren die Stadtstaaten auf dem Weg zu kollektiven Regierungsformen. «Überall verbreiteten sich Oligarchien, auf Verfassungen gestützte Regierungen oder Demokratien.»[33] Zwar behielten alle Staaten die Institution der Sklaverei bei, doch hat die Forschung in jüngerer Zeit gezeigt, daß das Zahlenverhältnis von Sklaven zu Freien in der *polis* bisher übertrieben wurde. So gab es beispielsweise im 5. Jahrhundert in Athen weit mehr freie Ackerbürger als Sklaven. Das entkräftet die Annahme, die Hopliten hätten in Griechenland – von Sparta abgesehen – nur deshalb Krieg führen können, weil auf ihren kleinen landwirtschaftlichen Anwesen die Unfreien die eigentliche Arbeit verrichteten.[34]

Während des 7. Jahrhunderts war Sparta durch sein unerbittlich militärisches System im Süden Griechenlands zu einer Macht geworden, die niemand herauszufordern wagte. Nur noch durch sich ständig ändernde Bündnisse vermochten ihm die Hauptrivalen Argos, Athen, Korinth und Theben die Stirn zu bieten. Auf die Spitze getrieben wurde der Konflikt im Jahre 510 v. Chr., als Sparta unmittelbar eingriff, um die Einführung der Demokratie in Athen zu verhindern. Wohl kam es dabei zwischen der elitären Haltung der spartanischen Krieger und dem athenischen Modell einer repräsentativen Teilhabe an der Macht zu einem Grundsatzkonflikt, der über hundert Jahre dauerte, doch verbündeten sich die beiden Gegner angesichts der äußeren Bedrohung während eines großen Teils dieser Zeit.

Durch den Machtzuwachs der Perser, die bis 511 v. Chr. ein Reich geschaffen hatten, das neben Mesopotamien und Ägypten auch die Gebiete bis hinauf zum Oxus und Jaxartes umfaßte, sahen sich die Griechen veranlaßt, die ionischen Siedlungen in Kleinasien zu unterstützen. Diese Städte, die zuvor der lydische König Krösus unterworfen hatte und die dann unter persische Herrschaft geraten waren, hatten sich im Jahre 499 v. Chr. mit Hilfe Athens erhoben, um ihre Unabhängigkeit zu erlangen. Der persische Großkönig Darius schlug den Aufstand im Jahre 494 v. Chr. nieder, war aber entschlossen, das Übel an der Wurzel – das heißt auf dem griechischen Festland – zu packen. So ging er im Jahre 490 v. Chr. an der Spitze eines gut ausgerüsteten Heeres von fünfzigtausend Mann an Bord und landete mit der gefürchteten persischen Flotte nahe der Ebene von Marathon, knapp sechzig Kilometer nördlich von Athen. Die Athener setzten sich sogleich in Marsch, um dem Vorrücken der Perser ins Binnenland Einhalt zu gebieten. Zwar stießen die Verbündeten aus Platää zu ihnen, doch schickten die Athener auch einen dringenden Hilferuf an Sparta. Die Spartaner ließen wissen, sie würden kommen, sobald eine unmittelbar bevorstehende religiöse Feier beendet sei. Bis ihre ersten Truppen eintrafen, war die Schlacht von Marathon vorüber. Die Athener hatten bei geringen eigenen Verlusten ein Siebtel der persischen Streitmacht vernichtet, und der Feind zog sich auf seine Schiffe zurück.

Das war der erste unmittelbare Zusammenstoß zwischen der griechischen Phalanx und den minder festen Reihen eines dynastischen Heeres aus dem Vorderen Orient, das aus Soldaten unterworfener Völker von sehr unterschiedlicher Kampfkraft bestand. Hanson zeigt, wie sehr das Vorrücken der Griechen den Feind beunruhigt haben muß. Mardonios, der Neffe des Großkönigs Darius und Befehlshaber der bei Marathon gelandeten Flotte, hat sich über den unnatürlichen Blutdurst der Athener und ihrer Bundesgenossen aus Platää wie folgt geäußert: «Die verschiedenen Kontingente des großen Heeres der Perser mit ihrem drohenden Aussehen und dem Lärm, den sie machten, hatten, wie man sich denken kann, eine völlig andere Vorstellung vom Ausgang der Schlacht... Doch waren die Perser dem gefährlichsten Hang zum Opfer gefallen, den es im Krieg gibt: sie wollten töten, ohne dabei selbst ihr Leben aufs Spiel zu setzen... Beim Anblick der Griechen, die sich bei Marathon in ihren schweren Rüstungen im Laufschritt näherten, glaubten sie, ein ‹zerstörerischer Wahnsinn› habe jene erfaßt. Als die in der Minderzahl befindlichen griechischen Hopliten in ihre Reihen vorstießen, dürften die Perser endlich begriffen haben, daß diese Männer nicht nur Apollo verehrten, sondern auch den ungezügelten Gott Dionysos.»[35]

Die Spartaner machten sich wegen ihres Fernbleibens bittere Vorwürfe, vor allem wegen des Ruhmes, den der Sieg bei Marathon den Athenern eintrug. Dennoch sahen sie ein, daß der Angriff der Perser und die damit verbundene Bedrohung sie verpflichtete, ihr Hilfsangebot aufrechtzuerhalten. So entwarfen sie zusammen mit den Athenern Verteidigungspläne für den Fall, daß der gemeinsame Feind wiederkehren sollte. Tatsächlich hatten die Perser ihre Absichten nicht aufgegeben. Zwischen 484 und 481 v. Chr. verbündete sich Xerxes, Nachfolger des inzwischen verstorbenen Darius, mit Karthago, damit die griechischen Siedler auf Sizilien ihren Vettern auf dem Festland nicht zu Hilfe kämen, und zugleich arbeitete er ausgeklügelte logistische Pläne aus. Dazu gehörte die Errichtung einer Bootsbrücke über den Bosporus, die Meerenge zwischen Asien und Europa, um die

Nachschub- und Verbindungslinie für das Vorrücken seiner Truppen zu sichern.

Als diese Pläne bekannt wurden, versuchten viele der kleineren griechischen Staaten, Frieden mit Xerxes zu machen. Lediglich Athen und die Staaten auf dem Peloponnes blieben standhaft. Sparta versuchte Athen zu überreden, seine Streitkräfte über die leicht zu verteidigende Landenge von Korinth auf den Peloponnes zu entsenden, wo sie sich mit denen der anderen Städte des Peloponnesischen Bundes vereinigen sollten. Dazu waren die unter Themistokles' Kommando stehenden Athener nicht bereit, hätten sie dann doch ihre Stadt im Stich lassen müssen. Statt dessen erklärten sie, ihre starke Flotte werde die dem Meer zugewandte Flanke einer Expeditionsstreitmacht des Bundes schützen und man solle den Persern weiter nördlich entgegentreten.

Da nur wenige der Verbündeten bereit waren, ihre Truppen auf den Peloponnes zu schicken, stimmte Sparta, wenn auch zögernd, der Strategie der Athener zu und erklärte sich bereit, dort, wo die Küstenstraße aus der thessalischen Ebene durch den Engpaß der Thermopylen führt, eine Linie zu verteidigen. Vor der Küste bot die zu zwei Dritteln aus athenischen Schiffen bestehende Flotte unter dem unmittelbaren Kommando des Themistokles im August 480 v. Chr. den Persern, die in einem Sturm schwere Verluste erlitten hatten, Widerstand. Bei Thermopylae verhinderte Leonidas, der König der Spartaner, das Vorrücken des persischen Heeres, bis es ihm durch Verrat in den Rücken fiel. In einem Akt der Selbstaufopferung, der sprichwörtlich für in aussichtslosen Situationen bewiesenen Mut werden sollte, hielten er und seine Leibwache – «die dreihundert vom Paß» – die Stellung, während sich die Flotte vom Gegner löste, Athens Bevölkerung auf die Insel Salamis evakuierte und die Kampfhandlungen abwartete.

Die übrigen Streitkräfte des Bundes hatten sich inzwischen auf Positionen südlich der Landenge von Korinth zurückgezogen, was Themistokles die Gelegenheit gab zu zeigen, daß man die Perser zur See schlagen konnte. Voller Hinterlist gab er Xerxes zu verstehen, die Athener würden nichts unternehmen, wenn die persische Flotte näherrücke. Auf diese Weise lockte er sie in küstennahe

Gewässer, wo sie ihre zahlenmäßige Überlegenheit (annähernd siebenhundert gegen fünfhundert Kampfschiffe) nicht ausspielen konnte. An einem einzigen Tag, vermutlich dem 23. September 480 v. Chr., zerstörten die Athener, die dabei nur vierzig Schiffe verloren, die Hälfte der persischen Flotte und zwangen den Rest, sich nach Norden zurückzuziehen.

Die Seestrategie der Griechen

Xerxes' Invasion war nicht vollständig vereitelt worden. Dies geschah erst im folgenden Jahr, als Athen und Sparta – im Juli in der Schlacht von Plataä zu Lande, im August in der Seeschlacht von Mykale – gemeinsam den Rest der persischen Expeditionsstreitmacht mit deren griechischen (hauptsächlich thebanischen) Verbündeten schlugen und sie nicht nur vom griechischen Festland vertrieben, sondern auch erneut den Bosporus einnahmen und hielten.

Der Feldzug der Jahre 480–79 v. Chr. bestätigte, was Außenstehenden erstmals ein Jahrzehnt zuvor bei Marathon vorgeführt worden war: zum Sieg über eine griechische Phalanx bedurfte es entweder griechischer Tapferkeit, griechischer Hopliten oder einer neuen und komplexeren Taktik. Die Tapferkeit der Griechen ließ sich nicht nachahmen, griechische Söldner waren daher heißbegehrt – die Perser hatten bei der Eroberung Ägyptens im Jahre 550 v. Chr. Griechen eingesetzt –, und taktische Experimente, insbesondere mit gepanzerten Berittenen, wurden hinfort immer häufiger. Die bedeutendere Hinterlassenschaft des Feldzugs von 480–79 v. Chr. jedoch betraf nicht das Heer, sondern die Seestreitmacht. Mit einem Mal galt in Ländern, die an ein Binnenmeer grenzten, die Macht einer Flotte ebensoviel wie die eines Heeres, womit einer neuen und wahrhaft strategischen Art der

Kriegführung der Weg bereitet wurde. Diese bestimmte den Rest des Jahrhunderts hindurch den Kampf um die führende Position im östlichen Mittelmeer. Ihre Grundsätze fanden im Laufe der Zeit den Weg in den Wissensschatz aller seefahrenden Völker.

Die Seestrategie der Griechen, insbesondere der Athener, beruhte auf dem geruderten Kampfschiff. Vermutlich hatten es zu Anfang des 1. Jahrtausends v. Chr. die Phönizier nach frühen syrischen oder zypriotischen Vorbildern entwickelt. Zur Zeit des Xerxes waren die Phönizier persische Untertanen, doch ihre Technik hatte bereits den Weg nach Griechenland gefunden. Die sechsunddreißig Meter lange und vier Meter fünfzig breite Trireme der Athener, ein schweres Schiff mit kräftigem gepanzertem Bugsporn, wurde von Männern gerudert, die in drei übereinander angeordneten Reihen saßen. Dank der hohen Geschwindigkeit, die ein solcher Dreiruderer erreichte, war es möglich, gegnerische Schiffe mit einem Rammstoß zu versenken.[36] Die athenischen Ruderer stammten aus einer Bevölkerungsschicht unterhalb der der Hopliten, die als Seesoldaten an Bord gingen. Wenn Schiffe längsseits gegangen waren, wurde eher Mann gegen Mann als Schiffsrumpf gegen Schiffsrumpf gekämpft. Im Handgemenge griffen auch die Ruderer ein.[37]

Die Stärke der athenischen Flotte und die militärische Bedeutung, die ihr die Stadt im Laufe der Zeit zuwies, hingen mit der Entwicklung der Wirtschaft und der Außenbeziehungen während der zurückliegenden zwei Jahrhunderte zusammen. Sparta hatte den militärischen Vorteil, den es seiner exklusiven Gesellschaftsordnung verdankte, dazu genutzt, auf dem Peloponnes seine herausragende Stellung auszubauen. Athen hatte sich, nicht zuletzt weil es schwierig war, die Bevölkerung von den Erträgen des kargen Bodens zu ernähren, dem Handel zugewandt und sich immer stärker zu einem politisch operierenden Staat entwickelt, der sich bis nach Kleinasien hinein auf Verbündete oder abhängige Städte stützen konnte. Dieses Bündnissystem wies Athen die Führungsrolle in dem Krieg zu, der auf die Schlachten bei Salamis und Platää folgte und in dessen Verlauf – beim Kampf um die Herrschaft über Ägypten zwischen 460 und 454 v. Chr. – sowohl die See- als auch die Expeditionsstreitmacht eingesetzt wurde. Das autarke Sparta, dem keine Gefahr drohte, hielt sich aus dem Krieg heraus, während ihn Athen an der Spitze des aus kleineren Städten bestehenden attisch-delischen Seebundes energisch betrieb, wobei den Mitgliedern immer höhere Beiträge abverlangt wurden. Schließlich leisteten hundertfünfzig Städte Beiträge.

488 v. Chr. hatte Athen die Kampfbereitschaft der Perser gebrochen, und man schloß Frieden. Allerdings ging damit kein Friede im Inneren einher. Athens Forderungen hatten die Steuerbürger in den Städten des attisch-delischen Seebundes weithin verärgert. Zwar bewirkte ein Eingreifen Athens bisweilen einen Aufstand, als dessen Ergebnis eine Demokratie nach athenischem Vorbild eingeführt wurde. Doch die Auswirkungen der erpresserischen Forderungen Athens, politische Unterwanderung und die immer ausgeprägtere strategische und wirtschaftliche Vorherrschaft der Athener veranlaßten zuerst Korinth und schließlich eine Stadt nach der anderen, sich gegen Athen zu stellen. Es kam zu Feindseligkeiten, in deren Verlauf sich Sparta auf die Seite Korinths und Thebens schlug. Der erste Peloponnesische Krieg endete 445 v. Chr., ohne daß es auf der einen oder anderen Seite schwere Verluste gegeben hätte.

Doch hatten sich die Athener auf einen Weg begeben, der eine erneute Kraftprobe unausweichlich machte. Zum einen hatten sie sich hinter den «langen Mauern» verschanzt, einer Befestigungsanlage, die nicht nur die Stadt selbst, sondern auch ihren Hafen Piräus schützte, womit sie von Land her uneinnehmbar wurde. Zum anderen konzentrierte Athen auf Betreiben des Perikles seine finanziellen und militärischen Mittel auf eine Ausdehnung zur See. Damit hob sich Athen nicht nur von den anderen Städten ab, sondern strebte auch rücksichtslos eine Vormachtstellung gegenüber den einstigen Verbündeten im attisch-delischen Seebund an und stellte sowohl die Interessen der anderen großen Handelsstädte wie auch den Status Spartas als militärische Hauptmacht auf dem Festland in Frage. Im Jahre 433 v. Chr. kam es zwischen Athen und Korinth zum Krieg, in den Sparta 432 v. Chr. gemeinsam mit den Städten des Böotischen und des Peloponnesischen Bundes eintrat.[38]

Dieser eigentliche Peloponnesische Krieg, der im Jahre 404 v. Chr. mit der Niederlage Athens und dem Sieg Spartas endete, erschöpfte das System der griechischen Stadtstaaten endgültig. Infolge der fortgesetzten Feindseligkeiten fiel das Land der Eroberung und Zwangseinigung durch die mit den Griechen verwandten Makedonen zum Opfer, die in den Augen der Griechen freilich Halbbarbaren waren. Dadurch wurden sowohl die Sonderrolle Griechenlands als einer aus freien Menschen bestehenden Kultur am Rande eines expansionslüsternen asiatischen Reiches als auch der Glanz seines geistigen und künstlerischen Lebens schließlich überlagert. Der Peloponnesische Krieg wurde als Konflikt zwischen gegensätzlichen Mächten, Landmacht gegen Seemacht, ausgetragen, bei dem keine Seite einen Vorteil hatte. Anfangs versuchte Sparta, Athen auszuhungern, indem es nahezu alljährlich in dessen Hinterland einfiel. Diese Blockaden überstand die Stadt, indem sie ihre Landbevölkerung praktisch aufgab und sich auf dem Seeweg versorgte. In erster Linie stammten die Importe aus den Getreideanbaugebieten um das Schwarze Meer. Als Sparta im Jahre 424 v. Chr. ein Heer ausschickte, das die thrakischen Häfen einnehmen sollte, über die der Seeweg führte, sah sich Athen genötigt, um einen Waffenstillstand zu bitten, doch gebot Sparta nicht über die diplomatischen Fähigkeiten, die einen dauerhaften Frieden hätten ermöglichen können.

Als Sparta von einigen seiner Verbündeten verlassen wurde, machte sich Athen erneut Hoffnungen auf einen Sieg, weitete im Jahre 415 den Krieg aus und suchte die Entscheidung. Eine athenische Flotte machte sich auf den Weg nach Sizilien in der Hoffnung, die gesamte Insel zu erobern und sich in den Besitz einer Versorgungsbasis zu bringen, die seine wirtschaftliche Position endgültig festigen würde. Dies Unternehmen löste eine größere Krise aus, als Athen recht sein konnte. Nunmehr erkannte Sparta, daß es um die Frage ging, welcher der beiden Städte in der griechischen Welt der Vorrang gebühren sollte. Es gab seine bei den Thermopylen eingenommene Haltung auf und wandte sich an die Perser um Hilfe. Zwischen 412 und 404 v. Chr. fügten deren Flotte und das spartanische Heer in einer Reihe von Land- und Seeschlachten, die sich bis hin zum Bosporus zogen, Athen Niederlage um Niederlage zu, so daß es sich schließlich genötigt sah, seine Streitkräfte hinter die langen Mauern zurückzuziehen. Nachdem im Jahre 405 die persische Flotte in der Schlacht von Aigospotamoi an den Dardanellen die der Athener vernichtet hatte, erschien sie vor dem Piräus, und im April 404 mußte Athen, zu Lande und zu Wasser eingeschlossen, kapitulieren.

Makedonien und der Höhepunkt der Phalanx

Mit dem Peloponnesischen Krieg waren die kriegerischen Auseinandersetzungen zwischen den Griechen nicht beendet. Das 4. Jahrhundert sollte auf dem Festland wie in den überseeischen Besitzungen eine schmerzliche Zeit werden, denn man strebte weiter nach Vorteilen, wechselte immer willkürlicher die Bündnispartner und versicherte sich der Hilfe Persiens. Der Geist des Egoismus stand gegen die Vaterlandsliebe, die einst Griechenland gegen Darius und Xerxes geeinigt hatte. Zwischen 395 und 387 v. Chr. schlossen sich Athen und seine Bundesgenossen mit Persien gegen Sparta zusammen, das die Sache der griechischen Städte in Kleinasien auf seine Fahnen geschrieben hatte. In der Schlacht bei Knidos vernichtete eine aus athenischen und persischen Schiffen bestehende Flotte Spartas Seestreitmacht. Der folgende Wiederaufstieg Athens beunruhigte Persien so sehr, daß es insgeheim Sparta unterstützte. Die dadurch erzeugte Pattsituation zwang die Griechen, Persiens Oberhoheit im In- und Ausland nominell anzuerkennen. Sparta aber bemühte sich, das Ergebnis des Peloponnesischen Krieges durch die Unterwerfung Thebens zu festigen, das inzwischen sein Hauptrivale zu Lande war. Die Thebaner errangen zwei bemerkenswerte Siege, den einen bei Leuktra im Jahre 371 und den anderen bei Mantineia im Jahre 362.

Bei dieser Gelegenheit zeigte Thebens herausragender Feldherr Epaminondas, daß sich mit dem System der Phalanx, wenn man dem Feind gegenüberstand, entscheidende taktische Manöver durchführen ließen. So verstärkte er bei Leuktra, wo er gegen die elftausend Mann des Feindes lediglich sechstausend aufbieten konnte, den linken Flügel um das Vierfache, kaschierte die Schwäche auf dem rechten Flügel und führte seine linken Truppen massiert zum Angriff. Da die Spartaner das bei der Phalanx übliche Vorgehen erwarteten, bei dem beide Seiten auf der ganzen Länge der Front mit voller Wucht aufeinanderprallen, unterließen sie es, den bedrohten Abschnitt rechtzeitig zu verstärken. Die Thebaner brachen durch und fügten den Spartanern schwere Verluste zu, ohne selbst nennenswerte zu erleiden. Die Spartaner ließen sich neun Jahre später bei Mantineia auf die gleiche Weise noch einmal überrumpeln und wurden erneut geschlagen. Epaminondas fiel im Augenblick des Sieges; der Heerführer, der mit der Phalanx experimentierte, hatte sich selbst erhöhter Gefahr ausgesetzt. So kam es, daß Theben zu der Zeit der Krise führerlos war.

Nun verlagerte sich die Macht in Griechenland von den etablierten Städten im Süden und der Mitte nordwärts. Dort hatte Makedonien unter dem energischen neuen König Philipp eine regionale Vormachtstellung errungen. Philipp bewunderte Epaminondas und strukturierte das makedonische Heer mit dem Ziel um, dessen Fähigkeit zu taktischen Manövern zu verbessern. Nachdem er an der West- und Nordgrenze seine Gegner niedergeworfen hatte, griff er in die innergriechischen Angelegenheiten ein: im dritten Heiligen Krieg (355–46 v. Chr.) schlug er die Athener, nahm eine ganze Reihe mit Athen verbündeter Städte ein und errang die Führung der Amphiktyonie, einer Art Eidgenossenschaft. Da Philipp seine Eroberungszüge außerhalb Griechenlands fortsetzte, konnte er seine Macht bald noch mehr ausweiten. Demosthenes hatte angesichts der von Makedonien ausgehenden Gefahr seine athenischen Mitbürger und ganz Griechenland aufgefordert, sich wie einst gegen Persien zusammenzuschließen, doch verhallte seine Aufforderung ungehört. Im Jahre 339 v. Chr. erklärten Athen und Theben erneut der Amphiktyonie den Krieg.

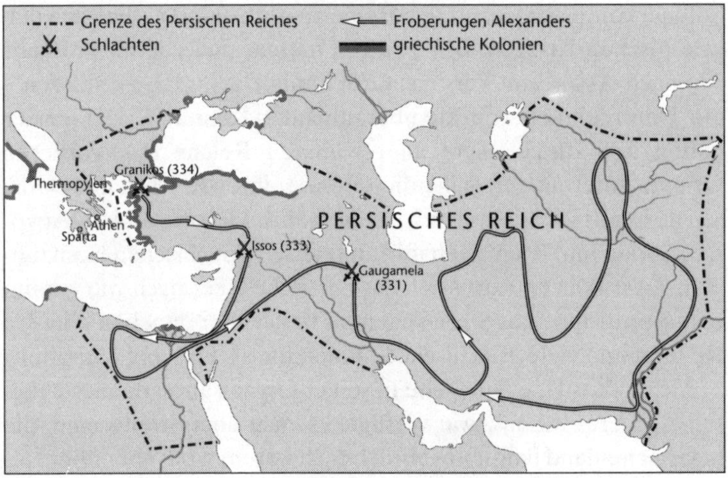

Die Eroberungen Alexanders des Großen, 334–323 v. Chr.

Bei Chaironeia stieß die Koalition der Griechen im folgenden Jahr auf Philipp und wurde vernichtend geschlagen. Ein Jahr später berief Philipp einen Rat sämtlicher griechischer Stadtstaaten ein, wobei alle außer Sparta seine Führung anerkannten und sich auf seinen Wunsch Makedonien, das den Einfluß Persiens auf die griechischen Länder brechen wollte, zu einem Feldzug nach Kleinasien anschlossen.

Philipps achtzehnjähriger Sohn Alexander hatte bei Chaironeia mitgekämpft und die Reiterei auf dem linken Flügel zum entscheidenden Angriff geführt. Zwei Jahre später war er selbst König; die Frage, ob er an der Verschwörung, durch die sein Vater ums Leben kam, beteiligt war, beschäftigt seine Biographen bis auf den heutigen Tag. Die Politik Makedoniens blieb auch nach dem Machtwechsel die gleiche; Alexander betrieb das Vorhaben eines «Kreuzzugs» gegen Persien sogar mit noch größerem Nachdruck als sein Vater. Nachdem er dessen alte Feinde an Makedoniens Nordgrenze unterworfen und den aufflackernden thebanischen Widerstandsgeist gebrochen hatte, rief er das makedonische Heer zusammen, verstärkte es in beträchtlichem Umfang mit

Söldnerkontingenten aus den Reihen jener Soldaten, die nach den griechischen Kriegen nichts zu tun hatten, und zog im Frühjahr 334 nach Asien, um Persiens Großkönig Darius III. zu stürzen – ein Unternehmen von atemberaubender Kühnheit. Die Perser hatten sich die Gebiete aller früheren Reiche des Vorderen Orients untertan gemacht; die Grenzen ihres Reiches umschlossen nicht nur ihr Stammland, sondern auch Mesopotamien, Ägypten, Syrien und Kleinasien mitsamt dessen griechischen Besitzungen. Zwar konzentrierte sich das persische Heer nach wie vor um eine Kerntruppe aus Streitwagen, es besaß aber daneben schwere Reiterei und viele griechische Söldner, die als Fußvolk kämpften.

Alexanders Heer spiegelte in seiner Organisation die des persischen Heeres wider. Zwar verfügte es nicht über Streitwagen, die in Griechenland längst ungebräuchlich waren, wohl aber über Regimenter schwerer Reiterei. Seine Stoßtruppen, mit Lanze und Schwert bewaffnete gepanzerte Reiter, die aber noch ohne Steigbügel und auf einem relativ einfachen Sattel ritten, unterstützten die mächtige Kerntruppe der Phalanx, deren Angehörige den herkömmlichen griechischen Brustpanzer trugen, aber mit einer längeren Lanze ausgerüstet waren, der *sarissa*, wodurch die Phalanx doppelt so tief gestaffelt werden konnte wie zuvor. Zwar wurden die Untereinheiten auf Stammesbasis zusammengestellt, doch noch wichtiger war, daß Alexander in den Griechen, die er nach Persien führte, weitgehend ein gemeinsames Vaterlandsgefühl wachrufen konnte. (Die makedonischen Angehörigen seiner Truppe waren ohnehin von einem starken Nationalgeist entflammt.) Insgesamt gebot er über fünfzigtausend Soldaten, in der Mehrzahl Fußvolk – eine gewaltige Menge, wenn man sie mit jenen Kontingenten vergleicht, die in den größten Schlachten des Peloponnesischen Krieges einander gegenübergestanden hatten. Sparta hatte dort selten mehr als zehntausend Mann aufbieten können.[39]

Zwölf Jahre lang führte Alexander seinen Asienfeldzug, und sein ruheloser Geist trieb ihn schließlich auf der Suche nach neuen Eroberungen bis in die Ebenen Nordindiens. Die entscheidenden Schläge versetzte er Persien schon früh, nämlich in den drei

Schlachten am Granikos (334), bei Issos (333) und Gaugamela (331), in denen er die Widerstandskraft des persischen Heeres nach und nach schwächte und es schließlich niederrang. Die Schlacht am Granikos war lediglich ein Vorspiel. Sie ist in erster Linie wegen der entschlossenen Führung Alexanders an der Spitze seiner Reiterei bemerkenswert. «Es war ein Reiterkampf», schrieb sein Biograph Arrian, «der allerdings wie ein von Fußtruppen ausgetragener Kampf geführt wurde. Ein Pferd schob das andere... um die Perser fort vom Ufer in die Ebene zu drängen, während diese nicht zulassen wollten, daß Alexanders Truppen vom Flußufer aus Boden gewannen.»[40]

Alexander wählte diese Stelle für den Angriff, als er bemerkte, daß sich die Perser schutzsuchend hinter die Uferböschung zurückgezogen hatten: ein deutlicher Hinweis auf «Feigheit» und ein Überbleibsel der «primitiven» Taktik, einem Kampf auszuweichen. Diese Taktik sollte weitere tausend Jahre lang das Ethos der Heere im Vorderen Orient bestimmen.

Alexanders griechisch geprägter Wille zur unmittelbaren Konfrontation ließ ihn dort angreifen, wo die Perser am stärksten schienen. Der Durchbruch gelang. Die griechische Söldnerphalanx in der zweiten Reihe der Perser, «die sich nach der unvorhergesehenen Katastrophe nicht vom Fleck rührte», wurde umzingelt und niedergemacht.[41] Alexander selbst wurde verwundet, doch war das angesichts des Sieges zweitrangig. Er hatte bewiesen, daß eine griechische Phalanx zusammen mit gepanzerten Reitern den Krieg auf persisches Gebiet tragen und ihren Vorteil nutzen konnte.

Dies demonstrierte er im folgenden Jahr bei Issos. Erneut entschied er sich im Anblick des zahlenmäßig dreifach überlegenen Gegners (falls die beste Schätzung stimmt, der persönlich anwesende Darius habe 160000 Mann kommandiert) zum Angriff gegen den stärksten Frontabschnitt. Diesen erkannte er daran, daß die Perser «an manchen Stellen Palisaden errichtet hatten, was Alexanders Stab verriet, daß Darius nicht besonders mutig sein konnte».[42] Alexander führte seine Reiter im Galopp über das Gelände, das von den persischen Bogenschützen mit einem Pfeilhagel eingedeckt wurde, unmittelbar gegen die Flanke, an der Darius stand. In der Mitte traf seine Phalanx auf die der griechischen Söldner der Perser. Zwar hielten diese stand, doch rollte Alexander, nachdem sich Darius zur Flucht gewendet hatte, mit seinen Reitern die vom Fußvolk gehaltene Flanke des Feindes auf und errang so den Sieg.

Zur dritten Begegnung kam es, nachdem Alexander die inzwischen von Darius aufgegebenen Teile des persischen Reiches – Syrien, Ägypten und den Norden Mesopotamiens – besetzt hatte. Dreiundzwanzig Monate nach der Schlacht bei Issos, am 1. Oktober 331 v. Chr., stellte er die persische Armee erneut, und zwar bei Gaugamela. Die Makedonier schienen an der Grenze ihrer Möglichkeiten zu sein, denn als sie den Euphrat überquerten, um in Mesopotamien einzudringen, mußten sie ihre Flotte zurücklassen. Darius glaubte, sofern es ihm gelänge, Alexander aus einer starken Stellung heraus festzuhalten, könne er ihn entweder an Ort und Stelle schlagen oder sein zum Rückzug genötigtes Heer werde sich auflösen. Darius ließ bei Gaugamela eine sehr starke Stellung vorbereiten, indem er an einem Nebenfluß des Tigris ein rund zwanzig Quadratkilometer großes Gelände von allen Hindernissen befreien ließ. Seine Streitwagen – an deren Rädern wahrscheinlich Sicheln angebracht waren – sollten unbehindert manövrieren können. Zudem ließ er drei parallele Bahnen anlegen, über die sie angreifen konnten (wie wir gesehen haben, richteten auch die Chinesen ein Schlachtfeld auf diese Weise her). Zu seiner Streitmacht gehörten nicht nur Streitwagenkämpfer (er selbst paradierte gemäß der Tradition der Herrscher des Vorderen Orients in einem Streitwagen), sondern auch Kontingente aus vierundzwanzig verschiedenen Völkerschaften, teils Untertanen, teils Söldner. Darunter befanden sich neben einigen wenigen Griechen skythische Steppenreiter, indische Reiterei und sogar eine Truppe mit Kriegselefanten. Wie am Granikos und bei Issos waren die Perser der makedonischen Armee zahlenmäßig stark überlegen – sie verfügten über mindestens vierzigtausend Reiter – und nahmen auf einem von ihnen selbst gewählten Gelände gut geschützt Aufstellung.[43]

Alles sah nach einem sicheren Sieg aus, hätte nicht Alexander Darius warten lassen und außerdem eine völlig neue Taktik angewendet. Während Alexander das Treffen vier Tage lang hinauszögerte, mußten die Perser in ihren Positionen verharren. Als er endlich angriff, paßte er die Aufstellung seiner Truppen der von Darius an: die Reiterei stellte er auf die Flügel und das Fußvolk in die Mitte, führte dann aber seine Truppen in einer klugen Variante des von Epaminondas bei Leuktra durchgeführten Manövers quer über die persische Linie, um die linke Flanke des Feindes zu bedrohen. Die verdutzten Perser zögerten mit dem Gegenangriff, bis die Makedonier herangekommen waren; als sie schließlich angriffen, war Alexander mit seinen Reitern nahe genug, um sie in die entstandene Lücke zu führen, was den Großkönig, der sich Alexander unmittelbar gegenübersah, zu panikartiger Flucht veranlaßte.

Erst zehn Monate später stieß Alexander wieder auf Darius. Allerdings war dieser unmittelbar zuvor dem feigen Anschlag seiner Höflinge zum Opfer gefallen. Alexander, der sich bereits zum Pharao und König von Babylon ausgerufen hatte und später den Titel eines persischen Großkönigs annahm, nannte sich nunmehr König von Asien. In der Heimat, wo Aufstände der nach wie vor abtrünnigen Spartaner und Athener niedergeschlagen worden waren, hatte der Korinthische Bund seine Ernennung zum Hegemon auf Lebenszeit bestätigt; jetzt machte sich Alexander daran, seine Pläne zu verwirklichen. Welche Möglichkeiten standen ihm offen? «Er konnte sich an den Euphrat zurückziehen, was ausgereicht hätte, Persiens militärische und wirtschaftliche Kraft niederzuhalten; er konnte sich, wie später Trajan, mit der Beherrschung des reichen Zweistromlandes begnügen; oder er konnte das persische Reich ganz erobern. Er entschied sich für letzteres, denn das persische Reich ähnelte Makedonien insofern, als seine fruchtbaren Ebenen den Angriffen der wilden Bergvölker im Norden ungeschützt ausgesetzt waren und seine äußeren Provinzen ein Bollwerk gegen kriegslüsterne Nomadenvölker bildeten.»

Kurz, Alexander hatte die strategischen Probleme der Beherrscher der Ebene «geerbt», deren Nachfolger er war. Sie traten auch andernorts auf: in der Beziehung Chinas zu den Völkern nördlich der großen Schleife des Hwangho, in den Kriegen, die Rom und Byzanz an ihren asiatischen Grenzen führen mußten, und letztlich auch in den Bemühungen des christlichen Europa, die Steppengrenze im Osten festzulegen und zu halten. Alexander schien diese Schwierigkeiten brillant zu bewältigen, indem er seine Einflußsphäre ständig Richtung Osten erweiterte, so daß keinem der potentiellen Eindringlinge ins persische Kernland eine brauchbare Angriffsposition blieb. In Wirklichkeit aber verfolgte er mit seinen ausgedehnten militärischen Streifzügen durch Zentralasien und Nordindien eine Schimäre. Nach jedem Sieg tauchte ein neuer Feind auf, bis ihn sein Heer, des langen Herumziehens in der Fremde zuletzt müde geworden, zur Umkehr nötigte. Alexander ließ eine Reihe oberflächlich hellenisierter Satellitenstaaten zurück, die seine Feldherren nach seinem Tod im Jahre 323 v. Chr. in Babylon in eigenem Namen regierten. Diese Gründungen, deren Herrscher auch untereinander zu streiten begannen, waren allerdings zu schwach, so daß die meisten im Verlauf des folgenden Jahrhunderts vom Hellenismus abfielen und zu ihrem ursprünglichen Charakter zurückkehrten.

Alexander hatte zu einem günstigen Zeitpunkt gehandelt. Sein Hauptziel, das achämenidische Persien, hatte seine Macht zu weit ausgedehnt und war anfällig geworden für Angriffe an der Peripherie des Reiches. Gegenüber der entschlossenen, Mann gegen Mann fechtenden makedonischen Phalanx und Alexanders Panzerreitern, die sich im Kampf, wie Arrian scharfsinnig anmerkt, wie berittene Hopliten verhielten, mußte sich Persien weitgehend auf Soldaten verlassen, die strategisch der Tradition des Vorderen Orients verhaftet waren, einem Handgemenge aus dem Wege zu gehen, hinter einem Schirm von Geschossen zu kämpfen und sich darauf zu verlassen, daß Hindernisse das Vorrücken des Feindes behinderten. Auch war es günstig für Alexander, daß er bei seinem Vordringen nach Zentralasien – nachdem er das persische Kernland erobert hatte – auf Völker stieß, die ihre Stärke erst im folgenden Jahrtausend aus dem Islam und aus ihrer angesammelten Erfahrung des erfolgreichen Reiterkampfes ziehen sollten. Alexanders Leben war in der Tat ein Epos; wenn seine byzantinischen Nachfolger im Kampf um die Erhaltung der Grenzen ihres Reiches am Kaukasus und Nil seine Erfolge nicht zu wiederholen vermochten, lag das jedoch nicht daran, daß ihnen sein Wille, seine Fähigkeiten oder seine Mittel gefehlt hätten, sondern daran, daß sie sich einer weit gewaltigeren militärischen Aufgabe gegenübersahen.

Rom: Die Mutter der neuzeitlichen Armeen

Der Niedergang des Hellenismus im Osten hatte eine Parallele in Alexanders Heimat, entwickelte sich dort jedoch nicht aus Streitigkeiten unter seinen Nachfolgern. Die Macht des Hauses Makedonien in seinem Stammland wie auch über Griechenland wurde von einem Volk gebrochen, das zu Alexanders Lebzeiten bedeutungslos gewesen war – den Römern. Der Aufstieg Roms verdankte viel den Griechen. Im 6. Jahrhundert v. Chr. war Rom kaum mehr als ein Dorf an den Ufern eines Flusses, an dem unter der Regentschaft eines Königs drei Stämme mit etruskischen Namen lebten. Man nimmt an, daß die Bevölkerung unter der Regierung des Servius Tullius, 578–34 v. Chr., in fünf militärische Klassen eingeteilt war, die von den Besitzenden befehligt wurden. Man gründete eine Miliz, deren Taktik die der Hopliten gewesen sein dürfte.[44] Später behaupteten die Römer, ihre Taktik von den Etruskern übernommen zu haben, doch es ist wahrscheinlicher, daß sie von den Griechen stammte – wohl von jenen, die in größerer Zahl in Unteritalien lebten.

Um 510 v. Chr. wurde die Monarchie durch eine republikanische Regierungsform ersetzt. Rom begann seinen Herrschaftsbereich erstmals auszudehnen – anfänglich durch Auseinandersetzungen mit den Etruskern, die ihrerseits von den Galliern in Norditalien unter Druck gesetzt wurden, dann mit den Galliern selbst und schließlich mit den Samniten im Süden. Als Rom bei der Expansion Richtung Süden im 3. Jahrhundert v. Chr. mit den griechischen Kolonien in Kalabrien und Apulien zusammenstieß, riefen diese Pyrrhus zu Hilfe, der in der Nachfolge Alexanders in Griechenland über Epirus herrschte. Er siegte zwar, brach aber den Feldzug unter dem Eindruck der Verluste ab, die der Kampf gegen das römische Heer gefordert hatte, vor allem in den Schlachten von Ausculum (279) und Benevent (275).

Mittlerweile hatte sich die römische Armee in ihrem Aufbau weitgehend von dem Modell des Hoplitenheeres gelöst. Während der Kriege gegen die Gallier, die in einer losen und mobilen offenen Schlachtordnung kämpften, hatten die römischen Befehlshaber die Nachteile erkannt, die ihren Truppen aus den dichten Reihen der Phalanx erwuchsen. Daher führten sie ein System ein, das es einzelnen taktischen Einheiten, den sogenannten Manipeln, gestattete, sich auf dem Schlachtfeld frei zu bewegen. Ferner gaben sie die Lanze zugunsten eines Speeres *(pilum)* auf, dem der Soldat mit dem Schwert in der Hand folgte, nachdem er ihn geworfen hatte. Schritt für Schritt tauschten die Soldaten der Legion – so hießen die Gruppen von Manipeln, die eine Division bildeten – im Laufe des 4. Jahrhunderts v. Chr. die schwere Ausrüstung der Hopliten gegen eine andere ein. Künftig trugen sie einen leichten länglichen Schild und einen einheitlichen und viel leichteren Brustpanzer aus Eisenringen, der zwar den Stößen der Lanzen in der Phalanx nicht standgehalten hätte, aber ausreichte, Schwertstreiche, Speer- und Pfeilspitzen abzulenken.

Für die Leistungsfähigkeit der römischen Armee war langfristig die Einführung einer neuen Grundlage des Militärdienstes ebenso wichtig wie Änderungen in Ausrüstung und Taktik. Auch wenn die griechischen Stadtstaaten durch häufiges Anwerben von Söldnern im Laufe der Zeit den Grundsatz entkräftet hatten, daß sich der Bürger im Feld selbst verteidigen solle, und darüber hinaus manche ihre Streitkräfte mit öffentlichen Mitteln hatten ausrüsten und entlohnen müssen – um das Jahr 440 bezahlte Athen seine Galeerenbesatzungen sowie die in entfernten Besitzungen stationierten Truppen –, so war doch die Verpflichtung des Hopliten, auf eigene Kosten ins Feld zu ziehen, das Ideal geblieben.[45] In Rom gab man diese Vorstellung im 4. Jahrhundert auf; jeder Legionär bekam einen bestimmten Tagessatz. Dies ist der wichtigste Unterschied zwischen dem römischen Militärsystem und dem griechischen. Roms Kleinbauern lösten sich unter dem Druck einer immer dominierenderen politischen Klasse von ihrem Grund und Boden, auf dessen Erträge sie nicht mehr angewiesen waren, und bildeten fortan die Rekrutierungsmasse eines Berufsheers, das Jahr für Jahr in immer größerer Entfernung von der Heimat Feldzüge unternahm, während sich die römische Republik zu einem Weltreich ausweitete.[46]

Die Gründe, die Rom zu einer imperialen Politik veranlaßten, werden unter Gelehrten kontrovers diskutiert. An römischen Quellen orientiert, nahm man ursprünglich an, es habe kein wirtschaftliches Motiv gegeben. Gewiß, Rom war nicht wie Athen genötigt, Lebensmittel für eine ständig wachsende Bevölkerung zu beschaffen, da sich in der Nähe der Stadt fruchtbare Landstriche annektieren ließen. Andererseits wurde Rom durch Eroberungen wohlhabend, und die Ausdehnung des Reiches entschädigte für die entstandenen Kosten. Zwar begeisterte man sich zu Beginn der Expansionsperiode für den Erwerb neuen Landes in Italien, da dies einerseits Güter für die politische Klasse und andererseits Ackerflächen für die Bauern einbrachte, so daß der Staat für alle Gebiete, die er eroberte, leicht Käufer oder Pächter fand. Die Ackerbaukolonien, die Rom gründete, wurden rasch besiedelt und gediehen in der Regel prächtig. Die Behauptung aber, Rom habe mit der Absicht Krieg geführt, möglichst viele Sklaven als Arbeitskräfte für die Landgüter der politischen Klasse zu gewinnen, ist ebenso spekulativ wie die, simple Gier sei die Triebfeder der römischen Regierung gewesen. Das von Rom eroberte Italien besaß praktisch keine Geldmittel, und Edelmetalle, Bodenschätze oder wertvolle Erzeugnisse waren selten. Dennoch «war es für einen Römer kaum möglich, die Zuversicht, daß Krieg und Eroberung erfolgreich verliefen, von der Aussicht auf Gewinn zu trennen». Für die Römer hing beides zusammen. Am treffendsten hat dies der Althistoriker William Harris ausgedrückt: «Wirtschaftlicher Nutzen ging für die Römer unabdingbar mit einem gewonnenen Krieg und einer Ausdehnung der Macht einher.»[47]

Der Hauptunterschied zwischen der Kriegführung der Römer und der ihrer Zeitgenossen lag nicht in den Motiven – darin waren die eigensinnigen und individualistischen Griechen anders –, sondern in der Wildheit, mit der sie kämpften.[48] Die Römer der zweiten Hälfte des ersten vorchristlichen Jahrtausends kämpften mit solchem Ingrimm, daß nur die Mongolenhorden Dschingis-Khans oder Tamerlans fünfzehnhundert Jahre später mit ihnen verglichen werden können. Widerstand, vor allem, wenn es um belagerte Städte ging, reizte sie dazu, die Besiegten restlos abzuschlachten. Polybius, der große Historiker der frühen Militärgeschichte der Stadt, schildert, wie Scipio Africanus im Jahre 209 v. Chr. während des Zweiten Punischen Krieges nach der Erstürmung der Stadt Carthago Nova (das spätere spanische Cartagena) seinen Soldaten «entsprechend römischem Brauch gebot, gegen deren Bewohner vorzugehen. Er befahl ihnen, jeden zu töten, den sie sahen, keinen zu verschonen und mit dem Beutemachen erst zu beginnen, wenn der Befehl erging. Sinn dieses Brauches ist es, Furcht und Schrecken zu verbreiten. Demzufolge sieht man in von Römern eingenommenen Städten nicht nur hingeschlachtete Menschen, sondern sogar aufgeschlitzte Hunde und abgeschnittene Gliedmaßen anderer Tiere. Bei dieser Gelegenheit war das Ausmaß des Gemetzels außergewöhnlich groß.»[49]

Was sich in Carthago Nova zugetragen hat, wiederholte sich oft, auch auf dem Schlachtfeld und zuweilen in Städten, die sich in der Hoffnung ergeben hatten, ein Massaker abzuwenden. Im Feldzug von 199 v. Chr. wurden zerstückelte Leichname von Makedonen gefunden. Eine so schwere Schändung der Toten galt allen Griechen als Sakrileg, da sie im Kampf Gefallene stets beerdigten, ob Freund oder Feind. Wenn die archäologischen Hinweise auf ein Blutbad, angerichtet im Verlauf der zweiten römischen Invasion in Britannien, nicht täuschen – sie wurden in der Nähe von Maiden Castle in der englischen Grafschaft Dorset gefunden –, hielt sich diese Praxis bis ins erste nachchristliche Jahrhundert. Harris schreibt dazu: «In mancher Hinsicht ähnelt das Verhalten der Römer dem vieler anderer nichtprimitiver Völker der Antike. Doch ist nur von wenigen anderen bekannt, daß sie im Krieg mit so großer Grausamkeit vorgegangen sind und zugleich eine so hohe Stufe der politischen Kultur erreicht haben. Auch wenn das Römische Weltreich großenteils das Resultat rationalen römischen Handelns war, so hatte es doch auch dunkle und irrationale Wurzeln. Zu den verblüffendsten Eigenheiten der römischen Kriegführung gehört deren Regelmäßigkeit – nahezu alljährlich zogen die Römer aus, um mit beträchtlicher Gewalttätigkeit gegen andere Völkerschaften zu kämpfen –, und diese Regelmäßigkeit läßt das Phänomen als pathologisch erscheinen.»[50]

Im Zusammenhang der vergleichenden Militärgeschichte darf uns das nicht überraschen. Gewaltbereitschaft äußert sich in vielerlei Formen. Zwar scheuen die meisten Menschen vor Gewaltausübung zurück, wenn sie mit Gefahr für Leib und Leben verbunden ist, doch verhält sich dies bei einer Minderheit anders. Die Kriegführung der Phalanx mündete im Augenblick des Zusammenstoßes in einen erschreckenden Ausbruch von Gewalttätigkeit, auch wenn dessen Wirkkraft durch die Schwerfälligkeit der Phalanx eingeschränkt war. Wer sich daran beteiligte, mußte sich über seinen Selbsterhaltungstrieb wie auch über die kulturelle Hemmung hinwegsetzen, Menschen von Angesicht zu Angesicht zu töten. Was die Griechen auf die eine Weise zu überwinden gelernt hatten, lernten die Römer auf eine andere. Bei aller gesellschaftlichen und politischen Kultur hatten sie sich einen hinreichend starken Jagdinstinkt bewahrt, um über Mitmenschen wie über Beutetiere herzufallen und ihre Opfer mit einer Mißachtung des Lebens zu töten, die man sonst nur bei wild lebenden Tierarten findet.

Doch trotz ihrer extremen Ausprägungen erreichte die Kriegführung der Römer nie die Unmenschlichkeit und Zerstörungswut der Mongolenhorden. Die Römer okkupierten Gebiet um Gebiet und konsolidierten Stück für Stück, was sie eroberten – die Eroberung Galliens durch Caesar bildete eine Ausnahme. Nach den Punischen Kriegen begannen sie weder, wie später Tamerlan, Angst und Schrecken zu verbreiten und zu zerstören, was ihnen in den

Weg kam, noch errichteten sie Schädelpyramiden. Zwar gründeten sie an den Grenzen der von ihnen eroberten Gebiete Militärkolonien, doch besiedelten lediglich römische Bürger dieses Land, nicht aber Angehörige unterworfener Völkerschaften, die man wegen Unzuverlässigkeit ihrer Heimat verwies – ein Verfahren, das die Assyrer eingeführt hatten und das später von Mongolen, Türken und Russen praktiziert wurde.

Es gibt verschiedene Erklärungen für die relative Zurückhaltung, mit der die Römer bei der Reichsgründung vorgingen. Zum einen fehlte ihrer Armee die Beweglichkeit, die den Reitervölkern zu Gebote stand. Eine römische Legion umfaßte im 4. vorchristlichen Jahrhundert eine recht große Reiterabteilung, doch schrumpfte diese später aus gesellschaftlichen wie materiellen Gründen auf einen Bruchteil ihrer früheren Größe und hatte nur noch unterstützende Funktion. Wie Griechenland konnte auch Italien nur wenige Pferde unterhalten. Außerdem zog sich die Klasse derer, die anfänglich die Reiterei gestellt hatten, aus dem Krieg im Felde zurück, um in Rom Politik zu machen.[51] Auf dem Marsch bewiesen die Legionen vom Beginn der Expansionsära an zwar die bemerkenswerte Fähigkeit, Tag für Tag große Entfernungen schnell zurückzulegen, und der Staat seinerseits war in der Lage, den Sold und das benötigte Material zu stellen. Aber ein aus Infanteristen bestehendes Heer bewegt sich gleichmäßig und nicht in großen Sprüngen voran, wie es erobernde Nomaden tun, so daß Rom sich eher Zug um Zug als in einer großen umfassenden Bewegung ausdehnte.

Diese kumulative Expansion wurde auch durch das Wesen des römischen Heeres bestimmt, das schon früh «regulär» war und sich zur Zeit der Punischen Kriege zu einer Form entwickelt hatte, die es erst während der Schwierigkeiten des Reiches mit den germanischen Barbaren im 3. Jahrhundert n. Chr. aufgab. Historiker schreiben den Assyrern das Verdienst zu, das reguläre Militärsystem eingeführt zu haben. Es ist durchaus plausibel, daß das assyrische System, einschließlich der regelmäßigen Bezahlung von Berufssoldaten, der Einrichtung von Waffenkammern und Proviantlagern, des Baus von Kasernen und der zentralisierten Herstellung von Ausrüstungsteilen, ein Muster für spätere Reiche bildete. Dies System scheint im 6. und 5. vorchristlichen Jahrhundert den Weg vom Vorderen Orient in Gebiete intensiver militärischer Aktivität weiter westlich gefunden zu haben – teils durch den Kontakt der Perser mit den Griechen, teils durch die Belebung des Söldnermarktes, der die Staatskasse belastete. Doch erreichte vor dem Heer der römischen Republik keines ein so hohes Niveau, was die gesetzliche und bürokratische Regelung der Rekrutierung, Organisation, Führung und Versorgung betraf. Seit den Punischen Kriegen tat sich das römische Heer gegenüber allen übrigen Institutionen der zivilisierten Welt als autark hervor. Das einzige vergleichbare Gegenstück war das chinesische Mandarinsystem.

Die Fähigkeit des römischen Heeres, bei unablässiger Kriegstätigkeit erfolgreich zu sein, ob es sich nun um aufgezwungene oder selbständig geführte Kriege handelte, beruhte auf einer Einrichtung, mit der Rom ein Kardinalproblem aller Zentralregierungen löste: die Sicherung einer hinreichenden Reserve zuverlässiger und tüchtiger Rekruten. Zur Zeit der Punischen Kriege wurde die theoretisch noch geltende Verpflichtung zum Dienst in der Miliz locker gehandhabt; die Legionen bestückte man mit Hilfe eines Auswahlverfahrens, des *dilectus*. Die geeignetsten Bürger, die sich zum Militärdienst meldeten, wurden auf sechs Jahre verpflichtet. Die Dienstzeit konnte auf maximal achtzehn Jahre verlängert werden. Im *dilectus* spiegelt sich eine Verschlechterung der Lage der Kleinbauern: sie litten darunter, daß die Reichen ihre Landgüter vergrößerten, und der besoldete und freiwillige Militärdienst scheint eine beliebte Alternative zum Ackerbau gewesen zu sein. Erst gegen Ende des 2. Jahrhunderts v. Chr. mußte die Dienstzeit gesetzlich weiter beschränkt werden.[52]

Das System des *dilectus* brauchte nicht auf diejenigen angewandt zu werden, die in den Legionen einen hohen Rang bekleiden sollten, denn es war – zumindest bis zu jener Zeit – eine Eigenheit des politischen Systems Roms, daß junge Männer aus guter Familie, die politische Karriere machen wollten, zuvor eine bestimmte Zeit als Militärtribun (vergleichbar einem Stabsoffizier) Dienst getan haben mußten. In jeder Legion gab es sechs Militärtribune. Zehn Dienstjahre oder die Teilnahme an zehn Feldzügen scheinen als ausreichend angesehen worden zu sein. In der Kaiserzeit, vor allem während der militärischen Krisen des 3. nachchristlichen Jahrhunderts, hob man diese Vorschrift auf, doch vertrat man in der Republik wie in der Kaiserzeit stets die Ansicht, das Recht zu herrschen werde letztlich durch die Fähigkeit legitimiert, im Feld zu kommandieren.[53]

Allerdings gründete sich die Schlagkraft des römischen Heeres und seine Besonderheit letztlich weder auf das Rekrutierungssystem noch auf herausragende Kommandeure, sondern auf die Stärke der unteren Führungsebene, der Zenturionen. Das war es auch, was das römische Heer tausend Jahre später zum Vorbild jener Heere machte, die während der Renaissance in den dynastischen Staaten aufgestellt wurden und auf die die großen Heere der Neuzeit zurückgehen. Die Zenturionen, lang dienende Führer der Einheiten, ausgewählt unter den besten der verpflichteten Soldaten, waren die erste bekannte Gruppe kämpfender Berufsoffiziere. Sie bildeten das Rückgrat der Legionen und vermittelten Generationen von Soldaten die Disziplin und die taktische Erfahrung, die nötig waren, um in fünf Jahrhunderten fast ununterbrochener Kriege Roms Waffen erfolgreich gegen zahllose Feinde zu führen.

Der römische Historiker Livius hat den Dienstbericht eines republikanischen Zenturios überliefert. Dieser Bericht läßt nicht nur das Ethos jener bemerkenswerten Männer erkennen, sondern auch, wie revolutionär die Institution des Zenturionats in einer Welt war, in der der Militärdienst zuvor weitgehend sporadisch, in Notsituationen oder auf der Grundlage des Söldnertums betrieben wurde. Würde man bestimmte Begriffe zeitgenössischem Gebrauch entsprechend ändern, könnte dies auch der Bericht eines regulären Oberfeldwebels irgendeiner großen Armee der Neuzeit sein. Spurius Ligustinus teilte im Jahre 171 v. Chr. dem Konsulat mit: «Ich bin Soldat geworden unter dem Konsulat von P. Sulpicius und C. Aurelius [200 v. Chr.]. In dem Heer, das nach Makedonien geschickt wurde, diente ich zwei Jahre lang als einfacher Soldat gegen König Philipp. Im dritten Jahr machte mich T. Quinctius Flamininus wegen meiner Tapferkeit zum Centurio im 10. Manipel der Hastati. Als Philipp und die Makedonen geschlagen und wir nach Italien zurückgebracht und entlassen worden waren, ging ich sogleich als Kriegsfreiwilliger mit dem Konsul M. Porcius nach Spanien ... Dieser Feldherr hielt mich für würdig, das Kommando über den 1. Manipel der Hastati zu übernehmen. Zum drittenmal wurde ich Soldat, wieder als Freiwilliger, in dem Heer, das gegen die Ätoler und König Antiochos geschickt wurde. Von M. Acilius wurde mir das Kommando über den 1. Manipel der Principes gegeben. Als König Antiochos vertrieben und die Ätoler unterworfen waren, wurden wir nach Italien zurückgebracht. Und dann habe ich nacheinander zweimal in Legionen gedient, die ein Jahr im Dienst standen. Ich bin danach noch zweimal in Spanien Soldat gewesen ... Von Flaccus wurde ich mit den anderen heimgeführt, die er wegen ihrer Tapferkeit aus der Provinz zum Triumph mit sich heimführte. Auf Bitten des Tib. Gracchus bin ich mit ihm wieder in die Provinz gegangen. Viermal habe ich innerhalb weniger Jahre das Kommando über den 1. Triariermanipel gehabt, 34mal bin ich wegen meiner Tapferkeit von meinen Feldherrn ausgezeichnet worden, sechs Bürgerkronen habe ich erhalten, 22 Jahre habe ich im Heer gedient, und ich bin über 50 Jahre.»[54] Ligustinus, der sechs Söhne und zwei verheiratete Töchter hatte, beantragte, im Dienst bleiben zu dürfen oder befördert zu werden. Aufgrund seiner Leistungen wurde er in der Ersten Legion zum *primipilus*, zum ersten Zenturio ernannt.

Es überrascht nicht, daß Rom mit einem Offizierskorps aus Männern vom Schlage eines Ligustinus seine Grenzen vom Atlantik bis zum Kaukasus ausdehnen konnte. Diese Offiziere waren mit Leib und Seele Soldaten, sie erwarteten nicht, in die Klasse der Regierenden aufzusteigen, und ihr ganzer Ehrgeiz galt dem Erfolg innerhalb einer Berufsgruppe, die zum erstenmal in der Geschichte als angesehen und selbstbewußt gelten konnte. Aus dem Kriegerethos eines kleinen Stadtstaates entwickelte sich eine wahre militärische Kultur, eine neue Weltanschauung, die zwar von Römern auf allen Stufen der Gesellschaft geteilt wurde, aber in den Werten einer geschlossenen Gruppe von Spezialisten wurzelte und sich in ihr am reinsten ausdrückte. Materiell gab es im Leben der Soldaten keinerlei Privilegien.

Die römische Kriegführung war und blieb bei aller Tüchtigkeit der Legionen in der Schlacht blutig und äußerst gefährlich. Wie der einfache Legionär kämpfte der Zenturio unmittelbar gegen den Feind, oft im Handgemenge; mit der Gefahr, verwundet zu werden, fand man sich ab – sie bildete ein unabänderliches Risiko des Soldatenlebens. So berichtet beispielsweise Julius Caesar von der im Jahre 57 v. Chr. gegen die Nervier geführten Schlacht auf dem Gebiet des heutigen Belgien an dem Fluß, den wir als Sambre kennen: «Nach seiner Ansprache an die zehnte Legion ritt Caesar zum rechten Flügel. Er sah, wie dort seine Soldaten in schwerster Bedrängnis, die Feldzeichen an einer Stelle zusammengetragen waren, die Zwölfer, dicht zusammengedrängt, sich selbst am Kampfe behinderten, daß alle Zenturionen der vierten Kohorte gefallen und die Adlerträger sämtlich niedergehauen und das Feldzeichen verloren, fast alle Zenturionen entweder verwundet oder tot waren und daß Baculus, der Ranghöchste unter ihnen, ein sehr tapferer Soldat, durch viele Wunden so erschöpft war, daß er sich schon nicht mehr auf den Beinen halten konnte.»[55]

Caesars anschauliche Schilderung führt uns die Wirklichkeit des Krieges der römischen Legionen vor Augen. Von einem Moment zum anderen konnte der streng geregelte Wechsel von Wach- und Arbeitsdienst ebenso wie die regelmäßig genossene Behaglichkeit von Küche und Badehaus – in dieser Hinsicht unterschied sich das Leben der Legionäre nicht von dem, das Soldaten in den Garnisonen Europas vor hundert Jahren führten – durch den Zusammenprall mit einer brüllenden Horde struppiger und unrasierter Fremder unterbrochen werden, die vielleicht noch Kriegsbemalung trugen und nach Schmutz stanken, auf jeden Fall aber tödliche Waffen schwangen und von der großen Anstrengung schwitzten, die der mit Muskelkraft geführte Krieg mit sich bringt.[56] Die Werte des römischen Berufssoldaten waren nicht materieller Natur, sondern die gleichen, nach denen auch seine Kameraden in der Neuzeit leben: der Stolz auf eine unverwechselbar männliche Lebensweise, das Bemühen um die Anerkennung der Kameraden, die Befriedigung, die ihm die Rangzeichen gewähren, die Hoffnung auf Beförderung sowie die Erwartung eines behaglichen und ehrenvollen Ruhestandes.

Während das Reich expandierte und das Heer seine Musterungskriterien änderte, so daß auch Männer nichtitalischen Ursprungs aufgenommen werden konnten, ganz gleich ob als Legionäre oder als Anhörige der Reiterei oder des gleichfalls zu den Hilfstruppen zählenden leichten Fußvolks, wurde der Beruf des Soldaten multinational. Die Männer einte in erster Linie die Pflicht, die sie Rom schuldeten. In einer bemerkenswerten Untersuchung der Laufbahnen von zehn römischen Soldaten, die, wie die Angaben auf ihren Grabsteinen zeigen, in den beiden ersten nachchristlichen Jahrhunderten im Dienst des Reiches fielen, finden wir einen Kavalleristen aus Mauretanien (heute Marokko), der am Hadrianswall fiel; den in Lyon geborenen Feldzeichenträger der II. Legio Augusta, gefallen in Wales; einen in Bologna geborenen Zenturio der X. Legio Gemina, der bei der Niederlage im Teutoburger Wald ums Leben kam; einen Veteranen der gleichen Legion, der nahe dem Oberlauf des Rheins geboren wurde und in der Nähe des heutigen Budapest an der Donau starb, sowie einen im heutigen Österreich zur Welt gekommenen Legionär der II. Legio Adiutrix, der bei Alexandria fiel.[57] Das vielleicht rührendste Zeugnis, das verdeutlicht, aus wie weit entfernten Himmelsstrichen Angehörige der Legionen stammen konnten, findet sich auf den Grabsteinen eines römischen Legionärs und seiner Frau, die an den entgegengesetzten Enden des Hadrianwalls gefunden wurden: sie war von dort gebürtig, er hingegen im römischen Syrien zur Welt gekommen.

Trotz der Multinationalität der Soldaten handelte es sich um eine reguläre Armee, deren Aufgabe es war, in kalkulierbaren Schritten ein Weltreich zu errichten. Was es den Legionen ermöglichte, in großer Entfernung vom Ursprungsort des römischen Heeres zu dienen und so unterschiedliche Rekruten zu integrieren – viele stammten aus Ländern, deren Einwohner in Rom anfangs als Barbaren galten –, zeigte sich erstmals während der gegen Karthago geführten Punischen Kriege. Karthago, eine Kolonie der

Phönizier, geriet zum erstenmal in Konflikt mit den Römern, als diese im Zuge der Unterwerfung ihrer italienischen Nachbarn auch nach Sizilien kamen. Karthago sah Sizilien als Bestandteil seines Einflußbereichs an. Die Konfrontation mit Pyrrhus, ebenfalls ein Feind Karthagos, hatte Roms Stellung auf der Insel geschwächt. Im Jahre 264 v. Chr. kämpften beide Mächte um Sizilien, zu Lande und zu Wasser, bis sich die Karthager genötigt sahen, ihre Niederlage einzugestehen und Rom die Herrschaft über den Westen Siziliens zu überlassen. Während Rom seiner ersten überseeischen Eroberung Korsika und Sardinien hinzufügte und erstmals in das Gebiet der Gallier einfiel, führte Karthago entlang der spanischen Mittelmeerküste Feldzüge gegen Städte, die mit Rom verbündet waren. Die Belagerung von Sagunt im Jahre 219 v. Chr. ließ den Krieg erneut aufflammen; er dauerte siebzehn Jahre und endete mit Karthagos Niederlage, nachdem die Römer am Rande eines Debakels gestanden hatten. Nun war Rom die beherrschende Macht der Mittelmeerwelt.

Karthago besaß eine große Flotte. Für sein Heer indessen war es in erster Linie auf Söldner angewiesen, die an der nordafrikanischen Küste rekrutiert und aus den Einkünften des Handels bezahlt wurden, der sich bis in die Gegenden Britanniens erstreckte, wo Zinn gewonnen wurde. Während des Zweiten Punischen Krieges brachte Karthago in den Brüdern Hannibal und Hasdrubal zwei Befehlshaber von überragender Tüchtigkeit hervor. Deren Fähigkeit zur Führung und taktischen Erneuerung schuf einen Ausgleich für die Tatsache, daß der Operationsraum ihres aus Söldnern bestehenden Heeres beschränkt war.

Hannibals Eilmarsch von Spanien durch das südliche Gallien über die Alpen nach Mittelitalien, auf dem er einen Trupp Elefanten mitführte, ging als einer der spektakulärsten Feldzüge in die Geschichte ein. Im Jahre 217 v. Chr. schlug Hannibal die Römer am Trasimenischen See, umging Rom, fand Bundesgenossen im Süden, überstand den Verzögerungsfeldzug des Fabius Maximus und erwartete den Beistand des makedonischen Königs Philipp V., eines Nachfolgers Alexanders. Inzwischen nahmen die Römer Fabius' Taktik nicht mehr hin, und so zog im Jahre 216

v. Chr. ihr Feldheer den Karthagern nahe der apulischen Stadt Cannae zur Entscheidungsschlacht entgegen. Am 2. August rückten sechzehn Legionen mit insgesamt rund 75000 Mann zum Angriff vor. Der römische Feldherr Varro hatte die Hauptmasse seiner Infanterie in der Mitte konzentriert und auf beiden Flügeln Reiterei postiert – die Standardaufstellung antiker Feldheere. Hannibal hielt es umgekehrt: er ließ die Mitte schwach, massierte aber seine besten Fußsoldaten auf beiden Flanken. Als die Römer angriffen, wurden sie rasch umfaßt, ihre Rückzugslinie wurde durch einen Reiterangriff in ihrem Rücken abgeschnitten, und an die fünfzigtausend Soldaten, die sich zur Flucht wandten, wurden niedergemacht. Anhand des Beispiels von Cannae hat der französische Taktikanalytiker Ardant du Picq im 19. Jahrhundert die bedeutende Erkenntnis gewonnen, daß ein Heer die schlimmsten Verluste beim Rückzug erleidet.

Die Römer überwanden die Niederlage von Cannae mit Hilfe einer Ablenkungsstrategie. In Rom wurden aus den Reihen der besitzlosen Klasse, die an sich vom Wehrdienst befreit war, neue Legionen aufgestellt; sogar Sklaven zog man heran. Mittels der neuen Legionen konnten die Römer Hannibal in Süditalien festhalten; dort hatten die Karthager Verbündete. In Spanien, wo der Konsul Cornelius Scipio vorausschauend zwei Legionen stationiert hatte, um zu verhindern, daß Hannibal Verstärkungen von dort heranzog, gingen die Römer zur Offensive über. Scipios Sohn, der später unter dem Namen Scipio Africanus berühmt wurde, startete im Jahre 209 einen Blitzangriff gegen Carthago Nova, wobei die von seinen Soldaten begangenen Greueltaten die neutralen Nachbarn zur Kollaboration bewegten. Als sich Hasdrubal auf dem Weg, den sein Bruder Hannibal elf Jahre zuvor genommen hatte, kämpfend zur Adria zurückzog, wurde er gestellt und am Metaurus besiegt. Sein Nachfolger in Spanien, der ebenfalls Hasdrubal hieß, mußte die Schmach erleben, von Scipio mit der Taktik geschlagen zu werden, die Hannibal bei Cannae zum Sieg verholfen hatte. Durch diesen Rückschlag, in dessen Folge Scipio nach Afrika übersetzen konnte, sah sich Karthago gezwungen, Hannibal zurückzurufen. Im Jahr 202 v. Chr. trafen

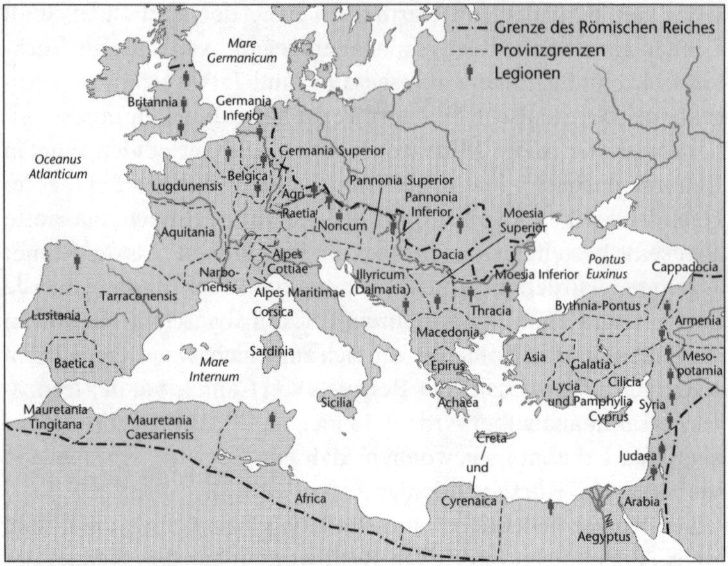

Das Römische Reich beim Tod Trajans, 117 n. Chr.

bei Zama im heutigen Tunesien beide Heere aufeinander. Ein Elefantenangriff der Karthager ging wegen der schachbrettartigen Anordnung, in der Scipios Truppen aufgestellt waren, ins Leere. Beim Gegenangriff besiegten die Römer die Karthager, und Hannibal floh vom Schlachtfeld.

In den fünfzig Jahren bis zu Karthagos endgültiger Zerstörung wendete Rom seine militärischen Energien auf Interventionen in Griechenland und der übrigen hellenistischen Welt. Im Jahre 196 v. Chr. erklärten sich die griechischen Städte mit einem römischen Protektorat einverstanden; als das hellenistische Königreich Syrien eingriff, verlagerte Rom seine Legionen erst dorthin und dann nach Kleinasien, das bald zum größten Teil unter seine Herrschaft geriet. Auch das ptolemäische Ägypten, das bedeutendste der verbliebenen Reiche, die einst von Alexanders Feldherren beherrscht worden waren, fiel im Jahre 30 v. Chr. an die Römer.

Bis dahin hatte der berühmteste aller Römer, Julius Caesar, mit einer Reihe von Feldzügen, die von 58 bis 51 v. Chr. dauerten, Gallien eingenommen. Nach der Vertreibung gallischer Stämme aus Norditalien, die schon 121 v. Chr. stattgefunden hatte, war Rom in den Besitz eines Stützpunkts auf gallischem Gebiet gelangt, indem es seine Provinz in Spanien ausdehnte. Um die erste Massenwanderung zu vereiteln, die in den Geschichtsbüchern verzeichnet ist, nämlich jene der Helvetier aus dem Gebiet der heutigen Schweiz, ließ Caesar im Jahre 58 v. Chr. am Oberlauf der Rhône Sperren errichten und bediente sich der von den Galliern angebotenen Hilfe, um diese Invasion abzuwehren. Nach dem Sieg über die Helvetier mußte er feststellen, daß dem neuen Herrschaftsgebiet eine weitere Invasion drohte, und zwar durch einen germanischen Stamm unter Ariovist, und so marschierte er Richtung Norden zum Rhein, um sie zurückzuschlagen. So willkommen sein Erfolg den Galliern im Süden war, so sehr beunruhigte er sie im Norden, da ihr Stammessystem über den Rhein hinaus bis nach Germanien reichte. Gegen diese äußerst kriegerischen Völker kämpfte Caesar vier Jahre lang. Er unterbrach diesen Krieg lediglich, um Feldzüge gegen die Veneter im Süden der heutigen Bretagne und deren keltische Vettern in Britannien zu führen (56–54 v. Chr.). Schließlich gelang es ihm, ganz Gallien das aufzuzwingen, was er Frieden nannte.

Im Jahre 52 v. Chr. aber erhoben sich die auf diese Weise befriedeten Gallier *en masse* unter der Führung von Vercingetorix. In einem verzweifelten Versuch, ihre Einverleibung ins Römische Reich zu verhindern, zwangen sie Caesar erneut zum Kampf. Dieses letzte Stadium der gallischen Kriege, in dem sich die Römer einem Feind gegenübersahen, der viel von ihnen gelernt hatte, dauerte ein Jahr. Dann zog sich Vercingetorix bei Alesia nahe der Seine-Quelle in ein riesiges befestigtes Lager zurück. Das war ein großer Fehler, denn die Römer waren sehr erfahren im Belagerungskrieg und verfügten über ausgeklügelte Techniken – einige davon waren möglicherweise auf verschlungenen Wegen von ihren assyrischen Erfindern über militärwissenschaftliche Informationsquellen im Vorderen Orient zu ihnen gelangt. Rasch umgaben sie das Lager bei Alesia mit einem doppelten Sperrgürtel aus

Befestigungslinien (*circumvallatio* und *contravallatio*), deren Umfang jeweils gut zweiundzwanzig Kilometer betrug. Damit waren die Kelten von jeglichem Entsatz abgeschnitten. (Die Legionäre waren Meister im Umgang mit dem Spaten; in feindlichem Gebiet legte eine vorrückende Legion allabendlich ein verschanztes Lager von genau vorgeschriebener Form und Größe an.) Als ein keltisches Entsatzheer erschien, dessen Größe man auf eine Viertelmillion Mann geschätzt hat, versorgte Caesar seine fünfundfünfzigtausend Mann aus den innerhalb der eigenen Befestigungsanlagen angesammelten Vorräten, hielt die Angreifer auf Distanz und fuhr fort, Vercingetorix' Position zu berennen. Nach drei Ausbruchsversuchen bot der gallische Führer schließlich die Kapitulation an, wurde zu Caesars Triumphzug nach Rom gebracht und anschließend hingerichtet. Mit Vercingetorix' Tod brach der gallische Widerstand gegen Rom zusammen.

Nun hatte Rom im Westen seine größte Ausdehnung erreicht und stand in Afrika und dem Nahen Osten kurz davor. Lediglich an der Grenze zum Mittleren Osten, wo die Reiche der Parther und Perser nach wie vor mächtig genug waren, sich Rom zu widersetzen, ließen sich noch Eroberungen machen. Allerdings war durch die Expansion des Reiches die gesellschaftliche und politische Ordnung im Inneren ins Wanken geraten. Die beständige Rekrutenaushebung, vor allem unter den Italikern, denen die Eingliederung nicht die mit dem römischen Bürgerrecht verbundenen Privilegien eingebracht hatte, und die wachsende Macht der Konsuln, die siegreich von ihren jährlichen Feldzügen zurückkehrten, um sich mit Forderungen nach Geld und Macht an den römischen Magistrat zu wenden, stellten das übliche Rekrutierungssystem wie auch die Regierung durch Gewählte zunehmend in Frage.

Als gegen Ende des 2. Jahrhunderts v. Chr. die Brüder Gracchus versucht hatten, die Last der militärischen Aushebungen zu vermindern und die Unabhängigkeit der Militärbehörden einzuschränken, hatte es einen ersten Vorgeschmack auf bevorstehende Schwierigkeiten gegeben. Diese spitzten sich zu im Jahre 90 v. Chr., als die Italiker, die nicht das römische Bürgerrecht besaßen, gegen die Aushebung aufbegehrten. Der Friede ließ sich erst wiederherstellen, nachdem man ihnen die vollen Bürgerrechte gewährt hatte. Doch blieb es weiterhin schwierig, ausreichend Legionäre zu finden, obwohl Ende des 1. Jahrhunderts die Klausel aufgehoben worden war, daß nur Besitzende dienen durften und der Konsul Marius für Freiwillige aus der untersten Steuerklasse den Zugang zum Militär geöffnet hatte. Paradoxerweise verschärfte diese Maßnahme den schwelenden Konflikt zwischen der politischen Klasse der Stadt und den Konsuln, die Feldzüge führten, wurden doch damit besitzlose Legionäre enger an einen Befehlshaber gebunden, mit dem sie sich identifizierten (vor allem, wenn er, wie Marius, als Belohnung für einen siegreichen Militäreinsatz Grundbesitz versprach). Das stärkte die Position der Feldherren gegen Senat und Magistrat.[58]

Die Krise brach offen aus, als Caesar seinen Eroberungszug in Gallien beendete. Er war auf die Verlängerung seines Kommandos aus, doch der Senat verweigerte sie ihm. An der Spitze der XIII. Legion verließ Caesar seine Provinz, außerhalb deren Grenzen seine Befehlsgewalt rechtlich nicht galt, um nach Rom zurückzukehren, wo es zum Bürgerkrieg kam. Dieser dauerte von 50 bis 44 v. Chr. und wurde in so fernen Ländern wie Spanien, Ägypten und Afrika ausgefochten, wo der Senat Legionen und Feldherren – vor allem Pompejus' Truppen – aufbot, um Caesars Rebellion niederzuschlagen. Zwar siegte Caesar, doch wurde er am Ende von einigen unerbittlichen Gegnern der Diktatur sowie persönlichen Feinden ermordet. Im anschließenden Machtkampf überwand sein Neffe Oktavian in einer Neuauflage des Bürgerkriegs alle Widersacher. Im Jahre 27 v. Chr. verlieh ein gefügiger Senat Oktavian – seit 30 v. Chr. praktisch Alleinherrscher, nominell freilich nur «Princeps», erster Bürger – den Ehrentitel «Augustus» (der Erhabene). Zwar blieben republikanische Verfahrensweisen nominell erhalten, in Wirklichkeit aber waren sie wertlos. Hinfort war Rom seiner Ausdehnung wie seinem Wesen nach ein Kaiserreich.

Dieses System beseitigte den Widerspruch, einen Militärstaat durch eine exklusive und nicht mehr repräsentative Wählerschicht regieren zu wollen. Die ersten Auswirkungen zeigten sich im Heer selbst. Angesichts der Tatsache, daß es durch den Bürgerkrieg enorm gewachsen war (es bestand aus einer halben Million Mann, von denen viele kaum mehr waren als bezahlte Anhänger rivalisierender Befehlshaber), setzte Augustus die Zahl der Streitkräfte drastisch auf eine Stärke von achtundzwanzig Legionen herab. Um die Zentralregierung vor einer Wiederkehr des Caesarismus zu schützen, stellte er eine neue Truppe auf, die Prätorianergarde, deren Garnison Rom war. Das Feldheer wurde zum großen Teil an den Grenzen stationiert. Dabei fanden sich die stärksten Konzentrationen in Syrien, am Oberlauf der Donau, wo die Barbaren für Unruhe sorgten, und vor allem am Niederrhein, wo der Druck der Germanen spürbar wurde. Kleinere Garnisonen wurden in Spanien, Afrika und Ägypten unterhalten.

Ebenso bedeutsam waren die Änderungen, die Augustus an der Basis des Militärdienstes einführte. Die Verpflichtung zum Milizdienst wurde aufgehoben; damit waren die Legionen Berufsheere, in die man freiwillig eintrat. Römische Bürger wurden bevorzugt, doch sprach man geeigneten Nichtbürgern bei Übernahme ins Heer die Bürgerrechte zu. Während der Dienstzeit, die fünfzehn Jahre betrug (in der Praxis wurden daraus häufig zwanzig), durfte ein Legionär nicht heiraten, doch schlossen sich den Lagern häufig – verbotenerweise – Familienangehörige an. Der Sold war genau festgesetzt und wurde pünktlich ausgezahlt. Am Ende seiner Dienstzeit bekam der Veteran eine Zuwendung, die seinen Lebensunterhalt während des Ruhestandes sicherte. Mittels neuer Steuern wurden die Unsummen aufgebracht, die die Versorgung der Veteranen verschlang. Nicht zuletzt sollte das Geld den aktiven Legionären beständig Anreize zu Treue und guter Führung geben.

Die Gesamtstärke des Heeres belief sich unter Augustus auf rund 125000 Mann. Etwa ebenso viele Soldaten dienten in den Hilfstruppen der Legionen, die aus Reiterei und leichtem Fußvolk bestanden. Solcher Einheiten hatte sich Rom seit Beginn der Eroberungen in Italien bedient, doch hatten deren Angehörige nicht die Bürgerrechte besessen, und ihre Dienstzeit war nicht geregelt gewesen. Spätestens seit der Regierungszeit des Claudius, des dritten Nachfolgers des Augustus, wurden sie ordnungsgemäß bezahlt. Der größte Ansporn bestand indessen darin, daß ein nach fünfundzwanzig Dienstjahren entlassener Soldat das Bürgerrecht bekam. Da er heiraten durfte, ging das Bürgerrecht auch auf die Söhne *einer* Ehefrau über, ganz gleich, wann sie zur Welt gekommen waren. Diese Maßnahmen bewirkten eine beträchtliche Verbesserung der Qualität der Hilfstruppen, von denen sich einige so gut schlugen, daß man ihren Angehörigen en bloc die Bürgerrechte zubilligte. Im Laufe der Zeit wurden die Reiterei und die Kohorten des Fußvolks nicht mehr dort rekrutiert, wo sie eingesetzt werden sollten. Nicht zuletzt deshalb stieg ihre Kampfkraft deutlich an. Statt regionaler Größen bekamen kaiserliche Offiziere das Kommando. Sie wurden in allen Teilen des Reiches eingesetzt.[59]

Am effektivsten aber konnte Augustus durch die Anordnungen für das Armeekommando die Zuverlässigkeit des römischen Militärs garantieren. Zur Zeit der Republik hatten die in einer Provinz stationierten Legionen deren Prokonsul unterstanden. Da sich Augustus zum Prokonsul eines Großteils der Provinzen ernannte, unterstanden die dortigen Legionen unmittelbar seinem Befehl. Die Legionen in den übrigen Provinzen, zu deren Verwaltung der Senat nach wie vor seine eigenen Kandidaten ernannte, brachte er gleichfalls unter sein Kommando, und zwar durch Legaten, die seine persönlichen Stellvertreter waren. Um dieses komplexe und hochzentralisierte System zu verwalten und zu finanzieren, schuf er eine kaiserliche Beamtenschaft, an deren Spitze Mitglieder der politischen Klasse standen, denen das Amt neben ehrenvoller Verantwortung auch ein staatliches Gehalt bot. Den kaiserlichen Beamten oblag es, zum Unterhalt der Provinzverwaltung und der Garnisonen Steuern zu erheben, die Gelder in die kaiserlichen Schatzkammern zu schaffen sowie das Getreide für die kostenlosen Rationen der Bevölkerung Roms in Ägypten und Afrika zu kaufen und zu importieren. Alljährlich wurden 400000 Tonnen eingeführt.

Das julisch-claudische System, wie es die Historiker nennen, funktionierte unter Augustus' unmittelbaren Nachfolgern durchaus, doch wohnten ihm auch unerkannte Gefahren inne. Bei Streitigkeiten um die Thronfolge oder einer Niederlage im Krieg mußte die Macht an das Heer zurückfallen, auf dem die gesamte Struktur gründete. Der Erfolg des Römischen Reiches zwang es zugleich, Kriege zu führen, da es an seinen Grenzen keine Unordnung dulden konnte, während der sich daraus ergebende wachsende Wohlstand habgierige Außenstehende dazu verlockte, gewaltsam ins Reich einzudringen. Unruhe war die Hauptgefahr im Osten, wo sich neben alten Reichen auch die rivalisierenden Parther und Perser Roms Bemühungen widersetzten, eine klare Herrschaftsgrenze zu errichten. Invasionen drohten im Westen, am Rhein und der Donau, wo sich die großen Völkerwanderungen, ausgelöst durch die Steppenvölker, bereits im ersten nachchristlichen Jahrhundert ankündigten.

Im Jahre 69 n. Chr. trat die unvermeidliche Krise ein. Unter den julisch-claudischen Herrschern hatte es militärische Erfolge gegeben. Die Römer hatten sich Britannien, das sie im Jahre 43 erstmals besetzt hatten, einverleibt, und Armenien hatte im Jahre 63 die römische Oberhoheit anerkannt. Aber es war auch zu Revolten gekommen, vor allem in Germanien, wo im Jahre 9 n. Chr. der Cherusker Arminius im Teutoburger Wald ein römisches Heer aufgerieben hatte, sowie in Judäa, wo sich die Juden im Jahre 66 gegen die römische Herrschaft erhoben. Der zu jener Zeit herrschende exzentrische und vielleicht sogar wahnsinnige Kaiser Nero verlor im Jahre 68 das Vertrauen seiner Soldaten und wurde gestürzt. Ein Bürgerkrieg brach aus. Verschiedene Seiten erhoben Ansprüche auf die Nachfolge, und schließlich bekam Rom mit Vespasian einen Soldatenkaiser, der nicht aus der julisch-claudischen Dynastie stammte. Mit Geschick und Umsicht erreichte Vespasian die erneute Stabilisierung des Reiches, doch es fehlte ihm die Legitimität. Sein Nachfolger Nerva begründete sie, indem er den Grundsatz einführte, daß mögliche Amtsnachfolger förmlich zu adoptieren seien, was für eine starke Herrschaft sorgen werde. Die vier Adoptivkaiser – Trajan, Hadrian, Antoninus Pius und Mark Aurel – waren ausnahmslos begabte Verwalter und erfolgreiche Befehlshaber. Unter diesen vier antoninischen Kaisern (98–180 n. Chr.) errangen die römischen Heere eine Reihe von Siegen und gliederten dem Reich Mesopotamien, Assyrien und die jenseits der Donau gelegene Provinz Dakien (das heutige Rumänien) ein.

Der Erfolg jener Herrscher beruhte auf einer Politik der militärischen Stabilisierung, wo immer sie möglich war – und das hieß überall, nur nicht an der offenen Grenze zu Persien und dem Reich der Parther. Diese Politik hat man als «großartige Strategie auf der Grundlage vorbeugender Sicherheit» bezeichnet.[60] Eine solche Bewertung ist unter Historikern jedoch heftig umstritten. Manche meinen, jenes Sicherheitsdenken habe der Mentalität Roms keineswegs entsprochen; das offenkundige Bestreben, am Rhein, an der Donau, im Hochland des nördlichen Britannien und am Rand der Sahara klare Grenzen zu schaffen und zu halten – was sich in der Errichtung von Befestigungsanlagen ausdrückte, deren teilweise umfangreiche Überbleibsel noch heute zu sehen sind –, beweise lediglich die Absicht örtlicher Befehlshaber oder zu Besuch weilender Kaiser, am Rande des Reichs Polizeiposten und eine Art Zollkontrolle zu errichten.[61] Diese Auffassung verdient Aufmerksamkeit, denn sie entspricht der römischen Militärpolitik, die stets mehr von «Ruhmbegierde» als von strategischer Theorie bestimmt war. Clausewitz und die Ideologen seiner Zeit haben sich wohl von Roms militärischer Praxis leiten lassen, aber die Kriegführung der Römer entsprach in ihrem Wesen genausowenig den Clausewitzschen Vorstellungen wie die Kriegführung Alexanders des Großen.

Alexander, der brillante Analytiker militärischer Situationen, wurde von seiner Ruhmbegierde in Richtung Osten getrieben. Rom hatte vermutlich ähnliche Motive und betrachtete den Krieg gewiß nicht als «Fortsetzung der Politik», da es keinen seiner Gegner als gleichrangig ansah, nicht einmal die Parther oder Perser. Wie die Chinesen teilten die Römer die Welt in das Reich der Zivilisation und die Gebiete außerhalb. Zwar griffen sie hin und wieder auf die Diplomatie zurück (beispielsweise im Umgang mit den Armeniern und anderen alten Reichen), doch taten sie das ausschließlich aus Nützlichkeitserwägungen, keinesfalls aber als ein Staat, der mit einem gleichrangigen Partner verhandelt. Es gab auch nichts, was sie zu diesem Verhalten genötigt hätte. Die Römer übertrafen in der Organisation von Militär und Verwaltung jedes Volk, das mit ihnen eine Grenze gemeinsam hatte. Nirgendwo gab es eine Parallele, weder zur «Idee» Roms, das im Jahre 212 n. Chr. allen Freien innerhalb der Reichsgrenzen die Bürgerrechte bewilligte, noch zu seiner aus Straßen, Brücken, Wasserleitungen, Staudämmen, Rüstkammern, Kasernen und sonstigen öffentlichen Bauwerken bestehenden außergewöhnlichen Infrastruktur, die Roms militärische Macht, seine Zivilverwaltung und sein Wirtschaftsleben in Gang hielt.

Die befestigten Grenzen Roms sind nur mit der Chinesischen Mauer vergleichbar. Die Chinesen erkannten im Laufe der Zeit, daß eine feste Verteidigungslinie nicht zwangsläufig Sicherheit bedeutet, sondern daß sich Sicherheit lediglich durch eine aktive, in die Zukunft gerichtete Politik erreichen läßt, wie sie die T'ang in der Dsungarei und die Mandschu bis weit in die Steppe hinein betrieben. Daß die dazwischenliegenden Dynastien, deren Ursprung nicht in der Steppe lag, keine solche Politik verfolgten, hat die Mauer nicht unbedingt entwertet, da sie eine kulturelle Zone bezeichnete, die alle chinesischen Regierungen zu bewahren trachteten. Aus einem ähnlichen Grund ist es nicht überzeugend, wenn heutige Wissenschaftler bestreiten, daß das Bemühen der Römer um eine Befestigung ihrer Grenzen den eigentlichen strategischen Zwecken des Reiches untergeordnet war.

Es ist durchaus möglich, daß das Reich in den ersten zwei Jahrhunderten nach Augustus zur mittelbaren Gewährleistung der Sicherheit auf die an verschiedenen Orten stationierten Legionen angewiesen war. Edward Luttwak, der diese Ansicht vertritt, meint, die Politik der julisch-claudischen Kaiser, die nach wie vor Expansionskriege führten, habe die Legionen als letzte Garantie für die Verteidigung des Reiches vorgesehen (die Verteidigung wurde in erster Linie durch frisch unterworfene Völker in Nordgriechenland, Kleinasien und Afrika organisiert). Unter den antoninischen Kaisern hingegen habe man die Legionen an den Grenzen aufgestellt, um diese zu bewachen und äußere Bedrohungen abzuwehren. Besondere Krisen, meint Luttwak, wurden dadurch bewältigt, daß man an Gefahrenstellen Legionen konzentrierte, die dann von friedlichen Grenzen abgezogen wurden. Andere bestreiten dies und behaupten, die Römer seien an den Grenzen, an denen Feinde sie provozierten, weiterhin auf Expansion ausgegangen, vor allem an den Grenzen mit Parthern und Persern. Eine weitere Meinung lautet, die Hauptaufgabe des Heeres habe darin bestanden, örtliche Unruhen zu unterdrücken, die aus hier und da aufflackernder Piraterie, Räuberunwesen oder Übergriffen nomadisierender Stämme erwuchsen.

Niemand bestreitet indessen, daß die Legionen spätestens dann mit den befestigten Grenzen identifiziert wurden, als zu Beginn des 3. nachchristlichen Jahrhunderts im Westen der Bevölkerungsdruck, im Osten die Belastungen des Krieges gegen Persien zunahmen. Es kam zu Grenzbegradigungen, vor allem an der Donau, wo im Jahre 270 die Provinz Dakien aufgegeben wurde, am Rhein, am Unterlauf des Nils, wo die Römer, wie einst die Pharaonen, feststellen mußten, daß die Numider nicht zu zähmen waren, und in Afrika, wo Rom im Jahre 298 Mauretanien teilweise räumte. Doch kämpften die Legionen noch ein weiteres Jahrhundert an den verkürzten Linien, und Roms Strategie konzentrierte sich darauf, dic Sicherheit der Gebiete innerhalb der befestigten Grenzen zu gewährleisten. Der Verlauf der Grenzen, der sich zwischen Augustus' Thronbesteigung im 1. Jahrhundert v. Chr. und der Aufgabe Britanniens zu Beginn des 5. nachchristlichen Jahrhunderts trotz der verringerten Personalstärke der Legionen nur wenig änderte, hatte mithin einen dauernden und bestimmenden Einfluß auf das militärische Denken der Römer.

Fachhistoriker werden möglicherweise Widersprüche in der offenbar von Gibbon zuerst vertretenen Ansicht erkennen, Rom habe sich in einer unruhigen Welt von Barbaren als ruhendes Zentrum gesehen. Man darf indessen nicht verkennen, welchen psychologischen Einfluß ein Berufsheer auf die Reichspolitik der Regierungen ausübte, denen es diente. Sind Grenzen erst einmal durch Befestigungen markiert, die dann ständige Garnisonen einzelner, namentlich benannter Einheiten werden, mindestens aber Orte, durch die regelmäßig Einheiten durchziehen, gewinnen sie für den Soldaten, der sie verteidigt, eine symbolische Bedeutung. Dies läßt sich in der Geschichte des römischen Heeres leicht zeigen. Beispielsweise befand sich die um das Jahr 122 n. Chr. vom Rhein in Britannien eingetroffene VI. Legio Victrix noch sechzig Jahre später dort; die von Julius Caesar am Nil aufgestellte III. Legio Cyrenaica hatte noch im 3. Jahrhundert ihren Stützpunkt in Ägypten; und vom 2. bis ins 3. Jahrhundert dienten zwei Reitereinheiten (Ala Augusta Gallorum Petriana und Ala I. Pannoniorum Sabiniana, die eine in Gallien, die andere im heutigen Ungarn ausgehoben) am Hadrianswall – die letztgenannte ununterbrochen an dem Ort, der heute Stanwix heißt.[62] Die Beispiele lassen sich vermehren: zwischen 69 und 215 n. Chr. stand die III. Legio Gallica in Syrien, von 85 bis 215 die II. Legio Adiutrix in Ungarn und von 71 bis 215 die VII. Legio Gemina am Rhein.[63]

Es ist undenkbar, daß eine Armee, deren Kerntruppe aus Berufssoldaten bestand und in der die eine Generation der nächsten über die Garnisonen und das Leben dort berichtete, nicht durch die geographischen Besonderheiten der Grenzen geprägt war. Natürlich konnte vieles von der Verteidigung des Reiches ablenken, insbesondere die immer wiederkehrenden Auseinandersetzungen um die Nachfolge an der Spitze, in deren Verlauf im 3. Jahrhundert eine Legion auf die andere prallte, weil sie Usurpatoren und selbsternannten Anwärtern auf das höchste Staatsamt dienen mußten, die aus den Provinzen kamen.

Mit der Neuorganisation der Garnisonen unter Konstantin (312–37 n. Chr.), der durch seinen Sieg in einem jener Bürgerkriege an die Spitze des Reiches gelangt war, wurden die Legionen an zentrale Orte zurückverlegt, reduziert und dem Heer beträchtliche Kavallerieformationen beigegeben.[64] Diese grundlegende Veränderung seiner Zusammensetzung schwächte ein für allemal die auf dem Fußvolk beruhende Kampfkraft, die seit den Tagen der Republik das besondere Kennzeichen des römischen Heeres gewesen war. Dennoch blieb es die Armee des Reiches, durch dessen Steuern unterhalten – auch wenn diese schwieriger einzutreiben waren –, und sein Auftrag lautete nach wie vor, die Grenzen zu verteidigen, wenn auch über größere Entfernungen. Die Qualität der Hilfstruppen, die als Folge der Konstantinischen Reformen an den immer heftiger umkämpften Grenzen in gefährlicher Weise isoliert waren, nahm ab, da man sie von den Legionen getrennt hatte. Immer häufiger wurden diese *limitanei*-Einheiten (Grenztruppen) aus an Ort und Stelle dienstverpflichteten Bauernmilizen zusammengestellt, aus Männern also, die in erster Linie Bauern und erst dann Soldaten waren. Der militärische Wert der regulären Truppen hingegen blieb weiterhin unumstritten.

Nach Diokletian (284–305) wurde das Reich aus Verwaltungsgründen in eine westliche und eine östliche Hälfte geteilt, und daraus ergab sich im Laufe der Zeit eine immer nachhaltigere Trennung der Streitkräfte. Aber die nächste Krise in den Heeren des Reiches, die sich als entscheidende Schwächung erweisen sollte, trat erst im 5. Jahrhundert zutage. Trotz der Katastrophe beim Feldzug gegen die Perser im Jahre 363, der Julian Apostata das Leben kostete, wie auch beim Debakel von Adrianopel (378), bei dem Valens durch die Goten das Leben verlor, stellte Theodosius unter gewaltigen Anstrengungen die Ordnung innerhalb des Reiches wieder her und sorgte für die Verteidigung der Grenzen. Theodosius vereinigte West- und Ostrom von neuem und vertrieb die Eindringlinge in einer Reihe von Feldzügen vom Reichsgebiet. Doch tat er den folgenschweren Schritt, die *romanitas* des Heeres einschneidend zu schwächen, indem er unter seinem Kommando große Einheiten von Bundesgenossen aus barbarischen Völkern akzeptierte. Diese dienten nicht (wie einst die Hilfstruppen) in von kaiserlichen Beauftragten aufgestellten und befehligten Einheiten, sondern als Verbündete unter ihren eigenen Anführern.

Diese Maßnahme ließ sich nicht rückgängig machen. Während der ersten Hälfte des 5. Jahrhunderts strömten germanische Soldaten ins Weströmische Reich. Obwohl die Strukturen des Reiches nominell unverändert blieben und Feldherren wie Constantius oder Aëtius in manchen Gegenden über hinreichend starke Streitkräfte geboten, um die Stämme dort auf bestimmte Eroberungsgebiete zu beschränken und um gelegentlich sogar Barbaren gegen Barbaren einzusetzen, ließ sich die Herrschaft Roms über seine Grenzen nicht aufrechterhalten. Von der straffen Disziplin der Legionäre war nichts mehr übrig. Die aus Germanen bestehenden und mit germanischen Waffen ausgerüsteten «römischen» Heere von Constantius und Aëtius übernahmen sogar den Schildgesang der Germanen, den die Römer *barritus* nannten, als Feldgeschrei.[65] Nicht einmal im Innern des Reiches war die Staatsmacht stets und überall Herrin der Lage.

Als Attilas Reitertruppen auftauchten, kamen nicht wenige der ins Reich eingedrungenen Barbaren, die zuvor selbst unter den Hunnen gelitten hatten, Aëtius zu Hilfe. Sie bildeten 451 in der Schlacht auf den Katalannischen Feldern einen großen Teil seines Heeres. Zwar blieb Gallien und möglicherweise auch Rom durch diesen Sieg von hunnischer Verwüstung verschont, doch drohte jetzt Italien und seiner Hauptstadt aus einer anderen Richtung Gefahr. Geiserich, Anführer der Wandalen, die Gallien und Spanien durchquert hatten, um in Nordafrika ein Königreich zu gründen, setzte nach Korsika und Sardinien über, nahm im Jahre 455, nachdem er beide Inseln erobert hatte, Rom ein und plünderte es. Eine Gegenoffensive unter der Führung des oströmischen Kaisers Leo blieb erfolglos.

Die Wandalen beherrschten von ihren Stützpunkten in Sizilien und Afrika aus das Mittelmeer – durch Piraterie, was die Sarazenen und Berber tausend Jahre lang fortführten. In Gallien und Italien fiel die Macht an drei germanische Herrscher, Ricimer, Orestes und Odoaker, die eine Reihe von Marionettenkaisern einsetzten. Einer von ihnen, Maiorianus (457–61), erneuerte für kurze Zeit in Südgallien sogar die kaiserliche Macht, wurde dann aber gestürzt. Im Jahre 476 besiegte Odoaker, der über die größte Streitmacht in Italien verfügte (formell ein römisches Heer, das dem Marionettenkaiser Romulus unterstand), seinen Rivalen Ricimer, setzte Romulus ab und rief sich selbst zum König aus. Der Senat existierte noch, führte aber ein Schattendasein. Er übersandte dem oströmischen Herrscher in Konstantinopel die kaiserlichen Insignien. Im Westen gab es schon längst kein römisches Heer mehr.[66]

Europa nach dem Untergang des Römischen Reiches: Ein Erdteil ohne Heere

Im Osten existierte das römische Heer weiter. Es verteidigte das Ostreich in unterschiedlicher Entfernung von der Hauptstadt Konstantinopel (manchmal unmittelbar am Fuß der gewaltigen Stadtmauern, manchmal am Kaukasus oder am Nil), bis der osmanische Herrscher Muhammad II. («der Eroberer») es bei der großen Belagerung Konstantinopels im Jahre 1453 besiegte. Doch seit Beginn der Unabhängigkeit Ostroms unterschied es sich von dem, was man einst unter römischen Legionen verstanden hatte. Unter Belisar und Narses, den Feldherren, mit deren Hilfe der bedeutende Kaiser Justinian (527–65) wieder Herr über Italien und Nordafrika wurde (wobei er die Macht der Wandalen brach), ähnelte es sehr dem Heer des Aëtius und Maiorianus. In der Schlacht von Tricamarum (453), in der Belisar den Wandalenkönig Gelimer überwand, wie auch bei Tadinae (455), wo Narses den Sieg errang, durch den Ravenna und Rom erneut unter die Herrschaft des Kaisers gelangten, bildeten Nichtrömer die Hauptmasse des Heeres, unter ihnen Hunnen in Afrika und ein Trupp persischer Bogenschützen in Italien.[67]

Nachdem die Grenzen des Oströmischen Reiches etwa entlang der Donau und dem Kaukasus stabilisiert waren – die Seegrenze verlief von Zypern über Kreta zur Stiefelspitze Italiens (Ägypten, Syrien und Nordafrika waren zwischen 641 und 685 an die Araber verlorengegangen) –, konnte man die militärische Organisation des Reiches auf eine andere Grundlage stellen. Rein äußerlich ähnelte sie der unter Augustus. Das Reich wurde in Militärbezirke eingeteilt, die gleichzeitig Verwaltungsgebiete waren und deren Befehlshaber mitsamt ihren Truppen unmittelbar dem Kaiser unterstanden. Entsprechend der Bezeichnung für die byzantinischen Heeresabteilungen wurde ein solcher Bezirk *thema* genannt. Die Organisationsform der Truppen hatte eher mit der Konstantinischen Reform des 4. Jahrhunderts als mit den schwerfälligen Legionen zu tun. Es waren kleine, unabhängige Regimenter aus Fußvolk und Reiterei, die man kombinieren konnte, um die Grenzmilizen zu verstärken.

Im 2. Jahrhundert gab es dreizehn solcher *themata*: sieben in Kleinasien, drei auf dem Balkan und drei am Mittelmeer und in der Ägäis. Auch wenn ihre Zahl bis zum 10. Jahrhundert auf dreißig stieg, blieb der Umfang des Heeres mit rund 150000 Mann – je zur Hälfte Fußvolk und Reiterei – konstant und entsprach damit in etwa dem Heer unter Augustus. Das von einer leistungsfähigen Verwaltung und Steuerbehörde getragene und von einer wohlhabenden Bauernschaft ernährte und versorgte byzantinische Heer war der Rückhalt eines dauerhaften, wenn auch stark veränderten und christianisierten Römischen Reiches bis zum Beginn der Türkenangriffe im Jahre 1071.[68]

Im Westen wurde kein solches Heer aufgestellt, um die Reste der römischen Zivilisation zu bewahren, die just von denen, die sie vernichteten, so sehr bewundert wurde. Eine Wiederbelebung des Heeres war auch nicht möglich, gab es doch die Grundlage nicht mehr: eine regelmäßige und gerechte Besteuerung. Sie war in der Spätzeit des Reiches äußerst ungerecht geworden. Die Barbarenkönige erhoben Steuern, soviel sie konnten, doch genügten die Einkünfte nicht, um disziplinierte Soldaten zu unterhalten. Die Eroberer standen mit der Disziplin ohnehin auf Kriegsfuß, bewahrten sich jedoch die germanische Überzeugung von der Freiheit des waffentragenden Kriegers und der Gleichheit aller Freien.

Goten, Lombarden und Burgunder waren Bauern gewesen, bevor die Steppenvölker sie zwangen, den Rhein zu überqueren, und als sie das Reich beerbten, meinten sie, vom Ackerbau leben zu können. In Italien bekam jeder ein Drittel des Grundbesitzes zugewiesen, auf dem er sich ansiedelte – eine Überbietung des alten Systems der Kaiser, bei dem einem einquartierten Soldaten ein Drittel der Räumlichkeiten seiner unfreiwilligen Quartiergeber zugewiesen wurde. In Burgund und Südfrankreich wurde die Zuweisung auf zwei Drittel festgesetzt. So begannen die Soldaten auf abgelegenen Gehöften zu pflügen. Dabei verlernten sie die militärischen Tugenden, derentwegen einst der Feind ihre Angriffe gefürchtet hatte, ohne daß die Regierung in den Genuß der Überschüsse kam, mit denen man ein zivilisiertes Friedensheer hätte unterhalten können. «Die barbarischen Königreiche vereinigten die charakteristischen Untugenden des Römischen Reiches» – in erster Linie die korrupte Enteignung landwirtschaftlichen Kleinbesitzes, um die Güter der Reichen zu vergrößern – «mit denen der Barbarei... Zu den alten Mißständen traten noch die gesetzlose Gewalttätigkeit der barbarischen Stammeskrieger und jener Römer, die überlebt hatten und nunmehr deren Verhaltensweise nachäfften.»[69]

Roms Hauptbeitrag zu den zivilisatorischen Ideen der Menschheit war der Aufbau einer disziplinierten Berufsarmee. Natürlich hatte kein Römer ein solches Ziel vor Augen gehabt, als sich Rom in Italien auf Eroberungsfeldzüge begab und später gegen Karthago Krieg führte. Die Forderungen des Schlachtfeldes und nicht ideelle Anschauungen verwandelten das Heer von einer Bürgermiliz in eine über große Distanzen operierende Expeditionsstreitmacht. Das System regulärer Anwerbung war ebenso sachliche Notwendigkeit wie der Umstand, daß das Heer im gesamten Reichsgebiet «Begabten eine Laufbahn» bot, ob sie römische Bürger waren oder nicht. Augustus' Reformen rationalisierten lediglich eine bereits bestehende Situation.

Am Ende diente die Entwicklung des römischen Heeres dennoch wie von selbst der Entwicklung der römischen Zivilisation. Im Unterschied zum antiken Griechenland stützte sie sich auf Gesetze und physische Leistung, nicht auf spekulative Ideen und künstlerische Kreativität. Um Roms Gesetzen Geltung zu verschaffen und in dem ungeheuer großen Reich die nötige Infrastruktur herzustellen, war weniger eine intellektuelle Leistung erforderlich als unbegrenzte Energie und moralische Disziplin. Deren Quelle war letztlich das Heer, und häufig, vor allem bei der Erledigung öffentlicher Arbeiten, setzte es sie direkt in die Tat um. Daher führte der Verfall seiner Macht – auch wenn dieser ebensosehr aus dem Versagen der Wirtschaft und Verwaltung wie aus militärischen Krisen an den Grenzen resultierte – zwangsläufig auch den des Reiches herbei. Als das Heer zusammenbrach, brach auch das Weströmische Reich zusammen.

Die Nachfolgereiche im Westen erkannten den Wert der von ihnen zerstörten Institution nicht, und sie begriffen auch nicht, wie schwierig es war, sie zu ersetzen. Dennoch wurde moralische Autorität in Europa auch weiterhin institutionalisiert. Sie ging auf die Einrichtungen der christlichen Kirche über, die dank der Bekehrung der Franken im Jahre 496 fest in der römischen Welt wurzelte, und in der Kirche fand zumindest die Idee des Reiches eine Fortsetzung. Die christlichen Bischöfe konnten indessen die christliche Verheißung ohne die Macht des Schwertes nicht durchsetzen. Ihre königlichen Beschützer wandten militärische Macht an, um sich gegenseitig zu bekriegen, statt christlichen Frieden zu schaffen und zu bewahren.

Die Geschichte Westeuropas im späten 6. und 7. Jahrhundert ist voller Streitigkeiten zwischen den königlichen Häusern der Nachfolgereiche. Die Konflikte beruhigten sich erst, als zu Beginn des 8. Jahrhunderts die Karolinger in den fränkischen Landen zu beiden Seiten des Rheins ihre Herrschaft errichteten. Sie ging aus einer inneren Auseinandersetzung hervor; vielleicht war sie aber auch eine Reaktion auf neue Bedrohungen: das Vorrücken der Muslime aus Spanien nach Südfrankreich sowie die Einfälle heidnischer Friesen, Sachsen und Bajuwaren an den östlichen Grenzen. Karl Martells Sieg bei Tours und Poitiers im Jahre 732 warf die Muslime für immer hinter die Pyrenäen zurück; sein Enkel, Karl der Große, sicherte mit seinen Feldzügen die Grenze an der Elbe und am Oberlauf der Donau, brachte das Königreich der Langobarden an sich und ließ sich am Weihnachtstag des Jahres 800 von Papst Leo III. in Rom zum Kaiser krönen.

Karls Legitimität gründete sich darauf, daß ihn der Papst als Nachfolger der römischen Kaiser anerkannte. Karls Macht stützte sich auf Streitkräfte, die keinerlei Ähnlichkeit mit dem römischen Heer hatten. Frühere fränkische Könige hatten wie andere Barbarenherrscher den militärischen Kern ihres Gefolges als ausgewählte Krieger betrachtet, von denen man erwarten durfte, daß sie tapfer kämpften und zur Stelle waren, wenn man sie brauchte – das Gegenstück zu Alexanders «Kampfgefährten»-Reiterei. Im Zeitalter der Eroberungen stellte sich die Frage ihres Unterhalts nicht, und in unsicheren Zeiten lebten sie von der Hand in den Mund.

Doch hatte ein Reich erst einmal Grenzen, wie grob auch immer diese festgelegt sein mochten, und bemühte es sich innerhalb dieser Grenzen um Stabilität, brauchten seine Krieger eine gleichmäßigere Einkommensquelle als Beute oder zeitweilige Enteignung. Also überließ man entsprechend der alten römischen Gepflogenheit des *precarium* Angehörigen germanischer Kriegerbanden – sie wurden in dem Latein, dem die neuen Reiche eine so große Zahl ihrer juristischen Begriffe verdankten, *comitatus* (eigentlich Gefolge des Kaisers) genannt – Teile von Ackerland auf Widerruf. Die *precaria* waren in der Blütezeit des Römischen Reiches für Geld verpachtet worden; als die Unruhen des 5. und 6. Jahrhunderts den Geldumlauf störten, mußten statt der Pacht andere Leistungen erbracht werden. Für die Gefolgsleute eines Herrschers, die diesem persönlich verpflichtet waren und seinen Schutz *(patrocinium)* genossen, lag es nahe, als Ausgleich für Schutz und Gunst Militärdienst zu leisten, wenn sich dies auch in der Praxis erst nach und nach einbürgerte. Das *patrocinium* drückte sich durch die Gewährung eines *precarium* aus. Die Beziehung war für beide Seiten vorteilhaft: der Vasall (vom keltischen Wort für «Abhängiger») konnte seinen Lebensunterhalt sichern, «der Herrscher durfte sich auf dessen militärische Dienste verlassen. Die Verpflichtung wurde durch einen Huldigungsakt besiegelt, der, durch die Kirche christianisiert, als Treueid oder ‹Lehnseid› bekannt wurde.»[70]

Die uns (nach dem Lehen, das der Herr den Vasallen überließ) als Lehnswesen bekannte Einrichtung bildete von der Mitte des 9. Jahrhunderts an im karolingischen Europa allgemein die Grundlage für die Aufstellung von Heeren und die Zuteilung von Landbesitz an die militärische Klasse. Bald schon war es fester Brauch, Lehen innerhalb einer Familie zu vererben, solange diese dem König diente. Dies wurde im Jahr 877 formalisiert, als ein Enkel Karls des Großen, der westfränkische König Karl der

Kahle, im Vertrag von Quierzy festlegte, daß ein Lehen vom Vater auf den Sohn übergehen könne. Er hatte bereits die Vorschrift erlassen, daß jeder Freie, das heißt jeder, der Land besaß oder Waffen trug, einen Schutzherrn oder Gebieter haben und daß jeder Mann, der ein Pferd besaß oder zu dessen Besitz verpflichtet war, mindestens einmal jährlich beritten an einer Heerschau teilnehmen mußte. «Das System des Feudalismus war in dem Augenblick vollendet, da von jedermann verlangt wurde, einen Herrn anzuerkennen, alle Inhaber eines Lehens als berittene Krieger dienen mußten und Ämter, Lehen und Militärpflichten erblich wurden.»[71]

Trotz der Bedeutung, die der karolingische Feudalismus dem Besitz eines Pferdes beimaß, darf man ihn nicht mit dem militärischen System der Nomaden gleichsetzen. In den vom Ackerbau geprägten Landstrichen Westeuropas war es nicht möglich, eine große Zahl von Pferden zu halten; daher hatten die Feudalheere, die dem Ruf zu den Waffen folgten, mit den Horden eines Reitervolkes nichts gemeinsam. Die germanischen Stämme unterschieden sich von diesen hauptsächlich durch ihre besondere Kampfweise, die den Kampf Mann gegen Mann mit blanker Waffe bevorzugte. Dieser Stil hatte sich aus den Begegnungen mit geschulten Legionären römischer Heere entwickelt. Als die Krieger des Westens begannen, zu Pferd zu kämpfen, steigerte sich diese Kultur durch die Qualität der Ausrüstung und der Waffen, die man vom Sattel aus verwendete. Aus dem Sattel war mittlerweile ein recht stabiler Sitz geworden, was teilweise mit dem Anfang des 8. Jahrhunderts eingeführten Steigbügel zusammenhing.

Wahrscheinlich kam der Steigbügel aus Indien. Im 5. Jahrhundert übernahmen ihn die Chinesen und nach ihnen die Steppenvölker, die ihn in Europa verbreiteten. Seine Bedeutung ist stark umstritten. Manche meinen, durch den festen Sitz, den erst der Steigbügel dem Reiter ermöglicht habe, sei dieser zum berittenen Lanzenkämpfer geworden. Andere glauben, die Nomaden seien auch ohne Steigbügel mit ihren Tieren förmlich verwachsen gewesen. Da es keine zeitgenössischen Belege gibt, empfiehlt es sich, diese Frage offenzulassen.[72] Wohl aber wissen wir, daß berittene

Krieger im Westen seit dem 8. Jahrhundert einen hohen Sattel verwendeten und die Füße in Steigbügel stellten, wodurch sie bis dahin ausschließlich dem Fußvolk vorbehaltene Waffen einsetzen und eine entsprechende Ausrüstung tragen konnten. Gewiß, die Perser und nach ihnen die Byzantiner hatten schon früher Schwadronen gepanzerter Reiter und sogar gepanzerter Pferde ins Gefecht geschickt. Da wir aber nicht wissen, wie diese ausgerüstet waren und auf welche Weise sie kämpften, ist es gewagt, hier den Ursprung der schweren Reiterei zu sehen.[73] Der feudale Reiterkrieger Westeuropas indessen trug bis zum 9. Jahrhundert nachweislich einen eisernen Kettenpanzer, führte einen Schild mit sich und konnte seine Hände hinreichend freihalten, um vom Sattel aus den Schild und eine Lanze oder ein Schwert zu handhaben.

Diese Neuerungen kamen gerade rechtzeitig, denn im Verlauf des 9. Jahrhunderts gab es erneut Angriffe auf den Westen, denen die schwerfälligen, wenig geübten und meist unberittenen Krieger aus Roms Nachfolgekönigreichen nicht hätten standhalten können. Die Angriffe kamen aus drei Richtungen: aus den islamischen Ländern, aus der Steppe und von den Küsten Skandinaviens, deren Bewohner nach wie vor Heiden und Barbaren waren. Die islamischen Länder gingen im Mittelmeer ähnlich den Wandalen des 6. Jahrhunderts der Piraterie und Plünderung nach – mitunter aus den gleichen nordafrikanischen Häfen heraus. Die Sarazenen, wie man die islamischen Eindringlinge im Westen nannte, konnten sich völlig frei bewegen, weil im westlichen Mittelmeer seit der Auflösung der römischen Flotte im 5. Jahrhundert kein Staat eine Flotte besaß, die imstande gewesen wäre, die Küsten zu schützen und die Seewege zu sichern. Im Jahre 827 wurde Sizilien besetzt, das schon viele Male raubgierigen Mächten wie Athen, Karthago und den Wandalen als Basis gedient hatte. Kurz darauf errichteten Piraten an der Stiefelspitze Italiens und in Südfrankreich Stützpunkte. Im 10. Jahrhundert griffen die Sarazenen Korsika, Sardinien und sogar Rom an. Schließlich wurden sie von den Byzantinern vertrieben, der einzigen Macht, die noch eine Galeerenflotte besaß. Die Sarazenen wurden aber erst verjagt, nachdem sie von der Rhône bis zur

Adria und oft bis weit ins Binnenland hinein eine breite Spur der Plünderung und Zerstörung hinterlassen hatten.

Aus der Steppe drohten die Übergriffe der Magyaren. Von den immer mächtiger werdenden Turkvölkern nach Westen gedrängt, tauchten die Magyaren im Jahre 862 in der Donauebene auf, die einst Attilas Pferden als Weidegrund gedient hatte. Von dort unternahmen sie eine Reihe typischer Nomadenüberfälle, die selbst nach den Maßstäben der Hunnen weit ausgriffen. So gelangten die Magyaren im Jahre 898 nach Italien und verwickelten dessen König Berengar samt seinem Heer von fünfzehntausend gepanzerten Reitern im September 899 an der Brenta in eine mörderische Schlacht. Im Jahre 910 stellten sie sich dem Aufgebot der Ostfranken, das der letzte Karolinger, König Ludwig das Kind, bei Augsburg zusammengerufen hatte. Dabei errangen sie einen bedeutenden Sieg, der es ihnen erlaubte, zehn Jahre weitgehend unbehelligt auf deutschem Gebiet umherzustreifen. Heinrich I. («der Vogler»), König der Deutschen von 919–36, drängte sie Schritt für Schritt zurück, indem er an der Ostgrenze zahlreiche Burgen anlegen ließ. Dennoch gelang es den Magyaren 924 und 926, bis nach Frankreich und Burgund vorzustoßen, und trotz der Niederlage, die Heinrich ihnen 933 zufügte, drangen sie 954 erneut in Italien ein.

Im Jahre 955 schließlich gelang es Kaiser Otto I., zu einem günstigen Zeitpunkt eine hinreichend große Streitmacht an einer Stelle zusammenzuziehen, wo schwere Reiterei leichte Reiterei besiegen konnte. Mit einem hauptsächlich aus Bajuwaren und Schwaben bestehenden Heer von achttausend Mann (für die damalige Zeit eine beachtliche Größe) zog er am Lager der Magyaren vor der von ihnen belagerten Stadt Augsburg vorbei, überquerte den Lech, um ihnen den Rückzug abzuschneiden, und erwartete ihren Angriff. Trotz ihrer langen Erfahrung mit der westlichen Kriegführung verwendeten die Magyaren genau wie die Hunnen den Kompositbogen als Hauptwaffe und nahmen wie in der Steppe eine aufgelockerte Formation ein. Sie verhielten sich genauso, wie es Otto erhofft hatte. Als sie den Lech überquerten, um sich den Rückzug zu erkämpfen, wobei sie den Fluß im Rükken hatten, verstrickte er sie in eine Schlacht, in deren Verlauf seine Gepanzerten sie aufrieben. Bewaffnete Bauern verjagten die versprengten Überbleibsel des magyarischen Heeres. Nach der Schlacht am Lechfeld unternahmen die Magyaren keinen größeren Vorstoß mehr in die Ackerbaugebiete des Westens.[74]

Den Skandinaviern, die ihre Überfälle mit Hilfe seetüchtiger Kriegsschiffe durchführten, ließ sich so schnell nicht beikommen, denn keines der westeuropäischen Königreiche wußte sich gegen Angriffe von See wirkungsvoll zu wehren. Jahrhundertelang waren die Küstenbewohner im Norden Europas abenteuerlustige Seefahrer gewesen. Die Römer hatten mit einer eigens dafür abgestellten Flotte an der Sachsenküste Britanniens wie auch in Gallien versucht, die Piraterie im Zaum zu halten. Die Auflösung dieser Flotte im 5. Jahrhundert eröffnete Angelsachsen und Jüten die Möglichkeit, Britannien von Dänemark und Norddeutschland aus zu besiedeln.[75] Als sich die Länder östlich des Rheins im Zuge der Völkerwanderung geleert hatten, versiegte auch der Auswandererstrom über das Meer. Doch trieb Landhunger gegen Ende des 8. Jahrhunderts die heidnischen Bewohner Norwegens und Schwedens dazu, erneut nach Ansiedlungsmöglichkeiten zu suchen, Beute zu machen und unter den von ihnen selbst diktierten Bedingungen Handel zu treiben. Zu jener Zeit hatten sie das Langschiff entwickelt, das auch auf stürmischer See Krieger über weite Strecken befördern konnte. Zeitgenössischen Küstenschiffen war es durch das schmale Profil und den tiefen Kiel überlegen, die es erlaubten, vor dem Wind zu segeln. Zugleich war es mittschiffs recht breit, so daß es sich rudern ließ. Das konnte bei Flaute nützlich sein, aber auch, um an der offenen Küste, weit weg von geschützten Häfen zu landen.[76]

Kurz gesagt: das Langschiff war das ideale Seeräuberschiff, vorausgesetzt, die Besatzung war widerstandsfähig genug, die Strapazen zu ertragen, die lange Seefahrten in einem offenen Rumpf mit sich brachten. Auf der Fahrt gab es ausschließlich kalte Rationen. Die Wikinger – der Name geht auf das altnordische Wort *vikingr*, Seeräuber, zurück – gehörten zu den zähesten und kriegerischsten Völkern überhaupt, und ein Jahrhundert Kampf um Landbesitz, das ihren Raubzügen zur See voraufgegangen war, hatte ihre Bereitschaft zum Kampf Mann gegen Mann angestachelt.[77] Überdies begannen sie um das Jahr 840, Pferde mit an Bord ihrer Schiffe zu nehmen. Dadurch konnten sie nach allen Richtungen weit ins Binnenland vorstoßen, dessen Bevölkerung dagegen praktisch machtlos war. Nachdem sie im Jahre 793 das Inselkloster Lindisfarne an der englischen Nordostküste überfallen hatten, überfielen sie 844 das im maurischen Spanien gelegene Sevilla und stießen 859 weit ins Mittelmeer vor. 834 verwüsteten die Wikinger den bedeutenden Handelsort Dorestad an der Rheinmündung und drangen 877 in das von Angelsachsen besiedelte England ein, von dem sie große Teile bis zur Mitte des 10. Jahrhunderts eroberten.

Im Verlauf größerer Unternehmungen gelangten die Wikinger dank einer navigatorischen Glanzleistung, die nur mit der der Polynesier im Pazifik vergleichbar ist, 870 nach Island und im folgenden Jahrhundert nach Grönland. Dies entlastete Europa ein wenig, doch drangen die Wikinger auch weiterhin in die herrenlosen Gebiete Mittel- und Osteuropas vor, wo sie als «Rus» bekannt wurden. Sie gewöhnten sich an ein Leben als bewaffnete Händler und kamen auf ihren Reisen von Schweden über die Ostsee und von dort über die großen russischen Flüsse in Berührung mit dem Islam und mit Byzanz. Im Westen hielten die Nordmänner (oder Normannen) in Nordfrankreich einen festen Stützpunkt, so daß sich der König 911 genötigt sah, ihnen jenes Gebiet – die Normandie – als Lehen zu überlassen. Von dort eroberten sie nicht nur im Jahre 1066 England, sie hatten 1027 auch schon damit begonnen, in der Nähe von Neapel vorgeschobene Stellungen für ein später von ihnen in Italien und Sizilien gegründetes Königreich zu errichten.

Mit militärischen Mitteln allein ließ sich den wüsten Raubzügen, die im 9. und 10 Jahrhundert aus vielerlei Richtungen kamen, nicht Einhalt gebieten. Westeuropa brauchte wie China gegenüber den Steppennomaden eine kulturelle Kraft, die den Vernichtungswillen der Eindringlinge neutralisieren und sie in die Zivilisation integrieren konnte. Bei den Sarazenen war das nicht möglich; sie fühlten sich auf ihren Raubzügen und Plünderungen durch die Moral der *ghazi*, der Grenzkrieger des Islam, gerechtfertigt. Die heidnischen Wikinger und Magyaren allerdings lebten nach wie vor in einer primitiven Welt rachsüchtiger, unbeeinflußbarer Götter. Ihr hatten auch die Germanen und die Steppenvölker angehört, bevor sie die Lehren Christi und Mohammeds vernahmen.

Die christliche Kirche hatte in Westeuropa bereits ein beachtliches Befriedungswerk geleistet: seit der Bekehrung der Franken im Jahre 496 hatten sich nach und nach alle in das Römische Reich eingefallenen Völker in einem einzigen Glauben vereinigt. Zugleich brachte die Kirche sie dazu, die von Rom abgeleiteten christlichen Institutionen – Papsttum, Bischofsamt, Klostergründungen – zu achten. Sie trug darüber hinaus in heldenhaften Missionen, die nicht nur der Verbreitung des Glaubens dienten, sondern auch zivilisierende Wirkung hatten, das römische Christentum zu den weit entfernt lebenden Germanen und Slawen im Norden und Osten. Wohl wurde häufig mit dem Schwert in der Hand bekehrt, doch hatten umgekehrt auch christliche Männer und Frauen (wie der aus England stammende Apostel der Deutschen, Bonifatius) beim Versuch, Gottes Wort unter wilden Völkerschaften zu verbreiten, den Märtyrertod erlitten. Als gegen Ende des 10. Jahrhunderts die Magyaren christianisiert wurden, erwies sich Ungarn als Bollwerk gegen Angriffe aus der Steppe. Die Skandinavier wurden im 11. und 12. Jahrhundert bekehrt.

Ohne die römische Kirche wäre Europa in nachrömischer Zeit der Barbarei verfallen. Die Überbleibsel der römischen Institutionen waren zu schwach, als daß sie eine neue Ordnung hätten tragen können, und da es keine disziplinierten Heere gab, hätte der ganze Kontinent schon bald in allenthalben ausbrechende Stammesfehden unter dem «militärischen Horizont» zurückfallen können. Selbstverständlich waren die Möglichkeiten der Kirche bei ihrem Friedenswerk begrenzt, da sie zum einen selbst nach Macht strebte, zum anderen in der christlichen Lehre Hemmungen begründet sind, die die Ausübung weltlicher Macht betreffen. Im Osten behielten die christlichen Bischöfe den unter Konstantin geübten Brauch bei, sich dem byzantinischen Kaiser unterzuordnen. In den christlichen Gebieten, die an den Islam fielen, waren religiöse und weltliche Macht in der Person des Kalifen vereinigt. Doch das Papsttum im Westen erkannte weder die eine noch die andere Regelung an. In der Nachfolge römischer Herrschaft hatte es seinen Sitz in Rom, und von dem Augenblick an, da das Römische Reich unterging, trachtete das Papsttum danach, die Unterscheidung zwischen weltlicher und geistlicher Macht durchzusetzen und eine Begründung dafür zu finden, daß sich erstere der letzteren unterzuordnen habe. Karl der Große erneuerte das Römische Reich mit dem Schwert, doch bezog er in den Augen der Kirche die Legitimität seines Kaisertitels nur aus der Tatsache, daß er von Papst Leo III. in der Peterskirche gekrönt worden war.

Solange die Kaiser nach weltlichen Maßstäben stark und die Päpste schwach waren, gab es zwischen der Macht der einen und den Autoritätsansprüchen der anderen Seite keine Konflikte. Doch im 11. Jahrhundert waren der Besitz wie auch das Selbstbewußtsein der Kirche überall gewachsen. Ihre Ländereien, die häufig auf dem Nachlaßwege an sie fielen, stellten den Herrschern viele militärische Vasallen; ihre klösterlichen Einrichtungen, die sich gleichfalls auf karitative Vermächtnisse stützten, wurden Zentren einer starken Theologie, die die Ansprüche der Päpste auf den Primat argumentativ begründete. Man mißbilligte, daß Kaiser und Könige, die Bischöfe und Äbte in ihre Ämter einsetzten («investierten»), diese als gefügige Werkzeuge benutzten, vor allem wenn es um die Aufstellung und Unterhaltung von Streitkräften ging. Zögernd räumten Theologen ein, ein Krieg sei moralisch gerechtfertigt, wenn er die gesetzmäßigen Rechte eines Souveräns durchsetze oder zurückgewinne. Die Begründung fanden sie in der großzügig interpretieren Mahnung Christi: «Gebt dem Kaiser, was des Kaisers ist.»

Dennoch galt sowohl das Töten als auch die Verletzung von Menschen als Sünde, für die Buße zu tun war. So verhängten die normannischen Bischöfe nach der Schlacht von Hastings 1066 über ihre Ritter eine Buße von einem Jahr Beten und Fasten für das Töten eines Gegners und von vierzig Tagen für seine Verwundung – obwohl Wilhelm der Eroberer mit päpstlicher Billigung gegen Harald und die Angelsachsen gekämpft hatte.[78] In dem großen Investiturstreit des 11. Jahrhunderts zwischen Papst Gregor VII. und Heinrich IV., bei dem es um die Frage ging, wer das Recht habe, Bischöfe einzusetzen, zögerte Gregor keinen Augenblick, ein Bündnis von Normannen und Deutschen gegen den Kaiser zustande zu bringen. Doch stets zweifelten die Christen, ob sich die Tugend der Friedfertigkeit mit dem Drang des berittenen Kriegers vereinbaren ließ, Blut zu vergießen. Dieser Zweifel bestand auch, wenn über dem Ritter das päpstliche Banner wehte.

In einer Gesellschaft, in der die eine Hälfte der höheren Schichten das geistliche Gewand trug, während die andere im Harnisch daherkam, ließ sich eine solche Gewissensfrage wohl nicht umgehen. Noch im 11. Jahrhundert bestand die Ritterschaft aus groben Kerlen; die Verfeinerung ritterlicher Ideale lag noch in weiter Ferne.[79] Es war erst zweihundert Jahre her, «daß dem Aufruf Karls, jeder Mann, der ein Pferd besitze, solle beritten zur Versammlung kommen, neben Vertretern des Adels eine Horde von Abenteurern und Emporkömmlingen Folge leistete, deren Anspruch, als Edelmann zu gelten, sich vor allem darauf gründete ... daß sie auf einem edlen Tier saßen». Im tiefsten Inneren blieb Europa eine Kriegergesellschaft. Sobald das Blut der Menschen in Wallung geriet und Gesetze sie nicht abschreckten, stießen Gottes Gebote auf taube Ohren.

Für die Kirche wie für die Könige war es daher eine Erleichterung, als man Ende des 11. Jahrhunderts gemeinsam gegen einen nichtchristlichen Feind zog und der Investiturstreit in den Hintergrund trat. Im Jahre 1088 wurde unter dem Namen Urban II. ein Mönch aus Cluny, einem der Klöster, in denen die Theologie der päpstlichen Macht ihren Sitz hatte, zum Papst gewählt. Unverzüglich stellte er auf diplomatischem Wege gute Beziehungen zum Kaiser her. Gleichzeitig predigte er, ein Kampf von Christen gegen Christen sei Sünde. Auf der Synode von Clermont verwies er im Jahre 1095 auf den Gottesfrieden, das kirchliche Friedensgebot, das während der vorösterlichen Fastenzeit und an bestimmten Feiertagen das Fehderecht einschränkte. Er mahnte die Christen, nicht weiter einander zu töten und «statt dessen einen gerechten Krieg zu kämpfen». Er erinnerte seine Zuhörer daran, daß die Byzantiner nach der vierundzwanzig Jahre zurückliegenden Katastrophe von Manzikert den Westen gebeten hatten, das Christentum im Osten zu verteidigen, daß die muslimischen Türken weiterhin in christliche Gebiete vorstießen und die heilige Stadt Jerusalem in der Hand der Muslime sei. Dann rief er dazu auf, unverzüglich einen Feldzug ins Heilige Land zu unternehmen, um Jerusalem wieder in den Besitz der Kirche zu bringen.[80]

Die Idee eines Kreuzzuges lag schon länger in der Luft. Im 10. Jahrhundert hatten die Mauren unter dem tatkräftigen Almansur den christlichen Königreichen im nördlichen Teil Spaniens Land entrissen. Fromme junge Ritter aus anderen Teilen Europas, unter ihnen Normannen und Untertanen der Könige von Italien und Frankreich, waren daraufhin zum Kampf auf die Iberische Halbinsel gezogen. Die Äbte von Cluny bestärkten sie darin, lag ihnen doch besonders das Wohl der Pilger am Herzen, die zum Schrein des Apostels Jakobus in Santiago de Compostela wallfahrteten.

Schutzherr des Feldzuges von 1073 war Papst Gregor VII. gewesen. Er hatte daran erinnert, daß «das Königreich Spanien zum Stuhle Petri» gehöre, und zugleich erklärt, daß «christliche Ritter in den Besitz der Länder gelangen sollten, die sie von den Ungläubigen eroberten». So war «gegen Ende des 11. Jahrhunderts die Vorstellung vom heiligen Krieg in die Praxis umgesetzt. Vertreter der kirchlichen Amtsgewalt ermutigten christliche Ritter und Krieger, ihre kleinlichen Streitigkeiten aufzugeben, an die Grenzen der Christenheit zu ziehen und dort gegen die Ungläubigen zu kämpfen. Als Lohn für ihre Dienste durften sie die Ländereien, die sie zurückeroberten, in Besitz nehmen, außerdem versprach man ihnen geistlichen Lohn ... Das Papsttum begann, diese heiligen Kriege zu lenken. Es rief häufig dazu auf und ernannte die Befehlshaber. Was an Land erobert wurde, sollte letztlich unter der Oberhoheit des Papstes bleiben. Obwohl sich die bedeutenden Fürsten zurückhielten, folgten viele Ritter bereitwillig dem Aufruf zum heiligen Krieg, teilweise aus wirklich religiösen Gründen. Sie schämten sich, weiter gegeneinander Krieg zu führen, und wollten für das Kreuz kämpfen. Doch gehörte auch Landhunger zu ihren Motiven, vor allem in Nordfrankreich, wo gerade zu jener Zeit der Grundsatz eingeführt wurde, daß dem Erstgeborenen das gesamte väterliche Erbe zufallen sollte, weil man den Grundbesitz samt den darauf ruhenden Rechten nicht mehr teilen wollte. Also mußten die jüngeren Söhne ihr Glück woanders versuchen. Unter Frankreichs Rittern, besonders unter den Normannen, deren Vorfahren erst wenige Jahre zuvor als umherstreifende Freibeuter ins Land gekommen waren, machte sich Unruhe und Abenteuerlust breit. Die Gelegenheit, die Christenpflicht mit Landerwerb in einem südlichen Klima zu verbinden, war äußerst verlockend.»[81]

Der Erste Kreuzzug, an dessen Spitze Fürsten aus dem normannischen Sizilien, der Normandie, Frankreich und Burgund standen, begann im Jahre 1096. Teils zu Land und teils zu Wasser versuchten die Truppen, das Heilige Land zu erreichen. Mit Billigung des byzantinischen Kaisers zogen die Kreuzfahrer über den Balkan und erkämpften sich ihren Weg durch die von Seldschuken besetzten türkischen Gebiete in Kleinasien; in Syrien, das sie 1098 erreichten, trafen sie mit Kontingenten zusammen, die auf dem Seeweg aus England, Italien und Flandern gekommen waren. Zwar nahm die Belagerung Antiochias, eines wichtigen Ortes an der Küstenroute durch Syrien, viel Zeit in Anspruch, doch 1099 erreichten sie das Heilige Land und nahmen am 15. Juli nach einem gegen die Stadtmauern geführten Blitzangriff Jerusalem ein. Es wurde jetzt die Hauptstadt eines Lateinischen Königreichs unter einem burgundischen Herzog, der sich den Titel König von Jerusalem beilegte. Andere Anführer von Kreuzfahrerheeren gründeten Staaten an der syrischen Küste und im Süden Kleinasiens. Sie hatten mit unterschiedlichem Erfolg bis 1291 Bestand, als der Gegenangriff der Mamelucken die letzte dieser Gründungen hinwegfegte. Die westliche Christenheit erneuerte und sicherte die Kreuzfahrerstaaten durch ständig neue Kreuzzüge, für die man sich in Frankreich und im Reich stark begeisterte. Doch die Ziele der Kreuzfahrer wurden in dem Maß zweifelhafter, als die Muslime Streitkräfte zusammenzogen, um die Stätten zurückzuerobern, die auch ihrer Religion heilig waren, und um die Ein-

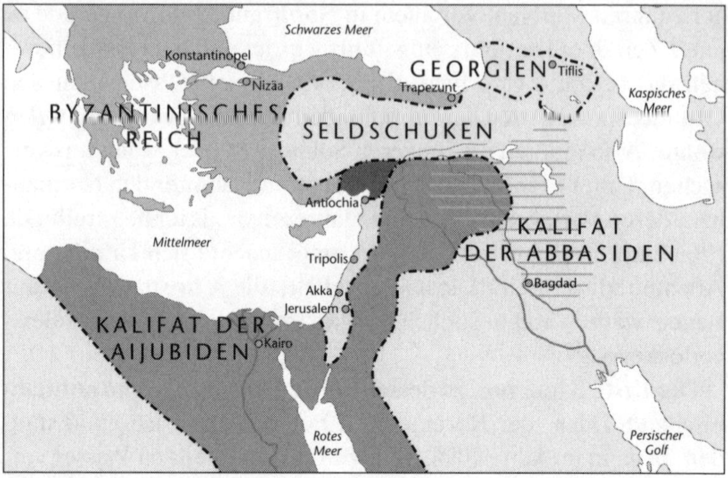

Der Nahe Osten um 1174, vor Saladins Offensive gegen die Kreuzfahrer

dringlinge von der wichtigen Landbrücke zu vertreiben, die Ägypten mit Bagdad verband.

Dieser Gegenangriff war im wesentlichen wohl eine Reaktion auf ein «Grenzproblem», ähnlich dem, das den Islam an der zur Steppe bedrängte. Doch nahmen die Kriege gegen die Christen eine Intensität an, die die Muslime von keiner anderen Front kannten; überdies fügte der Vierte Kreuzzug (1202–04) Byzanz einen nicht wiedergutzumachenden Schaden zu. Unkluges Eingreifen der Kreuzfahrer in eine Thronfolgestreitigkeit schwächte die Fähigkeit des Oströmischen Reiches, dem Vorrücken der islamischen Türken in Südeuropa Widerstand zu leisten, in verhängnisvoller Weise. Der Fall Konstantinopels zweihundertfünfzig Jahre später war indirekt eine Folge dieser Begebenheit.

Militärisch gesehen verdanken wir den Kreuzzügen ein äußerst genaues Bild europäischer Kriegführung in dem langen Interregnum zwischen dem Verschwinden der Heere Roms und dem erneuten Auftreten staatlicher Streitkräfte im 16. Jahrhundert. Die Kriege dieser Zeit waren eine Konfrontation von Soldaten, die in der nordeuropäischen Überlieferung den Nahkampf pflegten, mit der ausweichenden und dem Feind von allen Seiten zusetzenden Taktik der Steppenreiter. Doch war das nicht von Anfang an so. Bevor die Mamelucken das ägyptische Kalifat usurpierten, hatte dieses sich weitgehend auf die leichte Reiterei der Araber und Berber gestützt, die nicht mit dem Kompositbogen kämpften, sondern mit Lanze und Schwert, und daher den schwergepanzerten Kreuzrittern nicht gewachsen waren. So rieb Gottfried von Bouillon, der spätere «Beschützer des Heiligen Grabes», ein solches Heer im Jahre 1099 bei Askalon völlig auf. Doch als 1174 Saladin aus dem Kalifat Bagdad kam, vor allem aber, als Baybars im Jahre 1260 in Ägypten die Herrschaft der Mamelucken begründete, mußten die Kreuzritter den Alles-oder-nichts-Angriff, mit dem sie ihre Schlachten gewannen, gegen den Schwarm aus der Steppe führen. Da sie zahlenmäßig stets unterlegen waren, begann sich das Schlachtenglück nunmehr immer häufiger gegen sie zu wenden.

Trotz allem versuchten sie unentwegt, ihre Erfolgsaussichten gegen fremdartige militärische Vorgehensweisen zu verbessern. Zu diesem Zweck gesellten sie insbesondere ihren Reitern Fußvolk in beträchtlicher Zahl bei. Dank blanken Waffen, Bogen und schließlich der Armbrust konnte das Fußvolk der leichten Reiterei Paroli bieten, wenn diese vorstieß, um einen Keil in die geschlossenen Reihen der Ritter zu treiben mit der Absicht, diese einzeln niederzumachen. Gegen die Magyaren und Wikinger hatte das Fußvolk wenig gegolten, am allerwenigsten aber in den Auseinandersetzungen untereinander, die Europa während der Feudalzeit erschütterten. Die Ritter sorgten dafür, daß niemand Waffen trug, der kein Pferd besaß, hätten die Bewaffneten doch sonst – vor allem, wenn sie in Städten wohnten – Rechte verteidigen oder beanspruchen können, die ihnen die Krieger nicht bewilligen wollten. Im Heiligen Land indessen war das Fußvolk von großer Bedeutung. Es mußte in erster Linie den Troß schützen, ohne den die Kreuzritter keine Feldzüge führen konnten, aber auch die verwundbaren Flanken der in Schlachtordnung aufgestellten Reiterei.

Lange haben Historiker behauptet, der wichtigste taktische

Grundsatz der muslimischen Gegner der Kreuzritter sei es gewesen, die Reiterei vom Fußvolk zu trennen. Zwar wird das inzwischen bestritten, doch hat sich erwiesen, daß diese Taktik den Kreuzrittern häufig eine Niederlage bescherte.[82] Das war beispielsweise der Fall bei Ramla (1102), bei Mardsch Aijun (1179), bei Cresson (1187) wie auch bei Hattin im gleichen Jahr; durch Saladins dortigen Sieg fiel ein großer Gebietsteil des Königreichs Jerusalem an ihn zurück. Doch gingen die Mißerfolge der Kreuzritter nicht auf taktisches Mißgeschick zurück, sondern auf eine entscheidende strategische Schwäche: sie wollten durch die Attacken ihrer gepanzerten Reiter siegen, während der Feind sich diesen Attacken gar nicht stellte.

Die Kreuzritter glaubten, für ein erfolgreiches Vorgehen den Augenblick wählen zu müssen, «da sie ihren Angriff mit der Aussicht vortragen konnten, in die Hauptstreitmacht des Feindes einzudringen».[83] In Europa war es für einen Krieger Ehrensache, einem solchen Anprall standzuhalten – eine verfeinerte Variante des Kodex der Phalanx-Krieger. Die Kreuzritter stießen auf Gegner, die in ganz anderen Traditionen lebten und nichts Schimpfliches darin sahen, aus der Distanz zu kämpfen und Vorstößen durch allerlei Manöver auszuweichen. Im Laufe der Zeit paßten sich die Kreuzritter dieser Kampfesweise an, indem sie immer mehr örtliches Fußvolk einsetzten und entsprechend den lokalen Gepflogenheiten möglichst an Stellen kämpften, wo ihre Flanken durch Hindernisse geschützt waren. Zugleich näherten die Muslime ihre Kampfesweise der des Westens an, und es gibt Belege, daß sie im 13. Jahrhundert anfingen, westliche Ritterturniere nachzuahmen.

In erster Linie aber hatten die Strapazen der Kriegführung im Heiligen Land kulturelle Folgen. Der militärische Kodex, dem die Kreuzfahrer gehorchten, verschmolz immer mehr mit dem Appell an die Dienstpflicht der Christen, die sie vor allem in das Heilige Land führte. Schon im Verlauf des 11. Jahrhunderts war der Umriß dieser ritterlichen Idee in Europa erkennbar; es genügte nicht mehr, daß ein Mann Krieger war, ein Pferd und einen Kettenpanzer besaß und einem Lehnsherrn folgte. Ritterliche Treue wurzelte nicht mehr so sehr in den mit der Verleihung von Land verbundenen materiellen Vorteilen – die den Ritter in den Stand setzten, die militärischen Dienste zu leisten, die sein Lehnsherr von ihm erwartete –, sondern zunehmend in Zeremoniell und Religion. Der einstige Treueid, mit dem die Kirche der Übernahme eines Lehens durch den Vasallen feierlichen Charakter verliehen hatte, verpflichtete nun den Ritter zu persönlichem Dienst für seinen Herrn. Dabei gelobte er nicht nur Gehorsam, sondern schwor auch, daß er sich in ritterlicher Weise verhalten, also ein ehren- und tugendhaftes Leben führen werde.

Bald verlagerte sich für die Kreuzfahrer der Mittelpunkt des Ritterideals von der Person des Lehnsherrn auf die Kirche selbst. Gegen Ende des 12. Jahrhunderts wurden mehrere neue Mönchsorden gegründet, und obwohl sie ursprünglich den üblichen frommen Werken gewidmet waren, etwa Krankenversorgung und Wegbetreuung für Pilger, die ins Heilige Land zogen, trat bald eine weitere Aufgabe hinzu: die Verteidigung des Heiligen Landes selbst. Schon bald wurden diese Ritterorden (beispielsweise Johanniter und Templer) zu einer Hauptstütze der Kreuzzüge, doch wahrten sie auch ihre Selbständigkeit. In Palästina und Syrien errichteten sie zahlreiche Burgen, und in Europa sammelten sie Geld und warben Kämpfer für die Kreuzzüge an.[84] Sie wurden zu soldatischen Vorbildern, denn «ihre Lebensweise machte sie zu exemplarischen Kriegern. In der Schlacht waren sie gehorsam und diszipliniert, im Leben der Gemeinschaft, aus der Frauen und Kinder ausgeschlossen waren, genügsam und asketisch. Alle lebten unter demselben Dach, wurden von ihren Oberen mit Kleidung und Nahrung versehen und hatten keinen Privatbesitz. Nie waren sie müßig. Wenn sie nicht kämpften, beschäftigten sie sich mit handwerklichen Arbeiten... Ihre Ränge beruhten nicht auf Vornehmheit, sondern auf erworbenen Verdiensten. Einer neuen Ordnung zuliebe, die sich auf Armut, Gemeinschaftsleben und die Verehrung Christi gründete, hatten sie den Freuden und dem Ruhm der weltlichen Ritterschaft entsagt, die sich in Liebe zu schönen Waffen, übertriebener Sorge um äußerliche Dinge, Spiel- und Jagdleidenschaft erging.»[85]

In den Anfängen der Ritterorden können wir die Ursprünge der geordneten Heere erkennen, die im 16. Jahrhundert in Europa entstanden. Im Verlauf der Reformation lösten sich die Mönchsorden in den nunmehr protestantischen Ländern auf, und säkularisierte Krieger-Mönche trugen das auf Hierarchie, Vorgesetzte und subordinierte Einheiten gegründete System in die Heere. Dies war die Grundlage der ersten autonomen und diszipliniert kämpfenden Truppen, die Europa seit dem Verschwinden der römischen Legionen zu sehen bekam. Johanniter und Templer übten auf den Schlachtfeldern unmittelbaren Einfluß aus, indem sie andere christliche Krieger zur Gründung ähnlicher geistlicher Ritterorden veranlaßten, vor allem jene, die in Spanien gegen die Mauren, aber auch jene Deutschen, die gegen die heidnischen Pruzzen und Litauer kämpften. Die Deutschherren wurden der wichtigste dieser Orden. Das säkularisierte Erbe der von ihnen im eroberten Preußen errichteten Militärherrschaft war fünfhundert Jahre später der Grundstock des friderizianischen Offizierskorps.

Die Kreuzfahrerstaaten verschwanden Ende des 13. Jahrhunderts so allmählich, daß in der europäischen Kriegführung kein Wendepunkt erkennbar wurde. Zu viele Kreuzzüge hatten stattgefunden; die Siege der Muslime riefen keine dramatische Vergeltung mehr hervor, und Europas Könige waren voll beschäftigt mit eigenen Kriegen. Dennoch hinterließen die Kreuzzüge in der Welt des europäischen Militärs unwiderrufliche Veränderungen. Sie führten zur Wiedererrichtung lateinischer (also römisch-katholischer) Staaten im östlichen Mittelmeergebiet, nicht nur in Palästina und Syrien, sondern dauerhafter noch in Griechenland, auf Kreta, Zypern und in der Ägäis. Diese «Bereitstellungsräume» ermöglichten es den norditalienischen Städten, vor allem Venedig (wo städtisches Leben und Handel nie ganz zum Erliegen gekommen waren), erneut einen gedeihlichen Handel mit dem Mittleren und schließlich dem Fernen Osten zu führen und den sicheren Transport von Waren zwischen den Häfen des gesamten Mittelmeers wiederzubeleben. Das Geld, das sie damit verdienten, ermöglichte die meisten Kriege, die die italienischen

Republiken im 15. Jahrhundert – und später Frankreich – mit den Habsburgern um die Herrschaft südlich der Alpen führten.

Von diesen Städten ging ein mächtiger Impuls aus, sowohl zur Befreiung Spaniens vom Islam in der sogenannten *reconquista* als auch zur Christianisierung des Ostens. Sie schwächten die Byzantiner, unternahmen aber nichts gegen das Vorrücken der osmanischen Türken auf dem Balkan. Diese hatten Anfang des 15. Jahrhunderts die Donau erreicht und auf dem Weg dorthin nicht nur das christliche Königreich Serbien in die Knie gezwungen, sondern auch die Ungarn bedroht. Die Kreuzfahrer hatten den sich bekriegenden Königen Europas und ihren aufsässigen Vasallen einen bedeutenderen Kriegszweck vor Augen geführt, als ihre endlosen Streitereien es waren. Ferner stärkten die Kreuzfahrer die Autorität der Kirche bei deren Bemühungen, dem Krieg einen gewissen ethischen und gesetzlichen Rahmen zu geben. Indem sie der europäischen Ritterschaft die Disziplin einer zielgerichteten Kriegführung nahebrachten, legten sie den Grund für den Aufstieg mächtiger Königreiche. Da diese innerhalb ihrer Grenzen eine zentrale Macht begründeten, konnte aus ihnen ein Europa hervorgehen, in dem Konflikte nicht länger zum Alltag gehörten. Diese traten immer seltener und schließlich nur noch außerhalb auf.

In den Wirren des 14. und 15. Jahrhunderts wäre diese Entwicklung für Zeitgenossen nur schwer erkennbar gewesen. Angesichts der großen Auseinandersetzung um Rechtsansprüche, die zwischen Frankreich und England zum Hundertjährigen Krieg (1337–1453) führte, angesichts der Kriege zwischen den Häusern Habsburg, Wittelsbach und Luxemburg um die Krone des Heiligen Römischen Reiches sowie der Feldzüge gegen aufrührerische Untertanen in Böhmen und der Schweiz, aber auch mit Blick auf die Kriege der italienischen Städte wäre es aberwitzig gewesen, anzunehmen, die gesellschaftliche, politische und militärische Vorherrschaft der Ritter sei am Ende. Doch genau das war der Fall. Der Kampf zwischen gepanzerten Rittern, in der Überzeugung geführt, ein Zurückweichen vor Hieb oder Stoß in der Schlachtreihe verletze die gesetzlich gebotene Pflicht wie auch die persönliche Ehre, erwies sich als ebenso untauglich wie der Kodex des Phalanx-Krieges im antiken Griechenland.

Der Krieg der Ritter war sehr wahrscheinlich nicht einmal auf seinem Höhepunkt im 15. Jahrhundert das, was wir heute darin sehen oder was seine Anhänger damals von ihm erwarteten. Die immer schwerere und undurchdringlichere Rüstung, die der Berittene trug (nach der Mitte des 14. Jahrhunderts statt des Kettenpanzers ein vollständiger Harnisch), gehörte nicht aufs Schlachtfeld, sondern in die künstliche Welt des Ritterturniers.[86] (Obwohl in jenem Jahrhundert immer mehr Fußvolk mit Langbogen und Armbrust auftrat, fielen kaum mehr Kämpfer als zuvor.) Die neuzeitliche Kriegführung mit ihren blitzschnell vorgetragenen Vorstößen gepanzerter Einheiten und gezielten Angriffen aus der Luft erreicht die theoretisch mögliche Vollkommenheit lediglich auf dem Manövergelände. Ebenso erfüllte die schimmernde Rüstung des Kriegers im 15. Jahrhundert den Zweck des Schutzes wohl eher beim Rammstoß des Turniergegners als auf dem Schlachtfeld.

Die Schlachten des Mittelalters, darauf hat R. C. Smail in seiner meisterhaften Darstellung der Kreuzzüge hingewiesen, lassen sich nicht rekonstruieren.[87] Doch in den drei Schlachten des Hundertjährigen Krieges, über die wir detailliertes Material besitzen, nämlich Crécy (1346), Poitiers (1356) und Azincourt (1415), stiegen die von Bogenschützen begleiteten englischen Ritter zum Kampf vom Pferd, und in der zweiten und dritten dieser Schlachten saß auch die Mehrheit der französischen Ritter ab. Es ist undenkbar, daß gepanzerte Ritter Knie an Knie mit eingelegter Lanze in dichten Wellen und aufeinanderfolgenden Reihen gegeneinander ritten; das hätte auf beiden Seiten sogleich zu einer Katastrophe geführt.

Die Kriege des Mittelalters, deren Eigenart letztlich vom Material Eisen bestimmt wurde, waren wie bei den Griechen eine blutige und entsetzliche Angelegenheit, die durch ihre Regelmäßigkeit und den blutrünstigen Mut der Kämpfer noch verschlimmert wurde. Trotz aller edleren Motive – bei den Griechen das Unabhängigkeitsstreben der Bürger, im Feudalismus Lehnstreue und

Ritterlichkeit – lauerte unter der Oberfläche eine «zähe Primitivität». Während die Griechen im Kampf so lange ihrer eigenen Methode folgten, bis sie erschöpft waren, hatte der Niedergang der ritterlichen Kriegführung eine äußerliche Ursache: die Einführung des Schießpulvers.

EXKURS IV

Nachschub und Versorgung

Stein, Bronze und Eisen lieferten von Anbeginn an die Instrumente des Krieges, bis das Schießpulver diesen vor nur zwanzig Generationen grundlegend veränderte. Zum Krieg gehört jedoch nicht nur die Begegnung auf dem Schlachtfeld. Die Kämpfer auf ihrem Weg dorthin zu versorgen war stets schwierig – fast so schwierig wie den Kampf siegreich zu beenden. Nur die Reitervölker kannten das Problem von Nachschub und Versorgung nicht, sie bilden in der Gesamtgeschichte der Kriege aber eine Minderheit. Alle anderen mußten mittels eigener Kraft alles, was sie brauchten, zum jeweiligen Kriegsschauplatz befördern. Das begrenzte die Reichweite und die Ausdauer der Kampftruppen beträchtlich – ganz gleich, ob sie angriffen oder sich verteidigten. Tatsächlich ging es im Krieg zu Lande bis in die jüngste Zeit hinein meist nur um geringe Entfernungen, und meist war er von kurzer Dauer.

Dies hat einen denkbar einfachen Grund. Wenn sich Männer zusammenschließen, um ein Tagwerk zu verrichten, müssen sie zwischen Sonnenaufgang und Sonnenuntergang mindestens einmal etwas essen. Nimmt die Aufgabe mehr als einen Tag in Anspruch und entfernen sich die Männer von dem Ort, an dem sie Lebensmittel aufbewahren, müssen sie ihre Mahlzeiten mit sich tragen. Da jede über die ursprünglichste Form hinausgehende Operation im Krieg Ortsveränderung und einen gewissen Zeitraum erfordert, tragen Krieger außer ihren Waffen auch Verpflegungsrationen mit sich. Die Erfahrung hat gelehrt, daß die Gesamtlast, die ein Soldat auf dem Marsch tragen kann, im Schnitt zweiunddreißig Kilo nicht überschreiten darf. Mindestens die

Hälfte davon entfällt auf Kleidung, Ausrüstung, Waffen und andere Bedarfsgegenstände. Da jemand, der schwere Arbeit verrichtet, täglich rund eineinhalb Kilo feste Nahrung zu sich nehmen muß, kann ein marschierender Soldat Lebensmittelvorräte für höchstens zehn oder elf Tage mit sich führen, was sich natürlich nur lohnt, wenn es sich um nicht verderbliche Lebensmittel handelt.

Diese Werte sind im Laufe der Jahrhunderte dieselben geblieben. Vegetius, ein römischer Militärschriftsteller des 4. Jahrhunderts n. Chr., beharrte auf der Regel, man müsse «die jungen Soldaten das Tragen von Lasten bis zu sechzig Pfund häufig üben und sie dabei mit der beim Vorrücken üblichen Geschwindigkeit marschieren lassen, werden sie sich doch bei anstrengenden Feldzügen der Notwendigkeit gegenübersehen, ihre Verpflegung und zugleich ihre Waffen zu tragen».[1] Die britischen Soldaten, die am 1. Juli 1916 an der Somme angriffen, führten für den Fall, daß die Versorgungslinie zusammenbrach, Rationen für mehrere Tage mit und mußten dabei durchschnittlich dreißig Kilo schleppen.[2]

Die im Jahre 1982 im Falklandkrieg eingesetzten britischen Fallschirmspringer und Marineinfanteristen mußten für kurze Zeit Lasten tragen, die fast ihr Körpergewicht hatten, weil es auf den Inseln keine Hubschrauber gab, doch waren sie davon schon bald erschöpft, obwohl es sich um ausgewählte Männer in ausgezeichneter körperlicher Verfassung handelte.[3]

Natürlich können Soldaten der Zivilbevölkerung nehmen, was sie zum Leben brauchen. Deshalb versteckten bis in die jüngste Zeit hinein bei Annäherung noch so disziplinierter Heere die Menschen häufig alles Eßbare. Gelegentlich passiert das Gegenteil, wenn beispielsweise eine Armee einen Markt organisiert, was Wellington in Spanien grundsätzlich tat. Die Bauern strömten herbei, um ihre Waren feilzubieten. Wellington hatte indessen ungewöhnlich viel Bargeld zur Verfügung.[4] Da die meisten Heere früher jedoch keine direkten Zahlungsmittel besaßen, bezahlten sie entweder mit Schuldscheinen oder nahmen sich einfach, wenn sie auf feindlichem Gebiet operierten, was sie haben wollten. Derlei aber geht nicht lange gut. Selbst wenn versteckte Lebensmittel aufgestöbert werden, müssen die Verbände dafür ausschwärmen, und das schwächt die Kampfkraft. So oder so schwinden die Vorräte im Operationsgebiet bald dahin. Kavalleriepferde weiden ein Gebiet sehr schnell ab, es sei denn, sie befinden sich auf ausgedehntem Grasland (und dort findet sich für Menschen nichts zu essen, was die Angelegenheit zusätzlich kompliziert).

Solange sie sich in der Nähe von Grasland aufhielten, konnten Reiterheere im allgemeinen die Überweidung vermeiden, zum einen, weil ihr Trumpf in der Schnelligkeit von Angriff und Rückzug lag, zum anderen, weil Angehörige nomadischer Reitervölker, aus denen sie sich vorwiegend zusammensetzten, anspruchslos waren. Diese Art von Bewegungsfreiheit hatten Armeen auf dem Marsch nicht. Sie rückten zu langsam vor – im Schnitt dreißig Kilometer pro Tag –, um in der Nähe ihrer Vormarschlinie ausreichend Vorräte zur Befriedigung ihrer täglichen Bedürfnisse finden zu können. Mit dieser Geschwindigkeit, der höchsten, die Männer zu Fuß über längere Zeit hinweg durchhalten können, waren schon die Legionen der Römer über die von ihnen gebauten Straßen gezogen, und beim Frankreichfeldzug 1914 rückte Klucks Armee von Mons an die Marne nicht schneller vor.[5] Man mußte entweder Pausen einlegen, um auf Nahrungssuche zu gehen, oder genügend Versorgungsgüter mit sich führen.

Wenn für den Nachschub in der Nähe der Vormarschlinie keine Wasserstraße – ein Fluß oder ein Seeweg entlang der Küste – zur Verfügung steht, müssen Wagen mit Rädern verwendet werden. Die in der Antike und auf schwierigem Gelände auch in der Neuzeit häufig verwendeten Lasttiere sind ein schlechter Ersatz.[6] Bei der Eroberung von Chiwa in Zentralasien 1874 zum Beispiel führten die Russen rund 8800 Kamele mit, um Lebensmittel für 5500 Mann zu transportieren. Zwar bildete auf vielen Feldzügen der Transport auf dem Wasserweg das Rückgrat der Logistik – ein berühmtes Beispiel ist Marlboroughs Vorrücken in Bayern im Jahre 1704, bei dem er sich vom Rhein aus versorgen ließ –, doch bestimmt die Versorgungslinie dann zugleich die Route des Feldzugs: möglicherweise muß eine Entscheidungsschlacht unterbleiben, weil ein Fluß in die falsche Richtung fließt. Sofern ein gut ausgebautes Straßennetz vorhanden ist, ermöglicht es größere logistische Flexibilität, doch stand ein solches in Europa nur in wenigen Gegenden zur Verfügung – eigentlich erst, als der Straßenbau seit dem 18. Jahrhundert in größerem Maße vorankam (zuerst in Frankreich, später in Großbritannien und Preußen). So betrug beispielsweise im Jahre 1860 die Straßenlänge pro tausend Einwohner in Großbritannien acht Kilometer, in Frankreich fünf, in Preußen knapp vier und in Spanien lediglich gut einen. Hinzu kam, daß vor der Einführung des Makadam-Schotterbelages im frühen 19. Jahrhundert die Straßen im allgemeinen keine jedem Wetter trotzende Oberfläche besaßen.[7]

Ausnahmen gab es lediglich innerhalb des Römischen Reiches und teilweise in China, obwohl dort die wichtigsten Verbindungen vorwiegend Wasserstraßen waren, vor allem der Kaiserkanal, mit dessen Bau man im Jahre 608 n. Chr. begonnen hatte. Erst die Straßen machten aus den Legionen, deren Angehörige sie auch erbauten, ein so wirksames Machtinstrument des Römischen Reiches. Allein in der Provinz Africa, die sich vom heutigen Algerien bis Ägypten erstreckte, haben Archäologen über fünfzehntausend Straßenkilometer unterschiedlicher Breite entdeckt. Gallien, Britannien, Spanien und Italien verfügten über ein Straßennetz ähnlicher Ausdehnung. Daher konnten die römischen Befehlshaber Marschzeiten zwischen den Lagerhäusern und den Kasernen, die als Verpflegungsstationen dienten, genau kalkulieren. Für die Strecke Köln–Rom brauchte eine Truppe 67 Tage, von dort nach Brindisi fünfzehn und für die Strecke Rom–Antiochia (einschließlich zweier Tage für die Fahrt über das Mittelmeer) 124 Tage.[8]

Doch keines der Nachbarreiche verfügte über Straßen, die denen der Römer vergleichbar waren, nicht einmal in den Ebenen des Zweistromlandes und Persiens, die günstig für Straßenbau waren (die «Königsstraße», über die Alexander zog, entsprach nicht dem römischen Standard). Als die römische Verwaltung im 5. Jahrhundert zusammenbrach, begannen auch die ausgezeichneten Straßen zu verfallen, und damit gab es mehr als ein Jahrtausend lang kein strategisches Marschieren mehr. So war beispielsweise in England der «Hardway», über den Alfred der

Große um die Mitte des 9. Jahrhunderts sein Heer aus der Grafschaft Somerset mühevoll zum Kampf gegen die Dänen führte, ein schlammiger Weg, der keiner der Römertrassen folgte, obwohl es vierhundert Jahre zuvor ganz in der Nähe mehrere vorzügliche Römerstraßen gegeben hatte.

Wo es keine Straßen gab, konnten sich Heere höchstens mit klobigen Karren behelfen und waren im übrigen auf Wasserfahrzeuge oder Ochsen angewiesen. Letztere waren, wie wir aus archäologischen Funden im heutigen Polen wissen, seit dem 5. Jahrhundert v. Chr. das verbreitetste Zug- und Lasttier; noch zu Anfang des vorigen Jahrhunderts wurden sie in Indien und Spanien eingesetzt.[9] Wellington etwa suchte auf diesen beiden Kriegsschauplätzen unablässig nach guten Zugochsen. So schrieb er im August 1804: «Ein rasches Vorankommen ist ohne ordentlich geleitete und gepflegte gute Zugtiere nicht möglich.» Schon in Indien hatte er ähnliches geäußert: «Der Erfolg militärischer Operationen hängt vom Nachschub ab. Es bereitet weder große Schwierigkeiten zu kämpfen noch die Mittel zu finden, den Feind zu schlagen, ob mit Verlusten oder ohne – doch wer sein Ziel erreichen will, muß essen.»[10] Für einen Befehlshaber wie Wellington, dem die nötigen Gelder zur Verfügung standen, hatten die Ochsen den Vorteil, daß sie sich als Zugtiere einsetzen und bei Bedarf verzehren ließen, und er verwendete sie auch für beide Zwecke. Doch nur wenige Kommandeure waren finanziell so gut ausgestattet. Im allgemeinen waren Zugochsen zu kostspielig, um sie für den Kochtopf des Soldaten zu schlachten. Und dies beschränkte zwangsläufig den Aktionsradius eines Heeres wie auch seine Marschgeschwindigkeit.

Alexander der Große war ebenso auf Ochsen angewiesen wie Wellington. Als maximaler Aktionsbereich galt eine Entfernung von acht Marschtagen, gerechnet von einem größeren Versorgungszentrum (gewöhnlich einem Magazin am Hafen), da ein Ochse während dieser Zeit so viel fraß, wie er tragen konnte. Folglich waren Feldzüge über große Distanz für Alexander nur möglich, wenn er in der Nähe des ihn auf dem Wasserweg begleitenden Trosses bleiben konnte oder Voraustrupps ausschickte, die Futter und Lebensmittel besorgten, entweder gegen Bargeld oder gegen die Zusage einer Zahlung nach dem Sieg. An diesem Handel beteiligten sich verräterische persische Beamte in dem Maße, wie Alexander mit seiner Offensive gegen Darius vorankam. Für das am weitesten von der Heimat entfernte Unternehmen, den fünfhundert Kilometer langen Marsch vom Indus bis zur Makranküste, legte Alexander ein Lager mit 52600 Tonnen Vorräte an. Diese reichten aus, sein aus 87000 Fußsoldaten, 18000 Berittenen und 52000 Begleitern bestehendes Heer vier Monate lang zu versorgen. Zudem verließ er sich darauf, daß ihn seine Flotte versorgte, die ihn entlang der Küste des Indischen Ozeans begleitete, und daß die Flüsse aufgrund des Monsunregens Wasser führten. Seine logistischen Berechnungen beruhten auf einer soliden Grundlage. Die Vorräte hätten, wenn die Bestände regelmäßig entladen und verteilt worden wären, zur Versorgung seines Heeres ausgereicht. Doch wehte der Monsun in jenem Jahr aus einer so ungünstigen Richtung, daß Alexanders Flotte an der Mündung des Indus festgehalten wurde. Daher büßte er auf dem Weg durch die Wüsten Belutschistans drei Viertel seiner Truppen ein.[11]

Diese Katastrophe zeigt, wie sehr sich die Logistik auf die Kriegführung auswirkt, selbst auf die eines höchst umsichtigen und begabten Heerführers. Außer den Feldherren römischer Heere, die an den äußersten Enden des Straßennetzes operierten oder sich in der Nähe einer Nachschubbasis hielten, deren Bestände auf dem Wasserweg ergänzt wurden, konnten es sich nur wenige Befehlshaber leisten, ohne Rücksicht auf logistische Erwägungen Feldzüge außerhalb der heimatlichen Gebiete zu führen. Selbst die Römer bekamen Schwierigkeiten, wenn sie über ihr Straßennetz hinaus vordrangen. Große Heere liefen sogar auf von ihnen beherrschten Gebieten Gefahr zu verhungern, wie Napoleons Marschälle 1813 in Spanien erfahren mußten. Das hing zum großen Teil damit zusammen, daß Lebensmittel leicht verdarben, bevor man im 19. Jahrhundert die Konservendose erfand und künstlich haltbar gemachte Nahrungsmittel herzustellen begann. Getrocknetes oder gemahlenes Getreide war stets ein Grundnahrungsmittel für Soldaten gewesen und erhielt ihre Kampfkraft, wenn es durch Öl, Speck, Käse, Fischextrakt (ein wesentlicher Bestandteil der Ernährung römischer Legionäre), Wein, Essig und Bier ergänzt wurde, vielleicht auch durch Fleisch, ob geräuchert, gepökelt, gedörrt oder frisch geschlachtet.[12] Doch selbst im günstigsten Fall fehlten dieser Ernährung frische Bestandteile, so daß Soldaten genauso wie Seeleute auf langen Fahrten oft an Mangelkrankheiten litten. Die daraus resultierende Schwäche erzeugte die Epidemien, die regelmäßig Heeresverbände heimsuchten, sobald man sie – zum Beispiel bei einer längeren Belagerung – zusammenzog.

Die Einführung der Konservendose um die Mitte des 19. Jahrhunderts revolutionierte die Ernährung der Soldaten. Zwar kannte man bereits 1845 Dosenfleisch, doch konnte dessen Verzehr aufgrund des verwendeten Verfahrens zu Bleivergiftung führen, was bei Franklins Polarexpedition zahlreiche Todesfälle zur Folge hatte. Als nächstes kamen Trockenmilchpulver (1855), Kondensmilch (1860) und Margarine. Letztere wurde im Rahmen eines Wettbewerbs erfunden, den Napoleon III. in den sechziger Jahren des vorigen Jahrhunderts ausgeschrieben hatte, weil er für sein Militär einen Butterersatz suchte.[13] Die Armeen der amerikanischen Nordstaaten ernährten sich während des Bürgerkrieges im Felde weitgehend von den Erzeugnissen der Chicagoer Schlachthöfe, die sie allerdings weit häufiger gepökelt als aus Dosen bekamen, während ihre Gegner im Süden mit wenig schmackhaften, aber bewährten Grundnahrungsmitteln wie Maismehl und getrockneten Erdnüssen vorliebnehmen mußten. Da die Nordstaaten den Mississippi beherrschten und dadurch den Süden von der Versorgung durch die großen Rinderherden in Texas abschnitten, gab es für dessen Soldaten kein Fleisch. So schrieb ein Südstaaten-Soldat 1862 an seine Frau: «Wir haben mehrere Tage von rohen, gebratenen und gedörrten Äpfeln gelebt, gelegentlich gab es grünen Mais und manchmal überhaupt nichts.»[14] Das Heer der Nordstaaten experimentierte mit industriell verarbeiteten Trokkenkartoffeln und Trockengemüse sowie einem in Dosen abgefüllten Gemisch aus Kaffee-Extrakt, Milch und Zucker. All das war bei den Männern unbeliebt, doch sahen die hungrigen Südstaaten-Soldaten derlei als Delikatesse an, wenn sie etwas davon erbeuten konnten.

Letzten Endes aber konnten die Armeen des Nordens deshalb besser ernährt werden, weil deren Quartiermeister die bis 1860 in Amerika verlegten fünfzigtausend Kilometer Schienenstrang (mehr als auf der übrigen Welt zusammen) im Verhältnis 2,4 : 1 beherrschten. Außerdem verlegte der Norden in jedem Kriegsmonat neue Gleise. Der Süden dagegen konnte die Eisenbahnstrecken, die das Nordstaatenheer planmäßig zerstörte, nicht erneuern, da das Geld fehlte. Wie sehr die Eisenbahn die Landkriegführung revolutioniert hat, zeigte sich zum erstenmal im amerikanischen Bürgerkrieg, der nicht selten als reiner Eisenbahnkrieg dargestellt wird. Indem der Norden zuerst die Bahnverbindung zwischen dem bevölkerungsreichen Südosten und dem produktiven Südwesten an der Mississippi-Linie unterbrach und im Jahre 1864 durch die Einnahme der von Chattanooga nach Atlanta führenden Linie den Südosten noch einmal spaltete, zerstückelte er das Gebiet in wirtschaftlich nicht autarke Zonen. Damit machte er die Unabhängigkeitsbestrebungen des Südens endgültig zunichte; denn auf diese Weise bekam die kämpfende Truppe der Südstaatler, die den Soldaten des Nordens trotz Hunger und Verelendung bis zuletzt die Stirn boten, keinen Nachschub mehr.[15]

Freilich kann eine solche Darstellung den Beitrag, den Kampf und Logistik jeweils zum Sieg leisten, nicht angemessen wiedergeben. Mit logistischer Überlegenheit allein gewinnt man selten einen Feldzug gegen einen entschlossenen Feind, wie der Nordstaaten-General McClellan im Halbinsel-Feldzug von 1862 erkennen mußte, und auch Länder, die wirtschaftlich das Ende ihrer Möglichkeiten erreicht haben, wie Deutschland und Japan in den Jahren 1944–45, können ihrem Gegner weiterhin demoralisierende Niederlagen zufügen.[16] Napoleons Maxime, der Sieg gehöre den großen Bataillonen, bleibt trotz allem wahr, und im Eisenbahnzeitalter hatten Länder, die große Bataillone aufstellen konnten, zumindest die Möglichkeit, sie rasch und zu jeder Jahreszeit an den gewünschten Aufmarschpunkt zu transportieren. Von den Vereinigten Staaten abgesehen, handelte es sich dabei um die aufstrebenden Industrienationen West- und Mitteleuropas, in denen man die Eisenbahnlinien (die man zunächst geschaffen hatte, um Industriegebiete mit Häfen zu verbinden) rasch zu ausgedehnten Netzen erweiterte. Dies geschah zuerst in Frankreich und Preußen; in Osteuropa verlief dieser Prozeß langsamer; sein Ziel war, die Agrargebiete Österreich-Ungarns und Rußlands in das System einzubinden. Zwischen 1825 und 1900 wuchs die Gesamtlänge des Eisenbahnnetzes in Europa von null auf über 280000 Kilometer. Durch Tunnel und Brücken überwand die Eisenbahn jede natürliche Grenze des Kontinents, einschließlich des Rheins, der Alpen und der Pyrenäen. Im Jahre 1900 ließ sich die Strecke Rom–Köln, für die eine marschierende Legion einst 67 Tage gebraucht hatte, in weniger als 24 Stunden bewältigen.

Ihre militärische Bedeutung aber gewannen die Eisenbahnen nicht durch die Nord-Süd-Achsen, sondern durch die von Osten nach Westen, drohten doch Konflikte an der deutsch-französischen, der deutsch-österreichischen und der deutsch-russischen Grenze. So hoch schätzte Preußen und später das kaiserliche Deutschland die Bedeutung der Eisenbahnen für die nationale Verteidigung ein, daß die Regierung bereits 1860 die Hälfte des Schienennetzes in öffentliches Eigentum überführte und zwanzig Jahre später das ganze. 1866 zum Beispiel wurden die Gardekorps binnen einer Woche mit zwölf Zügen pro Tag von Berlin an die österreichische Grenze verlegt. Hier zeigt sich, wie sehr bei militärischen Operationen der Bahntransport dem auf der Straße überlegen ist. Zudem wurde unübersehbar, daß ein Staat, der Transportpolitik und Mobilisierung nicht integrierte, künftig Gefahr lief, von einem unterworfen zu werden, der dies wohl tat. Preußen besiegte Österreich 1866 hauptsächlich dank der zahlenmäßigen Überlegenheit seiner Truppen: seine Soldaten konnten schneller zur Eröffnungsschlacht transportiert werden. Der Sieg über Frankreich in Elsaß-Lothringen im Jahre 1870 hingegen ging unmittelbar auf französische Planungsfehler zurück, zu denen freilich auch ein unterlegenes Nachschubsystem auf dem Schienenweg gehörte.[17]

Alle europäischen Generalstäbe nahmen sich die Lehre aus den Kriegen von 1866 und 1870/71 zu Herzen, nicht zuletzt der deutsche, der 1876 eine eigene Eisenbahnabteilung eingerichtet hatte, um den Bau neuer Bahnlinien innerhalb des Reiches zu überwachen, damit diese im Kriegsfall den militärischen Bedürfnissen Rechnung trugen. Kleine ländliche Bahnhöfe nahe der französischen und belgischen Grenze wurden mit kilometerlangen Bahnsteigen versehen, damit mehrere Truppenzüge auf einen Schlag ganze Divisionen samt Pferden entladen konnten.

Im August 1914 war man auf den Ernstfall vorbereitet. Zwischen dem 1. und 17. August versechsfachte das Deutsche Reich die Friedensstärke seines Heeres von 800000 Mann durch die Mobilisierung von Reservisten und beförderte im gleichen Zeitraum 1485000 vollständig ausgerüstete und kampfbereite Männer an die belgische und französische Grenze. Die Gegner standen dieser Leistung in nichts nach. Frankreichs Eisenbahn-Militärverwaltung war 1914 so gut, wie sie 1870 schlecht gewesen war. Die französischen Transportstäbe bewiesen sogar größere Flexibilität als die deutschen, als sie im September während der Krise der Marneschlacht Truppen an bedrohte Abschnitte umdirigierten. Die Mobilisierung der Österreicher verlief ebenso zügig wie die der Deutschen. Selbst Rußland überraschte mit der raschen Konzentrierung seiner Ersten und Zweiten Armee in Polen die Verbündeten und – in äußerst unangenehmer Weise – die Deutschen, die im Vertrauen auf die Organisationsunfähigkeit des Gegners an der Ostfront mindestens sechs Wochen Ruhe zu haben glaubten, innerhalb deren man im Westen den Sieg zu erringen hoffte.

Die Mobilisierung von 1914 rechtfertigte alle Mühe, die sich die europäischen Generalstäbe in den voraufgegangenen vierzig Friedensjahren mit der Perfektionierung der Organisation des Eisenbahnwesens gegeben hatten. Binnen eines Monats nach Kriegsausbruch wurden gewaltige Heere – 62 französische Infanteriedivisionen (von jeweils fünfzehntausend Mann), 87 deutsche, 49 österreichische und 114 russische – aus ihren Garnisonen zusammen mit mehreren Millionen Pferden an die Front geschafft.[18] Dort angekommen, war es mit der ans Wunderbare grenzenden

Mobilität, die ihnen die Eisenbahn verliehen hatte, mit einem Schlag vorbei. Als die Feinde einander gegenüberstanden, transportierten sie Ausrüstung und Vorräte nicht effektiver als einst die römischen Legionen. Wo die Eisenbahn endete, mußte der Soldat marschieren; nur noch das Pferdefuhrwerk konnte hier die Truppen versorgen. Eigentlich ging es den modernen Heeren sogar schlechter als den gutorganisierten Truppen früherer Zeiten, da der mehrere Kilometer tiefe Feuerbereich der Artillerie den Einsatz von Pferden stark behinderte, so daß die Munition wie auch alle Lebensmittel von den Soldaten selbst herbeigeschleppt werden mußten.

Der Mobilitätsverlust machte sich in der Taktik indessen stärker bemerkbar als in der Logistik. Im Zentrum der Feuerzone konnte sich die Infanterie kaum bewegen, es sei denn um den Preis vieler Menschenleben. Erst als man 1916 gepanzerte Fahrzeuge (Tanks) einführte, wurden kleinere Truppen mit unmittelbarer Feindberührung mobiler. Logistische Engpässe behinderten die Heere während des ganzen Krieges schon deshalb, weil im Bemühen, durch Verstärkung des Feuers innerhalb des Feuerbereichs die Überlegenheit zu gewinnen, immer mehr Munition herangeschafft werden mußte, und dies war ausschließlich mit Pferden möglich. Daher wurde in den französischen Häfen in den Jahren 1914–18 an erster Stelle Pferdefutter für die britische Armee an der Westfront ausgeladen.

Ein ähnliches Problem zeigte sich im Zweiten Weltkrieg, als das deutsche Heer, das nicht genug motorisierte Transportfahrzeuge besaß, zum Stehen zu kommen drohte, weil die Industrie alle verfügbaren Kapazitäten auf den Bau von Panzern, Flugzeugen und U-Booten konzentrieren mußte und das Land ohnehin ständig an Kraftstoffmangel litt. Das Heer mußte daher fast doppelt so viele Pferde einsetzen wie zwischen 1914 und 1918 (2750000, im Ersten Weltkrieg dagegen nur 1400000). Die meisten Tiere kamen um, ebenso die Mehrzahl der von der Roten Armee zwischen 1941 und 1945 mobilisierten dreieinhalb Millionen Pferde.[19] Nur Amerikaner und Briten konnten ihre Streitkräfte an der Front komplett mit Motorfahrzeugen versorgen, was sie den einzigartigen Kapazitäten der amerikanischen Auto- und Ölindustrie verdankten. So reich waren die Reserven der Vereinigten Staaten, daß sie nicht nur den gesamten eigenen Militärbedarf an Kraftfahrzeugen und Treibstoff deckten, sondern außerdem der Roten Armee 395883 Lastwagen und 2700000 Tonnen Benzin liefern konnten. Dadurch konnten die Sowjets, wie sie später freimütig einräumten, von Stalingrad nach Berlin vorrücken.[20]

Während der großen Kriege des Industriezeitalters mußten Eisenbahn, Pferd und Kraftfahrzeug weit mehr bewältigen als ein Versorgungstroß früherer Heere. Lebensmittel, Futter und Ausrüstung (Zelte, Werkzeug, vielleicht Brückenbaumaterial) waren alles, was die mit blanken Waffen kämpfenden Heere benötigten. Der Munitionsbedarf der ersten Heere, die Schießpulver einsetzten, war gering. Doch in der Zeit der Massenproduktion lieferte die Industrie, die den Stahl walzte und die Motorblöcke goß, mit deren Hilfe das Transportwesen revolutioniert wurde, zudem die Granaten und Kugeln, die Massenheere in immer größerer Quantität benötigten. Der Materialverbrauch stieg enorm an. Beispielsweise verfügte Napoleons Artillerie bei Waterloo über 246 Geschütze, von denen während der Schlacht jedes rund hundert Schuß abfeuerte. Bei Sedan im Jahre 1870, einer der bekanntesten Schlachten des 19. Jahrhunderts, feuerte das preußische Heer 33134 Schuß ab. In der Woche vor Beginn der Sommeschlacht am 1. Juli 1916 verschoß die britische Artillerie eine Million Schuß, das heißt rund zwanzigtausend Tonnen Metall und Sprengstoff.[21]

Solche Anforderungen führten 1915 zur «Granatenkrise», die Großbritannien indessen durch ein nationales Notprogramm und die Vergabe großer Aufträge an ausländische Firmen bewältigte. Die britische und die französische Industrie produzierten unermüdlich; die Franzosen, die ursprünglich mit einem Verbrauch von zehntausend 75-mm-Granaten pro Tag gerechnet hatten, steigerten die Tagesproduktion im Jahre 1915 auf 200000 und lieferten 1917–18 den amerikanischen Expeditionsstreitkräften für ihre französischen Geschütze zehn Millionen Granaten sowie 4791 ihrer 6287 Flugzeuge. Auch Deutschland steigerte seine Sprengstoffproduktion zwischen 1914 und 1915 von tausend auf sechstausend Tonnen pro Monat, und das, obwohl wegen der Blockade kein Salpeter mehr importiert werden konnte. Selbst das so gering geschätzte russische Fabriksystem verzehnfachte von 1915 auf 1916 seine Produktion an Granaten – von 450000 auf viereinhalb Millionen Stück pro Monat.[22]

Kapazität und Komplexität der im 19. Jahrhundert entstandenen europäischen und amerikanischen Rüstungsindustrie waren einzigartig. Der Steinzeitmensch hatte Feuerstein mit der Hand abgebaut und bearbeitet, und auch die Herstellung von Bronzewaffen und -rüstungen war stets ein Handwerk geblieben. Durch den Siegeszug des Eisens war es zu einer Produktionssteigerung und zu einer gewissen Standardisierung gekommen: das römische Heer unterhielt ein ganzes Netz von Waffenfabriken, die Legionärsrüstungen, Helme, Schwerter und Speere herstellten. So wichtig waren dem Staat die Fertigkeiten der dort beschäftigten Arbeiter, daß sie laut einem Erlaß des Jahres 398 zu brandmarken waren, damit sie nicht desertierten.[23] Während der Interventionen der Barbaren verlagerte sich die Waffenproduktion wieder in private Hand; nur die Fähigkeit, Kettenpanzer herzustellen, war so selten, daß sie vom Staat reguliert wurde. Karl der Große ordnete im Jahre 779 an, wer bei der Ausfuhr von Kettenhemden ertappt werde, verliere seinen ganzen Besitz. Diese Anordnung wurde 805 bestätigt. Man schätzt das Gesamtgewicht der Kettenpanzer, die Karls Berittene trugen, wenn sie zum Kampf aufgeboten wurden, auf etwa 180 Tonnen – eine Menge, die die Kettenschmiede des Reiches mehrere Arbeitsjahre gekostet haben muß.

Die metallurgisch wie auch schmiedetechnisch äußerst komplizierte Herstellung von Harnischen machte eine noch größere Konzentration erforderlich. Die besten Rüstungen kamen aus königlichen Werkstätten, deren Zentrum im englischen Greenwich lag. Der Höhepunkt der Fertigung solcher Rüstungen fiel allerdings mit der Einführung des Schießpulvers zusammen. Damit gehörten nicht nur die Rüstungen auf einen Schlag buchstäblich zum alten Eisen, es entstand zugleich auch ein ungeheurer Bedarf an Pulver, Kugeln, Geschützen und tragbaren Feuerwaffen. Anfänglich waren Kanonenkugeln aus Metall so teuer, daß Steinmetze die Gelegenheit nutzten und steinerne herstellten. Die Erzeugung von Schießpulver war begrenzt, weil Kalisalpeter, der erst im 19. Jahrhundert künstlich hergestellt werden konnte, nur vorkommt, wo durch die Einwirkung von Bakterien auf Tierexkremente entsprechende Ablagerungen entstehen, gewöhnlich in Höhlen und Viehställen. Das Sammeln und die Verwertung dieses Stoffes wurde unter staatliche Aufsicht gestellt.[24] Zwar fiel die Herstellung von Schußwaffen immer mehr unter das Monopol des Staates (das in Großbritannien beispielsweise im Londoner Tower ausgeübt wurde), doch stellten auch private Büchsenmacher große Stückzahlen her, vor allem in den deutschen Kleinstaaten. Den Geschützguß hingegen betrachteten die Fürsten von Anfang an als ihre ureigene Angelegenheit, und mit dem Beginn der Artillerierevolution Ende des 15. Jahrhunderts fing die Geschichte der staatlichen Zeughäuser erst richtig an.

Den Kanonenguß betrieben zuerst Glockengießer, die einzigen Handwerker, die mit geschmolzenem Metall in großen Formen umzugehen verstanden – eine Technik, die im 8. Jahrhundert entwickelt worden war. Die ersten Geschütze wurden aus Bronze hergestellt, denn anfänglich glaubte man, diese sei das einzige Material, das der Sprengkraft des Schießpulvers widerstehe. Während des 16. Jahrhunderts begann man mit Gußeisen zu experimentieren. Zuerst glaubte man, diese Geschütze ließen sich ausschließlich auf See verwenden, weil man ihre Wandung dicker und schwerer gemacht hatte als bei Bronzegeschützen, damit die Energie einer bestimmten Pulvermenge aufgenommen werden konnte. Im Laufe der Zeit aber wurden auch Belagerungsgeschütze meist aus Gußeisen hergestellt. Unterdessen führten Versuche mit der Gußtechnik zu bedeutenden Verbesserungen bei bronzenen Feldstücken. Jean Maritz, ein Schweizer, der im Jahre 1734 in französische Dienste trat, erkannte, daß man einen besseren Lauf fertigen konnte, wenn man ihn nicht, wie beim Glockenguß, hohl, sondern massiv goß und anschließend ausbohrte. Geschoß und Rohr waren dann besser abgedichtet. Nicht nur verminderte sich dadurch die Pulverladung, die für eine bestimmte Reichweite nötig war, auch das Geschütz selbst wurde leichter und beweglicher. Zwar gab es noch keine (mit Wasserkraft angetriebene) Bohrmaschine mit der erforderlichen Leistung, doch gelang es Maritz' Sohn, eine solche zu vervollkommnen. Daraufhin wurde er zum Meister des königlichen Zeughauses in Ruelle und anschließend aller nationalen Geschützgießereien Frankreichs ernannt.[25]

Auch wenn die französische Bohrmaschine 1774 kopiert wurde und nach England gelangte, blieb Frankreichs Geschützproduktion, deren Mittelpunkt staatliche Zeughäuser waren, bis zum Ende des Schießpulverzeitalters der aller anderen europäischen Länder überlegen. Das war weitgehend das Verdienst des Normungs- und Rationalisierungsprogramms, mit dem der bedeutende Artillerietechniker Jean Gribeauval, dessen Geschütze das französische Heer noch 1829 verwendete, zwischen 1763 und 1767 Maßstäbe setzte.[26] Unterdessen drohte dem System der staatlichen Zeughäuser die Konkurrenz der durch die industrielle Revolution freigesetzten Privatwirtschaft, der es schließlich unvermeidlich erlag. Mittlerweile wurde in großem Maßstab Eisen produziert. Die Hochöfen, in denen das Material erschmolzen wurde, wurden mit der reichlich vorhandenen Kohle betrieben, die wiederum von Dampfmaschinen zutage gefördert wurde. Investitionen in die Eisenindustrie waren so profitabel, daß um die Mitte des 19. Jahrhunderts erfolgreiche Eisengießer für jedes Unternehmen, von dessen Gewinnträchtigkeit sie die Bankiers zu überzeugen vermochten, Kredite bekamen.

Anfangs standen Schienen, Lokomotiven, metallene Schiffsrümpfe und Industriemaschinen im Vordergrund; in dem Maße, wie die Heere (und die jeweilige Seestreitmacht) an Größe zunahmen, versprach man sich von großen und kleinen Feuerwaffen für Marine, Artillerie und den einzelnen Soldaten attraktive Profite. Als William Armstrong, ein britischer Hersteller hydraulischer Anlagen, von der Effektivität der Artillerie im Krimkrieg hörte, beschloß er, es sei «an der Zeit, die Militärtechnik auf den Stand der gegenwärtigen Ingenieurkunst zu bringen». Schon bald produzierte er große Geschütze mit gezogenem Lauf für das Heer und noch größere für die Kriegsflotte. Zwischen 1857 und 1861 stellte er in seiner Fabrik in Elswick immerhin eintausendsechshundert

Hinterladergeschütze her. Ein englischer Konkurrent, Whitworth, folgte Armstrong rasch auf den Markt – der eine wie der andere wurde von der Regierung für technische Versuche subventioniert –, doch bekamen beide Konkurrenz aus dem Ausland.[27]

Der Essener Stahlfabrikant Alfred Krupp begann schon vor 1850 bei der Herstellung von Geschützen mit Stahl zu experimentieren; auf der Weltausstellung von 1851 zeigte er Hinterladergeschütze aus diesem Material. Stahl war damals schwer zu bearbeiten; seine chemische Zusammensetzung war noch nicht ganz erkundet, und viele von Krupps Modellen erwiesen sich als zu spröde und barsten bei der Erprobung. Schließlich aber beherrschte man die nötige Technik, und als Krupp 1863 bedeutende Aufträge aus Rußland bekam, begann er mit der Kanonenproduktion zu verdienen. Am Ende des Jahrhunderts fanden sich in vielen Heeren – mit Ausnahme des britischen, französischen, russischen und österreichischen – zahlreiche Stahlgeschütze von Krupp mit Kalibern von 77 bis 155 mm (1914 wurde sogar ein Kaliber von 420 mm erreicht). Krupps Schiffsgeschütze vom Kaliber 280 mm waren denen der Briten überlegen, obwohl deren Kaliber 343 mm betrug.

Privates Unternehmertum hatte mittlerweile vor allem in den Vereinigten Staaten auch die Produktion von Handfeuerwaffen revolutioniert. Dort entschieden sich Investoren und Produzenten, die vorwiegend im Tal des Connecticut ansässig waren, als erste für den Grundsatz der Austauschbarkeit von Teilen. Die Fabrikation lief auf der Grundlage automatischer beziehungsweise halbautomatischer Bearbeitungsmaschinen, die mit Wasserkraft und später mit Dampfmaschinen betrieben wurden. Da diese schnell und exakt Waffenteile von genau vorgegebener Form herstellten, entfiel fast die gesamte teure Handarbeit zur Anpassung von Einzelteilen. Auf diese Weise hergestellte Gewehre mit gezogenem Lauf verdrängten in den fünfziger Jahren des 19. Jahrhunderts rasch die Musketen mit glattem Lauf. Sie ließen sich von angelernten Arbeitern aus Körben voller Teile zusammensetzen, wobei der Lieferant und der Kunde sich stets gleichbleibender Qualität sicher sein durften. Schon bald wendete man das Verfahren auf die Herstellung von Patronenhülsen an, mit denen die neuen Gewehre geladen wurden, und so konnte das britische Unternehmen Woolwich Arsenal, das in den fünfziger Jahren des vorigen Jahrhunderts halbautomatische Maschinen installiert hatte, pro Tag schon bald 250000 Patronenhülsen herstellen.

Da die Waffenfabrikanten die Gefahr der Überproduktion und der Überforderung des Binnenmarktes erkannten, betrieben sie nicht nur die Entwicklung neuer Konstruktionen, die die bisherigen veralten ließen, sondern erschlossen auch neue Märkte im Ausland. Amerika übernahm wiederum die Vorreiterrolle. Mit der *mitrailleuse*, einer plumpen halbautomatischen Waffe, hatten die Franzosen 1870 ein Gerät vorgestellt, das Büchsenmachern schon lange vorgeschwebt hatte – ein Maschinengewehr. Nun lieferten sich mehrere Erfinder – etwa Nordenfeldt in Schweden und Gardner in den Vereinigten Staaten – ein Rennen um die Entwicklung eines marktreifen Modells. Das Rennen machte der Amerikaner Hiram Maxim, der 1884 ein Unternehmen zur Fertigung von Feuerwaffen gründete, die wirklich wie eine Maschine arbeiteten und dank eines Mechanismus, der durch die Energie der jeweils voraufgehenden Detonation in Gang gehalten wurde, sechshundert Schuß pro Minute abfeuern konnten. Man kann den Mann, der dies nach Maxim benannte Gewehr bediente, mit einem Industriearbeiter in Uniform vergleichen, beschränkte sich seine Aufgabe doch darauf, den Auslösehebel zu betätigen und die Waffe durch verschiedene mechanisch gesteuerte Winkel zu bewegen.[28]

Maschinengewehre und die nicht ganz so verheerenden, aber verwandten Kleinkalibergewehre mit Magazin wurden zur Standardausrüstung der Heere aller am Ersten Weltkrieg beteiligten Mächte. Mit einer Reichweite von neunhundert Metern und einer Treffsicherheit bis auf gut vierhundert Meter wurden sie auf dem Schlachtfeld bald zu überlegenen Verteidigungswaffen. Infanterieangriffe wurden nun zu einem kostspieligen und häufig selbstmörderischen Unternehmen. Kaum hatte man begonnen, Gräben zu ziehen, in denen die Infanteristen vor dem Kugelhagel in Dekkung gehen konnten, suchten die Generäle schon, deren Schutzwirkung aufzuheben, zunächst durch eine Massierung der Geschütze. Damit jedoch verwüstete man lediglich das Schlachtfeld, überforderte die Granatenindustrie im eigenen Land sowie die Nachschubdienste und «verheizte» die beteiligten Artillerieeinheiten. Dann wurde der Panzerwagen erfunden. Doch wurden erstens zu wenige produziert, und zweitens konnten sie, langsam und schwerfällig, wie sie waren, die taktischen Gegebenheiten nicht entscheidend beeinflussen. Gegen Kriegsende hoffte die eine wie die andere Seite, die neu eingeführte Luftwaffe werde die Produktionskapazität des Gegners entscheidend vermindern und die Moral seiner Zivilbevölkerung brechen. Doch hatten bis dahin weder Flugzeug noch Luftschiff die nötige Angriffsfähigkeit, um zu einer entscheidenden Veränderung des Kräfteverhältnisses beizutragen.

Der Erste Weltkrieg wurde nicht durch die Entdeckung oder Anwendung einer neuen Militärtechnik entschieden, sondern durch die unablässige Zermürbung der Menschen unter dem Einsatz industriell erzeugter Rüstungsprodukte. Daß in dieser Materialschlacht Deutschland unterlag, kann man beinahe als Zufall ansehen; ebensogut hätte es irgendeinen seiner Feinde treffen können, und tatsächlich mußte Rußland 1917 den entsprechenden Preis bezahlen. Die Mittel – eine immer durchgreifendere Rekrutierung und immer aufwendigere Rüstungskäufe –, von denen Generalstäbe meinten, daß sie den Frieden sichern oder, sollte es doch zum Krieg kommen, den Sieg bringen würden, hatten einander aufgehoben. Nachschub und Logistik hatten alle Beteiligten in nahezu gleichem Maße geschädigt.

Dennoch beruhte im Zweiten Weltkrieg gerade auf diesen beiden Faktoren der Erfolg, der die Vereinigten Staaten als Hauptsieger darüber hinaus materiell wenig kostete. In den Ersten Weltkrieg waren die Amerikaner erst spät eingetreten, ohne eine nennenswerte eigene Rüstungsindustrie im Rücken, da sie ihren Wohlstand nach 1865 industriell auf die innere Entwicklung und nicht auf Krieg gegründet hatten. In den Zweiten Weltkrieg traten sie 1941 ein, also zu einem recht frühen Zeitpunkt, nachdem sie zuvor zwei Jahre lang aufgerüstet hatten, um Großbritannien

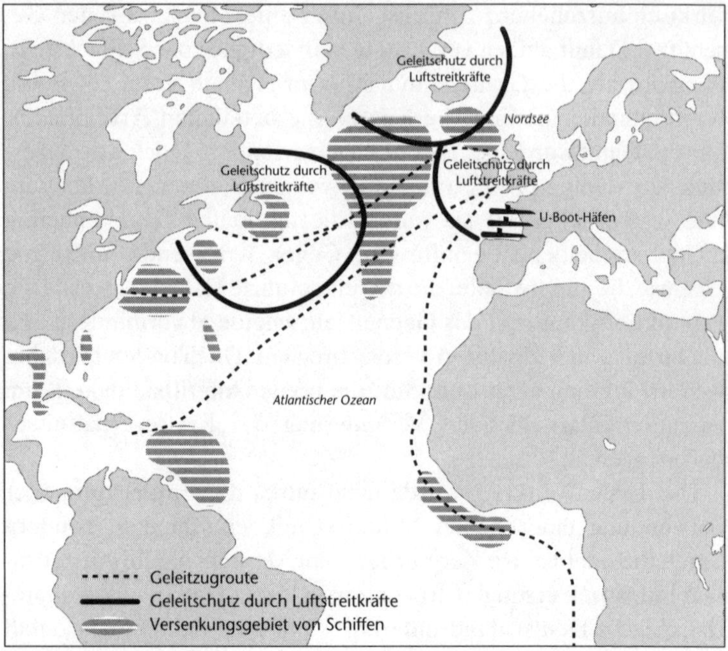

Die Atlantikschlacht, 1940–43

und die Sowjetunion für den Kampf gegen Nazideutschland mit Rüstungsmaterial zu versorgen. Die Aufrüstung hatte die in der großen Depression schwer geschädigte amerikanische Industrie kräftig wiederbelebt, doch gab es nach wie vor große Überkapazitäten. Zwischen 1941 und 1945 erlebte Amerikas Wirtschaft den umfassendsten, raschesten und anhaltendsten Aufschwung aller Zeiten. Das Brutto-Inlandsprodukt stieg um fünfzig Prozent, wobei die Rüstungsproduktion, deren Anteil am Gesamtvolumen zwischen 1939 und 1943 von zwei auf vierzig Prozent stieg, weitgehend aus Einnahmen und nicht aus Darlehen finanziert wurde. Die Arbeitsleistung verbesserte sich um 25 Prozent, und die Auslastung industrieller Anlagen stieg von vierzig auf neunzig Stunden pro Woche. Im Schiffsbau wurde die Produktion verzehnfacht und bei Gummierzeugnissen verdoppelt. Bei Stahl stieg sie nahezu auf das Doppelte und bei Flugzeugen um das Elffache an. 300000 der 750000 Flugzeuge, die die kriegführenden Mächte im Verlauf des Krieges produzierten, stammten aus den Vereinigten Staaten – allein 1944 bauten sie 90000.[29]

Deutschland und Japan wurden von Amerikas Industrie bezwungen, aber nur, weil amerikanische Werften zugleich den Transport ihrer Erzeugnisse übernahmen. Zwischen 1941 und 1945 produzierten sie 51000000 BRT an Schiffsraum, was etwa zehntausend T-2-Tankern und Frachtschiffen der Liberty- beziehungsweise Victor-Klasse entspricht. Man bediente sich eines revolutionären Verfahrens der Vorfabrikation, mit dessen Hilfe man ein Schiff – zu Demonstrationszwecken – von der Kiellegung bis zum Stapellauf in nur vier Tagen und fünfzehn Stunden fertigstellen konnte. Auf dem Höhepunkt des Programms zum Bau von Schiffen der Liberty-Klasse wurden im Schnitt drei Schiffe pro Tag einsatzfertig.[30] Schon bevor sie in der Atlantikschlacht durch Langstreckenflugzeuge und Flugzeugträger amerikanischer Herkunft besiegt wurden, waren deutsche U-Boote außerstande, Tonnage so schnell zu versenken, wie sie ersetzt wurde.

Im größten und schrecklichsten aller Kriege entschieden mithin Nachschub und Logistik über den Sieg. Es zeigte sich, daß bei künftigen Konflikten zwischen konventionellen Streitkräften die industrielle Kapazität der wichtigste Faktor sein würde. Daß es seit 1945 noch zu keinem solchen Konflikt gekommen ist, ist den Vereinigten Staaten zu verdanken, die in den Jahren eines einzigartigen industriellen Kraftaktes mit der Atombombe eine Alternative zum Frontkrieg geschaffen haben. Diese Waffe bildete den Höhepunkt eines vor fünfhundert Jahren begonnenen technischen Entwicklungsprozesses, in dessen Verlauf man versuchte, militärische Ziele nicht mehr mit Hilfe von Muskelkraft zu verfolgen, sondern auf eine Quelle zurückzugreifen, in der Energie gespeichert ist: das Feuer. Am Anfang dieses Weges stand die Erfindung des Schießpulvers.

V

Feuer

Der Einsatz von Feuerwaffen hat eine lange Vorgeschichte. Es waren die Byzantiner, die im 7. Jahrhundert das «griechische Feuer» erstmals einsetzten. Sie hielten dessen Zusammensetzung allerdings so geheim, daß sie noch heute unter Fachleuten umstritten ist. Mit Gewißheit können wir sagen, daß dieses «Feuer» mit einer Art Spritze in flüssiger Form verbreitet wurde. In erster Linie diente es bei Belagerungen und im Seekrieg als Brandsatz gegen Gebäude und Gegenstände aus Holz. Es handelte sich also nicht um eine «Feuerwaffe» im modernen Sinn einer Treibladung oder eines Sprengkörpers, und trotz aller Furcht, die das «griechische Feuer» verbreitete, sollte sich diese Neuerung nicht als sehr wirkungsvoll erweisen. Sie löste keine Revolution der Kriegführung aus wie etwa das Aufkommen des Schießpulvers.

Dennoch besteht ein Zusammenhang mit dem Schießpulver, denn die Grundlage des «griechischen Feuers», so nimmt man heute an, war das, was die Babylonier als «Naphtha» oder «das Ding, das brennt» bezeichnet haben, nämlich an die Erdoberfläche gedrungenes Petroleum.[1] Sie wußten damit jedoch nichts anzufangen. Erst im 11. Jahrhundert unserer Zeitrechnung entdeckten die Chinesen, daß die Vermischung von naphthahaltigen Substanzen aus Bodendurchsickerungen mit Salpeter eine Masse ergab, die Eigenschaften eines Sprengstoffes und eines Brandmittels in sich vereinte. Durch Zufall hatten sie zuvor bereits festgestellt, daß Leuchtfeuer, besonders wenn sie von Holzkohle gespeist wurden, auf stark schwefelhaltigen Böden Explosionen hervorrufen konnten. Ein Gemisch von gereinigtem Schwefel mit pulverisierter Holzkohle und kristallinem Salpeter ergab schließlich – wahrscheinlich um das Jahr 950, als es erstmals in taoistischen Tempeln hergestellt wurde – jenen Stoff, den wir heute als Schießpulver bezeichnen.[2] Ob die Chinesen ihn zu Kriegszwecken einsetzten, bleibt freilich höchst umstritten. Sie nutzen ihre Entdeckung zunächst jedenfalls für Feuerwerke, und es gibt keine Beweise dafür, daß sie vor Ende des 13. Jahrhunderts Geschütze bauten.[3]

Wenig später war das Schießpulver mit Sicherheit auch in Europa bekannt. Es handelte sich wohl um eine zufällige Entdeckung der Alchemisten, die immer wieder ohne Erfolg versucht hatten, aus wertlosem Material Gold herzustellen. Im Abendland verstand man den militärischen Nutzen dieser Entdeckung auf Anhieb. Hingegen läßt sich nicht rekonstruieren, wie man in einem weiteren Schritt dahin gelangte, Schießpulver und ein Projektil in ein Rohr zu stecken, so daß bei der Explosion des Pulvers die freigesetzte Kraft das Projektil in eine bestimmte Richtung trieb. Dies muß mit ziemlicher Sicherheit zu Anfang des 14. Jahrhunderts geschehen sein, denn es existiert eine Zeichnung aus dem Jahre 1326, auf der ein vasenförmiges Gefäß zu sehen ist, wahrscheinlich das Werk eines Glockengießers, der derartige Formen herzustellen gewöhnt war: ein großer Pfeil ragt aus dem Geschützhals hervor, ein Kanonier richtet eine Wachskerze auf das Zündloch, und die Waffe ist auf ein Burgtor gerichtet.

Im Laufe des 15. Jahrhunderts kam es zu weiteren technischen Fortschritten in der Artillerie. Die Pfeile wurden durch Kanonenkugeln ersetzt; die Geschütze nahmen Röhrenform an, indem man etwa schmiedeeiserne «Dauben» wie bei einem Faß mit Bandeisen umreifte. Allerdings konnten Geschütze zunächst nur bei Belagerungen eingesetzt werden. Zwar waren 1415 bei der Schlacht von Agincourt Kanonen dabei, aber sie dienten nur dazu, Lärm und Rauch auf dem Schlachtfeld zu verbreiten. Wenn ihnen gelegentlich ein Ritter oder ein Bogenschütze zum Opfer fiel, war dies ein unglücklicher Zufall. Vierzig Jahre später allerdings, als die Franzosen im Feldzug von 1450–53 die Engländer endgültig aus der Normandie und Aquitanien vertrieben, konnten sie die Mauern der englischen Festungen mit Kanonen brechen. Um die gleiche Zeit schossen die Türken die Mauern des Theodosius in Konstantinopel mit Riesenbombarden zusammen. (Die Türken schwärmten übrigens für Kanonen, die so gewaltig waren, daß sie manchmal bei Beginn einer Belagerung an Ort und Stelle gegossen werden mußten.) Im Jahr 1477 konnte dann Ludwig XI. die Kontrolle über seine Erblande weiter ausdehnen, indem er gegen die Burgen der Herzöge von Burgund Geschütze einsetzte. Dies führte schließlich dazu, daß das französische Königshaus erstmals seit der Karolingerzeit sein Territorium wieder vollständig beherrschte. Nun war die Durchsetzung einer zentralisierten Regierungsform möglich, die Frankreich sehr bald zur ersten Macht in Europa machen sollte.[4] Dabei konnte es sich auf ein Steuersystem stützen, bei dem Kanonen das schärfste Mittel der Steuereintreibung gegenüber widerspenstigen Vasallen darstellten.

Schießpulver und Festungsbau

Die Kanonen, mit denen die französischen Könige und die osmanischen Türken die Schutzmauern ihrer Feinde zertrümmerten, wiesen Mängel auf, die ihren militärischen Wert entschieden einschränkten: sie waren groß, schwer und auf unbewegliche Plattformen montiert. Daher konnten sie nur defensiv in Gegenden eingesetzt werden, die man bereits beherrschte, wie die Franzosen die ländlichen Gebiete der Normandie und die Osmanen die Zugänge nach Konstantinopel zu Wasser und zu Lande. Für den Einsatz auf Feldzügen mußten Geschütze entwickelt werden, die leicht waren und auf Rädern so schnell bewegt werden konnten, wie die Armee vorankam. Erst dann konnten Infanterie, Kavallerie und Artillerie sich als integrierte Kampfeinheit auf feindlichem Gebiet bewegen. Auch war nur so zu verhindern, daß die Kanonen im Falle eines Rückzugs dem Feind in die Hände fielen, während sich die Bedienungsmannschaften abmühten, mit den marschierenden Streitkräften Schritt zu halten.

1494 erzielten die Franzosen in dieser Hinsicht einen Durchbruch: «In den [frühen] neunziger Jahren des 15. Jahrhunderts...

hatten französische Handwerker und Glockengießer eine Kanone entwickelt, die erkennbar den Typus darstellte, der dann nahezu vierhundert Jahre lang Schlachten und Belagerungen entscheiden sollte. Die schwere ‹zusammengesetzte› Bombarde, die von einer hölzernen Plattform aus eine Steinkugel feuerte und mühsam auf einen Karren gehoben werden mußte, wenn ihre Position verändert werden sollte, war ersetzt worden durch ein schlankes, homogenes Bronzerohr von nicht mehr als acht Fuß Länge, dessen Proportionen genau so berechnet worden waren, daß der vom Geschützverschluß bis zur Mündung immer geringer werdende Abfeuerungsstoß aufgefangen wurde. Man feuerte schmiedeeiserne Kugeln ab, die schwerer waren als Steingeschosse und deren Zerstörungswirkung bei gleichem Kaliber dreimal so groß war.»[5]

Der bedeutsamste Fortschritt lag jedoch in der Beweglichkeit dieser Geschütze. Da die Rohre in einem Guß gefertigt wurden, konnten sie mit «Schildzapfen» versehen werden, mit denen man sie in zweirädrige hölzerne Lafetten einhängte. Damit wurde die Kanone so beweglich wie ein kleiner Karren, ja sie wurde noch manövrierfähiger, nachdem der «Schwanz» der Lafette an einer weiteren zweirädrigen «Protze» festgehakt worden war und diese gegliederte Einheit an Pferde angeschirrt wurde. Mit Hilfe von Keilen unter dem Geschützverschluß konnte die Mündung des Rohrs gesenkt oder gehoben werden. Um die Kanone horizontal zu bewegen, wurde der Lafettenschwanz, der aus Gründen der Stabilität auf dem Boden ruhte, in die gewünschte Richtung bewegt.

Im Frühjahr 1494 ließ Karl VIII. vierzig der neuen Kanonen von Frankreich in die norditalienische Hafenstadt La Spezia schaffen. Nachdem er sein Heer über den Mont Genèvre nach Italien gebracht hatte, zog er weiter nach Süden, um seinen Anspruch auf das Königreich Neapel durchzusetzen. Die Stadtstaaten und der Kirchenstaat, die an seinem Wege lagen, gaben jeglichen Widerstand auf, nachdem sie erfahren hatten, wie schnell seine Geschütze die Mauern des Kastells von Firizzano zertrümmert hatten. Im November betrat Karl als Eroberer Florenz. Im Februar des folgenden Jahres ritt er in Neapel ein. Zuvor hatte er die neapolitanische Festung San Giovanni, die einst einer Belagerung mit herkömmlichen militärischen Mitteln sieben Jahre lang widerstanden hatte, nach acht Stunden Kampf überwältigt. Ganz Italien erzitterte bei diesem Eroberungszug. Karls VIII. Geschütze bedeuteten in der Tat eine Revolution in der Kriegführung. Die alten, mit hohen Mauern versehenen Burgen, an denen Belagerungsmaschinen und Angriffe mit Sturmleitern so häufig gescheitert waren, erwiesen sich gegenüber dem neuen Instrument als völlig untauglich. Ein Zeitgenosse, Guicciardini, schrieb damals, die Geschütze seien «so schnell gegen die Mauern gerichtet worden, die Pausen zwischen den Schüssen so kurz gewesen, die Kugeln so schnell geflogen und mit einer solchen Zerstörungskraft, daß in Stunden soviel Schaden angerichtet wurde, wie zuvor in Italien in der gleichen Anzahl von Tagen».[6]

Der neapolitanische Triumph Karls VIII. sollte nicht von Dauer sein. Seine Kampfmethoden versetzten die italienischen Stadtstaaten, Venedig, den Kaiser, den Papst und Spanien derart in Schrecken, daß sie sich gegen ihn verbündeten. Zwar siegte Karl mit seiner überlegenen Artillerie in der Hauptschlacht des darauffolgenden Krieges bei Fornovo. Dennoch beschloß er, sich aus Italien zurückzuziehen. 1498 starb er.

Karls Revolution der Artillerie sollte sich als dauerhaft erweisen. Damit waren Probleme gelöst, über die die Belagerungsingenieure seit Jahrtausenden ohne Erfolg nachgedacht hatten. Bis dahin hing die Stärke einer Festung in erster Linie von der Höhe ihrer Mauern ab. Wassergräben konnten zwar erheblich zur Steigerung der Verteidigungsfähigkeit beitragen; dies hatte bereits Alexander der Große 332 v. Chr. bei der sieben Monate dauernden Belagerung der Seefestung Tyros feststellen müssen. Im allgemeinen galt jedoch: je höher die Mauern, desto schwieriger ihre Erstürmung, je dicker die Mauern als Folge ihrer Höhe, desto weniger wirkungsvoll der Einsatz von Belagerungsmaschinen. Mit Katapulten konnte man solche Mauern nur oberflächlich beschädigen, Torsionsmaschinen erwiesen sich als zu schwach. Um diese Mauern zum Einsturz zu bringen, mußte man ihre Basis untergraben. Das war äußerst schwierig und im Falle von Gräben unmöglich.

Da die neue Kanone in der Nähe einer Befestigungsmauer schnell in Aktion treten konnte und die beabsichtigte Wirkung präzise erzielt wurde, konnte die Artillerie so effektiv eingesetzt werden wie zuvor die Minierungen, das heißt das Vorantreiben von Stollen. Eiserne Kanonenkugeln, die horizontal gegen die Basis einer Mauer gerichtet wurden, vermochten das Mauerwerk dort schnell zu zerstören. Aufgrund der physikalischen Gesetzmäßigkeiten galt nun: je höher die Mauer war, um so schneller erwies sie sich als instabil, und wenn sie einstürzte, war die Bresche um so breiter. Ein Einsturz führte automatisch dazu, daß der Graben zu Füßen der Mauer mit Schutt gefüllt wurde, was den Angreifern den Zugang erleichterte und mitunter auch den Einsturz eines Turms zur Folge haben konnte. (Letzteres beabsichtigten die Artilleristen durchaus, gingen doch die Verteidiger damit ihrer dominierenden Position verlustig.) Eine Bresche bedeutete praktisch den Fall einer Festung. Der Brauch des Belagerungskrieges, daß eine Verweigerung der Kapitulation nach dem Öffnen einer Bresche die Angreifer von der Verpflichtung entband, Schonung zu gewähren und Plünderungen zu unterlassen, setzte sich im Zeitalter der Artillerie uneingeschränkt durch.

Die neapolitanische Katastrophe blieb natürlich nicht ohne Folgen. Die bestehenden Burgen stellten insbesondere für die kleineren Staaten im Europa der Renaissance Hauptverteidigungslinien dar. Ein großer Teil der Staatseinnahmen floß in ihren Bau und Erhalt. Die Festungsingenieure waren nun gefordert, alle Kräfte aufzubieten, um mit den neuen Herausforderungen durch Karl VIII. fertig zu werden. In den italienischen Kriegen der ersten Hälfte des 16. Jahrhunderts zwischen Frankreich, Spanien, dem Heiligen Römischen Reich und ständig wechselnden Bündnissen unter den Stadtstaaten der Halbinsel kam es zu beträchtlichen Verbesserungen an den alten Befestigungen. So ersannen beispielsweise im Jahre 1500 Ingenieure in Pisa einen inneren Erdwall, der durch einen Graben von der steinernen Stadtmauer getrennt war. Die inneren Anlagen blieben intakt, nachdem die Artillerie der Franzosen und ihrer florentinischen Verbündeten bereits einen Teil der äußeren Mauer zerstört hatte. Dieser «pisanische Doppelwall» wurde häufig nachgeahmt. Oftmals wurden auch die äußeren Linien mit Wällen und Türmen aus Erde und Holz verstärkt, gegen die Kanonenkugeln zumindest im ersten Stadium einer Belagerung wenig ausrichten konnten.[7] Außerdem erkannten die Befehlshaber von Städten und Festungen bald, daß Infanteristen mit Schußwaffen Breschen erfolgreich verteidigen konnten. Die entsprechenden Waffen waren gerade in Gebrauch gekommen und hatten ihren Nutzen bei den Belagerungen von Cremona 1523 und Marseille 1524 erwiesen.

Durch Improvisationen allein konnten die alten Mauern auf die Dauer allerdings nicht den neuen Bedürfnissen angepaßt werden. Man benötigte ein grundlegend anderes Befestigungssystem. Erstaunlicherweise wurde dieses so schnell entwickelt, daß die überwältigende Überlegenheit der Artillerie kaum länger als ein halbes Jahrhundert währte. Verglichen mit dem Entwicklungstempo anderer militärischer Neuerungen, können fünfzig Jahre als ein langer Zeitraum erscheinen. So hatten Hitlers Gegner auf die mit Panzern geführten deutschen Blitzkriege zu Anfang des Zweiten Weltkriegs bereits 1943 mit einer radikalen Umorganisation ihrer Armeen und der Massenfabrikation von panzerbrechenden Waffen reagiert. Dennoch darf man die theoretischen Probleme und die Kosten, die mit solchen Anpassungen an neue militärische Herausforderungen verbunden waren, nicht unterschätzen. Man mußte die Mittel aufbringen, ein neu entwickeltes Konzept architektonisch zu verwirklichen. Dies erforderte einen enormen Kapitaleinsatz, mußten doch in ganz Europa die in Jahrhunderten errichteten Befestigungen ersetzt werden. (Zahlreiche Städte waren damals noch durch Mauern römischen Ursprungs geschützt, die im Mittelalter nur erneuert worden waren.)

Schon beim ersten Auftauchen beweglicher Kanonen ersannen kluge Köpfe die Grundlagen des neuen Gegenkonzepts. Da diese Geschütze gegen hohe Mauern die zerstörerischsten Wirkungen zeitigten, waren nun niedrige Befestigungsmauern erforderlich. Derartige Fortifikationen waren jedoch bei Überraschungsangriffen mit Sturmleitern nutzlos. Man mußte also ein System entwikkeln, das einerseits Bombardierungen widerstand, andererseits die feindliche Infanterie auf Distanz hielt. Die Winkelbastei mit reduzierter Höhe und erweiterter Tiefe stellte die Lösung des Problems dar. Sie wurde vor den Mauern errichtet, beherrschte den Graben, diente als Plattform für Kanonen und Schußwaffen und war stark genug, konzentriertes feindliches Feuer auszuhalten. Der ideale Typ hatte einen rechteckigen Grundriß. Zwei Seiten bildeten einen Winkel, der nach außen gerichtet war und eine glatte Oberfläche aufwies. Angreifende Kavallerie konnte so mit Geschützen in Schach gehalten werden. Zwei Seiten waren gegen den Festungswall gerichtet. Von dort konnten die Verteidiger mit Geschützen und Schußwaffen den Graben und die Mauerstrecken zwischen den Basteien bestreichen. Die Basteien sollten aus Stein oder zumindest aus Ziegeln und mit Erde gestützt und gefüllt sein. Dies ergab ein außerordentlich festes Bauwerk. Es bot eine solide Plattform für Geschütze und eine Außenfassade, gegen die einschlagende Geschosse wenig ausrichten konnten.[8]

Bereits einige Zeit vor dem Italienfeldzug Karls VIII. von 1494 hatten Festungsbaumeister mit Basteien experimentiert; sie hatten die Mauern verstärkt und die Vorderseiten abgeschrägt und damit gezeigt, daß die Zeit der Burgen vorüber war. Diese Versuche verliefen zunächst planlos und unsystematisch, doch die Ingenieure hatten dabei gelernt und konnten schnell und energisch auf die neuen Anforderungen reagieren. Giuliano da Sangallo, der mit seinem Bruder Antonio die erste und wichtigste italienische «Festungsbaumeisterfamilie» gründete, hatte bereits 1487 den Plan einer auf Basteien gestützten Verteidigung der Stadt Poggio Imperiale entworfen. 1494 begann Antonio da Sangallo damit, für Papst Alexander VI. das Fort von Civita Castellana mit einem System von Basteien zu erneuern.[9] Da sich die Überzeugung durchsetzte, daß derartige Systeme die passende Antwort auf Artillerieangriffe darstellten, wurden die Brüder sehr bald für all diejenigen tätig, die die erforderlichen Mittel aufbringen konnten. Zwischen 1501 und 1503 wurde Nettuno mit Basteien ausgestattet. 1515 errichtete Antonio da Sangallo für Kardinal Alessandro Farnese eine Modellfestung in Caprarole. Der wirtschaftliche Erfolg der Sangallos motivierte auch andere, so die Familie San

Micheli, dann die Savorgnano und Peruzzi, die Genga und Antonelli. Unter den Mitbewerbern finden wir auch Leonardo da Vinci[10], der Festungsinspektor für Cesare Borgia wurde, und Michelangelo, der 1545 bei einer Auseinandersetzung mit Antonio da Sangallo äußerte: «Über Malerei und Bildhauerei weiß ich nicht viel, aber im Festungsbau besitze ich große Erfahrungen, und ich habe bereits unter Beweis gestellt, daß ich mehr davon verstehe als der ganze Clan der Sangallo.»[11] Zwischen 1527 und 1529 versah Michelangelo seine Vaterstadt Florenz mit neuen Verteidigungsanlagen; zum Glück für die Kunst erhielt er danach weniger Aufträge im Festungsbau.

Die Sangallos und andere Festungsbauer wurden mit Aufträgen überhäuft, und diese kamen nicht nur aus Italien. Nachdem sich ihr Ruhm verbreitet hatte und die Heere über immer mehr bewegliche Geschütze verfügten, bediente man sich der italienischen Festungsbauer auch in Frankreich, Spanien, Portugal, der Ägäis, Malta (wo die Johanniter sich nach ihrer Vertreibung aus dem Heiligen Land niedergelassen hatten), ja sogar in so fernen Gegenden wie Rußland, Westafrika und der Karibik. Nach den Erbauern der Streitwagen, die im ersten vorchristlichen Jahrtausend ihre Fähigkeiten den streitbaren Aristokratien des Vorderen Orients zur Verfügung gestellt hatten, waren sie, zusammen mit den Artilleristen, die ersten internationalen technischen Söldner, deren Waffen die große Herausforderung der Zeit darstellten. Ein italienischer Historiker hat ihre Situation so beschrieben: «Wir müssen uns in die Situation dieser Männer versetzen. Sie besaßen wenig Geld, aber sie waren sich ihrer Fähigkeiten bewußt und hielten sich für höhere Wesen, die sich unter Leuten bewegten, die ihnen zivilisatorisch unterlegen waren. Das Beispiel der wenigen unter ihnen, die in die höchsten Stellungen aufrückten, erregte sie, und so waren sie bereit, in die Ferne zu ziehen und Fürsten zu dienen, die sie mit attraktiven Versprechungen köderten. Aber sie gelangten nicht zu Wohlstand: ihre Schuldner waren zahlreich, ihre Börsen leicht, und die kostspieligen Reisen machten es ihnen schwer, in ihre Heimat zurückzukehren. Außerdem mußten sie sich mit der Verachtung abfinden, die Militärs gegenüber jenen ihrer Kollegen hegten, die die Kriegstheorie mit der Weiterentwicklung der Kriegswaffen zu verbinden suchten.»[12]

Wenn die kämpfenden Soldaten, die häufig selbst Söldner waren, die Ingenieure verachteten, dann aus Kriegerstolz und nicht, weil die neuen Befestigungen ihrer Aufgabe nicht gerecht geworden wären. Ganz im Gegenteil: die mit Basteien verstärkten Festungswerke stellten die Überlegenheit der Verteidigung gegenüber dem Angriff sehr schnell wieder her, nachdem dieses Verhältnis am Ende des 15. Jahrhunderts zeitweise umgekehrt worden war. Ende des 16. Jahrhunderts waren die Grenzen aller Staaten, die ihre Souveränität zu erhalten trachteten, an empfindlichen Punkten wie Gebirgspässen, Flußübergängen und schiffbaren Flußmündungen nach den neuen Erkenntnissen befestigt. Auch im Landesinnern hatte sich manches verändert. Hier existierten nur wenige «Sternfestungen», denn die Könige nutzten ihr Artilleriemonopol, um die letzten Hochburgen eigenwilliger Adeliger zu überwinden und sie daran zu hindern, ihre Burgen mit Basteien zu verstärken. An den Grenzen dagegen wurden die Fortifikationen dichter als je zuvor. Immer stärker wirkten sie als militärische Schranke und bestimmten die Reichweite der Souveränität von Regierungen. Die heutigen Grenzen in Europa sind in der Tat weitgehend ein Ergebnis des Festungsbaus, durch den die bestehenden sprachlichen und die neuen religiösen Grenzen im nachreformatorischen Europa gestaltet und geordnet wurden.

Dies ist nirgends deutlicher als in den Niederlanden, wo «oberhalb der Flüsse» Rhein, Maas und Schelde, die der Nordsee zufließen, die protestantischen Untertanen der katholischen Könige von Spanien (seit 1519 der Habsburger) sich 1566 gegen ihren Herrscher erhoben. Diese Auseinandersetzung dauerte achtzig Jahre. Sie verband sich zeitweise mit dem Dreißigjährigen Krieg in Deutschland (1618–48) und führte zu zusätzlichen Konflikten wie dem Angriff der spanischen Armada auf England im Jahre 1588. Aus zwei Gründen konnten die Niederländer so lange Widerstand leisten: sie hatten Zugang zum Meer, und sie kontrollierten die Wasserstraßen nach Mitteleuropa. So standen sie als Handelsnation den Venezianern nicht nach. Ihr Reichtum ermöglichte ihnen den Bau von Befestigungen, die ihre Unabhängigkeit sicherstellten. 1573 berichtete Requesens, der Sekretär des spanischen Statthalters, «die Zahl der rebellischen Städte und Bezirke ist derart groß, daß sie bereits ganz Holland und Seeland umfassen. Dies sind Inseln, die nur unter großen Schwierigkeiten oder durch Seestreitkräfte unterworfen werden können. Wenn einige der Städte sich zum Durchhalten entschließen, werden wir in der Tat nie imstande sein, sie zu erobern.»[13] Die widerspenstigen Städte ließen überall dort, wo Steine und Ziegel sie noch nicht schützten, Bollwerke aus Erde als Befestigung aufwerfen. Mittels einiger weniger derart befestigter Plätze konnten sie die Spanier in Schach halten. Die Städte Alkmaar und Haarlem wurden derart zäh verteidigt, daß sie bei der spanischen Gegenoffensive von 1573 die gesamte militärische Kraft der Spanier banden.

Der Belagerungskrieg stellte damals eine außerordentlich zeitraubende und mühsame Angelegenheit dar, weil enorme Ausschachtungen erforderlich waren, wollte man gegen eine mit Basteien versehene Festung Erfolg haben. Eine solche Festung war eine «wissenschaftliche» Konstruktion. Ihr Bauplan beruhte auf mathematischen Berechnungen. Es ging darum, die Mauern möglichst niedrig zu halten, um von dort sicher zielen zu können, und gleichzeitig das offene Gelände möglichst groß zu machen, damit man es mit Feuer bestreichen konnte. Der Angreifer mußte ebenfalls «wissenschaftliche» Erkenntnisse anwenden. Die Belagerungsingenieure haben die entsprechenden Grundsätze sehr bald ausgearbeitet. Parallel zu einer Seite einer Bastei mußte ein Graben ausgehoben werden, in dem die Kanonen Schutz fanden, wenn sie mit ihrem Bombardement begannen. Durch dieses Geschützfeuer gedeckt, waren Annäherungsgräben voranzutreiben, bis man schließlich näher an der Bastei einen neuen Parallelgraben schuf, in den man die Geschütze brachte, um die Beschießung fortzusetzen. Als Ludwigs XIV. herausragender Festungsbaumeister Vauban im 17. Jahrhundert diese Technik perfektionierte, waren drei Parallelgräben erforderlich. Erst vom innersten dieser Gräben konnte genügend Feuerkraft eingesetzt werden, um eine Bastei zu zertrümmern, den Wassergraben mit Schutt zu füllen und so der Infanterie die Möglichkeit zu eröffnen, die Bresche zu stürmen.

Infanterieangriffe auf eine Bastei, selbst wenn sie schwer beschädigt war, stellten immer eine höchst gefährliche Angelegenheit dar. Die Verteidiger hielten stets Schanzkörbe voll Erde, Pfähle, Stangen und hölzerne Barrikaden bereit, mit denen sie hinter einer Bresche eine innere Verteidigungsstellung improvisieren konnten. Gleichzeitig konnten Musketiere und Kanoniere von Nachbarbasteien vernichtendes Feuer auf die Angriffstrupps richten, wenn diese den Wassergraben überquerten oder die Böschung erreichten. Die Fußtruppen des 16. Jahrhunderts haßten den Belagerungskrieg aber nicht wegen der Schrecken des Angriffs, sondern vor allem wegen der mühevollen Grabungsarbeiten. Dies galt insbesondere in Holland, wo der Grundwasserspiegel häufig nicht einmal 60 Zentimeter unter dem Erdboden liegt. Parma, einer der wichtigsten spanischen Befehlshaber, mußte für Erdarbeiten Extrasold gewähren, was in den folgenden Jahrhunderten allgemeine Praxis werden sollte. Dennoch hatte er «mit dem krankhaften Stolz der Kastilier zu kämpfen, denen Bettelei auf der Straße ehrenhafter erschien, als für einen Lohn zu schuften».[14]

Während der ersten zwanzig Jahre des Aufstands der Niederlande erzielten die Spanier beträchtliche Erfolge. Sie unterwarfen die rebellischen Städte zwischen Schelde und Maas, die heute den Norden des katholischen Belgien bilden. In den stärker vom Wasser geprägten Gebieten nördlich des Rheins und westlich des Ijsselmeers, wo die großen Städte Rotterdam, Amsterdam und Utrecht liegen, konnte Spanien hingegen keine Fortschritte erzielen. 1590 schließlich hatte der Oberkommandierende der holländischen Armeen Moritz von Oranien genügend Streitkräfte versammelt, um zur Offensive überzugehen. Bis 1601 konnte er die holländische Front beträchtlich nach Süden vorschieben. Dabei eroberte er Städte wie Breda und Eindhoven und sicherte sie für Holland. Gleichzeitig schwächte er die spanischen Garnisonen in den nördlichen Niederlanden und legte damit die Grundlagen dafür, daß das spätere Königreich Holland eine Grenze erhielt, die es mit den deutschsprachigen Ländern eng verband. 1601 gelang es Moritz, aus der «Festung Holland» heraus bis Ostende vorzudringen, einem befestigten holländischen Vorposten, den die Spanier allerdings nach dreijähriger Belagerung eroberten. Weniger militärisch als finanziell haben sie sich allerdings im darauffolgenden Feldzug dann so sehr übernommen, daß sie sich 1608 zu einem Waffenstillstand bereit erklärten. Dieser sollte jedoch nicht die vereinbarten zwölf Jahre halten, denn 1618 kam es in Nordeuropa zu einer weit größeren Auseinandersetzung. In diesem Krieg, dem dreißigjährigen, führte das Schießpulver zu Grausamkeiten, wie sie in den statischen Festungsschlachten zwischen Holländern und Spaniern undenkbar gewesen waren.

Schießpulverschlachten im experimentellen Zeitalter

Den Soldaten des 14. Jahrhunderts war die geheimnisvolle Kraft des Schießpulvers so unheimlich, daß sie es nur mit Abstand und Respekt betrachteten. Sein Einsatz in einer primitiven Kanone, der Zündvorgang durch Annäherung einer langen, brennenden Lunte an das Zündloch, setzte selbst bei risikobereiten Leuten beträchtlichen Mut voraus. Dies galt um so mehr, als das Geschütz häufig bei der Explosion zerbarst. Bevor das Schießpulver in Handfeuerwaffen eingesetzt werden konnte, mußte viel Mißtrauen und Angst überwunden werden. Mitte des 15. Jahrhunderts experimentierten europäische Soldaten erstmals mit derartigen Handfeuerwaffen. Um 1550 waren sie dann allgemein verbreitet.

Die Armbrust war das Zwischenglied, das es den Soldaten psychologisch erleichterte, ihr Mißtrauen gegen Handfeuerwaffen zu überwinden. Hierbei handelte es sich um eine mechanische Waffe, bei der ähnlich wie bei einer Uhr eine Triebfeder gespannt wurde. Dabei wurde soviel Energie gespeichert, daß ein schweres Geschoß mit großer Genauigkeit und beachtlicher Reichweite herausgeschleudert wurde, wenn man den Abzug löste. Armbrüste hat man in chinesischen Grabstätten aus dem 4. Jahrhundert v. Chr. gefunden. In Europa tauchten sie nicht vor Ende des 13. Jahrhunderts auf, fanden aber zunächst wohl keine weite Verbreitung. Im 14. Jahrhundert wurden sie dann allgemein als wirkungsvolle Kriegswaffe eingesetzt, zumal da ihre Geschoßbolzen bei mittleren und kurzen Schußweiten Panzerungen durchschlagen konnten.

Mechanik und Form der Armbrust eigneten sich vorzüglich für eine Weiterentwicklung zu einer Pulverwaffe. Der Schaft der Armbrust, der gegen die Schulter gepreßt wurde, mußte kräftig genug sein, um den heftigen Rückstoß beim Schuß auszuhalten. Er diente als Muster für ein ähnliches hölzernes Gebilde, in das ein Gewehrlauf eingefügt werden konnte. Der Rückstoß der Armbrust nach Auslösen eines Schusses gewöhnte ihren Benutzer an den Schulterstoß einer Feuerwaffe im Moment der Detonation. So ist es wahrscheinlich, daß Armbrustschützen die ersten Krieger waren, die sich auf Pulvergewehre umstellten.

Die Kommandeure rätselten lange, wie man Armbrustschützen optimal auf dem Schlachtfeld einsetzen konnte. Im 14. und 15. Jahrhundert setzten die Engländer sehr erfolgreich Langbogenschützen ein. Aber der Langbogen war eine schwierig zu handhabende Waffe, und nur wenige brachten es im Umgang mit ihr zur Meisterschaft. Meist handelte es sich um Leute aus entlegenen ländlichen Gebieten. Immer schon hatten diejenigen Völker die besten Bogenschützen gestellt, die über sehr viel Zeit verfügten. Piken oder Stoßspieße stellten einfachere Kriegswerkzeuge dar. In den Händen abgehärteter und streitbarer Bauern aus Gebieten mit einer nur kleinen Ritterschicht wie der Schweiz bildeten sie gegen Kavallerieangriffe eine dichte Barriere, vorausgesetzt, die Pikeniere behielten angesichts eines Angriffs die Nerven.

Die Schweizer erwarben sich als furchtlose Pikeniere besonderen Ruhm. Im Laufe des 15. Jahrhunderts erkämpften sie sich ein hohes Maß an Unabhängigkeit gegenüber den Habsburgern, und aufgrund ihrer Unerschütterlichkeit konnten sie sich während der folgenden dreihundert Jahre überall in Europa als erstklassige Söldner verdingen. So bahnte sich bei der «verrückten Schlacht» von St. Jacob-en-Birns im Jahre 1444 eine Truppe von 1500 Schweizer Pikenieren den Weg ins Zentrum eines französischen Heeres von 30000 Mann. Dort fochten sie so lange, bis sie alle den Tod gefunden hatten. Bei ihren Schlachten gegen die Burgunder, wo die Kräfteverhältnisse ausgeglichener waren – Grandson und Murten (1476) sowie Nancy (1477) –, wandten sie dieselbe ungestüme Phalanxtaktik an und errangen Siege, die die Macht Burgunds endgültig vernichteten.

Anfang des 16. Jahrhunderts war es nicht mehr von der Hand zu weisen, daß die Kombination von Piken mit Geschoßwaffen wie Armbrüsten, Langbogen und Gewehren in offener Feldschlacht ein wirkungsvolles Kampfmittel gegen die Kavallerie darstellte. Noch besser war die Kombination von Reiterei, Bogenschützen oder Musketieren und Infanterie. So war Karl der Kühne, Herzog von Burgund, den Schweizern in den Schlachten von 1474–77 entgegengetreten. Verloren hatte er sie nicht, weil seinen Streitkräften irgend etwas fehlte, sondern weil seine Finanzen nicht ausreichten, ein Heer aufzustellen, das den Schweizern zahlenmäßig gewachsen war.[15] Die Proportionen zwischen den verschiedenen Kontingenten seiner Streitmacht bildeten einen wichtigen Erfahrungswert. 1471 hatte Karl der Kühne 1250 gepanzerte Reiter, 1250 Pikeniere, 1250 Gewehrschützen und 5000 Bogenschützen eingesetzt. Vielleicht stellte dies noch nicht die optimale Kombination dar, aber eine bessere war nicht bekannt. Machiavelli ging davon aus, daß auf einen Reiter zwanzig Fußkämpfer kommen sollten, aber er sagte nichts zur Bewaffnung der Infanterie. Im 16. Jahrhundert wurden erhebliche Anstrengungen unternommen, hier das richtige Mischungsverhältnis zu finden.

Gewehrschützen sollten dabei sicherlich die Schlüsselrolle spielen. Venedig, das vom Handel lebte und diesen militärisch schützen mußte, beschloß 1490 alle Armbrüste durch Pulverwaffen zu ersetzen. 1508 rüstete es seine neugeschaffene Staatsmiliz mit Feuerwaffen aus.[16] Bis etwa 1550 jedoch, als die ersten panzerbrechenden Musketen aufkamen, erwiesen sich Handfeuerwaffen als relativ schwach in ihrer Wirkung. Um einen Schuß auszulösen, mußte man ein Streichholz in ein offenes Zündloch einführen, was bei Nässe häufig zu Mißerfolgen führte. Die Kugeln waren noch relativ leicht und die Schußweite kurz. Dennoch löste diese Waffe beim Gegner heftige Furcht aus, und bei geringer Distanz wurde unter dessen Infanterie und Kavallerie oft erheblicher Schaden angerichtet.

Die Militärs der Renaissance suchten deshalb nach einem wirksamen Gegenmittel. In der Kanone glaubten sie, es gefunden zu haben. Nur so läßt sich der beispiellose Verlauf der Schlachten von Ravenna (1512) und Marignano (1515) erklären. Franzosen und Spanier lieferten einander in beiden Fällen eine offene Feldschlacht, beide konnten jeweils ungehindert auf das Schlachtfeld gelangen. Dennoch kämpfte man um große Verschanzungen, die rasch aufgeworfen worden waren, um die Pulverwaffen zu schützen. Bei Ravenna griffen die Franzosen an, in deren Reihen zahlreiche deutsche Söldner kämpften. Die Franzosen besaßen etwa fünfundvierzig Geschütze, die sie beweglich einsetzen konnten. Die Spanier hatten etwa dreißig Geschütze in einer Verschanzung in Stellung gebracht. Durch pausenloses Geschützfeuer provozierten die Franzosen die spanische Kavallerie zum Angriff und vernichteten sie. Daraufhin stürmten die deutschen Söldner vor, wurden jedoch vor der Verschanzung zum Stehen gebracht, und es kam zu einem erbitterten Kampf Mann gegen Mann. Schließlich gelang es, zwei französische Geschütze hinter die spanischen Stellungen zu bringen; ihr Feuer versetzte die Spanier in Panik und löste ihren Rückzug aus.

Drei Jahre später wiederholte sich das Spiel mit vertauschten Rollen. Bei Marignano hatten sich die Franzosen verschanzt. Schweizer Truppen in spanischen Diensten griffen an, um Feindberührung herzustellen. Dies taten sie so schnell – was für ihre unerschrockene Kampfweise spricht –, daß sie die Verschanzung erreichten, ehe die französische Artillerie sich durchsetzen konnte. Dann wurden die Schweizer durch einen Gegenangriff zurückgeworfen. Sie ordneten sich anschließend erneut und griffen am nächsten Morgen wieder an. (Marignano ist ein frühes Beispiel einer Schlacht, die länger als einen Tag dauerte.) Dann aber erwies sich die französische Artillerie als gut vorbereitet, und der Kampf an den Verschanzungen entartete zu einem blutigen Patt, das erst aufgelöst wurde, als mit den Franzosen verbündete venezianische Truppen von hinten kamen und die Schweizer zum Abmarsch zwangen. Letztere zogen sich so schnell zurück, wie sie angegriffen hatten. Aufgrund ihrer hohen Verluste nahmen sie bald darauf ein Verhandlungsangebot der Franzosen an. Von da an stellte die Schweiz 250 Jahre lang die meisten Söldner für die französische Armee.[17]

Die außerordentliche Bedeutung der Ereignisse von Ravenna und Marignano besteht darin, daß beide Seiten in offener Feldschlacht kämpften, als handle es sich um improvisierte Belagerungen. Dies lag wohl daran, daß die Befehlshaber jener Zeit glaubten, die Artillerie nur hinter improvisierten Verschanzungen einsetzen zu können. Sie hatten erkannt, daß traditionelle Angriffe von Kavallerie oder Infanterie in geschlossener Front durch Geschütze abgewehrt werden konnten, sie verfügten jedoch noch nicht über eine offensive Artillerietaktik.

Dabei existierte diese Alternative bereits. 1503 waren die Franzosen bei Cerignola durch spanische Handfeuerwaffen zurückgeschlagen worden. Dies wiederholte sich 1522 bei Bicocca. Hier wurden 3000 Schweizer Infanteristen in französischen Diensten bei einem sinnlosen Angriff gegen spanische Verschanzungen, die mit Handfeuerwaffen heftig verteidigt wurden, innerhalb einer halben Stunde getötet. Obwohl die Schweizer in dem Ruf standen, auf dem Schlachtfeld keine Furcht zu kennen, griffen sie nach dieser Erfahrung nie wieder Gewehrschützen an, die sich hinter einem Hindernis verschanzt hatten.

Doch war deutlich, daß es auf die Dauer nicht genügte, wenn sich eine Seite verschanzte und auf den Angriff wartete. Das verschanzte Heer band sich nämlich an einen bestimmten Punkt, den der Gegner plündernd und ohne Mühe umgehen konnte. Eine solche Herausforderung zur Schlacht setzte voraus, daß die andere Seite darauf einging. Entschloß sich der Gegner aber zu beweglichem Vorgehen, mußte der Verteidiger sich entsprechend umstellen. Die Durchführung von beweglichen Operationen mit Artillerie und Handfeuerwaffen machte ein Umdenken erforderlich. Zwar hatten sich die Armeen der Renaissance entschlossen, Schießpulver zusätzlich zu den herkömmlichen Kampfmitteln anzuwenden, sie hatten sich aber den Konsequenzen dieser Neuerung noch nicht angepaßt. Wie die Mamelucken, die sich mit dem Schwert in der Hand auf die mit Gewehren ausgerüsteten schwarzen Sklaven des Sultans von Ägypten stürzten, waren auch sie noch einem Kriegerethos verhaftet, das Reitern und Fußtruppen, die mit blanken Waffen fochten, eine Vorzugsstellung einräumte. Der Kampf auf Distanz mit Hilfe von Geschossen ging über das Auffassungsvermögen gepanzerter Ritter hinaus, die seit der Zeit Karls des Großen die Kriegführung in Europa geprägt hatten. Sie wollten weiter auf dem Rücken ihrer Pferde kämpfen, wie es ihre Großväter getan hatten, und von den sie begleitenden Infanteristen erwarteten sie, daß sie mannhaft das Risiko auf sich nahmen, der feindlichen Kavallerie mit ihren Piken gegenüberzutreten. Wenn Kanonen auf dem Schlachtfeld eingesetzt werden mußten, dann hinter Schutzwällen. Dorthin hatten Geschoßwaffen schließlich schon immer gehört. Dem Kavalleristen gefiel es überhaupt nicht, wenn der standhafte Fußsoldat auf den Status eines listigen Armbrustsöldners herabgestuft wurde. Noch weniger allerdings wünschte er, von seinem Pferd herabzusteigen und selbst die Schwarze Kunst des Umgangs mit Schießpulver zu erlernen.

Die kulturellen Wurzeln des Widerstands der berittenen Aristokraten gegen die durch das Schießpulver ausgelöste Revolution reichen tief in die Vergangenheit. Wie wir wissen, waren die Griechen im Zeitalter der Phalanx-Kampfweise die ersten, die das ausweichende Verhalten ursprünglicher Krieger aufgaben und ihren gleichgesinnten Gegnern von Mann zu Mann entgegentraten. Bei ihnen spielten die Präliminarien des «Kampfes der Helden» keine Rolle mehr, die wir von primitiven Völkern kennen und die die Höhepunkte der Homerischen Schilderung des Trojanischen Krieges darstellen. Die Griechen der klassischen Zeit regelten ihre Auseinandersetzungen so rasch und direkt wie möglich.

Die Römer der frühen Republik übernahmen die griechischen Methoden. Sie hatten sie vermutlich bei griechischen Kolonisten in Süditalien kennengelernt. Ihre Zusammenstöße zunächst mit den Galliern, dann mit germanischen Völkerschaften führten wohl auch bei diesen zur Übernahme der direkten Kampfweise. Die Römer haben bezeugt, daß die Völker des Nordens so kämpften. Sie verachteten zwar deren rohes und einzelgängerisches Vorgehen, sprachen ihnen aber Mut und die Bereitschaft zum Nahkampf niemals ab. So berichtet Caesar von einem Vorfall, bei dem seine Legionäre die Schilde der Feinde mit einem Hagel von Wurfspeeren bombardierten, wobei die Speere häufig in deren Schilden steckenblieben: «Nachdem sie lange vergeblich mit dem Arm geschüttelt hatten, zogen es viele [der Helvetier] vor, ihre Schilde fallen zu lassen und mit ungeschütztem Körper weiterzukämpfen.» Erst als «die Wunden und die Mühen des Kampfes für sie unerträglich wurden, begannen sie sich zurückzuziehen».[18] Allerdings weisen die großen Schwerter der Hallstattkultur darauf hin, daß die Gallier Mann gegen Mann kämpften, lange bevor sie auf die Römer trafen. Auch die Germanen, deren mutiges und kriegerisches Wesen Tacitus so beeindruckte, pflegten die direkte Kampfweise bereits, ehe sie im 1. Jahrhundert n. Chr. am Rhein mit den Römern zusammenstießen.

Wenn wir uns in Erinnerung rufen, daß sich in Griechenland die Phalanx erst nach Ankunft der Dorer entwickelte, und davon ausgehen, daß die Dorer wohl aus den Donauraum nach Griechenland gelangten, dann konnen wir einen gemeinsamen Ursprung dieser westlichen Art der Kriegführung, wie Victor Hanson sie genannt hat, feststellen und eine Grenzlinie zwischen dieser Kampftradition und dem indirekten, ausweichenden und zurückhaltenden Kampfstil ziehen, der für die Steppen des Nahen und Mittleren Ostens charakteristisch ist: östlich der Steppe und südöstlich des Schwarzen Meeres hielten die Krieger Abstand zu ihren Feinden. Westlich der Steppe und südwestlich des Schwarzen Meeres lernten sie diese Vorsicht aufzugeben und einander im Nahkampf entgegenzutreten.

Warum man im Westen die Psychologie und die Gewohnheiten

der «primitiven» Kriegführung abgelegt hat, während sie anderswo überdauerten, entzieht sich unserer Kenntnis. Die Grenzlinie stimmt zwar weitgehend mit Klima- und Vegetationsgrenzen überein, auch topographisch lassen sich Entsprechungen finden; den linguistischen Unterschieden jedoch entspricht die Grenze weniger: Griechen, Römer, Germanen und Kelten zählen zum indoeuropäischen Sprachraum, dies gilt aber auch für die iranischen Völker, die den Bogen nicht durch Speer oder Schwert ersetzten. Vielmehr zogen sie Geschoßwaffen sowie die Taktik des überraschenden Schlags und des schnellen Rückzugs vor. Es scheint gefährlich, dieses Phänomen auf rassische Faktoren zurückzuführen. Schließlich übernahmen im 19. Jahrhundert die Zulu und die Japaner die westliche Kampfweise aus eigenem Antrieb. Wenn es überhaupt eine Topographie des Militärischen gibt, dann gibt es auch eine Scheidelinie für die Kampfweise von Mann zu Mann. Die Menschen des Westens gehören ihrer Tradition nach auf die eine Seite dieser Linie, die meisten anderen Völker auf die andere Seite.

Die Stärke der Tradition der direkten Kampfweise führte unter den Soldaten des 16. Jahrhunderts zu einer Krise. Die Haltung Bayards', des *chevalier sans peur et sans reproche*, gegenüber den Armbrustschützen ist bekannt: er ließ sie hinrichten, wenn sie in seine Gefangenschaft gerieten, weil ihre Waffen von Feigheit zeugten und ihr Verhalten heimtückisch sei. Mit einer Armbrust ausgerüstet, konnte ein Soldat ohne das lang währende Erlernen des Waffenhandwerks, das zur Ritterschaft führte, und ohne die moralischen Qualitäten eines Pikeniers beide Gegner töten, ohne sich selbst in Gefahr zu begeben. Was für den Armbrustschützen galt, galt für den Gewehrschützen in noch höherem Grade. Seine Kampfweise schien ebenso feige und darüber hinaus laut und schmutzig zu sein, ohne daß Muskelkräfte erforderlich waren. So konnte der Biograph von Louis de la Tremouille, einem Krieger des 16. Jahrhunderts, die Frage stellen: «Welchen Nutzen haben noch die Waffenkünste der Ritter, ihre Kraft, ihre Ausdauer, ihre Disziplin und ihr Streben nach Ehre, wenn derartige [Pulver-]Waffen im Krieg zum Einsatz kommen?»[19]

Doch trotz aller Proteste der traditionellen Militärkaste war um die Mitte des 16. Jahrhunderts klar, daß Geschütze und Gewehre bleibende Errungenschaften waren. Die Arkebuse und die schwerere Muskete, die beide durch einen Mechanismus ausgelöst wurden, der bei Ziehen des Abzugs eine Lunte zur Zündpfanne brachte, waren wirksame Waffen. Die Geschosse der Muskete konnten sogar auf 200 bis 240 Schritt Entfernung eine Rüstung durchdringen. Der Brustharnisch eines Infanteristen bot daher immer weniger Schutz. Noch fragwürdiger aber war die volle Rüstung eines Ritters. Ende des Jahrhunderts wurde sie überhaupt nicht mehr getragen, und die Kavallerie spielte auf dem Schlachtfeld nicht mehr die entscheidende Rolle.

Die Reiterei hatte stets eine doppelte Bedeutung gehabt: ihr Erfolg hing immer schon stärker von der Moral der Angegriffenen ab als von der objektiven Stärke von Roß und Reiter. Wenn jetzt der Reiter auf einen Gegner stieß, der wie die Schweizer Pikeniere zum Standhalten entschlossen war, oder auf eine Waffe, die wie die Muskete den Kavalleristen mit Sicherheit zu Boden brachte, dann war auch das Privileg der Ritterkaste in Frage gestellt, über die Aufstellung der Heere und die Strategie zu befinden. In Frankreich und Deutschland kämpften die Aristokraten gegen die Zumutung, «vom Sattel zu steigen und die Infanterie zu verstärken», aber die Zeichen der Zeit sprachen ebensowenig für sie wie die staatlichen Zahlmeister, die in zunehmendem Maße Leistung erwarteten.[20] In England, Italien und Spanien erwiesen sich die traditionellen Militärkasten als anpassungsfähiger. Sie eigneten sich die neue Technologie des Schießpulvers an und gelangten zu der Überzeugung, auch zu Fuß in Ehren das Kriegshandwerk ausüben zu können.

In Spanien übernahm der «Hidalgo» – der Sohn eines Mannes von Bedeutung – mit Begeisterung die Denkweise des Pulverzeitalters; wohl deshalb, weil die Spanier in dieser Zeit der Experimente und des Übergangs die meisten Kriege zu führen hatten. In den italienischen Kriegen der ersten Hälfte des Jahrhunderts kämpften sie im Anblick von Kanonen, die ohne Zweifel die überlegenen Waffen waren. Die Vielzahl von raffinierten Befestigungen, die die italienischen Festungsingenieure so angelegt hatten, daß sie Artillerieangriffen standhielten, bedeutete, daß Soldaten, die die «niedere Kunst» der Artillerie nicht beherrschten, keine Chance hatten. Auf dem wasserreichen Kriegsschauplatz der Niederlande mußte die Kavallerie sowieso der Infanterie den ersten Platz überlassen, denn nur sie konnte sich auf dem engen Raum zwischen Kanälen, Flußmündungen und befestigten Städten bewegen. Junge spanische Edelleute übernahmen gern Posten als Infanterieoffiziere in den Kriegen gegen die Niederländer. Dort kämpften sie gemeinsam mit in Spanien angeworbenen regulären Soldaten und großen Kontingenten von Söldnern aus Italien, Burgund, Deutschland und von den Britischen Inseln. Sie schufen damit einen Präzedenzfall: im 18. Jahrhundert bewarben sich junge Edelleute mit militärischen Ambitionen eifrig um freie Stellen in den britischen, französischen, russischen und preußischen Gardeinfanterieregimentern.[21]

Schießpulver auf See

Während die Heere sich nur zögernd dem Aufkommen des Schießpulvers anpaßten, zeigten die europäischen Seeleute eine positivere Einstellung zu diesem Wandel. Der Landtransport einer Kanone konnte für die Quartiermeister ein unlösbares Problem darstellen, auf See gab es keine vergleichbaren Schwierigkeiten. Im Gegenteil: Schiffe und Geschütze waren geradezu füreinander geschaffen. Das Gewicht einer Kanone konnte für ein als Lastenträger konzipiertes Transportmittel grundsätzlich kein Problem sein, und Kanonenkugeln und Pulver konnten leicht im Frachtraum untergebracht werden. Das einzige Problem, vor das die Kanone den Schiffbauer stellte, betraf das Auffangen des Rückstoßes in den begrenzten Dimensionen eines Schiffes. An Land hatte der Rückstoß nur zur Folge, daß sich die Kanone beim

Feuern auf ihren Rädern ein wenig nach hinten bewegte. Auf See fehlte dafür der Platz. Wurde das Geschütz frei aufgestellt, konnte das Schiff beschädigt, möglicherweise sogar ein Mast zerbrochen werden. Das Geschütz mußte also am Schiff befestigt werden, der Rückstoß konnte dann durch einen Bremsmechanismus verlangsamt oder zum Schwerpunkt des Schiffes umgeleitet werden.

Letztgenannte Lösung wählten die Galeerenbaumeister, die als erste im Mittelmeerraum Schiffe mit Geschützen ausstatteten. Mittelmeerische Galeeren konnten auf eine lange Geschichte zurückblicken, die spätestens mit den Ruderschiffen der Ägypter und der Seevölker begonnen hatte, die bereits im 2. Jahrtausend v. Chr. auf offenem Meer kämpften. Da der größte Teil des langen, engen Rumpfs der Galeere mit Ruderern gefüllt war, konnte man Geschütze nur am Bug oder am Heck unterbringen. Seit der Zeit der Perserkriege verstanden es die Schiffbauer, den Bug ausreichend zu verstärken, um das Rammen möglich zu machen; jetzt konnte dort die Kanone untergebracht werden. Beim Feuern wurde der Rückstoß teilweise vom Schiff selbst aufgefangen. Bewegte es sich vorwärts, kam es zu einer kaum merklichen Verlangsamung. Lag es still, so wurde es ein wenig nach achtern geschoben. Später entschloß man sich, um den primären Rückstoß aufzufangen, das größte Mittschiffsgeschütz so aufzustellen, daß es auf einer Plattform ein wenig zurückgleiten konnte.[22]

Mit derartigen Galeeren kämpften in der ersten Hälfte des 16. Jahrhunderts die osmanischen Türken und ihre christlichen Feinde in den Schlachten um die Beherrschung des östlichen Mittelmeerraums. Nachdem die Osmanen 1453 Konstantinopel erobert hatten, das als einziger Besitz vom einst so großen Reich der Byzantiner übriggeblieben war, konzentrierten sie ihre beträchtlichen Energien darauf, ihre Herrschaft im ehemaligen Oströmischen Reich zu konsolidieren. Serbien war bereits 1439 unter osmanische Kontrolle gekommen, Albanien folgte 1486 und der Peloponnes 1499. Innere Auseinandersetzungen brachten dann den osmanischen Vormarsch zunächst zum Stillstand. Aber nachdem Selim I. 1512 unumstritten Sultan geworden war, kam es 1514 zu einer vernichtenden Niederlage der Safawiden in Persien und im darauf folgenden Jahr zur Eroberung Ägyptens durch den Sieg über die Mamelucken. So reichten 1515 die Grenzen des Osmanischen Reiches von der Donau bis zum unteren Nil, von den Oberläufen des Euphrat und Tigris bis zu den Küsten der Adria. Dieses Gebiet war fast so groß wie jenes, welches Byzanz zu Beginn der großen arabischen Offensive im 7. Jahrhundert beherrscht hatte. Suleiman der Prächtige, der Sohn Selims, der 1520 den Thron bestieg, erweiterte das osmanische Herrschaftsgebiet noch. 1522 eroberte er Rhodos, das sich im Besitz des Johanniterordens befand. Und im Verlauf einer großen Offensive auf dem Balkan nahm er 1521 Belgrad ein, vernichtete 1526 die ungarischen Streitkräfte in der Schlacht bei Mohács und stand schließlich 1529 vor den Toren Wiens.

Gleichzeitig versuchten die Türken auch zur See gegen die Christen vorzudringen. Sie waren bereits tief in die Adria vorgestoßen, um die Flanke der Habsburger zu umgehen und den Venezianern deutlich zu machen, daß sie ihre Besitzungen auf den Inseln der Ägäis nur mit türkischer Duldung halten konnten. Doch die christlichen Mächte schlugen zurück. 1532 fiel Andrea Doria, ein Admiral der großen Handelsstadt Genua, auf dem Peloponnes ein. Als dann Spanien, Venedig und der Papst 1538 ein zweites Bündnis schlossen, um im Mittelmeer den Osmanen und in Italien Frankreich entgegenzutreten, wurde Andrea Doria der Flottenchef der Verbündeten. (Frankreich hatte 1536 sogar ein Zweckbündnis mit den Türken geschlossen.) In allen Teilen des Mittelmeers ertönte bald das Getöse von Seeschlachten. 1535 eroberte der große türkische Admiral Khair ed-Din Tunis, wurde durch Doria von dort wieder vertrieben, besiegte diesen dann aber in der Seeschlacht von Preveza vor der Westküste Griechenlands. Dieser Sieg ermöglichte es der türkischen Flotte, in den folgenden Jahren tief ins westliche Mittelmeer vorzustoßen. So erreichte sie 1543 das damals noch nicht französische Nizza und 1558 Menorca. Trotz einiger erfolgreicher christlicher Gegenangriffe gegen die muslimischen Piratenhäfen an der nordafrikanischen Küste erzielten die Türken insgesamt die größeren Erfolge. In Griechenland und Albanien konnten sie in ausreichender Zahl christliche Galeerenruderer anwerben, die bereit waren, gegen Bezahlung in ihren Dienst zu treten. Venedig und Spanien, die mehr auf Sklaven und Verbrecher angewiesen waren, hatten Schwierigkeiten, zahlenmäßig mitzuhalten.

Die Insel Malta stellte das letzte Hindernis dar, das die Osmanen überwinden mußten, ehe ihnen das gesamte Mittelmeer als Angriffsraum zur Verfügung stand. Malta beherrschte die Meerenge zwischen Sizilien und Nordafrika, die das östliche vom westlichen Mittelmeer trennt. Die Johanniter hatten es zu einer gewaltigen Festung ausgebaut, doch war diese ungenügend bemannt. Von Mai bis September 1565 widerstand die Festung den kombinierten Land- und Seeangriffen, dann konnte sie allein durch das Eingreifen einer spanischen Flotte entsetzt werden. Beinahe hätten die Osmanen also ihr Ziel erreicht, das gesamte Mittelmeer unter ihre Kontrolle zu bringen. Diese Bedrohung fand 1571 mit dem Sieg der Heiligen Liga über die Türken in der Seeschlacht von Lepanto vor dem Peloponnes ihr Ende. Dabei war der Verlust an Schiffen auf türkischer Seite, der bald wieder ausgeglichen werden konnte, weniger entscheidend als der mit den Schiffsverlusten verbundene Untergang von ausgebildeten Reflexbogenschützen.

Wie der Historiker John Guilmartin überzeugend dargelegt hat, entsprach der Galeerenkrieg des Mittelalters stets dem Muster der vorangegangenen zwei Jahrtausende. Es handelte sich um amphibische Unternehmen, wobei die Seeschlachten nur Varianten der Landschlachten darstellten und die Feldzüge zu Wasser nur Ergänzungen der Operationen zu Lande waren. Armeen und Flotten begleiteten einander solange wie möglich längs der Küsten. Sie ließen sich möglichst nur dort auf Kämpfe mit dem Feind ein, wo die küstennahe Flanke der Flotte Verbindung zum Heer hatte – oder umgekehrt – und eine Festung beiden Truppenteilen Artillerieunterstützung geben konnte. Lepanto stellte in dieser Hinsicht eine Ausnahme dar. Soweit man in küstennahen Gewässern überhaupt eine Seeschlacht schlagen konnte, war Lepanto ein Beispiel dafür. Die Schlacht wurde allerdings weder durch Rammböcke noch durch Geschütze entschieden, sondern durch direktes Waffengefecht der Bordsoldaten beider Seiten. Die Christen hatten

Arkebusiere und Musketiere an Bord. Die Osmanen setzten diesen ihre traditionellen Reflexbogenschützen entgegen. Die hohen türkischen Verluste – 30000 von 60000 beteiligten Soldaten – machten Lepanto zum Wendepunkt der Kräfteverhältnisse im Mittelmeer. Der Mangel an ausgebildeten Schiffsbogenschützen, der in einer Generation nicht auszugleichen war, da die Aneignung der notwendigen Fähigkeiten eine Lebensaufgabe darstellte, «bedeutete das Ende des goldenen Zeitalters der osmanischen Macht... Lepanto markierte das Ende einer Tradition, die nicht wiederhergestellt werden konnte».[23]

Außerhalb des Mittelmeers spielten sich die Auseinandersetzungen zwischen bewaffneten Schiffen auf See in anderen Formen ab. Hier übernahmen Geschützbatterien, denen der gesamte Schiffsraum zur Verfügung gestellt wurde, die entscheidende Rolle. Handelsschiffe galten bislang als ungeeignet für die Seekriegführung, da sie keine Ruder besaßen, sich unter Segeln nur langsam fortbewegten und allzu massig waren. In Küstennähe boten sie ein leichtes Ziel für Rammstöße oder Geschützfeuer aus einer Gegend, aus der der Wind sie nicht schnell genug forttragen konnte. Aber auf offener See kehrten sich Vor- und Nachteile um. Für die Weite der Ozeane waren Galeeren nicht nur wegen ihrer extremen Länge und ihres geringen Tiefgangs wenig geeignet. Die Notwendigkeit, große Mannschaften in kurzen Abständen durch Verpflegungsaufnahme in Häfen zu versorgen, bedeutete darüber hinaus, daß sie sich selbst bei gutem Wetter nicht länger als ein paar Tage auf See aufhalten konnten. Das lastentragende Segelschiff der nördlichen Gewässer, das auf rauheren Seegang eingestellt war, litt nicht unter solchen Nachteilen, da sein tiefer Rumpf Rationen und Wasserfässer barg, aus denen sich eine große Mannschaft monatelang versorgen konnte. Die Nachteile lagen hier auf ganz anderem Gebiet: da Buggeschütze nur eingesetzt werden konnten, wenn der Wind von hinten kam, und es keine Garantie gab, daß der Feind aus der «richtigen Richtung» herankommen würde, war es notwendig, die Bordgeschütze durch Luken in den Schiffswänden schießen zu lassen. Dazu bedurfte es allerdings eines speziellen Bremsmechanismus, der den Rückstoß auffing, und der Entwicklung einer neuen Art von Schiffsführung in Kampfsituationen.

Mit einer Anpassungsfähigkeit, die der der Festungsbauer an Land entsprach, lösten die Schiffbauer dieses Problem, sobald es sich ihnen stellte. Die kleinen Geschütze des 15. Jahrhunderts waren in «Burgen» untergebracht, die an Bug und Heck eingebaut wurden. Als zu Beginn des 16. Jahrhunderts große Geschütze entwickelt wurden, plazierte man diese unter Deck. Man befestigte sie mit Seilzügen, damit sie beim Feuern nicht außer Kontrolle gerieten, und brachte sie so an, daß sie von der «Breitseite» aus feuerten. Als erstes nach diesem Muster gebautes Schiff gilt die englische *Mary Rose* von 1513. Im Jahre 1545 verfügte dann bereits ein englisches Schiff wie die *Great Harry* über schwere Artillerie auf zwei Decks. 1588 schlugen derart ausgerüstete große Flotten eine siebentägige Schlacht im Kanal.[24]

Am Ende stand die Niederlage der spanischen Armada. Sie entschied über die Kräfteverhältnisse zwischen katholischen und protestantischen Mächten in den Religionskriegen des 16. Jahrhunderts. Dennoch ist sie weniger repräsentativ für die Bedeutung des bewaffneten Segelschiffs, als es die großen Seereisen der Portugiesen, Spanier, Engländer und Holländer nach Amerika, Afrika, Indien und dem Pazifik vom Ende des 15. Jahrhunderts an sind. Segelschiffe des nordeuropäischen Typs, die nicht von Rudern als Antriebsmittel abhängig waren, sondern nur von der Kraft des Windes vorangetrieben wurden, brachten 1492 Kolumbus nach Amerika und später die Konquistadoren, die die Kulturen der Azteken in Mexiko, der Maya in Yukatan und der Inka in Peru vernichteten. Pferde waren für die Konquistadoren weit wichtigere Einfuhrgüter als Geschütze. Cortés brachte 1517 siebzehn Pferde nach Mexiko mit, Montejo 1527 fünfzig nach Yukatan und Pizarro 1531 siebenundzwanzig nach Peru. Denn Pferde waren in der westlichen Hemisphäre 12000 Jahre zuvor durch einwandernde Jäger ausgerottet worden; den Eingeborenen erschienen sie nun fremdartig und furchterregend. Die ritualisierte Kampfweise der Azteken, Maya und Inka war ungeeignet für die Auseinandersetzung mit Europäern, die um jeden Preis siegen wollten und nicht an Gefangenen zu Opferzwecken interessiert waren. Zahlenmäßig waren die Einheimischen den Konquistadoren zwar ungeheuer überlegen; was den Europäern aber den entscheidenden Vorteil verschaffte, waren ihre Pferde.

Andernorts waren Geschütze die entscheidenden Waffen der europäischen Seeabenteurer. 1517 mußten die Portugiesen in Dschiddah am Roten Meer, wohin sie über das Kap der Guten Hoffnung gelangt waren, feststellen, daß es zu gefährlich war, sich mit der einheimischen Flotte der Mamelucken einzulassen, die von Kanonen an Land unterstützt wurde. Daher mußten sie ihren Versuch aufgeben, die maritime Gewürzroute in die westlichen Länder des Islam zu blockieren. Aber durch ihre Siege bei Hormus (1507) – heute der kritischste Punkt bei der Verschiffung des Golföls – und Diu an der indischen Westküste (1509) hatten sie im Indischen Ozean ihre Vorrangstellung bereits durchgesetzt.[25] Bald darauf errichteten sie Stützpunkte in Hinterindien (1511) und China (1557) und gerieten dann in eine Auseinandersetzung mit Spanien um die Philippinen. Ende des Jahrhunderts gab es mit Geschützen ausgerüstete Forts der iberischen Seefahrernationen an den Küsten aller Ozeane. Damit wurden die kolonialen Ansprüche der großen europäischen Reiche begründet, die während der nächsten dreihundert Jahre wachsende Bedeutung gewinnen sollten.

Die Gesellschaften, auf die die ersten europäischen Seefahrer stießen, hatten deren Forderungen nur wenig entgegenzusetzen. Zuerst ging es um Handelsgenehmigungen, dann um Land, auf dem Handelsposten errichtet werden konnten, schließlich um exklusive, durch militärische Kontrolle gesicherte Handelsrechte. Die Königreiche an den afrikanischen Küsten konnten diese Entwicklung bis ins 19. Jahrhundert hinein weitgehend überstehen, da die Furcht vor Krankheiten die Eroberer hier abschreckte. Der Preis, den die afrikanischen Monarchien dafür zu zahlen hatten, bestand in ihrer Mitwirkung an den ständig erweiterten fürchterlichen Sklavenjagden im Hinterland. Die Japaner konnten ihre traditionelle Gesellschaftsform bewahren, indem sie ihre Häfen geschlossen hielten und die Europäer herausforderten, sich in

Kämpfe gegen die Samurai einzulassen. China wurde durch seine enorme Größe und seinen bürokratischen Zusammenhalt vor einer Aufteilung bewahrt.

Der Großteil der übrigen Welt aber stellte eine leichte Beute dar. In beiden Halbkontinenten Amerikas, wo Spanier und Portugiesen von Anfang an auf Kolonisierung aus waren, besaßen die einheimischen Gesellschaften keine wirksamen technischen Instrumente des Widerstands, und es fehlten ihnen auch die geistigen Voraussetzungen für eine Gegenwehr gegen die militärische Macht der Weißen. Auch die kleinen Sultanate Hinterindiens ließen sich leicht überwältigen. Die Filipinos, auf die die Spanier stießen, gehörten meist einfachen Bauernstämmen an. Nur in Indien gab es einen hinreichend organisierten Staat, der sich den Zudringlichkeiten der Europäer weitgehend verweigerte. Doch selbst die Moguln konnten den Europäern nicht völlig den Zugang verwehren, da sie selbst den Halbkontinent erst kurz zuvor erobert hatten und dessen Peripherie nur teilweise beherrschten. Darüber hinaus gelang es keinem der Mogulkaiser, eine hochseetüchtige und mit Geschützen ausgestattete Flotte aufzubauen, die einzig imstande gewesen wäre, die Küsten vor einer ebenso ausgerüsteten europäischen Flotte zu schützen.

Wenn die Seefahrer auch jenseits der Seegrenzen des osmanischen Herrschaftsgebiets auf wenig Widerstand stießen, so konnten sie ihre Reisen doch nicht durchführen, ohne auf Gegenkräfte zu stoßen. Im Gegenteil: die Beute, die lockte, war so gewaltig, daß es sowohl auf fernen Ozeanen als auch in heimischen Gewässern, von denen die Expeditionen zu den an Gold und Gewürzen reichen Ländern ausgingen, ständig zu Kämpfen zwischen den Seefahrernationen kam. So erreichten die Holländer als erste die indische Koromandelküste, die Engländer trafen acht Jahre später dort ein. Sehr bald hatten beide im Indischen Ozean gegen die Portugiesen zu kämpfen. Holländer und Engländer kämpften dann gegeneinander im Ärmelkanal und in der Nordsee in drei großen Seekriegen zwischen 1652 und 1674. Beide Nationen hatten anschließend Konflikte mit den Spaniern über Handelsrechte in der Karibik auszufechten, die zum reichsten Kolonialgebiet der

Welt geworden war, nachdem Zuckerrohr von den Kanarischen Inseln und Sklaven aus Afrika die Region zum Blühen gebracht hatten. Schließlich mußten die beiden Mächte sich noch mit den Franzosen auseinandersetzen, die erst spät zu den seefahrenden Kolonialnationen gestoßen waren und bis zur Mitte des 17. Jahrhunderts Handelsstützpunkte in Indien und Afrika gegründet sowie die Grundlagen eines überseeischen Reiches in Nordamerika gelegt hatten.

Bei den mit Schießpulver ausgefochtenen Seekriegen spielte die Stärke der Artillerie eine noch größere Rolle als bei den Befestigungskriegen an Land. Man kämpfte bereits um 1650 mit Schiffen, die an den Breitseiten mit fünfzig Geschützen bestückt waren, und die Flottenverbände umfaßten siebzig oder mehr solcher Schiffe. Die besten Belagerungsingenieure brauchten häufig Wochen, um eine gut befestigte Zitadelle zu bezwingen. In der dreitägigen Schlacht vor der Südküste Englands von 1653 verloren die Holländer zwanzig von fünfundsiebzig Kriegsschiffen und zählten 3000 Tote. Dies war für den Seekrieg jener Zeit durchaus typisch und deutete darauf hin, daß Schlimmeres bevorstand. Ende des 18. Jahrhunderts verfügten die größten Segelschiffe über hundert Kanonen, und die französisch-spanische Flotte hatte 1805 in der eintägigen Schlacht von Trafalgar mehr als 7000 Tote zu beklagen. Die Kriegerkultur der Pikeniere und Kavalleristen hatte den Weg aufs Meer gefunden. Die Schiffskanoniere standen jetzt dort neben ihren Kanonen mit der Unerschütterlichkeit von Hopliten in der Phalanx.

Das Gleichgewicht der Kräfte im Zeitalter des Schießpulvers

Die Anforderungen, die der Geschützkrieg zur See an den Mut und das Können der europäischen Kriegsmatrosen stellte, sollten sich zwischen dem Auftauchen des «großen Schiffs» zu Anfang des 16. Jahrhunderts und der Ablösung seines direkten Nachfahren, des Linienschiffs, durch das dampfgetriebene Panzerschiff um die Mitte des 19. Jahrhunderts kaum verändern. Ganz anders sah es an Land aus: dort verwirrte die Weiterentwicklung der Möglichkeiten der Pulverwaffen im Laufe des 16. und 17. Jahrhunderts die Soldaten. Beweglichkeit und Feuerkraft der Kanonen verbesserten sich fortwährend, bis man Ende des 17. Jahrhunderts leichtere Geschütze wirkungsvoll auf dem Schlachtfeld einsetzen konnte.[26] Gleichzeitig hatten sich die Feuerkraft und die Handhabbarkeit der Muskete, die jetzt ohne Auflage abgefeuert werden konnte, erheblich verbessert; ein neuer Zündmechanismus mit Feuersteinen machte die Gewehre gegenüber der alten, langsamen Lunte weniger feuchtigkeitsanfällig. Doch es war weiterhin schwierig, innerhalb eines Heeres das richtige Verhältnis zwischen Schützen und Pikenieren in der Infanterie sowie zwischen Infanterie und Kavallerie zu bestimmen.

Durch die Schützen herausgefordert, bemühte sich die Kavallerie, ihre Bedeutung auf dem Schlachtfeld zu sichern, indem sie ihre Reitkünste verbesserte; so versuchte man den Gebrauch von Schußwaffen vom Pferderücken aus zu vervollkommnen. (Die entsprechenden Übungen werden heute noch von der Spanischen Reitschule in Wien vorexerziert.) All diesen Bemühungen war jedoch kein durchschlagender Erfolg beschieden. Gewehr und Pferd passen einfach nicht zusammen. Außerdem entwickelten die Infanteristen höchst wirksame Gegentaktiken. Bis ins 17. Jahrhundert hinein betrug in allen Heeren das Verhältnis von Pikenieren zu Musketieren zwei zu eins. So konnten die Pikeniere den Manövrierraum der feindlichen Reiterei einschränken, die eine Kampflinie mit Stich- oder Schußwaffen bedrohte; geschützt wurden sie dabei durch das Abwehrfeuer von Musketieren.

Dennoch nahmen Pikeniere und Musketiere nicht gleichzeitig dieselbe Stellung ein. Zwar ergänzten ihre Waffen einander, sie konnten aber nicht die gleiche Arbeit verrichten. Dies machte die Schlachten des Dreißigjährigen Krieges in Deutschland so unübersichtlich und schmutzig. Der schwedische Soldatenkönig Gustav Adolf fand 1632 bei Lützen den Tod, weil er persönlich in eine festgefahrene Auseinandersetzung zwischen Musketieren und Kavalleristen hineinritt. Die Lösung des Problems lag auf der Hand. Ende des 17. Jahrhunderts rüsteten fast alle europäischen Armeen ihre Musketen zu Bajonetten um; nun konnten sie gleichzeitig als Stoß- und als Schußwaffen eingesetzt werden.[27]

Aber nicht allein das Bajonett bestimmte den Charakter der Schlachten des 18. Jahrhunderts. Noch entscheidender war die allgemeine Durchsetzung der Exerzierausbildung für die Infanterie. Der Drill hatte uralte Vorläufer. Es ist die Vermutung aufgestellt worden, daß bereits die Makedonier ihre Phalanxen gedrillt haben, obwohl die Unkompliziertheit der Phalanxtaktik dies wenig wahrscheinlich macht. Die Römer haben die Rekruten ihrer Legionen ganz sicher einer Ausbildung unterzogen und ihnen dabei beigebracht, mit ihren Wurfspießen ein Ziel zu treffen sowie Schild und Schwert in einheitlichem Stil zu handhaben. Dennoch ist es höchst unwahrscheinlich, daß die Bewegungsweise einer römischen Legion in Formation, ob sie nun Feindkontakt hatte oder nicht, der einer Streitmacht ähnelte, die mit Seitengewehren ausgestattet war. Die Römer kannten den Gleichschritt nicht. Diese Marschart konnte erst eingeübt werden, nachdem die Regierungen im 18. Jahrhundert große, ebene Exerzierplätze angelegt hatten. Dagegen war der auf Einsatz von Muskelkraft beruhende Gebrauch von Waffen nicht streng zu regeln. Es scheint, als habe man es dem Legionär überlassen, sich für seinen Wurfspeer ein persönliches Ziel auszusuchen.[28]

Die Exerzierausbildung mit Pulverwaffen verfolgte einen ganz anderen Zweck. Ihr Ursprung lag zweifellos in dem natürlichen Interesse der Musketiere, sich gegenseitig beim Umgang mit ihren

Waffen nicht zu verletzen. Ähnliche Sorgen hatten wohl auch die Bogenschützen, aber darüber gibt es keine Untersuchungen. Während der Bogenschütze riskierte, einen Nachbarn zu durchbohren, bestand bei den engen Marschreihen der Musketiere insbesondere zu Anfang der Entwicklung die Gefahr, daß in der Nähe der langsam brennenden Lunten Schießpulver verstreut wurde, was eine Kettenreaktion von Explosionen auslösen konnte, solange nicht alle Soldaten die Handgriffe beim Laden, Zielen und Feuern im Gleichtakt vollzogen. Die Exerzierreglements der Musketiere, die den Sicherheitshandbüchern der modernen Industrie entsprechen, waren seit Anfang des 17. Jahrhunderts weit verbreitet, sie zerlegten den Schießvorgang in zahlreiche präzis festgelegte Einzelschritte. So zählte das Exerzierreglement des Moritz von Nassau-Oranien von 1607 vierundsiebzig einzelne Handgriffe auf.

Doch war der Musketier des 17. Jahrhunderts noch ganz Individualist. Auch wenn er den Augenblick des Feuerns nicht selbst bestimmte, so suchte er sich doch individuell sein Ziel in den gegnerischen Reihen aus. Im 18. Jahrhundert verschwand diese Freiheit der Wahl; die Musketiere der königlichen Regimenter, die nach dem Dreißigjährigen Krieg entstanden waren, wurden dahingehend trainiert, nicht auf einzelne Soldaten, sondern auf die feindliche Masse zu zielen. Die ältesten der genannten Regimenter in Österreich, Preußen und England wurden in den Jahren 1696, 1656 und 1662 gegründet. Ausbildungsoffiziere, die einen ansonsten überflüssigen Halbspieß bei sich trugen, benutzen diesen einzig dazu, die Mündungen der Musketen in der ersten Reihe auf gleiche Höhe auszurichten. Wenn der Feuerbefehl ertönte, sollten die Kugeln aus gleichem Abstand über dem Boden abgeschossen werden, so daß sie auch simultan in der Frontreihe der Feindseite einschlugen.[29]

Daß der Soldat an Individualität verlor, wurde auch auf andere Weise sichtbar. Seit Ende des 17. Jahrhunderts trug er Uniform. Die hatten vorher nur Hausdiener getragen. Der Uniform lag die gleiche Vorstellung zugrunde wie der Livree. Beide zeigten, daß ihre Träger im Dienste eines Höheren standen und demzufolge Personen mit eingeschränkten Rechten und Freiheiten waren. Die

Soldaten des 16. Jahrhunderts waren stolz auf die Unterschiedlichkeit ihrer Kleidung, die häufig durch Plünderungen zusammengeraubt war. Die Mode der Renaissance, die äußeren Kleidungsstücke mit Schlitzen zu versehen, damit man die darunter getragenen Samt- und Seidenstoffe sehen konnte, sollte vor allem zeigen, daß ein Soldat sich schöne Dinge einfach nehmen und sie ungestraft tragen durfte. «Man argumentierte, Soldaten sollten die Freiheit haben, ihre Kleidung selbst auszuwählen... man nahm an, daß sie dann eher tapfer und frohgemut kämpfen würden.»[30] Von den Soldaten des 18. Jahrhunderts erwartete man nicht mehr, daß sie frohen Mutes kämpften, sondern pflichtbewußt und befehlsgemäß. Zur Durchsetzung der Disziplin behandelten die Offiziere die Soldaten mit einer Härte, die sich weder die freien Pikeniere noch die Söldner des 16. und 17. Jahrhunderts hätten gefallen lassen. Den Strang und schwere körperliche Strafen hatten sie im Fall von Meuterei oder Mord akzeptiert, nie aber hätten sie das gesetzlich geregelte Auspeitschen und das willkürliche Schlagen erduldet, womit unter den uniformierten Soldaten der dynastischen Monarchien die Disziplin aufrechterhalten wurde.

Der neuen Art von Reglement konnte sich nur ein Persönlichkeitstypus unterwerfen, der sich von dem der anarchischen Freibeuter der italienischen Kriege und des Dreißigjährigen Krieges wesentlich unterschied. Ein großer Teil der Soldaten in den französischen Bürgerkriegen des 17. Jahrhunderts setzte sich aus «Geächteten, Vagabunden, Dieben, Mördern, Gottesleugnern, säumigen Schuldnern» zusammen, die sich dem Militärdienst zuwandten, weil sie im Zivilleben nicht bestehen konnten.[31] Gewiß zählten nicht alle Soldaten zu diesen Gruppen von gesellschaftlichen Außenseitern. Die Spanier und insbesondere die Schweden (letztere durch das *Indelingsverket*-System des militärischen Kleinbauerntums) stellten mit Erfolg weiterhin reguläre Regimenter aus rechtschaffenen Männern vom Lande auf; wer aber Söldner beschäftigte, mußte im allgemeinen den «Abschaum» nehmen. Die dynastischen Monarchien konnten sich jedoch auch auf andere Elemente stützen: häufig auf die jüngeren Söhne großer armer Familien, denen der zivile Arbeitsmarkt kaum Chancen bot und die, besonders in Frankreich, ein fiktives Einberufungssystem häufig zu den Fahnen rief. In Preußen und Rußland, wo die Bauern weitgehend noch unfrei waren, wurde offen Zwang angewandt.[32] Auch wenn seine Organisatoren dies geleugnet hätten, handelte es sich hier doch um ein System militärischer Sklaverei von ähnlicher Art wie das der osmanischen Janitscharen. Die Rekrutierung erfolgte durch Aushebung. Gehorsam wurde durch disziplinarische Strenge erzwungen. Den Soldaten wurden so gut wie alle bürgerlichen Rechte verweigert. Der Kampfstil, der diesem System entsprach, war geprägt durch stereotype, beinahe mechanische Exerzierbewegungen in dichtgeschlossenen Reihen. Dies spiegelte die Unterwerfung der Individualität der Soldaten wider.

Auch die Offiziere der königlichen Heere mußten viele der persönlichen Freiheiten aufgeben, die ihre wirklichen oder imaginären ritterlichen Vorgänger besessen hatten. «Die Krawallmacherei und die Ruhelosigkeit der jüngeren Mitglieder edler Familien» hatte Venedig seit Anfang des 17. Jahrhunderts veranlaßt, eine Anzahl von Militärakademien zu schaffen, um in den Kreisen, die bald als «Offiziersschicht» gelten sollten, Disziplin und fachliche Qualifikationen zu verbreiten. Die Reformen der Vettern Moritz, Johann und Wilhelm von Nassau beschleunigten diesen Prozeß. Ihr bewußtes Anknüpfen an die Überlieferungen der klassischen militärischen Lehre, mit dem sie den Geist und die Struktur der römischen Legionen wiederherzustellen versuchten, hatte die Entstehung einer Körperschaft von professionellen Ausbildern zur Folge, die wie die Festungsingenieure bereit waren, ihr Können auf dem internationalen Markt anzubieten, sowie die Errichtung von Militärschulen, die heißblütigen jungen Aristokraten Exerzieren, Fechten und Reitkunst beibringen und sie dabei erziehen und sogar «zivilisieren» sollten.

Johann von Nassaus *Schola militaris* in Siegen, die nur von 1617 bis 1623 bestand, gilt als die erste wirkliche Militärakademie in Europa: «Ihre Hauptaufgabe war es, technisch kompetente Infanterieoffiziere auszubilden.» John Hale hat festgestellt, daß in Deutschland und Frankreich zwischen 1570 und 1629 fünf weitere

Militärakademien gegründet wurden. Allerdings kann keine von ihnen als direkte Vorgängerin einer der heute noch bestehenden Akademien – St. Cyr, Sandhurst, Breda, Wien und Modena – betrachtet werden, die aus dem 18. oder frühen 19. Jahrhundert stammen. Doch die Schaffung dieser ersten Militärakademien zeigt das Aufkommen einer Idee oder doch zumindest deren Wiedergeburt: daß nämlich, wie schon die Römer annahmen, militärische Führungstätigkeit nicht nur militärische, sondern auch staatsbürgerliche Tugenden voraussetze.[33] Diese Entwicklung war bedeutender als der damit verbundene Trend, junge Männer aus der aufstrebenden Mittelklasse auf Ingenieur- und Artillerieakademien auszubilden. Die erste dieser hohen Schulen wurde 1668 von Ludwig XIV. in Metz gegründet. Zukünftige Artilleristen und Pioniere mußten die Mathematik beherrschen. Paukerei, Prüfungen über klassische Texte und die Drohung mit der Zuchtrute waren Neuerungen anderer Art. Sie machten deutlich, daß die Tage vorbei waren, da die Erziehung der jungen Krieger nur aus Falknerei, Jagd und Turnieren bestand.[34]

Drill, Disziplin, mechanische Taktik, Artilleriewissenschaft führten dazu, daß sich die Kriegführung im 18. Jahrhundert wesentlich von der experimentellen Vorgehensweise des 16. und 17. Jahrhunderts unterschied. Um 1700 kamen Kriegswaffen zum Einsatz, die das Bild während der nächsten hundertfünfzig Jahre bestimmen sollten. Die Infanterie war mit Musketen ausgestattet, deren Schußweite nur knapp hundert Meter betrug und so für entferntere Gegner harmlos war, aber bei einer Massensalve entstand unmittelbar an der Kampflinie eine Todeszone. Die immer beweglicher werdende und schneller feuernde Feldartillerie stellte das einzige wirksame Mittel gegen solide ausgebildete Infanterieformationen dar. Ihr Aufmarsch konnte jedoch durch rechtzeitigen Einsatz von Kavallerie gestört werden. Die Reiterei wurde bald nur noch zu solch zweitrangigen Maßnahmen eingesetzt. Außerdem griff sie die Infanterie dann an, wenn diese durch Artillerieeinsatz in Unordnung geraten war, oder sie verfolgte in die Flucht geschlagene Gegner.

Die gegensätzlichen Eigenschaften der drei Elemente der

Heere des 18. Jahrhunderts – Musketiere, Artilleristen und Kavalleristen – erzeugten ein seltsames Gleichgewicht bei offenen Feldschlachten. Weigley spricht in diesem Zusammenhang von einer ständig zu beobachtenden Unentschiedenheit in den zahlreichen Kämpfen der dynastischen Monarchien in Westeuropa zwischen den letzten niederländischen Kriegen Ende des 17. Jahrhunderts und dem Ausbruch der Französischen Revolution. Immer aufs neue stellten sich die uniformierten Musketiere in dichter Formation auf, schossen ihre Salven ab, kamen unter Artilleriefeuer ins Wanken und zogen sich zurück oder rannten, was seltener vorkam, vor der Artillerie davon; aber am Ende eines Kampftages trennten sich auf dem Schlachtfeld die Gegner meist, ohne daß ihre Kampfkraft Schaden erlitten hätte. Die großen Schlachten in der Blütezeit der dynastischen Kriegführung – Blenheim (1704), Fontenoy (1745) und Leuthen (1757) – zeichneten sich besonders durch hohe Verluste in den unteren Rängen und nicht durch deutliche Ergebnisse aus. Die Kriege des 18. Jahrhunderts wurden beendet, weil die Reserven an Geld und an Menschen erschöpft waren, nicht weil die Waffen entschieden hatten.

Um aus der Sackgasse der Unentschiedenheit herauszukommen, gingen die europäischen Heere im Laufe des Jahrhunderts in wachsendem Maße dazu über, traditionelle Kriegerstämme in ihre Dienste zu stellen. Sie hofften, durch deren unkonventionelle Kampfmethode die Offensivqualitäten der uniformierten Massen steigern zu können. In Ungarn rekrutierte man leichte Kavalleristen – die Husaren. Hinzu kamen Scharfschützen aus den Waldgebieten und Gebirgen Mitteleuropas und christliche Flüchtlinge, die «Albaner», vom osmanischen Balkan. Die Handlung von Mozarts Oper *Così fan tutte* beruht auf der Anziehungskraft, die diese exotischen Fremden auf die Phantasie der zivilisierten Welt ausübten. Obwohl die Rekrutierungsmöglichkeiten für diese Spezialeinheiten in der Praxis zu eingeschränkt waren, als daß sie das Kräftegleichgewicht hätten überwinden können, blieb dieses Rekrutierungsmuster bis ins 19. Jahrhundert von Bedeutung. Es entstanden Formationen wie die nordafrikanischen Zuaven, die bosnischen Muslime, die Tiroler Jäger, die Sikhs aus dem Pandschab und die Gurkhas aus Nepal. Sie alle machten optisch mehr Eindruck, als ihrer realen Bedeutung entsprach. Das «türkische» Kostüm der Zuaven beeinflußte die Kleidermoden des 19. Jahrhunderts in hohem Maße. Die irregulären «Exoten» waren in den «kleinen Kriegen» außerhalb Europas von großer Bedeutung. Leichte Infanteristen aus Deutschland in britischen Diensten gaben ihr Bestes gegen die Schützen der amerikanischen Revolutionsarmee, während eingeborene amerikanische Indianer mit europäischen Waffen in den Tiefen der großen Wälder gegen reguläre Soldaten Erfolge erzielten.

Allerdings erkämpften nach europäischen Standards ausgebildete Armeen in jenen Kriegen die größten Erfolge, in denen traditionelle Kriegervölker die Hauptmacht des Feindes stellten. Ende des 18. Jahrhunderts kam die Offensive der osmanischen Armee in Europa zum Stillstand, weil es den Habsburgern gelungen war, eine reguläre Armee aufzustellen, die den Janitscharen des Sultans qualitativ gewachsen war. Die Janitscharen – das bedeutet auf türkisch «neue Soldaten» – waren Sklaven wie die Mamelucken. Sie entstanden aus zwangsweise ausgehobenen *(devsirme)* Christenkindern vom Balkan, die als Infanteristen ausgebildet wurden.[35] Im Vergleich zu ihren westlichen Gegenspielern waren die Janitscharen wohl ursprünglich «neue Soldaten» gewesen. Aber Ende des 17. Jahrhunderts wurden sie an Disziplin und Standfestigkeit von den regulären europäischen Soldaten übertroffen, deren Ausbildung der ihren überlegen war. Bei der Belagerung von Wien im Jahre 1683 ließen die Janitscharen Europa erzittern. Fünfundzwanzig Jahre später waren sie aus dem südlichen Ungarn und dem nördlichen Serbien vertrieben, und ihr Sultan mußte 1699 den Frieden von Karlowitz unterzeichnen, der den Rückzug der Osmanen nach Konstantinopel einleitete, der mit den Balkankriegen von 1911/12 vollendet wurde.

In den islamischen Ländern außerhalb Europas, insbesondere in den Mogulreichen Indiens, erreichte kein einheimisches Heer den Leistungsstand der Janitscharen. In Indien gab es seit Anfang des 16. Jahrhunderts zahlreiche türkische Söldner als Artilleristen und Belagerungsingenieure. Wie die großartige Zitadelle von Belgrad heute noch zeigt, bauten die Türken Befestigungen, die es mit denen des Westens aufnehmen konnten. Im 17. Jahrhundert tauchten dann auch in Indien Artillerieexperten aus England, Holland, Frankreich und der Schweiz auf. Im 18. Jahrhundert benötigten die Moguln außerdem Ausbilder, die ihnen größtenteils die Franzosen zur Verfügung stellten. Aber das von den Traditionen der Steppe geprägte Ethos der Moguln machte alle Bemühungen zunichte. Babur (1483–1530), der Gründer der Moguldynastie, glaubte, «ein Reiterheer könne sorgfältig geplante Schlachten ohne einen ‹Kern› von Infanteristen erfolgreich bestehen». Sir Thomas Roe, der englische Botschafter am Hofe der Moguln zwischen 1615 und 1619, hielt deren Streitkräfte daher für «eine verweichlichte Armee, eher eine Beute als ein Schrecken für ihre Feinde». Er teilte seinen Kollegen in Konstantinopel mit: «Ich kann keine Soldaten entdecken, obwohl sehr viele als solche beschäftigt sind.»[36]

Der Grundsatz «Qualität statt Quantität» führte zur Vernichtung der Moguln: als die Briten Mitte des 18. Jahrhunderts Hindus zu rekrutieren und auszubilden begannen, die keine Steppentradition besaßen, schufen sie mit diesen Kräften sehr bald eine Armee, deren Qualität in der Infanterieausbildung ihre zahlenmäßige Schwäche ausglich. In der Schlacht von Plassey (1757), die die britische Herrschaft über Indien endgültig sicherte, konnten Clives 1100 Europäer gemeinsam mit 2100 Hindu-Sepoys die Einkreisung durch 50000 Infanteristen und Kavalleristen der Moguln mit ständigem Musketenfeuer leicht auflösen und den Gegner in die Flucht schlagen. Exerzierreglement und Legionärsorganisation brachten die gewünschten Ergebnisse, die die Militärreformer aus dem Hause Nassau hundertfünfzig Jahre zuvor erhofft hatten. Dies war aber nur möglich, weil sie auf einen unvorbereiteten Gegner mit einer anderen Tradition wie ein wahrer Schock wirkten.

Politische Revolution und militärischer Wandel

Der Drill und das Ethos, das ihm zugrunde lag, führten in Indien zu spektakulären Siegen, selbst gegen Soldaten, die genauso mit Musketen und Kanonen ausgerüstet waren wie ihre europäischen Gegner. Plassey und ein Dutzend nach gleichem Muster verlaufener Schlachten gaben jenen recht, die wie Napoleon die Ansicht vertraten, die moralischen Faktoren seien den materiellen im Verhältnis drei zu eins oder noch stärker überlegen. Bei anderen Kämpfen in Übersee, in denen die Opponenten technisch gesehen gleich stark waren, besonders zwischen den Briten und Spaniern und ihren Kolonisten, wurde das Exerzierreglement durch einen anderen ganz und gar moralischen Faktor in den Hintergrund gedrängt: das Rechtsbewußtsein der europäischen Auswanderer, die für das Recht auf Selbstbesteuerung und Selbstverwaltung kämpften. Der Krieg der nordamerikanischen Kolonisten gegen Großbritannien, der wiederum den der Südamerikaner gegen Spanien inspirierte, war der erste wirklich politische Krieg. Hier ging es nicht um traditionelle Motive wie Religionsstreit oder Usurpation von legitimen Rechten, ausgetragen um abstrakter Prinzipien willen, und auch nicht nur um Unabhängigkeit, sondern um die Freiheit, eine neue – und wie man hoffte – bessere Gesellschaft aufbauen zu können.

Der Freiheitskampf dauerte lange. Wohl nur ein Drittel der Kolonisten nahm aktiv daran teil. Ein weiteres Drittel blieb neutral, und das letzte Drittel stand loyal zur alten Ordnung. Die von der Revolution aufgestellte Armee war zunächst schwach und schlecht bewaffnet. Sie stützte sich auf die Milizen, die die ursprünglichen Kolonien gegen Angriffe der Eingeborenen und später gegen die Franzosen aus Kanada verteidigen sollten. Es wurde das Äußerste von ihr verlangt, damit sie gegen die Disziplin der regulären britischen Soldaten bestehen konnte. Ihr Erfolg beruhte weitgehend auf der Fähigkeit, den Gegner an möglichst vielen Punkten des riesigen amerikanischen Kriegsschauplatzes herauszufordern. Die Kolonisten besaßen das Selbstvertrauen, den Gegner stets anzugreifen, wenn sich die Gelegenheit dazu bot. 1775 drangen sie nach Kanada ein, um gegen die feindliche Hochburg Quebec vorzugehen. 1779 und 1781 verlegten sie ihre Operationen ins Landesinnere und kämpften in so fernen Gegenden wie am Ohio und im Inneren der beiden Carolinas. Diese Strategie zwang die Briten, ihre Kräfte aufzusplittern, und beraubte sie ihres entscheidenden Vorteils, nämlich von See aus gegen die wichtigsten Bevölkerungszentren im Küstengebiet vorgehen zu können. Dieser Vorteil wurde noch weiter untergraben, als Spanier und Franzosen, die mächtigsten europäischen Feinde der Briten, intervenierten. Die Entsendung eines französischen Expeditionskorps und einer großen Flotte im Jahre 1780 führte schließlich einen Wendepunkt des Krieges herbei. Am Ende stand im Oktober 1781 die Kapitulation der britischen Truppen bei Yorktown.

Trotz aller ausländischen Hilfe hatten die Amerikaner ihren Sieg ohne Zweifel sich selbst zu verdanken. Ihr Beispiel lieferte die wichtigste Anregung für die Forderungen der französischen Konstitutionalisten gegenüber Ludwig XVI., als er 1789 schließlich gezwungen wurde, zwecks Zustimmung zu einem neuen Besteuerungssystem eine Volksvertretung einzuberufen. Die französischen Staatsfinanzen waren erschöpft, das Steuersystem überlastet. Sie genügten nicht mehr den Erfordernissen der ständigen Kriegführung im 18. Jahrhundert. Die Kosten der französischen Unterstützung zu Lande und zu Wasser für die amerikanischen Kolonisten brachten das Faß zum Überlaufen.[37]

Außer für die räuberischen Steppenvölker war der Krieg immer eine kostspielige Angelegenheit. Er hatte häufig zu Staatsbankrotten und zur Ablösung von Dynastien geführt. Noch nie aber hatte der drohende Staatsbankrott durch Kriegskosten eine völlig neue Staatsphilosophie hervorgebracht. Dies aber war das Ergebnis des Zusammentretens der Generalstände. Dort wurde in rascher Folge beschlossen, daß die getrennten Körperschaften des Adels, des Klerus und der Bürger gemeinsam zusammentreten und ihrer Anzahl entsprechend, nicht nach Ständen getrennt, abstimmen sollten. Schließlich vereinbarten sie, permanent und so lange zu tagen, bis die Rechte des Königs durch eine demokratische Verfassung eingeschränkt waren. Ludwigs XVI. törichte Versuche, die Stände, die sich als Nationalversammlung bezeichneten, gewaltsam einzuschüchtern, führten in Paris zum Aufstand. Daran beteiligten sich auch Einheiten der französischen Armee, insbesondere die *Gardes Françaises*. Nach einer Periode des Lavierens versuchte der König vergeblich, aus Frankreich zu fliehen. Daraufhin wurde er vom Amt suspendiert. Die Nationalversammlung warnte Frankreichs Nachbarn, vor allem Preußen und Österreich, antirepublikanischen Emigranten Exil zu gewähren, die konterrevolutionäre Kräfte organisierten; dies stelle eine Provokation zum Krieg dar. Im April 1792 erklärte Ludwig XVI. auf Betreiben der Nationalversammlung Österreich den Krieg. Preußen und Rußland traten an Österreichs Seite. England folgte 1793. Im Juli 1792 begann die Kampagne in Frankreich.

Die französischen Revolutionskriege, die von Napoleon Bonaparte fortgesetzt wurden, nachdem er 1799 als erster Konsul Regierungschef geworden war, sollten bis 1815 dauern. Zunächst handelte es sich um einen Verteidigungskrieg der Franzosen, die im Mai 1790 Eroberungskriege verurteilt hatten. Schließlich entwickelte sich daraus die bis dahin anhaltendste und umfassendste Offensive der europäischen Geschichte. Hauptmotiv war anfangs der Wunsch, die Untertanen der benachbarten Monarchien mit revolutionären Freiheiten zu beglücken. Am Ende verfolgten die Franzosen ein permanentes militärisches Programm des nationalen Aufstiegs. 1812 verfügte Napoleon schließlich über mehr als eine Million Soldaten. Sie waren von Spanien bis Rußland über den ganzen Kontinent verteilt. Wirtschaft und Verwaltung seines Imperiums dienten allein der Unterhaltung seiner im Felde stehenden Armeen. Bis auf Rußland waren alle bedeutenden Mächte Kontinentaleuropas auf eigenem Territorium besiegt worden. Die Streitkräfte der kleineren Staaten waren nun Bestandteile der französischen Armee, und überall waren gesunde Männer jetzt militärischer Disziplin unterworfen, oder sie lebten in Furcht vor dem Rekrutierungssergeanten. Zwanzig Jahre zuvor mußten in Europa nur jene fürchten, in die Ränge des Militärs gezwungen zu werden, die als wirtschaftliche Randexistenzen gelten konnten. Nun war die europäische Gesellschaft von oben bis unten militarisiert. Die Freuden und Leiden des Soldatenlebens, die bisher nur einer Minderheit bekannt gewesen waren, wurden nun zur Massenerfahrung einer ganzen Generation. Wie hatte es dazu kommen können?

Die Franzosen hatten nicht damit begonnen, «jeden Mann zum Soldaten» machen zu wollen. Die Gründungsideale ihrer Revolution waren antimilitaristisch, rational und legalistisch. Um die Herrschaft der Vernunft und die Rolle gerechter Gesetze (diese beseitigten die Feudalprivilegien einer Adelsschicht, die – wenn auch nur fiktiv – ihren gesellschaftlichen Rang auf ihre kriegerische Vergangenheit zurückführte) zu verteidigen, waren die Bürger der Revolution zu den Waffen geeilt. Die amerikanischen Kolonisten hatten bereits fünfzehn Jahre zuvor das gleiche getan.[38] Die Amerikaner hatten sich für ihre Zwecke auf ein bestehendes Militärsystem stützen können, nämlich das der Milizen zur Verteidigung ihrer Siedlungen gegen Indianer und Franzosen. Dagegen mußten die Franzosen ein neues, eigenes Kampfinstrument entwickeln. Die königliche Armee stand politisch unter Verdacht und hatte darüber hinaus viele ihrer ausgebildeten Offiziere verloren, die zu den ersten zählten, die Frankreich wegen der Demütigungen verließen, die die Revolution dem König auferlegte.

Begeisterte Freiwillige bildeten nun eine Nationalgarde, um die revolutionären Institutionen gegen die verbliebenen royalistischen Truppen zu schützen. Zunächst bemühten sich die Gesetzgeber von 1789–91, wie einst jene der klassischen griechischen Stadtstaaten, das Recht, Waffen zu tragen, auf verantwortliche, und sie meinten damit besitzende, Männer zu beschränken. Die ursprüngliche Nationalgarde war deshalb zahlenmäßig schwach und umfaßte eine zu große Anzahl heimatgebundener Bourgeois, um militärisch effektiv sein zu können. Solange es nur eine innere Bedrohung gab, machte dies nicht viel aus. Bei gegebenen Anlässen konnte man immer Massen auf den Straßen zusammenbringen, um Truppen entgegenzutreten, die loyal zum König standen. Als aber von Juli 1792 an eine Invasion drohte, benötigte Frankreich schnellstens eine kampffähige Armee. Inzwischen war der Antimilitarismus von 1789 in Vergessenheit geraten. Der persönliche Besitz eines Gewehres galt nun als Garantie der Bürgerfreiheit. Die Besitzvoraussetzungen für die Mitgliedschaft in der Nationalgarde wurden eiligst abgeschafft (30. Juli), und bereits am 12. Juli war ein Aufruf ergangen, daß sich 50000 Mann der verbliebenen regulären Armee von 150000 Soldaten anschließen sollten. Anfang 1793 wurden weitere 300000 Mann benötigt; falls sie nicht freiwillig zu den Fahnen eilten, wollte man sie zwangsverpflichten. Am 23. August erfolgte das Dekret über die *levée en masse*, das alle waffenfähigen Männer der Verfügungsgewalt der Republik unterstellte. Zuvor bereits war angeordnet worden, daß reguläre Soldaten und Nationalgardisten im Verhältnis eins zu zwei in Brigaden zusammengefaßt werden sollten. Die Regulären sollten den Freiwilligen den Rücken stärken, bis sie das Waffenhandwerk beherrschten.

Hier war eine Armee ganz neuen Typs entstanden. Disziplin wurde nicht durch körperliche Strafen erzwungen, sondern durch Tribunale geregelt, denen Soldaten und Offiziere angehörten. Wie in der Nationalgarde üblich, wurden die Offiziere gewählt; ihre Bezahlung entsprach den relativ großzügigen Sätzen, die den revolutionären Freiwilligen gewährt wurden. Unter dem Druck der Kriegsereignisse wurde die Wahl der Offiziere allerdings bereits 1794 wieder abgeschafft. 1795 wurden die Disziplinartribunale verboten. Die ursprüngliche Bereitschaft respektabler Bürger zu freiwilligem Waffendienst hatte wohl nachgelassen. Aber der Charakter des Offizierskorps hatte sich bereits völlig verändert. Während 1789 mehr als neunzig Prozent der Offiziere Adlige waren – allerdings häufig von sehr niedrigem Adel –, stammten 1794 nur noch drei Prozent aus diesem Stand.[39] Die freigewordenen Offiziersstellen wurden teils durch Zivilisten, häufiger aber durch frühere Unteroffiziere der königlichen Regimenter übernommen, denen die Revolution tatsächlich eine «für Begabte offene Karriere» ermöglichte. Unter Napoleons sechsundzwanzig Marschällen waren vier, nämlich Augereau, Lefebvre, Ney und Soult, vor 1789 Sergeanten gewesen. Victor war Militärmusiker,

Carl von Clausewitz, 1780–1831, Lithographie nach einem Gemälde von Wilhelm Wach, um 1820. Nichts hat unsere Ansichten über den Krieg so nachhaltig geprägt wie die Definition des preußischen Generals, Krieg sei die Fortsetzung der Politik mit anderen Mitteln. Dabei war sein postum erschienenes Werk «Vom Kriege» zunächst recht wirkungslos. Erst als Helmuth von Moltke, der Chef des preußischen Generalstabes, nach den Siegen von 1866 und 1871, nach dem Geheimnis seines Erfolges befragt, erklärte, das Buch, das ihn neben der Bibel und Homer am meisten beeinflußt habe, sei «Vom Kriege» gewesen, war Clausewitz' Nachruhm für alle Zeiten gesichert.

Zwei Aufnahmen aus dem amerikanischen Sezessionskrieg (1861–65), dem ersten Krieg, der mit Hilfe der Eisenbahn gewonnen wurde. Die Nordstaaten siegten nicht zuletzt deshalb, weil sie über den größten Teil des amerikanischen Eisenbahnnetzes verfügten, Monat für Monat neue Gleise legten und jedes Stück Schienenstrang des Südens, das ihnen in die Hände fiel, zerstörten.

Angaben über Tote und Verwundete auf den Schlachtfeldern früherer Zeiten sind oft reine Spekulation. Erst aus dem amerikanischen Bürgerkrieg liegen aufgrund der Unterlagen über Witwenpensionen verläßliche Zahlen vor: etwa 200000 Soldaten fielen in den 48 Hauptschlachten des Krieges, hinzu kommen weitere 400000 Tote durch Krankheit oder Not. Die Aufnahme zeigt Tote auf dem Schlachtfeld bei Gettysburg, Juli 1863.

Die für Europäer unvorstellbare Grausamkeit primitiver Krieger hat ihre Wurzeln meist in religiösen Vorstellungen. So mußten die Zulu einem getöteten Gegner den Unterleib aufschlitzen, um seinen Geist, der den Krieger sonst zum Wahnsinn getrieben hätte, in die Freiheit zu entlassen. Indem sie sich jedoch ausschließlich auf die Werte des Krieges konzentrierten, verpaßten die Zulu den Anschluß an neue Entwicklungen und unterlagen am Ende im Krieg von 1879 den britischen Kolonialtruppen. Zeitgenössischer Holzstich.

Mitte des 19. Jahrhunderts begann der Siegeszug des Stahls. Einer der Pioniere beim Bau von Geschützen war Alfred Krupp in Essen, der immer größere Kaliber mit immer größeren Reichweiten entwickelte. In den gigantischen Materialschlachten des Ersten Weltkriegs wurde diese Entwicklung dann ad absurdum geführt. Das obere Bild zeigt die «große Kanone für den König von Preußen», abgebildet in der «London Illustrated News» vom 31. August 1867; die «große Kanone» der Franzosen (unten), «hoch wie ein sechsstöckiges Mietshaus», wurde im Juni 1918 vorgestellt, vier Monate vor Kriegsende.

Das wahre Gesicht des Krieges: Soldaten der Royal Irish Rifles im Schlamm der Schützengräben an der Somme, Herbst 1916.

Deutsche Stukas über dem Mittelmeer. Geschwindigkeit, so der General der Luftwaffe Erhard Milch, sei das wahre Geheimnis des militärischen Erfolges. Die Taktik des «Blitzkrieges» setzte im besonderen Maße auf die Sturzkampfbomber, deren Einsatz als fliegende Artillerie per Funk mit den vorpreschenden Panzertruppen koordiniert werden konnte.

Die 33. Flotte der USA, Februar 1945. Nach der Katastrophe vom 7. Dezember 1941, als die japanische Luftwaffe die Schlachtschiffe der amerikanischen Pazifikflotte in Pearl Harbor in brennende Wracks verwandelte, gelang es den USA ziemlich rasch, das Flottengleichgewicht im Pazifik wiederherzustellen. Zwischen 1941 und 1944 bauten die USA allein 21 Flugzeugträger (gegenüber 5 der Japaner).

Sergej W. Gerassimow: «Die Mutter des Partisanen», Gemälde, 1943. Der «Große Vaterländische Krieg» hat die Kunst des sozialistischen Realismus vielfach beflügelt. Aber wie jede Kunst, die den Krieg zum Gegenstand hat, bleibt auch die russische Partisanenkunst weit hinter der grausamen Wirklichkeit zurück.

Im Herbst 1941 blieb der deutsche Vormarsch im Osten buchstäblich im Schlamm stecken. Die regelmäßig im Frühjahr von der Schneeschmelze und im Herbst durch Regenfälle hervorgerufene *rasputiza* (Schlammzeit) hat Rußland 1941 möglicherweise vor einer noch schlimmeren Katastrophe bewahrt.

In den Jahren des Kalten Krieges wurde Clausewitz' Philosophie vom «absoluten» Krieg in Militärkreisen begeistert aufgenommen, schien sie doch die Theorie der atomaren Abschreckung vollauf zu rechtfertigen. Im Falle eines Einsatzes atomarer Waffen, so wurde argumentiert, gebe es keinen Unterschied zwischen «wirklichem» und «absolutem» Krieg, und schon der bloße Gedanke an die Schrecken einer solchen Gleichsetzung verhindere, daß es zum Krieg kommt. (Atombombentest der USA auf dem Bikini-Atoll im Juli 1946.)

drei weitere, Jourdan, Oudinot und Bernadotte (der später König von Schweden wurde), waren einfache Soldaten gewesen. Hier handelte es sich um höchst fähige Leute, denen die alte Armee keinerlei Chancen geboten hatte. Noch 1782 hatten Offiziere dafür gesorgt, daß Aufstiegsmöglichkeiten zum Offizier auf Kandidaten beschränkt wurden, die adlige Urgroßeltern hatten. Militärisch gut ausgebildet, ergriffen viele Nichtadelige die durch die soziale Befreiung von 1789 gebotene Chance und wurden hervorragende Befehlshaber.[40]

Unter Napoleon gab es allerdings auch Marschälle, die schon vor 1789 Offiziere gewesen waren. Marmont hatte wie Napoleon die Artillerieschule in Metz besucht. Grouchy hatte bei den *Gardes écossaisses* gedient, den ursprünglichen Leibwächtern der Bourbonen. Die «Offenheit für Begabte» galt also auch für königliche Offiziere, die bereit waren, der Revolution zu dienen, ja selbst für Emigranten, die zurückgefunden hatten. Als Napoleon 1796 scharf gegen die habsburgischen Territorien in Italien vorging, stellte die republikanische Armee bereits ein Amalgam dar: nicht nur frühere reguläre Soldaten und Nationalgardisten, sondern auch Offiziere aus vielen anderen Traditionssträngen vereinigten sich im Dienste des neuen Frankreich. Sie waren sich der Chancen bewußt, die ihnen eine Karriere unter Waffen bot. Es ging nicht nur um Beförderung, sondern auch um Beute; beides sollten die nächsten zwanzig Jahre in reichem Maße bieten.

Indessen galt es, die Unentschiedenheit zu überwinden, die den Krieg mit Bajonetten und Musketen charakterisiert hatte. Die Konfrontation zwischen Revolution und Ancien régime sollte auf dem Schlachtfeld die gleiche Dynamik erreichen, mit der der Volkswille den Sturz der Monarchie herbeigeführt hatte. Es gab eine Lösung, die sich anbot. Selbst die königliche Armee war beunruhigt gewesen, weil der Siebenjährige Krieg und der Österreichische Erbfolgekrieg kaum Entscheidungen herbeigeführt hatten. Viele aristokratische Offiziere, insbesondere der Comte de Guibert, hatten sich daher für taktische Reformen ausgesprochen. Wie alle zeitgenössischen Militärs zeigte sich Guibert tief beeindruckt von den Erfolgen Friedrichs des Großen. Der Preußenkönig hatte mit einer kleinen Armee von hochdisziplinierten regulären Soldaten immer wieder die Heere weit größerer Staaten besiegt. Friedrichs rationale Art der Kriegführung entsprach dem Geist der Zeit, dem «Zeitalter der Aufklärung oder der Vernunft, [das] bereits die Idee hervorgebracht hatte, alle Regierungsinstitutionen sollten mit dem Geist und den Wünschen des Volkes übereinstimmen».[41]

Als typischer aristokratischer Rationalist glaubte Guibert, das preußische Ausbildungssystem könne die französische Armee in ein perfektes Instrument der Staatsmacht verwandeln. Wie viele seiner Zeitgenossen lehnte er ein Festhalten an den alten Linienformationen der Musketiere ab, deren Feuer nach allgemeiner Auffassung den Widerstand des Feindes brechen mußte. Guibert plädierte dafür, mit größeren Massen zu manövrieren, deren Gewicht die entscheidende Wirkung erziele. Die Diskussion um die Frage «Linie oder Kolonne» wurde bereits vor 1789 zugunsten seiner Vorschläge entschieden. Aber weder Guibert noch andere verfolgten ihr Konzept bis zur letzten Konsequenz, denn das hätte bedeutet, zu akzeptieren, daß die Soldaten, um dem Staat besser dienen zu können, sich mit diesem identifizieren mußten. Guibert blieb letztlich dem Absolutismus verhaftet. Intellektuell griff er auf das Konzept des Bürger-Soldaten zurück, aber seine sozialen Vorurteile ließen ihn vor dessen Verwirklichung zurückschrekken.

Die Revolution löste diesen Widerspruch auf. Sie führte beinahe über Nacht zu einer wahren Bürgerarmee, die im Rückgriff auf die taktischen Diskussionen des Ancien régime die Lösungen für Probleme fand, die sich ihr bald auf dem Schlachtfeld stellten. Es ist behauptet worden, die revolutionären Armeen hätten deshalb in dichten Kolonnen gekämpft, unterstützt von einer starken Konzentration beweglicher Artillerie, weil der Amateurstatus der Bürger-Soldaten ihren Befehlshabern keine andere Möglichkeit bot. Diese Auffassung hat sich als kurzsichtig erwiesen: ein Wandel stand in jedem Fall bevor. Die Offiziere der Revolution haben ihn nur beschleunigt. Dies kann freilich nicht erklären, warum die Veränderungen sich bewährten.

Unter den Händen von Generälen wie Dumouriez, Jourdan und Hoche lösten sich wie durch Zauberkraft alle Schwierigkeiten auf, die seit der Bildung von großen Festungsketten an den Landesgrenzen Entscheidungen verhindert und Armeebewegungen eingeschränkt hatten. Die französischen Heere überschritten die Grenzen Belgiens, Hollands, Deutschlands und Italiens. Sie umgingen die Festungen, die nicht sofort kapitulierten. Überall, wo sich Preußen und Österreicher der Sturmflut entgegenstemmten, wurden sie entscheidend geschlagen. Die Erfolge der Franzosen beruhten nicht zuletzt auf dem, was man später als «fünfte Kolonnen» bezeichnen sollte. So waren beispielsweise viele Holländer bereit, sich der Revolution anzuschließen, und auch in Norditalien hatte sie zahlreiche Anhänger. Teilweise war der Erfolg auch auf die schiere Größe der revolutionären Armeen zurückzuführen. Sie waren 1793 auf 983000 Mann angewachsen. Damals stellten 100000 Mann bereits eine gewaltige Streitmacht dar. Hinzu kam die Mißachtung logistischer Konventionen. Festungen, die Versorgungslinien blockierten, verloren ihre Bedeutung, wenn die Truppen sich bei Bedarf selbst versorgten.

Die wichtigste Ursache des Erfolges lag aber in der überlegenen Qualität der revolutionären Armeen. Wenigstens zu Anfang bestanden sie aus Männern, die zum Soldatentum wirklich bereit waren, aus Anhängern des «vernünftigen» Staates (selbst wenn dessen Charakter zahlreiche Überlebende des Zeitalters der Vernunft beunruhigte). Sie wurden von Offizieren mit hervorragenden persönlichen Qualitäten befehligt. Das neue Offizierskorps legte 1793/94 großen Wert auf die Ausbildung der überlebenden königlichen und der neuen, aus Freiwilligen gebildeten Einheiten. Zwei revolutionäre Amtsträger berichteten im Juni 1793: «Die Soldaten unterwerfen sich dem Drill mit unermüdlichem Eifer... Die alten Soldaten staunen, wenn sie die Präzision sehen, mit der sich unsere Freiwilligen bewegen.» Gleichzeitig behielt die französische Artillerie, die dank der von Gribeauval durchgeführten Innovationen bereits führend in Europa war, viele ihrer alten Offiziere und Kanoniere.[42] Im Ernstfall waren die «gemischten» Einheiten ihren Feinden überlegen, die weiter an sturem Gehorsam und stereotypen Taktiken festhielten, die die Franzosen überwunden hatten.

Im Jahre 1800 hatte die Revolution sich des Ansturms der ausländischen Feinde erwehrt. Zu Hause war sie durch eine konservative Reaktion gerettet worden. Durch seine im Ausland errungenen Siege hatte der junge Bonaparte alle seine Rivalen überflügelt. Im November 1799 hatte er durch einen Putsch den Extremismus im Lande ausgeschaltet. Die politische und die militärische Macht fielen ihm so in die Hände. 1802 und 1803 ließ er sich auf wenig stabile Friedensschlüsse mit Frankreichs Feinden Österreich, Preußen, Rußland und England ein. Dann aber führte er seine Armee zwölf Jahre lang erneut in Feldzüge, die zu blitzschnellen und teilweise sogar recht haltbaren Erfolgen führten: 1805 und 1809 gegen Österreich, 1806 gegen Preußen, schließlich, wenn auch mit katastrophalem Ergebnis, 1812 gegen Rußland. Nur in Spanien konnte er sich nicht durchsetzen. Dort kämpften seine Marschälle von 1809–14 gegen ein hervorragendes britisches Expeditionskorps unter Wellington, dem eine landesweite Guerilla und die Versorgung durch die britische Flotte halfen. Letztere beherrschte seit der Seeschlacht von Trafalgar 1805 die Meere uneingeschränkt.

Napoleons Große Armee war nicht mehr das Heer der Revolution. Zwar hatten manche Soldaten und viele Offiziere die legendären Feldzüge der Jahre 1793–96 überlebt, die Armee war aber nun eine Dienerin der Staatsmacht und nicht der Ideologie. Dennoch stützten sich die großen Napoleonischen Siege von Austerlitz (1805), Jena (1806) und Wagram (1809) noch so sehr auf die Überreste des revolutionären Ethos, daß sie als Fortsetzung dieser stürmischen Tradition erscheinen konnten. Auf diese Erfahrungen stützte Clausewitz (ein Veteran der ersten Zusammenstöße Preußens mit den revolutionären Armeen, der auch noch Napoleons Niederlage 1815 erlebte) seine Theorie, die Nutzbarmachung des Volkswillens zu strategischen Zwecken führe dazu, daß der wirkliche Krieg dem wahren Krieg ähnlich werde, und darauf gründete er seine Ansicht, daß Kriegführung letzten Endes ein Akt der Politik sei.

Clausewitz' Ideen waren nicht vollständig neu. Er selbst hat eingeräumt, Machiavelli habe in «militärischen Angelegenheiten ein sehr gesundes Urteil» gehabt. Das war ein schwaches Lob. Die *Kunst des Krieges*, die allein im 16. Jahrhundert einundzwanzig Auflagen erlebte, war ein revolutionärer Text, der erstmals die Kriegskunst direkt mit der Staatskunst verband.[43] Frühere klassische Autoren wie Philon von Byzanz, Polybius und Vegetius hatten nur beschrieben, wie man militärische Angelegenheiten am besten regelte. Machiavelli zeigte, wie eine wohlorganisierte Armee, die in seinem Verständnis aus Untertanen und nicht aus Söldnern bestand, den Zielen eines Herrschers dienstbar gemacht werden konnte. Dies war von enormem Wert für die Regierenden, die zu jener Zeit, da das Wiederaufleben der Geldwirtschaft die alte feudale Rekrutierungsbasis zerstört hatte, nicht genau wußten, wie man verläßliche Armeen aufstellte. Machiavelli verfolgte jedoch bescheidene Ziele. Er wollte nur Leuten, die wie er zur politischen Klasse in den Stadtstaaten der Renaissance gehörten, praktische Ratschläge geben. Clausewitz' intellektuelle Absichten dagegen grenzten ans Maßlose. Wie sein Zeitgenosse Marx beanspruchte er, das Wesen des Phänomens durchdrungen zu haben, das Gegenstand seiner Untersuchung war. Er wollte keine Ratschläge geben, sondern zwingende Wahrheiten verkünden. Der Krieg war die Fortsetzung der Politik mit anderen Mitteln, und jede Regierung, die vor dieser Wahrheit die Augen verschloß, mußte mit einer harten Behandlung durch einen klar sehenden Gegner rechnen.

Daher rührte die Begeisterung, mit der die preußische Regierung seine Ideen, wie sie seine Schüler und Anhänger an der Kriegsakademie und im Generalstab vertraten, Mitte des 19. Jahrhunderts aufgriff. *Vom Kriege* war ein Buch, das nur langsam Einfluß gewann. Als aber die preußische Armee in die deutschen Einigungskriege eintrat, war sie von seinen Ideen durchdrungen. Die Siege von 1866 und 1870/71 stellten sicher, daß sie danach auch die Außenpolitik des neuen Deutschen Reiches bestimmten. Durch einen unwiderstehlichen Osmoseprozeß drangen Clausewitz' Ideen dann ins gesamte militärische Establishment Europas

Die Haupteisenbahnverbindungen im amerikanischen Bürgerkrieg, 1861–65

ein. Die militärischen Führungsschichten waren 1914 so clausewitzisch, wie die sozialistischen und revolutionären Bewegungen marxistisch waren.

Da die Ziele des Ersten Weltkriegs weitgehend von Clausewitz' Denken bestimmt waren, wurde ihm danach die Schuld an dieser historischen Katastrophe zugeschrieben. B. H. Liddell Hart, der einflußreichste Militärschriftsteller Großbritanniens, nannte Clausewitz den «Mahdi der Masse».[44] Im nachhinein betrachtet, scheint sein Einfluß überbewertet worden zu sein. Vom Einfluß seiner Gedanken zeugte ohne Zweifel die Annahme vieler Generäle vor 1914, durch hohe Soldatenzahlen könne man sich Vorteile für einen künftigen Krieg verschaffen und es sei von hohen Verlusten auszugehen. Daher erhöhten die europäischen Armeen die Zahl der Einberufungen sowohl für die Feldstreitkräfte, die die unmittelbare Verteidigungslinie bilden, als auch für die Reservetruppen, die Verluste ersetzen und neue Formationen aufstellen sollten. Wären die Rekruten selbst nicht zum Dienst bereit gewesen, dann wäre nichts gewonnen gewesen, hätten die Generäle mehr Soldaten gewollt und die Regierungen das dazu notwendige System der allgemeinen Wehrpflicht eingeführt. Immer schon hatten die Generäle mehr Soldaten gewünscht, und die Geschichte der Bürokratie weist zahlreiche Beispiele gescheiterter Rekrutierungsprojekte auf. Selbst wenn ein Staat die Mittel besaß, alle waffenfähigen jungen Männer zu erfassen, wie es vor 1914 in allen europäischen Staaten der Fall war, hätten auch die besten Polizeikräfte nicht ausgereicht, ganze Jahrgänge in die Kasernen zu schaffen, wenn diese Widerstand geleistet hätten und von der Gesellschaft dabei unterstützt worden wären.

Daß dieser Widerstand und diese Unterstützung fehlten, spricht gegen die Meinung derjenigen, die Clausewitz für den Architekten des Ersten Weltkriegs halten. Architekten schaffen Bauwerke, aber keine Stimmungen. Sie reflektieren eine Kultur; sie können sie aber nicht schaffen. 1914 hatte sich in der europäischen Gesellschaft eine vorher nie gekannte Stimmung durchgesetzt. Man akzeptierte das Recht des Staates, jeden gesunden Mann zum Militärdienst einzuziehen, und sah im Wehrdienst ein notwendiges Training zu staatsbürgerlichen Tugenden sowie die Überwindung eines veralteten Vorurteils, das zwischen dem Krieger – welchen Rang er auch einnahm – und dem Rest der Bevölkerung unterschied.

Vieles hatte dem Aufkommen dieser kriegerischen Stimmung entgegengewirkt, besonders der im 19. Jahrhundert verbreitete Glaube an die Wohltaten des Fortschritts, als dessen Kennzeichen wachsender Wohlstand und die Durchsetzung liberaler verfassungsmäßiger Regierungen galten. Auch der machtvolle Aufschwung religiöser Tendenzen, der eine Reaktion auf die Gottlosigkeit der Revolution und der wissenschaftlichen Weltanschauung darstellte (obwohl letztere zur Steigerung des Wohlstands viel beigetragen hatte), verstärkte den Widerstand gegen diese Stimmung. Der Optimismus und die moralische Verurteilung der Gewalt konnten sich jedoch nicht gegen die Kräfte durchsetzen, die auf eine Militarisierung Europas hinarbeiteten.

Die Vereinigten Staaten, die Mitte des Jahrhunderts noch die am wenigsten militarisierte Gesellschaft hatten, sollten als erste die Gefahren dieser Entwicklung kennenlernen. Als sie 1861 in den Bürgerkrieg stürzten, erwartete weder der Norden noch der Süden einen langen Konflikt. Beide Seiten stellten eiligst Amateurarmeen auf, die in der Hoffnung auf einen schnellen Sieg in den Kampf zogen. Keine von beiden dachte an eine umfassende Mobilisierung von Arbeitskräften oder Industrien. Der Süden verfügte auch kaum über Industrien, die er hätte mobilisieren können. Als auf dem Schlachtfeld keine schnelle Entscheidung fiel, sahen sich beide Kriegsparteien veranlaßt, ihre Heere zu vergrößern, um durch zahlenmäßige Überlegenheit zu erreichen, was Feldherrnkunst nicht zustande brachte. Am Ende hatte der Süden fast eine Million Mann unter Waffen, der Norden zwei Millionen, bei einer Vorkriegsbevölkerung von insgesamt 32 Millionen. Dieser zehnprozentige Anteil des Militärs an der Bevölkerung entspricht ungefähr dem Maximum dessen, was eine Gesellschaft verkraften kann, die auf allen Ebenen noch normal funktioniert. Der Süden hätte die Zahl seiner Soldaten erhöhen können, indem er die Wehrfähigen unter den vier Millionen Sklaven einzog, aber das System der Sklaverei, das der Süden ja verteidigen wollte, schloß dies aus.

Der Norden, der sich auf weit überlegene ökonomische Ressourcen stützte, darunter eine viel stärkere Kriegs- und Handelsmarine sowie ein viel dichteres Eisenbahnnetz, konnte den Süden von Anfang an blockieren und seine Armeen dorthin transportieren, wo der Süden am verwundbarsten war. 1863 hatte er den Süden in zwei Teile gespalten. 1864 zerschnitt er zusätzlich noch dessen produktivste Region von West nach Ost. Logistische Überlegenheit allein aber konnte den Krieg nicht entscheiden, solange die Soldaten des Südens bereit waren, weiterzukämpfen, und, wenn auch mit Mühe, die Mittel fanden, die sie dazu brauchten. Die Schlachten von 1864 erwiesen sich daher als ebenso blutig wie die von 1862/63. Die Südstaatler verteidigten ihr Kernland so zäh, wie sie bei Gettysburg in der Offensive gegen den Norden gekämpft hatten. Die Kosten des sich weiter verschärfenden Kampfes wurden schließlich für beide Seiten untragbar. Die Abschnürung des Südens durch den Norden führte 1865 das Kriegsende herbei. 620000 Amerikaner hatten durch diesen Krieg direkt den Tod gefunden. Dies waren insgesamt mehr Opfer, als die USA in beiden Weltkriegen, Korea und Vietnam zusammen zu beklagen hatten.

Die emotionalen Folgen des Bürgerkrieges machten einige Generationen von Amerikanern immun gegen die falsche Romantik der Uniformen und Ausbildungslager. In diesem Krieg waren jedoch fast über Nacht durch Improvisation große Amateurarmeen geschaffen worden; dadurch förderte er anderswo, insbesondere in Großbritannien, das Prinzip «freiwilliger» Bürger-Soldaten und rechtfertigte die fortschreitende Vergrößerung mobilisierungsfähiger Reserven durch ausgeschiedene Wehrpflichtige in Deutschland, Frankreich, Österreich, Italien und Rußland.

Der wachsende Nationalismus dieser Staaten wurde durch den Militarismus ausgelöst und er wurde genährt durch ihre imperialistischen Erfolge in Übersee. Obwohl Kontinentaleuropa zwischen 1815 und 1914 kaum Kriege erlebte – trotz der internationalen Konflikte zwischen 1848 und 1871 und einem Wirbel von Bürgerkriegen gilt diese Periode weiterhin als Zeit des «großen Friedens» –, waren die europäischen Armeen und Flotten ständig im Einsatz in Indien, Afrika, Zentral- und Südostasien, und die Erfolge zwar kleiner, doch höchst spektakulärer Feldzüge bedeuteten für die Nationen, die sie unternahmen, jeweils eine große Befriedigung. Der machtvollste Stimmungsfaktor, der die populäre Bejahung der Militarisierung förderte, lag allerdings wohl in dem Nervenkitzel, den der Prozeß selbst darstellte. Die Proklamation der Gleichheit war einer der berauschenden Appelle der Französischen Revolution gewesen. Dieser Appell wurzelte in der Gleichheit des Waffentragens und bereicherte das europäische Bewußtsein um die Vorstellung, der «Dienst» mache einen Mann erst wirklich zum Staatsbürger. Die Revolution hatte das Söldnertum ausgerottet und auch das Monopol der alten Kriegerklasse auf die Offiziersstellen abgeschafft. Die Armeen, die aus den Kriegen der Revolution und des napoleonischen Empire hervorgingen, betrachtete man als

Instrumente der sozialen Integration, ja der Nivellierung. (Dies ging möglicherweise zu weit, verteidigte doch die alte Kriegerkaste hartnäckig ihren Anspruch auf Führungspositionen.)

In den neuen Armeen konnten fähige junge Männer aus der Mittelklasse nach Rängen und sozialer Anerkennung streben, während jeder junge Mann, indem er eine Uniform anzog, das Merkmal der vollen Anerkennung als gleichberechtigtes Mitglied der Gemeinschaft auf seinem Körper trug. Söldnertum und reguläre Aushebung hatten jeweils auf ihre Weise als Formen der Servilität gegolten. Dagegen führte die allgemeine Wehrpflicht zur Respektabilität und zur Erweiterung des Horizonts. William McNeill hat dazu bemerkt: «So paradox es klingen mag, die Flucht vor der Freiheit war oft eine wirkliche Befreiung. Das galt insbesondere für junge Männer, die unter sich sehr schnell verändernden Bedingungen lebten und noch keine Gelegenheit gehabt hatten, Erwachsenenrollen zu übernehmen.»[45]

Dieses Urteil impliziert, daß die enthusiastische Zustimmung zu militaristischen Tendenzen in Europa nicht frei von Infantilismus war. Dies mag wohl so sein: «Infantilismus» und «Infanterie» gehen schließlich sprachlich auf dieselbe Wurzel zurück. Aber es handelte sich um den Infantilismus eines denkenden Kindes. Kluge Männer und verantwortliche Regierungen fanden wortreiche Argumente, um sich zu rechtfertigen. So begann der einer weiteren Vergrößerung der Armee dienende Bericht der französischen Deputiertenkammer über den Konskriptionsboom von 1905 mit den Worten: «Die militärischen Vorstellungen einer großen republikanischen Demokratie ergeben sich zwingend aus den erhabenen Ideen der Französischen Revolution: Wenn nach mehr als einem Jahrhundert der Gesetzgeber alle Bürger ohne Unterschied ihres Vermögens oder ihres Ausbildungsstandes auffordern kann, sich bereit zu finden, ihrem Land ohne Ausnahmen und Privilegien irgendwelcher Art einen gleichen Anteil an ihrer Zeit zu widmen, dann ist das der Beweis dafür, daß der demokratische Geist alle zeitbedingten Schranken durchbrochen hat.»[46]

So äußerte sich das Parlament der wichtigsten Demokratie des Kontinents, neun Jahre bevor die Konsequenzen der Schaffung einer Massenarmee deutlich wurden. Am 3. August 1914, dem dritten Tag des Ersten Weltkriegs, veröffentlichten die Rektoren der bayerischen Universitäten den folgenden Appell: «Kommilitonen! Die Musen schweigen, es gilt den Kampf, den aufgezwungenen Kampf um deutsche Kultur, die die Barbaren vom Osten bedrohen, um deutsche Werte, die der Feind im Westen uns neidet. So entbrennt aufs neue der Furor Teutonicus. Die Begeisterung der Befreiungskämpfe lodert auf, der heilige Krieg bricht an.»[47]

In diesem außerordentlichen Ausbruch führender deutscher Professoren, die nur mit den leitenden Männern des Generalstabs um den ersten Platz in der deutschen Gesellschaft stritten, kommt ein halbes Dutzend fast schon begrabener, halb oder ganz primitiver Elemente der Kriegführung zum Vorschein. Vernunft und Gelehrsamkeit werden hintangestellt («Die Musen schweigen»). Der Schrecken der Steppe – «Barbaren vom Osten», eine Anspielung auf die Kosaken – wird heraufbeschworen. Deutschlands eigene barbarische Vergangenheit – der *furor teutonicus*, der einst die Kultur der Antike, die dann weitgehend von deutschen Gelehrten rekonstruiert wurde, vernichtet hatte – erfreut sich plötzlich wieder höchster Wertschätzung. Der Aufruf zum heiligen Krieg – ein islamischer, kein christlicher oder gar westlicher Gedanke – trägt die Unterschrift von Männern, die ohne Frage die in Europa verbreitete Annahme teilten, daß dort, wo der Koran galt, Korruption und Niedergang herrschten.

Solche Widersprüche wurden von den deutschen Studenten nicht erkannt. Obwohl sie militärisch nicht ausgebildet waren (denn sie waren von der Militärpflicht zurückgestellt, solange sie ihr Studium nicht abgeschlossen hatten), meldeten sie sich fast alle als Kriegsfreiwillige zu Feldeinheiten, die nach nur zweimonatiger Ausbildung im Oktober 1914 gegen reguläre Soldaten des britischen Heeres bei Ypern in Flandern eingesetzt wurden. Die Folge war der «Kindermord bei Ypern», an den noch heute eine scheußliche Gedenkstätte erinnert. Auf dem Kriegerfriedhof von Langemarck, unterhalb eines Schreins mit den Insignien der deutschen Universitäten, liegen die sterblichen Überreste von 36000 jungen Männern in einem Massengrab. Sie alle fielen innerhalb von drei Wochen. Ihre Anzahl entspricht beinahe den Verlusten der Vereinigten Staaten in den sieben Jahren des Vietnamkrieges.

Feuerkraft und die Kultur der allgemeinen Wehrpflicht

Zu den Überlebenden von Langemarck zählte Adolf Hitler. Unter seinen studentischen Kameraden hatte er eine Außenseiterrolle gespielt, da sein chaotisches Temperament ihn von einer akademischen Bildung ausschloß. Er hatte sich als guter Soldat bewährt, und trotz mehrfacher Verwundung diente er bis Kriegsende. Auch sein Überleben machte ihn zum Außenseiter. Von den ursprünglich 3600 Soldaten seines 16. Bayerischen Reserveinfanterieregiments waren nach einem Monat der Schlacht bei Ypern nur noch 611 Mann nicht verwundet. Nach einem Jahr war kaum noch einer der ursprünglichen Regimentsangehörigen dabei. Derart hohe Verluste waren unter den kämpfenden Einheiten der Armeen des Ersten Weltkriegs nichts Außergewöhnliches. In zweierlei Hinsicht war in diesem Krieg das Ausmaß des Blutvergießens ohne Beispiel: Die Gesamtzahl der Verluste während einer bestimmten Periode von Feindseligkeiten war höher als je zuvor, und auch die Verlustrate im Verhältnis zur Zahl der Kombattanten war noch nie so hoch gewesen.

Es ist schwierig, über Verlustzahlen bestimmte Aussagen zu treffen. Jeder Militärhistoriker weiß, daß er sich hier in einen Sumpf begibt, in dem er um so tiefer zu versinken droht, je mehr er sich um einen Ausweg bemüht. Ehe es Volkszählungen gab, das heißt bis ins 19. Jahrhundert hinein, fehlen genaue Bevölkerungsstatistiken. Selbst wenn die offiziellen Angaben über die Verluste von Armeen zuverlässig sind, was höchst selten der Fall ist, ist es schwierig, diese in Beziehung zu setzen zur Gesamtstärke der

Kampffähigen einer kriegführenden Nation. So herrscht beispielsweise Einigkeit darüber, daß die Römer bei Cannae 50000 von 75000 eingesetzten Soldaten verloren. Wir wissen aber nicht, über wie viele waffenfähige Männer Rom im 3. Jahrhundert v. Chr. verfügte. Daher können wir das Ausmaß dieser Katastrophe beispielsweise nicht mit dem der Schlacht im Teutoburger Wald im ersten nachchristlichen Jahrhundert vergleichen.

Man kann mit Sicherheit davon ausgehen, daß die Armeen aller Staaten vor Einführung der allgemeinen Wehrpflicht nur einen winzigen Teil der Bevölkerung umfaßten. In Frankreich waren es 156000 Mann im Jahre 1789 bei einer Gesamtbevölkerung von 29,1 Millionen. Durch die allgemeine Wehrpflicht hatte sich die Zahl der Soldaten bis 1793 auf 983000 erhöht. Wir wissen auch, daß die Verluste bei Schlachten nur in Ausnahmefällen mehr als zehn Prozent der Beteiligten betrugen. Schließlich ist bekannt, daß Schlachten auch im Krieg sehr selten waren. (Die Französische Republik trug zwischen 1792 und 1800 nur fünfzig Schlachten aus, das heißt sechs pro Jahr; nach Maßstäben früherer Zeiten war dies eine sehr hohe Zahl.)[48] Dies alles läßt den Schluß zu, daß die Nachricht vom Tod eines Angehörigen in einer Schlacht bis zum 19. Jahrhundert eine relativ seltene Familientragödie darstellte. Die Napoleonischen Schlachten, in denen jeweils ebenso viele Soldaten kämpften, wie der gesamten Armee des Ancien régime angehört hatten, führten zur Häufung solcher Tragödien. Napoleon verlor 1812 bei Borodino, seinem Pyrrhussieg vor den Toren Moskaus, 28000 von 120000 Mann. Bei Waterloo, der ersten Schlacht, die mit genauen statistischen Methoden untersucht werden kann, verlor er 27000 von 72000 Mann, Wellington dagegen 15000 von 68000.

Die Zahlen aus dem amerikanischen Bürgerkrieg – für den verläßliche Angaben aufgrund der Unterlagen über Witwenpensionen vorliegen – zeigen den Aufwärtstrend: 94000 von etwa 1300000 Soldaten der Konföderierten starben in den 48 Hauptschlachten des vierjährigen Krieges; bei der Union waren es 110000 von 2900000 Soldaten. Die höhere Verlustrate der Konföderierten von sieben Prozent im Vergleich zu drei Prozent bei ihrem Gegner ist zurückzuführen auf die niedrigere Rate an Desertionen und den bei einer kleineren Armee häufigeren Einsatz.[49] Der Tod von etwa 200000 Soldaten in Schlachten innerhalb von vier Jahren bei einer Bevölkerung von 32 Millionen hinterließ tiefe emotionale Narben, die diesen Krieg in den Vereinigten Staaten auf Dauer in Verruf brachten. Der Schmerz wurde noch vertieft, da weitere 400000 infolge von Krankheiten oder Entbehrungen starben.[50]

1914 spielten Krankheiten, die seit alters her die Ursache für die meisten Todesfälle im Krieg waren, kaum mehr eine Rolle. Der Burenkrieg von 1899 bis 1902 war der letzte, bei dem die britische Armee mehr Verluste durch Krankheit als durch Geschosse erlitt. Dies machte die Verluste des Ersten Weltkriegs um so unerträglicher. Die Soldaten lebten nun unter hygienischen Verhältnissen. Die Rekruten waren gesund und stark, mit den Segnungen eines verbesserten öffentlichen Gesundheitswesens aufgewachsen und von den Produkten einer mechanisierten Landwirtschaft gut genährt. In gewisser Weise spiegeln sich in den langen Verlustlisten des Ersten Weltkriegs die sinkende Kindersterblichkeit und die gestiegene Lebenserwartung des letzten Jahrhunderts. Die Kombination dieser Faktoren sicherte die hohe Zahl der Kriegsteilnehmer, die von Jahr zu Jahr noch anstieg. Bis September 1915 hatte die französische Armee eine Million Kämpfer verloren, davon ein Drittel durch Tod auf den Schlachtfeldern an der Marne und der Aisne, in der Picardie und der Champagne. Nach der Schlacht von Verdun im Jahre 1916 hatte Frankreich 500000 Tote und Verletzte zu beklagen (im allgemeinen wird das Verhältnis zwischen Toten und Verletzten mit eins zu drei angegeben). Die deutschen Verluste betrugen im selben Jahr mehr als 400000. Am ersten Tag der Schlacht an der Somme, am 1. Juli 1916, zählte die britische Armee 20000 Tote. Dies entsprach der Gesamtzahl der Toten und Verletzten im gesamten Burenkrieg.

Bis Anfang 1917 hatte sich die Zahl der Kriegstoten der französischen Armee auf eine Million erhöht. Nach dem katastrophalen Ausgang der Offensive in der Champagne im April jenes Jahres weigerte sich die Hälfte ihrer kämpfenden Divisionen, weiteren Angriffsbefehlen Folge zu leisten. Dieses Ereignis, das recht ungenau als Meuterei bezeichnet wird, stellte eher einen militärischen Streik großen Ausmaßes dar. Bei Kriegsende hatten vier von neun Franzosen in kämpfenden Einheiten Verwundungen erlitten oder den Tod gefunden. Am Ende jenes Jahres erlitt die italienische Armee das gleiche Schicksal. Sie war im Mai 1915 von ihrer Regierung gegen Österreich in den Krieg geschickt worden. Nach elf ergebnislosen Offensiven in den Alpen hatte sie eine Million Tote und Verletzte zu beklagen. Nun brach sie angesichts einer österreichisch-deutschen Gegenoffensive zusammen und war bis Kriegsende praktisch bewegungsunfähig. Angesichts ungezählter Verluste hatte die russische Armee «mit den Füßen für den Frieden» zu stimmen begonnen, wie es Lenin ausdrückte. Zum politischen Sieg der Bolschewiki bei der Petrograder Revolution im Oktober 1917 konnte es nur aufgrund der militärischen Katastrophen in Ostpreußen, Polen und der Ukraine kommen, die die Auflösung jener Einheiten zur Folge hatten, auf die sich die verfassungsmäßige Regierung stützen wollte.

Mechanistische Erklärungen für diesen Quantensprung an Verlusten erscheinen im nachhinein einfach. Die Feuerkraft von Handfeuerwaffen und Maschinengewehren sowie der unterstützenden Artillerie hatte sich seit der Zeit der «Unentschiedenheit» im 18. Jahrhundert um ein Vielhundertfaches gesteigert. Damals betrug die Todesrate pro Salve eins zu zweihundert bis eins zu vierhundertsechzig (bei Ausklammerung der Artillerie).[51] Zu jener Zeit schoß ein Musketier höchstens dreimal in der Minute, und es standen sich kaum je Streitkräfte von mehr als 50000 Mann gegenüber. Doch selbst damals schon führten Feuergefechte von nur wenigen Minuten Dauer zu panisch-fluchtartigen Rückzügen der einen oder anderen Seite. Und gerade durch das Erzeugen einer solchen Panik suchten Befehlshaber das Schlachtfeld zu behaupten.[52]

1914 konnte ein Infanterist fünfzehn und ein Maschinengewehr sechshundert Schuß in der Minute abgeben. Ein Artilleriegeschütz, das mit Stahlkugeln gefüllte Schrapnelle abschoß, brachte es auf zwanzig Salven in der Minute. Solange die Infanteristen ihre Deckung nicht verließen, wurde ein Großteil dieser Feuerkraft verschwendet. Aber wenn die Infanteristen zum offenen Angriff übergingen, konnte dies in wenigen Minuten zur Vernichtung eines Bataillons von einigen tausend Mann führen. Diese Erfahrung machte beispielsweise am 1. Juli 1916 das Erste Neufundländische Regiment, und viele andere erlitten ähnliche Verluste. Flucht stellte bei einem solchen Feuerinferno keinen Ausweg dar. Der Flüchtende mußte ja eine Feuerzone von mehreren hundert Metern durchqueren, ehe er sich wieder in den schützenden Graben zurückziehen konnte. Das Feuer nagelte ihn somit am Boden fest; wurde er verwundet, wurde ihm allzuoft keine Hilfe zuteil, bis er seinen Verletzungen erlag.

Alle Bemühungen der Oberkommandos des Ersten Weltkriegs, den toten Punkt durch Ausweichmaßnahmen andernorts zu überwinden, erwiesen sich als fruchtlos. Insbesondere der Seekrieg erbrachte angesichts der großen Investitionen in die Flotten in den sechzig Jahren seit der Ersetzung der hölzernen durch eiserne Schiffe nur magere Resultate. Die Holzschiffe hatten sich als erfolgreiche Instrumente der europäischen Schießpulvertechnologie in heimischen und fremden Gewässern erwiesen. Mit ihrer Hilfe konnten sich die europäischen Seemächte gegen ferne Völker durchsetzen, die, selbst wenn sie Zugang zu Feuerwaffen erlangt hatten, aufgrund ihrer Kultur nicht imstande waren, den Europäern offen entgegenzutreten.

Auf den europäischen Gewässern hatten die erfolgreichen Seenationen, allen voran die Briten, nicht nur die langfristige Kontrolle der Handelswege und der kritischen Meerengen erreicht, sondern auch die Techniken zu beherrschen gelernt, die eine wirksame Unterstützung ihrer Landheere, insbesondere durch Blockaden und Nachschubversorgung, gewährleisteten. Dies hatte Deutschland dazu veranlaßt, im ersten Jahrzehnt des 20. Jahrhunderts mit Großbritannien in einen Wettlauf im Schlachtschiffbau einzutreten, der zur Ausrüstung der Flotten mit Dutzenden von Schlachtschiffen führte (1914 besaß Großbritannien 28, Deutschland 18), die imstande waren, einander über Entfernungen von mehr als dreißig Kilometer zu vernichten. Die deutsche Seekriegsleitung hoffte, die britische Flotte unter günstigen Umständen in der Nordsee zu stellen, ihr entscheidende Verluste zuzufügen und so die Möglichkeit zu erlangen, die atlantischen Handelswege zu erreichen und den britischen Seehandel zum Erliegen zu bringen. Diese Bemühungen der Deutschen scheiterten insbesondere in der Schlacht am Skagerrak im Mai 1916. Danach konnten sie kaum noch ihre Stützpunkte verlassen. Größere Erfolge erbrachte die Blockade der britischen Seehäfen durch die schnell ausgebaute deutsche U-Boot-Waffe, die 1917 zu Versenkungen ohne Vorwarnungen überging. Schließlich setzte die britische Admiralität dem erfolgreich die aus dem 18. Jahrhundert stammende Geleitzugtaktik entgegen, bei der die Handelsschiffe auf offener See durch Kriegsschiffe geschützt wurden.

Die Briten versuchten nur einmal zu ihrer traditionellen amphibischen Strategie zurückzukehren, bei der an kritischen Punkten am Rande des feindlichen Einflußgebietes Expeditionsstreitkräfte durch die Marine an Land gebracht und versorgt wurden; dieser Versuch scheiterte im April 1915 beim türkischen Gallipoli. Die mit den Deutschen verbündeten türkischen Verteidiger brachten die ganze Tapferkeit auf, die sie dreihundert Jahre zuvor im christlichen Europa zum gefürchteten Gegner gemacht hatte, und erwiesen sich außerdem als Meister der neuesten Technik. Bei Gallipoli setzte sich die Feuerkraft an Land gegen die strategische Seemacht durch.

Schließlich wirkte sich die strategische Seebeherrschung entscheidend auf die große, mit Feuerkraft ausgetragene Auseinandersetzung zwischen den Alliierten und Deutschland an der Westfront aus, vor allem, weil sie die sichere Atlantiküberquerung einer frischen amerikanischen Armee gewährleistete, die 1918 in ausreichender Mannschaftsstärke in Frankreich landete, um die demoralisierten Franzosen und die schwer angeschlagenen Briten zu stärken. Die Ankunft der Amerikaner entmutigte gleichzeitig die Deutschen, deren fünf «kriegsentscheidende» Offensiven im Frühjahr und Sommer 1918 an schnell improvisierten Abwehrlinien zusammenbrachen. Schließlich mußten auch die Deutschen im Oktober 1918 Anzeichen von Kriegsmüdigkeit bei ihren Soldaten feststellen, wie sie sich im Vorjahr bereits bei den Franzosen,

Russen, Italienern und sogar bei den Briten bemerkbar gemacht hatten. Wie ihre Gegner hatten auch die Deutschen das Personal ihrer Infanterieeinheiten zweimal, ja teilweise sogar dreimal ersetzen müssen. Trotz ihres Sieges gegen die Russen im Osten, einer Reihe von Erfolgen an anderen Fronten und eines zum Greifen nahen Sieges über die Westmächte schreckten sie vor weiteren, immer sinnloser erscheinenden Opfern zurück. Nachdem die Überforderung der eigenen Soldaten nicht mehr zu leugnen war, trat die Oberste Heeresleitung im September 1918 für Waffenstillstandsverhandlungen ein.

Alle am Krieg beteiligten Staaten hatten ihre Soldaten überfordert. Die Zerreißprobe hatte ebenso viele selbstverschuldete wie von außen kommende Ursachen. Die Völker, die 1914 den Kriegsausbruch mit so viel Begeisterung begrüßt hatten, schickten ihre jungen Männer in dem Glauben an die Front, daß diese nicht nur Siege, sondern auch Ruhm erwerben würden und daß ihre ehrenvolle Heimkehr alles Vertrauen in die Kultur der allgemeinen Wehrpflicht und die Verpflichtung auf kriegerische Werte rechtfertige. Der Krieg zerstörte diese Illusion. Der Grundsatz: «Jeder Mann ein Soldat», auf den sich die Politik der allgemeinen Wehrpflicht stützte, beruhte auf einem fundamentalen Mißverstehen der Möglichkeiten der menschlichen Natur.

Wohl hat es Kriegervölker gegeben, bei denen jeder Mann ein Soldat war, aber sie hatten auf die Einhaltung von Kampfformen geachtet, die direkte und ungedämpfte Auseinandersetzungen mit dem Feind vermieden, Absetzbewegungen erlaubten, Rückzüge als zulässige und vernünftige Reaktion auf entschlossenen Widerstand betrachteten. Aus sinnlosem Mut wurde kein Fetisch gemacht und Gewalttätigkeit nicht als Selbstzweck betrachtet. Die Griechen zeichneten sich dagegen bereits durch kühnere Züge aus. Sie institutionalisierten den Kampf Mann gegen Mann, spitzten ihre kriegerische Ethik aber nicht bis zu dem Punkt zu, wo im Sinne von Clausewitz die Auslöschung des Gegners zum Endzweck des Krieges wird. Ihre europäischen Erben hatten ebenfalls ihre Kriegsziele begrenzt. Die Römer bemühten sich um die Konsolidierung und Sicherung einer verteidigungsfähigen Grenze ihrer Zivilisation, was im Kern auch der chinesischen Militärphilosophie entsprach. Und die Nachfahren der Römer hatten zwar auch ständig Kämpfe ausgefochten, aber dabei ging es in erster Linie um das Genießen von Rechten in begrenzten Territorien. In anderer Form hatten auch im Zeitalter des Schießpulvers Rechtsstreitigkeiten die Kriege zwischen Staaten charakterisiert. Obwohl die Auseinandersetzungen durch die Differenzen verschärft wurden, die in der Reformation zum Ausdruck kamen, ging es den Protestanten doch eher darum, althergebrachte Rechte in Frage zu stellen als neue zu stürzen.

In keiner dieser Auseinandersetzungen jedoch ging die Verblendung der Kontrahenten soweit, die gesamte männliche Bevölkerung zur Teilnahme am Kampf zu mobilisieren. Selbst wenn dies faktisch möglich gewesen wäre, wogegen die arbeitsintensive Form der Landwirtschaft und die Knappheit der Staatsfinanzen sprachen, so hielt man doch vor 1789 das Soldatentum für den Beruf einiger weniger. Das grausame Geschäft blieb denjenigen vorbehalten, die aufgrund ihrer sozialen Stellung dazu bestimmt waren oder sich wegen des Mangels an sozialer Stellung zum Kriegsdienst anwerben ließen. Söldner und Reguläre galten als ebenso geeignet für den Soldatenberuf wie Arme, Beschäftigungslose, kriminelle Außenseiter, weil auch der Frieden ihnen kein weniger hartes Leben bieten konnte.

Der Ausschluß der Fleißigen, der gut Ausgebildeten, der Gebildeten und der einigermaßen Wohlhabenden vom Militärdienst gründete in der vernünftigen Einsicht, wie sich die Natur des Krieges zur menschlichen Natur verhielt. Seine harten Anforderungen schienen nicht angemessen für Männer mit bequemen, geordneten und produktiven Gewohnheiten. In ihrem gleichmacherischen Wahn machte die Französische Revolution mit diesen Vorstellungen abrupt Schluß und suchte nun der Mehrheit das zu geben, was bisher das Privileg einer Minderheit gewesen war – nämlich den Anspruch auf volle rechtliche Freiheit, wie er im Kriegerstatus des Aristokraten zum Ausdruck kam. Indem sie so handelte, tat die Revolution nicht etwas völlig Falsches. Viele ehrenwerte Männer, deren Väter vor dem Militärdienst zurückgeschreckt wären, erwiesen sich als ausgezeichnete Soldaten in allen Rängen. Murat, der schneidigste Marschall Napoleons, war Priesterseminarist gewesen, Bessières Medizinstudent, Brune Zeitungsredakteur.[53] Auch Stalin war Seminarist und Mussolini Redakteur, aber sie waren Männer von grausamer Veranlagung und gehörten einem späteren Zeitalter an. Zu ihrer Zeit konnten Murat, Bessières und Brune durchaus als respektable Bürger gelten, und es war ein bloßer Zufall, daß ihr Charakter sie geeignet machte für die Disziplin und die Gefahren des Soldatenberufs. Selbst in der Napoleonischen Armee stellten sie Ausnahmen dar.

Hundert Jahre später wäre dies nicht mehr der Fall gewesen. Die Armeen des Ersten Weltkrieges bestanden von der Basis bis fast an die Spitze aus Vertretern aller gesellschaftlichen Schichten. Und viele derjenigen, denen Tod und Verwundung erspart blieben, taten zwei oder drei Jahre lang mit selbstverständlicher Tapferkeit ihren Dienst. Aber Verlustraten von zweihundert bis dreihundert Prozent bei der Infanterie sowie Millionen von Toten mußten den Kampfgeist einer Nation erschüttern. Im November 1918 hatte Frankreich bei vierzig Millionen Einwohnern 1700000 junge Männer verloren, Italien von sechsunddreißig Millionen 600000; die Verluste des britischen Empire betrugen eine Million, davon 700000 unter den fünfzig Millionen Einwohnern der Britischen Inseln.

Daß Deutschland bis zum Ende durchhielt, ist angesichts eines Verlustes von mehr als zwei Millionen Menschen bei einer Vorkriegsbevölkerung von mehr als siebzig Millionen um so bemerkenswerter. Es zahlte einen emotionalen Preis, wenn auch in anderer Münze, als sie unter den siegreichen Nationen zirkulierte: «Ich fange an, mir angesichts der Aussichten auf einen Frieden die Augen zu reiben», schrieb Cynthia Asquith, Gattin eines ehemaligen britischen Premierministers im Oktober 1918, und sie fuhr fort: «Der Friede wird wohl mehr Mut erfordern als alles Vorangegangene... Erst jetzt wird man sich ganz dessen bewußt werden, daß die Toten nicht nur für die Dauer des Krieges tot sind.»[54] Die Gefühle der Lady Asquith waren durchaus berechtigt, obwohl nach vier Jahren Krieg Millionen Familien nun nicht mehr das Erscheinen eines Telegrammboten mit einer Todesnachricht fürchten mußten. Fast in jeder Familie hatte es Kriegsopfer gegeben, und die Verluste schmerzten weiter, solange jene noch lebten, die sie unmittelbar erfahren hatten. Seelische Wunden von solcher Tiefe heilen nicht so schnell. Sie schwären im Kollektivbewußtsein weiter. Nach 1918 wehrte sich das öffentliche Bewußtsein der Briten und Franzosen gegen die Vorstellung, dergleichen Leid könne sich wiederholen.

Frankreich suchte im wörtlichen Sinne einen Wall dagegen zu errichten, daß sich der Grabenkrieg mit seinen Schrecken wiederholen könne, indem es an seinen Grenzen zu Deutschland die Maginotlinie errichtete, eine Nachbildung des Grabensystems in Beton, die mit Kosten von drei Milliarden Francs so teuer war wie das britische Schlachtschiffprogramm der Jahre 1906–13. Wie eine riesige landumschlossene Schlachtschiffflotte sollte das Maginotsystem das französische Territorium vor jedem Angriff eines zukünftigen deutschen Heeres schützen; dabei besaß Deutschland aufgrund des Versailler Vertrages zunächst gar keine angriffsfähigen Streitkräfte mehr.[55] Die Briten reagierten mit gleichem Abscheu wie die Franzosen, jedoch mit weniger Realismus auf die Vorstellung, es könne zu einem neuen Weltkrieg kommen. Auf Veranlassung von Winston Churchill, dem früheren Ersten Seelord, Kriegsminister und Luftfahrtminister, beschloß das Land 1919, bei der Aufstellung des Verteidigungsbudgets solle davon ausgegangen werden, «daß jeweils für die nächsten zehn Jahre mit einem Krieg nicht zu rechnen sei». Diese Zehnjahresklausel wurde dann bis 1932 Jahr für Jahr bestätigt. Und selbst als Hitler die Macht in Deutschland übernommen hatte und eine Revision der Ergebnisse des Ersten Weltkrieges anstrebte, unternahm Großbritannien bis 1937 keine ernsthaften Aufrüstungsbemühungen.[56] Hitler hatte inzwischen die allgemeine Wehrpflicht wieder eingeführt und bemühte sich um die Wiedererweckung einer soldatischen Kultur unter den jungen Deutschen einer neuen Generation.

Die extremsten Waffen

Für Hitler war der Erste Weltkrieg «die größte aller Erfahrungen» gewesen.[57] Wie eine Minderheit unter den Veteranen aller Armeen hatte er die Aufregungen und Erfahrungen in den Schützengräben als erhebend empfunden. Aufgrund seiner Tapferkeit waren ihm Orden verliehen worden, und seine Vorgesetzten hatten ihn positiv beurteilt. Die Anerkennung, die er unter seinen Kriegskameraden erfuhr, hatte nach Jahren eines Außenseiterlebens seine Überzeugung von der Überlegenheit des deutschen Volkes bestärkt. Und er empörte sich über die «Schmach» des Friedens von Versailles, der für Deutschland neben Gebietsverlusten die Reduzierung seiner Streitkräfte auf 100000 Mann, eine Marine ohne moderne Kriegsschiffe und die völlige Abschaffung seiner Luftwaffe brachte. Die deutsche Regierung hatte dies nur akzeptiert, weil der Erfolg der alliierten Seeblockade ihr keine andere Wahl ließ. Hitlers Empörung wurde von vielen Kriegsveteranen geteilt, die den Kern seiner paramilitärischen Partei bilden sollten.

Solche Parteien waren in den zwanziger Jahren fast in allen Ländern auf dem Vormarsch, die eine Niederlage erlitten hatten oder sich um die Früchte des Sieges betrogen fühlten. Nur die Türkei, durch die Alliierten ihrer Gebiete im Nahen Osten beraubt, stellte in dieser Hinsicht eine Ausnahme dar: Atatürk, dem militärischen Retter des türkischen Kernlandes, gelang es, sein kriegerisches Volk für eine Strategie der Mäßigung zu gewinnen. In Rußland errichtete die erfolgreiche bolschewistische Partei nach ihrem Sieg im Bürgerkrieg ein Regime, das bei all seiner egalitären Rhetorik die Französische Revolution in der Unterordnung aller Aspekte des öffentlichen und vieler Bereiche des privaten Lebens unter ein Kommando von oben noch übertraf. Dies wurde zusätzlich verschärft durch willkürliche Disziplinierungen und ein allgegenwärtiges Sicherheitssystem im Inneren. In Italien gelangte 1922 Mussolini an die Macht. Er war das Sprachrohr all jener, die glaubten, die Briten und Franzosen hätten einen unangemessen großen Anteil an der Siegesbeute erhalten, für die die Italiener einen ebenso hohen Blutzoll entrichtet hätten. Mussolini stützte sich auf eine Partei, die militärische Uniformen trug, soldatische Verhaltensweisen nachahmte, ihre politischen Gegner ins Exil trieb oder einkerkerte. Sie baute eine eigene Miliz auf, die schließlich der regulären Armee gleichgestellt wurde.

Hitler empfand tiefe Bewunderung für Mussolini, den er immer wieder mit Julius Caesar verglich. Er übernahm von Mussolini Legionärssymbole, Standarten und den «römischen Gruß» für seine eigene revolutionäre Bewegung. Der durch die Niederlage geschwächte deutsche Staat erwies sich jedoch zunächst als widerstandsfähiger als der italienische. Hitlers erster Umsturzversuch von 1923 wurde von der bayerischen Polizei mühelos niedergeschlagen, die sich dabei auf eine Reichswehr stützen konnte, die ihre nationale Rolle nicht einem braununiformierten Pöbelhaufen überlassen wollte. In sechzehn Monaten Festungshaft konnte Hitler dann über seine Fehler nachdenken und kam zu dem Entschluß, sich nie wieder auf eine direkte Konfrontation mit dem Militär einzulassen. Während er nun die militärische Führung umwarb, baute er gleichzeitig eine uniformierte Massenmiliz auf, die 1931 bereits 100000 Mann umfaßte (was der Personalstärke der Reichswehr gleichkam). Trotzdem entschied er sich dafür, die Macht mit Hilfe des Wahlzettels zu erringen.[58]

Im Januar 1933 konnte Hitler eine parlamentarische Mehrheit auf sich vereinigen, wurde zum Reichskanzler bestellt und ergriff sofort Maßnahmen, um Deutschland wieder zur militärischen Großmacht zu erheben. Am 8. Februar 1933 erklärte er seinem Kabinett: «In den nächsten vier bis fünf Jahren muß der wichtigste Grundsatz lauten: Alles für die Wehrmacht.»[59] Im Jahr darauf, nach dem Tod des Reichspräsidenten Hindenburg, des Generalstabschefs des Ersten Weltkriegs, sorgte er dafür, daß alle Soldaten auf ihn als neues Staatsoberhaupt und «Führer» vereidigt wurden. 1935 sagte er sich von den Bestimmungen des Versailler Vertrags los, die die Reichswehr auf 100000 Mann beschränkt hatten, führte die allgemeine Wehrpflicht wieder ein und verkündete den Aufbau einer Luftwaffe. 1936 schloß er mit London einen deutsch-britischen Flottenvertrag, der ihm den Bau von U-Booten gestattete, und besetzte einseitig die entmilitarisierte Zone des Rheinlands mit deutschen Truppen. Damals baute er bereits Panzer. 1934 hatte er sich von Guderian, dem Schöpfer seiner Panzerwaffe, einige illegale Prototypen vorführen lassen und dabei getönt: «Das kann ich gebrauchen! Das will ich haben!»[60] 1937 schließlich verfügte die Wehrmacht bereits über 36 Infanterie- und drei Panzerdivisionen (1933 hatte es nur sieben Infanteriedivisionen gegeben). Einschließlich der Reserven bedeutete dies eine Kriegsstärke von drei Millionen Mann und damit eine Verdreißigfachung innerhalb von vier Jahren. Die Luftwaffe besaß 1938 schon 3350 Kampfflugzeuge gegenüber null im Jahre 1933. Sie bildete Fallschirmjäger zur Unterstützung des Heeres aus. Die Marine baute die ersten Großkampfschiffe und plante den Bau eines Flugzeugträgers.

Die Wiederaufrüstung erwies sich als außerordentlich populär, nicht nur als Mittel zur Beseitigung der Arbeitslosigkeit unter den Jugendlichen, sondern auch weil sie den Nationalstolz wiederherstellte. Hinzu kam die territoriale Erweiterung zu einem «Großdeutschen Reich», zunächst durch die militärische Besetzung des Rheinlands, dann 1938 durch den Anschluß Österreichs und der deutschsprachigen Teile der Tschechoslowakei. Bei den Siegernationen des Ersten Weltkrieges hatten die Kosten des Sieges eine Stimmung aufkommen lassen, die gegen jeden weiteren Krieg gerichtet war. In Deutschland schienen die Kosten der Niederlage nur gerechtfertigt, wenn das Ergebnis im zweiten Anlauf ins Gegenteil umgekehrt werden konnte. Hitlers ganze Existenz gründete sich auf diese Überzeugung, und er glaubte eine weitverbreitete Erbitterung zu spüren, die zunächst allerdings unter einer dünnen Schicht von Internationalismus verborgen lag, der von der Weimarer Republik offiziell vertreten wurde. In fünfzehn Jahren Agitation hatte er sich bemüht, eine Rachestimmung zu schüren. Seine Verratsanschuldigungen gegen die Unterzeichner des Versailler Vertrags und seine ständigen Revancheforderungen trafen auf offene Ohren.

Während die Franzosen die Maginotlinie weiter verstärkten

und die Briten sich standhaft weigerten aufzurüsten, zogen junge Deutsche mit Begeisterung die feldgraue Uniform des Grabenkrieges an. Sie genossen dabei ebenso die Bewunderung von Zivilisten wie schon ihre Väter und Großväter in den Jahrzehnten vor 1914, als die Wehrpflichtigenarmee das wichtigste Symbol der deutschen Nation gewesen war. Außerdem erregte sie die Modernität der Panzer, Kampfflugzeuge und Sturzkampfbomber. Mussolinis Vorstellungen von den zukünftigen Aufgaben Italiens waren von der Kunst der Futuristen inspiriert worden. In Hitlers Deutschland war die Beschwörung einer glorreichen Zukunft nicht ein bloßer Anspruch wie im faschistischen Italien, sondern eine ungestüme Realität. 1939 war die deutsche Gesellschaft nicht nur remilitarisiert, sie war auch von dem Glauben durchdrungen, die Mittel zur Überwältigung ihrer dekadenten Nachbarn zu besitzen, deren Staaten sich nur verbal zum Wehrwillen ihrer Gesamtbevölkerung bekannten. Nun glaubten die Deutschen, den Sieg erringen zu können, um den sie einundzwanzig Jahre zuvor betrogen worden waren.

Als Hitler am 1. September 1939 seinen Entschluß zum Krieg gegen Polen verkündete und damit den Krieg gegen Frankreich und Großbritannien in Kauf nahm, bezog er sich ausdrücklich auf die Erfahrung des Grabenkrieges: «Ich verlange von keinem deutschen Mann etwas anderes, als was ich selber über vier Jahre lang bereit war, jederzeit zu tun. Ich will jetzt nichts anderes sein als der erste Soldat des Deutschen Reiches. Ich habe damit wieder jenen Rock angezogen, der mir selbst der liebste und teuerste war. Ich werde ihn nur ausziehen nach dem Siege – oder – ich werde dieses Ende nicht mehr erleben!»[61] So die schaurig prophetischen Worte eines politischen Führers, der fünfeinhalb Jahre später seinem Leben selbst ein Ende setzen sollte, während sein Bunker inmitten der Ruinen von Berlin unter feindlichem Beschuß lag.

Zunächst schien eine Niederlage unvorstellbar. Wie Berufsmilitärs es gewöhnlich tun, wenn sie aufgefordert werden, ihre Pläne in Taten umzusetzen, hatten Hitlers Generäle gewarnt, daß ein schneller Sieg über Polen nicht zu erwarten sei. Als der Ernstfall eintrat, waren Polens vierzig Divisionen, von denen keine mit

Panzern ausgestattet war, von Anfang an eingeschlossen von 62 deutschen Divisionen, darunter zehn Panzerdivisionen. Nach fünf Wochen stand Polens Niederlage fest. Die polnische Luftwaffe, die 935 fast durchweg veraltete Maschinen besaß, wurde bereits am ersten Kriegstag vernichtet. Eine Million Polen gerieten in Gefangenschaft, davon 200000 in russische. Die Sowjetunion hatte ein Geheimabkommen mit Hitler geschlossen, das Deutschland vor der Gefahr eines Zweifrontenkrieges wie im Jahre 1914 bewahrte; es gestattete Moskau das Eindringen in den Osten Polens und die Annexion dieses Gebietes, sobald ein Krieg begonnen hatte.

Der Polenfeldzug enthüllte, auf welche neue Taktik die deutschen Boden- und Luftstreitkräfte vorbereitet worden waren. Journalisten prägten dafür den recht anschaulichen Begriff Blitzkrieg. Die Tanks der Panzerdivisionen wurden in offensiven Kolonnen konzentriert und von den Geschwadern der Sturzkampfbomber als «fliegende Artillerie» unterstützt. Wenn sie den schwachen Punkt der gegnerischen Verteidigungslinie angriffen oder diesen durch ihren konzentrierten Angriff erst schufen, erzielten sie einen Durchbruch und konnten damit große Verwirrung hervorrufen. Dies entsprach der Technik, die Epaminondas bei Leuktra eingeführt hatte und die auch Alexander gegen Xerxes bei Gaugamela und Napoleon bei Marengo, Austerlitz und Wagram angewandt hatten. Der Blitzkrieg war jetzt jedoch weit erfolgreicher als unter den früheren Feldherren, deren Möglichkeiten, Angriffserfolge auszunützen, durch das Tempo und die Leistungsfähigkeit der Pferde als Kampfmittel oder Nachrichtenträger begrenzt worden waren. Der Panzer war nicht nur der Infanterie überlegen, er konnte auch in vierundzwanzig Stunden fünfzig bis siebzig Kilometer vorstoßen, solange die Versorgung mit Treibstoff und Ersatzteilen funktionierte, während er per Funk ständig mit dem Hauptquartier Verbindung hielt.

Bereits während des Ersten Weltkriegs hatte man mit Funkgeräten experimentiert. Sie hatten sich aber nur auf See bewährt, da man damals nur über sperrige Energiequellen verfügte. Inzwischen gab es zuverlässigere, kleinere Geräte, die in Panzern oder

Kommandofahrzeugen unterzubringen waren. Außerdem hatten die Deutschen beträchtliche Fortschritte bei der mechanischen Dechiffrierung verschlüsselter Nachrichten erzielt. Dies war die Grundlage für eine Revolution der offensiven Kriegführung. Der deutsche Luftwaffengeneral Erhard Milch faßte diese Fortschritte schon vor dem Krieg in einer Konferenz über die Taktik des Blitzkriegs zusammen. Er bezeichnete die Sturzflugbomber als fliegende Artillerie, die vom Boden per Funk dirigiert und mit der Panzerwaffe koordiniert werden könne. Durch schnelle Kommunikation werde eine hohe Angriffsgeschwindigkeit erreicht: Geschwindigkeit sei das wahre Geheimnis des Erfolges.[62]

Diese Faktoren einer Revolution der Offensivkriegführung überzeugten Hitler und die fortschrittlicheren unter den deutschen Generälen, daß Deutschland nicht nur mit geringen Verlusten die noch konventionell organisierten Armeen im Westen schlagen könne, sondern daß ihrem Land auch die zerstörerischen Kosten einer Umstellung auf eine totale Kriegswirtschaft erspart blieben. Die führenden deutschen Militärs führten den Sieg der Alliierten im Jahre 1918 darauf zurück, daß diese sich besser auf die «Materialschlacht» hatten einstellen können. So vermochten sie weiter die Illusion zu hegen, der deutsche Soldat sei damals überhaupt nicht wirklich besiegt worden. Der mit relativ preiswerten Waffen geführte Blitzkrieg würde es dem deutschen Volk nun ermöglichen, die Früchte des Sieges einzuheimsen, ohne die enormen finanziellen Opfer erbringen zu müssen, die bisher mit einem uneingeschränkten Krieg verbunden gewesen waren.

Die Ergebnisse des Feldzuges von Mai/Juni 1940 gegen die Beneluxländer und Frankreich schienen diese Erwartungen zu bestätigen. Die in aller Heimlichkeit in den Ardennen nördlich der Maginotlinie konzentrierten deutschen Panzerdivisionen zerstörten die französische Feldverteidigung innerhalb von drei Kampftagen und stürmten dann so voran, daß sie am 19. Mai bei Abbéville die Kanalküste erreichten. Durch diesen Vormarsch wurden die alliierten Armeen zweigeteilt. Der bessere Teil der Franzosen und die britischen Expeditionstruppen waren im Norden isoliert, während das französische Hinterland im Süden von wenig beweglichen, zweitklassigen französischen Einheiten verteidigt wurde. Die Niederlage der britisch-französischen Truppen im Norden war am 4. Juni besiegelt. Die meisten Briten konnten von Dünkirchen aus auf dem Seeweg evakuiert werden. Die Südfront wurde wenig später durchbrochen und überrannt. Am 17. Juni suchte die französische Regierung um einen Waffenstillstand nach, der dann am 25. Juni in Kraft trat. Daran war auch Italien beteiligt, das in letzter Minute an der Seite Deutschlands eingegriffen hatte. Ein junger deutscher Offizier schrieb damals: «Die große Schlacht um Frankreich ist vorüber. Sie dauerte 26 Jahre.» Damit gab er Hitlers Gefühle angemessen wieder. Der hielt am 19. Juli eine Siegesparade in Berlin ab, bei der er zwölf seiner Generäle zu Marschällen beförderte. Er hatte bereits entschieden, 35 der hundert Wehrmachtsdivisionen zu demobilisieren, um der Industrie die notwendigen Arbeitskräfte zur Verfügung zu stellen, damit sie wieder Konsumgüter auf Friedensniveau produzieren konnte.

Im Sommer 1940 schien Deutschland am Ziel aller Wünsche angelangt. Es hatte gesiegt, die Wirtschaft blühte, und die Soldaten kehrten zu ihren Familien zurück. Als vorsorgliche Maßnahme gegen ein Wiederaufleben des Konflikts befahl Hitler die Steigerung der Produktion modernster Waffen. Die Zahl der Panzerdivisionen sollte verdoppelt werden. Es wurden mehr U-Boote auf Kiel gelegt. Neuentwickelte Flugzeugtypen gingen in Serie. Doch ein neuer Konflikt schien nicht bevorzustehen. Die Sowjetunion verhielt sich passiv. Sie hatte genug damit zu tun, die aufgrund des Hitler-Stalin-Pakts neuerworbenen Gebiete zu integrieren und die vereinbarten Lieferungen von Rohstoffen nach Deutschland zu gewährleisten. Die Briten hatten fast all ihr schweres militärisches Gerät auf dem Kontinent zurücklassen müssen, ihnen fehlten nun die Mittel zu einer militärischen Offensive. Im besten Falle konnten sie ihre Küsten und ihren Luftraum verteidigen. Alle vernünftigen Erwägungen sprachen dafür, daß Großbritannien jetzt nach Frieden strebte. Damit rechnete auch Hitler. Im Juni und Juli wartete er auf Angebote Churchills.

Darauf wartete er allerdings vergeblich. Statt dessen nahm der Krieg eine andere Wendung. Hitler sann bereits darüber nach, ob es denn seinen Sicherheitsinteressen entsprach, Rußland an den offenen Ostgrenzen der deutschen Machtsphäre gewähren zu lassen. Dort gab es keine natürlichen Grenzen, und die westlichen Steppen Rußlands luden zum Blitzkrieg mit Panzern geradezu ein. Deutschland würde sich so die materiellen und industriellen Ressourcen verschaffen können, um seine Vormachtstellung in Europa für alle Zeiten zu sichern. Ein solcher Blitzkrieg wäre unmöglich gewesen, wenn Großbritannien in einen Waffenstillstand eingewilligt hätte. Dann hätte nämlich die Gefahr bestanden, daß die Vereinigten Staaten wie 1917 schließlich in Europa intervenierten, um das Gleichgewicht der Kräfte wiederherzustellen. Doch London blieb widerspenstig, selbst als es im August 1940 zum uneingeschränkten Luftkrieg über England kam. Hitler mußte feststellen, daß die britische Luftverteidigung sehr leistungsfähig war; deshalb stoppte er die Demobilisierung seiner Divisionen, die am Frankreichfeldzug teilgenommen hatten, und verlegte seine Panzertruppen vorsichtshalber nach Osten.

Im nachhinein erscheint Hitler als der gefährlichste Feldherr, der die Zivilisation je bedrohte, denn er verband in seiner Weltanschauung drei einander brutal ergänzende Auffassungen, die nie zuvor in einem einzigen Menschen zusammengekommen waren. Er war besessen von der Technik der Kriegführung, die er bis ins Detail zu beherrschen glaubte, und er war überzeugt, daß überlegene Waffen den Schlüssel zum Sieg darstellten. Damit stand er in offenem Gegensatz zu den militärischen Traditionen Deutschlands, die auf die Kampfkraft des deutschen Soldaten und das professionelle Können des Generalstabs setzten.[63] Dennoch glaubte er, zweitens, an die Überlegenheit der Kriegerkaste, die er in seinen politischen Botschaften an das deutsche Volk als eine rücksichtslos von rassistischem Denken geleitete Elite darstellte. Drittens war er ein überzeugter Anhänger von Clausewitz. Für ihn stellte der Krieg wirklich die Fortsetzung der Politik dar, ja Krieg und Politik waren in seinen Augen überhaupt keine gesonderten Aktivitäten. Wie Marx, dessen Kollektivismus er heftig ablehnte, da dieser alle Rassen von wirtschaftlicher Sklaverei befreien wollte, betrachtete er das Leben als Kampf und den Krieg als natürliches Mittel, die Ziele seiner Rassenpolitik zu erreichen. So führte er 1934 vor einem Münchener Publikum aus: «Ihr alle habt nicht Clausewitz gelesen oder, wenn ihr ihn gelesen habt, nicht begriffen, ihn anzuwenden auf die Gegenwart.»[64]

Revolutionäre Waffen, das Ethos des Kriegers und Clausewitz' Philosophie der Integration von militärischen und politischen Zielen führten dazu, daß unter Hitlers bestimmendem Einfluß die Kriegführung in Europa zwischen 1939 und 1945 ein Maß an Totalität erreichte, von dem kein früherer Heerführer – kein Alexander, kein Mohammed, kein Dschingis-Khan und kein Napoleon – auch nur geträumt hätte. Zunächst beruhigte ihn die Erklärung der britischen und der französischen Regierung, daß sie zivile Ziele nicht aus der Luft angreifen würden. Als dann am 10. Mai 1940 deutsche Flugzeuge irrtümlich die deutsche Stadt Freiburg angriffen, schob er die Schuld den Franzosen zu, und nun stellte er jegliche Rücksichtnahme hintan.[65] Der italienische Militärtheoretiker Douhet hatte damals bereits die These aufgestellt, ein Krieg könne allein durch die Luftwaffe entschieden werden (ob Zufall oder nicht, die Italiener waren die ersten gewesen, die 1911–12 im libyschen Krieg gegen die Türken Flugzeuge für militärische Zwecke eingesetzt hatten). Zwar hatten im Ersten Weltkrieg die Bombardierungen feindlicher Städte durch Flugzeuge und Luftschiffe wenig Schaden angerichtet, dennoch war Hitler überzeugt, seine neue Luftwaffe mit ihren tausend Bombern könne die britische Luftwaffe und die zivile Moral der Briten mit einem konzentrierten Schlag zertrümmern.[66] Am 7. September 1940 zerstörte die Luftwaffe die Londoner Hafenanlagen und weite Teile der Innenstadt zu beiden Seiten der Themse. Am 31. Dezember legte sie einen Großteil der City of London in Schutt und Asche. Am 10. Mai 1941, dem Jahrestag des Panzerangriffs im Westen, verwüstete sie Whitehall und Westminster einschließlich des Unterhauses. Im Jahre 1940 verursachte die Luftwaffe den Tod von 13596 Londonern, verlor aber selbst im August und September sechshundert Bomber. Dies war ein entscheidender Verlust. Die Deutschen mußten Douhets Doktrin vom Sieg der Luftüberlegenheit fallenlassen.[67]

Nachdem Hitler das Scheitern seiner Bemühungen erkennen mußte, Großbritannien durch Bombenangriffe zum Aufgeben zu veranlassen, kam er auf sein anderes revolutionäres Waffensystem, die Panzerwaffe, zurück, um damit den angestrebten totalen Sieg in Europa zu erringen. Im Frühjahr 1941 war seine vorsorgliche Verlegung von Panzerdivisionen in den Osten abgeschlossen, und sein Entschluß zum Angriff auf die Sowjetunion stand fest, zumal da Moskau sich geweigert hatte, Hitlers «Neuordnungsmaßnahmen» in Südeuropa stillschweigend hinzunehmen. Nach ergänzenden Feldzügen zur Eroberung Jugoslawiens und Griechenlands griffen deutsche Panzerdivisionen am 22. Juni 1941 die Sowjetunion an.

Die Taktik des Blitzkriegs erwies sich im ersten halben Jahr des Rußlandfeldzuges als ebenso erfolgreich wie im Frühjahr 1940 im Westen. Bis September hatten die deutschen Panzer die Ukraine überrannt, das Kernland der sowjetischen Landwirtschaft und ein wichtiges Industrie- und Rohstoffgebiet. Die Wehrmacht stand vor den Toren Leningrads und Moskaus. Hitler, an Clausewitz orientiert, hatte, so schien es zumindest, durch Anwendung einer revolutionären Militärtechnologie seine Ziele erreicht, wobei Clausewitz, anders als Hitler, waffentechnische Überlegenheit nicht für einen bedeutenden Faktor hielt. Hitlers fanatische Befürwortung des Kriegertums spielte ebenfalls eine – allerdings zu große – Rolle. Im Westen hatten sich die deutschen Soldaten an die Bestimmungen des Kriegsrechts gehalten, im Osten verhielten sie sich dagegen oft so, als ob das angebliche Barbarentum des Gegners das barbarische Verhalten gegen die Angehörigen der Roten Armee rechtfertigte, selbst wenn sie in Kriegsgefangenschaft geraten waren, vor allem nach den Kesselschlachten von Minsk, Smolensk und Kiew.

Das angebliche Untermenschentum der Russen leiteten die Propagandisten des Dritten Reichs aus den Bedrohungen durch die Steppenkrieger und den blutigen Exzessen der Oktoberrevolution ab. Drei von fünf Millionen sowjetischen Gefangenen im Gewahrsam der Wehrmacht starben infolge schlechter Behandlung und Entbehrungen, die Mehrheit von ihnen in den ersten zwei Jahren des Rußlandfeldzugs.[68]

Die Blitzkriegführung bewährte sich im Rußlandfeldzug, bis es tief in der Steppe Ende 1942 zur Schlacht um Stalingrad kam. Auch andernorts erlitt Hitlers Vertrauen in revolutionäre Waffen und extreme Strategien unvorhergesehene Rückschläge. Auf See geriet die U-Boot-Blockade gegen England zum Mißerfolg, weil es den Alliierten gelang, den gesamten Luftraum im Operationsgebiet der transatlantischen Geleitzüge zu beherrschen sowie den deutschen Funkverkehr zu dechiffrieren, der die U-Boote anwies, bestimmte Geleitzüge abzufangen. Die Alliierten konnten ihre Schiffe umdirigieren und so den U-Booten ausweichen.[69]

Im Luftraum über dem europäischen Kontinent standen Hitlers Gegner inzwischen vor dem entscheidenden Durchbruch. Die deutsche Kriegswirtschaftspolitik, die darauf hinauslief, industrielle Kapazitäten auf die Produktion von Waffen mit direkter Wirkung auf dem Schlachtfeld zu konzentrieren – Panzer, Sturzkampfbomber, automatische Infanteriewaffen –, führte dazu, daß die Luftwaffe nicht über die Ressourcen verfügte, die eine strategische Streitmacht benötigt. Schon vor Kriegsbeginn hatte Hitlers Begeisterung für den Blitzkrieg dazu geführt, daß die Luftwaffe ihre Pläne zur Produktion von großen Bombern mit langen Reichweiten aufgeben mußte.[70] Die britischen und amerikanischen Luftstreitkräfte verfolgten genau die entgegengesetzte Strategie. Die britische Regierung hatte vor dem Krieg sogar einige Schwierigkeiten gehabt, die Royal Air Force zu veranlassen, Ressourcen von der Bomberproduktion zur Herstellung von Jagdflugzeugen umzuleiten, sosehr waren ihre Führer von Douhets Lehre vom «Sieg durch Luftüberlegenheit» überzeugt. Die frühen britischen Bomber waren zwar strategisch konzipiert, verfügten aber nicht über die nötige Kapazität. Als dann die US-Luftwaffe von 1942 an nach Großbritannien kam, um gemeinsam mit den Briten die strategische Bomberkampagne gegen Deutschland durchzuführen, brachte sie die B-17 mit, ein Flugzeug, das über alle erforderlichen Eigenschaften verfügte: Schnelligkeit, lange Reichweite und eine große Ladekapazität für Bomben, die mit großer Zielgenauigkeit geworfen werden konnten; hinzu kam die Fähigkeit, sich gegen Angriffe von Jagdfliegern zu verteidigen.

Da Hitler die stillschweigende Vereinbarung gebrochen hatte, zivile Ziele nicht anzugreifen, begannen die Briten 1940 mit der Bombardierung deutscher Städte. In den ersten ein, zwei Jahren erzielten ihre Bomber nur geringe Erfolge. Im Februar 1943 aber ersetzte der neue Chef des Bomber Command, Air Marshal Arthur Harris, die Politik der ausschließlich auf militärische Ziele gerichteten Angriffe durch die der Flächenbombardierungen. Einst hatten die Erfinder des modernen Flugzeugs, die Brüder Wright, in der Fliegerei ein Mittel gesehen, die Menschen einander näherzubringen, nun aber legte eine Anweisung des Führungsstabs der britischen Luftwaffe vom 14. Februar fest, die Operationen «sollten sich gegen die Moral der feindlichen Zivilbevölkerung und insbesondere der Industriearbeiter richten».[71] Bald schon taten tausend schwere britische Bomber gleichzeitig ihr Vernichtungswerk gegen ausgewählte deutsche Städte. So wurden bei den Nachtangriffen auf Hamburg zwischen dem 24. und 30. Juli 1943 achtzig Prozent der Gebäude dieser Stadt zerstört oder beschädigt. 30000 Einwohner fanden den Tod, und die Straßen waren von vierzig Millionen Tonnen Trümmern verstopft. Mit abgestimmten Tagesangriffen unterstützte die US-Luftwaffe das Zerstörungswerk. Als die Amerikaner genügend Langstreckenjäger besaßen, um ihre Verbände an die Ziele zu geleiten, flogen ihre Bomber im deutschen Luftraum fast unbehelligt.

Die strategischen Luftangriffe der Alliierten auf deutsche Städte waren eine revolutionäre Entwicklung der Kriegführung. Allerdings kritisierten einige tapfere Persönlichkeiten mit Recht dies als moralischen Rückschritt. In den Schatten gestellt wurde diese Entwicklung noch durch den Einsatz der amphibischen Luftstreitmacht im Pazifik. Japan, ein weiterer nomineller Sieger des Ersten Weltkriegs, das Deutschland damals den Krieg erklärt hatte, um dessen Besitz in China zu übernehmen, fühlte sich bei der Verteilung der Beute benachteiligt. Seit 1921 gab das Land einen Großteil seines Militärbudgets für den Aufbau der größten und bestausgerüsteten kombinierten See-/Luftstreitmacht der Welt aus. Seine sechs großen Flugzeugträger waren nicht zum Einsatz gelangt, als im Jahre 1937 eine vom Heer dominierte japanische Regierung zum uneingeschränkten Angriff gegen China überging. Als aber 1941 in Tokio die Entscheidung fiel, dem Verlangen der Vereinigten Staaten entgegenzutreten, Japan solle seine Offensive auf das chinesische Kernland beschränken und die britischen und niederländischen Besitzungen in Malaysia und Hinterindien in Ruhe lassen, warnte Admiral Yamamoto, der führende japanische Seestratege, der zu den wenigen Japanern gehörte, die die Vereinigten Staaten aus erster Hand kannten, vor der Schwäche der von ihm kommandierten Flotte: «Sechs Monate, ja vielleicht sogar ein Jahr lang, werden wir machen können, was wir wollen», danach aber, so sagte er voraus, würden «die Ölquellen von Texas und die Fabriken von Detroit» die Mittel für die unvermeidliche und entscheidende Gegenoffensive bereitstellen.[72] Sein Protest blieb unberücksichtigt, und im ersten Halbjahr 1942 eroberte die japanische Marine als Vorhut und Geleitschutz der japanischen Armee beinahe den gesamten Pazifik und Südostasien. Dadurch sollte eine undurchdringliche strategische Einflußzone bis zu den nördlichen Zufahrten nach Australien entstehen.

Woher das Kriegerethos der Japaner rührte, das sie zu einem der hervorragendsten Kriegervölker der Erde macht, bleibt bis heute ein Geheimnis. Ein solches ist es nicht erst seit dem 7. Dezember 1941, als die Piloten der japanischen Ersten Luftflotte die Schlachtschiffe der amerikanischen Pazifikflotte in Pearl Harbor in brennende Wracks verwandelten. Spätestens im 13. Jahrhundert waren die Japaner bereits ein Kriegervolk. Neben den türkischen Mamelucken in Ägypten leisteten nur sie erfolgreich Widerstand gegen den Eroberungsdrang der Mongolen. Dabei kam ihnen allerdings zur rechten Zeit ein Orkan zu Hilfe. Japans Krieger waren von einer «primitiven» Art, die einen höchst ritualisierten Kampfstil pflegten, Waffenfertigkeit weitgehend als Mittel zur Bestimmung des sozialen Status auffaßten und die Schwertlosen der Herrschaft der Samurai unterwarfen. Zur Aufrechterhaltung dieser gesellschaftlichen Ordnung hatten sie im 17. Jahrhundert das Schießpulver von ihren Inseln verbannt und danach dem Eindringen fremder Kaufleute Widerstand entgegengesetzt. Als dann 1854 die erste amerikanische Flotte mit dampfgetriebenen Kriegsschiffen bei ihnen eintraf, mußten sie erkennen, daß ihre Mittel nicht länger ausreichten, die Außenwelt zu ignorieren.

Während die Mandschuherrscher in China auf die technische Herausforderung durch den Westen reagierten, indem sie sich auf die Widerstandskraft der traditionellen Kultur gegen destabilisierende Wirkungen verließen, entschieden sich die Japaner von 1866 an bewußt dafür, die Geheimnisse der materiellen Überlegenheit des Westens kennenzulernen und sie für ihre nationalen Zwecke einzusetzen. In bitteren inneren Auseinandersetzungen wurden die Reaktionäre unter den Samurai, die sich dem Reformprogramm widersetzten, durch Streitkräfte ausgeschaltet, die erstmals auch gemeine Bürger in ihren Reihen hatten. Das siegreiche Regime stützte sich auf feudale Kreise, die die Notwendigkeit des Wandels erkannt hatten. So begann Japan mit der Einführung jener Institutionen, die ihre Kundschafter im Westen als Ursachen der Stärke der westlichen Staaten erkannt hatten: arbeitsteilige Produktionsverfahren in der Wirtschaft; im staatlichen Bereich ein Heer und eine Flotte, die durch allgemeine Wehrpflicht rekrutiert wurden und mit modernen Waffen ausgerüstet waren. Dazu zählten auch gepanzerte Kriegsschiffe, die bereits 1911 auf japanischen Werften gebaut wurden.

Andere nichteuropäische Staaten, die dem Westen als Militärmächte nachzustreben versuchten, so vor allem Ägypten unter Muhammad Ali und das Osmanenreich des 19. Jahrhunderts, waren dabei gescheitert. Es zeigte sich nämlich, daß beim Kauf westlicher Waffen die militärische Kultur des Westens nicht mitgeliefert wurde. Japan aber gelang es, sich gleichzeitig beides anzueignen. In den Jahren 1904/05 besiegte es Rußland in einem Krieg um die Beherrschung der Mandschurei, bei dem alle westlichen Beobachter die beispielhafte Kampfkraft des gewöhnlichen japanischen Wehrpflichtigen bezeugten.[73] Diese wurde in den Feldzügen der Jahre 1941–45 in Südostasien und dem Pazifik erneut unter Beweis gestellt, besonders in den Anfangsphasen, als wohlausgebildete Einheiten aus den «Kriegervölkern» Indiens – die Nachfahren großer militärischer Eroberer, jetzt unter dem Befehl britischer Offiziere stehend – im Kampf immer wieder den Nachfahren japanischer Bauern unterlagen, denen es hundert Jahre zuvor noch verboten war, überhaupt Waffen zu tragen.

Die persönlichen Qualitäten des japanischen Kämpfers unterlagen am Ende genau dem Faktor, vor dem Yamamoto gewarnt hatte: der Kapazitätssteigerung der amerikanischen Industrie, die Japans Produktionsziffern beim Bau von Kriegsschiffen und Flugzeugen weit übertraf. Damit soll in keiner Weise der Mut oder das Können der amerikanischen Wehrpflichtigen in Frage gestellt werden, die den Japanern auf dem pazifischen Kriegsschauplatz entgegentraten. Die Leistungen der US-Marines bei der Eroberung der Inseln Iwojima und Okinawa (1945) widerlegten besonders eindrucksvoll Hitlers rassistische Verachtung für das amerikanische Volk, das durch Wohlstand verweichlicht sei. Dennoch ließ die ständig unter Beweis gestellte Bereitschaft der Japaner, buchstäblich bis zum letzten Mann zu kämpfen, das amerikanische Oberkommando bis zum Jahre 1945 in der Überzeugung verharren, ein Angriff auf die japanischen Heimatinseln würde ein allzu kostspieliges Unternehmen werden – man rechnete dabei mit dem Verlust oder gar dem Tod von einer Million Soldaten. Ein solcher Angriff kam daher nur in Frage, wenn es gar keine andere Möglichkeit mehr gab.[74] Mitte 1945 war die Alternative dann da.

Die Vereinigten Staaten hatten bei dem Versuch, Mut mit Feuerkraft zu überwinden, bereits im Übermaß die neuesten technischen Mittel gegen Japan eingesetzt. Ihre Flugzeugträgerflotte, die bei den Schlachten von Coral Sea und Midway noch zahlenmäßig unterlegen war, aber höchst wirkungsvoll eingesetzt wurde, hatte 1942 im Pazifik das Flottengleichgewicht wiederhergestellt. Danach wuchs sie so rapide – zwischen 1941 und 1944 bauten die USA 21 Flugzeugträger, die Japaner nur fünf –, daß sich die amerikanische Pazifikflotte ganz ungehindert bewegen konnte, begleitet von Versorgungsschiffen, die es gestatteten, wochenlang ununterbrochen auf See zu bleiben. Ende 1944 hatten die amerikanischen U-Boote die Hälfte der Handelsflotte und zwei Drittel der Tanker Japans versenkt. Im Sommer 1945 unternahm dann die strategische Luftflotte der USA eine Brandbombenkampagne gegen die aus Holz erbauten japanischen Städte. An deren Ende waren sechzig Prozent der Fläche der sechzig größten Städte völlig niedergebrannt. Doch bestanden immer noch Zweifel, wenn auch nicht unter amerikanischen Luftwaffengenerälen, ob die Japaner durch Bomben allein dazu gebracht werden könnten, ihre Niederlage einzugestehen.

Deutschland war nicht durch strategische Bombardements besiegt worden. In den letzten Monaten des Krieges in Europa legte die Bomberoffensive der Angloamerikaner sämtliche deutschen Produktionsstätten für synthetischen Kraftstoff lahm, und über andere Kraftstoffquellen verfügte Deutschland nicht; gleichzeitig brachten die Bomber den deutschen Eisenbahnverkehr zum Erliegen. Inzwischen waren jedoch die Angloamerikaner im Juni 1944 in Frankreich gelandet, und die Rote Armee hatte die letzte Verteidigunglinie der Wehrmacht in Weißrußland durchbrochen und kämpfte jetzt bereits auf deutschem Boden. Nun führte man einen Zermürbungskrieg. Inzwischen verfügten alle Heere über so viele Panzer, daß diese Waffe nicht mehr die revolutionären Eigenschaften besaß, die sie in der kurzen Periode des Blitzkriegs unter Beweis gestellt hatte. Auch die Bomberoffensive hatte 1943/44 eine lange Abnutzungsphase durchlaufen. Verluste von fünf bis zehn Prozent der Flugzeugbesatzungen pro Einsatz drohten die Kampfmoral zu zermürben. Flugabwehr und Jäger der Luftwaffe schienen vorübergehend den Himmel über Deutschland unter Kontrolle zu bekommen.

Wie Hitler bereits 1940 bei seiner Kampagne gegen Großbritannien hatte erfahren müssen, stellten bemannte Bomber eine sehr empfindliche Angriffswaffe dar. Deshalb förderte er mit Begeisterung ein Programm zur Entwicklung unbemannter Flugkörper, für das bereits 1937 großzügig Mittel bereitgestellt worden waren. Im Oktober 1942 wurde eine Versuchsrakete mit einer Reichweite von 250 Kilometern gezündet, die eine Tonne hochexplosiven Sprengstoffs mit sich führen konnte. Hitler glaubte, damit die kriegsentscheidende Waffe zu besitzen, und ordnete an, für ihre Entwicklung und Produktion alle verfügbaren Mittel einzusetzen. Diese als V-2 bezeichnete Rakete wurde jedoch nicht vor September 1944 in Dienst gestellt. Nur 2600 davon wurden jemals eingesetzt, und zwar wiederum zuerst gegen London, wo 2500 Menschen den Tod fanden, und dann gegen Antwerpen, das der wichtigste Versorgungsstützpunkt der Alliierten bei ihrem Vormarsch auf die deutsche Westgrenze war.[75] Es lag offen zutage, welche Möglichkeiten in dieser Waffe steckten. Die Briten waren höchst beunruhigt, als sie im November 1939 erstmals durch eine geheimnisvolle Nachricht eines wohlwollenden deutschen Informanten davon erfuhren. Dieser «Oslo-Bericht» veranlaßte die Spionage der Briten in den ersten beiden Kriegsjahren zu erheblichen Anstrengungen. Noch stärker beunruhigten die technischen Nachrichtendienste der Briten mögliche deutsche Versuche zur Anwendung der Nuklearenergie für militärische Zwecke.

Bis dahin handelte es sich um eine rein theoretische Bedrohung; niemandem war bisher die Auslösung einer Kettenreaktion durch Kernspaltung gelungen. Noch gab es die dazu notwendigen Apparaturen nicht. Doch schickte der in die Vereinigten Staaten emigrierte Albert Einstein am 11. Oktober 1939 einen Mittelsmann zu Präsident Roosevelt, um ihn vor der atomaren Gefahr zu warnen. Daraufhin gründete der Präsident sofort einen Ausschuß, der sich mit der Angelegenheit befassen sollte und aus dem das Manhattan-Projekt hervorging.[76] Inzwischen hatten auch die Briten damit begonnen, die erforderlichen Fachleute und Materialien zusammenzufassen, um ihrerseits die Nuklearforschung voranzutreiben. Gleichzeitig versuchten sie die Deutschen mit allen Mitteln daran zu hindern, dies ebenfalls zu tun. Unmittelbar nach Pearl Harbor wurden die Mitarbeiter der entsprechenden britischen Organisation, die unter dem Decknamen Tube Alloys firmierte, in die Vereinigten Staaten gebracht, wo sie sich dem Manhattan-Projekt anschlossen. Von der Furcht getrieben, die Deutschen könnten schneller sein, arbeitete man mit höchstem Nachdruck daran, das theoretische Wissen über die Kernspaltung in eine Waffe von unvorstellbarer Wirkungskraft umzusetzen. Das Ergebnis dieser Bemühungen zeigte sich erst nach der deutschen Kapitulation. Sofort eingeleitete Untersuchungen alliierter Fachleute ergaben, daß die Deutschen noch weit davon entfernt waren, herauszufinden, wie man eine Kettenreaktion auslösen konnte.

Als Winston Churchill von der erfolgreichen Explosion der ersten Atombombe in der Wüste von Alamogordo in New Mexico am 16. Juli 1945 erfuhr, äußerte er prophetisch: «Was war das Schießpulver? Eine Trivialität. Was die Elektrizität? Bedeutungslos. Die Atombombe ist die Wiederkunft Christi im Zorn.»[77] Dies sagte er zu Henry Stimson, dem US-Verteidigungsminister, der eine wichtige Rolle bei der Diskussion innerhalb der amerikanischen Regierung über die Frage spielte, ob eine so schreckliche Waffe eingesetzt werden solle, selbst wenn sie die Niederlage der Japaner bedeutete, deren verräterischer Angriff auf Pearl Harbor, deren grausame Kampfweise und deren Unmenschlichkeit gegenüber Gefangenen und unterworfenen Völkern sie aller Sympathien bei den Amerikanern beraubt hatten. Sehr bald fiel dann die Entscheidung. Ausschlaggebend dabei war, daß man im Falle eines Angriffs auf die Japanischen Inseln, wie gesagt, mit einer Million Toten und Verletzten unter den amerikanischen Soldaten rechnete. Stimson sprach wohl für die meisten, die Präsident Roosevelts Entscheidung unterstützten, als er später erklärte: «Um eine wirkliche Kapitulation des Kaisers und seiner militärischen Berater zu erreichen, war es, so glaubte ich, nötig, ihnen einen tiefen Schock zu versetzen, der sie von unserer Fähigkeit uberzeugte, ihr Reich zu zerstören.»[78] Die Explosionen von Hiroshima und Nagasaki am 6. und 9. August 1945 töteten 103000 Menschen. Am 15. August gab der japanische Kaiser angesichts drohender weiterer Atombomben seinem Volk bekannt, daß der Krieg vorbei sei.

Gesetz und Kriegsende

Das Ende des Zweiten Weltkrieges und das Aufkommen der Atomwaffen bedeuteten keineswegs das Ende aller Kriege. Die Zerstörung der europäischen Kolonialreiche im ostasiatisch-pazifischen Raum durch Japan, die Demütigung der europäischen Gouverneure und Siedler vor den Augen ihrer früheren Untertanen bedeuteten 1945, daß die Kolonialherrschaft dort – wenn überhaupt – nur durch Gewalt wiederhergestellt werden konnte. In Burma hielten die Briten dies für unmöglich. 1948 entließen sie das Land in die Unabhängigkeit. Im selben Jahr brach in Malaysia ein von den Kommunisten angezettelter Aufstand aus. London erkannte, daß man die Bevölkerung für bewaffnete Gegenmaßnahmen nur gewinnen konnte, wenn man ihr als Gegenleistung politische Selbstbestimmung versprach. Auch die Niederländer mußten den Versuch der Wiederherstellung ihrer Kolonialherrschaft in Ostasien sehr bald aufgeben. Wie in Burma so hatten auch in Indonesien von den Japanern begünstigte Unabhängigkeitsbewegungen die Zustimmung weiter Bevölkerungskreise gewonnen.

Frankreich schätzte die Lage anders ein. In Indochina stand es einer von den Kommunisten geleiteten nationalistischen Partei gegenüber, die von den Japanern Waffen erhalten hatte. Paris entsandte Expeditionsstreitkräfte, die die Vorkriegsverhältnisse wiederherstellen sollten. Doch gleich nach ihrem Eintreffen im Jahre 1946 wurden sie in Guerillaaktivitäten verwickelt, bei denen sich der Gegner als weit überlegen erwies. Die Vietminh – unter diesem Namen wurde die nationalistische Bewegung bekannt – hatten die Techniken des Guerillakrieges von Mao Zedongs kommunistischer Armee in China übernommen. China war total verarmt und durch acht Jahre japanischer Besatzung und Krieg gegen Japan destabilisiert. Daher konnten die Kommunisten im Bürgerkrieg der Jahre 1947–49 der Regierung Tschiang Kai-scheks die Macht entreißen. Maos Armee errang ihren Sieg mit konventionellen Mitteln. In den frühen Jahren ihres Kampfes hatte sie jedoch ein eigenes Kriegskonzept entwickelt, bei dem die traditionelle chinesische Strategie des Ausweichens und der Verzögerung durch die marxistische Überzeugung von der Unvermeidlichkeit des Sieges der Revolution verstärkt wurde. Die natürlichen Gegebenheiten Indochinas sprachen für Operationen, die sich auf Überraschungen gründeten, auf die Kombination begrenzter Angriffe mit plötzlichen Rückzügen, auf Methoden, die Mao den «in die Länge gezogenen Krieg» genannt hatte, und so konnte der Widerstand der französischen Expeditionsstreitkräfte erfolgreich gebrochen werden. 1954 stellte Paris den Kampf ein und übergab die Macht an die Vietminh.

Der Erfolg der Vietminh ermutigte die Völker der noch verbliebenen europäischen Kolonien, zu den Waffen zu greifen. Dies geschah insbesondere in Französisch-Nordafrika, im britisch beherrschten Arabien und in den portugiesischen Gebieten Afrikas. In den sechziger Jahren erlitten die europäischen Kolonialmächte dann Niederlagen an allen Fronten. Sie gaben sogar Kolonien auf, in denen Frieden herrschte. Der «Wind des Wandels» blies der europäischen Vorherrschaft ins Gesicht und war stark genug, das Selbstbewußtsein der europäischen Seemächte zu zerfetzen, deren Abenteurer zu Beginn des Schießpulverzeitalters mit der unerschütterlichen Gewißheit moralischer und materieller Überlegenheit in See gestochen waren.

Die Militarisierung der neuen unabhängigen Staaten Asiens und Afrikas in den vier Jahrzehnten nach 1945 stellt einen ebenso bemerkenswerten Vorgang dar wie die Militarisierung der Massen in Europa im Laufe des 19. Jahrhunderts. Wie zu erwarten, war sie von den gleichen traurigen Folgen begleitet: Überbelastung der Haushalte durch Waffenkäufe, Unterordnung ziviler unter militärische Werte, Überheblichkeit selbsternannter militärischer Eliten, vorschnelle Kriegsbereitschaft. Und wie ebenfalls nicht anders zu erwarten, war der objektive militärische Wert der meisten der etwa hundert im Zuge der Entkolonisierung entstandenen Armeen sehr gering. «Technologietransfers» des Westens, ein beschönigender Ausdruck für Waffenverkäufe reicher an arme Länder, die sich dies kaum leisten konnten, bedeuteten nicht auch die Übertragung einer Kultur, die diesen Waffen in den Händen des Westens ihre tödliche Wirkungskraft verlieh. Einzig die Vietnamesen, gegen die die Amerikaner in den Jahren 1964–73 einen erfolglosen ideologischen Krieg führten, brachten eine Anpassung zustande, wie sie die Japaner nach der Meiji-Restauration von 1866 so beeindruckend vorgemacht hatten. Überall sonst hatte die Militarisierung einen Militarismus ohne die Tugend der Disziplin zur Folge.

Die vielen kleinen Kriege des nachkolonialen Zeitalters erregten zwar das liberale Gewissen vieler in den früheren Kolonialmächten, lösten aber unter den Siegernationen von 1945 keine ernsthafte Beunruhigung aus. Der Friede, der sich auf den Sieg gründete, schien nicht gefährdet. Die Kriegsfurcht der großen Mächte beruhte auf anderen Faktoren, nämlich den Nuklearwaffen, die den Zweiten Weltkrieg so schnell beendet hatten. Zunächst waren derartige Befürchtungen überflüssig, weil die Vereinigten Staaten ein Atommonopol besaßen. Doch 1949 wurde bekannt, daß die Sowjetunion eine eigene Atombombe zur Explosion gebracht hatte. Als im Lauf der fünfziger Jahre beide Supermächte die noch weit zerstörerischere Wasserstoffbombe entwikkelten, mußte sich die industrielle Welt der Bedrohung stellen, die sie selbst geschaffen hatte.

Im Laufe von fünfhundert Jahren hatte sich aus einer Form der Feindseligkeit, bei der Schaden durch die Muskelkraft von Mensch und Tier begrenzt war, über eine Zwischenstufe, auf der Muskelkraft durch chemische Energie ersetzt oder verstärkt wurde, plötzlich und unbeabsichtigt ein Zustand entwickelt, in dem die Austragung von Feindseligkeiten, die nach vorherrschender militärischer Theorie als angemessen und korrekt betrachtet wurde, die Erde zu vernichten drohte. Stimsons spontane erste Einschätzung der Atombombe war richtiger, als er ahnen konnte: sie sei «mehr als eine schreckliche Vernichtungswaffe» hatte er damals gemeint, nämlich «eine psychologische Waffe».[79] Der Gedanke an die Nuklearwaffen ließ den Menschen keine Ruhe mehr, die Befürchtungen, die sie weckten, machten ein für allemal die Hohlheit der Analyse Clausewitz' deutlich. Wie konnte der Krieg eine Fortsetzung der Politik darstellen, wenn es das Endziel aller rationalen Politik ist, das Wohlergehen von politischen Gebilden zu fördern? Das nukleare Dilemma zwang denkende Menschen, Staatsmänner, Bürokraten und vor allem Berufsmilitärs, sich den Kopf zu zerbrechen, um einen Ausweg aus der schrecklichen Situation zu finden, die sie selbst herbeigeführt hatten.

Einige kluge Köpfe, darunter viele Wissenschaftler in den politischen Entscheidungszentren der westlichen Regierungen, erarbeiteten sich mühselig den Weg zur Anpassung an die schreckliche Lage, indem sie Schritt für Schritt klarstellten, warum Clausewitz' Logik wie eh und je gelte: Nuklearwaffen, so legten sie dar, ließen sich für politische Zwecke nutzen, nicht indem man sie einsetze, sondern indem man mit ihrem Einsatz drohe. Die Wurzeln dieser «Abschreckungstheorie» reichten tief. Seit Jahrhunderten hatten Militärs die Aufstellung und Ausbildung von Armeen mit der römischen Redensart «Wer den Frieden will, muß sich auf den Krieg vorbereiten» gerechtfertigt. Anfang der sechziger Jahre war diese Doktrin in den Vereinigten Staaten umformuliert worden. Nun sprach man von «gegenseitig gesicherter Zerstörungsfähigkeit», von der Fähigkeit, von einem «bewußten [Nuklear-]Angriff abzuschrecken... indem man allzeit und unmißverständlich die Fähigkeit behält, einem Angreifer – selbst nachdem dieser einen überraschenden ersten Schlag geführt hat – ein nicht akzeptables Maß an Schaden zuzufügen».[80] Wenn die Zahl der Nuklearsprengköpfe sowie der strategischen Bomber und Trägerraketen (Weiterentwicklungen der deutschen V-2) niedrig blieb, dann konnte die «gegenseitig gesicherte Zerstörungsfähigkeit» gerade noch als tolerables System zur Eindämmung der Nuklearkraft in überschaubaren Grenzen gerechtfertigt werden, insbesondere da das gegenseitige Mißtrauen der beiden wichtigsten Atommächte wirksame Abrüstungsmaßnahmen ausschloß. Als in den achtziger Jahren die Zahl der mit Atomsprengköpfen bestückten Interkontinentalraketen auf beiden Seiten mehr als zweitausend betrug und die Zahl der Sprengköpfe in die Zehntausende ging, bestand eine klare Notwendigkeit für andere und bessere Mittel zur Sicherung des Friedens.

Seit langem schon hatte die Menschheit versucht, den Krieg durch Gesetze einzuschränken, und zwar durch solche, die definierten, wann ein Krieg gestattet sei oder nicht *(ius ad bellum)*, wie auch durch solche, die festlegten, was im Falle eines Krieges, wenn er denn ausgebrochen war, erlaubt sei *(ius in bello)*. In der Antike galt ein «gerechter Krieg» nur dann als gegeben, wenn einem Staat oder seinen Repräsentanten Beleidigungen oder Ungerechtigkeiten zugefügt worden waren. Als der erste christliche Theologe, der sich mit politischen Fragen beschäftigte, der heilige Augustinus (354–430), mit der Frage konfrontiert wurde, ob es einem Menschen, der frei von Sünde leben wolle, überhaupt gestattet sei, am Krieg teilzunehmen, erklärte er diese Teilnahme unter drei Voraussetzungen für gerechtfertigt: 1. wenn der Krieg einen gerechten Grund habe, 2. wenn er mit der «echten Absicht» geführt werde, Gutes zu fördern und Übel abzuwehren, 3. wenn er von einer legitimen Obrigkeit ausgehe. Diese Kriterien bildeten bis zur Reformation die Grundlage für kirchengerichtliche Verfahren zwischen Kriegsparteien. Sie wurden weiterentwickelt von Kirchenjuristen wie Francisco de Vittoria (1480–1546), der behauptete, wenn ein Ungläubiger für eine legitime Autorität kämpfe, müsse man seinen Glauben respektieren, für eine gerechte Sache zu kämpfen. Bedeutender aber war der große holländische Jurist Hugo Grotius (1583–1645), der sich um die Definition des «ungerechten» und des «gerechten» Krieges bemühte und Maßnahmen zur Bestrafung derjenigen vorschlug, die an ungerechtfertigten Kriegen schuld waren.

Im 18. und 19. Jahrhundert achtete man nicht auf diese Unterscheidungen von Grotius. Die Politik der Nationen war weitgehend von der amoralischen Auffassung Machiavellis geprägt, die Souveränität versorge den Staat mit allen Rechtfertigungen, die er zur Begründung seines Handelns benötige. Da es seit der Reformation keine supranationale Autorität mehr gab, die dieser Denkweise widersprach, überlebte sie das Pulverzeitalter, ohne ernsthaft in Frage gestellt zu werden. Ein führender Völkerrechtler, W. E. Hall, faßte den Stand der Debatte im Jahre 1880 so zusammen: «Für das Völkerrecht gibt es... keine Alternative, als den Krieg zu akzeptieren, wie ungerecht auch immer sein Ursprung sein mag. Er stellt ein Verhältnis zwischen den Parteien dar, das zu wählen sie die Freiheit haben. Und sie können ihn nur beenden, indem sie ihre Beziehungen anders regeln. Daher befinden sich beide Parteien eines jeden Krieges in einer identischen rechtlichen Position, und daraus ergibt sich, daß sie gleiche Rechte haben.»[81]

Die Entwicklung der Massenvernichtungsmittel gegen Ende des 19. Jahrhunderts ließ diese von Gleichgültigkeit geprägte Lehre selbst den stärksten Staaten als gefährlich erscheinen. In den Haager Konventionen von 1899 und 1907 kamen die führenden Mächte überein, ihre unbegrenzte Freiheit, über Krieg und Frieden zu entscheiden, durch vorsichtige Maßnahmen einzuschränken. (Die Regeln der Kriegführung waren bereits in ersten Zügen durch die Genfer Konvention festgelegt worden, deren erste von den zwölf wichtigsten Mächten 1864 unterzeichnet worden war.) Die Umstände des Ausbruchs des Ersten Weltkriegs machten die Haager Bewegung zum Gegenstand des Spottes, doch wirkte ihr Geist weiter in der von den USA inspirierten Verfassung des Völkerbundes, die zwischen streitenden Staaten ein Schiedsgerichtsverfahren vorsah. Dem wurde Nachdruck verliehen durch Sanktionen gegenüber Staaten, die eine unwillkommene Entscheidung zurückwiesen. 1928 kam es dann zum Kellogg-Pakt, der die Unterzeichner ausdrücklich verpflichtete, in Zukunft alle Streitigkeiten «mit friedlichen Mitteln» zu regeln.[82] Danach verstieß jede Art Kriegführung formal gegen das Völkerrecht. Die flagrante Verletzung dieses neuen Prinzips des internationalen Rechts veranlaßte die Regierung der Vereinigten Staaten im Jahre 1945 darauf zu drängen, die als Bündnis gegen Deutschland und Japan gebildeten Vereinten Nationen zu einer permanenten Organisation in der Nachfolge des Völkerbundes zu machen. Vor allem weil die USA darauf bestanden, bestätigte die Charta der Vereinten Nationen den Kellogg-Pakt und die Völkerbundsverfassung. Die Vermittlungs- und Sanktionsmöglichkeiten des Völkerbundes wurden erweitert durch eine Reihe von Bestimmungen, die es den Vereinten Nationen ermöglichten, militärisch gegen einen Friedensstörer vorzugehen.

Daß der Geist der Charta der Vereinten Nationen in der vierzigjährigen Geschichte der atomaren Konfrontation zwischen Sowjets und Amerikanern immer wieder verletzt wurde, ist bekannt. Aber noch bevor diese Konfrontation durch den plötzlichen Zusammenbruch des kommunistischen Regimes in der Sowjetunion 1990 zu Ende ging, hatten sich die beiden Supermächte bereits auf wesentliche Maßnahmen zur nuklearen Abrüstung geeinigt. Beide fürchteten nämlich die schreckliche Gefahr eines Überraschungsangriffs, in die sie die Perfektionierung der Raketentechnik hineintrieb. Die daraus resultierende Entspannung kündigte die hoffnungsvollste Entwicklung seit der Gründung der Vereinten Nationen im Jahre 1945 an.

Doch weder die nukleare Abrüstung noch die neue Harmonie der «einen Welt» haben die Hoffnung geweckt, daß unsere von Krieg gesättigte Welt vielleicht endlich friedliche Wege einschlagen wird. Bedeutsamer ist paradoxerweise ein Akt der Sowjetunion in den letzten Monaten ihrer Existenz: ihre Entscheidung, den Beschluß der Vereinten Nationen zu unterstützen, militärisch gegen den unprovozierten Angriff des Irak auf Kuwait im Herbst 1990 vorzugehen. Der Irak hatte alle moralischen Vorstellungen von einem «gerechten Krieg» sowie alle Bestimmungen des Völkerrechts, wie sie nacheinander in der Völkerbundssatzung, dem Kellogg-Pakt und der Charta der Vereinten Nationen niedergelegt worden waren, verletzt. Der schnelle Sieg der Streitkräfte, die entsandt worden waren, den Irak zu bestrafen und ihm die illegal besetzten Territorien zu entreißen, wurde ohne zivile Opfer erkämpft und durch einen Beschluß der Vereinten Nationen autorisiert. Es handelte sich hier um den ersten Sieg der Ethik des gerechten Krieges, seit Grotius auf dem Höhepunkt des Dreißigjährigen Krieges dessen Prinzipien festgelegt hatte.

Wer gelassen darauf vertraut, daß die Vereinten Nationen ihre friedenserhaltenden Aufgaben erfolgreich erfüllen werden, da es dazu keine Alternative gibt, wird trotzdem noch lange warten müssen, bis diese Hoffnung sich erfüllt. Der Mensch ist ein potentiell gewalttätiges Wesen. Dies läßt sich nicht leugnen, selbst wenn man einräumt, daß es eher eine Minderheit in jeder Gesellschaft ist, die dieses Potential verwirklicht. Im Laufe der viertausend Jahre, in denen es organisierte Armeen gibt, hat der Mensch gelernt, in dieser Minderheit jene auszumachen, die Soldaten «abgeben», sie auszubilden und auszurüsten, ihnen die notwendigen Mittel zur Verfügung zu stellen und ihrem Verhalten Beifall zu zollen, wenn die Mehrheit eine Bedrohung spürt. Wir müssen noch weitergehen: Eine Welt ohne Armeen – Armeen, die durch Disziplin, Gehorsam und Gesetzestreue gekennzeichnet sind – wäre unbewohnbar. Armeen mit den genannten Qualitäten sind Instrumente und gleichzeitig Merkmale der Zivilisation. Ohne sie müßte die Menschheit sich entweder mit einem Leben auf primitiverem Niveau zufriedengeben, unterhalb des «militärischen Horizonts» also, oder sich mit dem gesetzlosen Chaos einer Massenauseinandersetzung «aller gegen alle» nach den Vorstellungen von Hobbes abfinden.

Es gibt Gebiete auf der Welt, in denen Stammeskonflikte toben und wo genug billige Waffen hingelangen – das übelste Exportprodukt der industriellen Welt –, so daß dort der Krieg aller gegen alle tagtäglich stattfindet. Wir können diesem Schauspiel auf unseren Fernsehschirmen zusehen und sind gewarnt. Wir können daraus lernen, was Krieg für uns bedeuten kann, wenn wir Clausewitz' Gedanken, der Krieg sei eine Fortsetzung der Politik, nicht zurückweisen und wenn wir uns der Erkenntnis verschließen, daß Politik, die zum Krieg führt, von Übel ist.

Um uns von Clausewitz' Lehren abzuwenden, müssen wir uns nicht Margaret Mead anschließen, die meinte, der Krieg stelle eine «Erfindung» dar. Wir müssen auch nicht in selbstzerstörerischer Weise darüber nachsinnen, wie wir unser genetisches Erbe ändern können. Wir müssen nicht danach streben, uns von den Fesseln unserer materiellen Lebensumstände zu lösen. Die Menschheit beherrscht die Welt der Materie bereits in einem Maße, das sich auch die optimistischsten unserer Vorfahren vor zweihundert Jahren nicht hätten vorstellen können. Wir müssen nur akzeptieren, daß im Laufe von viertausend Jahren der Experimente und der Wiederholungen die Kriegführung zu einer Gewohnheit geworden ist. In der primitiven Welt wurde diese Gewohnheit von Ritualen und Zeremonien begleitet. Später leistete sich die menschliche Intelligenz den Verzicht auf Rituale und Zeremonien und streifte damit die Zügel ab, die der Kriegführung angelegt waren. Damit gab man gewalttätigen Männern die Mittel in die Hand, die Grenzen der Gewalt bis zum Äußersten auszudehnen. «Der Krieg», so formulierte Clausewitz, «ist ein Akt der

Gewalt, und es gibt in der Anwendung derselben keine Grenzen.» Der kriegserfahrene Offizier Clausewitz konnte sich die Schrekken nicht vorstellen, zu denen die Logik seines Denkens führen mußte, wir aber haben einen Eindruck davon bekommen. Es empfiehlt sich, die Gewohnheiten der primitiven Völker, zu denen Selbstbeschränkung, Diplomatie und Verhandeln gehörten, wieder zu erlernen. Wenn wir uns nicht von den falschen Gewohnheiten lösen, die wir uns selbst beigebracht haben, werden wir nicht überleben.

Epilog

«Was ist Krieg?» – so lautete die Ausgangsfrage dieses Buches. Am Ende bleibt der Zweifel, ob es auf diese Frage eine einfache Antwort geben kann und ob das Wesen des Krieges eindeutig zu bestimmen ist. Ich hoffe aber, Zweifel an der Vorstellung geweckt zu haben, daß der Mensch dazu verurteilt sei, Kriege zu führen, und daß die Angelegenheiten dieser Welt am Ende stets durch Gewalt geregelt werden müssen. Die schriftlich überlieferte Weltgeschichte ist weitgehend Kriegsgeschichte, weil die Staaten, in denen wir leben, weitgehend durch Eroberungen, innere Auseinandersetzungen oder Kämpfe um Unabhängigkeit geschaffen worden sind. Die großen Männer der schriftlich überlieferten Geschichte waren im allgemeinen gewalttätige Männer, wenn nicht selber Krieger; sie verstanden sich auf den Einsatz von Gewalt und scheuten nicht davor zurück, sie für ihre Zwecke einzusetzen.

In unserem Jahrhundert haben die Häufigkeit und die Intensität von Kriegen die Ansichten des Mannes auf der Straße verzerrt. In Europa, den Vereinigten Staaten, Sowjetrußland und China blieben zwei, drei, ja vier Generationen lang die meisten Familien von Kriegen nicht verschont. Söhne, Gatten, Väter und Brüder wurden millionenfach zu den Fahnen gerufen und auf die Schlachtfelder geschickt; viele Millionen kehrten nicht zurück. Der Krieg hat die edleren Regungen ganzer Völker versehrt und sie gegen die Erwartung abgehärtet, kommenden Generationen könnten die schweren Prüfungen erspart bleiben, die sie durchzustehen hatten. Im Alltagsleben der Menschen spielen Gewalt und Grausamkeit heute jedoch keine besondere Rolle. Nicht der Geist der Konfrontation, sondern der der Zusammenarbeit hält die Welt in Bewegung. Die meisten Menschen leben die meiste Zeit über in einem Geist der Zusammengehörigkeit und versuchen mit fast allen Mitteln, Zwietracht zu vermeiden und Meinungsverschiedenheiten zu bereinigen. Gutnachbarliches Verhalten gilt als die höchste der Tugenden, und Freundlichkeit wird als der angenehmste aller Charakterzüge empfunden.

Gute Nachbarschaft blüht allerdings nur innerhalb bestimmter Einschränkungen. Die zivilisierten Gesellschaften, in denen zu leben wir vorziehen, unterliegen der Herrschaft des Rechts. Nur die Gesetze garantieren in ihnen die Ordnung, und jede Ordnung gründet sich auf eine Form von Zwang. Wenn wir diese Art Zwangsordnung akzeptieren, dann räumen wir damit stillschweigend ein, daß es eine dunklere Seite der menschlichen Natur gibt, die durch Furcht vor einer höheren Gewalt eingedämmt werden muß. Wer sich dadurch nicht einschüchtern läßt, hat mit Strafen zu rechnen, die mit schärferen Formen der Gewalt durchgesetzt werden. Doch trotz aller Gewaltpotentiale haben wir auch die Möglichkeit, ihre Auswirkungen zu begrenzen, selbst wenn es keine höhere Gewalt gibt, die uns vor dem Schlimmsten schützt.

Genau deshalb ist das Phänomen des «primitiven» Krieges, mit dem dieses Buch beginnt, so lehrreich. Weil die Kriege in unserem Jahrhundert so extreme und unbarmherzige Formen angenommen haben, ist es für den modernen Menschen um so einfacher geworden, die Tendenz zu extremen Formen der Kriegführung für unvermeidlich zu halten. Mäßigung und Selbstbeschränkung gehören nicht zu den Grundzügen moderner Kriege; Unterbrechungen oder Vermittlungsversuche aus humanitären Gründen werden in zynischer Weise vielfach nur als Mittel betrachtet, durch die das Unerträgliche beschönigt oder verschleiert werden soll. Doch, wie man von den «Primitiven» lernen kann, besitzt der Mensch als Krieger die Fähigkeit, Art und Auswirkungen seines Handelns zu begrenzen. Die Primitiven haben auf alle möglichen «Kniffe» zurückgegriffen, um sich und ihren Feinden das Allerschlimmste zu ersparen. Dazu zählen die Freistellung und Verschonung bestimmter Teile der Gesellschaft – Frauen, Kinder, Kranke, Alte – vom Kampf und seinen Folgen. Hinzu kommen Übereinkünfte. Diese können den Zeitpunkt, den Ort und die Jahreszeit sowie die

Vorwände für Auseinandersetzungen betreffen. Die wichtigsten «Kniffe» aber betreffen das Ritual, das die Art und Weise des Kampfes selbst festlegt und verlangt, daß einmal festgelegte Vereinbarungen dieser Art auch eingehalten werden und die Parteien zu Beratung, Vermittlung und Friedensschluß Zuflucht nehmen.

Doch sollte die primitive Art der Kriegführung auch nicht idealisiert werden. Sie kann nämlich sehr gewalttätige Formen annehmen, und dann spielen Freistellungen, Konventionen und Rituale keine Rolle mehr. Selbst wenn alle Einschränkungen eingehalten werden, kann ein Krieg für die Opfer unangenehme materielle Auswirkungen mit sich bringen. Dazu zählt in erster Linie die fortschreitende Verdrängung der schwächeren Partei von ihrem Territorium auf schlechteren Grund und Boden. Dies kann letztlich eine Kultur zerstören, die durch die kulturellen Begrenzungen der Kriegführung normalerweise geschützt wird. Kulturen können sich nicht unbegrenzt selbst erhalten. Sie haben Schwächen, die sie gegenüber feindlichen Einflüssen verwundbar machen, und unter diesen Einflüssen ist die Kriegführung einer der stärksten.

Dennoch zählt die Kultur zu den wichtigsten Bestimmungsfaktoren der Kriegführung eines Volkes. Dies läßt sich an der Geschichte ihrer Entwicklung in Asien deutlich zeigen. Die orientalische Art der Kriegführung unterscheidet sich von der europäischen durch bestimmte Besonderheiten. An erster Stelle stehen dabei Ausweichen, Verzögern und indirekte Kampfweise. Angesichts der außerordentlichen Dynamik und Unbarmherzigkeit der Feldzüge Attilas, Dschingis-Khans und Tamerlans mogen solche Charakterisierungen als ziemlich unangemessen erscheinen. Diese Feldzüge muß man jedoch in ihrem besonderen Zusammenhang sehen. Angesichts der dreitausend Jahre, da das Pferd das wichtigste Instrument der Kriegführung darstellte, erscheinen diese Ereignisse als punktuell und nicht als Normalzustand der Kriegsgeschichte Eurasiens. Natürlich stellten die Reiterkrieger in diesen Jahrtausenden eine ständige Bedrohung dar, aber normalerweise verstand man sie einzudämmen. Dies hing nicht zuletzt mit der von den Reitern bevorzugten Kriegführung zusammen, und diese war nun einmal geprägt von Ausweichen, Verzögern und indirekter Kampfweise. Der Reiter zog es vor, aus der Distanz zu kämpfen; Geschosse benutzte er lieber als blanke Waffen; traf er auf entschiedenen Widerstand, zog er sich zurück, und er führte lieber einen Zermürbungskrieg, statt den Gegner in einem einzigen Waffengang zu besiegen.

Aus diesem Grunde konnten die angreifenden Reiter von den Angegriffenen in der Regel erfolgreich in Schach gehalten werden, wenn diese über befestigte Verteidigungsanlagen an den Grenzen der Gebiete verfügten, wo die Reiter zu Hause waren. Außerhalb ihres eigenen Terrains war für die Reiterkrieger die Betreuung ihrer riesigen Pferdeherden ein gewaltiges Problem. Wenn die freie Bewegung noch durch Hindernisse wie die Große Mauer in China und die *cherta* in Rußland eingeschränkt wurde, dann besaßen die Reiterkrieger so gut wie keine Möglichkeit, große Feldzüge durchzuführen. Dennoch gelang es einigen von ihnen, in ständig besiedelte Gebiete einzudringen und sich dort dauerhaft als Herrscher zu etablieren. In diesem Zusammenhang sind die Moguln in Indien und die osmanischen Türken zu nennen, die zusammen mit dem Hauptteil der Mamelucken zu verschiedenen Zeiten in den arabischen Ländern die Macht ausübten. Aber die als Eroberer siegreichen Reitervölker waren meist außerstande, den Eroberungsimpuls in kreative und konstruktive Politik umzusetzen. Sie blieben der Kultur des Feldlagers, des Pferdes und des Bogens verhaftet. Ihre Herrscher lebten weiter wie Nomadenhäuptlinge, selbst wenn sie sich luxuriös in den Hauptstädten der von ihnen eroberten Reiche niedergelassen hatten. Wenn sie sich neuen Mächten gegenübersahen, die ihre Kriegführung dem technischen Fortschritt angepaßt hatten, hinderte ihre kulturelle Enge sie daran, der Herausforderung wirkungsvoll zu begegnen, und so wurden sie schließlich vernichtet.

Paradoxerweise umfaßte die orientalische Art der Kriegführung eine Dimension, die erst spät in den Westen gelangte. Diese Dimension, eine ideologische und intellektuelle zugleich, schenkte dem Osten ein gewaltiges, aber sich selbst begrenzendes Ziel. Lange bevor es im Westen eine Philosophie des Krieges gab, existierte eine solche bereits in China. Das konfuzianische Ideal der Rationalität, der Kontinuität und der Bewahrung der Institutionen veranlaßte die Chinesen, nach Mitteln zu suchen, den Kriegertrieb den Gesetzen und Sitten unterzuordnen. Innere Wirren und Einbrüche aus der Steppe führten dazu, daß dieses Ideal nicht immer erreicht wurde. Dennoch war Mäßigung ein ständiger Grundzug des chinesischen Militärwesens, das eher dazu diente, kulturelle Formen zu erhalten, als fremde Länder zu erobern oder Revolutionen im Inneren durchzuführen. Zu den größten Leistungen der Chinesen zählen die erfolgreiche kulturelle Integration der Eindringlinge aus den Steppen und die Überwindung ihrer zerstörerischen Neigungen durch die zentralen Werte der chinesischen Kultur.

Zurückhaltende Kriegführung war auch ein Grundzug des Islam, der anderen beherrschenden Kultur Asiens. Allerdings wird der Islam weithin als eine Erobererreligion gesehen, zu deren bekanntesten Zielen die Verpflichtung zum Heiligen Krieg gegen die Ungläubigen gehört. Außerhalb der Gemeinschaft der Muslime hat man die Geschichte der islamischen Eroberungen und das eigentliche Wesen der Lehre vom Heiligen Krieg mißverstanden. Das Zeitalter der islamischen Eroberungen war relativ kurz und ging nicht nur deshalb zu Ende, weil die Gegner des Islam sich zu wehren gelernt hatten, sondern auch weil sich der Islam in der Frage der moralischen Rechtfertigung des Krieges uneins war. Gespalten durch innere Auseinandersetzungen, mißachtete man das Gebot, nicht untereinander zu kämpfen. Die höchsten geistlichen Autoritäten sahen die Lösung dann darin, die Kriegerrolle einer spezialisierten, untergeordneten Klasse von Soldaten zu übertragen, die für diese Aufgabe rekrutiert wurden. So konnte die Mehrheit der Gläubigen von militärischen Verpflichtungen frei bleiben, und die Frommen konnten in ihrem persönlichen Leben eine «höhere» Form des Heiligen Krieges anstreben, nämlich «den Krieg gegen das eigene Ich».

Da die vom Islam ausgewählten Kriegsspezialisten, die in seinem Namen kämpfen sollten, vor allem unter den Reitervölkern der Steppe rekrutiert wurden, die sich weigerten, ihre militärische Kultur veränderten Umständen anzupassen – selbst wenn sie durch ihr Waffenmonopol an die Macht gelangten –, wurde die Kriegführung in der islamischen Welt bald genauso begrenzt wie in der chinesischen. Für die Kultur selbst hatte dies höchst vorteilhafte Auswirkungen. Wenn diese Kultur sich allerdings mit einer anderen auseinandersetzen mußte, die keine der Beschränkungen kannte, die die orientalische Tradition sich auferlegt hatte, unterlag sie einer Rücksichtslosigkeit, die sie selbst nicht aufzubringen bereit oder fähig war, nicht einmal zur Selbstverteidigung.

Die überlegene Kultur war die des Westens. Sie zeichnete sich durch drei Elemente aus. Eines hatte sie aus sich selbst hervorgebracht, das zweite hatte sie aus dem Orient übernommen, das dritte verdankte sie ihrer Fähigkeit zur Anpassung und zum Experimentieren. Es handelt sich um einen moralischen, einen intellektuellen und einen technischen Aspekt. Das moralische Element verdankt der Westen den Griechen der klassischen Epoche. Sie überwanden im 5. Jahrhundert v. Chr. die Begrenzungen des primitiven Kampfstils, der an den Kriegsritualen festhielt; die Griechen gingen statt dessen zum Kampf Mann gegen Mann auf Leben und Tod über. Dies galt zunächst für ihre Kriege untereinander. Als diese Kampfweise dann auch gegen die Außenwelt angewandt wurde, war man dort zunächst tief schockiert. Die Geschichte der Kriege Alexanders des Großen gegen Persien, dessen Kampfstil eine Mischung aus primitivem Ritual und Steppenreitertum darstellte, ist ein Paradigma für kulturelle Unterschiede. Der Großkönig Darius erscheint als wirklich tragische Gestalt, denn er repräsentiert eine Kultur, die nicht vorbereitet war auf die Auseinandersetzung mit Feinden, die weder käuflich noch verhandlungsbereit waren, nachdem sie im Kampf einen Vorteil gewonnen hatten. Sie wollten alles durch Kampf entschieden wissen, und das unmittelbare Ergebnis einer Schlacht war ihnen stets wichtiger als andere Gesichtspunkte, ja selbst das persönliche Überleben. Der Mord an Darius durch seine engste Umgebung, die hoffte, wenn Alexander seine Leiche finde, werde er ihr Leben schonen, zeigt mit aller Deutlichkeit den kulturellen Zusammenstoß zwischen Zweckdienlichkeit und Ehre, zwischen zwei unterschiedlichen Konzeptionen der Kriegführung.

Die Ethik des Kampfes bis zum Tod, die eher für die Infanterie als für die Kavallerie charakteristisch ist, verbreitete sich von Griechenland aus über das Römische Weltreich. Wie sie zu den Germanen kam, die gegen die Römer schließlich siegreich blieben, wird sich wohl nie genau nachweisen lassen. Die germanischen Eindringlinge kämpften jedenfalls Mann gegen Mann; sonst hätten sie die römischen Heere wohl kaum besiegt, nicht einmal in jenem heruntergekommenen Zustand, den diese im letzten Jahrhundert des Weströmischen Reichs erreicht hatten. Eine besondere Errungenschaft der nachfolgenden germanischen Königreiche war die Verbindung des Kampfes Mann gegen Mann mit dem Reiterkampf. So kam es, daß die Ritter des Westens, im Unterschied zu den Nomaden der Steppe, gegen die Hauptstreitmacht des Feindes vorgingen und nicht nur Störmanöver aus der Distanz durchführten. Gegen Araber und Mamelucken im Heiligen Land scheiterten sie damit oft, denn Sturmangriffe konnten gegen einen Gegner wenig ausrichten, der es nicht für unehrenhaft hielt, dem Feind auszuweichen. Es kam jedoch zu einem bedeutsamen kulturellen Austauschprozeß, der sich aus dem Konflikt zwischen Muslimen und Christen im Nahen Osten ergab. Dieser Konflikt löste das im Christentum angelegte Dilemma der moralischen Rechtfertigung des Krieges auf, indem er die Ethik des Heiligen Krieges in das Denken des Westens einführte. Danach verfügte die westliche Militärkultur über eine ideologische und intellektuelle Dimension, die ihr bisher gefehlt hatte.

Der direkte Kampfstil, der eng mit der ethischen Vorstellung von persönlicher Ehre zusammenhing, paßte gut zu dieser neuen ethischen Dimension, und so fehlte nur noch ein technisches Element, um die westliche Art der Kriegführung zu vervollständigen. Dies geschah mit der Durchsetzung des Schießpulvers und der Pulverwaffen bis zum 18. Jahrhundert. Warum die westliche Kultur den technischen Wandel akzeptierte, den die asiatische ablehnte – von der primitiven ganz zu schweigen –, kann hier nicht erörtert werden; wir sollten jedoch erkennen, daß ein wichtiger kultureller Faktor, der der asiatischen Kultur eine solche Anpassung unmöglich machte, in einer militärischen Konzeption lag, die von den Eliten verlangte, auf dem ausschließlichen Gebrauch traditioneller Waffen zu bestehen, so veraltet sie auch sein mochten. Das war eine ganz vernünftige Form der Rüstungskontrolle. Die westliche Welt lehnte Rüstungskontrolle ab und begab sich auf einen ganz anderen Weg, der schließlich jene Form der Kriegführung hervorbrachte, die Clausewitz als den eigentlichen Krieg bezeichnete: eine Fortsetzung der Politik, die er als intellektuelle oder ideologische Konfrontation sah, durch Mittel der kämpferischen Auseinandersetzung, die für ihn Mann gegen Mann und direkt stattzufinden hatte und die sich selbstverständlich die Mittel der technischen Revolution zunutze machte.

Die westliche Art der Kriegführung sollte sich nach Clausewitz' Tod global durchsetzen. Im Laufe des 19. Jahrhunderts gelangten alle asiatischen Völker mit Ausnahme der Chinesen, Japaner, Thais und der Untertanen des Osmanischen Reiches unter westliche Herrschaft. Die primitiven Völker beider Amerika, Afrikas und des Pazifiks hatten dagegen überhaupt keine Chance. Einige wenige Völker in entlegenen und unzugänglichen Gebieten wie Tibet, Nepal und Äthiopien wehrten sich erfolgreich und kamen nicht unter die Herrschaft des Westens. In der ersten Hälfte des 20. Jahrhunderts fiel China in die Hände der verwestlichten Japaner, während die meisten osmanischen Gebiete von europäischen Heeren überrannt wurden. Nur die Türken in ihrem Kernland, die sich als intelligente und einfallsreiche Krieger erwiesen hatten und zum Schrecken ihrer Gegner geworden waren, obwohl sie nur mit Pferd und Bogen kämpften, ließen sich nicht unterwerfen und bildeten einen unabhängigen Nationalstaat.

Der Triumph der westlichen Kriegführung sollte sich jedoch als trügerisch erweisen. Wenn sie sich gegen andere Kulturen richtete, überwand sie jeden Widerstand. Bei Auseinandersetzungen innerhalb ihres Kulturbereichs waren die Folgen jedoch katastrophal. Der Erste Weltkrieg, der fast ausschließlich zwischen europäischen Staaten ausgetragen wurde, beendete die globale Vorherrschaft Europas und zerstörte durch die Leiden, die er den Bevölkerungen der beteiligten Staaten auferlegte, das Beste, was sie besaßen, nämlich Liberalismus und Hoffnung. Militaristen und

Anhänger totalitärer Weltanschauungen traten auf, die die Zukunft für sich beanspruchen zu können glaubten. Ihre Vorstellungen wurden im Zweiten Weltkrieg Wirklichkeit, der das Zerstörungswerk vollendete, das der Erste begonnen hatte. Er führte auch zur Entwicklung von Nuklearwaffen, die den logischen Höhepunkt der technischen Waffenentwicklung des Westens darstellten und gleichzeitig für immer die Vorstellung widerlegten, daß der Krieg die Fortsetzung der Politik mit anderen Mitteln sei.

Die Politik muß weitergehen; die Kriege dürfen es nicht. Das heißt nicht, daß dem Krieger in Zukunft keine Rolle mehr zukommt. Die Weltgemeinschaft benötigt mehr denn je gut ausgebildete und disziplinierte Soldaten, die bereit sind, sich in ihren Dienst zu stellen. Diese Soldaten sollten gerechterweise als Beschützer der Zivilisation und nicht als deren Feinde betrachtet werden. Die Art, in der sie für die Zivilisation kämpfen – gegen rassistische Fanatiker, regionale Kriegsherren, hartnäckige Ideologen, gewöhnliche Plünderer und organisierte internationale Kriminelle –, darf sich aber nicht nur am westlichen Modell der Kriegführung orientieren. Die Friedenserhalter und Friedensstifter der Zukunft haben von anderen militärischen Kulturen viel zu lernen, und zwar nicht nur von denen des Orients, sondern auch von den primitiven. Den Prinzipien der freiwilligen Begrenzung und des symbolischen Rituals liegt eine Weisheit zugrunde, die wiederentdeckt werden muß. Und noch weiser ist es, der Ansicht zu widersprechen, daß Politik und Krieg nur Schritte auf ein und demselben Wege sind. Wenn wir dem nicht entschieden widersprechen, könnte unsere Zukunft, wie einst die der letzten Bewohner der Osterinsel, den Männern mit blutigen Händen gehören.

Danksagung

Seit ich 1989 mit der Arbeit an diesem Buch begann, sind bedeutende Veränderungen eingetreten. Der Kalte Krieg ist vorüber. Ein kurzer, aber dramatischer Luft- und Landkrieg wurde am Persischen Golf ausgefochten. Im einstigen Jugoslawien ist ein langer und grausamer Bürgerkrieg ausgebrochen, der noch immer tobt. Verschiedene der in diesem Buch entwickelten Gesichtspunkte haben sich mir am Beispiel des Golfkriegs und in Jugoslawien verdeutlicht.

Am Golf haben die Verbündeten den Streitkräften Saddam Husseins eine clausewitzsche Niederlage bereitet. Allerdings nahm ihr Hussein die politische Wirkung, indem er, statt die über ihn hereingebrochene Katastrophe einzugestehen, Zuflucht zu einem dem Islam wohlvertrauten rhetorischen Kunstgriff nahm und einfach erklärte, er sei trotz aller materiellen Verluste im Innern seines Wesens nicht geschlagen. Daß er – allem Anschein nach mit stillschweigender Duldung der Sieger – nach wie vor an der Macht ist, unterstreicht die Vergeblichkeit der westlichen Kriegführung, solange der Gegner nicht bereit ist, sich die ihr zugrundeliegenden kulturellen Voraussetzungen zu eigen zu machen. In gewissem Sinn kann man den Golfkrieg als Zusammenprall zweier unterschiedlicher militärischer Kulturen betrachten, deren historische Wurzeln tief in die Vergangenheit zurückreichen und von denen sich weder die eine noch die andere mit Hilfe von Abstraktionen über die «Natur des Krieges» verstehen läßt, da es so etwas nicht gibt.

Die für den zivilisierten Menschen ebenso unverständlichen wie widerwärtigen Schrecken des Krieges im ehemaligen Jugoslawien entziehen sich einer Erklärung mit Hilfe herkömmlicher militärischer Begriffe. Nur Anthropologen, die sich mit Kriegen unter wilden Stämmen und Randvölkern beschäftigen, ist das Muster lokaler Haßbeziehungen vertraut, das dahinter deutlich wird. Allerdings bestreiten viele Anthropologen, daß es so etwas wie eine «primitive Kriegführung» gibt. Intelligente Zeitungsleser, denen Berichte von «ethnischen Säuberungen», organisierten Massakern, systematischen Mißhandlungen von Frauen, wilden Rachegelüsten und sinnlosen Evakuierungen einen so unauslöschbaren Eindruck gemacht haben, werden die Parallelen zu manchen der in diesem Buch beschriebenen Vorgänge bei Völkern auf einer vorstaatlichen Stufe selber ziehen.

Mein besonderer Dank gilt Professor Neil Whitehead für die mir gewährte Hilfe bei der Durchsicht der Literatur zur Anthropologie der Kriegführung. Mögliche Mißverständnisse und Fehldeutungen gehen auf mich zurück. Die Zahl der Berufssoldaten und Militärhistoriker, die mich bei meinem Vorhaben unterstützt haben, ein umfassendes Bild von den verschiedenen Formen der Kriegführung im Laufe der Zeiten und an verschiedenen Orten zu entwerfen, ist zu groß, als daß ich sie alle namentlich aufführen könnte. Auch möchte vielleicht nicht jeder von ihnen mit einer so persönlichen Darstellung wie der meinen in Verbindung gebracht werden. Eigens erwähnen möchte ich A. B. Rodger am Balliol College, der mir Militärgeschichte als erster nahegebracht hat, Brigadegeneral Peter Young, DSO, MC, Leiter der Abteilung Militärgeschichte an der Königlichen Militärakademie Sandhurst, wo ich mich erstmals bemüht habe, das Thema zu lehren, sowie Christopher Duffy, meinen Kollegen in Sandhurst, dessen weitreichende Kenntnisse der Militärgeschichte des Habsburgischen und Osmanischen Reiches mich erst auf den Gedanken gebracht haben, daß Kriegführung ein Bestandteil der Kultur ist.

Zu tiefem Dank verpflichtet bin ich meiner amerikanischen Lektorin Elizabeth Sifton für die Arbeit an meinem Manuskript, meinem englischen Lektor Anthony Whittome für die große Sorgfalt, mit der er daraus ein Buch gemacht hat, Anne-Marie Ehrlich, die wieder einmal Illustrationen zusammengetragen hat, Alan

Gilliland für die Karten, Francis Banks, die das Typoskript nach meiner immer schwieriger zu lesenden Handschrift erstellt hat, und, wie stets, meinem Agenten Anthony Sheil, der sich dreißig Jahre hindurch als Freund bewährt hat. Insbesondere danke ich Andrew Orgill und seinen Mitarbeitern in der Zentralbibliothek der Königlichen Militärakademie Sandhurst, einer der großen militärischen Bibliotheken der Welt, zu der ich glücklicherweise nach wie vor Zugang habe, den Mitarbeitern der Bibliothek des Britischen Verteidigungsministeriums sowie denen der London Library.

Persönlich zu Dank verpflichtet bin ich meinen vielen Bekannten und Freunden beim *Daily Telegraph*, darunter Conrad Black, Max Hastings, Tom Pride, Nigel Wade – der für mich im November 1990 einen Besuch am Golf und zwischen dem kroatischen und dem bosnischen Krieg einen Besuch in Jugoslawien organisiert hat –, Peter Almond, Robert Fox, Bill Deedes, Jeremy Deedes, Christopher Hudson, Simon Scott-Plummer, John Coldstream, Miriam Gross, Nigel Horne, Nick Garland, Mark Law, Charles Moore, Trevor Grove, Hugh Montgomery-Massingberd, Andrew Hutchinson und Louisa Bull.

Mein Bruder Francis hat durch seine Anteilnahme an der Geschichte der Familie unserer Mutter, der Bridgmans of Toomdeely, eine Beziehung zwischen uns und verschiedenen Soldaten hergestellt, die von Irland ausgezogen sind, um in den Kriegen Ludwigs XV. für Frankreich zu kämpfen. Da einer von ihnen, Winter Bridgman, den Typus des internationalen Berufsoffiziers verkörperte, der in diesem Buch immer wieder auftaucht, habe ich mich entschlossen, es ihm zu widmen. Ich bin Francis für alle geleistete Arbeit zu tiefem Dank verpflichtet. Schließlich danke ich Freunden und Bekannten in Kilmington, insbesondere Honor Medlam, Michael und Nesta Gray, Don und Marjorie Davis, und gedenke wie stets voll Zuneigung meiner Kinder Lucy und Brooks Newmark, Thomas, Rose, Matthew und Mary sowie meiner Frau Susanne.

Kilmington Manor, 9. Juni 1993

Anmerkungen

I Der Krieg in der Geschichte der Menschheit

1 C. von Clausewitz, *Vom Kriege*. Ungekürzter Text. Frankfurt a. M./ Berlin, S. 34, Nr. 24.
2 Lukas 7,8.
3 Rede vor der Militärakademie von Michigan am 19. Juni 1879, in: J. Wintle, *The Dictionary of War Quotations*. London 1989, S. 91.
4 C. von Clausewitz, *Der russische Feldzug von 1812*. Essen o. J., S. 132–34; R. Parkinson, *Clausewitz*. London 1970, S. 175f.
5 R. McNeal, *Tsar and Cossack*. Basingstoke 1989, S. 5.
6 A. Seaton, *The Horsemen of the Steppes*. London 1985, S. 51.
7 Parkinson, a. a. O., S. 194.
8 Seaton, a. a. O., S. 121.
9 Ebd., S. 154.
10 Parkinson, a. a. O., S. 169.
11 G. Sansom, *The Western World and Japan*. London 1950, S. 265f.
12 W. St. Clair, *That Greece Might Still Be Free*. London 1972, S. 114f.
13 Maréchal de Saxe, *Mes rêveries*. Amsterdam 1757, Bd. 1, S. 86f.
14 P. Contamine, *War in the Middle Ages*. Oxford 1984, S. 169.
15 M. Howard, *War in European History*. Oxford 1976, S. 15.
16 Leo Tolstoi, *Anna Karenina*. Salzburg/Stuttgart 1959, Bd. 1, S. 396.
17 M. Howard, *Clausewitz*. Oxford 1983, S. 35.
18 P. Paret, *Understanding War*. Princeton 1992, S. 104.
19 P. Paret, *Clausewitz and the State*. Princeton 1985, S. 322–24.
20 M. Howard, a. a. O., S. 59.
21 Clausewitz, a. a. O., S. 160f.
22 Ebd., S. 660.
23 M. Sahlins, *Tribesmen*. New Jersey 1968, S. 64.
24 S. Engleit, *Island at the Centre of the World*. New York 1990, S. 139.
25 M. Wilson und L. Thompson (Hg.), *Oxford History of South Africa*. Bd. 1, Oxford 1969.
26 K. Otterbein, «The Evolution of Zulu Warfare», in: B. Oget (Hg.), *War and Society in Africa*. 1972.
27 Wilson und Thompson, a. a. O., S. 338f.

28 G. Jefferson, *The Destruction of the Zulu Kingdom*. London 1979, S. 9f., 12.
29 E. J. Krige, *The Social System of the Zulus*. Pietermaritzburg 1950, Kapitel 3 passim.
30 Wilson und Thompson, a. a. O., S. 345.
31 Ebd., S. 346.
32 D. Ayalon, «Preliminary Remarks on the *Mamluk* Institutions in Islam», in: V. Parry und M. Yapp (Hg.), *War, Technology and Society in the Middle East*. London 1975, S. 44.
33 Ebd., S. 44–47.
34 D. Pipes, *Slave Soldiers and Islam*. New Haven 1981, S. 19.
35 P. Holt, A. Lambton und B. Lewis (Hg.), *The Cambridge History of Islam*. Cambridge 1970, Bd. 1 a, S. 214.
36 H. Rabie, «The Training of the Mamluk Faris», in: Parry und Yapp, a. a. O., S. 153–63.
37 D. Ayalon, *Gunpowder and Firearms in the Mamluk Kingdom*. London 1956, S. 86.
38 Ebd., S. 94f.
39 Ebd., S. 70.
40 A. Marsot, *Egypt in the Reign of Muhammad Ali*. Cambridge 1982, S. 60–72.
41 N. Perrin, *Giving Up the Gun*. Boston 1988, S. 19.
42 R. Storry, *A History of Modern Japan*. London 1960, S. 53f.
43 J. Hale, *Renaissance War Studies*. London 1988, S. 397f.
44 Sansom, a. a. O., S. 192.
45 Storry, a. a. O., S. 42.
46 Perrin, a. a. O., S. 11f.
47 I. Berlin, *The Crooked Timber of Humanity*. New York 1991, S. 51.
48 Ebd., S. 52f.
49 Clausewitz, a. a. O., S. 36, Nr. 27.
50 J. Shy, «Jomini», in: P. Paret, *Makers of Modern Strategy*. Princeton 1986, S. 181.
51 A. Kenny, *The Logic of Deterrence*. London 1985, S. 15.
52 J. Spence, *The Search for Modern China*. London 1990, S. 395.
53 Ebd., S. 371.
54 B. Jelavich, *History of the Balkans (Twentieth Century)*. Cambridge 1983, S. 270.
55 F. Deakin, *The Embattled Mountain*. London 1971, S. 55.
56 N. Beloff, *Tito's Flawed Legacy*. London 1985, S. 75.
57 K. McCormick u. H. Perry, *Images of War*. London 1991, S. 145, 326.
58 Deakin, a. a. O., S. 72.
59 M. Djilas, *Wartime*. New York 1977, S. 283.
60 Spence, a. a. O., S. 405.

61 A. Horne, *A Savage War of Peace*. London 1977, S. 64, 537f.
62 R. Weigley, *The Age of Battles*. Bloomington 1991, S. 543.
63 J. Mueller, «Changing Attitudes to War. The Impact of the First World War», in: *British Journal of Political Science*, 21, S. 25–27.

EXKURS I: Begrenzungen des Krieges

1 *Mariner's Mirror*, Bd. 77, Nr. 3, S. 217.
2 A. Ferrill, *The Origins of War*. London 1985, S. 86f.
3 Vgl. J. Guilmartin, *Gunpowder and Galleys*. Cambridge 1974, insbesondere Kap. 1, wo gezeigt wird, daß die Galeere nicht gleich mit dem Aufkommen der Geschütze ihren Nutzen verlor.
4 J. Keegan, *The Price of Admiralty*. London 1988, S. 137.
5 O. Farnes, *War in the Arctic*. London 1991, S. 39ff.
6 Vgl. «Adrianople» im Register von R. und T. Dupuy, *The Encyclopaedia of Military History*. London 1986.
7 J.-P. Pallud, *Blitzkrieg in the West*. London 1991, S. 347.
8 J. Keegan, *The Second World War*. London 1989, S. 462.
9 *Punch*, 1853, zitiert in: T. Royle, *A Dictionary of Military Quotations*. London 1990, S. 123.
10 *The Times Atlas*. London 1977, Tafel 5.
11 I. Berlin, *Karl Marx*. Oxford 1978, S. 179.
12 A. Van der Heyden und H. Scullard, *The Atlas of the Classical World*. London 1959, S. 127; sowie C. Duffy, *Siege Warfare*. London 1979, S. 204–07, 232–37.
13 N. Nicolson, *Alex*. London 1973, S. 10.
14 Vgl. A. Fraser, *Boadicea's Chariot*. London 1988.

II Stein

1 J. Groebel und R. Hinde (Hg.), *Aggression and War*. Cambridge 1989, S. XIII f.
2 A. J. Herbert, «The Physiology of Aggression», in: ebd., S. 67.
3 Ebd., S. 68f.
4 R. Dawkins, *Das egoistische Gen*. Berlin/Heidelberg/New York 1978.
5 A. Manning, in: Groebel und Hinde, a. a. O., S. 52–55.
6 Groebel und Hinde, a. a. O., S. 5.
7 A. Manning, in: Groebel und Hinde, a. a. O., S. 51.
8 R. Clark, *Freud*. London 1980, S. 486ff.
9 K. Lorenz, *Das sogenannte Böse*. München 1993.
19 R. Ardrey, *The Territorial Imperative*. London 1967.
11 L. Tiger, *Men in Groups*. London 1969.
12 M. Harris, *The Rise of Anthropological Theory*. London 1968, S. 17f.
13 D. Freeman, *Margaret Mead and Samoa*. Cambridge, Mass., 1983, S. 13–17.

14 Ebd., Kap. 3.
15 R. Benedict, *Urformen der Kultur*. Hamburg 1955.
16 Harris, a. a. O., S. 406.
17 A. Kuper, *Anthropologists and Anthropology*. London 1973, S. 18.
18 Ebd., S. 207–11.
19 A. Mockler, *Haile Selassie's War*. Oxford 1984, S. 219.
20 A. Stahlberg, *Die verdammte Pflicht*. Frankfurt a. M./Berlin 1987, S. 81 ff.
21 H. Turney-High, *Primitive War. Its Practice and Concepts*. Columbia, SC 1971, S. 5.
22 Ebd.
23 Ebd., S. 55.
24 Ebd., S. 142.
25 Ebd., S. 14.
26 Ebd., S. 253.
27 Ebd., S. V.
28 R. Ferguson (Hg.), *Warfare, Culture and Environment*. Orlando 1984, S. 8.
29 M. Mead, «Warfare is only an Invention», in: L. Bramson und G. Goethals, *War. Studies from Psychology, Sociology, Anthropology*. New York 1964, S. 269–74.
30 R. Duson-Hudson in: *Human Intra-specific Conflict. An Evolutionary Perspective*. Guggenheim Institute, New York 1986.
31 Ferguson, a. a. O., S. 6, 26.
32 M. Fried, M. Harris und R. Murphy (Hg.), *War. The Anthropology of Armed Conflict and Aggression*. New York 1967, S. 132.
33 Ebd., S. 133.
34 Ebd., S. 128.
35 *US News and World Report*, 11. April 1988, S. 59.
36 W. Divale, *War in Primitive Society*. Santa Barbara 1973, S. XXI.
37 A. Vayda, *War in Ecological Perspective*. New York 1976, S. 9–42.
38 Ebd., S. 15–17.
39 J. Haas (Hg.), *The Anthropology of War*. Cambridge 1990, S. 172.
40 P. Blau und W. Scott, *Formal and Informal Organizations*. San Francisco 1962, S. 30–32.
41 M. Fried in: *Transactions of New York Academy of Sciences*, Reihe 2, 28, 1966, S. 529–45.
42 J. Middleton und D. Tait, *Tribes without Rulers*. London 1958, S. 1–31.
43 R. Cohen, «Warfare and State Formation», in: Ferguson, a. a. O., S. 333 f.
44 P. Kirch, *The Evolution of Polynesian Chiefdoms*. Cambridge 1984, S. 147 f.
45 Ebd., S. 81.

46 Ebd., S. 166f.
47 Vayda, a. a. O., S. 115.
48 Kirch, a. a. O., S. 209–11.
49 Vayda, a. a. O., S. 80.
50 Turney-High, a. a. O., S. 193: «Die Caytes vor der brasilianischen Küste verzehrten die Besatzung aller gestrandeten Schiffe. Bei einer Gelegenheit aßen sie den ersten Bischof von Bahia, zwei hohe Geistliche, den Anwalt des kgl. portugiesischen Schatzamtes, zwei schwangere Frauen und mehrere Kinder.»
51 Ebd., S. 189f.
52 I. Clendinnen, *Aztecs*. Cambridge 1991, S. 87f.
53 R. Hassing, «Aztec and Spanish Conquest in Mesoamerica», in: B. Ferguson und N. Whitehead, *War in the Tribal Zone*. Santa Fe 1991, S. 85.
54 Ebd., S. 86.
55 Clendinnen, a. a. O., S. 78.
56 Ebd., S. 81.
57 Ebd., S. 116.
58 Ebd., S. 93.
59 Ebd., S. 94f.
60 Ebd., S. 95f.
61 Ebd., S. 25–27.
62 I. Clendinnen, *Ambivalent Conquests. Maya and Spaniard in Yucatan 1517–70*. Cambridge 1987, S. 144, 148f.
63 J. Roberts, *The Pelican History of the World*. London 1987, S. 21.
64 Ebd., S. 31.
65 H. Breuil und R. Lautier, *The Men of the Old Stone Age*. London 1965, S. 71.
66 Ebd., S. 69.
67 Ebd., S. 20.
68 Ebd., S. 69.
69 Ferrill, a. a. O., S. 18.
70 W. Reid, *Arms Through the Ages*. New York 1976, S. 9–11.
71 Breuil und Lautier, a. a. O., S. 72.
72 C. Robarchak in: *Papers Presented to the Guggenheim Foundation Conference on the Anthropology of War*. Santa Fe 1986; und Robarchak in: Haas, a. a. O., S. 56–76.
73 H. Obermaier, *La vida de nuestros antepasados cuaternanos en Europa*. Madrid 1926.
74 F. Wendorf in: F. Wendorf (Hg.), *The Prehistory of Nubia*, Bd. 2., Dallas 1968, S. 959.
75 Ferrill, a. a. O., S. 22.
76 M. Hoffman, *Egypt Before the Pharaohs*. London 1988, S. 87–89.
77 Robert, a. a. O., S. 51.

78 J. Mellaert, «Early Urban Communities in the Near East, 9000–3400 BC», in: P. Moorey (Hg.), *The Origins of Civilisation*. Oxford 1979, S. 22–25.
79 H. de la Croix, *Military Considerations in City Planning*. New York 1972, S. 14.
80 Y. Yadin, *The Art of Warfare in Biblical Lands*. London 1963, S. 34.
81 Mellaert, a. a. O., S. 22.
82 B. Kemp, *Ancient Egypt. Anatomy of a Civilisation*. London 1983, S. 269.
83 S. Piggott, «Early Towns in Europe», in: Moorey, a. a. O., S. 3, 44.
84 H. Thomas, *An Unfinished History of the World*. London, S. 19, 21.
85 J. Bottero u. a. (Hg.), *The Near East. The Early Civilisations*. London 1967, S. 44.
86 Ebd., S. 6.
87 Roberts, a. a. O., S. 131.
88 Hoffman, a. a. O., S. 331 f.
89 Kemp, a. a. O., S. 168–72.
90 Ebd., S. 223–30.
91 Ebd., S. 227.
92 Yadin, a. a. O., S. 192 f.
93 Kemp, a. a. O., S. 93, 225.
94 Hoffman, a. a. O., S. 116.
95 W. Hayes, «Egypt from the Death of Ammanemes II to Seqemenre II», in: *Cambridge Ancient History*, Bd. 2/1, S. 73
96 Kemp, a. a. O., S. 229.
97 Man nimmt an, daß es sich bei der ersten Interimsperiode (2160–1991 v. Chr.) zwischen dem Alten und Mittleren Reich um eine Zeit der Kriege zwischen starken Männern einzelner Regionen gehandelt hat. Ein bei Bottero, a. a. O., S. 337 zitierter Text aus jener Epoche lautet allerdings: «Ich bewaffnete meine Rekrutentrupps und zog in die Schlacht... Bei mir war niemand außer meinen eigenen Leuten, während [die Söldner aus Nubien und von anderswo] sich gegen mich zusammengeschlossen hatten. Ich kehrte ohne Verluste im Triumph zurück und meine ganze Stadt mit mir.» Das läßt sich kaum als Beleg dafür werten, daß es sich bei den Kriegen innerhalb Ägyptens um schwere Kämpfe handelte.
98 Bottero, a. a. O., S. 70 f.
99 W. McNeill, *The Pursuit of Power*. Oxford 1983, S. 5.
100 J. Laessoe, *People of Ancient Assyria*. London 1963, S. 16.
101 Yadin, a. a. O., S. 130.
102 R. Roux, *Ancient Iraq*. New York 1986, S. 129.
103 P. J. Forbes, *Metallurgy in Antiquity*. Leiden 1950, S. 321.
104 Ebd., S. 255 sowie Abb. 49.

105 W. McNeill, *A World History*. New York 1961, S. 34.
106 R. Gabriel und K. Metz, *From Sumer to Rome*. New York 1991, S. 9.

EXKURS II: Befestigungen

1 D. Petite, *Le balcon de la Côte d'azur*. Mariguan 1983.
2 A. Fox, *Prehistoric Maori Fortifications*. Auckland 1974, S. 28f.
3 F. Winter, *Greek Fortifications*. Toronto 1971.
4 N. Pounds, *The Mediaeval Castle in England and Wales*. Cambridge 1990, S. 69.
5 S. Johnson, *Roman Fortifications in the Saxon Shore*. London 1977, S. 5.
6 Kemp, a. a. O., S. 174–76.
7 S. Piggott, «Early Towns in Europe», in: Moorey, a. a. O., S. 48f.
8 A. Hogg, *Hill Forts of Britain*. London 1975, S. 17.
9 Piggott, a. a. O., S. 50.
10 W. Watson in: Moorey, a. a. O., S. 55.
11 S. Johnson, *Late Roman Fortifications*. London 1983, S. 20.
12 E. Luttwak, *The Grand Strategy of the Roman Empire*. Baltimore 1976, S. 96, 102f.
13 B. Isaac, *The Limits of Empire*. Oxford 1990; A. Horne, *A Savage War of Peace*. London 1987, S. 263–67.
14 Q. Hughes, *Military Architecture*. London 1974, S. 187–90.
15 C. Duffy, *Siege Warfare*. London 1979, S. 204–07.
16 J. Fryer, *The Great Wall of China*. London 1975, S. 104; A. Waldron, *The Great Wall of China*. Cambridge 1992, S. 5f.
17 O. Lattimore, «Origins of the Great Wall», in: *Studies in Frontier History*. London 1962, S. 97–118.
18 J. Needham, *Science and Civilisation in China*. Bd. 1, Cambridge 1954, S. 144.
19 S. Johnson, *Late Roman Fortification*. Karten 25, 44, 46.
20 P. Contamine, *War in the Middle Ages*. Oxford 1984, S. 108.
21 Ebd., S. 46.
22 Pounds, a. a. O., S. 19.
23 Winter, a. a. O., S. 218f.
24 Yadin, a. a. O., S. 158f., 393, 409.
25 S. Runciman, *A History of the Crusaders*. Bd. 1, Cambridge 1951, S. 231–34.
26 Pounds, a. a. O., S. 115.
27 Ebd., S. 213.

III Fleisch

1 A. Azzarolli, *An Early History of Horsemanship*. London 1985, S. 5f.
2 S. Piggott, *The Earliest Wheeled Transport*. London 1983, S. 87.
3 Ebd., S. 39.

4 Azzarolli, a. a. O., S. 9.
5 R. Sallares, *The Ecology of the Ancient Greek World*. London 1991, S. 396 f.
6 Piggott, a. a. O., S. 64–84.
7 W. McNeill, *The Rise of the West*. Chicago 1963, S. 103.
8 Zitiert bei A. Friendly, *The Dreadful Days*. London 1981, S. 27.
9 Yadin, a. a. O., S. 150, 187.
10 Guilmartin, a. a. O., S. 152; P. Klopsteg, *Turkish Archery and the Composite Bow*. Evanstown 1947.
11 Yadin, a. a. O., S. 455.
12 Y. Garlan, *War in the Ancient World*. London 1975, S. 90.
13 Lattimore, a. a. O., S. 41–44.
14 Piggott, a. a. O., S. 103 f.
15 H. Creel, *The Origins of Stratecraft in China*. Chicago 1970, S. 285 f.
16 Guilmartin, a. a. O., S. 157.
17 Lattimore, a. a. O., S. 53.
18 *Cambridge Ancient History*. Bd. 2/1, Cambridge 1973, S. 375 f.
19 Laessoe, a. a. O., S. 87, 91.
20 *Cambridge Ancient History*. Bd. 2/1, S. 54–64.
21 J. Gernet, *A History of Chinese Civilisation*. Cambridge 1982, S. 40–45.
22 H. Saggs, *The Might That Was Assyria*. London 1984, S. 197.
23 Ebd., S. 199, 255.
24 Ebd., S. 100.
25 Ebd., S. 101.
26 Ebd., S. 258.
27 Creel, a. a. O., S. 258, 265.
28 Ebd., S. 259.
29 Ebd., S. 266, 264.
30 R. Thurton, «The Prince Consort in Armour», in: M. Girouard, *The Return of Camelot*. New Haven 1981; H. Lanzinger, «Hitler in Armour», in: P. Adam, *The Arts of the Third Reich*. London 1992.
31 Yadin, a. a. O., S. 100–03; *Cambridge Ancient History*. Bd. 2/1, S. 444–51.
32 Yadin, a. a. O., S. 103–14.
33 Ebd., S. 218–21.
34 McNeill, *The Rise of the West*, S. 15.
35 Saggs, a. a. O., S. 169.
36 J. Saunders, *The History of the Mongol Conquests*. London 1991, S. 9 f.
37 Ebd., S. 14; Gernet, a. a. O., S. 4 f.
38 W. McNeill, *The Human Condition*. Princeton 1980, S. 47.
39 D. Maenchen-Helfen, *The World of the Huns*. Berkeley 1973, S. 187.
40 Ebd., S. 267.
41 Ebd., S. 184.

42 Ebd., S. 180.
43 J. Jakobsen und R. Adams, «Salt and Silt in Ancient Mesopotamian Agriculture», in: *Science*, 128 (1958), S. 257.
44 L. Kwantem, *Imperial Nomads. A History of Central Asia. 500–1500*. Leicester 1979, S. 12.
45 A. Jones, *The Later Roman Empire. 284–601*. Oxford 1962, S. 157.
46 J. Bury, *A History of the Later Roman Empire*. 1927, Bd. 1, S. 300, Anm. 3.
47 R. Lindner, «Nomadism, Horses and Huns», in: *Past and Present*, 92 (1981), S. 1–19.
48 J. Lucas, *Fighting Troops of the Austro-Hungarian Army*. New York 1987, S. 149.
49 Marquess of Anglesey, *A History of British Cavalry*. Bd. 4, London 1986, S. 297.
50 Maenchen-Helfen, a. a. O., S. 152 f.
51 P. Ratchnevsky, *Genghis Khan*. Oxford 1991, S. 155.
52 Kwatem, a. a. O., S. 21; die Hephthaliten scheinen tocharisch gesprochen zu haben, eine vor langer Zeit untergegangene indoeuropäische Sprache.
53 Saunders, a. a. O., S. 27.
54 Ebd.
55 J. Keegan, *The Mask of Command*. London 1988, S. 18.
56 Ferrill, a. a. O., S. 70.
57 A. Hourani, *A History of the Arab Peoples*. London 1991, S. 19.
58 Koran 9 : 123.
59 P. M. Holt u. a., *Cambridge History of Islam*. Bd. 1a, Cambridge 1977, S. 87–92.
60 *Cambridge History of Islam*, a. a. O., S. 60.
61 Sallares, a. a. O., S. 27.
62 D. Hill, «The Role of the Camel and the Horse in the Early Arab Conquests», in: Parry and Yapp, a. a. O., S. 36.
63 Ebd., S. 57 f.
64 *Cambridge History of Islam*, a. a. O., S. 60.
65 Ebd.
66 Pipes, a. a. O., S. 109–13.
67 Ebd., S. 148.
68 Saunders, a. a. O., S. 37.
69 Kwantem, a. a. O., S. 12 f.
70 *Cambridge History of Islam*, a. a. O., S. 150.
71 Ratchnevsky, a. a. O., S. 109.
72 Kwantem, a. a. O., S. 12 f.
73 Chen Ya-tien, *Chinese Military Theory*. Stevenage 1992, S. 21–30.
74 Gernet, a. a. O., S. 309.

75 Ebd., S. 310.
76 Ratchnevsky, a. a. O., S. 4 f.
77 Kwantem, a. a. O., S. 188.
78 Ratchnevsky, a. a. O., S. 4 f.
79 B. Manz, *The Rise and Rule of Tamerlane*. Cambridge 1989, S. 4.
80 Saunders, a. a. O., S. 196–99.
81 Kwantem, a. a. O., S. 192.
82 Ebd., S. 108.
83 Saunders, a. a. O., S. 66.
84 Ratchnevsky, a. a. O., S. 96–101.
85 *Cambridge History of Islam*, a. a. O., S. 158.
86 Kwantem, a. a. O., S. 159; S. Shaw, *History of the Ottoman Empire and Modern Turkey*. Bd. 2, Cambridge 1976, S. 184.
87 D. Morgan, «The Mongols in Syria», in: P. Edburg (Hg.), *Crusade and Settlement*. Cardiff 1985, S. 231–35.
88 P. Thorau, «The Battle of Ain Jalut. A Re-examination», in: ebd., S. 236–41.
89 Ebd., S. 238.
90 Manz, a. a. O., S. 14–16.
91 B. Spuler, *The Mongols in History*. London 1971, S. 80.
92 Shaw, a. a. O., Bd. 1, S. 245.
93 Ratchnevsky, a. a. O., S. 153 f.
94 Siehe auch Keegan, *Mask of Command*, vor allem Kap. 2.
95 C. Duffy, *Russia's Military Way to the West*. London 1981, S. 2.
96 J. Fairbank, «Varieties of Chinese Military Experience», in: F. Kierman und J. Fairbank, *Chinese Way in Warfare*. Cambridge, Mass., 1974.
97 Ebd., S. 7.
98 Ebd., S. 15.
99 Ebd., S. 14.
100 Gernet, a. a. O., S. 493.

EXKURS III: Heere

1 Parkinson, a. a. O., S. 176.
2 J. Elting, *Swords Around a Throne*. London 1989, Kap. 18 und 19.
3 H. Roeder (Hg.), *The Ordeal of Captain Roeder*. London 1960.
4 N. Jones, *Hitler's Heralds*. London 1987.
5 S. Andreski, *Military Organisation and Society*. London 1968.
6 W. McNeill, *Plagues and People*. New York 1976.
7 Andreski, a. a. O., S. 33.
8 Ebd., S. 91–107, 75–90.
9 Ebd., S. 26.
10 Seaton, a. a. O., S. 57.
11 Andreski, a. a. O., S. 27.

12 Ebd., S. 37.
13 M. Lewis, *The Navy of Britain*. London 1948, S. 128–44.
14 G. Jones, *A History of the Vikings*. Oxford 1984, S. 211.
15 Manz, a. a. O., S. 17.
16 Ratchnevsky, a. a. O., S. 66.
17 Hourani, a. a. O., S. 139f.
18 S. Blondal, *The Varangians of Byzantium*. Cambridge 1978, S. 230–35.
19 P. Mansel, *Pillars of Monarchy*. London 1984, S. 1.
20 Garlan, a. a. O., S. 95.
21 M. Mallet, *Mercenaries and their Masters*. London 1974, S. 60f.
22 L. Keppie, *The Making of the Roman Army*. London 1984, S. 17.
23 P. Paret (Hg.), *Makers of Modern Strategy*. Princeton 1986, S. 19.
24 W. Doyle, *The Oxford History of the French Revolution*. 1989, S. 204f.

IV Eisen

1 R. J. Forbes, *Metallurgy in Antiquity*. London 1950, S. 380.
2 Ebd., S. 418f.
3 R. Oakeshott, *The Archaeology of Weapons*. London 1960, S. 40–42.
4 N. Sandars, *The Sea Peoples*. London 1985, S. 56–58.
5 P. Greenhalgh, *Early Greek Warfare*. Cambridge 1993, S. 10f.
6 Ebd., S. 1f.
7 N. Hammond, *A History of Greece to 322 BC*. Oxford 1959, S. 73.
8 Ebd., S. 81.
9 Ebd., S. 99.
10 Ebd., S. 100.
11 Ebd., S. 101.
12 V. Hanson, *The Western Way of War*. New York 1989.
13 V. Hanson, *Warfare and Agriculture in Classical Greece*. Pisa 1983, S. 59.
14 Ebd., S. 50–54.
15 Ebd., S. 42.
16 Ebd., S. 67–74.
17 Hanson, *Western Way*, S. 6.
18 Ebd., S. 4, 34.
19 M. Finley und H. Plaket, *The Olympic Games*. New York 1976, S. 19.
20 D. Sansome, *Greek Athletics and the Genesis of Sport*. Berkeley 1988, S. 19, 50–53, 63.
21 M. Poliakoff, *Combat Sports in the Ancient World*. New Haven 1987, S. 93, 96.
22 Finley und Plaket, a. a. O., S. 21.
23 Poliakoff, a. a. O., S. 93f.
24 A. Snodgrass, «The Hoplite Reform and History», in: *Journal of Hellenic Studies*, 85 (1965), S. 110–22.

25 M. Jameson, «Sacrifice before Battle», in: V. Hanson (Hg.), *Hoplites*. London 1991, S. 220.
26 E. Wheeler, «The General as Hoplite», in: ebd., S. 150–54.
27 J. Lazenby, «The Killing Zone», in: ebd., S. 88.
28 Hanson, *Western Way*, S. 185.
29 Ebd., S. 64f.
30 Ebd., S. 180f.
31 Ebd., S. 36.
32 Ebd., S. 4.
33 Roberts, a. a. O., S. 178.
34 W. Wood, *Peasant, Citizen and Slave*. London 1981, S. 42–44.
35 Hanson, *Western Way*, S. 10, 16.
36 Sandars, a. a. O., S. 125–31.
37 Garlan, a. a. O., S. 130f.
38 Hammond, a. a. O., S. 289f.
39 Ebd., S. 661f.
40 Keegan, *Mask of Command*, S. 78f.
41 Ebd., S. 80.
42 Ebd., S. 82.
43 Hammond, a. a. O., S. 615.
44 Keppie, a. a. O., S. 18.
45 Hammond, a. a. O., S. 236.
46 Keppie, a. a. O., S. 18.
47 W. Harris, *War and Imperialism in Republican Rome*. Oxford 1979, S. 54–67.
48 Ebd., S. 56.
49 Ebd., S. 51.
50 Ebd., S. 48.
51 Keppie, a. a. O., S. 18.
52 Harris, a. a. O., S. 44–46.
53 Ebd., S. 11f.
54 Livius, *Römische Geschichte*, Buch 42, Kap. 34.
55 Caesar, *Der Gallische Krieg*, II, 24.
56 G. Watson, *The Roman Soldier*. London 1985, S. 72–74.
57 Van der Heyden und Scullard, a. a. O., S. 125.
58 Keppie, a. a. O., S. 61f.
59 J. Balsdon, *Rome*. London 1970, S. 91.
60 A. Ferrill, *The Fall of the Roman Empire*. London 1986, S. 25.
61 Luttwak, a. a. O., S. 191–94.
62 D. Breeze und B. Dobson, *Hadrian's Wall*. London 1976, S. 247f.
63 Balsdon, a. a. O., S. 90f.
64 Ferrill, a. a. O., S. 48f.
65 Ebd., S. 140.

66 Ebd., S. 160.
67 J. Fuller, *The Decisive Battles of the Western World*. London 1954, S. 307–29.
68 A. Jones, *The Decline of the Ancient World*. London 1966, S. 297–99.
59 Ebd., S. 102.
70 J. Beeler, *War in Feudal Europe. 730–1200*. Ithaca 1991, S. 2–5.
71 Ebd., S. 17.
72 M. Van Crefeld, *Technology and War*. London 1991, S. 18.
73 Ebd., S. 20.
74 Beeler, a. a. O., S. 228–32.
75 Johnson, *Late Roman Fortifications*, S. 8–16.
76 G. Jones, *Vikings*, S. 182–92.
77 Ebd., S. 76.
78 H. Cowdray, «The Genesis of the Crusades», in: T. Murphy (Hg.), *The Holy War*. Columbus 1976, S. 17 f.
79 Beeler, a. a. O., S. 12.
80 Runciman, a. a. O., S. 106–108.
81 Ebd., S. 91 f.
82 R. Smail, *Crusading Warfare*. Cambridge 1956, S. 115–20.
83 Ebd., S. 202.
84 G. Sainty, *The Order of St. John*. New York 1991, S. 105.
85 P. Contamine, *War in the Middle Ages*, S. 75.
86 Ewart, a. a. O., S. 283 f.
87 Smail, a. a. O., S. 165–68.

EXKURS IV: Nachschub und Versorgung

1 Watson, a. a. O., S. 63–65.
2 P. Liddle, *The 1916 Battle of the Somme*. London 1992, S. 39.
3 J. Thompson, *No Picnic*. London 1992, S. 89.
4 Keegan, *Mask of Command*, S. 134.
5 Luttwak, a. a. O., Karte 2.2.
6 C. Callwell, *Small Wars. Their Principles and Practice*. London 1899, S. 40.
7 T. Derry und T. Williams, *A Short History of Technology*. Oxford 1960, S. 433.
8 R. Chevalier, *Roman Roads*. London 1976, S. 152.
9 Piggott, a. a. O., S. 345.
10 Keegan, *Mask of Command*, S. 114.
11 D. Engels, *Alexander the Great and the Logistics of the Macedonian Army*. Berkeley 1978, S. 112.
12 M. Grant, *The Army of the Caesars*. London 1974, S. XXIII.
13 Derry und Williams, a. a. O., S. 691–95.
14 B. Wiley, *The Life of Johnny Reb*. Baton Rouge 1918, S. 92.

15 J. McPherson, *Battle Cry of Freedom*. New York 1988, S. 11f.
16 Ebd., S. 424–27.
17 D. Showalter, *Railroads and Rifles*. Hamden 1975, S. 67.
18 J. Edmonds, *A Short History of World War I.* Oxford 1951, S. 9f.
19 J. Piekalkiewicz, *Pferd und Reiter im Zweiten Weltkrieg*. München 1976, S. 4.
20 J. Beaumont, *Comrades in Arms*. London 1980, S. 208.
21 J. Thompson, *The Lifeblood of War*. London 1991, S. 38.
22 McNeill, *Pursuit of Power*, S. 322, 324, 329.
23 Watson, a. a. O., S. 51.
24 Derry und Williams, a. a. O., S. 269.
25 McNeill, *Pursuit of Power*, S. 166f.
26 Ebd., S. 170.
27 Ebd., S. 238.
28 Ebd., S. 290.
29 A. Milward, *War, Economy and Society. 1939–45*. London 1977, S. 64–69, 76.
30 D. Van der Vat, *The Atlantic Campaign*. London 1988, S. 229, 270, 351.

V Feuer

1 Derry und Wells, a. a. O., S. 268f., 514.
2 J. Needham, *Science and Civilization in China*. Bd. 1, Cambridge 1954, S. 134.
3 McNeill, *Pursuit of Power*, S. 39.
4 Ebd., S. 82f.
5 Duffy, *Siege Warfare*, S. 8f.
6 Ebd., S. 9.
7 Ebd., S. 15.
8 Ebd., S. 25.
9 Ebd., S. 29–31.
10 Mallet, a. a. O., S. 253.
11 Duffy, *Siege Warfare*, S. 40.
12 Ebd., S. 41f.
13 Ebd., S. 61.
14 Ebd., S. 64.
15 G. Parker, *Military Revolution*. Cambridge 1988, S. 17.
16 Ebd., S. 17.
17 Mallet, a. a. O., S. 254f.
18 Caesar, *Der Gallische Krieg*, I, 25.
19 Hale, *Renaissance War Studies*, S. 396.
20 J. Hale, *War and Society in Renaissance Europe*. Leicester 1985, S. 96.
21 G. Parker, *The Army of Fanders and the Spanish Road*. Cambridge 1972, S. 27–9.

22 Guilmartin, a.a.O., S. 207.
23 Ebd., S. 251 f.
24 Lewis, a.a.O., S. 76–80.
25 Guilmartin, a.a.O., S. 8–11.
26 Weigley, a.a.O., S. 15f.
27 Ebd., S. 76f.
28 Warson, a.a.O., S. 57–9.
29 C. Duffy, *The Military Experience in the Age of Reason*. London 1989.
30 G. und A. Parker, *European Soldiers*, Cambridge 1977, S. 14f.
31 Hale, *War and Society*, S. 87.
32 A. Corvisier, *Armies and Societies in Europe*. Bloomington 1979, S. 54–60.
33 Hale, *Renaissance War Studies*, S. 285, 237–42.
34 Weigley, a.a.O., S. 44.
35 Shaw, a.a.O., Bd. 1, S. 113f.
36 B. Lenman, «The Transition to European Military Ascendancy in India», in: J. Lynn, *Tools of War*. Chicago 1990, S. 106.
37 Doyle, a.a.O., S. 67–71.
38 J. Galvin, *The Minute Men*. McLean 1989, S. 27–33.
39 J. Lynn, «En avant. The Origins of the Revolutionary Attack», in: Lynn, a.a.O., S. 168f.
40 Elting, a.a.O., S. 123–56.
41 Weigley, a.a.O., S. 265.
42 Lynn, in Lynn, a.a.O., S. 167.
43 F. Gilbert, «Machiavelli», in: P. Paret, *Makers of Modern Strategy*, S. 31.
44 B. Liddell Hart, *The Ghost of Napoleon*. London 1933, S. 118–29.
45 McNeill, *Pursuit of Power*, a.a.O., S. 254.
46 R. Challener, *The French Theory of the Nation in Arms*. New York 1955, S. 58.
47 *Vossische Zeitung* vom 4. 8. 1914.
48 C. Jones, *The Longman Companion to the French Revolution*. London 1989, S. 156, 287.
49 T. Livermore, *Numbers and Losses in the American Civil War*. Bloomington 1957, S. 7f.
50 McPherson, a.a.O., S. 9.
51 Duffy, *Experience of War*, S. 209.
52 A. Corvisier, «Le moral des Combattants, panique et enthousiasme», in: *Revue historique des armées*, 3 (1977), S. 7–32.
53 Elting, a.a.O., S. 30f., 143.
54 T. Wilson, *The Myriad Faces of War*. Cambridge 1986, S. 757.
55 A. Horne, *To Lose a Battle*, London 1969, S. 26.

56 R. Larson, *The British Army and the Theory of Armoured Warfare 1918–40*. Newark 1984, S. 34.
57 Keegan, *Mask of Command*, S. 238.
58 A. Bullock, *Hitler und Stalin. Parallele Leben*. Berlin 1991, S. 306ff.
59 Ebd., S. 430.
60 Guderian, Heinz, *Erinnerungen eines Soldaten*. Heidelberg 1951, S. 32; C. Barnett (Hg.), *Hitler's Generals*. London 1989, S. 444f.
61 M. Domarus, *Hitler. Reden und Proklamationen 1932–1945*. Bd. 2/1, Würzburg 1962/63, S. 1316.
62 G. Welchman, *The Hut Six Story*. London 1982, S. 19f.
63 Domarus, a. a. O., Bd. 1/1, S. 457.
64 Ebd., S. 286.
65 T. Taylor, *The Breaking Wave*. London 1967, S. 114f.
66 Ebd., S. 97.
67 K. Wakefield (Hg.), *The Blitz Then and Now*. London 1988, S. 8.
68 O. Bartov, *The Eastern Front 1941–45*. Basingstoke 1985, S. 107–19.
69 D. Kahn, *Seizing the Enigma*. London 1991, S. 245–58.
70 W. Murray, *Luftwaffe*, London 1985, S. 8–12.
71 J. Terraine, *The Right of the Line*. London 1985, S. 474.
72 R. Spector, *Eagle Against the Sun*. London 1984, S. 79–82.
73 R. Connaughton, *The War of the Rising Sun and the Tumbling Bear*. London 1988, S. 166f.
74 Spector, a. a. O., S. 259–67.
75 N. Longmate, *Hitler's Rockets*. London 1985, S. 59.
76 M. Gilbert, *Second World War*. London 1989, S. 20f.
77 L. Freedman, *The Evolution of Nuclear Strategy*. London 1989, S. 16.
78 Ebd., S. 19.
79 Ebd.
80 Ebd., S. 246.
81 G. Draper, «Grotius' Place in the Development of Legal Ideas about War», in: H. Bull u. a. (Hg.), *Hugo Grotius and International Relations*. Oxford 1990, S. 201f.
82 G. Best, *Humanity in Warfare*. London 1980, S. 150f.

Auswahlbibliographie

Adam, P.: Kunst im Dritten Reich. Hamburg 1992

Andreski, S.: Military Organisation and Society. London 1908

Anglesey, Marquess of: A History of British Cavalry, IV. London 1986

Ardrey, R.: The Territorial Imperative. London 1967

Ayalon, D.: Gunpowder and Firearms in the Mamluk Kingdom. London 1956

Azzarolli, A.: An Early History of Horsemanship. London 1985

Balsdon, J.: Das römische Weltreich. München 1970

Bar-Kochva, B.: The Seleucid Army. Cambridge 1976

Barnett, C. (Hg.): Hitler's Generals. London 1989

Bartov, O.: The Eastern Front 1941–45. Basingstoke 1985

Beaumont, J.: Comrades in Arms. London 1980

Beeler, J.: War in Feudal Europe, 730–1200. Ithaca 1991

Beloff, N.: Tito's Flawed Legacy. London 1985

Berlin, I.: Karl Marx. Oxford 1978

Berlin, I.: Das krumme Holz der Humanität. Kapitel der Ideengeschichte. Frankfurt a. M. 1992

Best, G.: Humanity in Warfare. London 1980

Blau, P. und W. Scott: Formal and Informal Organisations. San Francisco 1962

Blondal, S.: The Varangians of Byzantium. Cambridge 1979

Bottero, J. u. a. (Hg.): The Near East. The Early Civilisations. London 1967

Bramson, L. und G. Goethals: War. Studies from Psychology, Sociology, Anthropology. New York 1974

Breeze, D. und B. Dobson: Hadrian's Wall. London 1976

Breuil, H. und R. Lautier: The Men of the Old Stone Age. London 1965

Bull, H. u. a. (Hg.): Hugo Grotius and International Relations. Oxford 1990

Bullock, A.: Hitler und Stalin. Parallele Leben. Berlin 1991

Bury, J.: A History of the Later Roman Empire. London 1923

Callwell, C.: Small Wars. Their Principles and Practice. London 1899

Challener, R.: The French Theory of the Nation in Arms. New York 1955

Chevallier, R.: Roman Roads. London 1976

Clark, R.: Sigmund Freud. Frankfurt a. M. 1981

Clausewitz, Carl von: Vom Kriege. Frankfurt a. M., Berlin 1994

Clausewitz, Carl von: Der russische Feldzug von 1812. Essen o. J.

Clendinnen, I.: Ambivalent Conquests, Maya and Spaniard in Yucatan, 1515–70. Cambridge 1987
Clendinnen, I.: Aztecs. Cambridge 1991
Connaughton, R.: The War of the Rising Sun and the Tumbling Bear. London 1988
Contamine, P.: War in the Middle Ages. Oxford 1984
Corvisier, A.: «Le moral des combattants, panique et enthousiasme», in: Revue historique des armées, 3, 1977
Corvisier, A.: Armies and Society in Europe. Bloomington 1979
Creel, H.: The Origins of Statecraft in China. Chicago 1970
Dawkins, R.: Das egoistische Gen. Berlin, Heidelberg, New York 1978
de la Croix, H.: Military Considerations in City Planning. New York 1972
Deakin, F.: The Embattled Mountain. London 1971
Derry, T. und T. Williams: A Short History of Technology. Oxford 1960
Divale, W.: War in primitive Society. Santa Barbara 1973
Djilas, M.: Wartime. New York 1977
Doyle, W.: The Oxford History of the French Revolution. Oxford 1989
Duffy, C.: Russia's Military War to the West. London 1981
Duffy, C.: Siege Warfare. London 1979
Duffy, C.: The Military Experience in the Age of Reason. London 1987
Dupuy, R. und T.: The Encyclopaedia of Military History. London 1986
Edburg, P.: Crusade and Settlement. Cardiff 1985
Edmonds, J.: A Short History of World War I. Oxford 1951
Eksteins, M.: Tanz über Gräben. Die Geburt der Moderne und der Erste Weltkrieg. Reinbek b. Hamburg 1990
Elting, J.: Swords Around a Throne. London 1989
Engels, D.: Alexander the Great and the Logistics of the Macedonian Army. Berkeley 1978
Engleit, S.: Islands at the Centre of the World. New York 1990
Farnes, O.: War in the Arctic. London 1991
Ferguson, B. und N. Whitehead: War in the Tribal Zone. Santa Fe 1991
Ferguson, R. (Hg.): Warfare, Culture and Environment. Orlando 1984
Ferrill, A.: The Fall of the Roman Empire. London 1986
Ferrill, A.: The Origins of War. London 1985
Finley, M. und H. Plaket: The Olympic Games. New York 1976
Forbes, P. J.: Metallurgy in Antiquity. Leiden 1950
Fox, A.: Prehistoric Maori Fortifications. Auckland 1974
Fraser, A.: Boadicea's Chariot. London 1988
Freedman, F.: The Evolution of Nuclear Strategy. London 1989
Freeman, D.: Margaret Mead and Samoa. Cambridge, Mass., 1983
Fried, M.: Transactions of New York Academy of Sciences Series 2, 28, 1966
Fried, M., M. Harris und R. Murphy (Hg.): War. The Anthropology of Armed Conflict and Aggression. New York 1967

Friendly, A.: The Dreadful Day. London 1981
Fryer, J.: The Great Wall of China. London 1975
Fuller, J.: The Decisive Battles of the Western World. London 1954–56
Gabriel, R. und K. Metz: From Sumer to Rome. New York 1991
Galvin, J.: The Minute Men. McLean 1989
Garlan, Y.: War in the Ancient World. London 1975
Gernet, J.: Die chinesische Welt. Die Geschichte Chinas von den Anfängen bis zur Jetztzeit. Frankfurt a. M. 1983
Gilbert, M.: Der Zweite Weltkrieg. Eine chronologische Gesamtdarstellung. München 1991
Girouard, M.: The Return of Camelot. New Haven 1981
Grant, M.: The Army of the Caesars. London 1974
Greenhalgh, K.: Early Greek Warfare. Cambridge 1973
Groebel, J. und R. Hinde (Hg.): Aggression and War. Cambridge 1989
Guilmartin, J.: Gunpowder and Galleys. Cambridge 1974
Haas, J. (Hg.): The Anthropology of War. Cambridge 1990
Hale, J.: Renaissance War Studies. London 1988
Hale, J.: War and Society in Renaissance Europe. Leicester 1985
Hammond, J.: A History of Greece to 322 B. C. Oxford 1959
Hanson, V. (Hg.): Hoplites. London 1991
Hanson, V.: The Western Way of Warfare. New York 1989
Hanson, V.: Warfare and Agriculture in Classical Greece. Pisa 1983
Harris, M.: The Rise of Anthropological Theory. London 1968
Harris, W.: War and Imperialism in Republican Rome. Oxford 1979
Hayes, W.: «Egypt from the Death of Ammanemes II to Seqemenre II», in: Cambridge Ancient History, 3. Aufl., Bd. 2, Teil 1
Hoffman, M.: Egypt Before the Pharaohs. London 1988
Hogg, A.: Hill Forts of Britain. London 1975
Holt, P., A. Lambton und B. Lewis (Hg.): The Cambridge History of Islam. Bd. Ia, Cambridge 1970
Horne, A.: A Savage War of Peace. London 1977
Horne, A.: To Lose a Battle. London 1969
Hourani, A.: Die Geschichte der arabischen Völker. Frankfurt a. M. 1992
Howard, M.: Clausewitz. Oxford 1983
Howard, M.: War in European History. Oxford 1976
Hughes, Q.: Military Architecture. London 1974
Isaac, B.: The Limits of Empire. Oxford 1990
Jakobsen, J. und R. Adams: «Salt and Silt in Ancient Mesopotamian Agriculture», in: Science, 128, 1958
Jefferson, G.: The Destruction of the Zulu Kingdom. London 1979
Jelavich, B.: History of the Balkans (Twentieth Century). Cambridge 1983
Johnson, S.: Late Roman Fortifications. London 1983
Johnson, S.: Roman Fortifications on the Saxon Shore. London 1977

Jones, A.: The Decline of the Ancient World. London 1966
Jones, A.: The Later Roman Empire. Oxford 1962
Jones, C.: The Longman Companion to the French Revolution. London 1989
Jones, G.: A History of the Vikings. Oxford 1984
Jones, N.: Hitler's Heralds. London 1987
Kahn, D.: Seizing the Enigma. London 1991
Keegan, J.: The Mask of Command. London 1987
Keegan, J.: Das Antlitz des Krieges. Die Schlachten von Azincourt 1415, Waterloo 1815 und an der Somme 1916. Frankfurt a. M., New York 1991
Keegan, J.: The Price of Admiralty. London 1988
Kemp, B.: Ancient Egypt. Anatomy of a Civilisation. London 1983
Kenny, A.: The Logic of Deterrence. London 1985
Keppie, L.: The Making of the Roman Army. London 1984
Kierman, F. und J. Fairbank: Chinese Ways in Warfare. Cambridge, Mass., 1974
Kirch, P.: The Evolution of the Polynesian Chiefdoms. Cambridge 1984
Klopsteg, P.: Turkish Archery and the Composite Bow. Evanstown 1947
Krige, E. J.: The Social System of the Zulus. Pietermaritzburg 1950
Kuper, A.: Anthropologists and Anthropology. London 1973
Kwantem, L.: Imperial Nomads. A History of Central Asia, 500–1500. Leicester 1979
Laessoe, J.: People of Ancient Assyria. London 1963
Larson, R.: The British Army and the Theory of Armoured Warfare 1918–40. Newark 1984
Lattimore, O.: Studies in Frontier History. London 1962
Lewis, M.: The Navy of Britain. London 1948
Liddell Hart, B.: The Ghost of Napoleon. London 1933
Liddle, P.: The 1916 Battle of the Somme. London 1992
Lindner, R.: «Nomadism, Horses and Huns», in: Past and Present (1981)
Livermore, T.: Numbers and Losses in the American Civil War. Bloomington 1957
Longmate, N.: Hitler's Rockets. London 1985
Lorenz, K.: Das sogenannte Böse. München 1993
Lucas, J.: Fighting Troops of the Austro-Hungarian Army. New York 1987
Luttwak, E.: The Grand Strategy of the Roman Empire. Baltimore 1976
Lynn, J.: Tools of War. Chicago 1990
Maenchen-Helfen, M.: Die Welt der Hunnen. Eine Analyse ihrer historischen Dimension. Wien, Köln, Graz 1978
Mallet, M.: Mercenaries and Their Masters. London 1974
Mansel, P.: Pillars of Monarchy. London 1984
Manz, B.: The Rise and Rule of Tamerlane. Cambridge 1989
Marsot, A.: Egypt in the Reign of Muhammad Ali. Cambridge 1982
McCormick, K. und H. Perry: Images of War. London 1991

McNeal, R.: Tsar and Cossack. Basingstoke 1989
McNeill, W.: Krieg und Macht. Militär, Wirtschaft und Gesellschaft vom Altertum bis heute. München 1984
McNeill, W.: A World History. New York 1961
McNeill, W.: Seuchen machen Geschichte. Geißeln der Völker. München 1978
McNeill, W.: The Human Condition. Princeton 1980
McNeill, W.: The Rise of the West. Chicago 1963
McPherson, J.: Battle Cry of Freedom. N. Y. 1988
Middleton, J. und D. Tait: Tribes Without Rulers. London 1958
Milward, A.: War, Economy and Society, 1939–34. London 1977
Mockler, A.: Haile Selassie's War. Oxford 1979
Moorey, P. (Hg.): The Origins of Civilisation. Oxford 1979
Mueller, J.: «Changing Attitudes to War. The Impact of the First World War», in: British Journal of Political Science, 21
Murphy, T. (Hg.): The Holy War, Columbus 1976
Murray, W.: Luftwaffe. London 1985
Needham, J.: Science and Civilisation in China. Bd. 1, Cambridge 1954
Nicolson, N.: Alex. London 1973
Oakeshott, E.: The Archaeology of Weapons. London 1960
Obermaier, H.: La vida de nuestros antepasados cuaternanos en Europa. Madrid 1926
Oget, B. (Hg.): War and Society in Africa. 1972
Palud, J.-P.: Blitzkrieg in the West. London 1991
Paret, P. (Hg.): Makers of Modern Strategy. Princeton 1986
Paret, P.: Clausewitz und der Staat. Bonn 1993
Paret, P.: Understanding War. Princeton 1992
Parker. G.: The Army of Flanders and the Spanish Road. Cambridge 1972
Parker, G.: Die militärische Revolution. Die Kriegskunst und der Aufstieg des Westens 1500–1800. Frankfurt a. M. 1990
Parker, G. und A.: European Soldiers 1550–1650. Cambridge 1977
Parkinson, R.: Clausewitz. London 1970
Parry, V. und M. Yapp (Hg.): War, Technology and Society in the Middle East. London 1975
Perrin, N.: Giving Up the Gun. Boston 1988
Petite, D.: Le balcon de la Côte d'Azure. Marignan 1983
Piekalkiewicz, J.: Pferd und Reiter im Zweiten Weltkrieg. München 1976
Piggott, S.: The Earliest Wheeld Transport. London 1983
Pipes, D.: Slave Soldiers and Islam. New Haven 1981
Poliakoff, M.: Combat Sports in the Ancient World. New Haven 1987
Pounds, N.: The Mediaeval Castle in England and Wales. Cambridge 1990
Ratchnevsky, P.: Genghis Khan. Oxford 1991
Reid, W.: Arms Through the Ages. New York 1976

Robarchak, C., in: Papers Presented to the Guggenheim Foundation Conference, On the Anthropology of War. Santa Fe 1986
Roberts, J.: The Pelican History of the World. London 1987
Roeder, H. (Hg.): The Ordeal of Captain Roeder. London 1960
Roux, G.: Ancient Iraq. New York 1986
Royle, T.: A Dictionary of Military Quotations. London 1990
Runciman, S.: Geschichte der Kreuzzüge. München 1989
Saggs, H.: The Might That Was Assyria. London 1984
Sahlins, M.: Tribesmen. N. J. 1986
Sainty, G.: The Order of St. John. New York 1991
Sallares, R.: The Ecology of the Ancient Greek World. London 1991
Sanders, N.: The Sea Peoples. London 1985
Sansom, G.: The Western World and Japan. London 1950
Sansome, D.: Greek Athletics and the Genesis of Sport. Berkeley 1988
Saunders, J.: The History of the Mongol Conquest. London 1971
Seaton, A.: The Horsemen of the Steppes. London 1985
Showalter, D.: Railroads and Rifles. Hamden 1975
Smail, R.: Crusading Warfare. Cambridge 1956
Spector, R.: Eagle Against the Sun. London 1984
Spence, J.: The Search for Modern China. London 1990
Spuler, B.: Geschichte der Mongolen. Nach östlichen und europäischen Zeugnissen des 13. und 14. Jahrhunderts. Zürich, Stuttgart 1968
St. Clair, W.: That Greece Might Still Be Free. London 1972
Stahlberg, A.: Die verdammte Pflicht. Erinnerungen 1932 bis 1945. Berlin, Frankfurt a. M. 1987
Storrey, R.: A History of Modern Japan. London 1960
Taylor, T.: The Breaking Wave. London 1967
Terraine, J.: The Right of the Line. London 1985
Thomas, H.: Geschichte der Welt. München 1987
Thompson, J.: No Picnic. London 1992
Thomspon, J.: The Lifeblood of War. London 1991
Turney-High, H.: Primitive War. Its Practice and Concepts. Columbia, S. C., 1971
Van Crefeld, M.: Technology and War. London 1991
Van der Heyden, A. und H. Scullard (Hg.): Atlas of the Classical World. London 1959
Vat, D. van der: The Atlantic Compaign. London 1988
Vayda, A.: War in Ecological Perspective. New York 1976
Wakefield, K. (Hg.): The Blitz Then and Now. London 1988
Waldron, A.: The Great Wall of China. Cambridge 1992
Watson, G.: The Roman Soldier. London 1985
Weigley, R.: The Age of Battles. Bloomington 1991
Welchman, G.: The Hut Six Story. London 1982

Wendorf, F. (Hrsg.): The Prehistory of Nubia, II. Dallas 1968
Wiley, B.: The Life of Johnny Reb. Baton Rouge 1918
Wilson, T.: The Myriad Faces of War. Cambridge 1986
Winter, F.: Greek Fortifications. Toronto 1971
Wintle, J.: The Dictionary of War Quotations. London 1989
Wood, E.: Peasant, Citizen and Slave. London 1988
Ya-tien, Chen: Chinese Military Theory, Stevenage 1992
Yadin, Y.: The Art of Warfare in Biblical Lands. London 1963

Register

NORWEGEN
SC
Nordsee
Kopenhagen
IRLAND
GROSSBRITANNIEN
Hamburg
NIEDER-
LANDE
London
Brüssel
Köln
DEUTSC
REICH
BELGIEN
Atlantischer Ozean
Amiens
Frankfurt
Le Havre
LUX
Paris
1914–1918
Dijon
FRANKREICH
SCHWEIZ
Ö
1915–1917
PORTUGAL
ITALIEN
Madrid
issabon
SPANIEN
Ron
Mittelmeer
Frontverlauf
Strategische Eisenbahnlinie